GW01605944

Einführung in die neuere deutsche Literaturwissenschaft

Ein Arbeitsbuch

von

Dieter Gutzen · Norbert Oellers
Jürgen H. Petersen

unter Mitarbeit von
Eckart Strohmaier

6., neugefaßte Auflage

ERICH SCHMIDT VERLAG

CIP-Titelaufnahme der Deutschen Bibliothek

Einführung in die neuere deutsche Literaturwissenschaft : ein Arbeitsbuch / von Dieter Gutzen ; Norbert Oellers ; Jürgen H. Petersen. Unter Mitarb. von Eckart Strohmaier. – 6., neugefasste Aufl. – Berlin : Erich Schmidt, 1989
ISBN 3-503-02287-2
NE: Gutzen, Dieter [Mitverf.]; Oellers, Norbert [Mitverf.]; Petersen, Jürgen H. [Mitverf.]

Die Abbildung auf dem Umschlag zeigt den Holzschnitt „Lehrer und Schüler“ aus: Rodericus Zamorensis: Spiegel des menschlichen Lebens, Augsburg 1497 (entnommen dem Band von Emil Reicke: Lehrer und Unterrichtswesen in der deutschen Vergangenheit, Leipzig 1901, S. 50).

ISBN 3 503 02287 2, 6. Auflage
(ISBN 3 503 01244 3, Erstausgabe)
6., neugefaßte Auflage 1989

Druck: Berliner Buchdruckerei Union GmbH., Berlin 61

Inhalt

Vorwort

Der vorliegende Band will sowohl Studenten wie auch Schülern (etwa den Teilnehmern an einem Leistungskurs ‚Deutsch‘ innerhalb der reformierten Oberstufe) den Zugang zur Literatur erleichtern, indem er sie mit der Analyse von Texten und mit mehreren Methoden der Literaturbetrachtung vertraut macht. Diese Methoden werden in ihren Grundzügen beschrieben und auf ihre Leistungsfähigkeit hin untersucht. An ausgewählten Textbeispielen wird verdeutlicht, wie sich namhafte Vertreter der einzelnen Richtungen mit dem problematischen Thema ‚Literatur‘ in Theorie und Praxis auseinandergesetzt haben.

Bei der Beschäftigung mit dem vorgelegten Material soll der Benutzer nicht nur historische Kenntnisse ansammeln und die Fähigkeit gewinnen, literaturwissenschaftliche Texte unter methodologischen Gesichtspunkten zu analysieren, sondern auch den eigenen Standort besser erkennen lernen und damit über Ursachen und Folgen des Interesses an wissenschaftlicher Tätigkeit Aufschlüsse erhalten.

Es empfiehlt sich, den Band stets in Zusammenhang mit literarischen Texten zu benutzen, und zwar nicht nur mit den hier wiedergegebenen, sondern auch mit solchen eigener Wahl. In Fällen, in denen die gewählten Beispiele von Primärtexten abzuführen scheinen, weil sie im wesentlichen der Klärung einer wissenschaftlichen Position dienen, sollte der Grundsatz des engen Literaturbezugs ebenfalls gewahrt bleiben.

Daß in einigen Kapiteln der praktische, in anderen der theoretische Aspekt der Literaturbetrachtung überwiegen muß, versteht sich von selbst: Die marxistische Literaturwissenschaft ist beispielsweise stärker auf geschichtsphilosophische Grundlagen fixiert als die geistesgeschichtliche; und diese hat sicher deutlicher ihre Möglichkeiten und Grenzen in der Praxis erwiesen als jene. Ähnlich ist es mit dem Verhältnis von Positivismus und Literatursoziologie bestellt: Hier wird – besonders in den letzten Jahren – immer heftiger theoretisiert, so daß die Ansätze einer soziologischen Interpretation im Wust der Systeme und Modelle unterzugehen drohen; dort (im Positivismus) ist auf schmaler theoretischer Basis sehr viel praktische Arbeit an der Literatur geleistet worden.

Die Gliederung des Bandes richtet sich nicht streng nach der geschichtlichen Abfolge der Methoden, sondern nach Gesichtspunkten der zweckmäßigen Behandlung von Literatur. Wer sich mit einem literarischen Text befaßt, sollte ihn, vor der Anwendung einer bestimmten Methode, so studieren, daß er ihn inhaltlich und formal beschreiben kann. (Die Fähigkeit, Gedichtformen zu erkennen, ist, zum Beispiel, die Voraussetzung für ihre Erklärung aus geschichtlichen Zusammenhängen.)

Am Anfang dieses Bandes steht also eine Darstellung dessen, was unter den Begriff ‚Textinterpretation' fällt. Hier werden zunächst Möglichkeiten der Erschließung von Primärtexten erörtert, ohne daß damit eine Methode im engeren Sinne gekennzeichnet werden soll. Allerdings werden gerade jene Textzugänge eröffnet, welche die sogenannte werkimmanente Interpretation als die eigentlich entscheidenden ansieht. Eine Darstellung dieser Methode schließt sich daher an. – Einen weiteren Zugang zum Verständnis eines literarischen Textes bietet die Editionswissenschaft, indem sie Einblick in dessen Entwicklungs- und Wandlungsprozeß gibt. Ihr gilt das zweite Kapitel dieses Bandes.

Mit dem dritten Kapitel beginnt die Darstellung literaturtheoretischer und methodischer Ansätze, die in besonderem Maße der Geschichtlichkeit von Literatur Rechnung tragen: Positivismus, Geistesgeschichte, marxistische Literaturtheorie und Literatursoziologie. – Die Nachbemerkung kann auch als Vorbemerkung gelesen werden; sie dient der Information des historisch Interessierten.

Es wurde bewußt darauf verzichtet, eine Diskussion über den Begriff ‚Literatur' zu führen. Als Gegenstand der Literaturwissenschaft ist Literatur sicher mehr als ‚Dichtung' (‚Poesie', ‚Kunst') und weniger als Gesprochenes und Geschriebenes jeder Art. Sie mag als mehrdeutige und darum auslegungsbedürftige sprachliche Äußerung verstanden werden.

Der Band beruht zum großen Teil auf Erfahrungen, die in Übungen des literaturwissenschaftlichen Grundstudiums an der Universität Bonn gesammelt wurden. Dabei hat sich gezeigt, daß es nicht genügt, den Lernenden mit Möglichkeiten der Textanalyse und der literaturwissenschaftlichen Methoden vertraut zu machen; vielmehr muß ihm auch Gelegenheit gegeben werden, seine Kenntnisse anzuwenden und Interpretationsmethoden angewendet zu sehen. Deshalb besteht jedes Kapitel dieses Buches aus einem darstellenden Teil und einem Arbeitsteil.

Bonn/Osnabrück, im Dezember 1975 Die Verfasser

Vorwort zur dritten Auflage

Das Arbeitsbuch, das schon nach drei Jahren in dritter Auflage vorgelegt werden kann, bringt gegenüber der zweiten Auflage erhebliche Veränderungen und Erweiterungen, die teils auf eigene Erfahrungen bei der praktischen Arbeit mit dem Band, teils auf Hinweise von Benutzern sowie auf Anregungen aus den erfreulich zahlreichen Besprechungen im In- und Ausland zurückgehen.

Im ersten Kapitel ist auf Grund der fortgeführten Diskussionen über Fragen der Erzähltheorie eine begrifflich schärfere und treffendere Terminologie eingeführt worden. Darüber hinaus findet sich ein neuer Abschnitt „Arten der Epik", der von den wichtigsten Formen erzählender Dichtung handelt. In den stärker theoretisch orientierten Teil ist ein neues Kapitel über die methodischen Grundlagen des Strukturalismus aufgenommen worden, mit dem einem häufig geäußerten Wunsch von Benutzern Rechnung getragen werden soll.

Das Literaturverzeichnis ist um die wichtigsten Neuerscheinungen ergänzt worden. Vor den jeweiligen Arbeitsteilen im Anschluß an die einzelnen Kapitel wird mit der Angabe von Nummern des Literaturverzeichnisses auf einige Werke verwiesen, die dem Benutzer bei der weiteren Arbeit nützlich sein können.

Bonn/Osnabrück, im August 1979 — Die Verfasser

Vorwort zur sechsten Auflage

Die nach der Überwindung einiger Schwierigkeiten nun endlich vorliegende sechste Auflage des Arbeitsbuches ließe sich zutreffend auch als ‚Zweite Ausgabe' bezeichnen: Die Verfasser haben ihre Beiträge nicht nur „durchgesehen" und „verbessert", sondern zum Teil auch erheblich umgeschrieben. Dabei wurden neuere Entwicklungen in der Literaturwissenschaft ebenso berücksichtigt wie kritische Anregungen, die von Benutzern des Buches, von Kollegen und vor allem von Studenten des literaturwissenschaftlichen Grundstudiums, im Laufe der letzten Jahre gegeben worden sind.

Die auffälligste Veränderung besteht in einer beträchtlichen Erweiterung des Inhalts. Es schien den Verfassern an der Zeit, eine Methode, deren

Anwendung seit vielen Jahren in der Literaturwissenschaft geläufig ist, auch dann zur Kenntnis zu bringen, wenn sie das Verstehen von Literatur (im Sinn der traditionellen Interpretationslehre) nicht immer entscheidend gefördert hat. Daher ist nun das Kapitel „Psychoanalytische Literaturwissenschaft" eingefügt worden. Nicht weniger notwendig erschien ein historischer Abriß über die jahrtausendealte Beschäftigung mit dem Grundproblem des ‚Wesens' von Dichtung: was sie ist, wie sie wird und wie sie wirkt. Das Kapitel „Geschichte der Poetik im Überblick" liefert eine grobe Skizze der Entwicklung; es soll informieren und zur Diskussion anregen.

Eine andere ins Auge fallende Veränderung ist die aus sachlichen Erwägungen vorgenommene Aufhebung der beiden bisherigen Kapitel „Marxistische Literaturtheorie" und „Literatursoziologie"; sie werden nun unter der Überschrift „Sozialgeschichtliche Literaturwissenschaft" nebeneinander gestellt. Es bleibt abzuwarten, ob ein Beitrag „Marxistische Literaturinterpretation" als sinnvolle Ergänzung dieses Kapitel des Buches bei späterer Gelegenheit erweitern sollte.

Die systematische Gliederung des Buches orientiert sich an der ‚gewöhnlichen' Praxis des wissenschaftlichen Umgangs mit Literatur; insofern ist sie gleichzeitig historisch. In der Anordnung der verschiedenen Methoden wird jedoch nicht starr historisch (oder historisierend) verfahren, sondern nach Gesichtspunkten der stufenweisen Annäherung an Literatur, an deren Ende dann die Frage nach der Möglichkeit „synthetischen Interpretierens" stehen könnte. Von daher schien es zweckmäßig, die ‚eigentlichen' Methoden (Positivismus, Geistesgeschichte, Sozialgeschichte, Psychoanalyse) durch die weniger ‚strengen' (aber vielleicht eben deshalb so ergiebigen) Methoden Werkimmanente Interpretation und Strukturalismus förmlich zu ‚umklammern'.

Für Studierende der Fernuniversität in Hagen haben die Autoren zu den Kapiteln I, III, IV, V und VI drei Studienbriefe geschrieben, die einige Themenkreise erweitern und vertiefen; außerdem werden dort anhand einzelner Interpretationen literarischer Texte die methodischen Verfahren in ihrer jeweiligen Leistungsfähigkeit erörtert. Diese Studienbriefe sind für die spezifischen Bedingungen des Fernstudiums entwickelt worden; sie übernehmen einige Funktionen, die an den Präsenzuniversitäten den Seminarveranstaltungen obliegen. Die Anlage des vorliegenden Bandes als eines jederzeit auch selbständig zu nutzenden Arbeitsbuches hat sich dadurch nicht geändert. Das Buch ist in der vorliegenden Form nicht nur zur Benutzung für ein Semester bestimmt, sondern sollte das Grundstudium über längere Zeit begleiten. Die hier vorgenommene Erweiterung dient nicht zuletzt diesem Zweck.

Ein Wort ist noch anzufügen über ein Thema, das bereits im Vorwort zur ersten Auflage des Buches angesprochen worden ist: was denn der Gegenstand der Literaturwissenschaft, was Literatur eigentlich sei.

Wer die heftigen Diskussionen innerhalb der Literaturwissenschaft in den letzten zwanzig Jahren auch nur vom Rande aus verfolgt hat, weiß von dem erbitterten Streit um den Literaturbegriff, um die ästhetische Begründung des Kunstwerks auf der einen und seine ökonomisch-gesellschaftliche Bestimmung auf der anderen Seite. Entscheidende und sichere Ergebnisse gibt es nicht, es sei denn, man zähle schon das geschärfte Bewußtsein für die Kriterien, die einen Text zu einem literarischen machen, zu ihnen, und man lasse es vorerst bei der Fiktionalität als dem Kennzeichen von Literatur bewenden, so umstritten auch dieser Begriff bei genaueren Definitionsversuchen schon wieder ist. Diese Bestimmung von Literatur läßt sich ergänzen durch die Kategorie der Mehrdeutigkeit, die – im Unterschied zu der auf Eindeutigkeit zielenden informierenden Aussage eines Gebrauchstextes – die Literarität eines Textes ausweist. Festzuhalten ist fürs erste, daß eine Erweiterung des an die traditionellen Gattungen Lyrik, Epik, Drama gebundenen Literaturbegriffs wohl allgemein akzeptiert ist. Daß vor allem im Gefolge des literatursoziologischen Ansatzes und der Leser-Forschung die sogenannte ‚niedere' oder Trivial-Literatur stärker ins Blickfeld der Literaturwissenschaft rückte, gehört auch zu dieser Entwicklung.

Themen und Anlage des Buches lassen erkennen, daß die Verfasser Literatur als einen Bereich der Künste, literarische Texte als „sprachliche Kunstwerke" und als Gegenstand der Literaturwissenschaft demzufolge in erster Linie die Dichtung begreifen. Dem Studium mit und in diesem Buch sei deshalb eine weitere Überlegung vorangestellt:

Erweiterung des Literaturbegriffs wie auch mangelnde Präzision in seiner Abgrenzung auf der einen Seite und der Verlust verbindlicher Wertungskriterien auf der anderen bedingen einander. Ein Fortschritt bestünde auf diesem Gebiet schon darin, daß diese Tatsache bewußt wahrgenommen und daß bei den vielerlei unterschiedlichen Wertungsmöglichkeiten, die an literaturtheoretische Vorentscheidungen ebenso gebunden sind wie an Standort und Fragestellung des Urteilenden, die Wahrscheinlichkeit des

Vorurteils geprüft würde. So wäre auch ein Schritt zur Wissenschaftlichkeit getan; denn der Zweifel an traditioneller Wertung und Einordnung und die Begründung des eigenen Urteils haben – recht verstanden – weniger mit Unfähigkeit als mit der Offenheit und der an die subjektive Erfahrung gebundenen Mehrdeutigkeit des Gegenstandes, der Literatur, zu tun.

Bonn / Hagen / Osnabrück im November 1988 Die Verfasser

I. Textinterpretation

1. Erzählerische Texte

a) Inhalt, Stoff, Thematik, Aufbau

Er stand vor dem Tor des Tegeler Gefängnisses und war frei. Gestern hatte er noch hinten auf den Äckern Kartoffeln geharkt mit den andern, in Sträflingskleidung, jetzt ging er im gelben Sommermantel, sie harkten hinten, er war frei. Er ließ Elektrische auf Elektrische vorbeifahren, drückte den Rücken an die rote Mauer und ging nicht. Der Aufseher am Tor spazierte einige Male an ihm vorbei, zeigte ihm seine Bahn, er ging nicht. Der schreckliche Augenblick war gekommen (schrecklich, Franze, warum schrecklich?), die vier Jahre waren um. Die schwarzen eisernen Torflügel, die er seit einem Jahre mit wachsendem Widerwillen betrachtet hatte (Widerwillen, warum Widerwillen), waren hinter ihm geschlossen. Man setzte ihn wieder aus. Drin saßen die andern, tischlerten, lackierten, sortierten, klebten, hatten noch zwei Jahre, fünf Jahre. Er stand an der Haltestelle.

Die Strafe beginnt.

Er schüttelte sich, schluckte. Er trat sich auf den Fuß. Dann nahm er einen Anlauf und saß in der Elektrischen. Mitten unter den Leuten. Los. Das war zuerst, als wenn man beim Zahnarzt sitzt, der eine Wurzel mit der Zange gepackt hat und zieht, der Schmerz wächst, der Kopf will platzen. Er drehte den Kopf zurück nach der roten Mauer, aber die Elektrische sauste mit ihm auf den Schienen weg, dann stand nur noch sein Kopf in der Richtung des Gefängnisses. Der Wagen machte eine Biegung, Bäume, Häuser traten dazwischen. Lebhafte Straßen tauchten auf, die Seestraße, Leute stiegen ein und aus. In ihm schrie es entsetzt: Achtung, Achtung, es geht los. Seine Nasenspitze vereiste, über seine Backe schwirrte es. „Zwölf Uhr Mittagszeitung", „B.Z.", „Die neuste Illustrirte", „Die Funkstunde neu", „Noch jemand zugestiegen?" Die Schupos haben jetzt blaue Uniformen. Er stieg unbeachtet wieder aus dem Wagen, war unter Menschen. Was war denn? Nichts. Haltung, ausgehungertes Schwein, reiß dich zusammen, kriegst meine Faust zu riechen. Gewimmel, welch Gewimmel. Wie sich das bewegte. Mein Brägen hat wohl kein Schmalz mehr, der ist wohl ganz ausgetrocknet. Was war das alles. Schuhgeschäfte, Hutgeschäfte, Glühlampen, Destillen. Die Menschen müssen doch Schuhe haben, wenn sie so viel rumlaufen, wir hatten ja auch eine Schusterei, wollen das mal festhalten. Hundert blanke

Scheiben, laß die doch blitzern, die werden dir doch nicht bange machen, kannst sie ja kaputt schlagen, was ist denn mit die, sind eben blankgeputzt. Man riß das Pflaster am Rosenthaler Platz auf, er ging zwischen den andern auf Holzbohlen. Man mischt sich unter die andern, da vergeht alles, dann merkst du nichts, Kerl. Figuren standen in den Schaufenstern in Anzügen, Mänteln, mit Röcken, mit Strümpfen und Schuhen. Draußen bewegte sich alles, aber – dahinter – war nichts! Es – lebte – nicht! Es hatte fröhliche Gesichter, es lachte, wartete auf der Schutzinsel gegenüber Aschinger zu zweit oder zu dritt, rauchte Zigaretten, blätterte in Zeitungen. So stand das da wie die Laternen – und – wurde immer starrer. Sie gehörten zusammen mit den Häusern, alles weiß, alles Holz.

[...]

(Alfred Döblin: *Berlin Alexanderplatz,* W 17, S. 13f.)

Wer diesen Text liest, glaubt sich zunächst kaum vor größere Schwierigkeiten gestellt. Es scheint auf der Hand zu liegen, um was es in dieser Passage geht, nämlich um die Rückkehr eines entlassenen Strafgefangenen aus dem Gefängnis in die Stadt; ja, aus der Nennung des „Tegeler Gefängnisses", des Restaurants „Aschinger" usf. geht sogar hervor, daß die Geschichte in Berlin spielt. Eine solche erste Erkenntnis mag nicht weit reichen, sie erfaßt aber doch den **Inhalt** der Textpassage. Unter ‚Inhalt' verstehen wir das äußere Gerüst einer Geschichte, also z. B. den Handlungsverlauf und die Figurenkonstellation. Reduziert man den reinen Handlungsverlauf auf seine äußerste Knappheit, so erhält man die **Fabel** eines Werkes. Dieser Terminus bezeichnet hier nicht die lehrhafte Tier- oder Pflanzengeschichte (s. I, 2), sondern das bloße Schema der Handlung, in Döblins Text also die Rückkehr eines ehemaligen Sträflings. Fabel und Inhalt dürfen nicht mit dem **Stoff** verwechselt werden, der freilich im Handlungsverlauf greifbar werden kann. Unter ‚Stoff' wird im allgemeinen ein vor und „außerhalb der Dichtung" (Elisabeth Frenzel, L 64, S. V) existierendes Faktum – ein Bericht, ein Erlebnis, ein Ereignis, auch eine andere Dichtung – verstanden, auf das der Autor zurückgreift, das ihn zu poetischer Gestaltung anregt, das er bearbeitet. Die „kleinere stoffliche Einheit" (Elisabeth Frenzel, L 63, Sp. 285) heißt **Motiv;** mehrere Motive, zu einer Einheit verknüpft und konkretisiert, bilden den Stoff. Die Motive der Frau zwischen zwei Männern, des unglücklichen Liebhabers und des Selbstmordes z. B. konkretisieren sich im und verknüpfen sich zum „Werther"-Stoff. Da Motive und Stoffe den Inhalt des jeweiligen poetischen Produktes nachhaltig prägen, gewährt die Untersuchung des Stoffes oder auftretender Motive zweifellos einen ersten Einblick in das Wesen eines literarischen Textes. Die Literaturwissenschaft hat sich der Erforschung von Stoffen und Motiven deshalb auch eigens angenommen und dabei das Augenmerk vor allem auf ihre Verwandlung im Verlauf der Literaturgeschichte gelegt (**Stoff- und Motivgeschichte**). Denn es kommt ja weniger darauf an, festzustellen, wann, wo und von welchem Autor ein Stoff behandelt, sondern in welchem Sinne er benutzt, wie er verändert wurde. Das Motiv von den feindlichen Brüdern drückt in 1. *Moses* 4 etwas anderes aus als in Klingers *Zwillingen,* in Grillparzers *Ein Bruderzwist in Habsburg* etwas anderes als in Thomas Manns *Buddenbrooks.* Stoff- und Motivgeschichte ist also nicht so sehr Selbstzweck, sie will vielmehr auch einen Einblick in die sich historisch wandelnde Aussageabsicht eines literarischen Produkts eröffnen.

Die Analyse dieser Intention ist für das Verständnis des jeweiligen Textes sicher von größerer Bedeutung als die des Inhaltes oder der Fabel. Wer lediglich begreift, daß zu Beginn von Döblins Roman *Berlin Alexanderplatz* von der Rückkehr eines Strafgefangenen aus dem Gefängnis berichtet wird, hat nur Oberflächliches erfaßt. Zu fragen ist doch vor allem, in welchem Sinn die Rückkehr erzählenswert wird, zu fragen ist also nach dem **Thema** der Textpassage. Der Begriff ‚Thematik' bezeichnet den eigentlichen Aussagegehalt, das, was man gemeinhin ‚Sinn', ‚Gehalt', ‚Problematik' oder gelegentlich gar ‚Anliegen' nennt. Fragen wir nach dem Thema, so kommt es uns darauf an, zu erfassen, was – über den äußeren Gang der Handlung, über den Inhalt hinaus – in dem zu untersuchenden Text zum Ausdruck kommt, welcher gedankliche Hintergrund sichtbar wird. Es ist wohl nicht schwer, in diesem Punkt zu einer Übereinstimmung zu gelangen: Zu Beginn von Döblins *Berlin Alexanderplatz* wird gezeigt, daß der entlassene Strafgefangene sich in der urbanen Umgebung nicht zurechtfindet, daß er sich ausgesetzt fühlt, daß er die neue Situation eher als Bedrohung denn als Befreiung empfindet. Die Fabel ist also ein Mittel, die Resozialisierungsschwierigkeiten, die psychischen Deformierungen, Isolation und Depression eines aus der Welt des Gefängnisses in die der Gesellschaft entlassenen ehemaligen Sträflings zur Sprache zu bringen.

Mag man sich über eine solche vorläufige Umschreibung der Erzählthematik auch rasch einigen, so enthebt uns dies doch nicht der Aufgabe, den ersten Eindruck auf seine Richtigkeit hin zu überprüfen. Dazu steht uns zunächst nichts als der Text selbst zur Verfügung, der daraufhin untersucht werden muß, ob sich in ihm Elemente finden, die das genannte Thema wirklich zu erkennen geben. Eine solche Analyse kann man unter mehreren Gesichtspunkten vornehmen. Man kann z. B. nach dem äußeren und inneren **Aufbau,** also nach der **Tektonik** des Textes fragen. Äußerlich gliedert sich der Text in drei Passagen, deren mittlere, aus nur einem Satz bestehend, besonders hervorgehoben erscheint und zugleich direkt auf das Erzählthema verweist: „Die Strafe beginnt." In dem ersten, diesem hervorgehobenen Satz vorausgehenden Abschnitt befindet sich der ehemalige Sträfling Franz Biberkopf zwar schon vor dem Gefängnis, aber doch noch in dessen Nähe („hinten auf den Äckern", „sie harkten hinten", „Drin saßen die andern"), gleich danach findet ein Ortswechsel statt: Biberkopf fährt in die Stadt. So scheint der Beginn der „Strafe" etwas mit der Fahrt in die City zu tun zu haben, und in der Tat erfährt Franz vor allem dort die Umwelt als Bedrohung, zeigen sich seine inneren Schwierigkeiten dort besonders deutlich.

Dies verweist uns schon auf den inneren Aufbau des Textausschnittes. Döblin kommt es offenbar darauf an, die Entfremdung Biberkopfs als Prozeß, und zwar als Steigerung darzustellen. Heißt es zunächst noch zweimal lakonisch „er war frei", so steht dem schon in der Mitte des Abschnitts das „er ging nicht" entgegen, das dem Leser die Fragwürdigkeit dieser Freiheit andeutet; und wenn wir am Ende des Abschnittes lesen „Man setzte ihn wieder aus", so begreifen wir endgültig, daß Freiheit als bedrohlich empfunden werden kann. Dieser Gedanke gipfelt zunächst in der schon herangezogenen Formulierung „Die Strafe beginnt" und wird dann mit Hilfe der Schilderung jener Gefühle entfaltet, die Biberkopf in der Stadt erfüllen. Im ersten Abschnitt ist nur von einem „schrecklichen Augenblick" die Rede, nun häufen sich Formulierungen, in denen Biberkopfs Entsetzen zum Ausdruck kommt: „In ihm schrie es entsetzt: Achtung, Achtung, es geht los. Seine Nasenspitze vereiste, über seine Backe schwirrte es." Und dann erscheint ihm seine Umwelt vollends als unverständlich, leblos, nichtig, auch wenn er sich immer wieder Mut zuspricht: „Man mischt sich unter die andern, das vergeht alles, dann merkst du nichts, Kerl. Figuren standen in den Schaufenstern in Anzügen, Mänteln, mit Röcken, mit Strümpfen und Schuhen. Draußen bewegte sich alles, aber – dahinter – war nichts! Es – lebte – nicht!"

b) Erzählform, Erzählverhalten, point of view, Erzählperspektive, Erzählhaltung

Eine erste, wenn auch nur recht grobe Differenzierung epischer Texte ist die nach ihrer **Erzählform.** Neben der seltenen und deshalb hier ausgesparten Du-Form lassen sich zwei Hauptarten unterscheiden: Die **Ich-Form** und die **Er-Form.** Bei der Ich-Form berichtet der Erzählende von sich selbst, das Ich ist also sowohl erzählendes Medium als auch handelnde Person, bei der Er-Form erzählt der Erzähler von anderen. Dies gilt auch dann, wenn er sich beiläufig als Ich ins Spiel bringt, wie etwa in dem folgenden Beispiel:

> Es wird meinen Leserinnen nicht unangenehm zu erfahren sein, daß der Bräutigam jetzo einen leberfarbenen Ehren-Frack anthat [...].
>
> (Jean Paul: *Siebenkäs,* W 39, S. 28)

Denn der Erzähler berichtet nicht aus seinem Leben, sondern von anderen Personen.

In der Ich-Form sind Briefromane, Memoiren, Tagebucherzählungen usf. gehalten. Dabei ist jedoch eine grundsätzliche Unterscheidung zu treffen. Handelt es sich z. B. um einen echten Lebensrückblick, also etwa um die Memoiren eines Politikers, so ist das Ich, das in dem Text auftaucht, tatsächlich das Ich des Verfassers, wenn auch zu einer anderen Zeit. Dies ist beispielsweise zu Beginn von Adenauers *Erinnerungen 1945–1953* der Fall:

> Ende September 1944 kam ich nach einer abenteuerlichen Flucht aus dem Konzentrationslager auf dem Kölner Messegelände, wohin ich im Zusammenhang mit dem Aufstand gegen Hitler vom 20. Juli 1944 gebracht worden war, in das Gestapogefängnis Brauweiler bei Köln.
>
> (Konrad Adenauer: *Erinnerungen 1945–1953,* W 1, S. 15)

Es spielt keine Rolle, ob jede Einzelheit stimmt; entscheidend ist vielmehr, daß der Autor des Buches die Dinge so wiedergibt, wie er sie zum Zeitpunkt der Niederschrift sieht. Das ist anders bei folgendem Beispiel:

> Der Rheingau hat mich hervorgebracht, jener begünstigte Landstrich, welcher [...] wohl zu den lieblichsten der bewohnten Erde gehört.
>
> (Thomas Mann: *Die Bekenntnisse des Hochstaplers Felix Krull,* W 53, Bd. 7, S. 266)

Thomas Mann ist nicht im Rheingau, sondern in Lübeck geboren, und die Erlebnisse, die er hier erzählt, sind nicht die seinen (so sehr eigene Erfahrungen hier und da eine Rolle spielen mögen), sondern die der erfundenen Figur Felix Krull. Der Autor schlüpft mithin in die Rolle einer von ihm erdachten Gestalt und berichtet aus deren Perspektive deren erfundenen Lebensgang. Im Gegensatz zu dem ersten Beispiel handelt es sich in diesem Fall um einen **fiktionalen** Text, d. h. hier teilt ein Autor nicht seine Gedanken und Erlebnisse unmittelbar mit, sondern er schafft sich eine eigene Welt, schafft sich einen Erzähler, der ganz andere Züge tragen kann und in dem angeführten Beispiel auch trägt als er selbst. Von der Individualität des Ich-Erzählers Krull, eines hochstapelnden Lebenskünstlers, auf die Individualität des Autors Thomas Mann zu schließen, ist daher schlechterdings unzulässig.

Die bei fiktionalen Texten notwendige Differenzierung zwischen **Autor** und **Erzähler** (Narrator, episches Medium) gilt grundsätzlich auch für erzählende Dichtung in der Er-Form. Denn auch hier ist das Verhältnis des Erzählenden zum Erzählten konstruiert und läßt keineswegs unmittelbar Rückschlüsse auf die Auffassungen des Autors zu. Die Erzählweise Borcherts etwa, der weitgehend sprechsprachlich, alltagssprachlich geprägte Stil, läßt uns nicht einfach folgern, daß Borchert selbst, als reales Individuum, nur auf diese Weise zu reden und zu schreiben verstand, sondern hier erfüllt ein bewußt eingesetzter Stil eine besondere Aussagefunktion im Zusammenhang mit dem erzählten Geschehen, der Erzählthematik, der poetischen Intention. Schließlich verweisen uns auch Umarbeitungen aus der Ich-Form in die Er-Form und umgekehrt auf diesen Sachverhalt. Der Anfang von Franz Kafkas Roman *Das Schloß* z. B., zunächst in der Ich-Form abgefaßt und also eine Identifizierung von Autor und epischem Ich ausschließend, wird durch seine spätere Umwandlung in die Er-Form gewiß nicht zu einem Text, in dem Kafka selbst und unmittelbar als Erzähler auftritt.

Sowohl bei der Ich-Form als auch bei der Er-Form sprechen wir also nicht vom Autor, sondern vom Erzähler etc., wenn wir den „Berichterstatter" meinen. Es gibt noch andere Phänomene, die trotz der prinzipiellen Unterschiedlichkeit der beiden Erzählformen sowohl in dieser wie in jener begegnen können. Zunächst ist zwischen dem Erzähler und dem Erzählten zu unterscheiden. Das steht für die Er-Form außer Zweifel; bei einer Ich-Erzählung könnte man jedoch einwenden, hier berichte eine Person von sich selbst, und deshalb könne man zwischen **erzählendem** und **erlebendem** (= **erzähltem**) **Ich** keinen Unterschied machen. Aber schon der zeitliche Abstand zwischen dem berichteten Erlebnis und dem Berichten selbst verweist uns darauf, daß erzählendes und erzähltes Ich keineswegs von vornherein identifiziert werden dürfen. Das Verhältnis, in dem ein erzählendes Ich zu sich als erlebendem Ich, also als handelnder Figur steht, ist oft genug durch Kritik und Ablehnung gekennzeichnet, wie z. B. in dem folgenden Beispiel:

> O ihr verfluchten Reichtümer, was habt ihr nur mit mir begonnen! Solang ich euch besessen, habt ihr mich mit einer solchen Last der Hoffart beladen, die allein genug gewesen wäre, mich in den tiefsten Abgrund der Höllen hinunterzudrücken, geschweige wasmaßen euer Überfluß meinen eitelen schnöden Begierden den Weg der verdammlichen Wollüste also richtig gebahnet [...].
>
> (J. J. Chr. v. Grimmelshausen: *Das wunderbarliche Vogelnest, Zweiter Teil,* W 27, S. 381 f.)

Dieser Text ist zugleich ein Beispiel für ein auktoriales **Erzählverhalten.**[1] Mit Hilfe dieses Begriffs lassen sich bestimmte Momente der Erzählweise beschreiben. Wir unterscheiden zwischen **auktorialem, neutralem** und **personalem Erzählverhalten,** und zwar gebrauchen wir diese Termini zur Beschreibung der Erzählweise sowohl einer Ich-Erzählung als auch einer Er-Erzählung. Unter auktorialem Erzählverhalten verstehen wir Passagen, in denen sich der Erzähler selbst ins Spiel bringt und kommentierend, reflektierend, urteilend eingreift. Ein Beispiel für auktoriales Verhalten eines Er-Erzählers findet sich an folgender Stelle:

> [...] ja! in diesem Reiche, das uns der Geist so oft, wenigstens im Traume aufschließt, versuche es, geneigter Leser! die bekannten Gestalten, wie sie täglich, wie man zu sagen pflegt im gemeinen Leben, um dich herwandeln, wiederzuerkennen. Du wirst dann glauben, daß dir jenes herrliche Reich viel näher liege, als du sonst wohl meintest, welches ich nun eben recht herzlich wünsche, und dir in der seltsamen Geschichte des Studenten Anselmus anzudeuten strebe. – Also, wie gesagt, der Student Anselmus geriet seit jenem Abende, als er den Archivarius Lindhorst gesehen, in ein träumerisches Hinbrüten [...].
>
> (E. T. A. Hoffmann: *Der goldne Topf,* W 34, Bd. 1, S. 198)

Der Erzähler hat sich aus dem Erzählzusammenhang gelöst, was sich schon am Gebrauch des Präsens zeigt **(Tempuswechsel)** sowie daran, daß er ganz direkt den **Leser** anredet, sich also vom Geschehen fort- und dem Leser zuwendet. Er mischt sich ein, nimmt Stellung, fügt Überlegungen ein, d. h. er wird als Aussagesubjekt erkennbar. Danach, also vom

[1] Der Terminus „Erzählverhalten“ tritt hier an die Stelle der von Stanzel eingeführten Kategorie „Erzählsituation“. Da Stanzel jedoch Erzählform und das Verhalten des Erzählers innerhalb einer Erzählform nicht voneinander trennt, ist der Begriff „Erzählsituation“ wissenschaftlich untauglich. Vgl. dazu L 277, L 278, L 207.

Gedankenstrich an, genau genommen sogar erst nach dem „wie gesagt" wendet er sich wieder dem Geschehen zu.

Neutral nennen wir das Erzählverhalten, wenn das epische Medium wie ein außenstehender Zuschauer berichtet und also das Geschehen aus der Distanz des Beobachters vermittelt:

> Das erste Hotel, in dem er um ein Zimmer fragte, wies ihn ab, weil er nur eine Aktentasche bei sich hatte; der Portier des zweiten Hotels, das in einer Nebengasse lag, führte ihn selber hinauf in das Zimmer. Während der Portier noch am Hinausgehen war, legte sich Bloch auf das Bett und schlief bald ein.
>
> (Peter Handke: *Die Angst des Tormanns beim Elfmeter,* W 30, S. 8)

Neutrales Erzählverhalten begegnet auch in der Ich-Erzählung:

> Da sprach sie mir von ihren Schülern. Wir gingen vom Marx-Engels-Platz zum Alex. Wir standen am Zeitungskiosk und ließen die Hunderte von Gesichtern an uns vorbeitreiben, wir kauften uns die letzten Osterglocken am Blumenstand. Vielleicht sind wir ein bißchen vom Frühling betrunken, sagte ich. Aber sie bestand darauf, nüchtern zu sein und zu wissen, was sie sagte.
>
> (Christa Wolf: *Nachdenken über Christa T.*, W 78, S. 220f.)

Von einem neutralen Erzählverhalten spricht man auch dann, wenn (beinahe) ausschließlich direkte Rede begegnet, wenn also z. B. ein Dialog wiedergegeben wird:

> „Gewiß ist es der Richtige. Das verstehst du nicht, Hertha. Jeder ist der Richtige. Natürlich muß er von Adel sein und eine Stellung haben und gut aussehen."
> „Gott, Effi, wie du nur sprichst. Sonst sprachst du doch ganz anders."
> „Ja, sonst."
> „Und bist du auch schon ganz glücklich?"
> „Wenn man zwei Stunden verlobt ist, ist man immer ganz glücklich. Wenigstens denk ich es mir so."
>
> (Theodor Fontane: *Effi Briest,* W 20, S. 182)

Das personale Erzählverhalten schließlich findet man in Passagen, in denen der Erzähler hinter die Figuren zurücktritt und die Welt mit ihren Augen sieht, also ihren Blickwinkel, ihre Optik wählt. Von einem Sonderfall, dem inneren Monolog, vielleicht abgesehen, heißt das nicht, daß der Erzähler völlig verschwindet: Im personalen Erzählen verliert der Narrator keineswegs seine Identität, aber er geht auch nicht darin auf, er selbst und nur er selbst zu sein. Vielmehr übernimmt er eine Rolle, indem er die Optik einer Figur wählt. Das ist vor allem dann der Fall, wenn der Leser mit deren Innerem vertraut gemacht wird:

Und siehe da: plötzlich war es, als wenn die Finsternis vor seinen Augen zerrisse, wie wenn die samtne Wand der Nacht sich klaffend teilte und eine unermeßlich tiefe, eine ewige Fernsicht von Licht enthüllte ... Ich werde leben! sagte Thomas Buddenbrook beinahe laut und fühlte, wie seine Brust dabei vor innerlichem Schluchzen zitterte. Dies ist es, daß ich leben werde! Es wird leben ... und daß dies Es nicht ich bin, das ist nur eine Täuschung, das war nur ein Irrtum, den der Tod berichtigen wird. So ist es, so ist es! ... Warum?

(Thomas Mann: *Buddenbrooks*, W 53, Bd. 1, S. 656)

Mancher mag zunächst die Auffassung vertreten, personales Erzählverhalten könne beim Ich-Erzählen nicht vorkommen, weil das Erzähler-Ich ja ohnehin von sich selbst berichte und daher nicht noch eigens hinter sich selbst zurücktreten könne, um seine eigene Optik zu wählen: die besitze es ja sowieso. Dabei wird aber übersehen, daß erzählendes und erlebendes Ich zu unterscheiden sind, daß also das erzählende Ich – z. B. wenn es im Alter auf die eigene Jugendzeit zurückblickt – eine andere als seine augenblickliche Sehweise wählen kann; wenn der Ich-Erzähler aus der Optik des erlebenden Ich berichtet, schildert er die Dinge so, wie er sie einmal gesehen hat, nun aber möglicherweise nicht mehr sieht. In seiner Erzählung *Aus dem Leben eines Taugenichts* läßt Eichendorff einen Ich-Erzähler auftreten, der beständig aus der Perspektive des erlebenden Ich berichtet; das führt zu komischen und ironischen Effekten. Denn während der in der Retrospektive berichtende Narrator natürlich weiß, was wirklich geschehen ist, wer sich hinter welcher Maske verborgen hält, welche Figuren als Liebende ein Paar bilden usf., gibt er sich – indem er ein personales Erzählverhalten an den Tag legt und die Ereignisse so beschreibt, wie sie der unwissende Taugenichts, also das erlebende Ich sieht – den Anschein, als wüßte er nicht, was eigentlich gespielt wird. In Wahrheit weiß der Erzähler natürlich Bescheid (denn alles, was er berichtet, ist ja für ihn gelebte Vergangenheit), und nur das erzählte Ich durchschaut die Zusammenhänge nicht.

Dem jeweiligen Erzählverhalten entspricht oft ein bestimmter **Standort des Erzählers,** eine bestimmte **Erzählperspektive,** eine bestimmte **Darbietungsweise,** ohne daß diese Kategorien auseinander ableitbar wären. Unter dem Standort des Erzählers, dem **point of view,** verstehen wir sein räumliches Verhältnis zu Figuren und Vorgängen. Er kann sie aus großer Nähe beschreiben (Beobachtung von Details), aber auch aus großer Entfernung, es ist möglich, daß die Nähe seinen Blickwinkel stark begrenzt, aber auch, daß er eine olympische Position einnimmt und das Ganze des

Geschehens, vielleicht auch Vor- und Nachgeschichte (**Vorausdeutung**) kennt, ja sogar über **Allwissenheit** verfügt, – dies jedoch nur dann, wenn er nicht nur einen olympischen point of view einnimmt, sondern auch in alle Figuren hineinblickt, ihre Gedanken und Gefühle kennt. In diesem Fall spricht man von der Erzählperspektive der **Innensicht,** andernfalls von der **Außensicht.**

Ein auktorialer Erzähler nimmt meistens, aber nicht grundsätzlich, einen ziemlich „hohen" Standort ein; auf jeden Fall ist er jedoch an den Darbietungsweisen zu erkennen: Mit Kommentaren, Urteilen, Zwischenbemerkungen oder auch umfangreicheren Exkursen (vgl. oben, S. 19 das Zitat aus Hoffmanns *Goldenem Topf*) greift er in das Geschehen ein. Der neutrale Erzähler gibt die Geschehnisse weder aus seiner eigenen Sicht (auktoriales Erzählen) noch aus der der Figur (personales Erzählen) wieder; er beobachtet und registriert lediglich, so daß wir oft das Gefühl haben, höchst objektiv unterrichtet zu werden. **Dialoge, Erzählerbericht** und **Beschreibung** gelten als Darbietungsweisen der Neutralität, übrigens unabhängig davon, ob dem Narrator Außensicht oder Innensicht zur Verfügung steht; entscheidend ist, daß er weder eine eigene Sehweise ins Spiel bringt noch die Optik der Figuren wählt. So kann ein Erzähler durchaus das Innere einer Figur neutral schildern: „Das verdroß Ulenspiegel sehr, daß er so lang sollt fasten" (*Ulenspiegel,* W 74, S. 134).

Weder auktoriales noch neutrales Erzählverhalten ist an die Wahl einer bestimmten Erzählperspektive gebunden; verhält der Erzähler sich jedoch personal, so steht ihm grundsätzlich die Innensicht zur Verfügung. Sie kommt häufig schon in der Verwendung von **Worten der inneren Bewegung** zum Ausdruck. Wenn es im Anschluß an den oben zitierten Abschnitt aus *Buddenbrooks* heißt „Er sah, er wußte und verstand wieder nicht das geringste mehr", so zeigt sich, daß der Narrator weiß, was im Innern von Thomas Buddenbrook vorgeht, und zwar allein schon an dem Gebrauch der Worte „wußte" und „verstand".

Besonders wichtig ist für das personale Erzählen eine Darbietungsweise, die man als **inneren Monolog** bezeichnet. Er wird häufig mit Formulierungen wie „dachte er" eingeleitet oder abgeschlossen und kann von ganz erheblichem Umfang sein. Er begegnet in der schon zitierten Passage aus *Buddenbrooks:*

> Dies ist es, daß ich leben werde! Es wird leben ... Und daß dieses Es nicht ich bin, das ist nur eine Täuschung, das war nur ein Irrtum, den der Tod berichtigen wird. So ist es, so ist es! ... Warum?

Wir erfahren die Gedanken der Hauptfigur direkt. Kennzeichen für den inneren Monolog sind die Ich-Rede und Präsens bzw. Perfekt als Redetempus.

Die für den modernen Roman jedoch noch wichtigere Redeweise, die wie der innere Monolog das personale Erzählverhalten zu erkennen gibt, bezeichnet man als **erlebte Rede.** Daß innerer Monolog und erlebte Rede im modernen Roman so häufig begegnen, hängt u. a. mit dessen Neigung zu psychologischer Analyse zusammen. Sie führt nämlich zur Darstellung des Inneren einer Figur, des **„stream-of-consciousness"**, der mit Hilfe des inneren Monologs und der erlebten Rede vorführbar ist. In der erlebten Rede spricht zwar der Erzähler, aber nicht von seinem Standpunkt aus, sondern er wählt die Optik der Figur. In bezug auf ihre äußere Gestalt gibt es keinen Unterschied zwischen erlebter Rede und Erzählerbericht, denn beide stehen in der Er-Form und im Präteritum; in ihrem Wesen jedoch unterscheiden sich die beiden Darbietungsweisen erheblich. Döblins *Berlin Alexanderplatz* beginnt mit einem (neutralen) Erzählerbericht: „Er stand vor dem Tor des Tegeler Gefängnisses und war frei." Gegen Ende des zitierten Abschnittes jedoch klingt es ganz anders: „Draußen bewegte sich alles, aber – dahinter – war nichts! Es – lebte – nicht!" Gewiß steht auch dieser Satz im Präteritum, es handelt sich also weder um einen inneren Monolog noch um einen Kommentar, aber der Leser hat das Gefühl, daß der Narrator zwar nicht seine eigenen Eindrücke von der Umwelt, wohl aber die des Franz Biberkopf wiedergibt, d. h. daß hier die Gefühle der Hauptfigur geschildert werden. Diesen Eindruck vermittelt dem Leser also nicht die grammatische Eigenart des Satzes, sondern der **Kontext**, der sein Verständnis, sein **Leseerlebnis** maßgeblich bestimmt. Da dort, wie wir sahen, von Biberkopfs Angst vor der neuen und ungewohnten Umgebung die Rede ist, da dort die Daseinsentfremdung geschildert wird, erscheint dem Leser der zitierte Satz als aus der Perspektive Biberkopfs gesprochen. Dazu trägt ganz offensichtlich auch die Tatsache bei, daß der Satz durch Gedankenstriche gegliedert ist, die den Eindruck vermitteln, daß die Gedanken der Figur ins Stocken geraten. Dies wirkt, als solle das Entsetzen erkennbar werden, das Biberkopf erfüllt. Der Satz hat gewissermaßen sprechsprachliches Gepräge, d. h. wir finden nicht den Berichtstil des Erzählers, sondern **Figurenstil** vor. Nur aus dem Kontext oder aus stilistischen Eigentümlichkeiten geht also hervor, daß es sich bei einer Passage um erlebte Rede handelt und nicht um Erzählerbericht; die grammatisch-temporale Struktur des Satzes gibt darüber hingegen keinen Aufschluß. Dies gilt freilich auch für den inneren Monolog: Er steht, wie der **Erzählerkommentar,** im Präsens; um zu entscheiden, ob der Narrator oder die Figur redet, muß der Kontext zu Rate gezogen werden.

Um die hier entstehenden Schwierigkeiten zu zeigen und zugleich darzustellen, daß alle genannten Darbietungsweisen nicht willkürlich gewählt werden, sondern eine mit der Thematik eines Textes verknüpfte **Aussagefunktion** besitzen, wenden wir uns noch einmal dem Anfang von Döblins Roman *Berlin Alexanderplatz* zu.

Nach dem Eingangssatz (Erzählerbericht, neutrales Erzählverhalten) begegnet die erste größere Schwierigkeit: Wer redet die in Klammern stehenden kommentierenden Zusätze, der Erzähler oder die Hauptfigur? Handelt es sich hier also um einen Erzählerkommentar oder um inneren Monolog, um auktoriales oder personales Erzählen? Beides ist möglich, Satzstruktur und Satztempus entscheiden die Frage nicht. Die Bedeutung der Zusätze wandelt sich freilich je nach Interpretation: Einmal beruhigt Franz sich selbst (innerer Monolog), bei der Interpretation der Zusätze als Erzählerkommentar gibt sich der Erzähler den Anschein, als begreife er die innere Situation Biberkopfs nicht. Ist hier eine auf völlig unanfechtbare Weise gegründete Entscheidung auch nicht möglich, so läßt sich doch zeigen, daß die Auffassung, es handle sich an beiden Stellen um inneren Monolog, mehr für sich hat als die, es handele sich um Erzählerkommentar.

Betrachtet man nämlich den weiteren Kontext, also den dritten Abschnitt, so zeigt sich, daß auch dort Franz Biberkopf immer wieder mit sich selbst redet, um sich Mut zu machen. Das Empfinden, ausgeliefert zu sein, kommt in dem Vergleich mit den Gefühlen beim Zahnarzt zum Ausdruck; später wird es noch deutlicher erkennbar, wenn der Erzähler die Gefühle Biberkopfs ganz direkt schildert (Innensicht): „In ihm schrie es entsetzt [...]“. Wenig später folgt der erste kurze innere Monolog (Präsens): „Die Schupos haben jetzt blaue Uniformen.“ Biberkopf stellt Veränderungen gegenüber der Zeit vor seiner Inhaftierung fest, die ihn zu irritieren beginnen. Nach einem überleitenden Satz („Er stieg [...]“) folgt offenbar ein Satz in erlebter Rede: „Was war denn?“

Es dürfte unstrittig sein, daß es sich hier nicht um eine Erzählerfrage handelt, denn natürlich ist Franz beunruhigt und nicht der Narrator. Entsprechend redet er sich selbst Mut zu (innerer Monolog): „Nichts. Haltung, ausgehungertes Schwein [...]“. Dieser innere Monolog reicht – von einem Satz in erlebter Rede („Wie sich das bewegte“) unterbrochen – bis

„blankgeputzt". Und nach einem Satz, in dem ein äußeres Faktum mitgeteilt wird (Erzählerbericht), redet sich Franz wieder Mut zu (innerer Monolog): „Man mischt sich unter die andern [...]". Mag man den nächsten Satz auch als Erzählerbericht klassifizieren können, so schließt die Passage doch eindeutig in erlebter Rede; denn hier handelt es sich um Figurenstil, wenn die Angst durch das Stocken der Gedanken artikuliert wird: „aber – dahinter – war nichts! Es – lebte – nicht!"

Es wiegt also zu Beginn von Döblins Roman personales Erzählverhalten vor. Zugleich wird allerdings auch erkennbar, daß dies durchaus kein Zufall ist, sondern daß das Erzählverhalten in einem engen Zusammenhang mit der Erzählthematik steht. Geht es um die inneren Schwierigkeiten der Hauptfigur, so müssen eben sie dargestellt werden, und das ist nur mit Hilfe einer Erzählweise möglich, die dem Leser einen Blick in das Innere der Figur gestattet (Innensicht) oder ihn mit Hilfe des personalen Erzählverhaltens ihre Denk- und Sehweise selbst erleben läßt. Und umgekehrt ist die Entscheidung, ob es sich etwa um Erzählerkommentar oder um inneren Monolog, um Erzählerbericht oder erlebte Rede handelt, nicht zu fällen, ohne daß man einen Blick auf die Thematik des Textes wirft.

Die Frage, ob es sich bei den hinsichtlich ihrer Darbietungsweise nicht eindeutig bestimmbaren Partien um inneren Monolog oder Erzählerkommentar handelt, läßt sich nun eher beantworten. Vom eben untersuchten Schluß der Textpassage, also vom Kontext aus gesehen, wirken auch die am Anfang begegnenden Zusätze wie ein Selbstgespräch der Hauptfigur, in dem sie sich Mut zuspricht. Auch das Berlinerische „Franze" in „schrecklich, Franze, warum schrecklich" weist auf Figurenstil, nicht auf Erzählerstil hin, zumal der Narrator sich auch sonst nicht eigentlich des Berliner Dialekts bedient. Und schließlich macht es eben auch die Thematik des Textes wahrscheinlich, daß Franz sich in einem inneren Monolog ermutigt. Man wird sogar fragen müssen, ob angesichts dieser Sachlage nicht auch die Formulierungen „Der schreckliche Augenblick war gekommen" oder „Drin saßen die andern" als erlebte Rede aufzufassen sind.

Schwierig ist auch die Interpretation des Satzes „Die Strafe beginnt." Versteht man ihn als kurzen inneren Monolog, so beurteilt Franz Biberkopf selbst seine Entlassung als Strafe, faßt man ihn als kurzen Erzählerkommentar, als Vorausdeutung auf, so wirkt er auf den Leser als verbindliche Beurteilung der Situation. Die Auffassung, der man folgt, entscheidet über Subjektivität und Objektivität dieses Urteils und zieht mithin Konsequenzen für die Interpretation des Textes überhaupt nach sich. Eine wirkliche Hilfe bei dieser Entscheidung ist auch nicht von der Kenntnis des Romanganzen zu erwarten, so problematisch es gewiß im allgemeinen ist, einen Textausschnitt isoliert zu untersuchen. Denn das Leseerlebnis wird ja gerade zu Beginn der Lektüre entscheidend geprägt, und es ist zu fragen, wie hier, am Beginn des Romans, das Urteil „Die Strafe beginnt" vom Leser zu verstehen ist. Man wird wohl der Interpretation des Satzes als einer Beurteilung durch den Erzähler den Vorzug geben; denn von Franz erfahren wir zwar, daß er unter Ängsten, Ahnungen, psychischen Schwierigkeiten leidet, aber zu einer generellen Beurteilung der ihn ja erst erwartenden Situation ist er in diesem Moment, vor seiner Fahrt in die Stadt, wohl noch nicht in der Lage, während ein distanzierter Er-Erzähler, den der Autor mit der Fähigkeit ausgestattet hat, die gesamte Geschichte zu überblicken, jede Situation richtig zu beurteilen weiß.

„Distanziert" bezieht sich hier auf den Standort, den point of view des Erzählers, also sein sozusagen räumliches Verhältnis zu den Dingen, Figuren und Vorgängen, hingegen ist noch nicht von deren Einschätzung, nicht von der **Erzählhaltung** die Rede gewesen. Distanz kennzeichnet aber nicht nur räumliche Verhältnisse, sondern auch die innere Einstellung, mit der jemand einem anderen gegenübertritt, und Erzählhaltung ist die Einstellung, die der Erzähler gegenüber dem Erzählten besitzt. Sie kann neutral, bejahend (affirmativ), ironisch oder, wie z. B. in dem schon zitierten Beispiel aus Grimmelshausens *Vogelnest* II, kritisch bzw. selbstkritisch sein: „O ihr verfluchten Reichtümer, was habt ihr nur mit mir begonnen!" Eine kritische, ironische, distanzierte Erzählhaltung kommt meistens in solchen Passagen zum Ausdruck, in denen der Erzähler kommentiert und reflektiert, also an Stellen, an denen ein auktoriales Erzählverhalten zu konstatieren ist. Fassen wir den Satz „Die Strafe beginnt" als eine Beurteilung durch den Narrator auf, so zeigt sich hier für einen Moment ein auktoriales Erzählverhalten, das die sozialkritische Haltung des Erzählenden erkennbar macht.

Eine distanzierte Erzählhaltung verschafft sich freilich nicht nur in auktorialen Passagen Geltung, sie kann vielmehr durchaus z. B. auch in personalem Erzählverhalten zum Ausdruck kommen. Wir ziehen noch eine Stelle aus *Buddenbrooks* heran. Dort gibt der Erzähler in erlebter Rede die Worte des Maklers Gosch, eines Sonderlings, wieder, dessen größtes Bestreben darin liegt, besonders diabolisch zu wirken. Wenn der Erzähler

Goschs Vorliebe für große Worte und seine Neigung, sich als besonders unglücklichen Zeitgenossen darzustellen, parodiert, so benutzt er dazu die erlebte Rede (vom zweiten Satz an):

> Herrn Gosch ging es schlecht; mit einer schönen und großen Armbewegung wies er die Annahme zurück, er könne zu den Glücklichen gehören. Das beschwerliche Greisenalter nahte heran, es war da, wie gesagt, seine Grube war geschaufelt. Er konnte abends kaum noch sein Glas Grog zum Munde führen, ohne die Hälfte zu verschütten, so machte der Teufel seinen Arm zittern. Da nützte kein Fluchen ... Der Wille triumphierte nicht mehr [...].
>
> (Thomas Mann: *Bruddenbrooks,* W 53, Bd. 1, S. 594)

Der Erzähler spricht in einem Stil, der nicht der seine ist, den er nicht ernsthaft, sondern eben unernst gebraucht, d. h. er parodiert ihn. Daß dies der Fall ist, geht freilich für den Leser wiederum nur aus dem Kontext hervor: Er kennt den „eigentlichen" Redestil des Narrators, kennt seine kritische Distanz zu dem Makler und erkennt deshalb den parodistischen Gebrauch des Figurenstils in der erlebten Rede. Insofern dient die Wahl der Figurenperspektive in der erlebten Rede einem ironischen, Abstand wahrenden Erzählen: der Narrator erscheint als parodierendes Medium. Das Erzählverhalten ist personal, die Erzählhaltung ironisch. Es zeigt sich, daß sehr unterschiedliche epische Mittel – hier: der Einsatz auktorialen bzw. personalen Erzählverhaltens – ein und demselben Ziel – hier: der Durchsetzung einer kritischen Erzählhaltung – dienen können.

Zusammenfassung

Erzählform:	Ich-Form Er-Form	Erzählperspektive:	Außensicht Innensicht
Erzählverhalten:	auktorial neutral personal	Standort des Erzählers (point of view):	olympische Position begrenzter Blick
Erzählhaltung:	neutral ironisch kritisch bejahend (affirmativ) parodistisch	Darbietungsweisen:	Kommentar Bericht Beschreibung Innerer Monolog Erlebte Rede

Weiterführende Literatur: L 18, L 139, L 197, L 207, L 89, L 315.

Arbeitsteil

A. Fragen und Aufgaben zur Interpretation erzählerischer Texte

1. Erarbeiten Sie Inhalt, Fabel und Thematik des Textes und stellen Sie fest, welcher Stoff oder welche Motive Verwendung finden!
2. Ordnen Sie Stoff, Thematik und Motive einander zu!
3. Untersuchen Sie den (inneren oder/und äußeren) Aufbau des Textes und setzen Sie ihn in Beziehung zur Erzählthematik!
4. Analysieren Sie das Erzählverhalten!
5. Ordnen Sie point of view, Erzählperspektiven und Darbietungsweisen dem Erzählverhalten zu!
6. Unterscheiden Sie Erzählerbericht und Figurenstil!
7. Analysieren Sie die Erzählhaltung! Ziehen Sie dazu die Ergebnisse einer Analyse nach den Arbeitsanweisungen 4 bis 6 heran!
8. Erläutern Sie die Rolle des Kontextes bei der Beantwortung der Frage nach Erzählverhalten, point of view, Darbietungsweise, Erzählperspektive und Erzählhaltung!
9. In welchem Sinne und mit welchen Mitteln wird das Leseerlebnis vorgeprägt?

B. Erzählerische Texte

I, 1 Hermann Broch

Aus: *Esch oder die Anarchie*

Der 2. März 1903 war ein schlechter Tag für den 30jährigen Handlungsgehilfen August Esch; er hatte mit seinem Chef Krach gehabt und war entlassen worden, ehe sich noch Gelegenheit ergeben hatte, selber zu kündigen. Und so ärgerte er sich weniger über die Tatsache der Entlassung als darüber, daß er nicht schlagfertiger gewesen war. Was hätte er dem Mann nicht alles ins Gesicht sagen können, diesem Mann, der nicht wußte, was in seinem Geschäft eigentlich geschah, der sich auf die Einbläsereien eines Nentwig verließ, der keine Ahnung hatte, daß dieser Nentwig Provisionen nahm, wo es nur anging, und der wohl die Augen absichtlich verschloß, weil der Nentwig von irgendwelchen Schweinereien Kenntnis haben mußte. Und wie blödsinnig hatte er sich von denen überrumpeln lassen: sie hatten ihm in unflätiger Weise einen Buchungsfehler vorgeworfen, und wenn er es sich jetzt überlegte, war es gar kein Fehler gewesen. Aber die beiden hatten so wüst in ihn hineingeschrien, daß es zu einem albernen Geschimpfe ausgeartet war, in dessen Verlauf er sich plötzlich gekündigt sah. Natürlich war ihm dann nichts anderes als das Götzzitat eingefallen, während er jetzt so allerlei Treffendes wußte, „Herr“, ja, „Herr“, hätte er sagen müssen und auf die Fußspitzen hätte er ihm dabei schauen müssen, und Esch sagte nun sarkastisch „Herr“ vor sich hin, „haben Sie eine Ahnung, wie es in Ihrem Geschäft aussieht ...“, ja, so hätte er sprechen müssen, aber jetzt war es zu spät. Hinterher hatte er sich besoffen und mit einem Mädchen geschlafen, aber es hatte nichts genützt, der Zorn war geblieben und Esch schimpfte vor sich hin, während er das Rheinufer entlang zur Stadt ging.

Er hörte Schritte hinter sich, und als er sich umwandte, sah er Martin, welcher, die Fußspitze des verkürzten Beines gegen das Holz gepreßt, sich in aller Eile zwischen den beiden Krücken einherschwang. [...]

(W 14, Bd. 2, S. 173f.)

I, 2 Dieter Kühn

Aus: *Die Präsidentin*

Marthe Hanau, Gründerin und Direktorin eines Zeitungs- und Finanzkonzerns! So präsentiert sie sich auf der Fotographie, die neben mir auf dem Arbeitstisch liegt: robuster Oberkörper, rundes Gesicht, die Bubikopffrisur der zwanziger Jahre, ihr Blick fest ins Kameraobjektiv gerichtet. Ich sehe hinter ihr Holztäfelung, sehe vor ihr einen Schreibtisch, die Platte blank, Papierblock und Tintenlöscher gespiegelt, Rosen in einem Glaskelch und tatsächlich eine Sektflasche in einem (bestimmt silbernen) Eiskübel: Statussymbol! Sie stützt den rechten Ellbogen auf die Tischkante, hält den Telefonhörer an ihr rechtes Ohr, Kopf etwas schräg, ihr Mund freilich geschlossen, so schaut sie den Betrachter an: Madame Hanau.

Als erstes wäre zu erzählen, wie sie an diesen Schreibtisch kam, wie sie im Wirtschaftsbereich aktiv wurde. Oder müßte ich schon vorher einsetzen, beispielsweise mit ihrem Geburtsdatum? Das erkärt gar nichts über ihre späteren Börsenmanipulationen zum Beispiel, soll ich es deshalb fortlassen? Andererseits: Marthe Hanau ist ja nun Koordinationsfigur dieses Buchs, da müßte ich wenigstens ein paar biographische Informationen bringen.

Also doch anfangen bei ihrer Geburt – aber dann weiter in raschen Sprüngen! Ihr Geburtsort ist Paris, das Geburtsjahr 1886. Und wer es noch genauer wissen will, der soll auch den Geburtstag haben: der erste Januar. Und ihre soziale Herkunft – könnte das nicht wichtig sein? Ist sie etwa Tochter eines Fabrikanten, gehört damit zu einer der Gruppen, aus denen „führende Persönlichkeiten“ des Wirtschaftsbereichs hervorgehen? Oder kommt sie aus sozialen Verhältnissen, die ihr solch einen Vorsprung nicht geben? Ja, ihre Eltern sind Kaufleute, kleine Kaufleute – ein Wäschegeschäft am Boulevard de Clichy. [...]

(W 44, S. 7f.)

I, 3 Christoph Martin Wieland

Aus: *Die Geschichte des Agathon*

Die Sonne neigte sich bereits zum Untergang, als Agathon, der sich in einem unwegsamen Walde verirret hatte, von der vergeblichen Bemühung einen Ausgang zu finden abgemattet, an dem Fuß eines Berges anlangte, welchen er noch zu ersteigen wünschte, in Hoffnung von dem Gipfel desselben irgend einen bewohnten Ort zu entdecken, wo er die Nacht zubringen könnte. Er schleppte sich also mit Mühe durch einen Fußweg hinauf, den er zwischen den Gesträuchen gewahr ward; allein da er ungefähr die Mitte des Berges erreicht hatte, fühlte er sich so entkräftet, daß er den Mut verlor den Gipfel erreichen zu können, der sich immer weiter von ihm zu entfernen schien, je mehr er ihm näher kam. Er warf sich also ganz atemlos unter einen Baum hin, der eine kleine Terrasse umschattete, auf welcher er die einbrechende Nacht zuzubringen beschloß.

Wenn sich jemals ein Mensch in Umständen befunden hatte, die man unglücklich nennen kann, so war es dieser Jüngling in denjenigen, worin wir ihn das erstemal mit unseren Lesern bekannt machen. Vor wenigen Tagen noch ein Günstling des Glücks, und der Gegenstand des Neides seiner Mitbürger, befand er sich, durch einen plötzlichen Wechsel, seines Vermögens, seiner Freunde, seines Vaterlands beraubt, allen Zufällen des widrigen Glücks, und selbst der Ungewißheit ausgesetzt, wie er das nackte Leben, das ihm allein übrig gelassen war, erhalten möchte. Allein ungeachtet so vieler Widerwärtigkeiten, die sich vereinigten seinen Mut niederzuschlagen, versichert uns doch die Geschichte, daß derjenige, der ihn in diesem Augenblick gesehen hätte, weder in seiner Mine noch in seinen Gebärden einige Spur von Verzweiflung, Ungeduld oder nur von Mißvergnügen hätte bemerken können.

Vielleicht erinnern sich einige hierbei an den Weisen der Stoiker [...].

(W 77, Bd. 1, S. 383)

I, 4 Johann Peter Hebel

Kannitverstan

Der Mensch hat wohl täglich Gelegenheit, in Emmendingen und Gundelfingen so gut als in Amsterdam, Betrachtungen über den Unbestand aller irdischen Dinge anzustellen, wenn er will, und zufrieden zu werden mit seinem Schicksal, wenn auch nicht viel gebratene Tauben für ihn in der Luft herumfliegen. Aber auf dem seltsamsten Umweg kam ein deutscher Handwerksbursche in Amsterdam durch den Irrtum zur Wahrheit und zu ihrer Erkenntnis. Denn als er in diese große und reiche Handelsstadt voll prächtiger Häuser, wogender Schiffe und geschäftiger Menschen gekommen war, fiel ihm sogleich ein großes und schönes Haus in die Augen, wie er auf seiner ganzen Wanderschaft von Duttlingen bis nach Amsterdam noch keines erlebt hatte. Lange betrachtete er mit Verwunderung dies kostbare Gebäude, die sechs Kamine auf dem Dach, die schönen Gesimse und die hohen Fenster, größer als an des Vaters Haus daheim die Tür. Endlich konnte er sich nicht entbrechen, einen Vorübergehenden anzureden. „Guter Freund", redete er ihn an, „könnt Ihr mir nicht sagen, wie der Herr heißt, dem dieses wunderschöne Haus gehört mit den Fenstern voll Tulipanen, Sternenblumen und Levkoien?" – Der Mann aber, der vermutlich etwas Wichtigeres zu tun hatte, und zum Unglück gerade so viel von der deutschen Sprache verstand, als der Fragende von der holländischen, nämlich nichts, sagte kurz und schnauzig: „Kannitverstan"; und schnurrte vorüber. Dies war ein holländisches Wort, oder drei, wenn man's recht betrachtet, und heißt auf deutsch soviel als: ‚Ich kann Euch nicht verstehen.' Aber der gute Fremdling glaubte, es sei der Name des Mannes, nach dem er gefragt hatte. ‚Das muß ein grundreicher Mann sein, der Herr Kannitverstan', dachte er und ging weiter. Gaß aus Gaß ein kam er endlich an den Meerbusen, der da heißt: Het Ey, oder auf deutsch: das Ypsilon. Da stand nun Schiff an Schiff, und Mastbaum an Mastbaum; und er wußte anfänglich nicht, wie er es mit seinen zwei einzigen Augen durchfechten werde, alle diese Merkwürdigkeiten genug zu sehen und zu betrachten, bis endlich ein großes Schiff seine Aufmerksamkeit an sich zog, das vor kurzem aus Ostindien angelangt war und jetzt eben ausgeladen wurde. Schon standen ganze Reihen von Kisten und Ballen auf- und nebeneinander am Lande. Noch immer wurden mehrere herausgewälzt, und Fässer voll Zukker und Kaffee, voll Reis und Pfeffer, und salveni Mausdreck darunter. Als er aber lange zugesehen hatte, fragte er endlich einen, der eben eine Kiste auf der Achsel heraustrug, wie der glückliche Mann heiße, dem das Meer alle diese Waren an das Land bringe. „Kannitverstan", war die Antwort. Da dachte er: ‚Haha, schaut's da heraus? Kein Wunder, wem das Meer solche Reichtümer an das Land schwemmt, der hat gut solche Häuser in die Welt stellen, und solcherlei Tulipanen vor die Fenster in vergoldeten Scherben.' Jetzt ging er wieder zurück, und stellte eine recht traurige Betrachtung bei sich selbst an, was er für ein armer Mensch sei unter so viel reichen Leuten in der Welt. Aber als er eben dachte: Wenn ich's doch nur auch einmal so gut bekäme, wie dieser Herr Kannitverstan es hat, kam er um eine Ecke, und erblickte einen großen Leichenzug. Vier schwarz vermummte Pferde zogen einen ebenfalls schwarz überzogenen Leichenwagen langsam und traurig, als ob sie wüßten, daß sie einen Toten in seine Ruhe führten. Ein langer Zug von Freunden und Bekannten des Verstorbenen folgte nach, Paar um Paar, verhüllt in schwarze Mäntel und stumm. In der Ferne läutete ein einsames Glöcklein. Jetzt ergriff unsern Fremdling ein wehmütiges Gefühl, das an keinem guten Menschen vorübergeht, wenn er eine Leiche sieht, und blieb mit dem Hut in den Händen andächtig stehen, bis alles vorüber war. Doch machte er sich an den letzten vom Zug, der eben in der Stille ausrechnete, was er an seiner Baumwolle gewinnen könnte, wenn der Zentner um 10 Gulden aufschlüge, ergriff ihn sachte am Mantel, und bat ihn treuherzig um Exküse. „Das muß wohl auch ein guter Freund von Euch gewesen sein", sagte er, „dem das Glöcklein läutet, daß Ihr so betrübt und nachdenklich mitgeht." – „Kannitverstan!" war die Antwort. Da fielen unserm guten Duttlinger ein paar große Tränen aus den Augen, und es ward ihm auf einmal schwer und wieder leicht ums Herz. „Armer Kannitverstan", rief er aus, „was hast du nun von allem deinem Reichtum? Was ich einst von meiner Armut auch bekomme: ein Totenkleid und ein Leintuch, und von allen deinen schönen Blumen vielleicht einen Rosmarin auf die kalte Brust, oder eine Raute." Mit diesen Gedanken begleitete er die Leiche, als wenn er dazu gehörte, bis ans Grab, sah den vermeinten Herrn Kannitverstan hinabsenken in seine Ruhestätte, und ward von der holländischen Leichenpredigt, von der er kein Wort verstand, mehr gerührt, als von mancher deutschen, auf die er nicht achtgab. Endlich ging er leichten Herzens mit den andern wieder fort, verzehrte in einer Herberge, wo man Deutsch verstand, mit gutem Appetit ein Stück Limburger Käse, und wenn es ihm wieder einmal schwer fallen wollte, daß so viele Leute in der Welt so reich seien, und er so arm, so dachte er nur an den Herrn Kannitverstan in Amsterdam, an sein großes Haus, an sein reiches Schiff, und an sein enges Grab.

(W 32, Bd. 2, S. 123ff.)

I, 5 Thomas Mann

Aus: *Schwere Stunde*

[...]

Er stöhnte, preßte die Hände vor die Augen und ging wie gehetzt durch das Zimmer. Was er da eben gedacht, war so furchtbar, daß er nicht an der Stelle zu bleiben vermochte, wo ihm der Gedanke gekommen war. Er setzte sich auf einen Stuhl an der Wand, ließ die gefalteten Hände zwischen den Knien hängen und starrte trüb auf die Diele nieder.

Das Gewissen ... Wie laut sein Gewissen schrie! Er hatte gesündigt, sich versündigt gegen sich selbst in all den Jahren, gegen das zarte Instrument seines Körpers. Die Ausschweifungen seines Jugendmutes, die durchwachten Nächte, die Tage in tabakrauchiger Stubenluft, übergeistig und des Leibes uneingedenk, die Rauschmittel, mit denen er sich zur Arbeit gestachelt – das rächte, rächte sich jetzt!

Und rächte es sich, so wollte er den Göttern trotzen, die Schuld schickten und dann Strafe verhängten. Er hatte gelebt, wie er leben mußte, er hatte nicht Zeit gehabt, weise, nicht Zeit, bedächtig zu sein. Hier, an dieser Stelle der Brust, wenn er atmete, hustete, gähnte, immer am selben Punkt dieser Schmerz, diese kleine, teuflische, stechende, bohrende Mahnung, die nicht schwieg, seitdem vor fünf Jahren in Erfurt das Katarrhfieber, jene hitzige Brustkrankheit, ihn angefallen – was wollte sie sagen? In Wahrheit, er wußte es nur zu gut, was sie meinte, – mochte der Arzt sich stellen wie er konnte und wollte. Er hatte nicht Zeit, sich mit kluger Schonung zu begegnen, mit milder Sittlichkeit hauszuhalten. Was er tun wollte, mußte er bald tun, heute noch, schnell ... Sittlichkeit? Aber wie kam es zuletzt, daß die Sünde gerade, die Hingabe an das Schädliche und Verzehrende ihn moralischer dünkte als alle Weisheit und kühle Zucht? Nicht sie, nicht die verächtliche Kunst des guten Gewissens waren das Sittliche, sondern der Kampf und die Not, die Leidenschaft und der Schmerz! Der Schmerz ... Wie das Wort ihm die Brust weitete! Er reckte sich auf, verschränkte die Arme; und sein Blick, unter den rötlichen, zusammenstehenden Brauen, beseelte sich mit schöner Klage. Man war noch nicht elend, ganz elend noch nicht, solange es möglich war, seinem Elend eine stolze und edle Benennung zu schenken. Eins war not: Der gute Mut, seinem Leben große und schöne Namen zu geben! Das Leid nicht auf Stubenluft und Konstipation zurückzuführen! Gesund genug sein, um pathetisch zu sein – um über das Körperliche hinwegsehen, hinwegfühlen zu können! Nur hierin naiv zu sein, wenn auch sonst wissend in allem! Glauben, an den Schmerz glauben können ... Aber er glaubte ja an den Schmerz, so tief, so innig, daß etwas, was unter Schmerzen geschah, diesem Glauben zufolge weder nutzlos noch schlecht sein konnte. Sein Blick schwang sich zum Manuskript hinüber, und seine Arme verschränkten sich fester über der Brust ... [...].

(W 53, Bd. 8, S. 374ff.)

I, 6 Thomas Mann

Aus: *Die Bekenntnisse des Hochstaplers Felix Krull*

„[...] Welche Schulen haben Sie besucht?"

„Ich durchlief sechs Klassen der Oberrealschule", versetzte ich leise und anscheinend bekümmert darüber, daß ich ihn befremdet und bei ihm angestoßen hatte. "Und warum nicht die siebente?"

Ich senkte das Haupt; und von unten herauf warf ich ihm einen Blick zu, der wohl sprechend gewesen sein und seinen Empfänger ins Innere getroffen haben mag. ‚Warum quälst du mich?' fragte ich mit diesem Blick. ‚Warum zwingst du mich zu reden? Siehest du, hörst und fühlst du denn nicht, daß ich ein feiner und besonderer Jüngling bin, der unter freundlich gesittetem Außenwesen tiefe Wunden verbirgt, welche das feindliche Leben ihm schlug? Ist es wohl zartfühlend von dir, daß du mich nötigst, vor so vielen und ansehnlichen Herren meine Scham zu entblößen!' So mein Blick; und, urteilender Leser, ich log keineswegs damit, wenn auch seine schmerzliche Klage in dieser Sekunde ein Werk der Absicht und bewußten Zielstrebigkeit war. Denn auf Lüge und Heuchelei muß freilich erkannt werden, wo eine Empfindung zu Unrecht nachgeahmt wird, weil ihren Anzeichen keinerlei Wahrheit und wirkliches Wissen entspricht, was denn Fratzenhaftigkeit und Stümperei notwendig zur kläglichen Folge haben wird. Sollten wir aber über den Ausdruck unserer teuren Erfahrung nicht zu beliebigem Zeitpunkt zweckmäßig verfügen dürfen? Rasch, traurig und vorwurfsvoll sprach mein Blick von früher Vertrautheit mit des Lebens Unbilden und Mißlichkeiten. Dann seufzte ich tief.

„Antworten Sie!" sagte der Oberstabsarzt in milderem Ton.

Ich kämpfte mit mir selbst, indem ich zögernd erwiderte:

„Ich blieb in der Schule zurück und gedieh nicht zur Beendigung ihres Kurses, weil ein wiederkehrendes Unwohlsein mich öfter bettlägerig machte und damals häufig den Unterricht zu versäumen zwang. Auch glaubten die Herren Lehrer, mir Mangel an Aufmerksamkeit und Fleiß zum Vorwurf machen zu müssen, was mich sehr herabstimmte und entmutigte, da ich mir keiner Schuld und Nachlässigkeit in dieser Hinsicht bewußt war. [...]"

(W 53, Bd. 7, S. 360f.)

Weitere Textbeispiele zu diesem Komplex: I, 7–I, 12; I, 35–I, 40

2. Arten der Epik

Bei der Interpretation eines Textes kommt es neben anderem darauf an, die der Textart eigentümlichen Momente herauszuarbeiten bzw. die spezifische Gestaltung der Typenmerkmale zu beschreiben: Bei einer Parabel ist das Didaktische und dessen Verschlüsselung, bei einem Witz die Pointe zu analysieren, der Interpret einer Kurzgeschichte wird sein Augenmerk auf die Raffung des Geschehens richten, der eines Romans wird der Verflechtung der Handlungsstränge, der Probleme, der Beziehungen zwischen den Figuren seine Aufmerksamkeit widmen usf. Allerdings ist es nicht immer ganz einfach, die Textarten voneinander abzugrenzen: Ob es sich um eine Erzählung oder einen kurzen Roman, um eine Kurzgeschichte, eine Kalendergeschichte oder eine Parabel handelt, ist oft nicht eindeutig zu bestimmen. Das liegt auch daran, daß in der Literaturwissenschaft unterschiedliche Auffassungen von den Wesensmerkmalen dieser oder jener Textart vertreten werden. Einig ist man sich jedoch darüber, daß drei poetische **Gattungen** zu unterscheiden sind, die jeweils eine Reihe von Textarten umschließen: **Lyrik, Epik** und **Dramatik.** Seit der *Poetik* des Aristoteles, in der zum erstenmal von literarischen Gattungen und Arten die Rede ist, hat man darüber diskutiert, worauf die Gattungsunterschiede beruhen, und wenn auch bis auf den heutigen Tag keineswegs vollständige Übereinstimmung darüber herrscht, so kann man doch feststellen, daß sie weniger der Thematik als der Gestaltungsart zu verdanken sind, ja daß die unterschiedliche poetische Behandlung der Beziehung zwischen Ich und Welt die drei Dichtungsgattungen hervorgebracht hat. Das bedeutet nicht, daß irgendein literarischer Text auf ideale Weise – d.h. ohne jegliche Einschränkung – eine literarische Gattung oder Textart repräsentieren würde; vielmehr ist zu beobachten, daß die Dichter die unterschiedlichen Möglichkeiten, das Verhältnis zwischen Ich und Welt, Subjekt und Objekt zu gestalten, miteinander verbinden, so daß sich auch Gattungsmerkmale überlappen. Gleichwohl dominieren jeweils die Momente einer Gattung. So ist – was tatsächlich für einen großen Teil der Lyrik zutrifft – von der Unmittelbarkeit der Ich-Aussprache im Gedicht die Rede, während der Bühnendichtung eine gewisse Objektivität eignet, da sie das Geschehen dem Zuschauer scheinbar unvermittelt vorführt (vgl. Abschnitt 3: „Das Drama“); das Epische hingegen zeichnet sich dadurch aus, daß das Geschehen den Rezipienten nicht unmittelbar erreicht, sondern ihm durch den Erzähler vermittelt wird. Präsentiert das Lyrische also die Subjektivität (eines Ich), so das Dramatische die Unmittelbarkeit bzw. Objektivität eines (fiktiven) Geschehens, während das Epische das (objektive) Geschehen dem Rezipienten durch ein subjektives Medium vermittelt.

Daß sich die Gattungen nicht völlig beziehungslos gegenüberstehen, sondern manches miteinander gemein haben können, erkennen wir besonders deutlich an der **Ballade,** die man als erzählendes Gedicht mit durchaus dramatischen Momenten definieren könnte. Schon Goethe hat sich zur Frage der Abgrenzung und Überschneidung der literarischen Gattungen geäußert und in der kleinen Abhandlung *Ballade. Betrachtung und Auslegung* behauptet, daß sich an den „Balladen aller Völker" „die ganze Poetik gar wohl vortragen" lasse, „weil hier die Elemente noch nicht getrennt, sondern wie in einem lebendigen Ur-Ei zusammen sind" (W 23, Bd. 41, 1, S. 224). Julius Petersen (L 206) hat – einer Anregung Goethes folgend, die sich in den *Noten und Abhandlungen zu besserem Verständnis des West-östlichen Divans* findet *(Dichtarten)* – in einem dreifach gegliederten Kreis die literarischen Gattungen und deren Arten so angeordnet, daß ihre Berührungspunkte, auch ihre Überschneidungen sichtbar werden. Schließlich versuchte Emil Staiger in seinem Buch über die *Grundbegriffe der Poetik* (L 276) der notwendigen Abgrenzung der Gattungen einerseits und der Vermischung ihrer Elemente in den meisten poetischen Texten andererseits gerecht zu werden, indem er vom lyrischen, epischen und dramatischen Stil als poetischen Grundkategorien (die ihrerseits auf menschlichen Grundeigenschaften beruhen) und nicht von Lyrik, Epik und Dramatik als streng voneinander getrennten Gattungen sprach. Trotzdem hält auch Staiger an der prinzipiellen Unterscheidung der drei Textbereiche fest.

Zur Gattung der Epik gehört neben den oben bereits genannten noch eine ganze Reihe anderer Textarten. André Jolles hat in seinem Buch *Einfache Formen* (L 112) meist epische Textarten zusammengestellt und erläutert, die eine einfache Struktur besitzen, kurz und vor-literarischen Charakters sind, mündlich tradiert wurden und gewissermaßen die Grundformen des Epischen darstellen. Er zählt zu ihnen Legende, Sage, Mythe, Rätsel, Spruch, Kasus (= Beschreibung eines Ereignisses, an dem etwas Allgemeines zu erkennen ist), Memorabile (= Beschreibung eines Ereignisses in allen Einzelheiten, das als einmalig eingeordnet wird), Märchen und Witz. Man könnte wohl auch die Parabel, die Fabel, den Schwank und die Anekdote dazuzählen. Von den genannten Textarten sind Legende, Sage, Märchen, Fabel sowie die nicht zu den „einfachen", „ursprünglichen" Formen zu rechnende Kalendergeschichte die literarisch bedeutsamsten. Zwar finden sich in den Unterhaltungsbeilagen der Zeitungen noch heute durchaus öfter **Anekdoten,** die – der Textart entsprechend – eine historische Person dadurch scharf charakterisieren, daß sie einen Vorfall pointiert zur Darstellung bringen; aber als Textart hat sie kaum jemals wieder die literarische Bedeutung erlangt, die ihr Kleist in seiner *Anekdote aus dem letzten Preußischen Kriege* verschaffte. Auch der **Schwank,** eine kurze Erzählung in Vers oder Prosa meist derb-komischen Inhalts, spielt seit dem 18. Jahrhundert kaum noch eine Rolle. Wie der Schwank besitzen **Fabel** und **Parabel** meist didaktisches Gepräge, bringen aber im Gegensatz zu jenem das eigentliche Gemeinte, die Lehre, nur verschlüsselt zur Sprache. In der Fabel wird ein moralischer Satz oder eine beherzigenswerte Lebensweisheit mit Hilfe der Übertragung des Geschehens aus menschlichen Verhältnissen in die der Tier- oder Pflanzenwelt besonders nachdrücklich hervorgehoben; die Parabel, wie die Fabel ein kurzer epischer Text in Prosa, seltener in Versen, unterscheidet sich von dieser dadurch, daß sie den Bereich des Menschen nicht verläßt und auch nicht als eine dem eigentlich Gemeinten Punkt für Punkt entsprechende Geschichte konzipiert ist; ihr genügt eine allgemeine Beziehung zwischen der erzählten Geschichte und den Lebensverhältnissen des Menschen, auf den sie belehrend Einfluß nehmen will. Die **Kalendergeschichte** wiederum verzichtet auf jegliche Art der Verschlüsselung und läßt die beabsichtigte Lehre in der Regel in aller Eindeutigkeit erkennbar werden; Hebel schickt seinen Kalendergeschichten oft genug sogar die Lehre expressis verbis voraus (*Kannitverstan;* s. I, 4) oder fügt sie am Ende an *(Der Husar in Neiße).*

Vermag also die Frage nach der didaktischen Absicht eine Fabel, eine Parabel, eine Kalendergeschichte zu erschließen, so ist das bei **Legenden, Sagen** und **Märchen** selten der Fall. Lehrhafte Züge finden sich häufiger nur in der Legende, denn diese Erzählung, die Ereignisse im Leben eines vorbildlichen Menschen, meist eines Heiligen, zum Gegenstand hat, will nicht nur unterhaltsam sein, sondern auch Bewunderung beim Leser hervorrufen. Dies geschieht oft dadurch, daß das Geschehen den Anstrich des Wunderbaren erhält. Insofern verläßt die Legende häufig den Boden des (historisch) Wirklichen. Dies verbindet sie mit Sage und Märchen. Erstere knüpft allerdings an reale Orts- oder Zeitverhältnisse an, hat sozusagen immer einen wirklichen Anlaß, den sie ausschmückt. Sie kreist um geschichtliche Ereignisse, Orts-, Pflanzen-, Tiernamen, aber auch um Könige, Kaiser, Helden und bildet insofern das „weltliche" Gegenstück zur Legende. Das Märchen, das wir seit der Romantik, die oftmals bewußt auf diese überlieferte Textart zurückgriff, sie fortentwickelte und ins Artistische wendete, in Volks- und Kunstmärchen unterteilen, stellt hingegen eine kürzere Prosaerzählung dar, die, ohne Bindung an tatsächliche Ereignisse, ort- und zeitlos, von wunderbaren Begebenheiten berichtet, ohne daß sich die Frage des Realitätsgehaltes oder der Glaubwürdigkeit überhaupt stellt. Das liegt daran, daß reale Welt und Phantasiewelt nicht getrennt erscheinen, daß sich alles in einer hermetisch-homogenen Sphäre abspielt, in der Riesen und Zwerge, Feen und Menschen, Tiere und Pflanzen gleich wirklich sind, auch wenn sie mit un- oder übernatürlichen Fähigkeiten ausgestattet wurden. Im Gegensatz zur Sage und zur Legende hat das Märchen keine Beziehung zur wirklichen Geschichte; ja es handelt sich bei den meisten uns bekannten Märchen um die regionale (oder nationale) Ausgestaltung eines Erzählkerns oder eines Erzählmotivs, auf die auch Märchen anderer Völker zurückgehen. Die vergleichende Märchenforschung hat zeigen können, daß die Märchenerzählungen der verschiedensten Zeiten und Länder oft auf ein und derselben Grundvorstellung basieren.

In der modernen Literatur spielt von allen epischen Kurzformen die **Kurzgeschichte** die weitaus bedeutendste Rolle. Sie entstand in Deutschland um 1920 im Zusammenhang mit dem Aufblühen der Zeitschriften- und Magazin-Literatur für den eiligen Leser in einer Massengesellschaft und trat an die Stelle von Novelle und Erzählung, welche die Unterhaltungsjournale des gebildeten oder gehobenen Bürgertums gefüllt hatten. Der Name „Kurzgeschichte“ ist eine Lehnübersetzung der amerikanischen Bezeichnung „short story“ und deutet auf einen wichtigen literarischen Herkunftsbereich dieser Textart hin. Im Gegensatz zur amerikanischen short story, die nur äußerlich, nämlich als eine Geschichte von nicht mehr als 2000 bis 30000 Wörter definiert wird, folgt die deutsche Kurzgeschichte jedoch im allgemeinen bestimmten Strukturprinzipien. Außer der short story sind zu ihren Vorläufern denn auch einerseits die pointierten Geschichten von Tchechow und Maupassant zu rechnen, andererseits die deutschen Kurzformen wie Schwank, Kalendergeschichte und Anekdote. Mit ihnen wie mit der Novelle, der Parabel, der Erzählung verbindet die Kurzgeschichte oftmals diese oder jene Eigenschaft, doch lassen sich auch weitgehend spezifische Merkmale dieser epischen Textart umgrenzen. In aller Regel bewußt und streng komponiert, konzentriert sie sich auf die Darstellung eines knappen Daseinsausschnitts, den sie unter Verzicht auf Vor- und Nachgeschichte meist als konfliktgeladene Situation eines Einzelmenschen gestaltet. Typisch dafür ist der unvermittelte Einsatz und das starke Gefälle auf eine Lösung des Konflikts oder die Katastrophe zu. Was die Kurzgeschichte des 20. Jhdts. von der Kalendergeschichte des 16. bis 19. Jhdts. am stärksten unterscheidet, ist der Verlust des Vertrauens auf einen göttlich-metaphysischen Sinn allen Geschehens. Deshalb fehlt ihr das Moment des Didaktischen, deshalb auch gilt der offene Schluß als spezifisches Merkmal der modernen Kurzgeschichte. Damit ist nicht gemeint, daß die Erzählung abrupt beendet wird und ein eigentlicher Schlußteil fehlt – die Kurzgeschichte besitzt oft sogar einen besonders pointierten Ausgang. Aber die Konflikte bestehen auch über das Handlungsende hinaus weiter; selbst wenn sie innerhalb der Geschichte gelöst werden (wie es z. B. bei Borchert oft der Fall ist), bleiben sie für den Rezipienten existent. Hier zeigt sich, wie stark ein geistiger Wandlungsprozeß auf die Form der Dichtung Einfluß gewinnt: Da die Welt nicht mehr als sinnbestimmtes Ganzes erfahren wird, steht der einzelne mit seinem Konflikt im Mittelpunkt, läßt sich dem Leser nichts Belehrendes mitteilen, bleiben Vor- und Nachgeschichte ausgespart, verhindern Lösungen nicht das Fortdauern des Konflikts in dieser Welt.

Von allen Arten epischer Darstellung ist die **Erzählung** die am wenigsten fest definierte. Schon der Begriff kann als Sammelname für alle Formen erzählender Dichtung fungieren, aber auch wenn man ihn im engeren Sinne, nämlich als Bezeichnung für einen epischen Text mittleren Umfangs gebraucht, bewegt man sich auf begrifflich ungesichertem Terrain. Wie die Fabel, die Legende und der Schwank kommt die Erzählung in Versform wie in Prosa vor, doch sind alle Formen der Verserzählung seit dem Ende des 18. Jahrhunderts immer ungebräuchlicher geworden und müssen heute als ausgestorben betrachtet werden. Außer dem quantitativen Merkmal (umfangreicher als die bisher behandelten epischen Kleinformen, schmaler als der Roman und das Epos) gibt es für die Erzählung nur einige wenige Bestimmungsmerkmale, die außerdem meist negativer Art sind. Sie spielt in der Regel – anders als Märchen, Legende, Sage – nicht in einem Raum der Irrealität. Meist locker gefügt und jede Erzählweise zulassend, hat sie doch zwei Typen entwickelt, die in der Literatur der letzten beiden Jahrhunderte zu Bedeutung gelangten: die **Rahmenerzählung** und die **chronikalische Erzählung.** Erstere bezeichnet entweder einen Zyklus, der eine von demselben Erzähler *(Tausendundeine Nacht)* bzw. von verschiedenen Personen (Boccaccios *Decamerone*) vorgetragene Sammlung von Einzelerzählungen umschließt, oder die gerahmte Einzelerzählung, in der eine Figur aus der Rahmenhandlung eine Geschichte (**Binnenerzählung**) berichtet, wobei der Rahmen die Funktion erfüllt, die Binnenerzählung glaubhaft zu machen, deren Ich-Form zu motivieren oder – dies ist ästhetisch bedeutsamer – den Leser in eine größere innere Distanz zum erzählten Geschehen zu versetzen. Oft läßt auch die Binnenerzählung das Rahmengeschehen erst verständlich werden, indem sie es durch Analogien deutet oder dessen historischen Hintergrund aufdeckt. Ist letzteres der Fall, handelt es sich meist um eine chronikalische Erzählung: Diese basiert auf fiktiven Dokumenten, gibt dem Mitgeteilten also den Anstrich des Historisch-Wirklichen und erreicht den Eindruck der Echtheit sowohl mit Hilfe eines von Archaismen durchsetzten Stils als auch durch Einfügung eines Rahmens, in dem etwa davon berichtet wird, wie der Erzähler die Chronik gefunden hat, die er dann zu Worte kommen läßt. Diese Form ist vor allem in der Literatur des 19. Jahrhunderts gepflegt worden: E. T. A. Hoffmanns *Elixiere des Teufels,* A. Stifters *Aus der Mappe meines Urgroßvaters* und viele Erzählungen C. F. Meyers z. B. gehören hierher.

Im Gegensatz zur „bloßen" Erzählung gehört die **Novelle** zu jenen Arten der Epik, die sich einer Form-Definition nicht völlig entziehen, wenn sie auch von Autoren und Wissenschaftlern höchst unterschiedlich bestimmt worden ist. Der Name, der auf das italienische Wort ‚novella' (für ‚Neuigkeit') zurückgeht und seit der Renaissance als literarischer Begriff geführt wird, verweist darauf, daß es sich bei der Novelle um eine (kürzere) Vers- oder Prosaerzählung handelt, in deren Mittelpunkt ein unerwartetes Ereignis steht. Sie ist grundsätzlich straff geformt, gibt epischen Exkursen selten Raum, läßt das Geschehen in der wirklichen (oder einer fiktiv wirklichen) Welt spielen und führt meist recht geradlinig auf den Schluß, den Ausgang des Geschehens zu. Goethe, dessen *Novelle* häufig als beispielhaft hingestellt wird, hat im Gespräch mit Eckermann als das Kernstück dieser epischen Form die Darstellung „einer sich ereigneten unerhörten Begebenheit" (25. 1. 1827) bezeichnet und damit das Überraschende und Außergewöhnliche als die spezifischen Momente des Novellistischen hervorgehoben. Die zahlreichen Definitionsversuche sind meist ebenso hilfreich wie anfechtbar: Sie machen auf ein artbildendes Strukturprinzip aufmerksam, das der Analyse des Textes eine sinnvolle Richtung geben kann; aber sie treffen nicht immer zu, schließen also Texte aus, die zur Textart ‚Novelle' gehören (sich u. U. gar Novelle nennen), und stehen immer in der Gefahr, Eigenschaften als artspezifisch auszugeben, die durchaus auch anderen Arten der Epik zukommen. Zu den berühmtesten

Novellendefinitionen gehören neben der von Goethe noch die von Tieck und Heyse. Tieck erhob den Wendepunkt zum eigentlichen Charakteristikum der Novelle und interpretierte sie auf diese Weise als eine Erzählung, die ihr Strukturmerkmal durch die Einführung eines neuen, überraschenden Ereignisses erhält. Paul Heyse gewann seine Definition im Blick auf Boccaccios Falken-Novelle aus dem *Decamerone:* Der Falke, so Heyse, sei das zentrale Motiv in Boccaccios Novelle, das alle Einzelzüge zusammenbinde und so ein in sich geschlossenes Ganzes konstituiere, das als das entscheidende, die Novelle von der bloßen Erzählung unterscheidende Kriterium zu gelten habe. Diese der Novelle eigentümliche Geschlossenheit der Komposition und Strenge der Form ist gewiß ein wichtiger, wenn nicht gar der wichtigste Grund dafür, daß sie in der Literatur der Gegenwart eine höchst untergeordnete Rolle spielt. Denn in einer Zeit der geistigen Skepsis und Orientierungsschwierigkeiten und der damit zusammenhängenden poetischen Form- und Sprachexperimente kann es nicht verwundern, daß die Merkmale ästhetischer Formstrenge in den Hintergrund treten. So wie Reim, regelmäßiger Vers und feste Strophenformen der Lyrik unserer Tage verlorengegangen sind, wie die Einteilung des Dramas in Akte und Szenen oft nur noch ein höchst äußerliches Merkmal darstellt, so sind auch in der Epik heute mehr jene Arten zu Bedeutung gelangt, die nicht von vornherein als formal fixiert gelten.

Eben damit hängt auch die Tatsache zusammen, daß der Roman zur herrschenden Kunstform unserer Tage wurde. Zu keiner Zeit hat man ihn so eng definieren wollen und können, wie es z. B. mit Fabel, Kalendergeschichte und Novelle geschah. Das liegt auch daran, daß der Roman als umfänglichste Prosaerzählung eine allzu streng geregelte Fügung der Einzelteile erschwert. Die Aneinanderreihung von Episoden, die bei dem picarischen Roman in Spanien und den Volksbüchern in Deutschland das herrschende Kompositionsprinzip bildete, reicht nicht immer aus, eine umfangreiche Geschichte zu gliedern und ihre Einzelelemente sinnvoll miteinander zu verknüpfen. Die Wege, die die Autoren bei der Lösung dieser Schwierigkeiten gingen, unterscheiden sich stark, die Zahl der Romantypen und -typologien ist deshalb geradezu unüberschaubar. So hat Kayser (L 117) – ebenso wie für das Drama (s. Abschnitt 3 dieses Kapitels) – eine Trias im Typologischen entworfen (Geschehnis-, Figuren- und Raum-Roman); man hat die Absichten und Grundauffassungen des Autors zum Maßstab genommen (satirischer, didaktischer Roman), nach der äußeren Form (Ich-Roman, Brief-Roman etc.), nach dem Stoff (Staats-, Heimat-, Zeit-, Gesellschaftsroman), nach der Behandlung des

Helden (Erziehungs-, Bildungs-, Entwicklungsroman, psychologischer Roman) usw. unterschieden und so der Tatsache entsprochen, daß im Roman stofflich wie formal, stilistisch wie tektonisch, thematisch wie erzählerisch wirklich alles möglich ist. Dies hängt auch mit seiner Entstehung zusammen. Im Frankreich des 12. Jhdts. jede schriftliche Äußerung bezeichnend, die nicht in der „lingua Latina", der Sprache der Gelehrten, sondern in der „lingua Romana", der Sprache des Volkes, abgefaßt war, wird der Begriff des Romans im 13. Jhdt. auf poetische Werke, schließlich auf poetische Werke in Prosa eingegrenzt. Auch der deutsche Roman besitzt diese beiden Wurzeln: einerseits hat er sich als Prosaauflösung mittelalterlicher Epen bzw. als Prosaübersetzung französischer Vers- oder Prosaerzählungen seit dem 15. Jahrhundert in der deutschen Literatur etabliert, andererseits geht er auf die unterhaltsamen Schwanksammlungen und Volksbücher des 15. und 16. Jahrhunderts zurück. Beides zeigt, daß der Roman ein literarisches Produkt der Neuzeit par excellence ist. Denn er spiegelt die Auflösung eines in sich geschlossenen Weltbildes, einer streng gegliederten sozialen Ordnung, einer festgefügten Ästhetik wider. An die Stelle des Epos, das die Welt in ihrer Totalität zur Darstellung brachte und dabei christliches oder christlich geprägtes Denken ebenso wie eine christliche Daseinsordnung vertrat, macht der Roman die Unzulänglichkeit des Menschen, die Unzuverlässigkeit aller Beziehungen, die Fragwürdigkeit der Weltordnung erkennbar; während das Epos auf die Mittel des Symbolischen, des Allegorischen, des Typischen zurückgriff, rückt der Roman das Individuum ins Zentrum des Geschehens, zeigt er die Tendenz, das Einmalige und Subjektive hervorzuheben; während das Epos im allgemeinen in der Welt der Ritter, des Adels, der hohen humanitas angesiedelt ist und sich in gebundener Rede und gehobenem Stil an ein gebildetes, meist höfisches Publikum wendet, ist die Welt des Romans die des Bürgertums, des Existenzkampfes, des Lebensabenteuers, die dem bürgerlichen Publikum in entsprechend weniger gehobenem Stil und in unterhaltsamer, weniger kunstvoller Prosa vermittelt wird (wenn sich auch im 17. Jahrhundert zugleich höfisch-heroischer Roman und höfischer Staatsroman entwickeln und ihre Blütezeit erleben). Im Zusammenhang mit den geistigen Erschütterungen und den sozialen Umwälzungsprozessen im 19. Jahrhundert nimmt die Entwicklung des Romans eine charakteristische Wende. Einerseits entwickelt sich eine Massenliteratur, in deren Sog der Roman als ergiebigstes Unterhaltungsmedium wie kaum eine andere Textart gerät, wobei die verflachenden Momente immer stärker in den Vordergrund treten: Es kommt nicht auf differenzierende, sondern auf jedermann verständliche Ausdrucksformen an, es müssen alle, d. h. gerade auch die den sogenannten ‚kleinen Mann' interessierenden Lebensphänomene aufgegriffen, die seinen Alltag vergoldenden Geschichten erzählt werden. So gewinnt zufolge der Entwicklung einer Massenliteratur der Kolportage- und Klischee-Roman seine Vorrangstellung, der – zum Groschenroman geschrumpft – schon rein quantitativ gar kein Roman mehr ist. Andererseits führen die sozialen Gegensätze und die Verfallserscheinungen des Bürgertums zum realistischen Gesellschaftsroman, der bei Fontane, Raabe, dann bei Heinrich Mann, Thomas Mann, Jakob Wassermann und Hermann Broch zu Beginn des 20. Jahrhunderts seinen Höhepunkt erlebt. Und schließlich entsteht unter dem Eindruck der fortschreitenden Isolierung des einzelnen in der Massengesellschaft auch der psychologische Roman, der die Bewußtseinskrise des bürgerlichen Intellektuellen spiegelt; zudem stellt er auch einen Reflex auf die immer dominanter werdende Psychologie dar. Musils *Der Mann ohne Eigenschaften*, Th. Manns *Zauberberg* und *Doktor Faustus* sind im deutschen Sprachraum die wohl charakteristischsten Beispiele; auch Kafkas Romane, die die Entfremdung des Menschen in einer unverständlich gewordenen und darum als bedrohlich empfundenen Welt zur Geltung bringen, lassen sich hier einordnen. Bei der Interpretation des psychologischen Romans sind jedoch außer den geistig-gesellschaftlichen Entwicklungen und literarischen Voraussetzungen in Deutschland in ganz besonderem Maße auch ausländische Einflüsse zu berücksichtigen (James Joyce, Marcel Proust). – Lenkt man sein Augenmerk auf die Tatsache, daß der Roman unserer Tage die Bewußtseinskrise des Menschen in einer der alles anonymisierenden Technik anheimgefallenen Welt sowie in einer die politisch-soziale Auseinandersetzung täglich verschärfenden Zeit darstellt, so zeigt sich in aller Deutlichkeit die radikale Veränderung, die die Ablösung des Epos durch den Prosa-Roman auf dem Feld der Epik herbeigeführt hat. Vielleicht ist das Beziehungsgeflecht von Gesellschaft, Bewußtsein und Poesie in seiner historischen Wandelbarkeit nirgends so klar zu erkennen wie hier.

Weiterführende Literatur: L 117, L 139, L 208; Gattungsfragen: L 276, L 279; epische Formen: L 112, L 141, L 225; Ballade: L 100; Anekdote: L 83; Schwank: L 281; Fabel: L 45, L 143; Parabel: L 97, L 27; Legende: L 239; Sage: L 237; Märchen: L 167; Kurzgeschichte: L 44, L 236; Novelle: L 323, L 199; Roman: L 118, L 162.

Arbeitsteil

A. Aufgaben zur Bestimmung epischer Textarten

1. Was verbindet Märchen, Sage und Legende miteinander, was trennt sie?
2. Vergleichen Sie Epos und Roman!
3. Definieren Sie Rahmenerzählung und chronikalische Erzählung und erläutern Sie die Funktion ihrer Elemente!
4. Versuchen Sie an einer Novelle eigener Wahl die Novellendefinitionen von Goethe, Tieck und Heyse zu verifizieren!
5. Ordnen Sie einen Roman Ihrer Wahl den genannten (ggfs. auch anderen) Typen zu und begründen Sie Ihre Entscheidung!
6. Analysieren Sie die Verquickung der Gattungsmerkmale in Goethes Ballade *Die wandelnde Glocke!*
7. Bestimmen Sie die Textart der nachfolgenden Beispiele und begründen Sie Ihre Entscheidung durch die Analyse der artspezifischen Merkmale!

B. Textbeispiele

I, 7

Martin Luther

Aus: *Äsop-Bearbeitung*

Vntrew

Vom frosch vnd der Maus

Eine maus were gern vber ein wasser gewest vnd kundte nicht, vnd bat einen frossch vmb rat vnd hulffe, Der frosch war ein schalck vnd sprach zur maus, binde deinen fus an meinen fus, so wil ich schwimmen vnd dich hinuber zihen, Da sie aber auffs wasser kamen, tauchet der frosch hinuntern, vnd wolt die maus ertrenkken, Inn dem aber die maus sich weret vnd erbeitet, fleuget ein weyhe daher, vnd erhasschet die maus, zeucht den frosch auch mit eraus, vnd frisset sie beide

Lere

Sihe dich fur, mit wem du handelst, Die wellt ist falsch vnd vntrew vol Denn welcher freund den andern vermag der steckt yhn ynn sack, Doch, Schlegt vntrew allzeit yhren eigen herrnn, wie dem frossch hie geschicht

(W 52, S. 127)

I, 8

Der Tod des heiligen Beneda.

Neben dem Schloß Meissen in Sachsen hatte im Jahre 1088 König Wratislaus der erste von Böhmen eine Gegenfestung angelegt, zur Zügelung der Stadt, zu jener Zeit, als Meissen durch Kaiser Heinrich den 4ten dem Böhmerlande zugeschlagen ward. Guozedek hieß sie in Böhmischer Sprache, jede Spur ist jetzt davon verloren.

Ein Böhmischer Herr, Beneda genannt, landräumig aus unbekannten Ursachen, begab sich nach Meissen und zu dem heiligen Manne Benno, so ein Graf von Woldenburg aus Sachsen war. Als solches der König erfahren, hat er ihn, durch gütige Beschickung, aus Meissen zu sich in das Schloß Guozedek bestellen lassen. Beneda traute dem Könige und stellete sich ein. Der König sprach ihm mit guten Worten zu und bewog ihn, seinen Degen und Mantel in Freundschaft abzulegen, dem Beneda Folge that. Darauf wollte ihn der König, wider Treue und Glauben, greifen und anfassen lassen, aber Beneda, ein herzhafter Mann, erwischte in der Eile ein Schwerdt, so des Königs Kämmerling an der Seite trug und haute zuerst den Kämmerer, so den König schützen wollte, zu Boden.

Der König, so allein, verheißet ihm in der Gefahr Gnade zu erzeigen. Als darauf Beneda einhielt, stach und hieb der König auf solchen los. Dieser mußte sich wehren, und gab dem Könige drei Streiche, also, daß er fast zu Boden gesunken, indem die Wache aufgeregt wurde und auf Beneda zueilte, der dann in der ersten Wuth zwei Soldaten auf die Seele gefaßt, aber endlich übermannt und gefänglich angenommen ward. Und ob er wohl die Untreue des Königs, und wie er zur Noth und Gegenwehr höchst gedrungen, angezeigt hat, ist er doch mit vier Pferden aus einander gerissen und sein Körper, aus Gnaden, von dem Domstift Meissen begraben worden.

Aber das Grab umgab bald ein nächtlicher Heiligenschein, unzählig viel Todte wurden lebendig, viele Blinde sehend, viele Taube hörend, viel Stumme redend und viel Aussätzige rein. Da grub man den heiligen Leichnam aus und zusammen verbunden ward wieder, was durch Gewalt der Pferde getrennt worden; der vollständige Leichnam ward in die Kirche genommen und der von Gott Geheiligte unter die Zahl der Heiligen versetzt.

(W 75, S. 181 ff.)

I, 9

Die Wassernixe

Ein Brüderchen und ein Schwesterchen spielten an einem Brunnen, und wie sie so spielten, plumpten sie beide hinein. Da war unten eine Wassernixe, die sprach „jetzt habe ich euch, jetzt sollt ihr mir brav arbeiten," und führte sie mit sich fort.

Dem Mädchen gab sie verwirrten garstigen Flachs zu spinnen, und es mußte Wasser in ein hohles Faß schleppen, der Junge aber sollte einen Baum mit einer stumpfen Axt hauen; und nichts zu essen bekamen sie als steinharte Klöße. Da wurden zuletzt die Kinder so ungeduldig, daß sie warteten, bis eines Sonntags die Nixe in der Kirche war, da entflohen sie. Und als die Kirche vorbei war, sah die Nixe, daß die Vögel ausgeflogen waren, und setzte ihnen mit großen Sprüngen nach. Die Kinder erblickten sie aber von weitem, und das Mädchen warf eine Bürste hinter sich, das gab einen großen Bürstenberg, mit tausend und tausend Stacheln, über den die Nixe mit großer Mühe klettern mußte; endlich aber kam sie doch hinüber. Wie das die Kinder sahen, warf der Knabe einen Kamm hinter sich, das gab einen großen Kammberg mit tausendmal tausend Zinken, aber die Nixe wußte sich daran festzuhalten und kam zuletzt doch drüber. Da warf das Mädchen einen Spiegel hinterwärts, welches einen Spiegelberg gab, der war so glatt, daß sie unmöglich drüber konnte. Da dachte sie „ich will geschwind nach Haus gehen und meine Axt holen und den Spiegelberg entzwei hauen." Bis sie aber wiederkam, und das Glas aufgehauen hatte, waren die Kinder längst weit entflohen, und die Wassernixe mußte sich wieder in ihren Brunnen trollen.

(W 26, S. 97f.)

I, 10 Frankfurt.

Gründung der Stadt.

Als Karl der Große gegen die Sachsen kriegte, war das Waffenglück ihm oft sehr ungünstig; ein tapferes, freiheitliebendes Volk, leisteten sie ihm kräftigen Widerstand, und nicht selten, von ihrer Uebermacht zurückgedrängt, gerieth er in große Noth. So einstmal auch, als vor ihnen her er an die Ufer des Maines weichen mußte. Ein dichter Nebel lag auf Wald und Fluß; kein Fahrzeug zeigte sich, und es war unmöglich, eine Stelle zu erspähen, die Karl und seinem Heere den Uebergang gewähren konnte. Da sprang, von dem Lärm des Heeres aufgescheucht, aus dem Dickicht, welches das Ufer begrenzte, eine Hirschkuh hervor, die ein Junges trug, und gleich als wolle sie dem Kaiser den Weg zur Rettung zeigen, wadete sie mit ihrem Jungen durch den Fluß. Karl säumte nicht, diese Entdeckung zu benutzen, er folgte mit seinem Heere der Hindin nach, und glücklich entging er so den Feinden, welchen der Nebel den Uebergang verhüllte.

Am andern Ufer aber stieß Karl, voll dankbarer Freude über die rettende Furth, den Speer in den Sand und sprach: „Hier soll eine Stadt erstehen und der Franken Furth soll man sie nennen, zum Andenken an dies Ereigniß." Und als in der Folge er die Sachsen gänzlich bezwungen, gründet er Frankfurt, die später durch die Kaiserkrönungen so berühmt gewordene und in Pracht und Reichthum noch jetzt blühende Handelsstadt am Maine.

(W 65, S. 224f.)

I, 11 **Bertolt Brecht**

Der hilflose Knabe

Herr K. sprach über die Unart, erlittenes Unrecht stillschweigend in sich hineinzufressen, und erzählte folgende Geschichte: „Einen vor sich hin weinenden Jungen fragte ein Vorübergehender nach dem Grund seines Kummers. ‚Ich hatte zwei Groschen für das Kino beisammen', sagte der Knabe, ‚da kam ein Junge und riß mir einen aus der Hand', und er zeigte auf einen Jungen, der in einiger Entfernung zu sehen war. ‚Hast du denn nicht um Hilfe geschrien?' fragte der Mann. ‚Doch', sagte der Junge und schluchzte ein wenig stärker. ‚Hat dich niemand gehört?' fragte ihn der Mann weiter, ihn liebevoll streichelnd. ‚Nein', schluchzte der Junge. ‚Kannst du denn nicht lauter schreien?' fragte der Mann. ‚Nein' sagte der Junge und blickte ihn mit neuer Hoffnung an. Denn der Mann lächelte. ‚Dann gibt auch den her', sagte er, nahm ihm den letzten Groschen aus der Hand und ging unbekümmert weiter."

(W 12, Bd. 12, S. 381)

I, 12 **Rainer Brambach**

Känsterle

Wallfried Känsterle, der einfache Schlosser, sitzt nach Feierabend vor dem Fernsehschirm. Wo denn sonst? – Tagesschau, Wetterkarte; die Meisterschaft der Gewichtheber interessiert Känsterle.

„Mach den Ton leiser, die Buben schlafen!" ruft Rosa, die in der Küche Geschirr gespült hat und nun hereinkommt.

Känsterle gehorcht.

„Es ist kalt draußen", plaudert sie, „wie gut, daß wir Winterfenster haben. Nur frisch anstreichen sollte man sie wieder einmal. Wallfried, im Frühjahr mußt du unbedingt die Winterfenster streichen. Und kitten muß man sie! Überall bröckelt der Kitt. Niemand im Haus hat so schäbige Winterfenster wie wir! Ich ärgere mich jedesmal, wenn ich die Winterfenster putze. Hast du gehört?"

„Ja, ja", sagt Känsterle abwesend.

„Was macht denn der da?" fragte Rosa und deutet auf den Fernsehschirm. „Der könnte seine Kraft auch für was Besseres gebrauchen! Stell das doch ab, ich hab mit dir zu reden!"

„Gleich, gleich!" sagt Känsterle und beugt sich etwas näher zum Schirm.

„Herr Hansmann im Parterre hat im letzten Sommer seine Winterfenster neu gekittet und gestrichen, obwohl es gar nicht nötig war. Nimm dir mal ein Beispiel an Herrn Hansmann! Seine ganzen Ferien hat er dran gegeben. So ein ordentlicher

Mann ... Übermorgen ist Sankt Nikolaus. Erinnerst du dich an Herrn Weckhammer? Ich hab heut im Konsum seine Frau getroffen, ganz in Schwarz. Der alte Weckhammer ist umgefallen, beim Treppensteigen, Herzschlag."

Känsterle drückt auf die Taste ‚Aus'.

„Ein Trost", fängt Rosa wieder an, „daß die Weckhammerschen Kinder aus dem Gröbsten raus sind. Die Witwe fragt, ob wir den Nikolaus gebrauchen könnten. eine Kutte mit Kaninchenfell am Kragen, schöner weißer Bart, Stiefel, Sack und Krummstab, alles gut erhalten. Nur vierzig Mark will sie dafür, hat sie gesagt. Mein Mann wird kommen und ihn holen, hab ich da gesagt. Nicht wahr, Wallfried, du wirst doch Paul und Konradle die Freude machen?" Känsterle schaut auf die matte Scheibe.

„Wallfried!" ruft Rosa.

„Aber Rosa", murmelt Känsterle hilflos, „du weißt doch, daß ich nicht zu so was tauge. Was soll ich denn den Buben sagen? Ein Nikolaus muß ein geübter Redner sein! Muß gut und viel sprechen ..."

Rosa glättet mit der Hand das Tischtuch und schüttelt den Kopf, wobei der Haarknoten, trotz des Kamms, der ihn wie ein braunes Gebiß festhält, eigensinnig wackelt.

„Vermaledeiter Stockfisch!" zischt sie. „Nicht einmal den eignen Buben willst du diese Freude machen! Dabei hab ich schon im Konsum Nüsse, Datteln, Feigen, ein paar Apfelsinen und alles eingekauft!"

Känsterles Gemüt verdüstert sich. Er denkt an das schwere, ihm aufgezwungene Amt.

Eine verstaubte Glühbirne wirft trübes Licht. Känsterle steht auf dem Dachboden; er verwandelt sich zögernd in einen Weihnachtsmann. Die Kutte, die den Hundertkilomann Weckhammer einst so prächtig gekleidet hat, ist dem gedrungenen Känsterle viel zu geräumig. Er klebt den Bart an die Ohren. Sein Blick streift die Stiefel, und dabei versucht er sich an die Füße Weckhammers zu erinnern. Er zerknüllt ein paar Zeitungen und stopft sie in die steinharten Bottiche. Obwohl er zwei Paar grobwollene Socken anhat, findet er noch immer keinen rechten Halt. Er zieht die Kapuze über den Kopf, schwingt den vollen Sack über die Schulter und ergreift den Krummstab.

Der Abstieg beginnt. Langsam rutscht ihm die Kapuze über Stirn und Augen; der Bart verschiebt sich nach oben und kitzelt seine Nase, Känsterle sucht mit dem linken Fuß die nächste Treppenstufe und tritt auf den Kuttensaum. Er beugt den Oberkörper vor und will den rechten Fuß vorsetzen; dabei rollt der schwere Sack von der Schulter nach vorn, Mann und Sack rumpeln in die Tiefe.

Ein dumpfer Schlag.

In Känsterles Ohren trillert's.

Ein Gipsfladen fällt von der Wand.

„Oh! Jetzt hat sicher der Nikolaus angeklopft!" tönt Rosas Stimme hinter der Tür. Sie öffnet und sagt: „Mein Gott ... was machst du denn da am Boden? Zieh den Bart zurecht, die Kinder kommen!"

Känsterle zieht sich am Treppengeländer hoch, steht unsicher. Dann holt er aus und versetzt Rosa eine Backpfeife. Rosa heult auf, taumelt zurück; Känsterle stampft ins Wohnzimmer, reißt Rosas Lieblingsstück, einen Porzellanpfauen, von der Kommode und schlägt ihm an der Kante den Kopf ab. Dann packt er den Geschirrschrank; er schüttelt ihn, bis die Scherben aus den Fächern hageln. Dann fliegt der Gummibaum samt Topf durch ein Fenster und ein Winterfenster; auf der Straße knallt es.

„Er schlachtet die Buben ab!" kreischt Rosa durchs Treppenhaus. Auf allen Stockwerken öffnen sich Türen. Ein wildes Gerenne nach oben. Man versammelt sich um Rosa, die verdattert an der Wand steht und in die offene Wohnung zeigt. Als erster wagt sich Herr Hansmann in die Stube, betrachtet die Zerstörungen; ein Glitzern kommt in seine Augen, und er sagt:

„Mein lieber Känsterle, ist das alles?"

Elend hockt der Weihnachtsmann im Sessel, während Paul und Konradle unter dem Sofa hervorkriechen.

Ein kalter Wind zieht durch die Stube.

(W 10, S. 36 ff.)

3. Das Drama

Im Gegensatz zur Epik, deren gattungsspezifisches Merkmal das Auftreten eines Erzählers ist, der das Geschehen dem Rezipienten vermittelt, eignet dem Drama im Prinzip die **Unmittelbarkeit** der Darstellung. Dem widerspricht nicht, daß ein dramatischer Text in der Regel durch eine Gruppe von Schauspielern und meist auch unter Heranziehung von Bühnenbildern, Requisiten und technischen Hilfsmitteln akustisch und optisch, sprachlich und gestisch vermittelt wird. Dies gehört zu den sekundären Gattungsmerkmalen; ihnen würde im Bereich des Erzählerischen z. B. das stille Lesen oder das Vorlesen mit gestischer und sprachlich besonders auffälliger Betonung entsprechen. Vom Drama aus gesehen, also ohne Berücksichtigung der Frage, ob es im Theater dargestellt oder nur zu Hause gelesen wird, ist Unmittelbarkeit sein primäres Gattungskennzeichen. Der Terminus bezeichnet die Tatsache, daß das Geschehen nicht – wie in der Epik – zurückliegt und dem Rezipienten erst (durch einen Erzähler) vergegenwärtigt wird, sondern sich überhaupt erst in dem Moment vollzieht, in dem es rezipiert wird. Soll diese direkte Beziehung zwischen dramatischem Geschehen und Rezipient aufgehoben werden, so benutzt man dazu Mittel, die man denn auch bezeichnenderweise episch nennt: Ein Erzähler tritt auf, der Zurückliegendes, auf der Bühne nicht Vorgeführtes berichtet oder auf der Bühne Gespieltes kommentiert; Zwischenvorhänge, die beschriftet sind, geben dem Zuschauer bestimmte Informationen, Projektionen verweisen auf historische Ereignisse, die der Zuschauer sich vergegenwärtigen soll usw. Dies sind Techniken, wie sie z. B. Brecht verwendet, dessen Theater wegen dieser Momente der Vermittlung, der Indirektheit, der Mittelbarkeit eben auch als **„episches Theater"** bezeichnet wird.

Sein primäres Gattungsmerkmal, die Unmittelbarkeit also, ist an vielen Eigentümlichkeiten des Dramas zu erkennen. Die auftretenden Figuren werden z. B. in ihrer äußeren Erscheinung nicht beschrieben, sondern unmittelbar wahrgenommen, ihre Sprechart von keinem Medium charakterisiert oder kommentiert, sie wirkt vielmehr direkt auf den Hörer ein; dasselbe gilt für den äußeren Habitus, die Gestik, das Mienenspiel; über das Innere der Figuren erhält der Dramenleser oder der Theaterbesucher – abgesehen davon, daß er wie im täglichen Leben von Gebärden, Mimik, Redeart und Handlungsweise auf innere Befindlichkeiten schließt – ganz direkt in einem **Monolog** (= Selbstgespräch) oder in einem **Dialog** (= Zwiegespräch) Auskunft. Eine Analyse, die einen dramatischen Text angemessen erschließen will, wird diesen gattungsspezifischen Merkmalen Rechnung tragen und ihren Frageansatz entsprechend wählen.

Die dramatische Unmittelbarkeit, wie sie uns bewußt wird, wenn wir im Theater sitzen, ist auf den ersten Blick für die Textanalyse insofern ein Moment der Erschwernis, als Informationen, wie sie ein Erzähler zu geben imstande ist, völlig zu fehlen scheinen. Das ist jedoch keineswegs immer der Fall. Im allgemeinen helfen dem Interpreten nämlich **Regiebemerkungen** weiter, Anweisungen und Auskünfte also, die der Autor seinem Stück, einzelnen Akten oder einzelnen Szenen vorausschickt oder beigibt. Goethes *Götz von Berlichingen* beginnt auf folgende Weise:

> Schwarzenberg in Franken. Herberge.
> Metzler, Sievers am Tische. Zwei Reitersknechte beim Feuer. Wirt.
>
> (W 22, Bd. 4, S. 74)

Bei aller Kargheit erfährt der Leser doch am Anfang schon manches, was der Zuschauer erst später oder gar nicht erfährt, nämlich den Ort, an dem die Handlung spielt, die Namen beteiligter Personen, den Stand anderer Gäste in einem Gasthaus. Das ist gewiß nicht viel, aber eben doch mehr, als die bloße Unmittelbarkeit des Stückes im ersten Moment dem Zuschauer deutlich macht. Andere Autoren haben von den Möglichkeiten der Regiebemerkung durchaus regeren Gebrauch und damit dem Schauspieler und Regisseur präzisere Vorschriften gemacht. Gerhart Hauptmann z. B. beginnt seine *Weber* mit einer etwa eine Seite umfassenden Regiebemerkung, und die Bühnendialoge versieht er andauernd mit Regiehinweisen, übrigens auch mit solchen, die sich nicht nur auf Äußeres beziehen. Am Anfang des ersten Aktes heißt es:

> Erste Weberfrau, welche nur wenig vom Kassentisch zurückgetreten war und sich von Zeit zu Zeit mit starren Augen hilfesuchend umgesehen hat, ohne von der Stelle zu gehen, faßt sich ein Herz und wendet sich von neuem flehentlich an den Kassierer.
>
> (W 31, Bd. 1, S. 331)

Der Hinweis darauf, daß sie sich „ein Herz" faßt, beruht auf einer Innensicht, die der Zuschauer selbst nicht besitzt. Er wird aber der Konsequenzen ansichtig, die der Regisseur aus der Regiebemerkung gezogen hat. Offenbar kommt es Hauptmann darauf an, das innere Elend darzustellen, und dazu verweist er auf die im Spiel sichtbar zu machende innere Situation seiner Figur. Die Ausführlichkeit und die Art der Regiebemerkungen läßt also Rückschlüsse auf die Absichten zu, die ein Autor mit seinem Stück verknüpft, und deshalb eröffnet eine genaue Analyse dieser Zusätze oft wichtige Erkenntnisse über die Thematik des Textes.

So wenig wie die anderen Gattungen ist das Drama auf bestimmte Themen oder Themenkomplexe beschränkt, doch zwingt das primäre Gattungsmerkmal (Unmittelbarkeit) ebenso wie das wichtigste sekundäre Merkmal – nämlich die Realisierbarkeit des Textes auf der Bühne innerhalb eines begrenzten Zeitraums – zu starker Konzentration. Die sogenannte epische Breite – eine Formulierung, die dieses Faktum schon hinreichend kennzeichnet – ist dem Drama versagt, auch wenn sich, namentlich in sogenannten **Lesedramen** oder **Buchdramen,** die auf der Bühne kaum spielbar und für sie auch nicht gedacht sind, und gelegentlich auch im Drama der Moderne, hier und da Ausnahmen finden. Das heißt nun freilich nicht, daß im Drama nur knappe, auf einen Raum, eine kurze Zeitspanne und wenige Figuren konzentrierte Kernhandlungen vorkämen und zeitliche und räumliche Weitläufigkeit oder Figurenvielfalt verboten wäre. Nach der *Poetik* des Aristoteles ist allerdings eine solche strenge Einheitlichkeit, mindestens für die griechische Tragödie, unabdingbar, und bis zur Mitte des 18. Jahrhunderts hat man vor allem in Frankreich und in Deutschland die von ihm hervorgehobenen Eigenschaften der griechischen Tragödie, welche Merkmale der Konzentration waren, zu generellen Normen erhoben, indem man von den **drei Einheiten** (des Raumes, der Zeit und der Handlung) sprach, die auf jeden Fall einzuhalten seien. Für das Drama nach Lessing gilt diese Normierung jedoch nicht mehr, gleichwohl eignet dem Drama bis auf den heutigen Tag das Merkmal, gemessen am erzählerischen Text konzentriert und gerafft zu sein.

Einen Weg, diese Eigenschaft zu erkennen und beschreibbar zu machen, hat Volker Klotz in seinem Buch über *Geschlossene und offene Form im Drama* gewiesen, in dem er in Anlehnung an Wölfflins *Kunstgeschichtliche Grundbegriffe* (vgl. unten, S. 175) zwei gegensätzliche Grundtypen des Dramas unterscheidet, die jedoch beide die dramatische Konzentration zur Geltung bringen. Die **geschlossene Form,** definiert mit der Formel „Ausschnitt als Ganzes“, ist durch die Tendenz zur Konzentration auf wenige Figuren, die sich gegenüberstehen, geringe Raum- und Zeitverschiebungen, durch einen festen Schluß, durch eine Handlung, die auf dieses Ende hin und beinahe einsträngig-kontinuierlich angelegt ist, durch ein in sich geschlossenes Gesellschaftsgefüge (höhere Schichten) usw. gekennzeichnet. Die **offene Form,** in der Formel „Das Ganze in Ausschnitten“ definiert, eignet einem Drama, in dem diese Elemente der Einheitlichkeit zwar gerade nicht vorhanden sind, jedoch zeigt die Formel, daß das Ganze in der Vielfalt der Ausschnitte präsent sei, wie sehr auch hier – nur eben auf eine andere Weise – die Tendenz zur Konzentration sichtbar bleibt: Weite Entfernungen, sozusagen poetische Umwege, die erst allmählich Themen, Konflikte, Lösungen sichtbar werden lassen, kann sich das Drama, auch das der offenen Form, nicht leisten; Direktheit der Darstellung fordert „Spannung", die sich aus der überschaubaren Handlung ergibt.

Ziehen wir die Frage nach der Dramenform zur Analyse des *Götz* heran, so zeigt sich bald, daß Goethes Jugenddrama eine Tendenz zur offenen Form besitzt. Die Momente des Atektonischen – also des Verzichtes auf eine alle Elemente direkt und eng miteinander verzahnende Gestaltung – lassen sich nicht verkennen. Das Stück spielt an vielen Orten und unter vielen Figuren, die z. T. miteinander gar nicht in Berührung kommen, die Handlung ist vielgestaltig (das Reichsproblem, die Ritterfrage, Liebe und Treue Weislingens, das Verhältnis von Obrigkeit und Untertanen im Bauernkrieg usf.) und strebt nicht stringent auf eine Lösung zu; vielmehr schließt das Drama mit dem Tod Götzens, ohne daß alle anderen Handlungsmomente ihrerseits zu Ende geführt wurden: Man könnte sagen, daß *Götz von Berlichingen* zwar einen Schluß, aber nicht eigentlich ein Ende besitze. Form- und geistesgeschichtlich hängt dies alles damit zusammen, daß die Dichter des „Sturm und Drang" sich von allen poetischen Normen zu lösen, ja zu distanzieren trachteten, vor allem von den zur Norm erhobenen drei Einheiten, aber auch von anderen Regeln und Regelmäßigkeiten (z. B. auch vom Vers), und daß sie sich daher viel stärker am englischen Theater, vor allem an Shakespeare, als am französischen orientierten. Aber über solche literaturhistorischen Gesichtspunkte hinaus, die hier gar nicht genügend berücksichtigt werden können, hat die Tatsache, daß Goethes *Götz* als Drama der offenen Form verstanden werden will, vor allem auch textanalytische Bedeutung, und um sie ist es uns hier in erster Linie zu tun.

Hat eine Analyse nicht nur zu dem Ergebnis geführt, daß ein Drama zur offenen oder geschlossenen Form tendiert, sondern auch die entsprechenden Einzelheiten herausgearbeitet, so ist doch immer noch zu fragen, welche Funktion die gewählte Form besitzt, ob sie nur ein äußerliches Kennzeichen darstellt oder zur Substanz des Stückes gehört. Für Goethes *Götz von Berlichingen* läßt sich zeigen, daß die mehr äußeren Momente des offenen Dramas aufs engste mit den inneren verknüpft sind, vor allem nämlich mit dem Faktum, daß Goethes Jugenddrama eine Vielzahl von Themen und Problemen aufgreift und miteinander verzahnt. Der Untergang des letzten freien Ritters wird hier gestaltet, der Untergang einer

Standesidee ebenso wie der eines untadeligen Helden, die Darstellung der Gefühlsverwirrung ebenso wie die Auseinandersetzung zwischen Sittlichkeit und politischer Opportunität, zwischen Macht und Recht usw. usw. Dieser Vielzahl von Themen entspricht eine Vielfalt der Darstellungselemente, die das Drama dem Typus der offenen Form zuordnet, und beide Momente werden, wie meist in dramatischen Texten, bereits in der **Exposition** sichtbar.

Wir verstehen darunter die Einführung des Zuschauers in die Grundsituation des Stückes: die Vorgeschichte wird geklärt, Zeit und Ort(e) der Handlung werden vorgeführt, die wichtigsten Personen treten auf, die Probleme werden geschürzt. Im allgemeinen erstreckt sich die Exposition über den ersten Akt des Dramas, doch ist dies keine verbindliche Vorschrift. Analysieren wir den Beginn von Goethes *Götz* auf seinen Expositionscharakter hin, so stellen wir etwa folgendes fest: Wir erfahren von der Vorgeschichte immerhin so viel, daß Götz mit dem Bischof von Bamberg Auseinandersetzungen hat; das Verhältnis zwischen Götz und Weislingen wird als freundschaftliches Treueverhältnis dargestellt, das starken, auch politischen Belastungen ausgesetzt war und ist; die Verlobung Weislingens mit Maria, der Schwester des Götz, verstärkt die Bindung, die jedoch schon am Ende des ersten Aktes gefährdet scheint, und zwar dadurch, daß Weislingen in den Lebenskreis Adelheids tritt; zugleich wird deutlich, daß der Bischof von Bamberg neue Händel sucht und Intrigen spinnt. Entsprechend diesen Themenverflechtungen wechseln die Schauplätze, so daß dem Zuschauer die offene Form dieses Werkes voll zu Bewußtsein kommt.

Der Frage, auf welche Weise die dramatischen Beziehungen eingeführt werden, also der Frage nach der Exposition, folgt die nach der Durchführung der einzelnen Themen. Dies ist die Frage nach der äußeren und inneren **Bauform des Dramas.** Äußerliche Gliederungen in Einakter, Dreiakter und Fünfakter kommen am häufigsten vor, doch sind seit dem 19. Jahrhundert die strengen Formen vor allem der Drei- und Fünfaktigkeit im Verfall begriffen. Die **Dreiaktigkeit** darf man als Kernform des abendländischen Dramas bezeichnen; sie gliedert sich nach der Einleitung, die als Exposition zu fassen ist, der Phase der steigenden Handlung (Epitasis) mit dem Höhepunkt und ggfs. dem Umschlag der Handlung (Peripetie) in Glück oder Unglück, Untergang oder Rettung sowie dem Schlußgeschehen, das als Katastrophe oder Lösung zu fassen ist. Die Ausweitung dieses dreiaktigen Schemas zu einem **fünfaktigen** seit der Renaissance gliedert die einzelnen Momente stärker: 1. Einleitung mit Exposition, 2. Steigerung der Verwicklung, 3. Höhepunkt, 4. Umschlag und „fallende Handlung", 5. Katastrophe, Rettung, Lösung. Schon die Bezeichnung der einzelnen Phasen läßt erkennen, daß die Aktigkeit nicht nur eine äußere Gliederung darstellt, sondern einer inneren Handlungsstruktur entsprechen soll.

Versuchen wir, *Götz von Berlichingen* auch unter diesem Aspekt zu analysieren, so läßt sich unschwer zeigen, daß sich der junge Goethe trotz aller Abweichung von den literarischen Normen seiner Epoche durchaus an überkommene Ordnungsprinzipien hält, wenn auch nicht streng und sklavisch. Exposition und erster Akt z. B. decken sich, und der zweite Akt steigert die Verwicklung eben dadurch, daß Weislingen in den Bannkreis der machtintriganten Adelheid gerät. Im dritten Akt ergeben sich wenigstens zwei Handlungsgipfel. Einerseits führt die Jagd auf Götz zu einem ersten Höhepunkt, der nach starkem Hin und Her am Ende des dritten Aktes mit der Festnahme erreicht wird; andererseits vollendet sich in gewisser Weise auch ein anderer Handlungsstrang: Maria verbindet sich mit Sickingen, wodurch der Bruch mit Weislingen endgültig vollzogen ist; die beiden von Götz einerseits und von Weislingen andererseits repräsentierten Gruppen hält nun nichts mehr zusammen, der Konflikt wird durch nichts mehr gebremst. Allerdings werden beide Handlungsstränge fortgeführt; im vierten Akt kann Götz nur mit Mühe und Not vor dem Zugriff in Heilbronn bewahrt werden, und in Bamberg erweist sich, daß Adelheids Zuneigung zu Weislingen nur gespielt und Weislingen betrogen ist.

Gegen Ende des vierten Aktes aber führt Goethe ein neues Motiv ein, indem er Lerse von Bauernaufständen berichten läßt. Dies ist – gemessen an der inhaltlichen Bestimmung des fünfaktigen Dramas – eine Durchbrechung des Schemas und zeigt, wie sich seit dem Sturm und Drang die dramatische Dichtung von jeglicher Normierung poetischer Form löst. Insofern gibt uns die Analyse eines dramatischen Textes gerade auch dann dessen Eigenheiten zu erkennen, wenn wir seine Abweichungen vom zugrundegelegten Formschema untersuchen. Gewiß findet im vierten Akt ein „Umschlag" statt, nämlich insofern sich Götz dem Zugriff der Heilbronner Bürger entzieht, aber solche Umschläge haben auch schon im dritten Akt stattgefunden; und von „fallender Handlung" kann – auch dies ein Gegensatz zum Schema – insofern nicht die Rede sein, als sich hier der **Protagonist** (Hauptfigur) noch einmal retten kann.

Im fünften Akt freilich vollzieht sich, sozusagen vorschriftsmäßig, die Katastrophe: Weislingen wird vergiftet, Adelheid von einem „heimlichen Gericht" zum Tode verurteilt, Götz stirbt im Kerker. Aber die Art und Weise, wie die Katastrophe motiviert wird, läßt – dem offenen Dramentypus entsprechend – jegliche Kontinuität vermissen: Denn wenn sich auch der Verrat an Weislingen schon längere Zeit absehen ließ, so taucht das Motiv der Schuld des Ritters Götz erst im fünften Akt auf, nämlich im Zusammenhang mit den Bauernaufständen. Götzens Schuld ist gewiß Folge eines Zwangs, den die Aufständischen ausgeübt haben, aber sie wird dadurch nicht aufgehoben. Nimmt man beide Momente zusammen – die Schuld Götzens, sein Wort gebrochen und sich an die Spitze der Mordhorden gestellt zu haben, und die Tatsache, daß er dazu gezwungen wurde – so zeigt sich jener **tragische Konflikt,** der sich daraus ergibt, daß der Held „schuldlos schuldig" wird. Dieser Widerspruch kann nicht gelöst, er kann allenfalls im Tod aufgehoben werden, wie es in Goethes *Götz* auch geschieht.

Damit stellt sich die Frage nach dem Dramentyp noch einmal, jetzt aber in einem anderen Sinn. Orientiert man sich an den Problemen und Konflikten, den Themen und Tendenzen eines Dramas, so wird man einen Text nach jenen Kategorien einordnen, die wir meist ganz unbefangen gebrauchen, ohne daß sie immer hinreichend definiert werden: Wir sprechen von **Tragödie** und **Trauerspiel,** von **Komödie** und **Lustspiel,** von **Farce** und **Schwank** etc. Goethes *Götz von Berlichingen* könnte man durchaus auf seine tragischen Wesensmerkmale hin untersuchen und würde dabei gewiß auf den Konflikt stoßen, von dem gerade die Rede war. Auf diese Weise läßt sich ein wesentlicher Grundzug dieses Dramas herausarbeiten, auch wenn es sich bei ihm gewiß nicht um eine Tragödie handelt. Der Dichter selbst hat den *Götz* auch nur ein „Schauspiel" genannt.

Gehen die Bezeichnungen „Tragödie", „Komödie" etc. mehr auf den Gehalt eines Dramas ein, so ist Klotz mit seiner Dramentypologie mehr an der Tektonik eines Werkes orientiert. Ähnlich steht es mit Wolfgang Kayser, der zwischen **Figurendrama, Raumdrama** und **Handlungsdrama** unterscheidet (L 117). Im Raumdrama ist die Hauptfigur nur noch äußeres Bindeglied, die Kräfte, die aufeinanderstoßen, werden nicht so sehr von einzelnen Figuren, sondern eher von Gruppen verkörpert. Analysiert man Goethes *Götz von Berlichingen* nach dieser Typologie, so wird man erkennen, daß es sich hier um eine Mischform aus Figuren- und

Handlungsdrama handelt. Für die Einordnung als Figurendrama spricht, daß sich alles um den Protagonisten Götz dreht, für die als Handlungsdrama die Tatsache, daß Geschehnisse, auch gerade äußere Geschehnisse, immer wieder im Mittelpunkt stehen und daß – gemäß dem offenen Typus nach Klotz – sich die Handlungen auch gegen Götz wenden und keineswegs immer von ihm ausgelöst werden, wie z. B. die Initiativen, die von Adelheid und dem Bamberger Bischof ausgehen. Wie Kaysers und Klotz' Bestimmungen sind auch andere nicht primär inhaltlich geprägt. Wir heben aus der Vielzahl von Klassifizierungen nur noch zwei Typen hervor, nämlich das **Zieldrama** und das **analytische Drama.** Beide sind durch ihren inneren Aufbau definiert. Während das Zieldrama eine Handlungsstruktur aufweist, die auf das Ende hin angelegt ist, besteht das analytische Drama aus der zergliedernden Entwicklung der Vergangenheit: das Geschehen, um das es geht, liegt zeitlich zurück. Als Paradebeispiele für das analytische Drama gelten Sophokles' *Ödipus* und Kleists *Der zerbrochene Krug. Götz von Berlichingen* läßt sich nach dieser Typologie ohne Schwierigkeiten als Zieldrama erschließen, bei dem alles auf die Entscheidung hin angelegt ist, ob Götz sich gegen eine ihm feindliche politisch-soziale Umwelt, gegen eine ihn nicht mehr benötigende, ihn daher mißachtende Epoche, gegen eine seine Denk- und Handlungsweise weder verstehende noch achtende Zeit wird behaupten können. Es gibt noch eine ganze Reihe von Möglichkeiten, das Drama nach einem Typus zu analysieren (Schicksalsdrama, Charakterdrama, soziales Drama, historisches Drama etc.), doch sehen wir von der Darstellung weiterer Typologien ab, weil im Zusammenhang mit der Frage, wie dramatische Texte textanalytisch zugänglich zu machen sind, auch noch andere Gesichtspunkte Berücksichtigung finden müssen.

Von wesentlicher Bedeutung ist z. B. die Frage, welche **Figuren** auftreten, auch, aus welchem Milieu sie stammen. Es gibt z. B. Figuren, die von sich aus komisch sind und einem Drama daher meist den Anstrich der Komödie geben: Der Hanswurst gehört dazu, die keifende Alte, meist auch der Geizkragen usf. Bis zur Aufklärung galt zudem die sogenannte **Ständeklausel,** welche vorschrieb, daß die Tragödie nur im Milieu des Adels spielen durfte, das Lustspiel oder die Komödie hingegen grundsätzlich im Milieu der niederen Stände anzusiedeln war. Die **Figurengruppierung** bringt einen dramatischen Konflikt erst zur Geltung. So stehen sich mit Götz und dem Bischof von Bamberg zwei Figuren gegenüber, die ganz verschiedene Welten vertreten: Der weitgehend auf sich gestellte einzelne trifft auf eine Höflingswelt, der kämpferische Held auf

Diplomaten, eine in gewisser Weise naive Tugendhaftigkeit auf das Ränkespiel der Machtbesessenen. Wenn in der Liste der „dramatis personae" von Hauptmanns *Webern* dem Parchentfabrikanten Dreissiger und seiner Familie eine ganze Gruppe von Webern gegenübergestellt ist, so signalisiert eine solche Figurengruppierung bereits, was das Stück dann auch in der Tat inhaltlich erfüllt und tektonisch strukturiert, nämlich den sozialen Konflikt zwischen einem Privilegierten und vielen Unterdrückten und Ausgebeuteten.

Die dramatischen Konflikte werden poetisch konkret erst eigentlich in den Dialogen, also in der **Figurensprache.** Wer die Redeweise Adelheids mit der Elisabeths oder Marias, die Redeweise der Höflinge in Bamberg mit der der Ritter um Götz vergleicht, erhält einen Einblick in das Verfahren, den dramatischen Konflikt direkt, und das heißt in der Sprache der Figuren auszudrücken. Dies ist neben der dramatischen Unmittelbarkeit, die der Gattung des Dramas eignet, auch eigentlich allein gemäß. In jener berühmten Szene gegen Ende des dritten Aktes z. B., in der Götz aufgefordert wird, sich auf „Gnad und Ungnad" zu ergeben, wird die Grundhaltung des Ritters, dem Kaiser den unbedingten Gehorsam nicht zu versagen, andere Macht über sich aber nicht anzuerkennen, auch sprachlich deutlich: „Vor Ihro Kaiserliche Majestät hab ich, wie immer, schuldigen Respekt", ruft er dem Boten zu, der Götz zur Kapitulation auffordert. Der beinahe amtliche Stil dieses Satzes bringt den Respekt klar zur Geltung. Nicht weniger deutlich, nämlich in drastischen Worten, die hier allerdings verschluckt werden, drückt Götz seine Verachtung gegenüber dem Hauptmann aus, der ihn zur Strecke bringen will: „Er aber, sag's ihm, er kann mich ---". (W 22, Bd. 4, S. 139)

Besonders nachdrücklich werden die Konflikte im Dialog sprachlich zur Darstellung gebracht. In Hauptmanns *Webern* gibt es viele Passagen, in denen der thematische Konflikt seinen Ausdruck ebenso in den sprachlichen Unterschieden wie in der **Dialogführung** findet. Das Beispiel, das wir heranziehen, stammt aus dem ersten Akt. Während des Auftritts von Herrn Dreissiger bricht ein kleiner Junge vor Schwäche zusammen; er ist einen weiten Weg gegangen, um den Hungerlohn einzukassieren, den der Fabrikant für die Webware zahlt. Während Dreissiger zunächst nach Wasser, dann nach Kognak ruft, wirft Bäcker, ein revolutionär gestimmter Augenzeuge, ein: „Gebt'n ock was zu fressen, da wird a schonn zu sich kommen." (W 31, Bd. 1, S. 341) Seine schlesische Mundart steht ebenso im Gegensatz zum Hochdeutsch des Fabrikanten, wie sein sozialer

Status dem Dreissigers unterlegen ist. Und daß dieser durchaus ein schlechtes Gewissen hat, zeigt der anschließende Dialog:

> Neumann. Er hat was gesagt, Herr Dreissiger! Er bewegt die Lippen.
> Dreissiger. Was – willst du denn, Jungl?
> Der Junge (haucht). Mich ... hungert!
> Dreissiger (wird bleich). Man versteht ihn nich.
> Weberfrau. I gloobe, a meinte ...
> Dreissiger. Wir werden ja sehen.
>
> (W 31, Bd. 1, S. 341)

Die Tatsache, daß Dreissiger vorgibt, man könne den Jungen nicht verstehen, macht sein Schuldgefühl ebenso erkennbar wie die, daß er in die Mundart seiner Untergebenen fällt und den Jungen in schlesischer Diminutivform „Jungl" nennt. Auch hier also ist der Sprachgebrauch besonders aufschlußreich. Schließlich gibt aber auch die Dialogführung zu erkennen, wie sehr die hungernden Weber Dreissiger gegenüber im Recht sind; der Fabrikant will gar nicht wissen, was der Junge gesagt hat, denn er schneidet der Weberfrau („I gloobe, a meinte ...") das Wort ab, ohne auf sie einzugehen: „Wir werden ja sehen." Dieses Vorbeireden, das einen Dialog im strengen Sinne hintertreibt, ist oft besonders aufschlußreich für Thematik und Struktur eines dramatischen Textes.

Weiterführende Literatur: L 117, L 75, L 52, L 125, L 224, L 47, L 20.

Arbeitsteil

A. Aufgaben zur Analyse des Dramas

Wählen Sie einige Dramen aus (Vorschlag: Goethes *Tasso*, Schillers *Räuber*, Büchners *Woyzeck*, Dürrenmatts *Physiker*) und lösen Sie folgende Aufgaben:

1. Überprüfen Sie die ausgesuchten Dramen nach der Typologie von Volker Klotz und nach der von Wolfgang Kayser!
2. Analysieren Sie den Einsatz von Regiebemerkungen!
3. Analysieren Sie die auftretenden Figuren und ihre Gruppierung!
4. Untersuchen Sie die Gestaltung der Exposition!
5. Analysieren Sie das Verhältnis von innerem und äußerem Aufbau!
6. Behandeln Sie die nachstehenden Texte unter folgenden Gesichtspunkten:
   a) Charakterisieren Sie die Dialogführung in Text I, 13!
   b) Erläutern Sie Art und Funktion der Figurensprache in Text I, 13!

c) Charakterisieren Sie den Schluß von Goethes *Egmont* (Text I, 14); achten Sie insbesondere auf die Gestaltung des Monologs sowie auf die Verknüpfung des Monologs mit optischen und akustischen Zeichen; erörtern Sie deren Funktion!

B. Textbeispiele

I, 13 **Franz Xaver Kroetz**

Aus: *Michis Blut*

MARIE Wenn mir ein Zimmer ham, gehst aufn Abort.
KARL Weils da kalt is.
MARIE Aber alles kann man sich ned gfalln lassn.
KARL Genau.
MARIE Weilst eine Sau bist.
KARL Das bist du, was bin denn ich?
MARIE Narrisch bist.
KARL Das bist du, was bin denn ich?
MARIE Geil bist, aber zambringen tust nix.
KARL Das bist du, was bin denn ich? – Das ist mir auch wurscht.
MARIE Wenns dir nicht schmeckt, laß stehn. Glaubst, ich halt dich ab?
KARL Du bestimmt nicht, weil ich dich nicht frag.
MARIE Wenns dir ned schmeckn tut, kannst es ja stehn lassn.
KARL Schmeckt eh.
MARIE Liebe werst keine mehr zu meiner habn. Das ist es.
KARL Wennst es eh weißt.
MARIE Das nutzt nix.
KARL Und da sollst in Ruhe essn.
MARIE Stör ich dich?
KARL Du bestimmt ned, weil du mir wurscht bist.
MARIE Aber ned seit immer.
KARL Das is vergessn.
MARIE Wenn man ein braucht und er merkt es, dann weiß er es net zum schätzn. – Willst ein Friedn von meiner.
KARL Eine Ruh mag ich.
MARIE Sagt eh niemand etwas.
KARL Mag nimmer.
MARIE Laß stehn, dann is aufd Nacht auch gleich was da.
KARL Eine Sturheit, wost suchn mußt. Speibn könnt ich, wenn ich es seh.
MARIE Denn tuhs doch, glaubst, ich halt dich ab. Mich fragt auch keiner, ob ich mag oder ned.
KARL Sag feig.

MARIE Feig. – Drecksau, Drecksau, dreckerte, die Polizei hol ich, dann holns dich, dann kommst in Irrnhaus, wost hingehörst, dann wirst es schon sehn. Und von sowas hab ich mich zu sowas hergebn, wost überhaupts keine Dankbarkeit mehr habn tust.
KARL Ich könnt fei nochmal.
MARIE Dann tuhs doch.
KARL Genau. – Hör auf zum weinen, wennst nicht mitkommst, was man sagt.
MARIE Ich versteh mir genug.
KARL Weilst blöd bist.
MARIE Lieber blöd wie eine Sau.
KARL Mögn tu ich ebn nimmer.
MARIE Da werd man nicht gfragt, ob man mag oder nicht.
KARL Satt bin ich.
MARIE Keiner is so wie du, weilst spinnst, das merkt man.
KARL Du kannst ja nix dafür.
MARIE Ebn.
KARL Was redst dann und mischt dich ein?
MARIE Hab auch ein Recht.
KARL Nix hast du.
MARIE Versoffn bist.
KARL Genau.
MARIE Asozial bist.
KARL Schiach bist.
MARIE Ein Hamperer bist.
KARL Eine Flitschn bist.
MARIE Bin ich nicht.
KARL Bist.
[...]

(W 43, S. 57f.)

I, 14 Johann Wolfgang Goethe

Aus: *Egmont*

Trommeln näher.

Horch! Horch! Wie oft rief mich dieser Schall zum freien Schritt nach dem Felde des Streits und des Siegs! Wie munter traten die Gefährten auf der gefährlichen rühmlichen Bahn! Auch ich schreite einem ehrenvollen Tode aus diesem Kerker entgegen; ich sterbe für die Freiheit, für die ich lebte und focht, und der ich mich jetzt leidend opfre.

Der Hintergrund wird mit einer Reihe spanischer Soldaten besetzt, welche Hellebarden tragen.

Ja, führt sie nur zusammen! Schließt eure Reihen, ihr schreckt mich nicht. Ich bin gewohnt, vor Speeren gegen Speere zu stehn und, rings umgeben von dem drohenden Tod, das mutige Leben nur doppelt rasch zu fühlen.

Trommeln.

Dich schließt der Feind von allen Seiten ein! Es blinken Schwerter – Freunde, höhren Mut! Im Rücken habt ihr Eltern, Weiber, Kinder!

Auf die Wache zeigend.

Und diese treibt ein hohles Wort des Herrschers, nicht ihr Gemüt. Schützt eure Güter! Und euer Liebstes zu erretten, fallt freudig, wie ich euch ein Beispiel gebe.

Trommeln. Wie er auf die Wache los und auf die Hintertür zu geht, fällt der Vorhang: die Musik fällt ein und schließt mit einer Siegessymphonie das Stück.

(W 22, Bd. 4, S. 453f.)

4. Formanalyse am Beispiel des Gedichtes

Es ist alles eitell.

Dv sihst / wohin du sihst nur eitelkeit auff erden.
  Was dieser heute bawt / reist jener morgen ein:
  Wo itzund staͤdte stehn / wird eine wiesen sein
Auff der ein schaͤffers kind wird spilen mitt den heerden.
Was itzund praͤchtig bluͤht sol bald zutretten werden.
  Was itzt so pocht vndt trotzt ist morgen asch vnd bein.
  Nichts ist das ewig sey / kein ertz kein marmorstein.
Itz lacht das gluck vns an / bald donnern die beschwerden
  Der hohen thaten ruhm mus wie ein traum vergehn.
  Soll den das spiell der zeitt / der leichte mensch bestehn.
Ach! was ist alles dis was wir fuͤr koͤstlich achten /
  Als schlechte nichtikeitt / als schaten staub vnd windt.
  Als eine wiesen blum / die man nicht wiederfindt.
Noch wil was ewig ist kein einig mensch betrachten.

(A. Gryphius, W 29, Bd. 1, S. 33f.)

Form gilt uns nicht als etwas bloß Äußerliches, sondern als das Medium, in dem und durch das sich der sogenannte Aussagegehalt überhaupt erst zur Geltung bringen kann; deshalb ist es notwendig, die einzelnen formalen Elemente genau zu analysieren. Das kleinste Formelement im Gedicht ist der **Versfuß**, das **Metrum;** die Verbindung der Metren bildet die **Verszeile.** Der Versfuß bestimmt sich im Neuhochdeutschen (wir sehen von früheren Metren ab) nach dem rein mechanischen Wechsel von betonten und unbetonten Silben **(Hebungen** und **Senkungen),** die wir in Anlehnung an die Darstellung antiker Metren auf folgende Art sichtbar machen können:

Dv sihst / wohin du sihst nur eitelkeit auff erden.
◡ — ◡— ◡ — ◡ —◡— ◡ —◡

Da aber in der Antike nicht nach betonten und unbetonten, sondern zwischen langen und kurzen Silben unterschieden wurde, findet man für die nach Hebungen und Senkungen differenzierenden Verszeilen im Neuhochdeutschen auch das folgende Zeichensystem:

Dv sihst / wohin du sihst nur eitelkeit auff erden.
× ×́ ××́ × ×́ × ×́×׳ × ×́×

Die Akzente (Ikten) stehen auf den betonten Silben.

Die wichtigsten, d. h. die am häufigsten auftretenden Metren sind die folgenden:

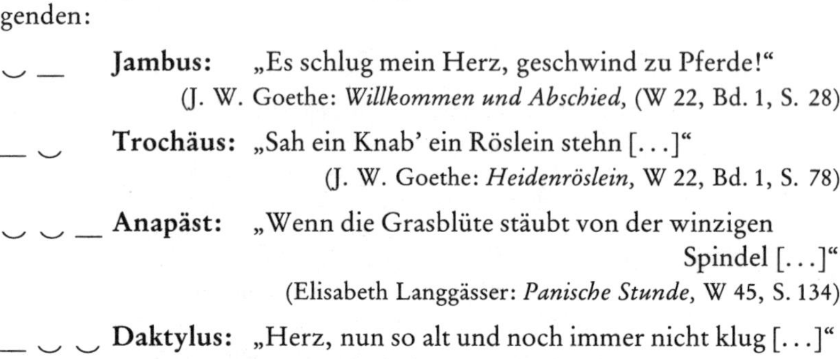

◡ — **Jambus:** „Es schlug mein Herz, geschwind zu Pferde!“
(J. W. Goethe: *Willkommen und Abschied,* (W 22, Bd. 1, S. 28)

— ◡ **Trochäus:** „Sah ein Knab’ ein Röslein stehn [...]“
(J. W. Goethe: *Heidenröslein,* W 22, Bd. 1, S. 78)

◡ ◡ — **Anapäst:** „Wenn die Grasblüte stäubt von der winzigen Spindel [...]“
(Elisabeth Langgässer: *Panische Stunde,* W 45, S. 134)

— ◡ ◡ **Daktylus:** „Herz, nun so alt und noch immer nicht klug [...]“
(Fr. Rückert: *Herbstlieder* II *(Herbsthauch),* W 62, Bd. 1, S. 266)

Das Beispiel für den Daktylus endet mit einer Hebung, d. h. die beiden Silben, die eigentlich noch folgen müßten, fehlen. Ein solch unvollständiges Metrum nennt man **katalektisch.** Da der Versbeginn ebenfalls sehr frei gehandhabt wird, der Daktylus etwa mit einem Auftakt, der Anapäst mit nur einer Senkung vor der ersten Hebung beginnt, ist häufig gar nicht zu unterscheiden, ob es sich um einen Daktylus (mit einsilbigem Auftakt) oder um einen Anapäst (mit einsenkig-katalektischem Versbeginn) handelt:

Sie nahen, sie kommen
Die Himmlischen alle [...]
(Fr. Schiller: *Dithyrambe,* W 67, Bd. 1, S. 400)

In dem vorliegenden Gedicht von Gryphius finden wir den Jambus, und zwar begegnen pro Zeile sechs Hebungen, weshalb wir von einem sechshebigen Jambus sprechen. Man kann die Zeile noch genauer beschreiben, wenn man den Zeilenschluß untersucht: Endet die Zeile mit einer Hebung, so spricht man von **männlichem,** endet sie mit einer Senkung, so spricht man von **weiblichem Versausgang.** In dem Gedicht von Gryphius handelt es sich also um sechshebige Jamben mit männlichem (Zeilen 2, 3, 6, 7, 9, 10, 12, 13) und weiblichem (Zeilen 1, 4, 5, 8, 11, 14) Ausgang.

Eine solche Bestimmung erfaßt vom Vers gewissermaßen nur die Grundstruktur, das „Gerippe“. Dies ist schon daran zu merken, daß man – etwa beim Vorlesen – keineswegs so mechanisch nach Hebung und Senkung artikuliert, wie es das metrische Schema nahelegt. Sinnvolles Lesen ist kein metrisches, sondern ein rhythmisches Lesen. In den **Rhythmus** einer Verszeile geht, im Gegensatz zum Metrum, auch der Wortsinn ein.

Weder werden alle metrisch betonten Silben auch rhythmisch betont, noch ist der Unterschied zwischen rhythmischen Hebungen und Senkungen so groß wie der zwischen metrischen. Vor allem gibt es keine regelmäßige Folge von Hebungen und Senkungen; deshalb ist die rhythmische Struktur auch viel schwerer sichtbar zu machen als die metrische. Rhythmische Hebungen finden sich in der ersten Zeile von Gryphius' *Es ist alles eitell* in vollem Maße wohl nur auf den sinnbeschwerten Wörtern „sihst" und „ei(telkeit)", eine stärkere Nebenbetonung wird man auf das „hin" von „wohin", eine schwächere Nebenbetonung auf das zweite „sihst" und allenfalls auf die erste Silbe von „erden" legen. Der Unterschied zwischen Metrum und Rhythmus läßt sich anhand musikalischer Beispiele leichter verdeutlichen. Dem Metrum im Literarischen entspricht die Taktart im Musikalischen. Wir wählen den 4/4-Takt und variieren ihn in bezug auf den Rhythmus[2]:

[2] Die musikalischen Beispiele mögen den Kundigen erwarten lassen, daß Fragen der Metrik und des Rhythmus mit Hilfe der Kategorien und Methoden gelöst werden, die Andreas Heusler in seiner *Deutschen Versgeschichte* (L 99) entwickelt und vehement vertreten hat. Dies ist jedoch nicht der Fall. Ohne die Auseinandersetzung mit Heusler zu referieren oder gar weiterzutreiben, läßt sich sagen, daß sowohl aus literarhistorischen Gründen als auch aus solchen der Praktikabilität die Heuslersche Verslehre am wenigsten überzeugt, wenn man sie auf den neuhochdeutschen Vers anwendet. Die aus fremden Literaturen übernommenen metri-

Die Akzente stehen auf den betonten Noten; man kann nun durch Klopfen (jeder Iktus bekommt einen Schlag, während die Noten nur nach ihrer Dauer gesummt werden) die rhythmischen Unterschiede bei gleichbleibender Taktart (also bei gleichbleibendem Metrum) leicht erkennen.

Nicht immer ist mit der Angabe des Metrums, der Hebungsanzahl und der Kennzeichnung des Versausgangs die Bestimmung der Verszeile vollständig. In dem vorliegenden Gedicht von Gryphius z. B. kommt noch ein viertes Bestimmungsmoment hinzu. Liest man das Gedicht laut, so merkt man, daß jede Zeile in zwei Hälften gegliedert ist; nach der dritten Hebung befindet sich eine Zäsur, die durch ein ' kenntlich gemacht werden kann:

Dv sisht / wohin du sihst ' nur eitelkeit auff erden.

Gryphius benutzt also den sechshebigen Jambus mit einer Zäsur nach der dritten Hebung und wechselnd männlichem und weiblichem Ausgang. Diese Versgestaltung nennt man **Alexandriner;** sie taucht zum erstenmal in französischen Alexander-Epen auf, wo allerdings nicht Hebungen und Senkungen, sondern die Silben gezählt werden. Der Alexandriner war 12- oder 13-silbig und tritt im Deutschen entsprechend als sechshebiger Jambus mit männlichem (12-silbig) oder weiblichem (13-silbig) Versausgang in Erscheinung. Mit dem Erfassen der metrischen Versgestaltung ist freilich noch nicht viel für das Textverständnis gewonnen. Zu fragen ist vielmehr, ob die gewählte Form lediglich Vehikel für die Übermittlung einer Aussage, also äußeres Merkmal bleibt, oder ob sie eine wesentliche Funktion für die Thematik des Gedichtes hat.

Kontrolliert man die einzelnen Zeilen des Gedichtes daraufhin, so fällt bald auf, daß der dem Alexandriner eigentümlichen metrischen Zäsur eine gedankliche und eine syntaktische entspricht. Dies gilt ganz deutlich für die Zeilen 2, 3, 5, 6. In ihnen fällt die metrische Zäsur mit der syntaktischen zusammen, weil in der ersten Hälfte des Verses der Nebensatz, in der zweiten Hälfte der Hauptsatz steht. Entscheidend ist jedoch die Benutzung der metrischen und syntaktischen Zäsur nach der dritten

---

schen Systeme, die auf Silbenzählung beruhen, sind – in verwandelter Form – im neuhochdeutschen Gedicht in der Mehrzahl (Alexandriner, Blankvers, Endecasillabo etc.) und lassen sich nicht ohne Komplikationen mit Hilfe von Taktarten beschreiben; überhaupt ist die Heuslersche Methode für den Anfänger zu kompliziert. Nicht ohne Grund hat sich Heusler mit seinem im ganzen so bahnbrechenden Werk innerhalb der Lehre vom neuhochdeutschen Vers nicht wirklich durchsetzen können.

Hebung als Sinnachse der Zeile. Im ersten Teil des Verses ist jeweils von der Gegenwart die Rede („heute", „itzund", „itzt"), der im zweiten die Zukunft entgegengehalten wird („morgen", „wird [...] sein", „bald", „morgen"). Diese temporale Entgegensetzung hat nichts mit bloßer Sprachvirtuosität zu tun, sie drückt vielmehr die Vergänglichkeit des Heute angesichts des Kommenden aus und steht deshalb in enger Verbindung mit der Verfallsthematik des Gedichtes. Das zeigt sich besonders deutlich, wenn wir den Aussagegehalt der jeweiligen Halbzeilen untersuchen: Im ersten Teil des Verses ist von dem gegenwärtigen Glück, im zweiten von dem kommenden Unheil die Rede; dem Bauen tritt ein Einreißen entgegen, aus den Städten wird eine Wiese, d.h. das Werk der Menschen verfällt wieder, dem Pochen und Trotzen, d.h. dem stolzen Dasein des Menschen (und der Dinge) stehen „asch und bein", steht der Verfall gegenüber. Dieser antithetische Gedankengang läßt sich bis zu dem Gebrauch bestimmter Vokabeln an bestimmten Versstellen verfolgen. In den beiden Halbversen der Zeile 2 steht dem „dieser" ein „jener", dem „heute" ein „morgen", dem „bawt" ein „reist [...] ein", in Zeile 6 dem „itzt" ein „morgen", dem „pocht" ein „asch", dem „trotzt" das (Ge-) „bein" entgegen.

Form ist hier also nicht bloße Form, sie hat vielmehr die Funktion, den „Gehalt" zum Ausdruck zu bringen, ihn überhaupt erst sagbar zu machen. In unserem Beispiel ist selbst der metrische Aufbau der Zeile, das gewählte Versmaß nichts Äußerliches, sondern es entspricht in seiner Gliederung der Gedankentektonik. Eine andere Versform, die ebenfalls durch eine Zäsur strukturiert ist und insofern von sich her schon eine bestimmte Handhabung (syntaktisch und semantisch) nahelegt, ist der **vers commun.** Nicht ohne Grund herrscht er, genau wie der Alexandriner, im Barock vor, in jener Zeit also, als – geistesgeschichtlich gesehen – die Neigung bestand, in Gegensätzen zu denken, Gott und Mensch, Diesseits und Jenseits, Todesverlangen und Lebenstrunkenheit einander gegenüberzustellen oder aber einen Gedanken besonders reich auszuschmücken und immer weiterzuspinnen. Auch der vers commun, ein fünfhebiger gereimter Jambus mit fester Zäsur nach der zweiten Hebung und weiblichem oder männlichem Ausgang, bietet sich als Ausdrucksform für solches Denken geradezu an:

Mein Gott, mein Gott! Du zentnerst stete Last!
Hör auf, hör auf, eh ich bin ganz verdrücket.
Gib endlich, gib um Jesu Kreuz mir Rast!

(Qu. Kuhlmann: *Aus tiefster Not,* in: W 4, S. 192)

Die meisten gebräuchlichen Verszeilen wurden – wie der Alexandriner und der vers commun – aus anderen Nationalliteraturen übernommen und im Deutschen leicht abgewandelt; aber nicht alle sind in sich so stark gegliedert wie die beiden genannten. Zu den Verszeilen ohne feste Zäsur zählt der **Endecasillabo,** ursprünglich ein Elfsilbler, der aus dem Italienischen stammt und in der deutschen Literatur als fünfhebiger gereimter Jambus mit weiblichem (dann auch im Deutschen elfsilbig) oder männlichem Ausgang sehr häufig auftaucht:

Der Spiegel dieser treuen, braunen Augen
Ist wie von innerm Gold ein Widerschein;
Tief aus dem Busen scheint er's anzusaugen,
Dort mag solch Gold in heil'gem Gram gedeihn.

(E. Mörike: *Peregrina,* in: W 56, Bd. 1, S. 746)

Den ungereimten fünfhebigen Jambus, der ebenfalls männlichen oder weiblichen Ausgang haben kann, nennt man **Blankvers** (von engl. ‚blank verse'). Er ist seit Lessings *Nathan* der Vers des deutschen Dramas. Er wird nicht immer ganz streng gehandhabt, kann auf vier Hebungen verkürzt oder auf sechs erweitert werden, und mitunter finden sich auch gereimte Zeilen, doch sind dies nur die Ausnahmen, die die Regel bestätigen:

So seid Ihr es doch ganz und gar, mein Vater?
Ich glaubt', Ihr hättet Eure Stimme nur
Vorausgeschickt. Wo bleibt Ihr? Was für Berge,
Für Wüsten, was für Ströme trennen uns
Denn noch? Ihr atmet Wand an Wand mit ihr,
Und eilt nicht Eure Recha zu umarmen?

(G. E. Lessing: *Nathan der Weise,* in: W 47, Bd. 2, S. 331 f.)

Zwischen den Zeilen 2 und 3, 4 und 5 sowie – hier mit einer gewissen Einschränkung – 5 und 6 findet sich eine Eigentümlichkeit, die für den Rhythmus des Verses von besonderer Bedeutung ist, das sogenannte **Enjambement,** der Zeilensprung. An diesen Stellen gehen Sinn- und Satzzusammenhang nicht mit der Zeilengliederung überein, Satz und Sinn überspringen vielmehr das Versende und vollenden sich erst in der nachfolgenden Zeile. Die rhythmische Bedeutung des Enjambements ist groß. Es lockert den Vers so auf, daß bei sinnorientiertem Lesen jedes „Leiern" vermieden wird. Das Leiern kommt ja dadurch zustande, daß man Verse, bei denen Sinn- und Satzende mit dem Zeilenende zusammenfallen, metrisch genau liest.

Unter den aus der Antike übernommenen Versen sind **Hexameter** und **Pentameter** für die deutsche Literatur besonders wichtig. Der deutsche Hexameter ist ein ungereimter, mit einer betonten Silbe beginnender Sechsheber mit ziemlich freier Versfüllung, d. h. er kann sowohl eine als auch zwei Senkungen pro Hebung aufweisen, doch hat er nach der fünften Hebung fast immer zwei Senkungen, und er endet in der Regel weiblich:

Nun erhob sich Achilleus vom Sitz vor seinem Gezelte,
Wo er die Stunden durchwachte, die nächtlichen, schaute der Flammen
Fernes schreckliches Spiel und des wechselnden Feuers Bewegung,
Ohne die Augen zu wenden von Pergamos' rötlicher Feste.

(J. W. Goethe: *Achilleis,* in: W 22, Bd. 2, S. 515)

Der Pentameter ist in scheinbarem Gegensatz zu seinem Namen (gr. penta = fünf) ebenfalls ein Sechsheber, doch kommen einsilbige Senkungen bei ihm nur nach der ersten und zweiten Hebung vor. Sein charakteristisches Merkmal ist, daß die dritte und vierte Hebung unmittelbar aufeinander folgen, so daß hier ein metrischer Akzent liegt, der die Zeile zweiteilt:

Straßen, redet ein Wort! Genius, regst du dich nicht?
— ◡ — ◡ ◡ — —◡◡ — ◡ ◡ —

Im Gegensatz zum Hexameter, der der klassische Vers des Epos ist, kommt der Pentameter – von ganz seltenen Ausnahmen abgesehen – nicht allein, sondern in stetem Wechsel mit dem Hexameter vor; beide zusammen bilden dann ein **Distichon.** Das Distichon ist häufig der Grundvers eines **Epigramms** oder einer **Elegie,** wie in Goethes *Römischen Elegien:*

Saget, Steine, mir an, o sprecht, ihr hohen Paläste!
Straßen, redet ein Wort! Genius, regst du dich nicht?
Ja, es ist alles beseelt in deinen heiligen Mauern,
Ewige Roma; nur mir schweiget noch alles so still.

(J. W. Goethe: *Römische Elegien* I, in: W 22, Bd. 1, S. 157)

Die große Bedeutung von Hexameter und Pentameter ist literarhistorisch mit der Orientierung der deutschen Literatur an klassischen Vorbildern zu erklären, doch läßt sich nicht leugnen, daß beide Versarten für deutsche Ohren auch eine stilistische Qualität besitzen. Wenn Thomas Mann in seinem – im übrigen mißglückten – *Gesang vom Kindchen* den Hexameter verwendet, so deshalb, weil er darin ein Mittel des gehobenen Stils erblickt und damit sein Ziel, die Tradition der Idylle wieder aufleben zu lassen, besser erreichen zu können glaubt, als wenn er andere, weniger feierlich wirkende Versarten oder gar Prosa verwenden würde:

War nicht Leben und Werk mir immer eines gewesen?
Nicht Erfindung war Kunst mir: Nur ein gewissenhaft' Leben;
Aber Leben auch Werk, – ich wußt' es niemals zu scheiden.
(Th. Mann: *Gesang vom Kindchen,* in: W 53, Bd. 8, S. 1072)

Ganz anders steht es da mit einer durchaus deutschen Versart, mit dem **Knittel.** Er trägt seinen Namen (von Knüttel = Knüppel, grober Stock), weil er urwüchsig, ja sogar ein wenig holprig und ungehobelt wirkt. Wir unterscheiden zwei Arten. Der strenge Knittel ist ein Vierheber, bei dem Hebungen und Senkungen regelmäßig wechseln **(alternierender Vers)** und dessen Versende männlich oder weiblich sein kann; er ist paarig gereimt, d. h. es reimen zwei aufeinanderfolgende Zeilen miteinander:

Eins abents ich spaciret auß
Auff ein schlafftrunck in ein wirtshauß,
[...]
(H. Sachs: *Die 7 clagenden mender,* in: W 63, Bd. 1, S. 39)

Durch den alternierenden Vers kommt es beim strengen Knittel sehr häufig zu **Tonbeugungen,** d. h. eine in der natürlichen Wortbetonung unbetonte Silbe wird metrisch betont, eine natürlich betonte bleibt metrisch unbetont. Das ist in der zweiten Zeile des obigen Beispiels der Fall. Die natürlich unbetonten Silben „ein", „-trunck" und „-hauß" erhalten metrisch einen Akzent, und entsprechend bleiben die natürlich betonten Silben „schlaff-" und „wirts-" metrisch unbetont.

Der freie Knittel unterscheidet sich vom strengen nur durch eine nicht festgelegte Versfüllung, d. h. er kann auf eine Senkung ganz verzichten oder aber auch vier und sogar mehr Senkungen pro Hebung besitzen:

Auch lasst euch gar nicht diß betrůben
Wenn der schreckliche grimmende brüllende Löw wird einher schieben.
(A. Gryphius: *Herr Peter Squentz,* in: W 28, S. 19)

Es ist schwierig, die vier Hebungen in der letzten Zeile festzulegen. Man wird sich dabei soweit möglich von den Sinnbetonungen leiten lassen und etwa auf folgende Weise skandieren:

Wenn der schréckliche grimmende brüllende Lö́w wird einher schiében.

Dabei liegt nur der Akzent auf „schie(ben)" fest, und zwar aus Gründen des Reims; „Löw" ist das für die Aussage wohl wichtigste Wort; ob man aber den Akzent auf „schreck(liche)" oder „grim(mende)" oder „brül-

(lende)" legt, ist vom Satzsinn aus nicht zu entscheiden; für den Akzent auf „schreck(liche)" spricht, daß nur so ein allzu umfangreicher Auftakt vermieden wird. Über den vierten Akzent entscheidet wohl lediglich der Geschmack.

Der Knittel war der wichtigste Vers in der deutschen Literatur des 16. Jahrhunderts, zumal in den Schwankdichtungen und Fastnachtsspielen, d. h. in den volkstümlichen Dichtungen. Diese Formtradition hat der Knittel beibehalten. Seit dem 18. Jahrhundert wurde er als „Vers des Volkes" wieder aufgegriffen, z. B. in Goethes *Urfaust,* in der Kapuzinerpredigt (Schiller: *Wallensteins Lager*), bei Wilhelm Busch u. a. Gelegentlich wird er auch heute noch als Mittel der Parodie verwendet.

Zwei weitere Versarten müssen hier noch vorgestellt werden, weil sie zu den wichtigsten, d. h. verbreiteten gehören. Der **Madrigalvers** ist sehr frei gestaltet, er kann drei-, vier- und fünfhebig, jambisch, trochäisch oder auch daktylisch sein, doch lassen sich solche Metren immerhin noch feststellen. Das Madrigal ist gereimt, aber ebenfalls nur in lockerer Form, d. h. es handelt sich hier um eine sehr variantenreiche Versart. Der **freie Rhythmus** hingegen läßt überhaupt kein Metrum mehr erkennen und ist ungereimt. Die Versgestaltung kann aber gerade deshalb besonders funktional sein, weil sie an keine „Regeln" gebunden ist:

Einer
wird den Ball
aus der Hand der furchtbar
Spielenden nehmen.

(N. Sachs: *Einer wird den Ball,* in: W 64, S. 276)

Hier wird Gott dadurch besonders hervorgehoben, daß das „Einer" allein in einer Zeile steht; die offenbar bewußt durchgeführte Trennung der zusammengehörigen Wörter „furchtbar" und „Spielenden" durch ein scharfes Enjambement verstärkt den Akzent auf „Spielenden" und läßt dieses Wort dadurch besonders sinnbeschwert erscheinen, rückt es in eine Art Kontrastbeziehung zu Gott („Einer") usf.

Mit den freien Rhythmen und dem Madrigal haben wir die Erörterung der einzelnen Verse bereits verlassen und sind zur Frage nach dem Zusammenhang der Zeilen untereinander übergegangen, also zur Erörterung der **Strophe.** Ursprünglich die gleichgebaute, immer wiederkehrende höhere metrische Einheit bezeichnend, verwenden wir den Begriff heute auch, wenn es sich, wie bei den freien Rhythmen und dem Madrigal, um oft höchst unterschiedliche Versblöcke handelt, bei denen weder

Zeilenzahl noch Zeilenlänge noch auch (in gereimten Strophen) die Reimfolge gleichbleibt. Bei den meisten Strophenformen findet sich jedoch das Prinzip der Wiederholung gleicher Metren, Verszeilen und Reimschemata.

In *Es ist alles eitell* sehen wir allerdings gewissermaßen zwei Strophenformen miteinander verbunden, eine vierzeilige und eine dreizeilige, **Quartett** und **Terzett** genannt. Die Gliederung in Quartette und Terzette ergibt sich aus dem **Reimschema.** Unter Reim verstehen wir den Gleichklang von Vokalen und Konsonanten von dem Vokal der letzten betonten Silbe an, also

l-ében	m-úß
str-ében	Fl-úß
verg-ében	Verdr-úß

Setzen wir für miteinander reimende Wörter Buchstaben, so lassen sich die wichtigsten Reimarten folgendermaßen beschreiben:

aabb	=	Paarreim
abab	=	Kreuzreim
abba	=	umarmender Reim
abcabc	=	verschränkter Reim
aabccb	=	Schweifreim
ababcbcdc	=	Kettenreim

In *Es ist alles eitell* finden wir das Schema abba abba ccd eed, d. h. in beiden Quartetten wird derselbe umarmende Reim verwendet, während die Terzette durch Schweifreim miteinander verbunden sind. Dies ist eine strenge Form des aus dem Italienischen stammenden **Sonetts.** Es besteht aus zwei Quartetten, die in der strengen Form nur zwei Reime, in der weniger strengen auch vier Reime aufweisen (also: abba cddc), und zwei Terzetten, deren Reimgestaltung schon früh ziemlich frei gehandhabt wurde (cdc dcd; cdc ede; ccd eed; cde cde). Von den Arten des Sonetts sei das „englische Sonett" genannt, das aus drei Quartetten (abab cdcd efef) und einem abschließenden paarig gereimten Zweizeiler besteht (gg). Charakteristisch für das englische wie für das italienische Sonett ist seine Struktur: Es treffen jeweils zwei formal unterschiedliche Gedichtteile aufeinander. Zu fragen ist, wieweit diese äußere Gliederung dem inneren Aufbau entspricht.

In seinem Gedicht *Es ist alles eitell* nutzt Gryphius die Sonettstruktur offensichtlich bewußt für eine bestimmte Aussageabsicht. Während nämlich in den beiden Quartetten von der Hinfälligkeit des Diesseits ganz allgemein die Rede ist, geht es in den nachfolgenden Terzetten um den Menschen, seine Diesseitsverfallenheit und seine Vergänglichkeit. Und außerdem ändert sich mit der Strophenform auch der Sprachduktus. Finden wir in den Quartetten Beschreibungsstil und Aussagesätze, so begegnet in den Terzetten eine Hinwendung an den Leser und entsprechend eine neue Redeweise: Frage und Ausruf prägen den Schluß des Gedichtes. Freilich wird man einräumen müssen, daß der „Wendepunkt", die inhaltliche und sprachliche Veränderung zwischen Quartetten und Terzetten, in diesem Gedicht um eine Zeile verschoben ist; denn streng genommen ändern sich Stil und Aussage erst nach der ersten Zeile des ersten Terzetts.

Das kann aber nicht darüber hinwegtäuschen, daß es sich hier um eine erfüllte, offensichtlich ganz bewußt genutzte Form handelt. Gryphius verwendet die Zweierstruktur des italienischen Sonetts für eine Dipoligkeit der Aussage und der Aussageweise. Auch die Strophen selbst unterscheiden sich noch voneinander, zumindest die Quartette. Im ersten ist nach dem einleitenden, das Thema umschreibenden Satz von konkreten Dingen oder Personen die Rede, von Städten, Wiesen und Kindern etc. Die mit ihrer Hilfe sichtbar gemachte Vergänglichkeitsthematik wird im zweiten Quartett verallgemeinert: das „gluck" ist hinfällig, was stolz und trotzig dasteht, wird vergehen, „Nichts" ist „ewig". Die Gliederung, die die Sonettform besitzt, wird für den Gedankengang fruchtbar, bekommt eine Aussagefunktion.

Zu den Gedicht- bzw. Strophenformen, die besonders deutliche Gliederungen aufweisen, gehört auch die **Stanze.** Sie besteht aus acht Verszeilen, in denen der Endecasillabo mit wechselnd männlichem und weiblichem Ausgang Verwendung findet, und reimt nach dem Schema abababcc (seltener: aabccbdd). Der sich daraus ergebende Einschnitt nach den ersten sechs Zeilen macht die Strophe besonders tauglich als Ausdrucksform für eine gedankliche Zweierstruktur; in den letzten beiden Zeilen findet sich oft der krönende Abschluß eines Gedankens oder dessen Zusammenfassung, wie in folgendem Beispiel:

Ihr naht euch wieder, schwankende Gestalten,
Die früh sich einst dem trüben Blick gezeigt.
Versuch' ich wohl, euch diesmal festzuhalten?
Fühl' ich mein Herz noch jenem Wahn geneigt?
Ihr drängt euch zu! nun gut, so mögt ihr walten,
Wie ihr aus Dunst und Nebel um mich steigt;

Mein Busen fühlt sich jugendlich erschüttert
Vom Zauberhauch, der euren Zug umwittert.
(J. W. Goethe: *Faust I, Zueignung*, W 22, Bd. 3, S. 9)

Eine andere, aber nicht weniger deutliche Ordnung besitzt die **Terzine.** Wie die Stanze aus dem Italienischen in die deutsche Literatur übernommen, verwendet auch sie den Endecasillabo in der deutschen Form eines gereimten fünfhebigen Jambus mit wechselnd männlichem und weiblichem Ausgang. Das Gedicht aber ist ganz anders gegliedert. Es handelt sich um dreizeilige Strophen, die durch Kettenreim miteinander verbunden sind: aba bcb cdc ... xyx. Die Schlußzeile reimt mit der Mittelzeile der vorhergehenden Strophe (yzyz), so daß keine ungereimte Zeile **(Waise)** übrigbleibt. Die Strophengliederung begünstigt strophenimmanent einen gedanklichen Dreischritt, durch den Kettenreim aber eine immer weiterreichende Verknüpfung von Gedanken, Bildern, Ideen, durch die Schlußgestaltung eine Kulmination des Gedankens innerhalb der letzten vier Zeilen oder der letzten Zeile, die dann, wie z. B. bei Hofmannsthal, von der vorhergehenden Terzinenstrophe abgesetzt wird:

Die Stunden! wo wir auf das helle Blauen
Des Meeres starren und den Tod verstehn,
So leicht und feierlich und ohne Grauen,

Wie kleine Mädchen, die sehr blaß aussehn,
Mit großen Augen, und die immer frieren,
An einem Abend stumm vor sich hinsehn

Und wissen, daß das Leben jetzt aus ihren
Schlaftrunknen Gliedern still hinüberfließt
In Bäum und Gras, und sich matt lächelnd zieren

Wie eine Heilige, die ihr Blut vergießt.
(H. v. Hofmannsthal: *Terzinen* II, W 36, S. 17f.)

Sehr leicht ist die Nutzung der Form für das Fortspinnen der Todesthematik über die einzelnen Terzinenstrophen hinweg bis zum Schluß (ein Satz, ein Gedanke), ihre den Strophen entsprechende Gliederung (Stunden am Meer – Vergleich mit den Mädchen – das Gefühl des Hinübergleitens) sowie ihre Kulmination in dem abgesetzten und daher besonders hervorgehobenen Vergleich mit der ihr Blut vergießenden Heiligen im Schlußsatz zu erkennen.

Im Gegensatz zu Sonett, Stanze und Terzine weist die **Volksliedstrophe** keine scharf geprägten Strukturmerkmale auf. Sie hat zwei bis acht drei- oder vierhebige Verse mit ziemlich freier Füllung (ein oder zwei Senkungen) und unterschiedlichem Versausgang. Auch die Reimordnung ist nicht festgelegt; es finden sich vornehmlich Paarreime, Kreuzreime und ihre Verbindungen sowie der Schweifreim. Man darf sich von dem Namen „Volksliedstrophe“ nicht irreführen lassen; sie ist nicht an „echte“ oder „künstliche“ Volkslieder gebunden, sondern die in der gesamten Lyrik verbreitetste Strophe überhaupt. Das folgende, keineswegs irgendwie an Volksdichtung erinnernde Beispiel ist eine fünfzeilige Volksliedstrophe:

O Seele, um und um verweste,
kaum lebst du noch und noch zuviel,
da doch kein Staub aus keinen Feldern,
da doch kein Laub aus keinen Wäldern
nicht schwer durch deine Schatten fiel.

(G. Benn: *Das späte Ich* III, W 6, Bd. 3, S. 56)

Bei Gedichten, die nicht stark durchstrukturiert sind, bei denen sich daher die Frage nach der Form als Ansatz für eine Textinterpretation weniger eignet, wird man auf andere Aspekte zurückgreifen, vor allem auf die der Sprachgebung, der Ausdrucksart, des Stils.

Weiterführende Literatur: L 12, L 19, L 117, L 119, L 203.

Arbeitsteil

Aufgaben zur Formalanalyse des Gedichts

Analysieren Sie die folgenden Gedichtbeispiele unter besonderer Berücksichtigung ihrer Vers- und Formstrukturen und untersuchen Sie deren Funktion für den Gehalt des jeweiligen Textes!

I, 15 **[Anonym]**

Es ist ein schne gefallen
Und ist es doch nit zeit,
Man wirft mich mit den pallen,
Der weg ist mir verschneit.

Mein haus hat keinen gibel,
Es ist mir worden alt,
Zerbrochen sind die rigel,
Mein stüblein ist mir kalt.

Ach lieb, laß dichs erparmen
Daß ich so elend pin,
Und schleuß mich in dein arme!
So vert der winter hin.

(W 71, S. 25)

I, 16

Andreas Gryphius

Abend

Der schnelle tag ist hin / die nacht schwingt jhre fahn /
Vnd führt die sternen auff. Der menschen müde scharen
Verlassen feld vnd werck / wo Thier vnd vögel waren,
Trawrt jtzt die Einsamkeit. Wie ist die zeit verthan!
Der port naht mehr vnd mehr sich / zu der glieder Kahn.
Gleich wie diß licht verfiel / so wird in wenig Jahren
Ich / du / vnd was man hat / vnd was man siht / hinfahren.
Diß Leben kömmt mir vor alß eine rennebahn.
Laß höchster Gott mich doch nicht auff dem Lauffplatz gleiten /
Laß mich nicht ach / nicht pracht / nicht lust / nicht angst verleiten.
Dein ewigheller glantz sey vor vnd neben mir /
Laß / wenn der müde leib entschläfft / die Seele wachen,
Vnd wenn der letzte tag wird mit mir abend machen /
So reiß mich auß dem thal der Finsternuß zu Dir!

(W 29, S. 66)

1, 17

Christian Hofmann von Hofmannswaldau

Die Welt

Was ist die Welt, und ihr berühmtes Gläntzen?
Was ist die Welt und ihre gantze Pracht?
Ein schnöder Schein in kurtz-gefaßten Grentzen,
Ein schneller Blitz bey schwartz-gewölckter Nacht;
Ein buntes Feld, da Kummer-Disteln grünen;
Ein schön Spital, so voller Kranckheit steckt.
Ein Sclaven-Haus, da alle Menschen dienen,
Ein faules Grab, so Alabaster deckt.
Das ist der Grund, darauf die Menschen bauen,
Und was das Fleisch für einen Abgott hält.
Komm, Seele komm, und lerne weiter schauen,
Als sich erstreckt der Circkel dieser Welt.

Streich ab von dir derselben kurtzes Prangen;
Halt ihre Lust für eine schwere Last;
So wirst du leicht in diesen Port gelangen,
Da Ewigkeit und Schönheit sich umfaßt. (W 35, S. 101)

I, 18 David Schirmer

Uber die aufmachende Anemone

Der Abend war ankommen.
Ich hatte meinen Weg bereit zu jhr genommen /
Zu Ihr / zu meiner Anemonen.
Ich klopfet an.
Bald ward mir aufgethan.
Die rechte Hand trug Ihr das Licht.
Die Lincke deckt jhr Angesicht.
So balde war das tiefst in meinem Hertzen
Verletzt von jhren gőldnen Kertzen.
Wo kam ich hin? Sah ich denn in die Ferne?
Das kan ich itzund nicht aussprechen.
Jedoch die mir das Licht getragen /
Die war die Venus ohne Tagen
Selbstselbst mit jhrem Abend-Sterne. (W 51, S. 698f.)

I, 19 Jakob Regnart

Brennendes Herz

Ach, schwacher Geist, der du mit so viel Leiden
Beladen bist, wirst du nicht bald abscheiden
Und diesen Leib samt allem Leid vermeiden?

Ach brinnends Herz, wird dich nit schier verzehren
Das Feur, so du mit Schmerzen tust ernähren?
Wie kannst du dich so lange Zeit erwehren?

Ach englisch Gsicht, ach Herz von eitel Steinen,
Wer möchte doch auf Erden je vermeinen,
Daß dir nicht soll zu Herzen gehn mein Weinen?

Ach Gott der Lieb, laß doch ihr Herz empfinden
Dein Feur, tu sie gen mir in Lieb entzünden,
So will dein Lob ich ewiglich verkünden. (W 4, S. 69)

I, 20

Johann Wolfgang Goethe

Prometheus

Bedecke deinen Himmel, Zeus,
Mit Wolkendunst!
Und übe, Knaben gleich,
Der Diesteln köpft,
An Eichen dich und Bergeshöhn!
Mußt mir meine Erde
Doch lassen stehn,
Und meine Hütte,
Die du nicht gebaut,
Und meinen Herd,
Um dessen Glut
Du mich beneidest.

Ich kenne nichts Ärmer's
Unter der Sonn' als euch Götter.
Ihr nähret kümmerlich
Von Opfersteuern
Und Gebetshauch
Eure Majestät
Und darbtet, wären
Nicht Kinder und Bettler
Hoffnungsvolle Toren.

Da ich ein Kind war,
Nicht wußt', wo aus, wo ein,
Kehrte mein verirrtes Aug'
Zur Sonne, als wenn drüber wär'
Ein Ohr, zu hören meine Klage,
Ein Herz wie meins,
Sich des Bedrängten zu erbarmen.

Wer half mir wider
Der Titanen Übermut?
Wer rettete vom Tode mich,
Von Sklaverei?
Hast du's nicht alles selbst vollendet,
Heilig glühend Herz?
Und glühtest, jung und gut,
Betrogen, Rettungsdank
Dem Schlafenden dadroben?

Ich dich ehren? Wofür?
Hast du die Schmerzen gelindert
Je des Beladenen?
Hast du die Tränen gestillet
Je des Geängsteten?
Hat nicht mich zum Manne geschmiedet
Die allmächtige Zeit
Und das ewige Schicksal,
Meine Herrn und deine?

Wähntest du etwa
Ich sollte das Leben hassen,
In Wüsten fliehn,
Weil nicht alle Knabenmorgen-
Blütenträume reiften?

Hier sitz' ich, forme Menschen
Nach meinem Bilde,
Ein Geschlecht, das mir gleich sei,
Zu leiden, weinen,
Genießen und zu freuen sich,
Und dein nicht zu achten,
Wie ich.

(W 22, Bd. 1, S. 44ff.)

I, 21

Johann Wolfgang Goethe

Verschiedene Dressuren

Aristokratische Hunde, sie knurren auf Bettler, ein echter
Demokratischer Spitz kläfft nach dem seidenen Strumpf.

(W 22, Bd. 1, S. 216)

I, 22

Friedrich Schiller

Aus: *Die Braut von Messina*

Er ist es nicht – Es war der Winde Spiel,
Die durch der Pinie Wipfel sausend streichen,
Schon neigt die Sonne sich zu ihrem Ziel,
Mit trägem Schritt seh ich die Stunden schleichen,
Und mich ergreift ein schauderndes Gefühl,
Es schreckt mich selbst das wesenlose Schweigen.
Nichts zeigt sich mir, wie weit die Blicke tragen,
Er läßt mich hier in meiner Angst verzagen.

Und nahe hör ich, wie ein rauschend Wehr,
Die Stadt, die völkerwimmelnde, ertosen,
Ich höre fern das ungeheure Meer
An seine Ufer dumpferbrandend stoßen,
Es stürmen alle Schrecken auf mich her,
Klein fühl ich mich in diesem Furchbargroßen
Und fortgeschleudert, wie das Blatt vom Baume,
Verlier ich mich im grenzenlosen Raume.
Warum verließ ich meine stille Zelle,
Da lebt ich ohne Sehnsucht, ohne Harm!
Das Herz war ruhig, wie die Wiesenquelle,
An Wünschen leer, doch nicht an Freuden arm.
Ergriffen jetzt hat mich des Lebens Welle,
Mich faßt die Welt in ihren Riesenarm,
Zerrissen hab ich alle frühern Bande,
Vertrauend eines Schwures leichtem Pfande.

(W 67, Bd. 2, S. 854f.)

I, 23 **Friedrich Schiller**

Nänie

Auch das Schöne muß sterben! Das Menschen und Götter bezwinget,
Nicht die eherne Brust rührt es des stygischen Zeus.
Einmal nur erweichte die Liebe den Schattenbeherrscher,
Und an der Schwelle noch, streng, rief er zurück sein Geschenk.
Nicht stillt Aphrodite dem schönen Knaben die Wunde,
Die in den zierlichen Leib grausam der Eber geritzt.
Nicht errettet den göttlichen Held die unsterbliche Mutter,
Wann er, am skäischen Tor fallend, sein Schicksal erfüllt.
Aber sie steigt aus dem Meer mit allen Töchtern des Nereus,
Und die Klage hebt an um den verherrlichten Sohn.
Siehe! Da weinen die Götter, es weinen die Göttinnen alle,
Daß das Schöne vergeht, daß das Vollkommene stirbt.
Auch ein Klaglied zu sein im Mund der Geliebten, ist herrlich,
Denn das Gemeine geht klanglos zum Orkus hinab.

(W 67, Bd. 1, S. 242)

I, 24 **Johann Wolfgang Goethe**

Im ernsten Beinhaus war's, wo ich beschaute,
Wie Schädel Schädeln angeordnet paßten;
Die alte Zeit gedacht ich, die ergraute.

Sie stehn in Reih' geklemmt, die sonst sich haßten,
Und derbe Knochen, die sich tödlich schlugen,
Sie liegen kreuzweis zahm allhier zu rasten.
Entrenkte Schulterblätter! was sie trugen,
Fragt niemand mehr, und zierlich-tät'ge Glieder,
Die Hand, der Fuß, zerstreut aus Lebensfugen.
Ihr Müden also lagt vergebens nieder,
Nicht Ruh' im Grabe ließ man euch, vertrieben
Seid ihr herauf zum lichten Tage wieder,
Und niemand kann die dürre Schale lieben,
Welch herrlich edlen Kern sie auch bewahrte.
Doch mir Adepten war die Schrift geschrieben,
Die heil'gen Sinn nicht jedem offenbarte,
Als ich inmitten solcher starren Menge
Unschätzbar herrlich ein Gebild gewahrte,
Daß in des Raumes Moderkält' und Enge
Ich frei und wärmefühlend mich erquickte,
Als ob ein Lebensquell dem Tod entspränge.
Wie mich geheimnisvoll die Form entzückte!
Die gottgedachte Spur, die sich erhalten!
Ein Blick, der mich an jenes Meer entrückte,
Das flutend strömt gesteigerte Gestalten.
Geheim Gefäß! Orakelsprüche spendend,
Wie bin ich wert, dich in der Hand zu halten,
Dich höchsten Schatz aus Moder fromm entwendend
Und in die freie Luft zu freiem Sinnen,
Zum Sonnenlicht andächtig hin mich wendend.
Was kann der Mensch im Leben mehr gewinnen,
Als daß sich Gott-Natur ihm offenbare?
Wie sie das Feste läßt zu Geist verrinnen,
Wie sie das Geisterzeugte fest bewahre.

(W 22, Bd. 1, S. 366f.)

I, 25

Johann Wolfgang Goethe

Urworte. Orphisch

ΔAIMΩN, Dämon

Wie an dem Tag, der dich der Welt verliehen,
Die Sonne stand zum Gruße der Planeten,
Bist alsobald und fort und fort gediehen
Nach dem Gesetz, wonach du angetreten.

So mußt du sein, dir kannst du nicht entfliehen,
So sagten schon Sibyllen, so Propheten;
Und keine Zeit und keine Macht zerstückelt
Geprägte Form, die lebend sich entwickelt.

(W 22, Bd. 1, S. 359)

I, 26

Joseph von Eichendorff

Nachts.

Ich wandre durch die stille Nacht.
Da schleicht der Mond so heimlich sacht
Oft aus der dunklen Wolkenhülle,
Und hin und her im Tal
Erwacht die Nachtigall,
Dann wieder alles grau und stille.
O wunderbarer Nachtgesang:
Von fern im Land der Ströme Gang,
Leis Schauern in den dunklen Bäumen –
Wirrst die Gedanken mir,
Mein irres Singen hier
Ist wie ein Rufen nur aus Träumen.

(W 18a, Bd. I, S. 29)

I, 27

Hugo von Hofmannsthal

Was ist die Welt?

Was ist die Welt? Ein ewiges Gedicht,
Daraus der Geist der Gottheit strahlt und glüht,
Daraus der Wein der Weisheit schäumt und sprüht,
Daraus der Laut der Liebe zu uns spricht.

Und jedes Menschen wechselndes Gemüt,
Ein Strahl ists, der aus dieser Sonne bricht,
Ein Vers, der sich an tausend andre flicht,
Der unbemerkt verhallt, verlischt, verblüht.

Und doch auch eine Welt für sich allein,
Voll süß-geheimer, nievernommner Töne,
Begabt mit eigner, unentweihter Schöne,

Und keines Andern Nachhall, Widerschein.
Und wenn du gar zu lesen drin verstündest,
Ein Buch, das du im Leben nicht ergründest.

(W 36, S. 467)

I, 28

Hugo von Hofmannsthal

Terzinen

III

Wir sind aus solchem Zeug wie das zu Träumen,
Und Träume schlagen so die Augen auf
Wie kleine Kinder unter Kirschenbäumen,

Aus deren Krone den blaßgoldnen Lauf
Der Vollmond anhebt durch die große Nacht.
... Nicht anders tauchen unsre Träume auf,

Sind da und leben wie ein Kind, das lacht,
Nicht minder groß im Auf- und Niederschweben
Als Vollmond, aus Baumkronen aufgewacht.

Das Innerste ist offen ihrem Weben;
Wie Geisterhände in versperrtem Raum
Sind sie in uns und haben immer Leben.

Und drei sind Eins: ein Mensch, ein Ding, ein Traum.

(W 36, S. 18)

I, 29

Georg Trakl

Verfall

Am Abend, wenn die Glocken Frieden läuten,
Folg ich der Vögel wundervollen Flügen,
Die lang geschart, gleich frommen Pilgerzügen,
Entschwinden in den herbstlich klaren Weiten.

Hinwandelnd durch den dämmervollen Garten
Träum ich nach ihren helleren Geschicken
Und fühl der Stunden Weiser kaum mehr rücken.
So folg ich über Wolken ihren Fahrten.

Da macht ein Hauch mich von Verfall erzittern.
Die Amsel klagt in den entlaubten Zweigen.
Er schwankt der rote Wein an rostigen Gittern,

Indes wie blasser Kinder Todesreigen
Um dunkle Brunnenränder, die verwittern,
Im Wind sich fröstelnd blaue Astern neigen.

(W 73, S. 9)

I, 30

Gottfried Benn

Synthese

Schweigende Nacht. Schweigendes Haus.
Ich aber bin der stillsten Sterne,
ich treibe auch mein eignes Licht
noch in die eigne Nacht hinaus.

Ich bin gehirnlich heimgekehrt
aus Höhlen, Himmeln, Dreck und Vieh.
Auch was sich noch der Frau gewährt,
ist dunkle süße Onanie.

Ich wälze Welt. Ich röchle Raub.
Und nächtens nackte ich im Glück:
es ringt kein Tod, es stinkt dein Staub
mich, Ich-Begriff, zur Welt zurück.

(W 6, Bd. 3, S. 57)

I, 31

Else Lasker-Schüler

Weltende

Es ist ein Weinen in der Welt,
Als ob der liebe Gott gestorben wär,
Und der bleierne Schatten, der niederfällt,
Lastet grabesschwer.

Komm, wir wollen uns näher verbergen ...
Das Leben liegt in aller Herzen
Wie in Särgen.

Du! wir wollen uns tief küssen –
Es pocht eine Sehnsucht an die Welt,
An der wir sterben müssen.

(W 46, S. 149)

I, 32

Erich Kästner

Sachliche Romanze

Als sie einander acht Jahre kannten
(und man darf sagen: sie kannten sich gut),
kam ihre Liebe plötzlich abhanden.
Wie andern Leuten ein Stock oder Hut.

Sie waren traurig, betrugen sich heiter,
versuchten Küsse, als ob nichts sei,
und sahen sich an und wußten nicht weiter.
Da weinte sie schließlich. Und er stand dabei.

Vom Fenster aus konnte man Schiffen winken,
Er sagte, es wäre schon Viertel nach Vier
und Zeit, irgendwo Kaffe zu trinken.
Nebenan übte ein Mensch Klavier.

Sie gingen ins kleinste Café am Ort
und rührten in ihren Tassen.
Am Abend saßen sie immer noch dort.
Sie saßen allein, und sie sprachen kein Wort
und konnten es einfach nicht fassen. (W 41, S. 101)

I, 33

Paul Celan

Tenebrae

Nah sind wir, Herr,
nahe und greifbar.

Gegriffen schon, Herr,
ineinander verkrallt, als wär
der Leib eines jeden von uns
dein Leib, Herr.

Bete, Herr,
bete zu uns,
wir sind nah.

Windschief gingen wir hin,
gingen wir hin, uns zu bücken
nach Mulde und Maar.

Zur Tränke gingen wir, Herr.

Es war Blut, es war,
was du vergossen, Herr.

Es glänzte.

Es warf uns dein Bild in die Augen, Herr.
Augen und Mund stehn so offen und leer, Herr.

Wir haben getrunken, Herr.
Das Blut und das Bild, das im Blut war, Herr.

Bete, Herr.
Wir sind nah. (W 16, S. 58f.)

5. Stilanalyse

Im Zusammenhang mit der Frage, ob es sich bei einigen Passagen des Anfangs von Döblins *Berlin Alexanderplatz* um Erzähler-Kommentar oder um inneren Monolog, um Erzähler-Bericht oder erlebte Rede handele, tauchte der Begriff **Stil** auf. Abgesehen vom Kontext, gab uns nämlich auch die Art und Weise, wie geredet wurde, Aufschluß darüber, ob das Geschehen aus der Sicht der Figur oder aus der des Narrators dargestellt wird. Im allgemeinen gebraucht man diesen Begriff jedoch in noch umfassenderem Sinn. Man bezeichnet damit – ganz generell – die Art und Weise der sprachlichen Darstellung und kann dann z. B. von Goethes Altersstil sprechen, um die charakteristische Sprachgebung des späten Goethe zu benennen. Außerdem wird der Begriff benutzt, um die Darstellungsart überhaupt zu beschreiben, und ist dann nicht mehr lediglich auf das Sprachliche begrenzt. Charakteristisch für Goethes Altersstil in diesem Sinne sind dann nicht nur Satzbau und Wortwahl, sondern auch seine ausgeprägte Neigung zum Symbolischen; zum „klassischen Stil" gehört der Hexameter im Epos, der Blankvers und die Fünfaktigkeit im Drama etc. Hier meint ‚Stil' etwa das, was wir gewöhnlich als **Form** bezeichnen. Und endlich schließt der Terminus oft auch inhaltliche Phänomene mit ein: Zum Stil der Sturm-und-Drang-Dichtung gehört es z. B., daß sogenannte Kraftmenschen auftreten.

Wir benutzen die Begriffe Stil und Form in einem engeren Sinn. Unter Stil verstehen wir die sprachlichen Eigentümlichkeiten eines Textes, unter Form die des Aufbaus, der Gliederung, der Ordnung (vgl. dazu die Abschnitte 1–4). Zu fragen ist freilich jeweils, welche Bedeutung Stil und Form für die Übermittlung eines Gedankens oder eines Gedankengeflechts haben, d. h. es ist nach ihrer Aussagefunktion zu fragen.

Im allgemeinen fällt es uns nicht schwer, die **Stillage** eines Textes zu erkennen[3]. Wir sprechen von gehobenem und vulgärem, von sachlichem

[3] Schon die antike Rhetorik unterschied die Stilarten nach ihrer Höhenlage, die sich nach dem Zweck der jeweiligen sprachlichen Kommunikation richtete. Man unterschied drei Stilarten (genera dicendi): 1. den leichten, niedrigen Stil (genus humile), der im täglichen Leben, z. B. bei bloßen Mitteilungen angebracht war; 2. den mittleren Stil (genus mediocre oder medium), eine „geschmückte" Sprache, verwendet z. B. in der Konversation; 3. den schweren, gehobenen Stil (genus grande oder sublime), der bei feierlichen Anlässen oder auch zur Erregung leidenschaftlicher Gefühle etc. angebracht schien. Bei der Analyse poetischer Texte verzichtet man heute auf solche Klassifizierungen und versucht die Sprachdetails genauer zu beschreiben.

und pathetischem, von gewundenem und primitivem Stil etc. Schwieriger wird es, wenn wir erläutern sollen, auf Grund welcher Beobachtungen wir zu unserem Urteil gelangt sind. Die kleinste Einheit, die es dann zu untersuchen gilt, ist das **Wort.** Die am Anfang von Döblins *Berlin Alexanderplatz* auftauchenden Wörter „Schwein", „Brägen", „Kerl" z. B. gehören zum Vokabular der Umgangssprache und zeigen eine niedrige Stilebene an. Es ist klar, daß wir bei einem solchen Urteil schon einen Begriff von „hohem" und „niederem" Stil voraussetzen, eine Klassifizierung, die allgemein sehr umstritten ist. Wie wir heute wissen, wird als „normale" Sprache die des Mittelstandes empfunden, d. h. die Sprache einer sozialen Schicht wird als Norm genommen. Dies ist freilich ein Sprachgefühl, das uns die Schule anerzogen hat, aber für die Aufschlüsselung poetischer Texte vom Stilistischen aus ist dieses ansonsten höchst problematische Faktum nur von geringer Bedeutung. Denn man geht nicht fehl, wenn man annimmt, daß der Maßstab, den ein Autor bei der Wahl (oder Konstruktion) der von ihm verwendeten Stilebene anlegt, ebenfalls der der sprachlichen Konvention unserer Gesellschaft ist, d. h. daß der Leser (Interpret) in etwa von den gleichen Voraussetzungen ausgeht wie der Verfasser, wenn er den Stil eines Textes klassifiziert. Und das bedeutet, daß seine Leserolle wohl der entsprechen muß, in die ihn der Autor hat versetzen wollen.

Natürlich spielt bei der Stilanalyse auch die Frage eine Rolle, ob und in welcher Absicht **Fremdwörter** und **Fachausdrücke** Verwendung finden. Dabei ist aber zwischen Sachzwang und künstlerischer Funktion zu unterscheiden. In einem wissenschaftlichen Text ergibt sich ein Gebrauch von Fachwörtern und Fachausdrücken aus dem zu beschreibenden Sachverhalt selbst. Anders steht es da bei fiktionalen Texten:

> Spätherbst, Saisonbeginn, Premierenflimmer, l'heure bleue aus Spreenebel und Gaskoks, dämmernd, wenn der Autorun beginnt. Glänzender Start der mondänen Neurose: High-life-Pleiten und Pooldebakels, Trattenprestissimo und Kredit-Kollapse, septisches Terrain, subfebrile Krisen.
>
> (G. Benn: *Saison,* W 6, Bd. 2, S. 119)

Diese bei Benn nicht selten begegnende Häufung von Fremdwörtern und Fremdwort-Kompositionen läßt sich keineswegs von der „Sache" her begründen, die zur Sprache gebracht werden soll. Eine „Sache" steht gar nicht im Mittelpunkt, eher handelt es sich um die Beschreibung einer Gefühlssituation der Resignation oder gar Depression. Die kulturellen Ereignisse, auf die man im Winterhalbjahr hoffen kann und die, als „Premieren“ bezeichnet, zunächst den Charakter des Festlichen bekommen, werden durch die Hinzufügung des deutschen Wortes „Flimmer“ als inhaltlos, als unsinnig disqualifiziert. Dasselbe Prinzip wird hinter der Formulierung „l'heure bleue aus Spreenebel und Gaskoks“ sichtbar: Die Benutzung des Fremdwortes läßt den Leser Angenehmes assoziieren, doch ist dies nur ein Mittel, die anschließende Desillusionierung mit Hilfe eines anderen, deutschen Wortes perfekt werden zu lassen. Das Prinzip kann auch umgekehrt werden: „Glänzender Start der mondänen Neurose“. Hier strafen die Fremdwörter die zunächst aufkeimende Erwartungsfreude lügen. Und nachdem auf diese Weise das Fremdwort als Mittel der Desillusionierung von erwartungsfrohen Empfindungen zu „Saisonbeginn“ etabliert worden ist, verwendet es Benn zum Schluß der kurzen Passage auch ohne jede Konfrontation mit deutschsprachigen Begriffen als Mittel der Destruktion: „High-life-Pleiten und Pooldebakels, Trattenprestissimo und Kredit-Kollapse, septisches Terrain, subfebrile Krisen.“ Der Stil der Fremdworthäufung dient hier also nicht der Klärung eines Sachverhaltes, sondern er will den Leser in eine kritische, desillusionierte Gefühlshaltung gegenüber seiner Welt versetzen; hier waltet kein Sachzwang, sondern ein poetisches Prinzip.

Der Gebrauch von Fremd- und Lehnwörtern sowie von Fachausdrücken sagt noch nichts über die Qualität eines Textes aus. Das gilt grundsätzlich auch für die verwendete Stillage; es ist durchwegs nach ihrer Funktion zu fragen, wenn die Textqualität festgestellt werden soll. Die Verwendung umgangssprachlichen Vokabulars z. B., also die allenfalls mittlere, z. T. gar niedrige Stillage, die zu Beginn von Döblins *Berlin Alexanderplatz* begegnet, signalisiert dem Leser das soziale Milieu, in dem das Geschehen spielt und das von größter Bedeutung für die sozialkritische Thematik, für die Tendenz des Buches ist; insofern erfüllt die Umgangssprache hier eine wichtige Funktion innerhalb des Textganzen, und nur das ist ausschlaggebend für den künstlerischen Rang, den ein Text besitzt. Im Bereich der Sprachkunst hat die Höhe des Stils keinen eigenen Wert. Ändern sich die Aussageabsichten, so ändert sich auch der Stil. Im nächsten Beispiel handelt es sich um eine ausgesprochen feierliche Passage:

Mit gelben Birnen hänget
Und voll mit wilden Rosen
Das Land in den See,
Ihr holden Schwäne,
Und trunken von Küssen

Tunkt ihr das Haupt
Ins heilignüchterne Wasser.
(Fr. Hölderlin: *Hälfte des Lebens,* W 37, Bd. 2, S. 117)

Zunächst fällt die **Lautsymbolik** der dunklen Vokale auf („hold", „trunken", „tunkt"); es handelt sich um ein gleichsam akustisches Mittel, das Düstere des beginnenden Herbstes, der hier als Symbol der Einsamkeit, der Vergänglichkeit, des Todes besungen wird, zu evozieren. Sodann springt das überaus gehobene Vokabular in die Augen: „hold", „trunken", „tunkt", „Haupt" – lauter Wörter, die sich durch andere, weniger gewählt klingende ersetzen ließen. Besonders auffällig ist die **Wortschöpfung** des Kompositums „heilignüchtern", das sich einer bündigen Bedeutungsdefinition entzieht. Das „nüchtern" steht offenbar im Gegensatz zu „trunken von Küssen" und signalisiert das Ende der im allgemeinen mit Frühling und Sommer verbundenen Erotik in der Natur, steht also in Verbindung mit der Herbstthematik. Das „heilig" überhöht diese Veränderung möglicherweise gar auf Weltabsage hin, müßte aber gewiß wesentlich genauer untersucht werden, auch im Hinblick auf die Frage, was das Wort bei Hölderlin überhaupt bedeutet und wieweit der Text von der geistigen Umnachtung des Autors geprägt wurde. Jedenfalls aber wird man sagen können, daß der preziöse Stil Ausdrucksmittel eines Dichtens ist, das mit dem Herbstbild den Todesgedanken heraufbeschwört und Daseinsüberwindung überhaupt evoziert.

Nicht nur der Wortgebrauch gibt Aufschluß über den Stil; vielmehr gilt es auch, **Satzarten, Satzbau, Satzgefüge** etc. mit in die Betrachtung einzubeziehen. Schon einmal haben wir aus Thomas Manns Roman *Die Bekenntnisse des Hochstaplers Felix Krull* zitiert:

> Der Rheingau hat mich hervorgebracht, jener begünstigte Landstrich, welcher, gelinde und ohne Schroffheit sowohl in Hinsicht auf die Witterungsverhältnisse wie auf die Bodenbeschaffenheit, reich mit Städten und Ortschaften besetzt und fröhlich bevölkert, wohl zu den lieblichsten der bewohnten Erde gehört.
> (Th. Mann, W 53, Bd. 7, S. 266)

Dies ist ein, wenn nicht gewundener und komplizierter, so doch verspielter, verschnörkelter Satzbau. Dem Hauptsatz folgt eine nachgestellte Apposition, von der wiederum ein Nebensatz (Relativsatz) abhängt, der direkt nach dem Relativpronomen schon wieder aufgebrochen wird, und zwar gleich durch zwei herausgehobene Attribute, die satzwertig sind („gelinde und ohne Schroffheit" bzw. „reich [...] bevölkert") und ihrerseits enorm aufgefüllt, ja aufgebläht erscheinen: „ohne Schroffheit sowohl in Hinsicht auf [...] wie auf [...]" bzw. „reich mit Städten und Ortschaften besetzt". Das gestelzte „sowohl [...] wie" und ungewöhnliche „fröhlich bevölkert" trägt neben dem Satzbau ebenso zu dem Eindruck bei, daß es sich um einen bewußt gehobenen und verzierten Stil handelt, wie manche pathetisch wirkende Formulierung: „Der Rheingau hat mich hervorgebracht" statt „Ich bin im Rheingau geboren" oder „der bewohnten Erde" statt des gängigeren „der Welt". Warum aber läßt Thomas Mann den Hochstapler so sprechen? – Offensichtlich wohl eben deshalb, weil er ein Hochstapler ist und dem Leser von Anfang an als solcher vor Augen geführt werden soll. Felix Krull dekuvriert sich selbst als Hochstapler dadurch, daß er von sich in einem Stil berichtet, der alles, auch das Banalste, ja sogar das Fragwürdigste im Licht des Exquisiten erscheinen läßt. Vergleicht man das Faktum seiner Herkunft (er ist Sohn eines bankerotten Sekthändlers) mit dem gehobenen Redestil des Ich-Erzählers, in dem er dieses Faktum schildert (bzw. bezeichnenderweise nur andeutet), so wird die Diskrepanz zwischen Gesagtem und Sageweise deutlich und damit zugleich die dekuvrierende Funktion des gewählten Stils.

Völlig anders nimmt sich der Stil aus, in dem Heinrich Böll den eigentlichen Bericht über *Die verlorene Ehre der Katharina Blum* beginnt:

> [...] am Mittwoch, dem 20. 2. 1974, am Vorabend von Weiberfastnacht, verläßt in einer Stadt eine junge Frau von siebenundzwanzig Jahren abends gegen 18.45 Uhr ihre Wohnung, um an einem privaten Tanzvergnügen teilzunehmen.
>
> (H. Böll, W. 7, S. 11)

Es handelt sich um ein Satzgefüge, das aus Hauptsatz und finalem Nebensatz besteht, also nicht eben um primitiven, aber auch nicht um preziösen Stil, sondern um den eines Berichts, der auf die Vermittlung von Fakten abzuzielen scheint. Dafür spricht auch die genaue Angabe von Tag und Stunde des Geschehens. Allerdings ist an dem Tempus (Präsens) zu erkennen, daß es sich nicht um einen distanzierten Bericht handelt, sondern daß es dem Berichterstatter auch darauf ankommt, den Leser mitten in das Geschehen hineinzustellen.

Ganz andere Satzarten verwendet Goethe in dem folgenden Beispiel für **emphatisch-pathetischen** Stil:

> Und doch, welch Glück, geliebt zu werden!
> Und lieben, Götter, welch ein Glück!
> (J. W. Goethe: *Willkommen und Abschied,* W 22, Bd. 1, S. 29)

Es sind Ausrufungssätze, ja genau genommen sind es nur Ausrufe, denn vollständige Sätze finden sich gar nicht. Gesteigert wird der emphatische Stil auch dadurch, daß die angerufenen Götter mitten im zweiten Ausruf stehen, und ganz besonders durch die Wiederholung des Wortes „Glück". Erfüllt schon im allgemeinen jede Wiederholung die Funktion, einen Gedanken zu intensivieren, eine Wirkung zu steigern, so hat es mit dem vor uns liegenden Beispiel noch eine besondere Bewandtnis. Eine gewisse Wiederholung liegt auch bei „geliebt" und „lieben" vor, nämlich eine Variation des zugrundeliegenden Wortstammes „lieb-", und zwar so, daß mit der Sinnveränderung (Passives wird in Aktives verwandelt) auch eine Steigerung stattfindet: Das Glück zu „lieben" überbietet das, „geliebt zu werden". Diese Steigerung in der Veränderung kommt zudem dadurch zustande, daß das entscheidende Wort „Glück", zunächst ziemlich am Anfang der Zeile stehend, im zweiten Vers den Schluß und damit zugleich auch den inneren Höhepunkt bildet. Diese Wort- und Gedankenfolge hat chiastisches Gepräge.

Unter einem **Chiasmus** verstehen wir eine Überkreuzstellung syntaktischer oder gedanklicher Elemente, was man im allgemeinen mit der Formel a : b = b : a ausdrückt. In unserem Fall entspricht dem a das „Glück", dem b der Komplex „Liebe" („Geliebt zu werden" und „lieben"), so daß folgendes syntaktisches und gedankliches Schema sichtbar zu machen ist:

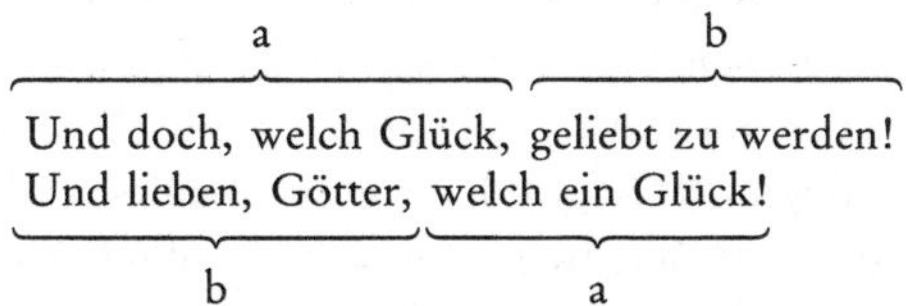

Es wäre nun ganz falsch, den jungen Goethe als Erfinder dieser raffinierten und aussagestarken Versgestaltung zu bewundern. Denn solche Stilmittel sind sehr alt und gehörten schon in der Antike zu dem Handwerkszeug jedes Redners. Man nennt sie **rhetorische Figuren.** Sie stammen aus der antiken Rhetorik, die als Lehre von der wirkungsvollsten Redeweise solche sprachlichen Mittel bereitstellte; es gab Lexika und Sammelwerke, in denen sie verzeichnet und also für jeden zugänglich waren. Es handelt sich mithin nicht um eine individuelle dichterische Leistung, wenn solche Stilfiguren verwendet werden; individuell ist vielmehr die Füllung des Rahmens, den eine rhetorische Figur darstellt. Oft verwenden wir im täglichen Sprechen solche Mittel, ohne es zu wissen; vor allem in Sprichwörtern und feststehenden Redewendungen tauchen sie auf: „Mit Kind und Kegel“ oder „Haus und Hof“ sind solche Formulierungen. In ihnen begegnet die **Alliteration,** der Gleichklang im Wortanlaut, der verstärkende und zusammenbindende Funktion besitzt. In den folgenden vier Zeilen aus Bürgers Ballade *Lenore* wimmelt es geradezu von rhetorischen Figuren:

„O Mutter! Was ist Seligkeit?
O Mutter! Was ist Hölle?
Bei ihm, bei ihm ist Seligkeit,
Und ohne Wilhelm Hölle! –“

(G. A. Bürger: *Lenore,* W 15, S. 173)

Es sind dies die verzweifelten Worte Lenores, die um ihren aus dem Krieg nicht heimgekehrten Bräutigam bangt; die Vorhaltungen ihrer Mutter, sie solle nicht an das irdische Glück, sondern an die Seligkeit denken, beantwortet sie mit den zitierten Sätzen. Ihnen ist die Erregung der Liebenden anzumerken, sie sind pathetischer Ausdruck. Diese Wirkung wird zunächst durch den das Gesagte betonenden syntaktischen **Parallelismus** der ersten beiden Zeilen erreicht: Bei beiden handelt es sich um Fragesätze, die mit einem Ausruf eingeleitet werden; nur die Schlußwörter unterscheiden sich, sie bilden sogar eine logisch-inhaltliche **Antithese,** stehen jedoch im Dienst derselben Aussageabsicht, nämlich die totale Gefühlsergriffenheit Lenores auszudrücken. Der syntaktische Parallelismus wird schließlich vor allem dadurch besonders unterstrichen, daß die beiden Zeilen mit denselben Wörtern beginnen: „O Mutter! [...] / O Mutter!“ Dies ist eine **Anapher** (= Wiederkehr desselben Wortes oder derselben Wörter zu Beginn zweier oder mehrerer aufeinander folgender Sätze, Verse oder Strophen). Sie dient, wie beinahe alle Formen der Wiederholung und der Parallelisierung, der Ausdrucksverstärkung, hier der Unterstreichung der Erregung. Dies gilt auch für die in den zitierten Versen begegnende aufgelockerte Form der **Epipher** (= „Wiederholung desselben Wortes oder Wortgefüges jeweils am Schluß mehrerer aufeinander folgender Sätze oder Satzglieder“[4] oder auch der aufeinander folgenden Zeilen): „Seligkeit“ und „Hölle“ werden – wenn auch in Überkreuzstellung – jeweils am Zeilenende wiederholt. Die dadurch bewirkte Hervorhebung dieser Wörter gipfelt darin, daß es sich bei ihnen um Reimwörter handelt, die in der Epipher einen **identischen Reim** bewirken. Und schließlich bringt Bürger den Gedanken, daß nicht Gott, sondern eben der Geliebte über Glück und Unglück, „Seligkeit“ und „Hölle“ im Leben

[4] Gero von Wilpert, L 324, S. 219.

Lenores entscheidet, ebenfalls mit Hilfe einer rhetorischen Figur besonders emphatisch zum Ausdruck: Er läßt Lenore das „bei ihm" wiederholen, fügt also eine **Epanalepse** ein (= „Wiederholung des gleichen Einzelwortes oder e. Wortgruppe am Satzanfang, entweder unmittelbar aufeinander [...] oder nach Zwischenschaltung e. Wortes"[5]).

Auch die Untersuchung der rhetorischen Figuren ist nicht Selbstzweck, sondern dient der Interpretation des Textganzen. Um jedoch ihre Aussagefunktion erfassen zu können, muß man sie erst einmal erkennen. Es gibt eine solche Fülle von rhetorischen Figuren, daß es unmöglich ist, auch nur den größten Teil von ihnen hier vorzustellen, aber die allerwichtigsten, von denen bisher noch nicht die Rede war, sollen doch aufgeführt werden:

1. **figura etymologica:** Verbindung zweier stammverwandter Wörter mit dem Ziel der Ausdruckssteigerung, z. B. „der schrecklichste der Schrecken" oder „einen Gang gehen".
2. **Asyndeton:** Aneinanderreihung gleichartiger Satzglieder oder Sätze ohne Zwischenschaltung einer Konjunktion: „Ich kam, ich sah, ich siegte" (vgl. ‚Klimax').
3. **Polysyndeton:** Das Gegenteil von einem Asyndeton, d. h. hier wird dieselbe Konjunktion ungewöhnlich oft wiederholt: „Und es wallet und siedet und brauset und zischt" (Fr. Schiller: *Der Taucher,* W 67, Bd. 1, S. 370).
4. **Klimax:** Steigerung im Aussageinhalt oder im Wortgebrauch: „Ich kam, ich sah, ich siegte" (vgl. ‚Asyndeton').
5. **Antiklimax:** Das Gegenteil einer Klimax, d. h. abfallende Steigerung: „Doktoren, Magister, Schreiber und Pfaffen" (J. W. Goethe: *Faust I,* W 22, Bd. 3, S. 20).
6. **Anakoluth:** Änderung des Gedankengangs, der zu einem Bruch im Satzbau führt: „Schon vierzehn Tage gehe ich mit dem Gedanken um, sie zu verlassen. Ich muß fort. Sie ist wieder in der Stadt bei einer Freundin. Und Albert – und – ich muß fort!" (J. W. Goethe: *Die Leiden des jungen Werthers,* W 22, Bd. 6, S. 56).
7. **Zeugma:** Satzkonstruktion, bei der sich ein Satzteil auf mehrere andere bezieht, die semantisch nichts miteinander zu tun haben: „Er schlug die Scheibe und den Weg zum Bahnhof ein."

[5] Ebd., S. 213.

Rhetorische Figuren sind als äußere Mittel des Redestils nicht allzu schwer zu erkennen und in ihrer Funktion im allgemeinen auch nicht allzu schwer zu beschreiben. Vor viel größere Probleme stellt uns der Gebrauch eines anderen Stilmittels, das man als **Trope** bezeichnet. Zu den Tropen zählen die Formen uneigentlichen Sprechens: das eigentlich Gemeinte kommt nicht direkt, also etwa durch den Gebrauch des treffenden Begriffs, sondern nur mittelbar, z. B. durch ein **Bild** zum Ausdruck. Wir ziehen noch einmal einige Zeilen aus Gryphius' Gedicht *Es ist alles eitell* heran:

Was dieser heute bawt / reist jener morgen ein:
Wo itzund städte stehn / wird eine wiesen sein
Auff der ein schåffers kind wird spilen mitt den heerden.

Das Bild einer Idylle mit einem auf der Wiese mit den Tieren spielenden Schäferskind verdeutlicht den Gedanken noch, der in dem Gedicht zur Sprache gelangt, eben den der Vergänglichkeit alles Jetzigen. Auch das Bild vom Einreißen des ehemals Gebauten gehört in diesen Sinnhorizont. Das Thema wird in diesem Beispiel an anderer Stelle allerdings auch direkt, also ohne Verwendung einer Trope, ausgesprochen: „Dv sihst / wohin du sihst, nur eitelkeit auff erden". Besonders häufig wird ein **Symbol** benutzt. Darunter versteht man einen Gegenstand, ein Tier, eine Pflanze, die über sich hinausweisen und im Einzelnen etwas Allgemeines sichtbar werden lassen. So gilt die Rose als Symbol der Liebe, und die „wiesen blum" in Z. 13 des Gryphius-Gedichtes kann man als Symbol der Verlorenheit verstehen. Gerade der Versinnlichung dient oft auch eine Trope, die man **Personifikation** nennt und die uns auch aus der Umgangssprache vertraut ist. Wenn es in der letzten Zeile des zweiten Quartetts heißt „Itz lacht das gluck vns an / bald donnern die beschwerden", so wird das Abstraktum „gluck" sprachlich wie eine Person behandelt, die uns anlachen kann. Solchen Personifikationen liegt meist ein **Vergleich** zugrunde: das Glück wird als Wesen verstanden, das uns zugetan ist. Diese „So-wie-Struktur" ist auch in der zweiten Halbzeile noch erkennbar: Die „beschwerden" werden als so drängend-bedrohlich empfunden wie das Donnern des Gewitters. Aber es handelt sich hier gleichwohl nicht um eine Personifikation, weil die Beschwerden nicht als Person behandelt werden, sondern um die Übertragung eines Begriffs (donnern) in einen anderen Sachbereich, also um eine **Metapher** (gr. metapherein = übertragen). Solche Übertragungen sind überaus häufig, die Arten kaum systematisch zu erfassen, so daß man leider oft alles als Metapher eingeordnet sieht, was irgendwie ungewöhnlich wirkt. Man sollte sich aber bemühen, die Metapher strenger zu fassen. Der Wortbedeutung entsprechend kann man die Übertragung häufig an der So-wie-Struktur ablesen, wie z. B. bei folgenden Metaphern aus der Umgangssprache: Ein „Wüstenschiff" (Kamel) ist ein Wesen, das in der Wüste von der gleichen Bedeutung ist wie das Schiff auf dem Meer, ein „Straßenkreuzer" ein Auto, das im Vergleich zu anderen Autos so groß und prächtig ist wie ein Kreuzer im Vergleich zu anderen Schiffen. Man kann aber keineswegs behaupten, daß die Vergleichsstruktur immer erkennbar bleibt. Gerade in der Lyrik nach 1900 begegnen Metaphern, die sich einer präzisen Sinnbeschreibung entziehen. Sie stellen weniger einen verkürzten Vergleich dar, als daß sie im Leser ganze Sinnkomplexe assoziieren. In Benns Gedicht *Viele Herbste* z. B. (W 6, Bd. 3, S. 287) gibt es eine Zeile, die folgendermaßen lautet:

Balkons, geranienzerfetzt [.]

Von einem Vergleichscharakter kann nicht die Rede sein: Die Balkons sind nicht zerfetzt wie Geranien; erst recht zerfetzen Geranien nicht den Balkon. Eher wird man von einem Sinnhorizont sprechen, vor dem viele Bedeutungsnuancen zu assoziieren sind: Geranien als Balkonblumen, die eine Fläche auflockern, mit dem „zerfetzt" an verfallene Hinterhöfe erinnern; das „geranienzerfetzt" signalisiert den Zerfall der Blüten, also den Herbst, das Absterben, den Tod etc. Diese Fähigkeit, Assoziationskomplexe zu evozieren, gibt der Metapher für das moderne Gedicht eine viel größere Bedeutung als nur die, zur Ausschmückung oder zur Versinnlichung ein Wort aus dem einen in einen anderen Sachbereich zu übertragen.

Zu dem Komplex ‚metaphorisches Sprechen' gehört eine ganze Reihe von Tropen. Zunächst ist auf die **Katachrese** zu verweisen; bei ihr kann es sich sowohl um überladen-schwülstige Metaphorik als auch um einen falschen Ausdruck („Suppe trinken") oder um einen Ausdruck handeln, der etwas anders nicht zu Bezeichnendes bezeichnet („Schlüsselbart"); ebenfalls kann damit die metaphorische Vermengung weit auseinanderliegender Sachbereiche gemeint sein, die oft einen besonderen Ausdruckswert besitzt („welke Sonne", „strammer Sommer"). Die Verbindung von Wörtern aus unterschiedlichen Sinnesbereichen heißt **Synästhesie:** „Golden wehn die Töne nieder" (Cl. Brentano: *Abendständchen,* W 13, S. 144). Werden gar widersprüchliche Sinnkomplexe miteinander verknüpft, spricht man von einem **Oxymoron:** „Traurigfroh" (Fr. Hölderlin: *Heidelberg*, W 37, Bd. 2, S. 14), „beredtes Schweigen" usw. Dabei handelt es sich aber nicht um Fehler, sondern der logische Widerspruch wird als starkes Ausdrucksmittel genutzt.

Von den Formen uneigentlichen Sprechens sind drei nicht immer leicht voneinander zu unterscheiden. Unter **Antonomasie** versteht man die Umschreibung eines Eigennamens mit Hilfe von besonders kennzeichnenden Eigenschaften, z. B. Dichterfürst = Homer. Umfangreicher ist die **Periphrase.** Mit ihrem Gebrauch vermeidet man die Nennung von Wörtern und Namen, die man als abgegriffen, platt, obszön empfindet; mit der Periphrase kann man aber auch besonders deutlich auf solche Wörter anspielen und sie insofern stark betonen. Bekannt ist z. B. die Periphrase „Jenes höhere Wesen, das wir verehren" für „Gott" in Bölls *Doktor Murkes gesammeltes Schweigen* (W 8, S. 8), die ein Spiel mit dem Leserbewußtsein darstellt, oder die täglich benutzte Umschreibung „Der Arm des Gesetzes" für einen Polizisten. Handelt es sich um eine Umschreibung, die etwas Abschreckendes oder Häßliches als etwas Angenehmes erscheinen läßt, so spricht man von einem **Euphemismus.** Euphemismen sind auch in der Umgangssprache häufig: „Kap der guten Hoffnung" für die besonders gefährliche Stelle am Südende Afrikas, „entschlafen" für „gestorben" usw. Schließlich ist zu den umschreibenden Tropen auch noch die **Synekdoche** zu rechnen, die heute von der **Metonymie** kaum noch unterschieden wird. Wir verstehen darunter jene Figuren uneigentlichen Sprechens, bei denen der Teil für das Ganze, das Ganze für den Teil, ein äußeres Zeichen für die ganze Rasse usw. genommen wird wie z. B. in der Formulierung „einen guten Tropfen trinken" oder in der Bezeichnung „Rothaut" für Indianer oder in der Wendung „tausend Leute" für sehr viele Leute etc.

Die Funktion solcher Tropen ist höchst vielfältig. Sie dienen ebenso wie rhetorische Figuren oft bloß der Ausschmückung, der Vermeidung von Wortwiederholungen oder dem Versuch des Autors, sich als besonders gebildet dem Gedächtnis des Lesers einzuprägen. Das gilt z. B. für den „poeta doctus" des 17. Jh., der solche Mittel besonders bewußt und gehäuft einsetzte. Die poetische Aussagekraft von Tropen und rhetorischen Figuren jedoch hat seit dem 18. Jh. eher zu- als abgenommen, obgleich man sie nun nicht mehr so bewußt und gezielt verwendete. Wenn Thomas Mann in *Buddenbrooks* den kauzigen Makler Gosch über die in Wahrheit höchst lächerlichen Revolutionsereignisse des Jahres 1848 in Lübeck sagen läßt „Der schrecklichste der Schrecken" (W 53, Bd. 1,

S. 595), so ist er sich wohl darüber im klaren, daß er parodistisch auf Schillers *Glocke* anspielt, kaum aber, daß er eine figura etymologica als **Hyperbel,** also als Mittel der Übertreibung benutzt. Gleichwohl besitzt sie ihre spezifische Aussagefunktion, hier die, Goschs Neigung, zu übertreiben, ironisch hervorzuheben. **Ironie** begegnet hier freilich eher als poetisches Prinzip denn als Trope. Beschränkt man sich auf sie als Art uneigentlicher Redeweise, so ist sie als Wendung zu definieren, in der das Gegenteil des eigentlich Gemeinten ausgedrückt wird. Wir kennen das aus dem täglichen Sprechen, etwa wenn der Vater seinen Sohn ein „feines Bürschchen" nennt, obgleich er ihn tadeln will. Hier entscheiden der Kontext und der Ton, ob das Gesagte ernst gemeint ist oder ironisch. Das gilt auch für eine ebenfalls oft ironisch benutzte Trope: „nicht schlecht" oder „nicht gerade einer der Tüchtigsten". Sie heißt **Litotes** und hebt das Gemeinte dadurch hervor, daß das Gegenteil verneint wird. Ob der Einsatz einer solchen Redeweise einer ironischen Dekuvrierung dient oder lediglich Redeschnörkel oder Formschmuck ist oder gar ganz andere Ausdruckstendenzen unterstützt, muß, wie bei allen Form- und Stilelementen, jeweils genau untersucht werden.

Weiterführende Literatur: L 11, L 117, L 142, L 257.

Arbeitsteil

Aufgaben zur Stilanalyse

Analysieren Sie die folgenden Texte vornehmlich hinsichtlich ihrer stilistischen Merkmale und prüfen Sie diese auf ihre Funktion für die Aussageintention des jeweiligen Textes! Text I, 37 und Text I, 38 sind einer vergleichenden Untersuchung zu unterziehen. Verwenden Sie auch Texte aus den vorangehenden Arbeitsteilen!

I, 34 **Angelus Silesius**

Was Gott mir, bin ich ihm

Gott ist mir Gott und Mensch, ich bin ihm Mensch und Gott,
Ich lösche seinen Durst und er hilft mir aus Not.

(W 2, Bd. 3, S. 43)

I, 35 Johann Wolfgang Goethe

Aus: *Die Leiden des jungen Werthers*

Am 10. Mai.

Eine wunderbare Heiterkeit hat meine ganze Seele eingenommen, gleich den süßen Frühlingsmorgen, die ich mit ganzem Herzen genieße. Ich bin allein und freue mich meines Lebens in dieser Gegend, die für solche Seelen geschaffen ist wie die meine. Ich bin so glücklich, mein Bester, so ganz in dem Gefühle von ruhigem Dasein versunken, daß meine Kunst darunter leidet. Ich könnte jetzt nicht zeichnen, nicht einen Strich, und bin nie ein größerer Maler gewesen als in diesen Augenblicken. Wenn das liebe Tal um mich dampft, und die hohe Sonne an der Oberfläche der undurchdringlichen Finsternis meines Waldes ruht, und nur einzelne Strahlen sich in das innere Heiligtum stehlen, ich dann im hohen Grase am fallenden Bache liege, und näher an der Erde tausend mannigfaltige Gräschen mir merkwürdig werden; wenn ich das Wimmeln der kleinen Welt zwischen Halmen, die unzähligen, unergründlichen Gestalten der Würmchen, der Mückchen näher an meinem Herzen fühle, und fühle die Gegenwart des Allmächtigen, der uns nach seinem Bilde schuf, das Wehen des Alliebenden, der uns in ewiger Wonne schwebend trägt und erhält; mein Freund! wenn's dann um meine Augen dämmert, und die Welt um mich her und der Himmel ganz in meiner Seele ruhn wie die Gestalt einer Geliebten – dann sehne ich mich oft und denke: Ach könntest du das wieder ausdrücken, könntest du dem Papiere das einhauchen, was so voll, so warm in dir lebt, daß es würde der Spiegel deiner Seele, wie deine Seele ist der Spiegel des unendlichen Gottes! – Mein Freund – Aber ich gehe darüber zugrunde, ich erliege unter der Gewalt der Herrlichkeit dieser Erscheinungen.

(W 22, Bd. 6, S.9)

I, 36 Gottfried Benn

Aus: *Der Ptolemäer*

Der Glasbläser

Glühender Sommer und eine verdurstende Stadt. Versengte Rasen, stauberstickte Bäume. In den Trümmern lechzende Gestalten, das Salz aus den Poren schwitzend ohne Ergänzung durch Nahrungszufuhr, hinfällig, schattensüchtig – zwischen Ohnmachten, Durchblutungsstörungen, Kreislaufschwäche.

Auf den Boulevards Steppenleben – lebhafte Bordelle und Uniformen. Das achte amurische Regiment – Friedensgarnison Lo-scha-go – macht Platzmusik, die langen Posaunen dröhnen. Die Bars füllen sich: Hawaiiabfall und sibirisches Fleckblut. Weißer Wodka, grauer Whisky, Ayala und Witwe Cliquot aus ungespülten Römern. Gentlemen und Gospodins steppen auf rotem Glasparkett, Lichteffekte vom Boden, im Arm Nasen-Helene, Räuber-Sonja, Augen-Alexandra (sie trägt ein Glasauge). Die Bevölkerung sieht durch die Fenster gierig zu: die Kultur ist wieder im Vormarsch, wenig Mord, mehr Song und Klänge. Auch innerlich wird den Geschlagenen viel geboten: ein transatlantischer Bischof kommt angereist und murmelt: meine Brüder – ein Humanist zeigt sich und flötet: das Abendland – ein Tenor knödelt: o holde Kunst – der Wiederaufbau Europas ist im Gange.

Europa wird vom Gehirn gehalten, vom Denken, aber der Erdteil zittert, das Denken hat seine Sprünge. [...]

(W 6, Bd. 2, S. 223f.)

I, 37 **Ernst Jünger**

Aus: *Tagebücher I*

[...] „Stopfen!"

Langsam drang das Kommando durch, und das Feuer ruhte. Die Spannung war durch die Tat gedämpft.

Erneutes Parolerufen. Ich kramte mein Englisch zusammen und schrie einige überredende Aufforderungen hinüber: „Come here, you are prisoners, hands up!" Darauf drüben vielstimmiges Geschrei, von dem die Unseren behaupteten, es klänge wie „Rache, Rache!" Ein einzelner Schütze trat aus dem Waldsaum heraus und kam auf uns zu. Einer beging den Fehler, ihm „Parole!" entgegenzurufen, worauf er unschlüssig stehenblieb und sich umdrehte. Ein Späher offenbar. „Schießt ihn kaputt!"

Ein Dutzend Schüsse; die Gestalt sank zusammen und glitt ins hohe Gras.
Das Zwischenspiel erfüllte uns mit Genugtuung. Vom Waldrand erscholl wieder das seltsame Stimmengewirr; es klang, als ob die Angreifer sich gegenseitig ermutigten, gegen die geheimnisvollen Verteidiger vorzugehen.

In höchster Spannung starrten wir auf den dunklen Saum. Es begann zu dämmern, ein leichter Nebel stieg vom Wiesengrunde auf.

Nun bot sich uns ein Bild, wie es in diesem Kriege der weithintreffenden Waffen kaum noch zu sehen war. Aus dem Dunkel des Unterholzes löste sich eine Reihe von Schatten und trat auf die offene Wiese hinaus. Fünf, zehn, fünfzehn, eine ganze Kette. Zitternde Hände lösten die Sicherungsflügel. Auf fünfzig Meter waren sie heran, auf dreißig, auf fünfzehn ... Feuerrr! Minutenlang knatterten die Gewehre. Funken sprühten auf, wenn spritzende Bleikerne gegen Waffen und Stahlhelme wuchteten.

Plötzlich ein Schrei: „Aaaachtung, links!" Eine Schar von Angreifern schnellte von ganz links auf uns zu, voran eine Riesengestalt mit vorgestrecktem Revolver, eine weiße Keule schwingend.

„Linke Gruppe links schwenken!"

Die Leute flogen herum und empfingen die Ankömmlinge stehend. Einige der Gegner, darunter der Führer, brachen unter den hastig abgefeuerten Schüssen zusammen, die anderen verschwanden ebenso schnell, wie sie gekommen waren.

Das war der Augenblick zum Draufgehen. Mit aufgepflanztem Seitengewehr und wütendem Hurra stürmten wir das Wäldchen. Handgranaten flogen in das verschlugene Gestrüpp, und im Nu waren wir wieder im Alleinbesitz unserer Feldwache, allerdings ohne den geschmeidigen Gegner gepackt zu haben.

Wir sammelten uns in einem angrenzenden Kornfeld und starrten uns mit blassen, übernächtigen Gesichtern an. Die Sonne war strahlend aufgegangen. Eine Lerche stieg hoch und ärgerte uns durch ihr Trillern. Unwirklich war das alles wie nach einer fieberhaft durchspielten Nacht.

Während wir uns die Feldflaschen boten und eine Zigarette ansteckten, hörten wir, wie sich der Gegner mit einigen laut jammernden Verwundeten durch den Hohlweg entfernte. Wir erblickten sogar für einen Augenblick seinen Zug, leider nicht lange genug, um ihm den Rest geben zu können. [...]

(W 40, S. 162 ff.)

I, 38 Erich Maria Remarque

Aus: *Im Westen nichts Neues*

[...] Mit einem Male hören die nahen Einschläge auf. Das Feuer dauert an, aber es ist zurückverlegt, unser Graben ist frei. Wir greifen nach den Handgranaten, werfen sie vor den Unterstand und springen hinaus. Das Trommelfeuer hat aufgehört, dafür liegt hinter uns schweres Sperrfeuer. Der Angriff ist da.

Niemand würde glauben, daß in dieser zerwühlten Wüste noch Menschen sein könnten; aber jetzt tauchen überall aus dem Graben die Stahlhelme auf, und fünfzig Meter von uns entfernt ist schon ein Maschinengewehr in Stellung gebracht, das gleich losbellt.

Die Drahtverhaue sind zerfetzt. Immerhin halten sie noch etwas auf. Wir sehen die Stürmenden kommen. Unsere Artillerie funkt. Maschinengewehre knarren, Gewehre knattern. Von drüben arbeiten sie sich heran. Haie und Kropp beginnen mit den Handgranaten. Sie werfen, so rasch sie können, die Stiele werden ihnen abgezogen zugereicht. Haie wirft sechzig Meter weit, Kropp fünfzig, das ist ausprobiert und wichtig. Die von drüben können im Laufen nicht viel eher etwas machen, als bis sie auf dreißig Meter heran sind.

Wir erkennen die verzerrten Gesichter, die flachen Helme, es sind Franzosen. Sie erreichen die Reste des Drahtverhaus und haben schon sichtbare Verluste. Eine ganze Reihe wird von dem Maschinengewehr neben uns umgelegt; dann haben wir viele Ladehemmungen, und sie kommen näher.

Ich sehe einen von ihnen in einen spanischen Reiter stürzen, das Gesicht hoch erhoben. Der Körper sackt zusammen, die Hände bleiben hängen, als wollte er beten. Dann fällt der Körper ganz weg, und nur noch die abgeschossenen Hände mit den Armstümpfen hängen im Draht.

Im Augenblick, als wir zurückgehen, heben sich vorn drei Gesichter vom Boden. Unter einem der Helme ein dunkler Spitzbart und zwei Augen, die fest auf mich gerichtet sind. Ich hebe die Hand, aber ich kann nicht werfen in diese sonderbaren Augen, einen verrückten Moment lang rast die ganze Schlacht wie ein Zirkus um mich und diese beiden Augen, die allein bewegungslos sind, dann reckt sich drüben der Kopf auf, eine Hand, eine Bewegung, und meine Handgranate fliegt hinüber, hinein.

Wir laufen zurück, reißen spanische Reiter in den Graben und lassen abgezogene Handgranaten hinter uns fallen, die uns einen feurigen Rückzug sichern. Von der nächsten Stellung aus feuern die Maschinengewehre.

Aus uns sind gefährliche Tiere geworden. Wir kämpfen nicht, wir verteidigen uns vor der Vernichtung. Wir schleudern die Granaten nicht gegen Menschen, was wissen wir im Augenblick davon, dort hetzt mit Händen und Helmen der Tod hinter uns her, wir können ihm seit drei Tagen zum ersten Male ins Gesicht sehen, wir können uns seit drei Tagen zum ersten Male wehren gegen ihn, wir haben eine wahnsinnige Wut, wir liegen nicht mehr ohnmächtig wartend auf dem Schafott, wir können zerstören und töten, um uns zu retten, um uns zu retten und zu rächen. [...]

(W 60, S. 114ff.)

I, 39 Ernst Wiechert

Aus: *Hirtennovelle*

Seinen Vater erschlug ein stürzender Baum um die Mittagszeit eines blauen Sommertages. Ihm allein war bestimmt, vom Rande der Lichtung aus zuzusehen, wie der Wipfel der hohen Fichte zu beben begann, und wie sie, ohne hin und her zu schwanken wie sonst, sich plötzlich einmal um sich selbst zu drehen schien, ganz schnell, mit waagerecht kreisenden Zweigen, bevor sie niederbrauste gleich einem aus den Fundamenten geworfenen Turm und mit dem Donner ihres Sturzes den leisen Schrei verschlang, der zu ihren Füßen aufstand gegen das niederbrechende grüne Gebirge.

Die Lippen halb geöffnet, an denen der Saft der Heidelbeeren noch nicht getrocknet war, stand das Kind, dem Anblick des Gewaltigen hingegeben, und erzitterte mit der Erde, auf der es mit bloßen Füßen stand, bis die Wolke aus Blütenstaub im leisen Wind waldeinwärts gezogen war und das Grüne und Ungeheure nun regungslos quer über die Lichtung geschleudert lag.

Es wunderte sich nicht, daß der Vater nicht zu sehen war, dessen Kraft und Kühnheit dies vollbracht hatte, und auch nicht der andere Mann, den sie den „Soldaten“

nannten, und der mitunter die Schneide der Axt an die Schulter legte, den langen Stil gleich dem Lauf eines Gewehres auf sie gerichtet, wozu er auf eine erschrekkend täuschende Weise Schuß auf Schuß mit den Lippen auf ihre zerstiebende Schar schleuderte. Und da das Kind Michael diesem verderbenbringenden Gewehrlauf niemals auswich, sondern mit furchtlosen Augen sein frühes Ende erwartete, hatte der „Soldat" es tief in sein Herz geschlossen und ihm eine große Laufbahn als General geweissagt.

Erst nach einer Weile, sich vorwärtstastend in der grünen Wildnis gesplitterter Äste, fand das Kind den Vater und den Soldaten. Den einen still auf dem Rücken ruhend, die Axt noch in den Händen, einen schmalen roten Strich zwischen den Lippen, obwohl keine Beeren in dem zerschlagenen Moos zu erblicken waren. Den andern auf dem Gesicht ruhend, die Arme ausgebreitet, indes ein Fichtenast, stark wie ein junger Baum, sich über seinen Rücken gelegt hatte, der merkwürdig flach und wie verwelkt unter dem rötlichbraunen Joch erschien.

Eine Weile suchte das Kind noch nach dem Stiel der Axt, aus dem der Soldat den Tod auf sie zu schicken pflegte, fand ihn aber nicht, stellte den blauen Paartopf mit Suppe und Fleisch in den Schatten des gestürzten Stammes und setzte sich dann bei seinem Vater nieder, in Geduld erwartend, wie dies seltsame Versteckspiel nun zu Ende gehen würde.

Über die zur Erde geneigte Stirn des Toten senkte sich, auf eine wunderbare Weise unversehrt, ein Stengel mit Glockenblumen, und von dem zart geäderten Blau dieser Blüten ging der Blick des Kindes zu der erstaunlichen Weiße der beschatteten Stirn und wieder zurück. [...]

(W 76, S. 7ff.)

I, 40 Wolfgang Borchert

Aus: *Mein bleicher Bruder*

Noch nie war etwas so weiß wie dieser Schnee. Er war beinah blau davon. Blaugrün. So fürchterlich weiß. Die Sonne wagte kaum gelb zu sein vor diesem Schnee. Kein Sonntagmorgen war jemals so sauber gewesen wie dieser. Nur hinten stand ein dunkelblauer Wald. Aber der Schnee war neu und sauber wie ein Tierauge. Kein Schnee war jemals so weiß wie dieser an diesem Sonntagmorgen. Kein Sonntagmorgen war jemals so sauber. Die Welt, diese schneeige Sonntagswelt, lachte.

Aber irgendwo gab es dann doch einen Fleck. Das war ein Mensch, der im Schnee lag, verkrümmt, bäuchlings, uniformiert. Ein Bündel Lumpen. Ein lumpiges Bündel von Häutchen und Knöchelchen und Leder und Stoff. Schwarzrot überrieselt von angetrocknetem Blut. Sehr tote Haare, perückenartig tot. Verkrümmt, den letzten Schrei in den Schnee geschrien, gebellt oder gebetet vielleicht: Ein Soldat. Fleck in dem niegesehenen Schneeweiß des saubersten aller Sonntagmorgende. Stimmungsvolles Kriegsgemälde, nuancenreich, verlockender Vorwurf für Aquarellfarben: Blut und Schnee und Sonne. Kalter kalter Schnee mit warmem dampfendem Blut drin. Und über allem die liebe Sonne. Unsere liebe Sonne. Alle Kinder auf der Welt sagen: die liebe liebe Sonne. Und die bescheint einen Toten, der den unerhörten Schrei aller toten Marionetten schreit: Den stummen fürchterlichen stummen Schrei! Wer unter uns, steh auf, bleicher Bruder, oh, wer unter uns hält die stummen Schreie der Marionetten aus, wenn sie von den Drähten abgerissen so blöde verrenkt auf der Bühne rumliegen? Wer, oh, wer unter uns erträgt die stummen Schreie der Toten? Nur der Schnee hält das aus, der eisige. Und die Sonne. Unsere liebe Sonne.

(W 9, S. 175f.)

I, 41 **Hans Georg Prager**

Aus: *Was weißt du von der Waterkant?*

Der Laie bezeichnet das Niedrigwasser fälschlich als Ebbe und das Hochwasser als Flut. Ebbe ist in Wahrheit nur der gesamte Zeitraum des Ablaufens zwischen Hoch- und Niedrigwasser, Flut der des Auflaufens zwischen Niedrig- und Hochwasser. Man spricht auch von „ablaufend“ und „auflaufend“ Wasser.

Der normale Tidenhub zwischen mittlerem Hoch- und mittleremNiedrigwasser beträgt an der deutschen Nordseeküste 2,2–3,8 m. Etwa drei Tage nach Neu- und Vollmond herrscht infolge vereinigter Wirkung von Sonne und Mond jeweils Springzeit, also relativ hoher Hochwasserstand. Etwa drei Tage nach den Mondvierteln herrscht hingegen Nippzeit, d. h. niedrigerer Wasserstand bei Hochwasser.

Eine sogenannte Tide besteht aus Ebbe und Flut, also einer vollständigen Wasserstandswandlung vom Niedrig- zum Hoch- und wieder zurück zum Niedrigwasser. Ihr Zeitraum umfaßt durchschnittlich einen halben Mond-Tag = 12 Std. 25,2 Min. Im Normalfall folgt das Hoch- bzw. Niedrigwasser in einem festen und charakteristischen Zeitintervall auf die oberen und unteren Durchgänge des Mondes durch den Ortsmeridian. Da sich jedoch zahlreiche astronomisch bedingte Abweichungen in Tidenzeit und Tidendauer ergeben können, erfordert die richtige Gezeitenvorhersage einen ungeheuren Komplex von Berechnungen.

Die mittleren Hoch- und Niedrigwasserzeiten aller Tage werden für jeden einzelnen Küstenpunkt für ein ganzes Jahr im voraus vom Deutschen Hydrographischen Institut in Hamburg berechnet. Dort steht eine Gezeiten-Rechenmaschine von 7 t Gewicht, 7 m Länge und 1 Million DM Wert!

Überall sind die täglichen Hoch- und Niedrigwasser-Zeiten in der Tagespresse der Küste angegeben. Die Gezeitentafeln für das vorliegende Kalenderjahr können in Buchhandlungen erworben werden.

(W 5, Bd. 1, S. 247f.)

Weitere Textbeispiele: I, 12; I, 13; I, 16–I, 33.

II. Edition

Dem Ackermann

Flach bedecket und leicht den goldenen Samen die Furche,
  Guter! die tiefere deckt endlich dein ruhend Gebein.
Fröhlich gepflügt und gesät! Hier keimet lebendige Nahrung,
  Und die Hoffnung entfernt selbst von dem Grabe sich nicht.

Das Epigramm stammt von Goethe; es findet sich in diesem Wortlaut in der umfangreichsten und für die Goethe-Forschung wichtigsten aller Goethe-Ausgaben, der sogenannten Weimarer (oder: Sophien-) Ausgabe (W 23)[1] und ist von dort in andere Ausgaben übernommen worden. In der Züricher Gedenkausgabe (W 21) beispielsweise ist der Text mit dem vorstehenden identisch. Das Inhaltsverzeichnis dieser Ausgabe (Bd. 1, S. 761) enthält eine Angabe zur Entstehungszeit: „Anfang 80er Jahre". Diese Angabe ist irreführend.

Der Text der Weimarer Ausgabe geht auf die letzte Fassung, die Goethe für den Druck bestimmte, also auf die letzte ‚autorisierte' Fassung, zurück: sie findet sich in der sogenannten ‚Ausgabe letzter Hand' (W 24). Der 2. Band dieser Ausgabe (1827) enthält das Gedicht *Dem Ackermann;* dieser Band entspricht im wesentlichen dem 2. Band der 1815–19 erschienenen zwanzigbändigen Goethe-Ausgabe; für diese Ausgabe nun hat Goethe seine Gedichte in eine von inhaltlichen und formalen Gesichtspunkten bestimmte Ordnung gebracht und bei dieser Gelegenheit viele von ihnen umgearbeitet.

1789, im 8. Band von Goethes *Schriften,* hatte das dort zum erstenmal erschienene Ackermann-Epigramm folgenden Wortlaut:

Dem Ackersmann

Eine flache Furche bedeckt den goldenen Samen,
  Eine tiefere deckt endlich dein ruhend Gebein.
Pflüge fröhlich und säe, hier keimet Nahrung dem Leben
  Und die Hoffnung entfernt selbst von dem Grabe sich nicht.

---

[1] Vgl. unten, S. 110 (Anm. 9), 113 u. 114.

Zwischen den beiden Fassungen des Gedichts, die in einem Abstand von nicht weniger als 26 Jahren veröffentlicht wurden, bestehen große Unterschiede. Nur der letzte Vers ist gleichlautend. (In einer früheren Fassung, die der ersten Druckfassung offenbar vorausging, lautete dieser Vers: „Aus dem Grabe entspringt schöneres Leben dir einst!") Die Veränderungen sind so erheblich, daß ihre Kenntnis zum Verständnis des Gedichts notwendig erscheint: Goethe hat, besonders im ersten Vers, das Metrum geglättet und die beiden Distichen durch eine deutliche Zäsur voneinander getrennt (in der für den Erstdruck bestimmten Fassung von Goethes Hand waren die Distichen durch ein Semikolon eher verbunden als getrennt!); aber er hat diese Änderungen nicht aus ‚rein formalen' Gründen vorgenommen, sondern er hat mit ihnen und mit einigen inhaltlichen Varianten dem Gedicht eine ganz andere Bedeutung gegeben: Ein besonderer Fall wird ins Allgemeine ausgeweitet (dem dient vornehmlich die Entpersönlichung im zweiten Distichon), und der Geltungsbereich des Allgemeinen wird umgrenzt (durch die wie auch immer zu verstehende Anrede „Guter!"). Dazu paßt, daß Qualitäten (wie „flach", „leicht", „fröhlich") stärker betont werden als Aktivitäten, daß gegenüber dem Wechsel das Bleibende (‚Gültige') dominiert. Dazu paßt auch, daß sich die Distanz zwischen Tod und Leben verringert: Aus der „Nahrung dem [= für das] Leben" wird „lebendige Nahrung", die Hoffnung gründet sich nicht mehr auf Erwartungen, die an einen Prozeß geknüpft werden, sondern auf Gewißheiten, die durch einen beglaubigten Sachverhalt gegeben sind, u. a. – Die spätere Fassung des Gedichts kann auf keinen Fall als ein Gedicht aus den 80er Jahren angesehen werden; sie ist vielmehr charakteristisch für die poetische Entwicklung Goethes, wie sie sich im Verlaufe einer Generation vollzogen hat; sie ist deswegen allerdings noch nicht als eigenständiges (‚originales') Gedicht der späteren Epoche zuzuweisen.

Zur Interpretation von Literatur gehört die Auseinandersetzung mit ihrer Geschichte: nicht um den Akt der Produktion zu rekonstruieren, sondern um über Bedingungen der Entstehung Klarheit zu bekommen; nicht um eine lückenlose Kausalreihe von den Anfängen eines Werkes über die Fertigstellung bis zur Veröffentlichung und darüber hinaus bis zur Wirkung auf den Leser zu gewinnen, sondern um ermittelbare historische Fakten verschiedenster Art in einen Funktionszusammenhang zu bringen, in dem das Werk seine mehr oder weniger exakt anzugebende Position hat; diese Position wird nicht so sehr von Momenten äußerer Motivation (Kausalität) als vielmehr von solchen innerer Motivation (Intentionalität) bestimmt[2].

Die Geschichte eines Textes ist die Geschichte seiner Bedeutung(en); diese konstituieren zu können, setzt intentionale Akte voraus, deren Erforschung eine Hauptaufgabe jeder Textinterpretation sein sollte, damit sich Bedeutung nicht allein aus inhaltlichen, sprachlichen und strukturalen Befunden oder gar aus Empfindungen, die leicht zu Erfindungen führen, erschließen lassen muß. (Daß auch die Intentionen von Textinterpreten, sofern sie bedeutungskonstituierend sind, erforscht werden müssen, braucht nicht diskutiert zu werden; dieser Problemkomplex mag in hermeneutische Überlegungen eingehen. Auch Intentionen des Publikums, die durchaus den Charakter eines Werkes prägen können, sind an anderer Stelle besser zu behandeln als im Zusammenhang dieses Kapitels[3].)

Es geht um die **Intentionen von Autoren:** Was beabsichtigen sie mit dem, was sie schrieben und, in den meisten Fällen, veröffentlichten? Vorweg: Was schrieben (und veröffentlichten) sie überhaupt? Schrieben sie, was sie schreiben wollten? Bestimmten sie die Art der Veröffentlichung? Wie entstand ein Werk? Ist es in mehreren Fassungen überliefert? Und gibt es darunter eine vom Autor als ‚endgültig' bestimmte Fassung? Die Fragen aus diesem Bereich lassen sich vermehren. Es ist Aufgabe der Edition, der Wissenschaft des Herausgebens, sich mit diesen Fragen zu beschäftigen, damit die selbstverständliche Forderung der Textinterpreten erfüllt werden kann, einen authentischen, entstehungsgeschichtlich dokumentierten Text (wenn schon nicht den ‚richtigen', so doch den ‚besten') zur Interpretation vorzulegen. (Wer auf diese ‚selbstverständliche Forderung' verzichtet, ist als Interpret in einer problematischen Lage. Oder sollte, zum Beispiel, Schillers Schauspiel *Die Räuber* mit dem Trauerspiel *Die Räuber* und am Ende noch mit der Bearbeitung von Karl Martin Plümicke beliebig durcheinandergeraten? Oder sollte es gleichgültig sein, ob als Grundlage der Interpretation der *Räuber*-Text in der Ausgabe von 1862 oder der in der Schiller-Nationalausgabe [1953] vorliegt? Oder ist es überflüssig zu wissen, welchen Anteil an dem Drama der Mannheimer Intendant Dalberg hat?)

---

[2] Vgl. dazu Miroslav Červenka: Textologie und Semiotik. In: L 292, S. 143 bis 163 (hier: S. 143 - 145).

[3] Vgl. unten, S. 231 - 235.

Edition ist nichts anderes als das Herausgeben – hier: von literarischen Texten. Im folgenden ist im wesentlichen die Rede von Prinzipien, Möglichkeiten und Problemen w i s s e n s c h a f t l i c h e r Edition.

Es hat sich seit einiger Zeit als brauchbar erwiesen, die verschiedenen Arten von Ausgaben mit den Bezeichnungen ‚Leseausgaben', ‚Studienausgaben' und ‚historisch-kritische Ausgaben' grob zu charakterisieren. **Leseausgaben** enthalten in der Regel kein gelehrtes Beiwerk, sondern vornehmlich Texte, die der Autor zur Rezeption anbietet und die von späteren Editoren (möglicherweise von Verlegern) unverändert nachgedruckt werden können; – die Hauptmasse der belletristischen Literatur fällt unter diese Kategorie. Auch in den Fällen, in denen sich der Textabdruck auf die Fassung einer wissenschaftlichen Ausgabe stützt, ist damit kein Schritt über die Leseausgabe hinaus getan. Und selbst dann, wenn die Ausgabe Sacherläuterungen und ein Vor- oder Nachwort enthält, bleibt sie eine Leseausgabe, sofern sie auf Textkritik[4] verzichtet und – bei älteren Texten besonders – das Prinzip der sogenannten ‚Normalisierung' von Orthographie und Interpunktion befolgt. Demgegenüber bieten die **Studienausgaben** (die, wie auch die Leseausgaben, selten das Gesamtwerk eines Autors enthalten) wissenschaftlich fundierte – freilich nicht unbedingt vom Herausgeber erarbeitete – Texte, über deren Konstituierung Rechenschaft abgelegt und deren Geschichte dargestellt werden muß; sie enthalten gewöhnlich Dokumente zur Wirkungsgeschichte der Werke, dazu bibliographische Angaben oder sogar Forschungsberichte der Herausgeber, Interpretationen und (oder) Einzelerläuterungen, vielleicht auch historische Darlegungen zu Autor und Zeit. Studienausgaben zeigen – sowohl in der Textauswahl wie in den textbegleitenden Zusätzen – fast immer die Spuren der Zeit, in der sie entstanden, sind also über kurz oder lang veraltet und müßten dann ersetzt werden[5]. Mit den **historisch-kritischen Ausgaben** soll es sich anders verhalten: Das Prinzip der Vollständigkeit und das der größtmöglichen Objektivität des Editions-Apparates – zu dieser ‚Objektivität' gehört auch, daß evtl. notwendig werdende subjektive Entscheidungen des Herausgebers als subjektiv kenntlich gemacht werden –, diese Prinzipien also versprechen Dauerhaftigkeit.

Zu den Termini ‚historisch' und ‚kritisch': Die Ausgaben sind historisch insofern, als sie sowohl die Überlieferungsgeschichte als auch die Entste-

[4] Über den Terminus ‚Textkritik' und seine Bedeutung vgl. unten, S. 108f.

[5] Eine ‚klassische' Studienausgabe ist z.B. die Hamburger Goethe-Ausgabe (W 22).

hungsgeschichte von Texten bzw. Textzeugen so exakt wie möglich beschreiben, also sowohl über die Genealogie wie über die Genese von Texten Klarheit verschaffen; sie sind kritisch insofern, als sie auf der kritischen Sichtung (**Recensio**) aller erreichbaren Überlieferungsträger (**Textzeugen**), ihrer kritischen Prüfung (**Examinatio**) und möglicherweise der Berichtigung (**Emendatio**) von durch die Kritik erkannten eindeutigen Fehlern aufbauen. Daß die Darstellung der Geschichte eines Werkes und seiner Überlieferung mit der **Textkritik** in einer unlösbaren, sich wechselseitig erhellenden Beziehung steht, liegt auf der Hand; daher der Bindestrich.

Die Herausgabe von Werken älterer Autoren (des Altertums oder Mittelalters) stellt den Editor in der Regel vor grundsätzlich andere Probleme als die Herausgabe von Werken neuerer Autoren, von Werken also, die gewöhnlich in Hinsicht auf ihre Überlieferung nur geringfügige Probleme bieten, weil ihre ‚Originale', sei es in Drucken oder in Handschriften, bekannt und leicht zugänglich sind. Entstehungsbedingungen und Autorintentionen sind in diesen Fällen sehr viel leichter aufzuspüren als in jenen, wo die erhaltenen Textzeugen räumlich und zeitlich vom Autor getrennt sind und sich auch einer Rekonstruktion ihrer Beziehung untereinander widersetzen. Hier ist es lange Zeit das Ziel der Textkritik gewesen, aus dem Überlieferten einen Text zu restituieren, der dem Willen des Autors, also dem **Original**werk so weit wie möglich entsprechen sollte. Zu diesem Behuf wurden die vorhandenen Textzeugen analysiert, miteinander verglichen und in einen Zusammenhang gebracht, wobei fehlende Verbindungsglieder unterstellt und gegebenenfalls rekonstruiert wurden. Beispielsweise: Gibt es die Textzeugen B und C eines Werkes, so besteht die Möglichkeit der unmittelbaren Abhängigkeit, da C eine Abschrift von B sein kann; es besteht die Möglichkeit der mittelbaren Abhängigkeit, da C die Abschrift eines fehlenden Zeugen X sein kann, der unmittelbar von B abhängt; es besteht die Möglichkeit der Unabhängigkeit, da B etwa auf X und C auf einen anderen unbekannten Zeugen Y zurückgeht, wobei vielleicht X und Y als zwei verschiedene Abschriften vom Original (O) angenommen werden können; etc. Da das Original verloren und nicht wiederherzustellen ist, kann aus den vorhandenen Zeugen nichts anderes als ein dem Original möglichst nahekommender **Archetypus** (A) erschlossen werden. Mit der Konstituierung dieses Archetypus war das Ziel der Textkritik, die mit dem Sammeln der Textzeugen begann und über die kritische Sichtung, die Analyse, die Aufstellung eines **Stemmas**[6] bis zu den Einzel-‚Korrekturen' des Überlieferten durch den Editor führte, erreicht. Die vorgenommenen Eingriffe zu begründen, war eine weitere Aufgabe; außerdem mußten die Abweichungen der überlieferten Texte von dem rekonstruierten Text im einzelnen notiert werden; damit wurde eine Zusammenstellung der Lesarten geleistet, d. h. der überlieferungsgeschichtlich (genealogisch) bedingten Abweichungen der überlieferten Texte vom rekonstruierten Text und damit auch der Verschiedenheiten der Textzeugen untereinander. (**Lesarten** sind, im Gegensatz zu **Varianten**[7], vom Autor unabhängige, etwa durch Sprachentwicklungen oder Schreiber-Gewohnheiten hervorgerufene ‚Lesungs'-Eigenarten eines Textes gegenüber einem anderen Text desselben Werkes.)

Der Glauben an die Rekonstruierbarkeit verlorener Textfassungen, die Überzeugung, daß ein ‚synthetischer' (kontaminierter) Text der bestmögliche sei, und das Vertrauen in die Unanfechtbarkeit wissenschaftlicher Entscheidungen sind seit der Jahrhundertwende immer mehr ins Wanken geraten. Inzwischen ist die Auffassung fast allgemein, daß bei der Edition eines Werkes, dessen Original nicht vorhanden ist, der Text des besten Überlieferungszeugen ohne schwerwiegende – den Charakter dieses Textes verändernde – Eingriffe des Editors wiederzugeben sei; damit ergeben sich für die Literatur des Mittelalters in der Regel handschriftentreue Ausgaben. Neben der Verzeichnung der Lesarten in den anderen überlieferten Zeugen desselben Werkes ergibt sich hier für den Editor die Aufgabe, seine eventuell vorhandenen Zweifel an der Authentizität des gewählten Textes im ganzen und im einzelnen darzulegen und zu begründen; dabei können Ergänzungen und Verbesserungen (**Konjekturen**) in Form von Einzelstellenerläuterungen oder in zusammenfassenden Verzeichnissen von als sinnvoll erscheinenden **Restitutionen** angeregt werden. Dem Benutzer der Ausgabe bleibt es überlassen, die Argumente des Herausgebers zu akzeptieren oder zu anderen Entscheidungen hinsichtlich des ‚richtigen', d. h. des ursprünglichen Textes zu kommen.

Bevor die besonderen Probleme der Edition neuerer Literatur erörtert werden, sei auf die wesentlichen generellen Regelungen der editionstechnischen Arbeit hingewiesen: Die Lesarten (oder Varianten[7]) und die

[6] Ein Stemma (Stammbaum) ist die schematische Darstellung der Beziehungen überlieferter Textzeugen, z. B.:

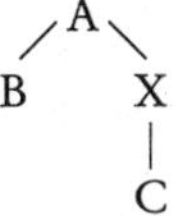

[7] Über Varianten vgl. unten S. 110 f. u. 114 - 116.

Erläuterungen einzelner Textstellen werden gelegentlich unter dem entsprechenden Text, also in Form von Fußnoten plaziert (vgl. das Beispiel II, 1), meistens sind jedoch Textteil und Anmerkungsteil voneinander getrennt. Besonders für diesen Fall ist es notwendig, daß im Textteil ein **Zeilenzähler** angebracht ist, damit eine im Anmerkungsteil aufgegriffene Textstelle mühelos lokalisiert werden kann; bei Dichtungen in Versen wird fortlaufend gezählt (z. B. *Der Gott und die Bajadere* [von Goethe]: 5–10–15–20 ... 95 [es folgen noch die Verse 96–99], oder: 10–20–30 ... 90; *Maria Stuart* [von Schiller]: 5–10–15–20 ... 4030 [es folgen noch die Verse 4031–4033], oder: 10–20–30 ... 4030); bei Prosatexten beginnt die Zählung auf jeder Seite mit der 5. (oder 10.) Zeile. – Die Anmerkungsteile **(Apparate)** historisch-kritischer Ausgaben gliedern sich so oder ähnlich:

1. **Grundsätze der Edition** (Prinzipien der Textwiedergabe, Umfang und Art der Erläuterungen etc.)
2. Verzeichnis der **Abkürzungen und Siglen.** Hier oder im Kapitel „Überlieferung" (s. 4.) werden z. B. die Siglen aufgelöst, mit denen die einzelnen Typen von Textzeugen bezeichnet werden; in der Regel: H = Handschrift des Autors; h = Abschrift von fremder Hand; D (oder E) = Einzeldruck; Z (oder J) = Zeitschriftendruck (bzw. Journaldruck).
3. **Entstehungsgeschichte** (evtl. mit Dokumenten); dazu (oder gesondert) Verzeichnis der vom Autor benutzten **Quellen.**
4. **Überlieferung.** Unter diesem Stichwort wird die Überlieferungsgeschichte des edierten Werkes dargestellt und über die textkritische Arbeit des Editors Rechenschaft abgelegt. Außerdem werden die überlieferten Textzeugen – vor allem die Handschriften – exakt beschrieben.
5. Verzeichnis der Lesarten oder Varianten. Im sogenannten **positiven Lesartenapparat**[8], der sehr oft auch für einen Variantenapparat[9] vorbildlich ist, erscheinen folgende Angaben: a) die genaue Positionsan-

---

[8] Der *negative Apparat* verzichtet auf Lemma und Lemmazeichen. Vgl. das Beispiel II,1 am Ende dieses Kapitels. Eine Kombination der Apparat-Typen bietet das Beispiel II,2 (Schiller-Nationalausgabe).

[9] Die Weimarer Goethe-Ausgabe (W 23), die Schiller-Nationalausgabe (W 69) und auch die Stuttgarter Hölderlin-Ausgabe (W 37) verzeichnen die Varianten vorwiegend in einem ‚positiven' Apparat.

gabe des **Lemmas** (d. h. Seiten- und Zeilenangabe oder Versangabe des Stich- oder Bezugswortes, also der in dem edierten Text vorkommenden Stelle, die in anderen Textzeugen anders lautet); b) das Lemma (das Bezugswort aus dem Text, zu dem eine Lesart vorliegt); c) das **Lemmazeichen** (eine halbe eckige Klammer, die das Lemma gegenüber der Lesart abschließt); d) die Lesart; e) die Sigle des Textzeugen, aus dem die Lesart stammt.

Beispiel: Die Verse 893 und 894 von *Wallensteins Tod* lauten im Erstdruck (vgl. W 69, Bd. 8, S. 212 u. 447):

> Lügt e r, dann ist die ganze Sternkunst Lüge.
> Denn wißt, ich hab ein Pfand vom Schicksal selbst,

Abweichungen (in diesem Falle Varianten), die sich im Berliner Bühnenmanuskript (Sigle: h^3) zu diesen beiden Versen finden, werden so verzeichnet:

893 Lüge.] Lüge, / Denn alle Zeichen geben für ihn Zeugnis h^3
894 Denn] Und h^3

In h^3 lautet demnach die Stelle:

> Lügt e r, dann ist die ganze Sternkunst Lüge,
> Denn alle Zeichen geben für ihn Zeugnis
> Und wißt, ich hab ein Pfand vom Schicksal selbst,

(Die Varianten können, wie in diesem Falle, für die Interpretation der Stelle von Wichtigkeit sein.)

Erfolgt die Wiedergabe eines Textes nach der Handschrift (H), dann wird im Apparat über Streichungen, Ergänzungen und Verbesserungen durch den Autor Auskunft gegeben.

Beispiel: Am 29. 11. 1795 schrieb Schiller in einem Brief an Goethe (vgl. W 69, Bd. 28, S. 114 u. 461): „Ein Nachtrag zu dem Aufsatz kommt unter der Aufschrift: über P l a t i t ü d e und U e b e r s p a n n u n g (die zwey Klippen des Naiven und Sentimentalen) im Januar."

Daß der Satz ursprünglich anders lauten sollte, darüber informiert der Apparat: 114,31 kommt unter der Aufschrift:] *ü. d. Z. erg. [über der Zeile ergänzt] H* 114,33 Sentimentalen)] *danach* kommt *gestr. [gestrichen] H*

6. **Erläuterungen** zu einzelnen Wörtern, Sachzusammenhängen, formalen Strukturen etc., deren Auswahl und Umfang u. a. auch von der

mutmaßlichen Benutzergruppe und -erwartung abhängen können. (Von umfangreichen interpretatorischen Kommentaren ist hier ebenso abzusehen wie von einführenden Gesamtinterpretationen, die durch die literaturwissenschaftliche Entwicklung über kurz oder lang in Frage gestellt würden.)

7. Zeugnisse zur **Wirkungsgeschichte.**
8. **Register.**

Der Editor neuerer Literatur trifft meistens eine wenig problematische Überlieferungslage an: Die vorhandenen Textzeugen lassen sich als autorisiert oder nicht-autorisiert relativ leicht erkennen, und auch die Fälle **passiver Autorisation** (vom Autor gebilligter, wenn auch nicht von ihm stammender Eingriffe in seinen Text) bieten nur selten große Schwierigkeiten. (Besonderes Augenmerk ist hier – vor allem für Texte des 17. und 18. Jahrhunderts – den zahlreichen nicht-autorisierten und unrechtmäßigen Drucken zu widmen: den **Nachdrucken** von Werken durch andere als die Verleger der Originale; den **Raubdrucken,** die etwa durch die widerrechtliche Aneignung von noch nicht veröffentlichten Texten, also von Handschriften, ermöglicht wurden; den **Doppeldrucken,** die als unrechtmäßige Nachdrucke des rechtmäßigen Verlegers nur deshalb kenntlich sind, weil die Texte neu gesetzt wurden und also gegenüber dem Original Abweichungen – und seien sie noch so minimal – aufweisen.)

Im Gegensatz zu den Editoren antiker oder mittelalterlicher Texte brauchen die Editoren neuerer Texte gewöhnlich keine genealogischen Forschungen zu betreiben, um einen möglichst autornahen Text zu gewinnen. (Daß sich Karl Goedeke bei seiner Schillerausgabe [W 66] auch die Überlieferungsgeschichte posthumer Drucke angelegen sein ließ, ist nur scheinbar ein Gegenbeispiel: Für die Textherstellung waren diese Mühen unnötig, und da sie auch für die Interpretation der Texte bedeutungslos waren, regte Goedekes Editionsweise nicht zur Nachahmung an.) – Im Mittelpunkt der Arbeit eines Herausgebers neuerer Literatur stehen zwei Problembereiche, die in engem Zusammenhang zu sehen sind: der eine betrifft den Textteil und erfordert die Entscheidung für den zu edierenden Text, der andere betrifft den Apparat und hat im wesentlichen die angemessene Dokumentation der Entstehungsgeschichte des edierten Textes (und evtl. späterer Veränderungen dieses Textes) zum Gegenstand.

Für die Entstehungsgeschichte eines Werkes sind grundsätzlich alle überlieferten autorisierten Textzeugen von gleicher Wichtigkeit, d.h. eine frühe handschriftliche Fassung verdient soviel Interesse des Editors wie die letzte, endgültige Druckfassung. Und es wäre wohl sinnvoll, alle vorhandenen Fassungen im Textteil zu präsentieren, wenigstens dann, wenn die Abweichungen voneinander so beträchtlich sind, daß eine Verschiebung der Autorintention zu Fassungen geführt hat, die als neue Werke bezeichnet werden können. Das zu Beginn dieses Kapitels zitierte Epigramm Goethes mag dafür als Beispiel dienen. Da mancherlei – u. a. ökonomisches Interesse – dieser annähernden Vollständigkeit der Textwiedergabe im Wege steht, müssen von Fall zu Fall Gesichtspunkte gefunden werden, die eine Entscheidung herbeiführen und sie plausibel begründen. Lange Zeit herrschte die Ansicht vor, es sei die letzte vom Autor gebilligte Fassung in der **Ausgabe letzter Hand** allen anderen Fassungen vorzuziehen, weil sie gleichsam als Testamentsverfügung zu akzeptieren sei. Die Weimarer Ausgabe der Werke Goethes (W 23) kann hier als das geradezu klassische Beispiel genannt werden. Doch in den letzten Jahrzehnten ist immer häufiger bezweifelt worden, daß dieses Prinzip in allen Fällen zu befolgen sei. Die Erstfassung bzw. die erste veröffentlichte Fassung eines Werkes, die **Editio princeps,** wird zunehmend bei der Textwiedergabe in historisch-kritischen Ausgaben bevorzugt. Neben anderem spricht für diese Entscheidung, daß eine Dokumentation des Entwicklungsganges eines Autors durch seine Werke nur dann zweifelsfrei gegeben ist, wenn die Dokumente als repräsentativ für bestimmte Entwicklungsstufen gelten können. (*Dem Ackermann* in der späten Fassung repräsentiert nicht den Goethe der 80er Jahre; es handelt sich auch nicht um ein Gedicht von 1815.)

Nur die genaue Kenntnis eines Werkes, d.h. seiner Entstehung und der ihm vom Autor zugemessenen Bedeutung (als Grundlagen auch einer umfassenden, zum Werkverständnis führenden Interpretation) vermag die Entscheidung über einen zu edierenden Text herbeizuführen. Bei der Ausführung der Entscheidung ist vor allem das Prinzip der exakten Wiedergabe der Textvorlage zu beachten. Eingriffe des Editors sind nur statthaft bei unbezweifelbaren Textfehlern der Vorlage, bei eindeutigen Schreibversehen in Handschriften (wenn z.B. der Autor „kann" zu „konnte" verbessern wollte, versehentlich aber aus dem „a" kein „o" gemacht hat, so daß nun „kannte" zu lesen ist, was „konnte" heißen sollte) oder bei eindeutigen Druckfehlern (wenn es etwa „uud" statt

„und" heißt). Sachliche Irrtümer (etwa die Angabe, Friedrich II. von Preußen sei 1787 gestorben) sind ebensowenig zu ‚korrigieren' wie aus anderen Textzeugen erschlossene Mängel in sprachlicher oder orthographischer Hinsicht. Der Editor wird das, was er besser weiß oder besser zu wissen glaubt, geeigneten Orts, nämlich im Apparat oder am Fuß der Seiten des Textteils, sagen können; dem Benutzer muß auf jeden Fall die Möglichkeit gegeben werden, über die Alternative zu einer eigenen Auffassung zu kommen.

Die Geschichte der Edition ist die Geschichte der Lesarten- bzw. Variantendarbietung. Als Karl Lachmann in den Jahren 1838–40 zum erstenmal die Werke eines Vertreters der neueren deutschen Literatur, nämlich Lessings, in einer historisch-kritischen Ausgabe (W 48) veröffentlichte, folgte er den Prinzipien der klassischen Philologie, die sich inzwischen auch bei der Edition mittelalterlicher Texte bewährt hatten. Er betrachtete die Textzeugen unter überlieferungsgeschichtlichen und nicht unter entstehungsgeschichtlichen Aspekten; Abweichungen in verschiedenen Textzeugen des gleichen Werkes behandelte er also wie Lesarten und führte sie – in einem ‚negativen' Apparat – entsprechend auf (vgl. das Beispiel II, 1). Dabei sind diese ‚Lesarten' durchaus als Varianten anzusprechen: als Veränderungen eines Textes durch den Autor. Varianten charakterisieren ein Werk auf bestimmten Stufen seiner Entwicklung; sie erscheinen als das Unterscheidende von Fassungen; sie machen einen schon vorhandenen Text zu einem anderen Text; sie können die Entstehung eines Werkes verdeutlichen und die Intentionen eines Autors aufspüren helfen.

Lachmanns Verzeichnung der Varianten ist kaum wesentlich zu verbessern, wenn als Textzeugen ausschließlich Drucke vorliegen. Was anders kann der Editor tun als mitteilen, daß dort, wo in der edierten Fassung D^1 „Sturm" steht, in der Fassung D^2 „Wind" steht? Handschriften bieten bessere Möglichkeiten darzustellen, wie ein Text entstanden ist. Doch wurden diese Möglichkeiten erst hundert Jahre nach Lachmann konsequent genutzt. Zunächst wurden in den großen historisch-kritischen Ausgaben des 19. und beginnenden 20. Jahrhunderts, in Goedekes Schiller-Ausgabe (W 66), in der Weimarer Goethe-Ausgabe (W 23), in der von Bernhard Suphan herausgegebenen Herder-Ausgabe (W 33), alle Textzeugen – Handschriften wie Drucke – in prinzipiell gleichen ‚Lesarten'-Apparaten untergebracht. – Wann hat sich ein Autor zu einer Variante entschlossen? Wo hat er sie plaziert? Wie geschah das? Diese Fragen, die sich aus einem handschriftlichen Befund in der Regel beantworten lassen, wurden erst später von der Editionswissenschaft erörtert. Reinhold Backmann stellte sie 1924 (vgl. L 14) und forderte, daß sie bei jedem Editionsvorhaben neu gestellt und in jedem Einzelfall beantwortet werden müßten. Ob eine Variante nach Fertigstellung eines Werkes oder während der Arbeit, ob sie als Fußnote, über der Zeile oder am Rand des Blattes eingefügt ist, ob sie isoliert oder im Zusammenhang mit anderen Varianten zu sehen ist, ob sie ergänzende oder ersetzende Funktion hat, – dies alles (und anderes) zu erforschen, gehört in der Tat zur Verdeutlichung der Entstehung eines Textes.

Friedrich Beißner wirkte mit einer neuen Methode der Variantendarbietung in der von ihm herausgegebenen Hölderlin-Ausgabe (W 37) bahnbrechend: Bei „wirr verknäulten Handschriften Hölderlins“ (ebd., Bd. 2, S. 319) verzichtete er auf die Darstellung des Befunds mittels eines lemmatisierten Lesarten-Apparats und bemühte sich um eine übersichtliche Rekonstruktion der Entwicklungsstufen des Textes. Der Übersichtlichkeit opferte er freilich die Präzision: Es bleibt rätselhaft, wie die Handschrift aussieht. Angaben über die Positionen der Varianten, über die Art der Korrekturen, über die Reihenfolge der Niederschrift von Sätzen, Satzteilen oder Wörtern werden nicht gemacht. Das bedeutet: Die Entstehungsgeschichte des Textes wird nur an einigen Markierungspunkten, den deutlich bezeichneten Varianten, erhellt. Daß dem 3. der am Ende dieses Kapitels angeführten Apparat-Beispiel ein recht komplizierter Handschriften-Zeuge zugrunde liegt, läßt sich aus dem Beispiel kaum erschließen.

Anders steht es mit dem imposanten Apparat, mit dem Hans Zeller die (annähernde) Rekonstruktion von C. F. Meyer-Handschriften ermöglichen will. (Vgl. das Beispiel II, 4, das freilich insofern nicht typisch ist, als sich die Rekonstruktion der Handschrift durch die beigegebene Reproduktion erübrigt; der beschreibenden Druckwiedergabe kommt in erster Linie orientierende und interpretierende Funktion zu.) Zeller strebt an, über das Vorhandene, den ‚Befund‘, so zu informieren, daß eine durch Textdeutung beglaubigte Dokumentation der Textentstehung geliefert wird. Erscheint die Information als nicht gesichert, kennzeichnet der Editor-Interpret seine Entscheidung als zweifelhaft, so daß der Benutzer auf Grund eigener Interpretation zu einer anderen Entscheidung kommen kann. – Die Probleme des Apparats von Zeller liegen nicht darin, daß bei der Fülle der notwendigen Angaben Versehen kaum zu vermeiden sind[10], sondern darin, daß diese Angaben ein fast technologisches System der Beschreibung erforderlich machen, vor dem (leider!) viele Benutzer zurückschrecken; vielleicht auch darin, daß Zeller in der Regel die Entstehung einzelner Verse, nicht aber die des Textganzen beschreibt, so daß – trotz Hinweisen auf ‚Sofortkorrekturen', Korrekturen in einem ‚Verband' oder einer ‚Schicht' – seltener, als es möglich erscheint, deutlich wird, ob eine Variante in einem Vers unmittelbar nach dessen Niederschrift oder nach der Fertigstellung des ganzen Gedichts oder zu einer anderen Zeit entstanden ist[11]; und schließlich: Die Rekonstruktion eines Handschriften-Bildes bleibt, wie Zeller natürlich auch weiß, oft genug problematisch. Soll sie überhaupt angestrebt werden? Selbstverständlich ist nicht zu bestreiten, daß exakte Positionsangaben bei der Interpretation hilfreich sein können. Wann dies der Fall ist, muß, wie vieles andere, dem Editor zur Entscheidung überlassen bleiben; dessen Fehler mag der Benutzer korrigieren.

Inzwischen ist die Diskussion über die Möglichkeiten der Variantenverzeichnung weitergegangen. Eine bessere Information, als sie Beißner bietet, wird in der Regel ebenso verlangt wie eine mühelosere Benutzbarkeit, als sie Zeller gestattet. Es wird auch künftig an neuen Vorschlägen nicht fehlen[12]; sie alle werden das Werden eines Textes veranschaulichen wollen, um seinem ‚Wesen' näherzukommen.

Weiterführende Literatur: L 14, L 84 (S. 73–88), L 169, L 267, L 292 (S. 45–89).

---

[10] Ein mögliches Beispiel: Die Handschrift M^2 (Beispiel II, 4) läßt erkennen, daß in Vers 4 „blauem" vor „[Gletschereis]" (Variante k) unter hi steht. Hätte das Wort nicht als eigene Variante aufgeführt werden müssen? (Oder sollte „blauem" als unveränderter Bestandteil zu den Varianten „wogend" und „dunkel" angesehen werden können?) – Die zweifache Wiederholung von „FaR" in Vers 4 ist wohl überflüssig.

[11] Vgl. dazu auch die ergänzenden Angaben zur Wiedergabe der Handschrift M^2 (W 54, Bd. 3, S. 28 - 29, Fußnote); dort heißt es u. a.: *„[...] Die Schichtzuweisung* ist *unsicher bei den Varianten 3* ist, *4 d, 11*^{v}*c*, 20,b [...]. *FaR 1 - 6: 1 - 4 in 8 Zeilen (Halbversen) alR neben 6 - 12 M*$^{2.1}$*, 5 - 6 in 5 Zeilen alR neben 13 - 16 M*$^{2.1}$ *[...]."* („FaR" gilt also nicht als für die Rekonstruktion einer Handschrift geeignete Positionsangabe; vgl. dazu auch W 54, Bd. 2, S. 102.)

[12] In welche Richtung diese Vorschläge gehen können, wird durch den informativen und anregenden Artikel *Textkritik und Editionstechnik* von Henning Boetius (in: L 84, S. 73 - 88) deutlich. Vgl. auch die Aufsätze von Gunter Martens, Elisabeth Höpker-Herberg, Henning Boetius und Friedrich Wilhelm Wollenberg in: L 292, S. 165 - 201, 217 - 232, 233 - 250 u. 251 - 272.

Arbeitsteil

A. Fragen und Aufgaben zur Edition

1. Charakterisieren Sie die wichtigsten historisch-kritischen Ausgaben des 19. Jahrhunderts!
2. Definieren Sie die Begriffe Lemma, Lesart, Variante und Emendatio!
3. Erläutern Sie die Begriffe Leseausgabe, Studienausgabe und historisch-kritische Ausgabe!
4. Was ist historisch und was ist kritisch an einer historisch-kritischen Ausgabe?
5. Vergleichen Sie die Editionsprinzipien der Weimarer Goethe-Ausgabe mit denen der Stuttgarter Hölderlin-Ausgabe!
6. Wie lassen sich die Begriffe Fassungen, Schichten, Stufen und Phasen voneinander abgrenzen? (Vgl. dazu auch S. 120, 124 u. 125).
7. Diskutieren Sie an selbstgewählten Beispielen die Frage, ob für die Aufnahme in eine historisch-kritische Ausgabe die Editio princeps oder die Ausgabe letzter Hand den Vorzug verdient!
8. Erläutern und kritisieren Sie die Editions-Methode Beißners an Hand des beigefügten Textes (Beispiel II, 3)!
9. Versuchen Sie den faksimilierten C. F. Meyer-Text (Beispiel II, 4) mit der Editionsmethode Beißners wiederzugeben und erörtern Sie die Vorzüge der Methode Zellers!
10. Interpretieren Sie die Fassung M^2 des Gedichts „Himmelsnähe" (C. F. Meyer) hinsichtlich des Arbeitsprozesses!
11. Erörtern Sie Vor- und Nachteile der Editionsmethode Hans Zellers!

B. Beispiele zur Edition

II, 1 Lachmanns Lessing-Ausgabe

(W 48, Bd. 1, S. 39 u. 41)

L i e d e r.

[Nota leges quaedam, sed lima rasa recenti;
Pars nova major erit: Lector utrique fave!
Martial. 1753.]

1751. 1753. 1771. °)

Die Küsse. 1747.

Ein Küßchen, das ein Kind mir schenket,
Das mit dem Küssen nur noch spielt,
Und bey dem Küssen noch nichts denket,
Das ist ein Kuß, den man nicht fühlt. °°)

Ein Kuß, den mir ein Freund verehret,
Das ist ein Gruß, der eigentlich °°°)
Zum wahren Küssen nicht gehöret:
Aus kalter Mode küßt er mich. °°°°)

Ein Kuß, den mir mein Vater giebet,
Ein wohlgemeynter Segenskuß,
Wenn er sein Söhnchen lobt und liebet,
Ist etwas, das ich ehren muß. †)

V. 1–12 in der Ausgabe von 1771)

°) Einige Lieder stehen in den Ermunterungen zum Vergnügen des Gemühts, von denen sieben Stücke 1747 und das achte 1748, als erster Band, Hamburg bey Johann Adolph Martini, herausgekommen sind.

Im Jahr 1751, F r a n k f u r t u n d L e i p z i g (Stuttgart bey Metzler) erschienen die Lieder unter dem Titel K l e i n i g k e i t e n [...]

Die den Kleinigkeiten fehlenden Gedichte sind mit * bezeichnet, die in den Ermunterungen enthaltenen mit der Jahreszahl 1747.

(Allg. Erläuterungen zu den Textzeugen)

°°) Ist nun so was, das man nicht fühlt. 1747. 51. 53.

°°°) Ist nun so was, das eigentlich 1747. 51. 53.

°°°°) Es heißt hier nur, so schickt es sich. 1747.

†) Wenn er mich lobt und lobend liebet,
Ist was, das ich verehren muß. 1747. 51. 53.

[Lesarten- (bzw. Varianten-)Verzeichnis am Fuße der Seite]

II, 2 Schiller-Nationalausgabe

(W 69, Bd. 8, S. 222 u. 448)

BUTTLER

Mag alle Welt doch um die Schwachheit wissen,
Die ich mir selber nie verzeihen kann!
– Ja! Generalleutnant, ich besitze Ehrgeiz,
Verachtung hab ich nie ertragen können.
Es tat mir wehe, daß Geburt und Titel
Bei der Armee mehr galten, als Verdienst.
Nicht schlechter wollt ich sein, als meinesgleichen,
So ließ ich mich in unglückselger Stunde
Zu jenem Schritt verleiten – Es war Torheit!
Doch nicht verdient ich, sie so hart zu büßen!
– Versagen konnte mans – Warum die Weigerung
Mit dieser kränkenden Verachtung schärfen,
Den alten Mann, den treu bewährten Diener
Mit schwerem Hohn zermalmend niederschlagen,
An seiner Herkunft Schmach so rauh ihn mahnen,
Weil er in schwacher Stunde sich vergaß.
Doch einen Stachel gab Natur dem Wurm,
Den Willkür übermütig spielend tritt –

(„Wallensteins Tod", V. 1106–1123, nach dem Erstdruck)

1107 nie verzeihen kann] nimmer kann verzeihn h^3 1108–1114 fehlt h^3

1115 büßen!] büßen!

Nicht für der Torheit leicht verziehne Schuld
In allen Mannestiefen schwer zu leiden. h^3

1116–1121 Versagen konnte mans. Warum den treu bewährten Diener
Mit schwerem Hohn zermalmen, weil er sich
Im schwachen Augenblick vergaß, so rauh
An seine niedrige Geburt ihn mahnen! h^3

[Apparat; Varianten in h^3 (= Berliner Bühnenmanuskript)]

II, 3 Hölderlin-Ausgabe

(W 37, Bd. 2, 2, nach S. 592 u. 593; Bd. 1, 2, S. 319; Bd. 2, 1, S. 90)

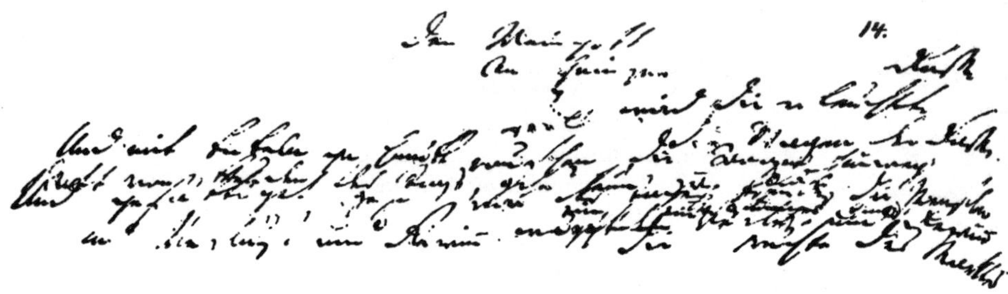

(Hs, V. 1–4, Entwürfe I u. II; Württ. Landesbibliothek Stuttgart, Hölderlin-Archiv, NN 5099 A II; 3:4 verkleinerte Wiedergabe)

I: die Wagen der Gasse,
die Früchte des Marktes

II: 1: still wird die erleuchtete Gasse
2: Und mit Fakeln geschmükt rauschen die Wagen hinweg
3: (1) Und gesättiget gehn von des Tages Freude die Menschen
(2) Satt von Freuden des Tags, *(a)* gehn heim
(b) heim gehn zur Ruhe die Menschen
4: (1) wiegt den Verlust und Gewinn.
(2) Und Verlust und Gewinn *(a)* wägt ein besonnenes
(b) wäget ein sinniges Haupt

(Apparat Beißners)

„Eingeklammerte Ziffern bezeichnen die größeren Stufen der Entwicklung, innerhalb deren weitere, kleinere Abstufungen und Gabelungen durch eingeklammerte lateinische und fernerhin griechische Buchstaben gekennzeichnet sind. Eine (2) *kündigt also an, daß alles, was vorher, hinter der* (1) *steht, jetzt aufgehoben und getilgt ist; ebenso hebt die* (3) *die vorangehende* (2) *auf, das (b) das (a) und das (c) das (b), das (β) das (α) und das (γ) das (β). Die zusammengehörigen Zeichen stehen, wo es sich nicht um ganz leicht zu überblickende Stufenfolgen handelt, genau untereinander, so daß eine Verwirrung ausgeschlossen ist."*

(Erläuterung Beißners zur Stufen-Kennzeichnung)

Brod und Wein

An Heinze

1

Rings um ruhet die Stadt; still wird die erleuchtete Gasse,
Und, mit Fakeln geschmükt, rauschen die Wagen hinweg.
Satt gehn heim von Freuden des Tags zu ruhen die Menschen,
Und Gewinn und Verlust wäget ein sinniges Haupt

(endgültige Fassung, V. 1–4)

II, 4 **C. F. Meyer-Ausgabe**

(W 54, Bd. 3, nach S. 32 (Faksimile), S. 24 u. 26; Bd. 2, S. 92 u. 93; Bd. 1, S. 113)

M2 *keine Überschrift*

1 *M2.1* **Auf** *a* [hohem] **Grat bin ich gelagert hier**
M2.2 ‸*a*∾ **schmalem**

2 *M2.1* **In der Gebirge** *a* [blendend] [weißem] *b* **Kreis**
M2.2 ‸*ab* **weißgezacktem**

3 *M2.1* **α* *a* Ein *b* riesig *c* [Bergeshaupt] *d* [schwebt] **über mir**
M2.2 [ ] *‸*c* [Felsenhorn] ×**arR* [ist]
β* *[ ]* *f*‸*a* [strahlend] ╲ *e*‸*b* **Silberhorn ×*‸4*g* [lauscht]
‹*g* **Ein** *g*‹*f* [schimmernd] ×*‸*d* lauscht
‸*gf* */leuchtend/* *[ ]*
FaR **blendend** *h FaR* [taucht]
‸*h* **blickt**

4 *M2.1* **α* *a* Den Fuß versteckt in *b* [blauem] *c* Gletschereis.
M2.2 *d*‸*b* [grünem]
=·*b*· [blauem]
[ ]*[ ]* ‹*d* */grünem/*
**β* **e*‸*a* hervor aus ‸*bc* [wogend grünem]
f‸*c* dunkel [grünem]
[ ] [ ]*g*‸*f* *[ ]* [blauem] *[ ]*
**h*‹*i* hervor aus *i*‹*a* [wogend] blauem *k*‸*i* [Gletschereis]
[ ] ‸*i* [dunkel] [ ] */*k*→ */Eis/*
‸*hi* */hervor/* ↰
FaR **Hervor aus** *l FaR* **grünen** *FaR* **Meer von Eis.**
‸*l* [einem]
‸*l*∾ **einem**

5 *M2.1* *α* In beiden Tiefen mir zu *a* [Füßen] glänzt
M2.1 [*a*→ Fuße]
M2.2 *β FaR b* [Vom] **Abgrund ist mein Lagerplatz**[t] *c* [be]**gränzt,**
b*→ [Von] ×*‸*c* **um
*‸*b* **Von**

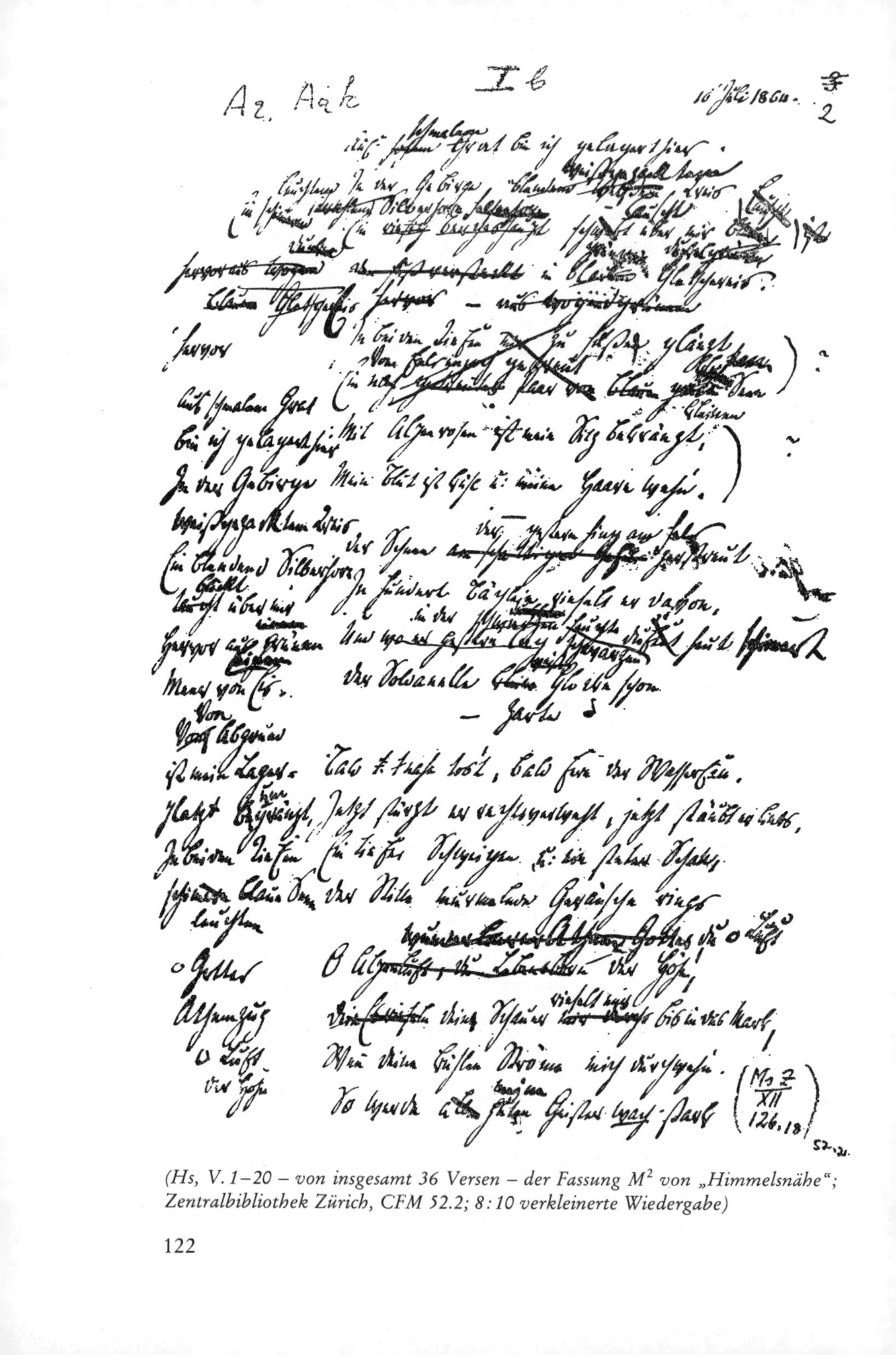

(Hs, V. 1–20 – von insgesamt 36 Versen – der Fassung M^2 von „Himmelsnähe"; Zentralbibliothek Zürich, CFM 52.2; 8:10 verkleinerte Wiedergabe)

6 $M^{2.1}$ α *a* Ein nah getrenntes *b* Paar von *c* [blauen] Ч
$M^{2.1}$ *d*›*c* [reinen?] *e* Seen
$M^{2.1}$ *f*←*d* [grünen]
$M^{2.1}$ *g* ‸ *f* [kleinen]
$M^{2.1}$ * ‸ *g* [hellen?]
$M^{2.1}$ **h*=·*f*· [grünen]
$M^{2.1}$ [ ] [ ] ⌄ *fe* kleinen
$M^{2.2}$ ‸ *ab* [Vom Felsenjoch getrennt =*a* Ein =*b* Paar von]
β FaR **In beiden Tiefen** *b* [schimmern] **blaue Seen**
⌄ *h* **leuchten**

7 $M^{2.1}$ **Mit Alpenrosen ist mein Sitz bekränzt,**
8 **Mein Blut ist kühl u: meine Haare weh'n.**

9 $M^{2.1}$ **Der Schnee** *a* [am schattigen Gefels] **zerstreut**
‸ *a* **der gestern hing am Fels**
10 **In hundert Bächlein rieselt er davon,**
11 $M^{2.1}$ **Und** [wo *a* er gestern lag] Ч?
$M^{2.1}$ ‸ *a* **in der** *b* [schwarzen] *c* **Feuchte duftet heut**
$M^{2.1}$ *d* ‸ *b* [dunkl] Ч
$M^{2.1}$ *d*→ [dunkeln]
$M^{2.1}$ ⌄ *c*∞ **schwarzen** [ ]
$M^{2.2}$ *arR* **schimmert**
12 $M^{2.1}$ **Der Soldanelle** *a* [kleine] **Glocke schon**
‸ *a* [weiße]
⌄ *a* **zarte**

13 **Bald** *a* [t] Ч
b›*a* [t] Ч
›*b* **nahe tos't, bald fern der Wasserfall,**
14 **Jetzt stürzt er rechts verweht, jetzt stäubt er links,**
15 **Ein tiefes Schweigen u: ein steter Schall,**
16 **Der Stille murmelnde Geräusche rings**

17 $M^{2.1}$ **O** *a* [Alpenluft, du Lebensborn] **der Höh'n,**
$M^{2.2}$ ‸ *a* [wunderbarer] Athem Gottes *b* du Ч?
[ ] [ ] *[* ›*b*∞ o Luft *]*
alR **o Gottes / Athemzug / o Luft / der Höh'n**
18 $M^{2.1}$ *a* [Dein] Ч
›*a* [Es rieseln] *b* [deine] **Schauer** *c* [mir *d* durchs] Ч
b→ **dein** * ‸ *c* **rieselt mir** *›*d* **bis in das Mark,**
19 **Wenn deine kühlen Ströme mich durchweh'n,**
20 $M^{2.1}$ **So werde⟨n⟩ alle** *a* **guten Geister** *b* [wach].
$M^{2.1}$ [ ] ›*b* **stark**
$M^{2.2}$ ‸ *a*∞ **meine**

[*Apparat Zellers* (*Siglen:* M = *Handschrift von Meyers Hand*
M^2 = *Textzeuge 2*
$M^{2.1}$ = *Schicht 1 von* M^2
$M^{2.2}$ = *Schicht 2 von* M^2)]

Übersicht über die verwendeten Zeichen und Abkürzungen

[ ]	*Texttilgung durch den Schreiber der Hs.*
[ ]	*Texttilgung durch den Herausgeber (anstelle des Schreibers).*
⟨ ⟩	*Textergänzung des Herausgebers.*
⟨...⟩	*Nicht ergänzbare Textlücke.*
( )	*Klammer in der Hs.*
( )	*Erläuterungszusatz des Herausgebers.*
xxx	*Drei unlesbare Buchstaben.*
→, ←	*Die ersetzende Variante ist aus der ersetzten hergestellt (durch Überschreibung oder durch Streichung, Zusatz oder Ersatz einzelner Buchstaben eines Wortes).*
⊢	*Text bricht ab, der Ersatz ist eine Sofortkorrektur.*
˄*a*, ˅*a*,	*Die Variante steht über, bzw. unter,*
›*a*, ‹*a*	*rechts, links der mit a bezeichneten Variante.*
∞	*Die dem Textteil in der Wiedergabe angewiesene Stelle des Textzusammenhangs ist in der Hs durch ein Einweisungszeichen markiert.*
=*a*	*Identität einer Variante mit der Variante a, die nur in der Darstellung, nicht aber in der Hs wiederholt wird.*
=.*a*.	*Die Variante ist die getilgte, durch Unterpunktung wieder in Kraft gesetzte Variante a.*
*	*Die Einstufung, Zuordnung usw. erfolgt auf Grund nur inhaltlicher, nicht graphischer Kriterien:*
	*˄*a* die Chronologie der Niederschrift und darum die Einstufung (der Bezug) der Variante ˄a ist graphisch nicht gesichert.*
	$*\alpha$, $*\beta$ die Abgrenzung der Verbände α/β gegeneinander ist graphisch nicht belegbar.
	M_*^3 die Einstufung der Hs M^3 erfolgt nur nach inhaltlichen Kriterien.
?	*Die Lesung des davorstehenden Worts, die davorstehende Textergänzung usw. ist unsicher.*
/, \, ×	*Weichen, welche eine infolge unsicherer Einstufung der Varianten auch mögliche, von der normalen Lesefolge abweichende Leserichtung und Variantenkombination angeben:*
	/ *Kombination mit der Variante rechts darüber.*
	\ *Kombination mit der Variante links darüber.*
	× *Kombinationen / und \ möglich.*

α, β	*Die Korrektur übersteigt den Umfang eines Verses, so daß die α- und die β-Varianten unter sich einen Textzusammenhang („Verband“) bilden.*
FaR	*„Fassung am Rand“: vollständige Niederschrift eines Verskomplexes außerhalb des übrigen Zeilenverbandes, von der die Wiedergabe nur die Abweichungen gegenüber der unmittelbar vorhergehenden Niederschrift der Stelle aufführt.*
/	*Vers-, Zeilen-, Kolonnen- oder Seitenende und -anfang bei Versen (bei Prosa auch Alinea).*
//	*Seitenende, falls / Kolonnenende bezeichnet (in Hss-Beschreibung).*
aoR, auR,	*am obern, bzw. am untern,*
arR, alR	*am rechten, am linken Rand der Seite.*
Hs, Hss	*Handschrift(en)*
v.	*Vers(e)*
üdZ	*über der Zeile*
Aufrechte	*Text des Dichters, Zitate.*
Halbfette	*Die letzte in einem Zeugen gültige Textstufe.*
Kursive	*Das vom Herausgeber Stammende (außer Textergänzungen in Spitzklammern).*

Himmelsnähe

In meiner Firne feierlichem Kreis
Lagr' ich an schmalem Felsengrate hier,
Aus einem grünerstarrten Meer von Eis
Erhebt die Silberzacke sich vor mir.

Der Schnee, der am Geklüfte hing zerstreut,
In hundert Rinnen rieselt er davon
Und aus der schwarzen Feuchte schimmert heut
Der Soldanelle zarte Glocke schon.

Bald nahe tost, bald fern der Wasserfall,
Er stäubt und stürzt, nun rechts, nun links verweht,
Ein tiefes Schweigen und ein steter Schall,
Ein Wind, ein Strom, ein Atem, ein Gebet!

Nur neben mir des Murmeltieres Pfiff,
Nur über mir des Geiers heisrer Schrei,
Ich bin allein auf meinem Felsenriff
Und ich empfinde, daß Gott bei mir sei.

(letzte Fassung des Gedichts)

III. Werkimmanente Interpretation

Jede Interpretation folgt besonderen Fragerichtungen, zielt auf ein bestimmtes Textverständnis. Die Gesichtspunkte, unter denen in dem Kapitel „Textinterpretation" Texte oder Textteile analysiert wurden, betreffen das „Was" und das „Wie" des literarischen Produktes: ‚Inhalt' und ‚Fabel', ‚Thematik' und ‚Problematik' z. B. sind Begriffe, mit deren Hilfe man zu erfassen sucht, was in einem Text steht, Stil- und Formanalyse gelten dem Wie der Gestaltung. Mit der Frage nach dem Was und dem Wie versucht man die Eigenart eines Werkes zu erfassen, indem man sich auf die in ihm greifbaren Phänomene konzentriert, d. h. man orientiert sich ausschließlich am Erkenntnisobjekt selbst und fragt weder, unter welchen Bedingungen es entstand, noch, an wen es sich richtet, noch, wieweit es einer literarischen Tradition folgt usw. Diese Art der Auslegung bezeichnet man als **werkimmanente Interpretation.** Ziel dieser Methode ist es, das „Wortkunstwerk" als autonomes ästhetisches Gebilde zu erfassen, Mittel dazu ist eine Analyse aller Phänomene, die sich in dem entsprechenden Text selbst finden (immanent = enthalten, einbegriffen in, ‚werkimmanent' also: im Werk selbst enthalten).

Werkimmanente Interpretation wird gelegentlich mit Interpretation überhaupt identifiziert. In Wilperts *Sachwörterbuch* z. B. findet sich folgende Darstellung unter dem Stichwort „Interpretation" (L 324, S. 359):

> [...] allg. erklärende Auslegung und Deutung von Schriftwerken nach sprachlichen, inhaltlichen und formalen Gesichtspunkten (Aufbau, Stil, Metrik); bes. eine Methode der modernen Dichtungswissenschaft, die durch möglichst eindringliche, tiefe Erfassung e. dichterischen Textes in seiner Ganzheit als untrennbare Einheit von Gehalt und Form rein aus sich heraus – ohne Seitenblicke auf biographisches oder literaturgeschichtliches Wissen – zu e. vertieften Verständnis und voller Einfühlung in die eigenständigen, weltschöpferischen Kräfte des Sprachkunstwerkes führen, die Dichtung als Dichtung erschließen will.

Und in Horst Oppels *Methodenlehre der Literaturwissenschaft* heißt es: „Ziel der Interpretation ist es, das Werk aus sich heraus möglichst vollständig und ganzheitlich zu erfassen" (L 200, Sp. 54). Andere Interpretationsmöglichkeiten zählt Wilpert gar nicht auf, obwohl man mit Recht sagen kann, daß auch „ideengeschichtliche Aufschlüsselung und Einordnung beispielsweise [...] Interpretation“ (H. Enders, L 319, S. VII) ist.

Wie jeder Methode, so liegt auch der werkimmanenten ein bestimmter **Literaturbegriff** zugrunde. Die logische Konsequenz aus der Konzentration auf die im Werk selbst auftauchenden Phänomene ist die Isolierung des Textes: Er wird nicht als primär historisches oder gesellschaftliches Produkt verstanden, sondern als ein letztlich autonomes Gebilde, zu dessen Erfassung daher außertextliche Gesichtspunkte nur wenig beizutragen vermögen. Zudem bezieht sich werkimmanente Betrachtung im allgemeinen nur auf „Dichtungen“, schließt also nicht-fiktionale Texte, Trivialliteratur und poetischen Kitsch aus. Denn die gesamte Zeitungs- und Zeitschriftenliteratur, die Werbungs- und Gebrauchsliteratur z. B. umschließt zweck- und leserorientierte Texte, die daher immanent nicht aufzuschlüsseln sind. Es bleibt allerdings die Frage, ob Kunst, ob Poesie wirklich ohne Adressaten zu denken ist; gleichwohl geht werkimmanente Interpretation davon aus, daß ein Kunstwerk als solches aus sich heraus erfaßt werden kann und erfaßt werden muß:

> Denn was den Literaturhistoriker angeht, ist das Wort des Dichters, das Wort um seiner selbst willen, nichts was irgendwo dahinter, darüber oder darunter liegt. Nach dem Ursprung eines Kunstwerks aus dem Stamm, dem Unbewußten – oder was es auch immer sei – können wir ja dann erst fragen, wenn der unmittelbare künstlerische Eindruck nachgelassen hat. Doch eben dies, was uns der unmittelbare Eindruck aufschließt, ist der Gegenstand literarischer Forschung; daß wir begreifen, was uns ergreift, das ist das eigentliche Ziel aller Literaturwissenschaft.
>
> (E. Staiger, L 275, S. 11)

Die oft zitierte Formel „daß wir begreifen, was uns ergreift“ beschreibt den Erkenntnisvorgang und zugleich die hermeneutische Position werkimmanenter Auslegung. **Hermeneutik** – über griech. hermeneuein = „übersetzen“, dann „auslegen“ – auf Hermes, den Götterboten, zurückgehend – ist die Kunst adäquater Interpretation zunächst der Bibel, später eines Schriftwerkes überhaupt und gilt inzwischen auch als die „wissenschaftliche Darstellung der Regeln und Hilfsmittel, die den vom Verfasser gemeinten Sinn erschließen“ (G. v. Wilpert, L 324, S. 322, Stichwort ‚Hermeneutik‘), als „Lehre von den Methoden der Auslegung“ (RGG, L 230, Sp. 243), als „Generaltheorie der Interpretation“ (Philosophisches Wörterbuch, L 330, S. 473). Sie untersucht die Voraussetzungen, Möglichkeiten und Modalitäten der sich auf geistige Gegenstände richtenden Erkenntnis. In Staigers Formel treffen zwei

Momente aufeinander. Erkenntnis besteht darin, daß etwas begriffen, also rational erfaßt wird, was uns „ergriffen", also emotional erfaßt hat. Ergriffenheit meint die Faszination durch das Ästhetische, das geweckte Interesse am poetischen Text. Damit beschreibt Staiger die subjektive Komponente, die bei jedem geisteswissenschaftlichen Erkenntnisvorgang beteiligt ist. Denn wo es nicht – wie in den Naturwissenschaften – um das Erklären, d. h. das Begründen von Fakten, sondern um das Verstehen eines geistigen Produkts geht, sind immer auch die subjektiven Bedingungen zu beachten und zu analysieren, unter denen wir überhaupt verstehen können. Unsere Verstehensfähigkeit ist nämlich abhängig von unseren Neigungen, Interessen, von unserer Vorbildung und intellektuellen Begabung usw., weshalb literaturwissenschaftliche Untersuchungen unterschiedlicher Autoren auch zu sehr unterschiedlichen Ergebnissen gelangen können. Während in anderen Methoden andere subjektive Bedingungen vorausgesetzt werden, z. B. die jeweils eigene gesellschaftliche Interessenlage, ist Erkenntnis des Kunstwerkes, also Verstehen, nach Staiger und den anderen Verfechtern werkimmanenter Interpretation (subjektiv) nur auf der Basis der Faszination durch das Ästhetische möglich: „Das allersubjektivste Gefühl gilt als Basis der wissenschaftlichen Arbeit!" (E. Staiger, L 274, S. 10).

Das Gefühl der Ergriffenheit ist zugleich erstes Kennzeichen dafür, daß die **hermeneutische Differenz** weitgehend überwunden wird. Dieser Terminus bezeichnet die prinzipielle Trennung zwischen Subjekt (Interpret) und Objekt (Text), die sich am deutlichsten in der zeitlichen Differenz (jetzt/damals) zwischen beiden zeigt und die so weit wie möglich überbrückt werden muß, wenn Erkenntnis und Verständnis zustande kommen soll. Die Verknüpfung von erkennendem Subjekt und zu erkennendem Objekt geschieht hier also zunächst über die Emotionalisierung durch das Poetische. Bliebe es jedoch dabei, dann wäre der Umgang mit Literatur dem bloß und immer nur subjektiven Empfinden des jeweiligen Betrachters überantwortet, es gäbe keine (objektive) Erkenntnis, sondern allenfalls Geschmacksurteile. Staigers Formel trägt aber auch der objektiven Komponente des Erkenntnisvorgangs und damit dem Anspruch auf Wissenschaftlichkeit Rechnung, wenn er für den Literaturwissenschaftler fordert, er habe zu „begreifen", was ihn ästhetisch fasziniere. Damit kommt Verstand, Rationalität, nachprüfende Wissenschaft ins Spiel, die ihre Ergebnisse mit Hilfe einer detaillierten Textanalyse gewinnen muß. Man kann sagen, daß in Staigers Formel das ‚Ergreifen' den prinzipiellen Unterschied zwischen Geistes- bzw. Literaturwissenschaft und Naturwissenschaft artikuliert, indem es die subjektiven Bedingungen des Verstehens berücksichtigt, und daß das ,Begreifen' der werkimmanenten Literaturbetrachtung ihren Wissenschaftscharakter garantiert.

Der Erkenntnisvorgang vollzieht sich in Form einer Kreisbewegung, die man als **hermeneutischen Zirkel** bezeichnet. Er stellt sich als ein Hin und Her zwischen erkennendem Subjekt und zu erkennendem Objekt bzw. zwischen dem „Ganzen" und dem „Einzelnen" dar, das zu einem gesteigerten, im Idealfall vollständigen Verständnis und mithin zu einer vollkommenen Überbrückung der hermeneutischen Differenz führt. Im Bereich werkimmanenter Interpretation, in dem es um das Erfassen eines einzelnen, isolierten Textes geht, spricht man auch vom **philologischen Zirkel,** wenn man die Erkenntnisstruktur beschreiben will. Der philologische Zirkel setzt bei der Ergriffenheit des Subjektes (Leser, Interpret etc.) an, die, wie gesagt, von dessen Empfänglichkeit für ästhetische Phänomene, Interessen, Vorbildung usw. abhängt. In der ersten Begegnung mit dem literarischen Produkt ergibt sich beim Rezipienten, also dem Leser, ein diesen Bedingungen entsprechender erster Eindruck von dem Textganzen, der durch die Analyse der einzelnen Textmomente verifiziert, modifiziert oder falsifiziert, also bestätigt, korrigiert oder in sein Gegenteil verkehrt wird. Gliedert man diesen Vorgang in einzelne Phasen auf, so erfolgt die Untersuchung der einzelnen Textphänomene nach Maßgabe des jeweils korrigierten, falsifizierten oder fester fundierten Gesamteindrucks, der seinerseits wieder durch die genauere Untersuchung der Details verändert oder präzisiert und gefestigt werden kann usw. Das Hin und Her zwischen Erkennendem und Text dauert so lange, bis sich eine Entsprechung zwischen dem Verständnis des Textganzen und dem der Textdetails im Subjekt ergeben hat; insofern handelt es sich eigentlich nicht um einen Zirkel, sondern um eine Spirale, denn die kreisförmige Denkbewegung erhält dadurch eine zusätzliche Dimension, daß die Erkenntnis wächst und so die hermeneutische Differenz immer weiter überwunden wird.

Richtet man das Augenmerk auf das Verhältnis zwischen dem Textganzen und dem Textdetail bei diesem Erkenntnisvorgang, so zeigt sich folgendes: Die Einzelzüge besitzen ihre Funktion nur als Mittel, das Textganze, den „Sinn" zu konstituieren; d.h. das Ganze ist Grund und Maßstab dafür, daß einzelne Momente überhaupt eine Bedeutung haben. Andererseits ergibt sich aber auch das Ganze erst aus dem Zusammenspiel der einzelnen Merkmale, beide setzen sich also wechselseitig voraus. Denn erst die Erkenntnis der Einzelheiten vermittelt das Verstehen des Ganzen, doch haben die Einzelzüge ihrerseits überhaupt nur eine Bedeutung nach Maßgabe des Sinnganzen. Das macht die zirkulare Struktur dieses Verstehens aus: das eine bedingt das andere, das andere das eine. Ein solcher Zirkel – in der Logik als ‚vitiosus' (fehlerhaft; vgl. Zirkelschluß) gebrandmarkt – stellt übrigens nicht nur für den werkimmanent vorgehenden Interpreten, sondern für die Geisteswissenschaftler überhaupt die entscheidende Erkenntnisstruktur dar.

Die Betonung des Ganzen als Maßstab für die Bedeutung der Einzelzüge einerseits und die Fundierung des Ganzen in den einzelnen Textphänomenen andererseits führt bei werkimmanenter Textexegese zur Erfassung der ästhetischen Totalität ihres Untersuchungsgegenstandes und damit der Funktionalität aller einzelnen literarischen Elemente. Die Orientierung am Ästhetischen, am Kunstcharakter des jeweiligen Werkes hat auch zu jener schon fast leeren Formel von dem Zusammenhang zwischen Inhalt und Form, Gehalt und Gestalt geführt, den werkimmanente Interpretation nachweisen will.

Dabei sind grundsätzlich zwei Wege gangbar: 1. man geht von den gedanklichen, gehaltlichen Momenten, vom Problem, vom Thema aus und ordnet ihnen die ‚formalen' Phänomene zu, durch die die Thematik poetisch dargestellt wird; 2. man beschreibt – umgekehrt – die entscheidenden Elemente der Darstellungsform und prüft sie auf ihre Funktion hinsichtlich des Aussagegehaltes.

Da poetische Phänomene nicht k a u s a l b e g r ü n d e t werden können, sondern in ihrer ästhetischen Funktion v e r s t a n d e n werden sollen, tritt an die Stelle des in den Naturwissenschaften und auch, wie später zu zeigen ist, in anderen literaturwissenschaftlichen Methoden angewandten **Erklärens** das **Beschreiben** der Textphänomene als **Interpretationsverfahren.** Auf die Betonung des Ästhetischen, auf die werkimmanente Textauslegung so großen Wert legt, ist es auch zurückzuführen, daß sich in so vielen Interpretationen Worte der Bewertung, der Anerkennung, ja der Begeisterung finden. Hier schlägt sich das ästhetische Empfinden, das die subjektive Basis der Analyse bildet, im Darstellungsstil des Interpreten nieder.

Was die Methode der werkimmanenten Interpretation auszeichnet, das ist vor allem die Orientierung am poetischen Wort, also ihre Textnähe. Das Kunstwerk tritt als solches, d.h. in seiner Autonomie in den Vordergrund. Der ursprüngliche Bezug des Lesers zum Kunstwerk wird zum Ausgangspunkt der Analyse genommen, die sich auf Thematik und Form eines Textes konzentriert und die Vermittlung beider Momente zu erhellen sucht. Dadurch erweist sich werkimmanente Interpretation als eine recht komplexe Betrachtungsweise, weil sie nicht einen bestimmten Aspekt gesondert verfolgt, sondern alle ästhetischen Phänomene bewußt zu machen sucht. Dafür nimmt sie in Kauf, daß außerliterarische, entstehungsgeschichtliche, zeit- und geistesgeschichtliche Aspekte keine Berücksichtigung finden und auch die Wirkungsgeschichte von Literatur unbeachtet bleibt.

Emil Staiger hat dieses Verfahren in der Einleitung zu seinem erstmals 1939 erschienenen Buch *Die Zeit als Einbildungskraft des Dichters* (L 275) begründet und gefordert. Aber erst nach dem Zweiten Weltkrieg wurde werkimmanente Interpretation zur dominierenden literaturwissenschaftlichen Methode; darin zeigt sich u. a. auch eine Reaktion auf die Erfahrungen mit der „Gesinnungsgermanistik“ im Dritten Reich. Einer Literaturwissenschaft, die sich z. T. ausdrücklich mit der Frage nach Deutschtum, Heldentum, ertüchtigendem Gedankengut in der Dichtung befaßt hatte, hielt man nun den Anspruch entgegen, ein Kunstwerk müsse als ästhetisches Gebilde und nicht als Träger nationaler Gedanken verstanden werden. Darin zeigt sich die Abkehr von einer politisierenden Germanistik, die vor allem von der gesellschaftsorientierten Literaturwissenschaft beklagt wurde und wird.

Rückhalt bekam die werkimmanente Interpretationsmethode in den 50er Jahren von seiten der Erziehungswissenschaft. Innerhalb der schulpädagogischen Diskussion hatte sich die Forderung nach einer Arbeitsschule mehr und mehr durchgesetzt (vgl. Georg Kerschensteiner: *Begriff der Arbeitsschule,* L 121), d. h. „Selbsttätigkeit“ und „Arbeitsunterricht“ wurden zu Schlüsselwörtern der Unterrichtstheorie. Das bedeutete in der Praxis des literaturorientierten Deutschunterrichts, daß die Schüler nicht mehr die Interpretationen des Lehrers nachvollziehen, sondern Texte selbständig erfassen, ihre Struktur erkennen, ihre Thematik erarbeiten, ihren Stil analysieren sollten. Dies aber ist weitgehend nur im Rahmen werkimmanenter Interpretation möglich, weil alle anderen Methoden Vorkenntnisse voraussetzen, die erst von älteren Schülern und nur in beschränktem Maße erwartet werden können.

In Mißkredit geriet werkimmanentes Interpretieren in den 60er Jahren. Das damals hervorbrechende politische Engagement der jüngeren Generation, das sich vor allem in der Studentenrevolte Geltung verschaffte, führte auch in den Geisteswissenschaften zu einer stärkeren Orientierung an den gesellschaftlichen Implikaten von Literatur. Ein solches Hin und Her zwischen einer stärker an den ästhetischen Dimensionen eines Textes orientierten Interpretation und einer stärker realitätskritischen Auslegung hat es indes auch schon früher gegeben.

Weiterführende Literatur: a) Hermeneutik: L 230, Bd. 3, Sp. 242 - 262, L 233, L 287; b) Methodenlehre: L 200, L 226, L 319, L 244; c) Diskussion: L 243, L 274, L 275, L 322.

Arbeitsteil

A. Fragen und Aufgaben zur werkimmanenten Interpretation

1. Beschreiben Sie den hermeneutischen Zirkel zwischen Erkenntnissubjekt und Erkenntnisobjekt!
2. Erläutern Sie den philologischen Zirkel als Erkenntnismodell für werkimmanente Interpretation!
3. Warum tritt an die Stelle des Begründens und Erklärens in der werkimmanenten Interpretation das Beschreiben?
4. Erläutern Sie Staigers Forderung, zu „begreifen, was uns ergreift", als literaturwissenschaftlichen Ansatz!
5. Skizzieren Sie in den nachstehenden Texten die Reihenfolge der Untersuchungsschritte und ordnen Sie sie methodologisch ein!
6. Geht der Verfasser des Textes III, 1 irgendwo über das werkimmanente Verfahren hinaus? Wo? Inwiefern?
7. Gehalt und Gestalt – wo werden sie in Relation gesetzt?
8. Untersuchen Sie die Ausdrucksweise des jeweiligen Verfassers!

B. Textbeispiele

III, 1 Erich Trunz

Andreas Gryphius
„Über die Geburt Jesu"

Nacht, mehr denn lichte Nacht! Nacht, lichter als der Tag!
Nacht, heller als die Sonn! in der das Licht geboren,
Das Gott, der Licht in Licht wohnhaftig, ihm erkoren!
O Nacht, die alle Nächt und Täge trotzen mag!

O freudenreiche Nacht, in welcher Ach und Klag
Und Finsternis, und was sich auf die Welt verschworen,
Und Furcht und Höllenangst und Schrecken war verloren,
Der Himmel bricht; doch fällt nunmehr kein Donnerschlag.

Der Zeit und Nächte schuf, ist diese Nacht ankommen
Und hat das Recht der Zeit und Fleisch an sich genommen
Und unser Fleisch und Zeit der Ewigkeit vermacht.

Der Jammer trübe Nacht, die schwarze Nacht der Sünden,
Des Grabes Dunkelheit muß durch die Nacht verschwinden.
Nacht, lichter als der Tag! Nacht, mehr denn lichte Nacht!

Der Titel des Gedichts nennt das Thema, einen Gegenstand aus der Heilsgeschichte, der jedem Leser bekannt ist. Das Gedicht beginnt mit einem Aufruf: feiernd und preisend wird die Nacht der Geburt des Heilands angesprochen. Auffallend ist, daß zu dem Worte „Nacht" das Eigenschaftswort „licht" hinzugesetzt ist; das wiederholt sich sogleich noch zweimal: „lichter", „heller". Das Wort „Nacht" meint zeitlich die Nacht der Geburt Jesu, die Zeit der physischen Dunkelheit. „Hell" ist sie, weil das „Licht" der Welt geboren wird; hier wird also in übertragenem Sinne gesprochen.

Der ersten Halbzeile entspricht die zweite und ebenso die erste Halbzeile des 2. Verses: jedesmal der Anruf „Nacht", dann eine Apposition im Komparativ, jedesmal der gleiche Rhythmus. Der Tenor des Gedichts ist hier bereits gegeben: Strenger Parallelismus, feiernde Anrufe, übersteigernde Paradoxe; dadurch wirkt der Stil formbetont, rhetorisch-feierlich. Die Komparative (in 1,2 und 2,1 als grammatische Komparative, in 1,1 durch „mehr denn", in 4 verbal umschrieben) verleihen allem etwas Steigerndes, Bewegtes.

... in der das Licht geboren,
Das Gott, der Licht in Licht wohnhaftig, ihm erkoren!

Das Pronomen „ihm“ kann im 17. Jahrhundert noch reflexiv gebraucht werden (= „sich“). Der heilsgeschichtlich-dogmatische Zusammenhang ist in dichterischer Bildersprache ausgesagt: Gott, seinem Wesen nach Licht, und in Licht wohnend, hat Licht, also ein Stück von sich, auf der Erde geboren werden lassen in dieser Nacht. Dieser Satz füllt drei Halbzeilen, so viel wie vorher die Anrufe; diesmal sind die Halbzeilen nicht mehr scharf getrennt, der Zusammenhang verbindet sie inhaltlich wie klanglich, und sogar die Verszäsur macht kaum einen Einschnitt.

Überhaupt ist die Gliederung der Verse wechselreich. In Vers 1 und 2 sitzen die Einschnitte nach dem 3. Takt. In Vers 3 sind sie da, wo die barocken Schrägstriche, die „Virgeln“ stehn (und diese gliederten sichtbarer als die modernen Kommata, die wir dafür setzen): „Das Gott / der licht in licht wohnhaftig / ihm erkoren!“ Vers 4 hat den Einschnitt schon nach dem ersten Takt. Blickt man weiter, so sieht man: zwischen scharf eingehaltenen Zäsuren und überdeckten Zäsuren kommen alle Zwischenstufen vor, und der Langvers erhält durch die wechselnde Gliederung große Mannigfaltigkeit. Dadurch ist er fähig zu kurzen Ausrufen, aber auch zu wortkräftig-langen Sätzen, die in der Fülle des Geschauten und Durchdachten sich nicht genugtun können. Eine bewegte und zugleich eine geformte und strenge Sprache. (Auch der Glaube jener Epoche war ein Zugleich von echter starker Innerlichkeit und formaler, logisch aufgebauter Dogmatik.) Die vierte Zeile faßt abklingend zusammen: Diese Nacht ist mehr als alle anderen Tage und Nächte der Weltgeschichte, ist ihr Angelpunkt.

Das zweite Quartett beginnt ebenfalls als Anruf. In dem Adjektiv „freudenreich“ (aber nur hier) klingt das Gefühl der Menschen auf. Gryphius liebt die substantivische Verwendung von „Ach“, weil sie lebendiger und kürzer ist als abstrakte Wörter (wie „Trübsal“ usw.). „Finsternis“ ist hier wieder emblematisch benutzt für Sündhaftigkeit, Gottesferne. Zu diesem Bereich gehört, „was auf die Welt schwört“, was nur irdisch denkt, denn rein weltlicher Sinn ist Seelenfang des Bösen. Aber diese Macht des Bösen ist nun gebrochen („verloren“) durch die Heilstat. Sie erscheint im dichterischen Bilde – wie schon vorher – als Licht am Himmel, als Blitz („der Himmel bricht“); aber kein Donner folgt: was kam, ist nur Licht, nur Gutes, kein Zorn. Die Art, wie dieser ganze Gedankengang geformt wird, ist kunstvoll: Zwischen die Anrufung des Heils am Anfang („O freudenreiche Nacht“) und die Darstellung des Heils am Ende der Strophe („Der Himmel bricht“) wird die Schilderung der Welt eingeschoben, deren Düsternis durch Wortwahl („Ach“, „Höllenangst“ usw.) und Häufung angedeutet wird: erst eine substantivische Dreiergruppe („Ach und Klag und Finsternis“), am Ende noch einmal eine solche („Furcht und Höllenangst und Schrecken“), dazwischen ein Substantivsatz („was sich auf die Welt verschworen“). Diese Teile stehen nicht parallel im Verse; dadurch erhält dieser seine Mannigfaltigkeit und Bewegung; er eilt vorwärts; wieder befinden sich die Innenpausen an verschiedenen Stellen der Zeilen.

Im ersten Terzett ist grammatisch der einleitende Relativsatz das Subjekt des folgenden Hauptsatzes, inhaltlich dort Gott-Vater, hier Gott-Sohn, so daß die mystische Identität sprachlich symbolisiert wird; zwei Halbverse; die normale Zäsur tritt wieder in ihr Recht. Die Formulierung des Folgenden, flüssig im Klanglichen und pointiert in der antithetischen Wortwahl, ist zugleich – wie immer – theologisch sehr genau: Gott nimmt das Gesetz der Zeitlichkeit (mit Schmerz und Tod) auf sich; der Mensch gibt es nicht auf, sondern aus dem Zeitlichen entwickelt sich sein Ewiges, er bleibt dabei erhalten als Person, auch als „Fleisch", denn im himmlischen Jerusalem erhalten die Seligen neue verklärte Leiber. Scharf die Parallelen und Antithesen: „Zeit und Fleisch" gegen „Fleisch und Zeit"; „annehmen" gegen „vermachen"; „die Nächte", die Gott-Vater schuf, gegen „diese Nacht", in welcher Gott-Sohn in das Geschaffene eintritt. Jedesmal ist es ein Paradoxon, ein Überschneiden der Bereiche: Gott nicht mehr Gott, unterworfen irdischer Bedingtheit; der Mensch nicht mehr Mensch, erhoben in die Freiheit der Ewigkeit. Eben darin liegt das religiöse Ereignis. Die Formulierung drückt es gerade durch ihre Pointierung und Antithetik aus: das Rätselhafte, das über irdisches Gesetz Hinausgehende, die Verschmelzung der Sphären.

Das zweite Terzett beginnt mit einer dreigliedrigen Häufung, je ein Hauptwort und dazu ein anderes im Genitiv, Adjektive treten verstärkend hinzu. Noch einmal ist von der sündhaften unerlösten Welt die Rede, und wieder wird sie emblematisch bezeichnet: das Grab ist „Dunkelheit", weil vor Christi Erscheinen der durch die Erbsünde belastete Mensch dort ohne Erlösungshoffnung lag. Dies alles „muß durch die Nacht verschwinden": das Prädikat hat eine Halbzeile für sich, wie jedes der drei Subjekte; auf dem Verb liegt der Ton, es steht am Ende, triumphierend, inhaltliche Auflösung des Reimworts „Sünden". Das Verspaar ist nun geschlossen; es ist aufgebaut auf den Gegensatz: Die Nacht verschwindet durch die Nacht. Der letzte Vers greift zurück: seine Wortwahl auf das gegen den Schluß hin immer häufiger werdende, fast wie ein Wortspiel benutzte Wort „Nacht"; sein Reim auf das erste Terzett; sein Inhalt auf das ganze Sonett; und sein Wortlaut auf die 1. Zeile (Wiederholung, nur mit Umstellung der Halbverse). So steht am Schluß wieder der preisende, erstaunte, überwältigte Anruf mit der contradictio in adiecto, die ein Zeichen dafür ist, daß auf etwas gezielt wird, was im Bereich des Menschen unmöglich ist. Vom Beginn des Gedichts bis zum Ende ist das Wunder der Erlösung bejubelt und zugleich durchdacht; im Durchdenken wird es nicht weniger wunderbar, sondern erst recht als Wunder deutlich, darum steht am Ende der gleiche Ausruf wie am Anfang.

Versuchen wir jetzt, das Gedicht als Ganzes zu überblicken. Sein Thema ist „die Geburt Jesu". Das Thema, an sich fest umrissen, gab dem Dichter (ähnlich wie den Malern, die es auch immer wieder zu behandeln hatten) verschiedene Möglichkeiten. Man konnte die menschlich-legendäre Seite darstellen, die Nacht im Stall mit Ochs und Esel; oder die weihnachtlich-festliche mit den Chören der Engel und der Freude der Gläubigen; oder die heilsgeschichtlich-dogmatische, die Ankunft des Erlösers, der zwischen Sündenfall und Jüngstem Gericht das Schicksal der Menschen ins Heil wendet. Entsprechend waren die Stilmöglichkeiten: idyllisch-ausmalend, lyrisch-stimmungsvoll, sachlich-belehrend. – Der Charakter dieses Gedichts von Gryphius ist feierlich-preisendes Ansprechen des heilsgeschichtlichen Geschehens. Hinter den bildhaften Wörtern und rhetorischen Wendungen steht ein dogmatisch genauer Inhalt. Das Gedicht kann sachlich nichts Neues mitteilen, sondern es kommt alles darauf an, wie es sein Thema zur Darstellung bringt. Das, wovon es spricht, sind Zusammenhänge, die man weiß und doch nie zu Ende begreift, weil inhaltliches Wissen nicht religiöses Besitzen ist. Darum kann das Gedicht am Ende zum Anfang zurückkehren: das alles durchgrübelnde religiöse Denken kommt schließlich wieder auf das Wunder des Heilsgeschehens hinaus, von dem es ausging. [...]

(L 168 [1956], S. 133ff.)

III, 2 Richard Alewyn*

Clemens Brentano
„Der Spinnerin Lied“

1. Es sang vor langen Jahren
Wohl auch die Nachtigall;
Das war wohl süßer Schall
Da wir zusammen waren.

2. Ich sing und kann nicht weinen
Und spinne so allein
Den Faden klar und rein,
Solang der Mond wird scheinen.

3. Da wir zusammen waren,
Da sang die Nachtigall;
Nun mahnet mich ihr Schall,
Daß du von mir gefahren.

4. So oft der Mond mag scheinen,
Gedenk ich dein allein;
Mein Herz ist klar und rein,
Gott wolle uns vereinen.

5. Seit du von mir gefahren,
Singt stets die Nachtigall;
Ich denk bei ihrem Schall,
Wie wir zusammen waren.

6. Gott wolle uns vereinen,
Hier spinn ich so allein,
Der Mond scheint klar und rein,
Ich sing und möchte weinen.

Dies ist kein schwieriges Gedicht. Es verlangt keinerlei Bemühung des Gedankens oder des Gefühls. Es gleitet mühelos ins Ohr, so gewaltlos, daß die Aufmerksamkeit eher eingeschläfert wird als angestrengt, ein eintöniger Wellenschlag ohne Spannungen oder Stauungen, ohne Wechsel der Tonhöhe oder Tonstärke. Einfach ist die Sprache: schlichte Worte, kurz aneinandergereihte Sätze ohne syntaktischen Aufwand. Am Ende jeder Strophe – und nirgends sonst – steht ein Punkt, am Ende fast jeder Zeile – und nirgends sonst – ein kleineres Satzzeichen.

Das Gedicht verlangt auch keine literaturhistorischen oder biographischen Vorkenntnisse. Man braucht durchaus nicht zu wissen, wann und von wem es gemacht worden ist, wenn auch, wer sich auskennt, weiß, daß nur ein Dichter der deutschen Romantik, und unter diesen keiner als Brentano, dieses Gedicht hätte

* Bewußt ist auf die Wiedergabe der über die werkimmanente Interpretation hinausgehenden Anmerkungen des Autors verzichtet worden.

machen können. Der Dichter behelligt uns nicht mit seiner Person, seinen Gedanken, Gefühlen oder Erlebnissen. Wer hier „ich“ sagt, ist nicht der Verfasser, auch nicht eine vom Verfasser vorgenommene Maske, hinter der er sich versteckte, um sich so ungehemmter ergießen zu können. Das Lied singt von selber, es singt sich selber, es singt von sich selber. Und damit ist nichts gesagt, als daß es reine lyrische Substanz ist ohne fremde Trübung. Es läßt einen Menschen singen, von seinem Singen singen, vom Singen der Nachtigall, und indessen wird es gesungen, ein echter Singsang.

Dieses Singen will gehört werden, denn es ist ein Wunder an Wohllaut, gewebt aus Klängen und Widerklängen. Es ist regiert von dem Spiel der Vokale und solcher Konsonanten, die wirklich „Mitlauter“ sind, der Liquidae und Nasale, der Konsonanten, auf denen man singen kann. Keinem Dichter vorher oder nachher ist es wie dem Verfasser dieses Gedichts gelungen, die in der Sprache schlummernden Klänge zu entbinden. In den Reimen blühen sie auf, und an ihnen zuerst kann man ablesen, wenn man die Mühe nicht scheut, daß ihre Verschlingung keineswegs so zufällig ist, wie sie mühelos erscheint.

Sechs Strophen hat das Gedicht, jede zu vier Versen, die jeweils so angeordnet sind, daß der erste und der letzte aufeinander reimen und wiederum der zweite und der dritte, und daß die Randverse auf weibliche Reime enden, die Binnenverse auf männliche. Das macht, daß das Ende jeder Strophe zu ihrem Anfang zurückzukehren scheint und jede eine zyklische Bewegung durchläuft. Aber damit spiegelt die Strophe nur die Bewegung des ganzen Gedichts.

Sämtliche Reime des Gedichts sind auf nicht mehr als zwei Klänge gestimmt. Die Reime der ersten Strophe, ob männlich oder weiblich, lauten alle auf A, die der zweiten Strophe auf Ei, und ebenso verhalten sich die Reime der dritten und der vierten, der fünften und der sechsten Strophe, so daß A-Strophen und Ei-Strophen rhythmisch wechseln und wiederkehren. Aber nicht nur die Reime, sondern die ganzen Reimwörter kehren wieder (mit der Ausnahme des ersten, „Jahren“, das nicht mehr wiederholt, sondern von der zweiten A-Strophe an durch „gefahren“ ersetzt wird), so daß das Gedicht für seine vierundzwanzig Reime nur zehn verschiedene Reimwörter gebraucht. Zudem werden dieselben Reimwörter mehrmals gepaart. In den Strophenmitten kommt dies sogar regelmäßig vor. Dreimal reimt sich „Schall“ auf „(Nachtig)all“, dreimal „klar und rein“ auf „(all)ein“, immer an der gleichen Stelle.

Ebenso wie die Mitten der Strophen sind aber auch ihre Ränder aufeinander bezogen, und hier wiederholen sich nicht nur Versenden, sondern ganze Zeilen. „Da wir zusammen waren“ hört die erste A-Strophe auf, mit den gleichen Worten fängt die zweite A-Strophe an. Und wie diese endet: „Daß du von mir gefahren“, so beginnt mit einer kaum merklichen Variation die dritte A-Strophe. Nicht anders nimmt bei den Ei-Strophen jede folgende das Stichwort auf, das die vorhergegangene ihr hinterlassen hat: „Solang der Mond wird scheinen“ endet die erste, „So oft der Mond mag scheinen“ variiert der Anfang der zweiten, und deren letzte

Zeile „Gott wolle uns vereinen“ bildet wiederum den Anfang der dritten Ei-Strophe. So besteht zwischen den gleichklingenden Strophen eine geheime Verbindung, die den Wechsel überdauert. Dies würde deutlich werden, wenn man die Strophen anders anordnete. Man könnte links die drei A-Strophen untereinandersetzen und rechts daneben die drei Ei-Strophen, und man könnte dann in zwei Richtungen lesen, einmal erst horizontal und dann vertikal, das andere Mal erst vertikal und dann horizontal. In jedem Falle würde eine der Bewegungsformen des Gedichts zur Geltung gebracht, einmal die alternierende oder schwingende, einmal die zyklische oder kreisende.

Diese Umstellung ergab sich aus dem klanglichen Befund. Das Merkwürdige ist aber, daß dadurch zwar die Gestalt verändert (und zerstört) würde, daß der Sinn aber dadurch keinen Schaden erlitte. Man könnte sogar das Experiment noch weiter treiben. Man könnte ganze Strophen miteinander vertauschen, etwa die dritte und fünfte oder die vierte und die sechste, man könnte viele Zeilen verschiedener Strophen die Plätze wechseln lassen, ohne das Gedicht merklich zu verändern. Ja, es fehlt nicht viel, daß man es Zeile für Zeile rückwärts lesen könnte. Es wäre nur die Syntax, nicht der Sinn, was dem im Wege steht.

Wenn das Gedicht also geradezu umkehrbar ist, dann ist das ein Zeichen dafür, daß zwischen seinem Anfang und seinem Ende nichts geschehen ist, was irgendeine Folge hätte und damit eine Reihenfolge vorschriebe. Daß das Gedicht umkehrbar ist, verrät, daß die Zeit in diesem Gedicht umkehrbar ist, und das besagt: Die Zeit steht still. Und so muß das Gedicht auch durchaus nicht da aufhören, wo es endet. Wie es an jeder anderen Stelle hätte aufhören können, so könnte es auch noch lange weitergehen. Es hat überhaupt kein Ende, so wenig, wie es einen Anfang hat, und das besagt: Die Zeit verrinnt. Stillstand der Zeit oder Verrinnen der Zeit – es ist das gleiche. Was an diesem Gedicht Bewegung ist, ist eine solche, die stets zu ihrem Ausgangspunkt zurückkehrt, ohne Fortschritt und darum ohne Ende, nicht „reißende“ (Emil Staiger), sondern kreisende Zeit.

Aber wird es nicht endlich Zeit, etwas über den Inhalt des Gedichts zu sagen? – Es war von nichts anderem die Rede. Gleichmäßiger Wechsel und endlose Wiederkehr, Stillstand und Verrinnen der Zeit, nichts anderes ist das Thema des Gedichts, gebannt in die Situation der verlassenen jungen Frau am Spinnrad. Im Gegensatz der A-Strophen und der Ei-Strophen dehnt die Zeit sich aus. Die A-Strophen sprechen von der verlorenen Vergangenheit – die seligen Nächte „da wir zusammen waren“ –, die Ei-Strophen sprechen von der leeren Gegenwart – „hier spinn ich so allein“ –, die einen sind beherrscht von einem Klang, dem betörenden Singen der Nachtigall, die andern von einem Licht, dem tröstenden Scheinen des Mondes. Zwischen diesen beiden Polen, der Vergangenheit und der Gegenwart, der Erinnerung und der Wirklichkeit, bewegen sich die Gedanken der Spinnerin. Wie dieser Wechsel sich in Reimen, Worten und Versen wiederholt, so wiederholt sich das Gedenken und das Warten, das Singen und das Weinen, heute wie gestern, morgen wie heute. Endlos wie ihr Rad sich dreht, so geht der Spinnerin Lied.

Über dies alles ist in dem Gedicht kein Wort gesagt, es braucht nicht gesagt zu werden, weil ein Gedicht nicht zu sagen braucht, was es schon ist. Müssen wir noch hinzufügen, daß es in der deutschen Sprache kein traurigeres Gedicht gibt? Wir haben nur zu zeigen versucht, daß es eines der einfachsten ist und zugleich eines der kunstvollsten, die wir haben, und darum eines der schönsten.

(L 7, S. 198ff.)

IV. Positivistische Literaturwissenschaft

Aus der Darstellung der werkimmanenten Methode sollte klargeworden sein, daß die Analyse eines literarischen Textes auf Grund der ihm innewohnenden Elemente das Verständnis dieses Textes nur bis zu einem bestimmten Grad befördern kann. Andere Schichten des Verständnisses müssen durch weitergehende Fragen erschlossen werden, die sich aus der Einsicht ergeben, daß – nach Brechts Formulierung – die Kunst zwar ein autonomer, nicht aber ein autarker Bezirk sei[1].

Ein literarischer Text ist stets ein geschichtliches Produkt: Er ist zu einer bestimmten Zeit geschrieben worden und von ihr abhängig. Diese heute geläufige Erkenntnis ist noch gar nicht so alt; sie hat sich mit Johann Gottfried Herders Wirken im letzten Drittel des 18. Jahrhunderts durchgesetzt.

Bis zu seiner Zeit hatte man es, verglichen mit der heutigen, einfacher im Umgang mit Literatur; denn es gab Regeln und Gesetze, nach denen sie herzustellen und zu beurteilen war. Diese Maßstäbe einer normativen Poetik gehen zurück auf die Poetiken des Aristoteles (384 - 322 v. Chr.) und des Horaz (65 - 5 v. Chr.); Aristoteles hatte aus dem Bestand der griechischen Literatur seiner Zeit eine systematische und streng unterscheidende Einteilung der Gattungen hergeleitet, deren jede in spezifischer Weise auf das Publikum zu wirken suchte – das Drama beispielsweise mit der Erregung von Furcht und Mitleid. Um dieses Ziel erreichen zu können, bediente sich jede Gattung ganz bestimmter Mittel; neben der Sprache, der Stilebene und dem Personal waren diese für das griechische Drama vor allem die Einheit der Fabel und die sich aus ihr ergebende Einheit der Zeit und des Ortes (s. u., S. 317f).

Spricht man bei der Poetik des Aristoteles, die sich um das Wesen der Literatur und der Gattungen bemüht, von einer **Gattungspoetik,** so handelt es sich bei der *Ars poetica* des Horaz um eine **Dichterpoetik;** in ihr versucht der Autor, jüngeren um das Dichterhandwerk bemühten Kollegen Anleitung zur Anfertigung literarischer Werke zu geben, wobei

---

[1] Vgl. B. Brecht, W 11, S. 157.

neben Hinweisen auf die Nützlichkeit der Poesie vor allem die harmonische Fügung von Stoff, Sprache, Versmaß und Bildern eine Rolle spielt.

Auf Aristoteles und Horaz gehen alle Poetiken der europäischen Literatur bis ins 18. Jahrhundert zurück. Als Beispiele für die deutsche Literatur sind vor allem Martin Opitz (1597 - 1639) und Johann Christoph Gottsched (1700 - 1766) zu nennen, deren Arbeiten ohne französische Vorbilder nicht zu denken sind. Die von Opitz im *Buch von der deutschen Poeterey* (1624) vor allem in den Kapiteln 6 und 7 niedergelegten Regeln zur sprachlichen und metrischen Gestaltung eines Themas wurden zur Grundlage der deutschen Literatur des 17. Jahrhunderts.

Die Vorschriften seiner Poetik ergänzt Opitz neben den Hinweisen auf die musterhafte antike Literatur durch Übersetzungen und Eigenproduktionen in fast allen Gattungen; auf diese Weise will er zeigen, daß die deutsche Sprache sich zur Dichtkunst ebenso eigne wie die italienische, englische oder französische, und daß die deutsche Dichtung den Wettstreit mit den anderen Nationalliteraturen nicht zu scheuen brauche.

Gut hundert Jahre später entstand mit Gottscheds *Critischer Dichtkunst* (1730) die letzte große Regel-Poetik, die als Grundlage der Poesie die vernünftige Nachahmung der Natur und als ihren Zweck die Umsetzung eines moralischen Satzes in poetisch eingekleidete Lehre predigte. Aus den Vorschriften, die Gottsched unter Berufung auf die französischen Klassiker für das Drama aufstellt, wird deutlich, mit welcher Rigorosität die einstmals von Aristoteles getroffene Feststellung über die Einheit der Handlung und des zeitlichen Ablaufs im griechischen Drama unter Erweiterung um die Forderung nach der Einheit des Ortes zu beinahe mechanischen Regeln verengt werden.

Erst vor dem Hintergrund dieser normativen Poetik wird verständlich, welche Entwicklung vonstatten gegangen sein muß bis zu der Erkenntnis, daß jedes Werk auch ein geschichtliches Produkt sei. Den Blick für diese geschichtliche Abhängigkeit der Literatur geöffnet zu haben, ist das Verdienst Herders. Am Beispiel Shakespeares, Ossians und des Alten Testaments zeigt er, zu welch neuem Textverständnis die historische Sehweise führen kann. Das heißt am Beispiel des Shakespeare-Dramas und der Auseinandersetzung mit Gottsched, daß die Verschiedenheit des griechischen und des nordischen Dramas aus der Verschiedenheit ihrer Entstehung zu erklären sei; ferner daß die vielbeschworene Einheit der Fabel, der Zeit und des Ortes auf die Gegebenheiten des griechischen Dramas zurückzuführen und für dieses sinnvoll sei, daß sie sich aber nicht auf das Theater anderer Zeiten und Völker als Richtschnur und Regelmaß einfach übertragen lasse. In der Genese des griechischen Dramas sieht Herder den Beweis dafür, daß das nordische notwendig anders sein muß. Als Folgerung ergibt sich zwangsläufig, daß es keine für alle Epochen gleich gültigen Normen gibt; vielmehr muß jedes einzelne Werk und jede Epoche, der es angehört, zunächst einmal als eigenwertig begriffen werden; es handelt sich jeweils um eine eigene Individualität, die Herder allerdings wiederum eingebettet sieht in einen organisch verlaufenden Entwicklungsprozeß der Menschheit, dessen Fortschreiten er gerne mit den der menschlichen Entwicklung entnommenen Metaphern des „Kindheits-", „Jünglings" und „Mannesalters" beschreibt. Erst die Kenntnis des Volkes, des Landes, der Geschichte, der Sprache und der Vorstellungswelt, aus der heraus ein Werk entsteht, macht nach Herders Auffassung das Verständnis dieses Werkes möglich: „Man kann die Frucht nichts anders als durch den Baum kennen lernen, auf dem sie entsproß" (W 33, Bd. 12, S. 107).

Mit dieser Forderung nach historischem Verstehen ist bei Herder eine andere untrennbar verbunden: die nach unmittelbarer Einfühlung in die Seele des Autors; denn „nur Seele entdeckt die Seele, nur ein Genie kann das andere verstehen, reizen, ahnden" (W 33, Bd. 8, S. 327). Ein Sich-Zurück-Versetzen-Können in die jeweilige Entstehungszeit eines Werks („Tretet in die Kindheit der damaligen Zeit zurück ...", „Man muß wieder Morgenländer werden, um es sinnlich zu fühlen ..." [W 33, Bd. 6, S. 12]) sowie die Einfühlung in die Seele des Autors („lesen Sie ... gleichsam in die Seele ihres Urhebers zurück" [W 33, Bd. 10, S. 109]), das sind für Herder die beiden Voraussetzungen, die Verstehen erst ermöglichen.

Aus ihnen erwächst auch das Verfahren der Interpretation, das man als eine Art einfühlenden Beschreibens charakterisieren kann. Herder versucht, seine aus Einfühlung gewonnenen Eindrücke in Worte zu fassen und so die individuelle Einmaligkeit eines jeden Werks zu beschreiben. An die Stelle der Regeln der Gattungspoetik tritt die intuitive Einfühlung; erst sie konstituiert das dichterische Werk im Nachvollzug der seelischen Prozesse des Autors. Das subjektive Gefühl des Lesers, das die Seele eines Stücks entdecken muß, wird damit Ansatz zur Interpretation und gleichzeitig Maßstab für die Wertung eines Werks.

Kehren wir zu dem Ansatz zurück, daß jeder Text auch ein geschichtliches Produkt sei. Die Grundlagen dieser historischen Betrachtungsweise werden am Beispiel Herders offenbar; die historische Betrachtungsweise selbst ist nach ihm aus keiner wissenschaftlichen Beschäftigung mit Geschichte und Kultur wegzudenken, sei es, daß sie sich mit Untersuchungen über Prinzipien der geschichtlichen Entwicklung verbindet, sei es, daß sie sich ohne Absehen auf etwaige gesetzesmäßig verlaufende Entwicklung um bloße Rekonstruktion vergangener Epochen bemüht, die sie gleichwertig nebeneinander sieht **(Historismus).**

Für die Beschäftigung mit einem einzelnen Text oder Werk wird es sich daher als nützlich erweisen, Fragen nach dem Leben des Autors, nach der Entstehungszeit und nach verschiedenen Fassungen ebenso zu stellen wie nach Werken, die das vorliegende beeinflußt haben können. Ein weiterer Fragenkomplex kann den zeitgeschichtlichen, politischen und sozialen Hintergründen gelten, ein dritter schließlich den Lesern und der Wirkungsgeschichte.

Die Literaturwissenschaft systematisch mit solchen Fragestellungen vertraut gemacht zu haben, ist das Verdienst Wilhelm Scherers (1841 - 1886). Seine methodische Betrachtungsweise, die sich gleichzeitig mit einem erkenntnistheoretischen und geschichtspolitischen Ansatz verband, wurde unter dem Namen literaturwissenschaftlicher **Positivismus** bekannt und prägte die deutsche Literaturwissenschaft vornehmlich in den letzten 30 Jahren des vorigen Jahrhunderts. Um diesen Positivismus verstehen zu können, müssen wir kurz einen Blick auf seine philosophischen und historischen Ursachen werfen. Wenn positivistische Denkansätze auch schon in der Antike (Protagoras, Aristipp), im Mittelalter (Nominalienstreit) und vor allem im englischen Empirismus und Sensualismus bei John Locke und David Hume zu finden sind, so gilt doch als Begründer der positivistischen Methode Auguste Comte (1798 - 1857). Grundlage des Positivismus ist für Comte die These, daß Quelle jeder menschlichen Erkenntnis allein die beobachtbaren, für die sinnliche Erfahrung wahrnehmbaren Tatsachen sind. Diese stellen sich als eine Vielzahl von Erscheinungen dar, in denen bestimmte Regelmäßigkeiten festzustellen sind, von denen ausgehend sich auf induktivem Weg die Gesetze ihrer Erscheinungsweise formulieren lassen.

Jede andere philosophische Position, die hinter den die Menschen umgebenden Erscheinungen eine eigene, metaphysische Wirklichkeit als einzige Quelle wahrer und sicherer Erkenntnis ansieht, wird abgelehnt, da sie der sinnlichen Wahrnehmung nicht zugänglich ist. So stellt Comte auch bei seiner Definition des „Positiven“ jeweils das „T a t s ä c h l i -

che" dem bloß „Eingebildeten" gegenüber. Auf dieser Grundlage bezeichnet ‚positiv' – von lat. ponere – den „Gegensatz zwischen dem Nützlichen und dem Müßigen" sowie zwischen „Gewißheit und Unentschiedenheit" und die „Entgegensetzung von Genauem und Ungewissem"; fener enthält die neue, positive Philosophie die „notwendige Tendenz, überall das Relative an die Stelle des Absoluten zu setzen" (A. Comte, L 30, S. 85ff.).

Die methodische Sicherheit und wissenschaftliche Gesetzlichkeit seines Ansatzes begründet Comte „durch eine Konstruktion der Gattungsgeschichte als Geschichte der Durchsetzung des positiven Geistes" (J. Habermas, L 86, S. 93). Diese Entwicklungsgeschichte legt er dar in dem sogenannten **Dreistadiengesetz,** nach dem jede Wissenschaft wie jeder Mensch auch im Laufe der Entwicklung drei verschiedene, einander ablösende Phasen durchmacht. Im ersten – theologischen oder fiktiven – Stadium strebt der Mensch auf der Grundlage seines religiösen Weltbildes absolute Erkenntnis an und führt die Naturerscheinungen auf die Einwirkung göttlicher Wesen zurück. In dem auf dieses folgende zweiten, dem metaphysischen oder abstrakten Stadium treten Philosophie und Metaphysik an die Stelle von Theologie und Religion; das bedeutet noch nicht die Aufgabe des Wunsches nach absoluter Erkenntnis, doch werden die übernatürlichen göttlichen Mächte durch abstrakte Kräfte oder Wesenheiten ersetzt wie beispielsweise die Natur. Erst in dem positiven Stadium, auf das die ganze Entwicklung hinsteuert, verzichtet das menschliche Denken auf Erklärungen der Wirklichkeit, die außerhalb der erfahrbaren Tatsachen liegen:

> Die grundlegende Revolution, die das Mannesalter unseres Geistes charakterisiert, besteht im wesentlichen darin, überall anstelle der unerreichbaren Bestimmung der eigentlichen Ursachen die einfache Erforschung von Gesetzen, d. h. der konstanten Beziehungen zu setzen, die zwischen den beobachteten Phänomenen bestehen. (L 30, S. 27f.).

Sichere Erkenntnis ist unter dieser Voraussetzung nur zu gewinnen durch Beobachtung und Experiment, indem man auf induktivem Wege, d.h. fortschreitend von dem Besonderen zum Allgemeinen, zur Feststellung allgemeiner Tatsachen kommt. Dieser Erkenntnisprozeß kann auf zweierlei Weise vonstatten gehen: 1. Die einzelnen Tatsachen werden verknüpft durch ihre Beziehung im Nacheinander, d.h. auf a folgt notwendig b; diese Folge ist demnach zwangsläufig, b wird durch a verursacht und bestimmt; in diesem Fall sprechen wir von einer kausalen Beziehung, 2. Ein Gegenstand b wird als einem Gegenstand a entsprechend aufgefaßt, weil er in seiner Beschaffenheit gewisse Übereinstimmungen mit a zeigt; in diesem Fall sprechen wir von einer analogen Beziehung.

Fortschreitende Erkenntnis wird dann möglich durch immer umfassendere Verknüpfung; d.h. die durch Beobachtung oder im Experiment gewonnenen Gesetze werden zu immer allgemeineren Gesetzen aufgeschlossen, an deren Endpunkt d a s allgemeine Gesetz steht, das alle anderen Gesetze in sich begreift. Der Anspruch der Wissenschaftlichkeit, den der Positivismus erhebt, besteht darum entgegen landläufiger Ansicht gerade nicht in der bloßen Anhäufung von Tatsachen, sondern in der Zusammenstellung von aus diesen Tatsachen und Fakten abzuleitenden Gesetzen und gesetzmäßig ablaufenden Entwicklungen.

Mit dem Hinweis auf das Dreistadiengesetz haben wir aber nicht nur die erkenntnistheoretische Grundlage des Positivismus, sondern auch die geschichtsphilosophische berührt. Denn so wie das Dreistadiengesetz für die einzelnen Wissenschaften gilt, so sieht es Comte auch als Grundlage für den gesamten geschichtlichen Zivilisationsprozeß an; in Analogie zu der wissenschaftlichen Entwicklung spricht er darum von dem theologisch-militärischen, dem metaphysisch-juristischen und dem wissenschaftlich-industriellen Zustand der europäischen Gesellschaft.

Dieser geschichtsphilosophischen Konstruktion verdankt der Positivismus seine starke Anziehungskraft und einen großen Teil seines Erfolges. Denn er versprach nicht nur, Antwort zu geben auf die Frage nach dem Sinn der Geschichte, dem Ziel geschichtlicher Entwicklung und der Bewertung einzelner Zeiträume – die Zwangsläufigkeit der Entwicklung hat der Positivismus Comtes mit anderen geschichtsphilosophischen Systemen des 19. Jahrhunderts (Hegel, Marx) gemein –, sondern er schien gleichzeitig die „Geschichte zur Wissenschaft zu erheben" (E. Rothacker, L 240, S. 250) und auf Grund der Beschränkung der Erkenntnis auf das Erfahr- und Beobachtbare der Geschichtswissenschaft zu einem den Naturwissenschaften vergleichbaren Höchstmaß an objektiv gültiger und gesicherter Erkenntnis verhelfen zu können. Daß gerade in dieser geschichtsphilosophischen Theorie der Widerspruch zum Anspruch der positiven Wissenschaft liegt, weil der gesetzliche Ablauf der Geschichte als Konstruktion selbst nicht der Tatsachenerfahrung des positiven erkenntnistheoretischen Ansatzes entspricht, wurde von den Positivisten selbst nicht gesehen[2].

---

[2] Vgl. hierzu J. Habermas, L 86, S. 92ff.

Es sind denn auch in erster Linie zwei geschichtliche Werke, die dem Positivismus in der deutschen Literaturwissenschaft zum Durchbruch verhalfen bzw. mit ihrer Wirkung auf Wilhelm Scherer die positivistische deutsche Literaturwissenschaft begründen. Das eine stammt von dem Engländer Henry Thomas Buckle (1821 - 1862): *History of Civilization in England,* 1857 - 1861. In der Übersetzung von Arnold Ruge erregte es bald nach seinem Erscheinen, 1860/61, die Aufmerksamkeit des Kreises junger Gelehrter, der sich in Berlin unter dem Namen „Selbstmörderclub" zum Stammtisch traf; ihm gehörte auch Wilhelm Scherer an. Buckle unternimmt es, für die Kulturgeschichte Frankreichs, Spaniens, Schottlands und Englands, die er jeweils in bestimmten Zeiträumen darstellt[3], naturgesetzlich zwangsläufige Entwicklungen nachzuweisen, wobei er dem Einfluß der Klimata auf die kulturellen Erscheinungen eine besondere Rolle zuerkennt.

Bei dem anderen Werk handelt es sich um eine literaturgeschichtliche Darstellung, die *Histoire de la Littérature Anglaise* von Hippolyte Taine (1828 - 1893), die 1864 erschien und deren Einleitung zusammen mit den Grundsätzen der 1865 folgenden *Philosophie de l'Art* zu den programmatischen Texten des literarhistorischen Positivismus gehört. Sätze wie die folgenden:

> Dem Ehrgeiz, dem Muth oder der Wahrheitsliebe liegen ebenso gut Ursachen zu Grunde, wie z. B. der Verdauung, der Muskelbewegung oder der thierischen Wärme. Laster und Tugenden sind nicht minder Produkte, wie Vitriol und Zucker, und jede zusammengesetzte Erscheinung entsteht aus dem Zusammentreffen anderer, einfacherer Erscheinungen, von denen sie abhängt. (L 289, S. 10)

zeigen deutlich, daß in möglichen und notwendigen Fragestellungen kein Unterschied mehr gesehen wird zwischen sittlichen Verhaltensweisen oder geistig-künstlerischen Schöpfungen auf der einen und biologisch-chemischen Prozessen oder tierischen Produkten auf der anderen Seite. Neben die Gleichartigkeit des methodischen Vorgehens tritt darüber hinaus die Überzeugung, daß die Vielzahl der Erscheinungen auf wenige „Urtriebkräfte" zurückgehe:

> [...] denn es sind die allgemeinen und permanenten Ursachen, denen man in jedem Augenblick und in jedem Falle begegnet, die unzerstörbar, immer und überall thätig und schließlich unfehlbar vorherrschend sind [...], so daß der all-

---

[3] Der irreführende Titel wurde bei der 1866 erschienenen Neuauflage geändert in: *History of Civilization in France and England, Spain and Scotland.*

> gemeine Bau der Dinge und die großen Züge der Ereignisse ihr – der großen, allgemeinen Ursachen – Werk sind, und die Religionen, die Philosophien, die Poesien, die Industrien, die Gesellschafts- und Familienformen sind in Wirklichkeit nur die Abdrücke des Stempels dieser Ursachen. (H. Taine, L 289, S. 11ff.)

Nur die Frage nach diesen Ursachen verhilft darum zum Verständnis der Vorgänge in den einzelnen Disziplinen:

> Die neue Methode, der zu folgen ich bestrebt bin, und die sich in alle reinen Geisteswissenschaften einzuführen beginnt, besteht darin, die menschlichen Werke und insonderheit die Kunstwerke als Erzeugnisse und Tatsachen anzusehen, deren Wesen zu bestimmen und deren Ursachen zu erforschen sind – nichts weiter. In diesem Verstande verdammt die Wissenschaft weder noch begnadigt sie – sie stellt fest und erklärt [...] Sie macht es wie die Botanik, welche mit der gleichen Liebe sowohl den Lorbeer- und den Orangenbaum als auch die Tanne und die Birke betrachtet, sie ist selber eine Art angewandte Botanik – nicht auf Pflanzen, sondern auf Menschenwerke. Unter dieser Überschrift folgt sie der allgemeinen Bewegung, welche heute die reinen Geisteswissenschaften den beschreibenden Naturwissenschaften nahe bringt und ihnen, indem sie den ersteren die Principien und Grundsätze, Vorsichtigkeiten und Geleise der letzteren gibt, eine gleiche Zuverlässigkeit vermittelt und einen gleichen Aufschwung zusichert. (H. Taine, L 290, S. 16f.).

Auf den Schriftsteller und sein Werk bezogen, ergeben sich aus dieser allgemeinen Voraussetzung wissenschaftlichen Forschens folgende Konsequenzen: Das Werk ist zu analysieren und zu beschreiben; dann ist nach den Ursachen der einzelnen Komponenten ebenso zu fragen wie nach denen des ganzen Textes bzw. Werkes. In den Mittelpunkt des Interesses rückt darum die Person des Autors: „Die Existenz der Dinge ohne die dazu gehörigen Individuen hat keine Bedeutung; man muß die Individuen selbst kennen“ (H. Taine, L 289, S. 2). Zum Verständnis des Individuums tragen vor allem folgende Elemente bei, wie Taine zu Beginn seines Essays über Balzac erläutert: „[...] sein Charakter, seine Erziehung und sein Leben, seine Vergangenheit und seine Gegenwart, seine Leidenschaften, Fähigkeiten, Tugenden und Laster, seine ganze Seele und jede seiner Handlungen lassen ihre Spuren in den Gedanken und Schriften zurück. Um Balzac verstehen und beurteilen zu können, muß man sein Temperament und sein Leben kennen“ (H. Taine, L 288, S. 1). Auf eine Formel gebracht heißen die Komponenten, die das künstlerische Individuum bestimmen und das Werk bedingen: ‚race‘-Naturanlage, Abstammung und erbliche Anlagen; ‚milieu‘-gesellschaftliche, politische Umwelt; ‚moment historique‘-historischer Zeitpunkt und Standort. Kennt man diese den Autor formenden Bedingungen, so kann man auch das Werk als Produkt dieser Bedingungen **erklären.** Diese Vorstellung von der Einheit von Leben und Werk sowie von der Erklärbarkeit des Werkes durch das Leben des Autors bezeichnet man in der positivistischen Literaturwissenschaft mit dem Schlagwort **Biographismus.**

Nach allgemein verbreiteter Vorstellung von Positivismus kann es darum alleinige Aufgabe der Literaturwissenschaft nur sein, das literarische Werk, das durch bestimmte Bedingungen determiniert ist, auf diese hin zu untersuchen.

Der Name Wilhelm Scherer ist untrennbar mit der methodischen und systematischen Übertragung des englischen und französischen Positivismus auf die deutsche Literaturwissenschaft verbunden. Doch zeigen neuere Untersuchungen[4], die sich vor allem auf bisher unveröffentlichte Manuskripte und Briefe stützen, daß Scherer im Lauf seiner Entwicklung eine vermittelnde Rolle einnimmt zwischen einer für die Literaturgeschichte wünschenswerten, den Naturwissenschaften ähnlichen objektiven Sicherheit in den Ergebnissen und einem von dem Gegenstand bedingten subjektiven Spielraum des Verständnisses auf seiten des jeweiligen Interpreten. Die Scherer bald ein Jahrhundert lang zugeschriebene Gründung einer Schule des literaturwissenschaftlichen Positivismus[5] geht demnach zurück auf die zeitgenössische Rezeption der Arbeiten aus einer ganz bestimmten Phase in der Entwicklung des jungen Scherer, in der die Affinität zu naturwissenschaftlichen Erklärungsweisen zudem durch seine politische Stellung zum österreichischen Staat noch verstärkt wurde.

Sehr viel stärker als Taine betont Scherer, daß der „Maßstab der Geschichtswissenschaft“ (L 253, S. 66) die Grundlage aller literaturwissenschaftlichen Arbeit sein müsse. Er versteht darunter „Einzeluntersuchungen, in denen die sicher erkannte Erscheinung auf die wirkenden Kräfte zurückgeführt wird, die sie ins Dasein riefen“ (L 254, S. 411). In diesem methodischen Vorgehen, das von einem geschichtsphilosophischen Ansatz aus auf die Suche nach historischen Gesetzen zielt, besteht einer der wichtigen Berührungspunkte mit dem englischen und französischen Positivismus und gleichzeitig eine vordergründige Übereinstimmung mit

---

[4] Vgl. J. Sternsdorff: Wissenschaftskonstitution und Reichsgründung. Die Entwicklung der Germanistik bei Wilhelm Scherer, L 280.

[5] Vgl. den ausführlichen Forschungsbericht über die wissenschaftsgeschichtliche Rezeption von Scherers Positivismus bei Sternsdorff, L 280, S. 12ff.

den Naturwissenschaften: „Denn wir glauben mit Buckle, dass der Determinismus, das Dogma vom unfreien Willen, diese Centrallehre des Protestantismus, der Eckstein aller wahren Erfassung der Geschichte sei (...), dass die Ziele der historischen Wissenschaft mit denen der Naturwissenschaft insofern wesentlich verwandt seien, als wir die Erkenntnis der Geistesmächte suchen, um sie zu beherrschen, wie mit Hilfe der Naturwissenschaften die physischen Kräfte in menschlichen Dienst gezwungen werden." (L 248, S. XIIf.).

Der Ton liegt zum einen auf der „Erkenntnis der Geistesmächte", die, wie beispielsweise auf dem Gebiet der Naturwissenschaften die Gesetze der Physik, in den historischen Wissenschaften den Ablauf der Geschichte und die Entwicklung der Kultur bestimmen. Darüber hinaus zeigt die Verbindung des „Dogmas vom unfreien Willen" mit dem eben genannten Erkenntnisziel, daß sowohl der Gang der Geschichte als auch die herausragenden historischen Führergestalten auf sie bewirkende Kräfte und Einflüsse zurückgeführt werden müssen. Eine solche Auffassung richtet sich gegen ein Geschichtsverständnis, das den Zufall und metaphysische Einwirkungen als geschichtsbildende Mächte anerkennt.

Von diesem Ansatz aus wird auch der Rückgriff auf eines der wesentlichen Prinzipien der Naturwissenschaften erklärlich, auf die **Kausalität,** die für die Geschichtswissenschaft als „Grundkategorie" zu gelten hat, nach der die Geschichte „als lückenlose Kette von Ursachen und Wirkungen" (L 253, S. 67) zu untersuchen sei. Allerdings müssen der naturwissenschaftliche Kausalitätsbegriff und seine über den jeweiligen Einzelfall hinausgehende Abfolge von Ursache und Wirkung einen anderen Stellenwert erhalten; denn die Kategorie ‚Kausalität' läßt sich eben nicht mit demselben Anspruch auf allgemeine Gültigkeit vereinzelter Ursache/Wirkungs-Beziehungen – etwa der Liebe Goethes zu Friederike Brion und ihres Niederschlags in den Sesenheimer Liedern – auf die Literaturwissenschaft übertragen. Im Zusammenhang mit der ‚historischen Grundkategorie' verwendet Scherer anstelle des Begriffs ‚Kausalität' auch den der Motivierung; dieser der Psychologie entlehnte Begriff wäre sicher unmißverständlicher. In dem wechselnden Gebrauch dieser beiden Begriffe zeigt sich Scherers Schwanken zwischen einer „strengen Causalität" und einem allgemeiner zielenden Bemühen, auch die Erscheinungen der Geisteswissenschaften auf die sie bewirkenden Ursachen zurückzuführen; dennoch hat sich in der folgenden Zeit für den literaturwissenschaftlichen Positivismus der Begriff ‚Kausalität' durchgesetzt. Unumstößlich ist für Scherer die Tatsache, daß „die ganze Methode, der ganze Charakter der wissenschaftlichen Arbeit" sich unter dem Einfluß der Naturwissenschaften verändert haben: „Der rücksichtslose Wahrheitssinn, die Vorurtheilslosigkeit, die Unbekümmertheit um das Resultat stammt (sic) von daher" (L 254, S. 411f.). Das Zitat zeigt, daß es bei der Annäherung an die Naturwissenschaften eher um eine grundsätzlich wissenschaftliche Einstellung im Umgang mit den Erkenntnisgegenständen geht als um eine Identifikation mit jedem einzelnen Erkenntnisverfahren: „Sogar die Poesie kann sich der Einwirkung (sc.: „der Lehre von der Unfreiheit des Willens, von der strengen Causalität auch in der Erforschung des geistigen Lebens") nicht entziehen. Die Motivierung wird strenger (...) Man strebt nach Wahrheit, nach dem Bezeichnenden, Charakteristischen mit einer Energie und Rücksichtslosigkeit, welche für zartbesaitete Gemüther etwas Rücksichtsloses hat" (L 254, S. 412).

Im Zusammenhang mit der positivistischen Erkenntnistheorie haben wir von der Verknüpfung der Tatsachen und von der zur Feststellung von Gesetzmäßigkeiten fortschreitenden Erkenntnis gesprochen. Diese Absicht gilt auch für die Literaturwissenschaft: „Gewissenhafte Untersuchung des Thatsächlichen ist die erste und unerläßliche Forderung. Aber die einzelne Thatsache als solche hat an Werth für uns verloren. Was uns interessiert, ist vielmehr das Gesetz, welches daran zur Erscheinung kommt" (L 254, S. 412). Von diesem Erkenntnisziel her läßt sich die positivistische Methode als „Gesetzeswissenschaft" bezeichnen, deren Verfahrensweise ‚nomothetisch' ausgerichtet ist (W. Windelband, L 325, S. 145). Das Gesetzliche sieht Scherer in dem „realen Allgemeinen", zu dem er auf induktivem Weg einander ähnliche, analoge Erscheinungen zu verknüpfen sucht; dieses „reale Allgemeine", das die Erforschung der „überlieferten Schicksale" sowie die „schärfste Analyse des geistigen Inhaltes der Individuen" voraussetzt und zur Gruppierung der verwandten Züge fortschreitet, wird für Scherer zu der das geistige Leben und die Geschichte „bewegenden Kraft" (L 253, S. 68).

Die Gewinnung des „realen Allgemeinen" aus der Analyse einzelner Lebensläufe und Werke hat die einseitige Festlegung Scherers auf den Positivismus befördert; um was es ihm geht, wird einsichtig, wenn er Hettner vorwirft, in seiner Literaturgeschichte Winckelmann als einzigartiges und dem menschlichen Forschergeist unfaßbares Phänomen dargestellt zu haben; im Sinn einer wissenschaftlichen Erforschung wäre es statt dessen notwendig gewesen, die „tieferen culturgeschichtlichen

Grundlagen" der Zeit sowie die Winckelmann prägenden Einflüsse zu ergründen und darzustellen. Denn auch die ‚Heroen des Geisteslebens' unterstehen dem „Dogma vom unfreien Willen". Das hier in einer Rezension aus dem Jahr 1865 auftauchende Problem bildet für Scherer in der ‚Goethe-Philologie' (1877) als „Theorie der Genialität unzweifelhaft eines der allerwichtigsten Capitel der Geschichtsphilosophie" (L 246, S. 12), weil in ihm der Nachweis geführt werden muß, daß auch das der Um- und Nachwelt oftmals unbegreifliche Genie den „Zusammenhang von Ursache und Wirkung" nicht aufhebt.

Dieser Nachweis kann nur durch die Analyse der Ursachen für das einzelne literarische Werk geführt werden; literaturwissenschaftliches Arbeiten richtet sich deshalb in erster Linie auf die „natürlichen Anlagen, die äußerlichen Lebensbedingungen und die den Autor treibenden Einflüsse" (L 253, S. 68). Taines Begriffe ‚race', ‚milieu', ‚moment historique' klingen hier deutlich an, werden von Scherer selbst später in die zur Formel gewordenen Begriffe ‚Ererbtes', ‚Erlerntes' und ‚Erlebtes' zusammengefaßt; so heißt es am Beispiel Goethes:

> Seine Absicht ist nicht, sich darzustellen, sondern: sich zu erklären (...) Er sucht nicht zu verhüllen, sondern offenbar zu machen, was er anderen verdankt. Wir erblicken die Zeitrichtungen, die mehr ihn ergreifen als er sie! Er legt dieses Verhältnis im Großen dar und hat uns dadurch selbst die Wege gebahnt, die wir jetzt zu verfolgen streben, (...) wenn wir durch genaue Analyse die in ihm vorhandenen Kräfte zu sondern, jede einzelne in ihrer sonstigen Erscheinung nachzuweisen, das **Ererbte** von dem **Erlernten** und **Erlebten** zu scheiden, die allmälige Differenzierung einfacher Grundlagen und die Art, wie sie sich vollzieht, unter welchen Hilfen, unter welchen Hemmungen, bloßzulegen und das Gesetzliche darin zu erkennen suchen (...) (L 246, S. 14f.).

Goethe wird von Scherer auch deswegen als herausragendes Beispiel angeführt, weil er in seiner Autobiographie *Dichtung und Wahrheit* selbst die „Causalerklärung der Genialität" (L 248, S. XII) gegeben habe; dabei bleibt allerdings die Frage außer Betracht, wie weit ein solcher Lebensüberblick, wie er in *Dichtung und Wahrheit* vorliegt, schon Deutungen und auch eine Selbststilisierung seines Verfassers enthält. Das ist auch nicht entscheidend, wenn es allein um das Problem geht, „ob die allgemeine Gesetzmäßigkeit der Natur sich auch auf die poetische Produktion erstreckt, oder ob für die Willkür der Phantasie eine Ausnahmestelle im Weltenplan vorgesehen ist" (L 246, S. 125). Dem ständigen Verweis auf die durch Analysen herauszufindenden „causalen Zusammenhänge" steht jedoch gerade in dem Aufsatz über *Goethe-Philologie* die Ablehnung einer strengen Beweisbarkeit gegenüber; einerseits soll untersucht werden, wie weit die Umwelteinflüsse den Künstler und sein Werk determinieren, andererseits heißt es: „Für jenes Verstehen geistiger Erscheinungen giebt es keine exacte Methode; es giebt keine Möglichkeit, unwidersprechliche Beweise zu führen; es hilft keine Statistik, es hilft keine Deduktion a priori, es hilft kein Experiment. Der Philologe hat kein Mikroskop und kein Scalpell, er kann nicht anatomieren, er kann nur analysieren. Und er kann nur analysieren, indem er sich assimilirt" (L 246, S. 5), weil nur auf diesem Weg eine Annäherung an die dichterische Phantasie möglich ist. Wenn Analyse aber Assimilation voraussetzt, weil nur in einer Art nachschaffendem Verstehen „der Entstehungsprozeß des Werkes in der Seele des Authors" erkannt werden kann – „der Ton, der an unser Ohr schlägt, muß einen verwandten in uns wecken, sonst sind wir taub" (L 246, S. 3) –, so wird die Interpretation eines literarischen Werks auch bei Scherer schon in einer an Dilthey erinnernden Argumentation an die Verstehensmöglichkeiten des einzelnen Subjekts gebunden; trotzdem bleibt es Scherers Ziel, über den Weg der Analyse einzelner Elemente zu typischen, ‚gesetzlichen' Erscheinungsweisen, zu Generalisationen vorzudringen; als ein Beispiel nennt er die reproduzierende Phantasie des Dichters, die aus einer Kette ähnlich erlebter Begebenheiten die eine schafft, die dann im Werk als gestaltete an die Öffentlichkeit tritt.

Neben die Beschreibung und die Analyse muß deshalb die vergleichende Methode treten; der Vergleich erst macht Klassifikationen und Gruppierungen möglich, wenn nämlich einander ähnliche Elemente im Werk eines Künstlers als solche erkannt und auf der Grundlage dieser Ähnlichkeit allgemeine Regeln gefunden werden können. Erst der Vergleich auch verhilft nach Scherers Ansicht den Literarhistorikern zu sicheren Erkenntnissen über Zeiträume, für die sie nur wenig Tatsachenmaterial besitzen. Für solche Fälle ist die Erklärbarkeit gegeben mit der „klaren und sicheren Kühnheit der Combination und Construction" (L 253, S. 67), deren Möglichkeiten gerade darin bestehen, auf dem Wege der **‚historischen Analogie'** von etwas gegenwärtig Bekanntem auf Ähnliches, jedoch Vergangenes und größtenteils Unbekanntes zurückzuschließen. Auch in diesem Zusammenhang betont Scherer die Rolle der Phantasie auf seiten des Interpreten und spricht von der „Denkbarkeit des Geschehenen" (L 253, S. 68), die dem Historiker als Ersatz für schriftliche Zeugnisse genügen müsse.

Die historische Analogie-Bildung als methodisches Verfahren macht es Scherer auch möglich, bei der Suche nach den großen historischen Bewegungsgesetzen über die erklärende Erforschung der Ursachen und die beschreibende Darstellung hinauszugehen; so sieht er die Entwicklung der deutschen Literatur in einem sich in dreihundertjährigem Wechsel vollziehenden Auf und Nieder von Wellenberg zu Wellental und erinnert mit der geschichtsphilosophischen Konstruktion an Comtes Gesetzesdenken; doch handelt es sich in der deutschen Literaturgeschichte nicht um eine zwangsläufige Entwicklung auf einen Endzustand hin, sondern um eine rhythmisch ablaufende Bewegung. Scherer spricht von drei **Blütezeiten** der deutschen Literatur, die um 600, 1200 und 1800 liegen und deren erste von den späteren Höhepunkten aus miterschlossen wird. Da Scherer außerdem die Beobachtung gemacht zu haben glaubt, daß bestimmte Hoch-Zeiten der literarischen Entwicklung verbunden sind mit einer dominierenden Rolle der Frauen, charakterisiert er die einzelnen Perioden der Literatur als weibliche und männliche; letztere bezeichnen die Zeit des Verfalls, in denen dann der Einfluß der Frauen auf die kulturelle Entwicklung äußerst gering sei.

Mit einer solchen Auffassung vom literaturgeschichtlichen Ablauf wird aber gerade eine Wertung in die Literaturwissenschaft eingeführt, die nicht nur über die Feststellung gegebener Tatsachen hinausgeht, sondern die auch schon eine bestimmte Vorstellung vom Geschichtsverlauf zur Voraussetzung hat. In ihr verbindet sich die Ansicht von der Kausalität als einer „Grundkategorie“ der Geschichtswissenschaft mit einem Ansatz, der Elemente der historischen Schule aufnimmt; zu ihm gehört vor allem der Glaube an den Volksgeist als eine der tätigen und im Herderschen Sinn organisch sich entwickelnden Mächte, „aus denen das Individuum seine Kraft zieht“ (O. Walzel, L 308, S. 266). Zu ihm ist aber auch die Überzeugung von einer Beförderung der Humanität durch die ästhetische Erziehung zu rechnen, die sich mit dem nationalen Entwicklungsgedanken verbindet und in der Reichseinigung von 1871 einerseits das lang ersehnte Ziel, andererseits in den politisch-wirtschaftlichen Folgen auch schon die Gefahr des Abgleitens in das Wellental sieht: „War die Nation um 1800 übergeistig, so fängt sie jetzt schon an, übermateriell zu werden und droht jenen Mächten zu verfallen, die einst im vierzehnten und fünfzehnten Jahrhundert nicht zum Heil unserer Bildung und unseres Charakters die deutsche Welt regierten“ (L 247, S. 720).

Zu Beginn dieses Kapitels haben wir davon gesprochen, daß aus der Einsicht in die geschichtliche Abhängigkeit eines Werks bestimmte Fragestellungen zu seiner Erschließung folgen. Einige solcher möglichen Fragen sollen hier noch einmal aufgenommen und auf positivistische Ansätze bezogen werden; sie sind zum Teil als Gesichtspunkte zu verwenden zur Behandlung der Texte, die die Arbeitsweise positivistischer Literaturwissenschaft verdeutlichen sollen; sie zielen zum anderen aber auch auf die drei Arbeitsgebiete, auf denen der Positivismus in der Literaturwissenschaft seine großen Leistungen erbracht hat.

An erster Stelle steht die Frage nach einer gesicherten Textgrundlage, d. h. nach Ausgaben, die die Texte in einer Fassung enthalten, die dem Willen des Autors entspricht oder diesem möglichst nahekommt. Nicht von ungefähr fallen die Anfänge der bedeutenden historisch-kritischen Schiller-, Herder-, Lessing- und Goethe-Ausgaben in diese Zeit. Die Herstellung gesicherter Texte bildet die Voraussetzung für das zweite zentrale Arbeitsgebiet, die Erklärung dieser Werke auf Grund biographischer Forschungen; denn die kausale Verkettung von Leben und Werk macht die Kenntnis der Biographie zur Bedingung für das Verständnis der Literatur. Allerdings müssen diese biographischen Arbeiten jeweils ergänzt werden nicht nur durch stoff- und motivgeschichtliche Quellenforschung, die die Beziehung zu vorangegangenen Dichtern und Epochen herstellt, sondern auch durch Fragen nach der Wirkung des jeweiligen Textes sowohl auf das Publikum wie auf nachfolgende Autoren.

Der Positivismus der Scherer-Schule hat die literaturwissenschaftliche Arbeit in den letzten dreißig Jahren des vorigen Jahrhunderts geprägt, ja zu einem guten Teil hat er der Literaturwissenschaft erst zur vollen Anerkennung im Kreis der traditionellen Universitätsdisziplinen verholfen. Seit den achtziger Jahren setzen sich die empirischen Grundlagen der Wissenschaft von der Literatur auch in einer Richtung der Literatur selbst durch; der Naturalismus wollte das literarische Schaffen auf die Darstellung der sinnlichen Erfahrung beschränkt wissen und glaubte, nach exakter Beobachtung die Wahrheit des täglichen Lebens abschildern zu können. Arno Holz bringt das ‚Naturgesetz der Kunst' auf eine mathematische Formel und setzt diese im *Papa Hamlet* mit dem sogenannten Sekundenstil in naturalistische Kunst um.

In den neunziger Jahren hat der Positivismus sowohl in der Literaturwissenschaft als auch in der Literatur seinen Höhepunkt schon überschritten. Scherers methodischer Ansatz führt bei seinen minder begabten Nachfolgern zu Faktensammeln und Stoffhuberei als Selbstzweck. Literaturwissenschaftliches Arbeiten begnügt sich mit dem Anhäufen von Lebenszeugnissen, Stoffen und Motiven, ohne diese als Material und Ausgangspunkt zur Erforschung allgemeiner Gesetze hinter den besonderen Fakten zu nutzen.

Weiterführende Literatur: L 30, S. XV - XLIV; L 86, S. 88 - 115; L 128; L 138; L 244, S. 5 - 36; L 280, S. 89 - 131, 186 - 204.

Arbeitsteil

A. Fragen und Aufgaben zur positivistischen Literaturwissenschaft

1. Erläutern Sie den Begriff ‚normative Poetik' und geben Sie die Auswirkungen der historischen Betrachtungsweise auf diese an!
2. Charakterisieren Sie Herders interpretatorisches Verfahren!
3. Erklären Sie den Begriff ‚hermeneutische Differenz'!
4. Erläutern Sie den erkenntnistheoretischen Ansatz des Positivismus!
5. Erläutern Sie den geschichtsphilosophischen Ansatz Comtes!
6. Äußern Sie sich zu Taines Prinzipien der Literaturbetrachtung!
7. Welche Rolle spielen das „Ererbte, Erlernte und Erlebte in der positivistischen Literaturwissenschaft?
8. Erläutern Sie den Begriff ‚Biographismus'!
9. Mit Hilfe welcher Begriffe läßt sich das interpretatorische Verfahren der Positivisten erkennen?
10. Erläutern Sie den Begriff ‚historische Analogie'!
11. Erörtern Sie den geschichtsphilosophischen Ansatz Scherers!
12. Äußern Sie sich zum Problem der ‚Wertung'!
13. Welche Fragen wären für einen positivistischen Interpretationsansatz von Goethes *Die Leiden des jungen Werthers* wichtig?
14. Versuchen Sie, Leistungen und Grenzen der Methode anzugeben!
15. Analysieren Sie die folgenden Texte unter methodologischen Gesichtspunkten!

B. Texte

IV, 1 Wilhelm Scherer

Aus: *Bemerkungen über Goethes „Stella"* (1876)

Der Stoff.

[...]

Woher Goethe den Stoff zur *Stella* genommen hat, das steht so ziemlich fest. Der Name „Stella" kündigt zu offenbar die Quelle an. [...] Der Name ist von Jonathan Swift zuerst gebraucht, um seine geliebte Esther Johnson poetisch zu bezeichnen. Schon Caro, Hettner – ich weiß nicht, ob andere – haben daher das Doppelverhältnis Swifts zu Stella und Vanessa herbeigezogen, jenen erschütternden Roman, der in den zugänglichsten Berichten über Swifts Lebensgeschichte im vorigen Jahrhundert erzählt wurde – denselben Stoff, der wahrscheinlich Lessing bei der *Miß Sara Sampson* vorschwebte und den Goethe ohne allen Zweifel kannte. Die Gestalt Swifts, des Dechanten von St. Patrick, war ihm und seinen Genossen sehr geläufig. Herder hatte eine so große Vorliebe für ihn, daß er selbst den Beinamen „der Dechant" davon trug.

An Swift hatte Stella die älteren Rechte. Aus London schrieb er der fernen Geliebten ausführliche Tagebücher von beispielloser Offenheit, voll von den innigsten Äußerungen sehnsüchtiger Zärtlichkeit. Plötzlich wird er einsilbig und kalt. Er hat Vanessa kennen gelernt. Er liebt sie, er wird geliebt, ja sie kommt ihm mit dem Geständnis zuvor. Er ist entschlossen, sie nicht zu heiraten, um Stellas willen. Aber er hat lange nicht die Kraft, sie zu meiden. Endlich verläßt er London, kehrt in Stellas Nähe zurück, bittet Vanessa, ihm nicht zu folgen. Sie thut es doch. Mag er sie rauh behandeln, sie liebt ihn um so glühender, er wird gerührt und neu gewonnen.

Stella litt unter diesem Kampf entsetzlich. Liebe und Eifersucht brachten sie an den Rand des Grabes. Swift will alles thun, was ihr Ruhe und Trost bringen kann. Sie verlangt, Swifts Frau zu werden. Swift willigt in die Verheiratung unter der Bedingung, daß dieselbe Geheimnis bleibe. Vanessa, die nicht abläßt von dem Geliebten, hört gleichwohl davon, schreibt an Stella, um sie selbst zu fragen; diese bejaht und sendet den Brief an Swift. Wuthentbrannt eilt er zu Vanessa, wirft den Brief auf den Tisch und entfernt sich sprachlos.

Vanessa fiel in ein hitziges Fieber und starb bald darauf. Swift und Stella versöhnten sich nach einiger Zeit. Aber sie kränkelt dem Tod entgegen. Auch jetzt weigert sich Swift, ihre rechtmäßige Verbindung öffentlich bekannt zu machen. Man weiß bis heute nicht den Grund für seine Weigerung*.

---

* Ich habe nach Hettner, *Litteraturgesch.* 1, 324 - 327 erzählt. Denn weder das Leben Swifts von Walter Scott, noch Chaufepiés Ergänzung zu Bayles Dictionnaire ist mir jetzt zugänglich.

Lessing sah dem Stoffe das Dramatische an. Er reducirte ihn auf seine wesentlichen Bestandtheile: der Held, welcher eine Frau verläßt, weil es ihn zu einer andern zieht – die beiden Frauen, welche, in irgend einer Weise zusammengebracht, auf einander stoßen – der Conflict, in welchen der treulose Mann dadurch eingeklemmt wird – sein Schwanken – die Katastrophe.

Auch Lessings Sara ist bereit, wie es früher Stella war, ihre Ehe geheim zu halten; wenn sich Mellefont dazu entschlösse. „Ich will mit Ihnen nicht um der Welt willen" – sagte sie zu ihm – „ich will mit Ihnen um meiner selbst willen verbunden sein. Sie sollen mich, wenn Sie nicht wollen, für ihre Gattin nicht erklären dürfen; Sie sollen mich erklären können für was Sie wollen. Ich will Ihren Namen nicht führen; Sie sollen unsere Verbindung so geheim halten, als Sie es für gut befinden; und ich will derselben ewig unwerth sein, wenn ich mir in den Sinn kommen lasse, einen andern Vortheil als die Beruhigung meines Gewissens daraus zu ziehen." Daß Mellefont selbst diese Bitte nicht erfüllt, wird aus seinem flatterhaften, feste Pflichten scheuenden Charakter erklärt.

Auch Goethes Stella ist „so krank, so liebeskrank" wie Swifts Stella; und der Name ihrer Freundin Sara, die um sie weint, klingt eigentümlich aus Lessing nach. Auch Goethes Stella fragt sich vergeblich, warum sie nicht in bürgerlicher Ehrbarkeit dem unwiderstehlichen Verführer angehören konnte. Aber die Frage taucht nur auf; sie fügt sich in alles, was der Geliebte will, und wenn es auch eine Grille wäre. Das Benehmen Fernandos aber ist durch seine frühere Ehe zwingend begründet.

Aus der Geschichte Swifts, wie aus Lessings *Miß Sara* hat doch Goethe wesentlich nichts als den äußeren Umriß entnommen. Aber er schafft ein reines Gegenbild zu Sara. Bei Lessing überbietet sich alles in heftigem Begehren; bei Goethe überbietet sich alles in großmüthigem Verzichten.

Goethe wollte einen versöhnenden Abschluß, wie in der mittelalterlichen Sage vom Grafen von Gleichen. Er wollte eine Liebe darstellen, welche alles überwindet, welche zur Eifersucht sagt: „Furie, wo ist deine Geißel?" Er konnte daher keine heftige, leidenschaftliche Vanessa, er konnte keine buhlerische, dämonische, zum Verbrechen bereite Marwood, er konnte nur eine sanft duldende, hochherzig verzeihende Cäcilie brauchen. [...]

Der Anlaß

[...]
Auch die Liebe zu Lili hat ohne Zweifel auf die *Stella* eingewirkt. Liest man im vierten Bande von *Dichtung und Wahrheit* die Beschreibung des Musikabends, an welchem Goethe die niedliche Blondine kennen lernte, und vergleicht damit das Concert bei Stellas Onkel, so wird man einige Züge in freier Umgestaltung übertragen finden, und es fragt sich noch, welcher Bericht der treuere ist. Die gleich darauf folgende Begegnung Stellas und Fernandos im Bosket, Freundin Sara als die

dritte dabei, könnte eine Reminiscenz aus Rousseaus *Nouvelle Héloïse* sein*. Aber so wie sich Stella im Theater beobachtet weiß, wie sie sicher ist, daß Fernando jede ihrer Bewegungen bemerkt und liebt, wie sie fühlt, daß das Schütteln ihres Federbusches ihn mehr anzieht als all die blinkenden Augen ringsum, und daß alle Musik nur Melodie zu dem ewigen Liede seines Herzens ist: „Stella! Stella! wie lieb du mir bist!" – so hat Goethe im Theater nach Lili ausgeschaut, so sie mit Blicken verfolgt, so um ihretwillen die ganze Welt umher vergessen.

Blauäugig und blond ist Stella wie Lili. Es währte nicht lange, so erzählte Lili die Geschichte ihrer Jugend, ihres ganzen früheren Lebens und sie konnte einige Koketterie nicht läugnen. „Diese Geständnisse gingen aus einer so reinen, kindhaften Natur hervor", – bemerkt Goethe – „daß sie mich dadurch aufs allerstrengste sich zu eigen machte." Auch Stella erinnert den Geliebten: „Gestand ich dir nicht in den ersten Tagen meiner vollen Liebe zu dir alle kleine Leidenschaften, die je mein Herz gerührt hatten? und ward ich dir darum nicht lieber?"

Aus der Hauptliebesscene zwischen Fernando und Stella kann man eine Anzahl von Ausdrücken und Wendungen zusammentragen, welche sich in den beiden ersten Lili-Liedern, *Neue Liebe, Neues Leben* und *An Belinden,* wiederfinden. „Neue Liebe, neue Lebenswonne" erwartet der rückkehrende Fernando von der Geliebten. Stella ist sein „Engel", sie ist die „unendliche Lieb' und Güte". „Rose! meine süße Blume!" nennt er sie. Wie das Lied von Lili sagt: „die Jugendblüthe" und: „Reizender ist mir des Frühlings Blüthe nun nicht auf der Flur; wo du Engel bist, ist Lieb und Güte, wo du bist, Natur." Taumelnden Rausch der Liebeswonne athmet das Stück wie die Lieder.

Und wenn schon in den Liedern der Dichter sich wider Willen festgehalten fühlt mit unendlicher Gewalt: so hat auch Fernando die unwiderstehliche Anziehungskraft Stellas, in weiter Ferne, auf der Flucht vor ihr empfunden. Ja, mit sonderbarem, nachträglichem Einklang von Leben und Dichtung: auch Goethe ist wirklich entflohen und vergebens entflohen; die Schweizerreise heilte ihn nicht von seiner Leidenschaft. Mit vollem Rechte schrieb er in ein für Lili bestimmtes Exemplar der *Stella:*

Im holden Thal, auf schneebedeckten Höhen,
  War stets dein Bild mir nah.
Ich sah's um mich in lichten Wolken wehen,
  Im Herzen war mir's da!
Empfinde hier, wie mit allmächt'gem Triebe
  Ein Herz das andre zieht,
Und daß vergebens Liebe
  Vor Liebe flieht.

Selbst Stellas Charakter mag aus Lili geschöpft sein. Sie soll sich später bereit erklärt haben, alle dermaligen Verhältnisse aufzugeben und mit nach Amerika zu gehen. Goethe glaubte in ihr an eine Kraft, welche alles Widerstrebende überwäl-

* Partie I, Lettre XIV de Saint-Preux à Julie.

tigt hätte. Aber die widerstrebenden Verhältnisse waren stärker als sie und er, und „das Mädchen beschied sich früher als der Jüngling". Jene Kraft ausschließlicher Hingebung wurde jedoch Stella im reichsten Maße zu Theil: sie ist dadurch, obgleich Abbild, fast ein Gegenbild zu Lili geworden. –

(L 246, S. 128 - 130 u. 138 - 141)

IV, 2 Wilhelm Scherer

Aus: *Geschichte der deutschen Litteratur* (1883)

[...] Schon lange suchte er nach einem Stoff, der alle Vortheile des Sophocleischen *König Oedipus* darböte; da er ihn nicht fand, so erfand er die *Braut von Messina* und bildete sie dem *König Oedipus* nach: ein fluchbeladenes Geschlecht; ein Orakel, dem der Mensch zu entfliehen sucht und das er gerade dadurch erfüllt; ein Kind, das getödtet werden soll, aber am Leben bleibt; unnatürliche Liebe und Verwandtenmord; ein Verborgenes, das im Laufe des Stückes zu Tage kommt; der Schuldige, der sich selbst bestraft, dessen Schuld aber nicht weit zurückliegt, wie bei dem Griechen, sondern rasch gethan und rasch enthüllt, im Laufe desselben Tages gesühnt wird.

Zahlreiche Einzelheiten in Stil und Erfindung erinnern an die griechische Tragödie. Technische Mittel, früher erworbene und neu gelernte oder neu gewagte, stammen aus den Traditionen der athenischen Bühne. Vielfach gewahren wir Vorbilder, überall aber zugleich selbständiges Gelingen. Nirgends hat Schiller die Sprache so sorgfältig durchgebildet und auf eine so gleichmäßige Höhe gehoben wie hier. Nirgends hat er die Charactere so einheitlich stilisirt, nirgends eine so rein poetische Welt geschaffen wie hier. Die Vorstellungen der antiken Mythologie wagte er umfänglicher als sonst herbeizuziehen, befand er sich doch auf sicilianischem Boden, wo das Griechenthum in seinen Denkmälern fortlebt, wo der abergläubische Wahn des Mittelalters sich aus antiken wie arabischen Quellen nähren konnte. Ein Schüler Winckelmanns, der in Sicilien reiste, war den Spuren des Alterthums überall nachgegangen, er hatte überall das einstige Sicilien in dem neuen erblickt, er fand in dem Volk ein erstaunliches Feuer, er fand die Eifersucht und Rachgierde heftiger als in irgend einer Nation und daneben einen Heroismus und Stoicismus, von dem man die größten Früchte ziehen könne. Mit solcher Eifersucht entbrennt Don Cesar gegen den Bruder, mit solcher Rachgier schlägt er ihn, mit solchem stoischen Heroismus tödtet er sich selbst, und bleibt gegen alle Bitten der Freunde, der Mutter, der Schwester taub: denn „das Leben ist der Güter höchstes nicht, der Uebel größtes aber ist die Schuld".

Der tragische Conflict, den Schiller hier behandelt, war nicht blos in dem Euripideischen Stücke von den thebanischen Brüdern, den Söhnen des Oedipus, gegeben, sondern gehörte zu den tiefgewurzelten Bedürfnissen seiner Phantasie. Das achtzehnte Jahrhundert machte durch seine gesteigerte Fühlbarkeit auch das Verhältnis zwischen dem engsten Kreise der Familienmitglieder inniger und weicher, als es je vorher, wenigstens in modernen Zeiten, gewesen war. Die Strenge des Gesetzes wich der freien Neigung. Die väterliche Autorität machte sich nicht mehr despotisch geltend; die Kinder verloren die Furcht und tauschten die Liebe ein. Die Geschwister unter einander lebten in der zärtlichsten Freundschaft. Aber der Uebergang machte sich nicht plötzlich; das alte harte Verhältnis bestand dicht neben dem neuen weiter; der Sohn, der Neigung hoffte, fand vielleicht nur Strenge, zog sich gekränkt zurück und ging zur Abneigung über. Das deutsche Leben bot in dem Conflicte zwischen Friedrich dem Großen und seinem Vater ein classisches Beispiel, wie solche Gegensätze sich verschärfen konnten. Schiller selbst mußte in jenen Zeiten des väterlichen Regimentes bei seiner Flucht aus Stuttgart die Empfindung haben, sich gegen seinen Landesherrn wie ein Sohn gegen seinen Vater zu empören. Für den Dichter schien es lohnend und versprach eine sichere Wirkung, wenn er die stärkste persönliche Spannung in eben den Familienkreis verlegte, den sein fühlendes Publicum sich mehr und mehr als einen Hort des Friedens und der Innigkeit anzusehen gewöhnt hatte. Ein Vater, der seine Tochter tödtet! Ein Bruder, der seinen Bruder tödtet! Oder auch – ein Conflict anderer und doch verwandter Art – ein Bruder, der seine Schwester liebt! Welche tragischen Gegenstände! Kein Dichter hat solche Motive so oft angewendet, wie Schiller, dessen männliche Natur vor dem Erschütternden nirgends zurückschreckte und auf die stärkste Zuspitzung der Gegensätze ausging. [...]

(L 247, S. 604 - 606)

IV, 3 Jakob Minor

Aus: *Schiller* (1890)

[...]

Und so ist uns das Werk des Dichters *[Die Räuber]* mit einem Male wie von selbst in den Gesichtspunkt gerückt, von welchem aus man es von vornherein kaum geschickt beleuchten zu können erwarten möchte. Das Leben, so scheint es, hat ihm nur im allgemeinen den Stoff gegeben: ein kleiner Kreis von Menschen und Zuständen war seiner Beobachtung eingeräumt, und er wurde früh an eine gewisse schematische Beobachtung gewöhnt. Sein ganzer dichterischer Entwicklungsgang ist uns bisher, ähnlich wie der Lessings, als ein Sichfortschlingen von Muster zu Muster erschienen: den Vorbildern scheint er mehr als dem Leben zu verdanken und dieses selbst nur mit den Augen der bewunderten Dichter zu sehen. Aber dieser Schein ist Täuschung: wenn auch nicht in dem Grade und in dem Maße wie die Goethische, so wurzelt doch auch die Schillerische Dichtung dort, wo er die volle Energie des Talentes entfaltet, in besonderen Erlebnissen. Nicht bloß der allgemeine Freiheitsdrang, welcher die Söhne des Herzogs von Württemberg so zu begeisterten Anhängern Plutarchs und Rousseaus, später der französischen Revolution gemacht hat, lebt in ihnen. Das ästhetische Wagnis, eine Masse, einen ganzen Chor wie die Räuber zum Träger der Handlung zu machen, hätte Schiller nimmermehr ausgedacht oder ausgeführt, wenn er nicht selbst der Sprecher im Namen eines ganzen Chors gewesen wäre. Die akademischen Freunde Schillers haben sich später nicht bloß die Sprache der Schillerischen Räuber angewöhnt; sondern die Räuber sprechen auch umgekehrt die Sprache der Akademisten. Und so individuelle lebendige Gestalten, wie diese Räuber, auch einzeln für sich betrachtet, Mann für Mann sind, hätte er nicht darstellen können, wenn ihm nicht lebendige Muster vor Augen gestanden wären. Es bedarf keiner Konjektur, wir haben die Zeugnisse in den Händen. Obenan in betreff des Hauptmanns selber: und wer anders hätte das Urbild für ihn abgeben können als der Dichter des Karl Moor selbst? In einer unschätzbaren Briefstelle schreibt sein Rivale Stäudlin an den Schweizer Bodmer: „Sein Charakter ist wie seines Karl Moor. Ein wilder, stolzer Geist, der keinen neben sich dulden will – also auch mich nicht". So betrachtet der größte Feind, den Schiller damals in Schwaben besaß, den schüchternen Jüngling, in welchem andere den Dichter der Räuber gar nicht wieder erkennen wollten. Aber es gab eine Seite, von welcher Schiller wirklich Karl Moor war.

Seine Fahne, so berichtet einer seiner Mitarbeiter an der Anthologie, hatte etwas Unheimliches, Dämonisches. Das Fortreißende, die wilde Energie seiner jugendlichen Natur, die Gabe anzufeuern und zu entflammen, die Herrschaft über die Gemüter, welche ihm in begeisterten Augenblicken eigen war – das ist Schiller selbst in seinem Karl Moor; so riß er dichtend und zur Dichtung spornend seine Genossen mit sich fort. Das war sein leidenschaftlicher Haß gegen das Schlechte, Matte und Halbe, welches ihm in den Weg trat und die Bahn zu verlegen drohte. Will man die Probe anstellen, wie weit hier die lebendige Anschauung der Erfindung entgegen kam, so betrachte man nur einmal das Äußere seines großen Räubers. Cervantes schildert seinen Räuber Roque, welcher in Bezug auf das persönliche Auftreten und die edle romantische Haltung das nächste Vorbild unseres Helden ist, von starkem Körper und mehr als mittlerer Größe: wie wir uns etwa einen Räuber aus freien Stücken denken. Schiller stellt sich seinen Karl Moor nach eigener Angabe groß und hager vor, wie er selber war. Und das Zerrbild, welches Franz von ihm entwirft, mit dem langen Gänsehals und anderen entstellenden Prädikaten, entspricht so durchaus der kränkenden Schilderung von Schillers Person, welche uns Scharffenstein zweimal entworfen hat, daß es wie aus diesem verzerrenden Spiegel gewonnen scheint. Nicht anders wird es mit den Figuren der übrigen Räuber gewesen sein. Nach seinem eigenen Bekenntnis und den authentischen Berichten Abels und Schwans hat Schiller einige Charaktere in den ‚Räubern' seiner unmittelbaren Umgebung entlehnt und selbst von einigen Vorgesetzten und Aufsehern nicht bloß einzelne Züge sondern sogar die Namen abgenommen. In der That kommen auch die Namen der Räuber in den Annalen der Militärakademie fast auf jeder Seite vor: selbst der Name Mohr fehlt nicht in den Listen der Anstalt. Razmann soll ein unbeliebter Offizier geheißen haben; und bei dem treuen Schweizer, in dessen Charakter sich schweizerische Biederkeit und Treue mit der schwäbischen Schwerfälligkeit verbindet, denkt man nicht bloß daran, daß sich in der Akademie zahlreiche Träger desselben Namens und unzählige Schweizer von Nation aufhielten, sondern man wird auch an den Schauspieler Schweizer erinnert, welcher in der Akademie ausgebildet wurde und vielleicht den Schweizer dereinst spielen sollte. Aber auch bestimmte Typen der Anstalt hat Schiller aufs Korn genommen, wie sich dies an der gelungenen Figur des Spiegelberg erkennen läßt. Im ‚Don Quixote' schläft der Räuber Roque des Nachts in einiger Entfernung von seinen Leuten: aus Mißtrauen daß sie ihn entweder umbringen oder ausliefern könnten, weil ein Befehl gegen sein Leben ergangen ist; auch in den englischen Balladen sind Preise auf den Kopf Robins ausgesetzt. Die Tendenz des Schillerischen Dramas, nach welcher die Bande gerade zum Schutz des Rechts und der Treue gegenüber der Gesellschaft berufen ist, hat es unmöglich gemacht, dieses Mißtrauen des Hauptmanns gegen seine Leute zum Ausdruck zu bringen, obwohl Spiegelbergs vorzeitige Drohung mit dem Gift auf ein erst später fallengelassenes Motiv deutet. Im Gegenteile weiß Schiller dem Versuche des Paters gegenüber, welcher die Bande abspenstig machen will und von dem Hauptmann selbst unterstützt wird, die Treue des Anhanges in ihrer wildesten Größe zu zeigen. Aber an einzelnen Unzufriedenen fehlt es auch in Moors Bande nicht: wie jener Mißvergnügte, an welchem der Räuber Roque Standrecht übt, weil ihn dessen Großmut gegenüber den Gefangenen zu der unwilligen Äußerung veranlaßt: der Hauptmann tauge besser zum Pater als zu einem Räuber und er solle sich von seinem Gelde, nicht von dem der ganzen Bande freigebig erweisen, so will es auch Spiegelberg besser gemacht haben und besser anzufangen wissen als Moor, welcher den reinen Kosinsky aus dem Bund der Verzweiflung fortschicken will. Und seine Drohung gegen Spiegelberg: „Ich kenne dich, Spiegelberg!", wie das Murren und Zögern der Räuber seinem Befehl zu gehorchen und die spätere Haltung Razmanns lassen auf tiefere Unzufriedenheit schließen, die sich zuletzt in Spiegelbergs Anschlag Luft macht. Aber dem ‚Don Quixote' ist Schiller hier noch weiter verpflichtet: Spiegelberg ist der direkte Gegenfüßler zu dem Charakter des Hauptmanns, er geht neben diesem her wie Sancho Pansa neben seinem Herrn, er ist die Parodie auf die Großmannssucht des Karl Moor, er ist der feige Begleiter des excentrischen Helden, welchen Schiller selber einmal als Don Quixote bezeichnet. Der Projektenmacher war eine typische Figur im Lustspiel der Zeit; und der Julianische Gedanke, das Königreich der Juden wieder herzustellen, wurde im vorigen Jahrhundert in den Köpfen mancher irrenden Ritter wieder lebendig, so daß Jung Stilling am Anfang des unserigen sogar den Zug der Juden nach Jerusalem schon im Beginn sehen wollte. Aber ein ausdrückliches Zeugnis Abels belehrt uns, daß der Plan Spiegelbergs, nach dem heiligen Lande auszuwandern, wirklich zu den Prahlereien eines akademischen Genossen gehörte, welchen Schiller als schlecht denkenden Menschen tief verachtete. Wir dürfen dabei immer an jenen Karl Kempff denken, welchen Schiller im Jahre 1774 als den schlechtesten seiner Genossen bezeichnete und welchem er neben Hochmut und Eigensinn besonders die Falschheit gegenüber einem Freunde zum Vorwurf machte: „Wie leicht kann der, der in seiner Jugend falsch ist, im Alter ein Verräter werden". Aber auch Großsprecher und Maulhelden von der Art Spiegelbergs konnte er aus den militärischen Eleven mit den Händen herausgreifen. Ich erinnere an seine Charakteristiken der Genossen Kapff und Faber: „Von ihrer Neigung zum Soldatenwesen reden sie großsprecherisch und erzählen mit Ausführung große Heldentaten, die sie begehen würden, wenn sie das Glück haben sollten, ihre Neigung bald befriedigen zu können". Noch ähnlicher schreibt Schiller über einen Leutenant Miller, von dem er gehört hat, daß er an einer elenden Frau hängen geblieben sei: „Der ehrgeizige, große Projekte schmiedende Miller, der im Geiste schon in Wien durch seine Figur und sein Maul paradierte und sich schon als Minister oder Feldmarschall sah – Gottlob giebt es doch noch außer mir Narren und größere". Hier fehlt kein Zug zum Spiegelberg, welcher auch in die große Welt, nach Paris und London strebt; als General die Österreicher durch ein Knopfloch jagen, als Kameralist die Sullys übertreffen will. Es war ziemlich überflüssig, daß Schiller diese ohnedies scharf gezeichnete Figur noch in Worten und Geberden mauscheln läßt und auch den Schufterle mit jüdischem Namen und semitischen Accenten versah: nicht bloß die Abneigung, welche seit den Tagen des elenden Süß in Württemberg gegen die Juden herrschte, hat ihn dazu bewogen; sondern nach Abels Erzählung vom Sonnenwirt gab es in Schwaben wirklich eine Räuberbande, welche von den Juden Löwen und Schmerle angeführt und besonders gefürchtet war. Nach dem herrschenden Vorurteil nahm man an, daß die Juden durch christliche Verfolgungen dem Betrug, Diebstahl und endlich auch der Raubsucht nur um so leichter in die Arme getrieben würden.

[...] (L 191, Bd. 1, S. 319 - 323)

V. Geistesgeschichtliche Literaturwissenschaft

Für den literaturwissenschaftlichen Positivismus hängt das Verstehen eines Textes entscheidend von der Kenntnis der ihn bedingenden Ursachen ab, die man vor allem in der Person des Autors suchte. Analyse des Textes, Erforschung dieser Ursache und Feststellung allgemeiner Gesetzesabläufe nach dem Vorbild der Naturwissenschaften waren die wichtigsten Aufgaben der Literaturwissenschaft.

Gerade gegen die Übertragung naturwissenschaftlicher Erkenntnisprinzipien auf die Geisteswissenschaften richtet sich der methodische Ansatz, der unter dem Namen **Geistesgeschichte** bekannt ist und der, wie der Positivismus mit der Person Wilhelm Scherers, mit der Wilhelm Diltheys (1833 - 1911) untrennbar verbunden ist.

Auch wenn schon Friedrich Schlegel den Begriff ‚Geistesgeschichte' verwendete, bildet sich der methodische Ansatz erst mit Diltheys Bemühen heraus, auf dem Boden des deutschen Idealismus und insbesondere von Hegels Interpretation des Geistes und seiner Rolle in der Geschichte die Geisteswissenschaften durch eine philosophische Grundlegung gegen die Naturwissenschaften abzugrenzen. In der Literaturwissenschaft setzte sich die geistesgeschichtliche Methode seit 1906, dem Erscheinungsjahr von Diltheys unter dem programmatischen Titel *Das Erlebnis und die Dichtung* versammelten Studien zu Lessing, Goethe, Novalis und Hölderlin, immer stärker durch; ihre Blütezeit fällt in die Zwanzigerjahre und knüpft sich in erster Linie an die Namen Rudolf Unger (1876 - 1942), Hermann August Korff (1882 - 1963), Fritz Strich (1882 - 1963) und Paul Kluckhohn (1886 - 1957).

Die Arbeiten der einzelnen Gelehrten kann man jedoch nur von ihrer gemeinsamen Grundlage her als geistesgeschichtlich im Sinn einer geistesgeschichtlichen Schule bezeichnen, da sie in ihrer Betrachtungsweise, wie wir sehen werden, stark voneinander differieren.

Diese Grundlage bildet zunächst Diltheys Abgrenzung der Geistes- von den Naturwissenschaften.

Unter dem Begriff ‚Geisteswissenschaften' faßt Dilthey die wissenschaftlichen Disziplinen zusammen, die sich, wie Geschichte, Nationalökonomie, Rechts- und Staatswissenschaften, Religions- und Literaturwissenschaften, Bildende Kunst, Musik, Philosophie und Psychologie, mit der „Menschheit oder menschlich-gesellschaftlich-geschichtlicher Wirklichkeit“ (L 36, S. 81) beschäftigen. Entscheidend für die Trennung dieser Wissenschaften von den Naturwissenschaften ist die Auffassung, daß es in der

> geschichtlichen Welt keine naturwissenschaftliche Kausalität [gibt]; denn Ursache im Sinne dieser Kausalität schließt in sich, daß sie nach Gesetzen mit Notwendigkeit Wirkungen herbeiführt; die Geschichte weiß nur von den Verhältnissen des Wirkens und Leidens, der Aktion und Reaktion.
>
> (W. Dilthey, L 36, S. 197)

Das geschichtliche Leben und die einzelnen Ausprägungen dieses Lebens sind, aufbauend auf den Individuen, zu komplex, als daß sie in gesetzmäßigen Abläufen voll erfaßt werden könnten.

> Nun unterscheiden sich zunächst von den Naturwissenschaften die Geisteswissenschaften dadurch, daß jene zu ihrem Gegenstande Tatsachen haben, welche im Bewußtsein als von außen, als Phänomene und einzeln gegeben auftreten, wogegen sie in diesen von innen, als Realität und als ein lebendiger Zusammenhang originaliter auftreten. Hieraus ergibt sich für die Naturwissenschaften, daß in ihnen nur durch ergänzende Schlüsse, vermittels einer Verbindung von Hypothesen, ein Zusammenhang der Natur gegeben ist. Für die Geisteswissenschaften folgt dagegen, daß in ihnen der Zusammenhang des Seelenlebens als ein ursprünglich gegebener überall zugrunde liegt. Die Natur e r k l ä r e n wir, das Seelenleben v e r s t e h e n wir. Denn in der inneren Erfahrung sind auch die Vorgänge des Erwirkens, die Verbindungen der Funktionen als einzelner Glieder des Seelenlebens zu einem Ganzen gegeben. Der erlebte Zusammenhang ist hier das erste, das Distinguieren der einzelnen Glieder desselben ist das Nachkommende. Dies bedingt eine sehr große Verschiedenheit der Methoden, vermittels deren wir Seelenleben, Historie und Gesellschaft studieren, von denen, durch welche die Naturerkenntnis herbeigeführt worden ist.
>
> (W. Dilthey, L 41, S. 143f.)

Die verschiedenen erkenntnistheoretischen Kategorien in den Natur- und Geisteswissenschaften werden also mit dem unterschiedlichen Verhältnis des Menschen zur Natur einerseits und zur Geschichte andererseits begründet. Denn steht die Natur dem Menschen als eine fremde Macht gegenüber und liegt in der Naturerkenntnis die denkerische Bewältigung des Naturgeschehens mit der Möglichkeit, es mit gesetzlichen Abläufen unter dem Kausalitätsprinzip zu erklären, so handelt es sich bei dem Verstehen der Geschichte und der geschichtlichen Entwicklung immer um ein Selbst-Verstehen, da der Mensch als geschichtliches Wesen an dieser

Geschichte beteiligt ist und sie mitgestaltet[1]. Nur diese Tatsache macht es möglich, daß er Geschichte verstehen kann:

> Wir vermögen es [sc. zu verstehen], weil wir ja eben in der Geschichte nur unser eigenes Leben, unser eigenes Werk wiederfinden, in unendlich mannigfachen Modifikationen, in je nach der wechselnden historischen Bedingtheit unermeßlich verschiedenen Schattierungen und Brechungen zwar, aber doch eben als im Grundwesen gleichartiges, uns innerlich begreifliches Leben (R. Unger: L 302, S. 30).

Zu der Grundlage, auf der wir von einer geistesgeschichtlichen Methode zu sprechen berechtigt sind, gehört zum zweiten ein von dieser Auffassung des Lebens ausgehendes Dichtungsverständnis.

> Poesie ist Darstellung und Ausdruck des Lebens. Sie drückt das Erlebnis aus, und sie stellt die äußere Wirklichkeit des Lebens dar. Ich versuche die Züge des Lebens in der Erinnerung meiner Leser wachzurufen. Im Leben ist mir mein Selbst in seinem Milieu gegeben, Gefühl meines Daseins, ein Verhalten und eine Stellungnahme zu Menschen und Dingen um mich her; sie üben einen Druck auf mich oder sie führen mir Kraft und Daseinsfreude zu, sie stellen Anforderungen an mich und sie nehmen einen Raum in meiner Existenz ein. So empfangen jedes Ding und jede Person aus meinen Lebensbezügen eine eigene Kraft und Färbung. Die Endlichkeit des von Geburt und Tod umgrenzten, vom Druck der Wirklichkeit eingeschränkten Daseins erweckt in mir die Sehnsucht nach einem Dauernden, Wechsellosen, dem Druck der Dinge Entnommenen, und mir werden die Sterne, zu denen ich aufblicke, zum Sinnbild einer solchen ewigen, unanrührbaren Welt. In allem, was mich umgibt, erlebe ich nach, was ich selbst erfahren habe. Ich sehe in der Abenddämmerung hinab auf eine stille Stadt zu meinen Füßen; die Lichter, die in den Häusern nacheinander aufgehen, sind mir der Ausdruck eines geschützten friedlichen Daseins. Dieser Gehalt am Leben in meinem eigenen Selbst, meinen Zuständen, den Menschen und Dingen um mich her bildet den Lebenswert derselben, im Unterschied von Werten, die ihnen durch Wirkungen zukommen. Und dies und nichts anderes ist es, was die Dichtung zunächst sehen läßt. Ihr Gegenstand ist nicht die Wirklichkeit, wie sie für einen erkennenden Geist da ist, sondern die in den Lebensbezügen auftretende Beschaffenheit meiner selbst und der Dinge. Hieraus erklärt sich, was uns ein lyrisches Gedicht oder eine Erzählung sehen läßt – und was für sie nicht existiert. Die Lebenswerte stehen aber in Beziehungen zueinander, die in dem Zusammenhang des Lebens selbst gegründet sind, und diese geben Personen, Dingen, Situationen, Begebenheiten ihre Bedeutung. So wendet sich der Dichter dem Bedeutsamen zu. Und wenn nun die Erinnerung, die Lebenserfahrung und deren Gedankengehalt diesen Zusammenhang von Leben, Wert und

[1] Rudolf Unger spricht in diesem Zusammenhang auch von ‚formaler' und ‚wahrer' Erkenntnis.

> Bedeutsamkeit in das Typische erheben, wenn das Geschehnis so zum Träger und Symbol eines Allgemeinen wird und Ziele und Güter zu Idealen, dann kommt auch in diesem allgemeinen Gehalt der Dichtung nicht ein Erkennen der Wirklichkeit, sondern die lebendigste Erfahrung vom Zusammenhang unserer Daseinbezüge in dem Sinn des Lebens zum Ausdruck. Außer ihr gibt es keine Idee eines poetischen Wertes und keinen ästhetischen Wert, den die Dichtung zu realisieren hätte.
>
> Dies ist das Grundverhältnis zwischen Leben und Dichtung, von dem jede historische Gestalt der Poesie abhängt.
>
> (W. Dilthey, L 40, S. 126f.)

Anhand dieses zweiten Abschnitts aus Diltheys Aufsatz *Goethe und die dichterische Phantasie* läßt sich nicht nur die Auffassung von der Poesie darlegen, sondern auch der Weg zeigen, auf dem der Mensch das Verstehen seiner selbst und der ihn umgebenden Welt gewinnen kann; denn dieser Weg führt immer über das Leben:

> Kurz, es ist der Vorgang des Verstehens, durch den Leben über sich selbst in seinen Tiefen aufgeklärt wird, und andrerseits verstehen wir uns selber und andere nur, indem wir unser erlebtes Leben hineintragen in jede Art von Ausdruck eigenen und fremden Lebens.
>
> (W. Dilthey, L 36, S. 87)

Am Beispiel der Autobiographie macht Dilthey deutlich, wie dieser Vorgang des Verstehens zu denken ist: der rückschauende Autor sieht sein Leben nicht als eine Folge von durch Ursache und Wirkung bedingten Ereignissen, sondern er überblickt es als ein zusammenhängendes Ganzes, in dem einzelne Momente und Erfahrungen aufeinander bezogen und in ihrer Gesamtheit dem Verständnis zugänglich sind. In diesem Rückblick auf das Leben werden zwei Kategorien besonders wichtig, erstens: das **Erlebnis.** Erlebnis allerdings nicht in dem geläufigen Sinn von ‚Erlebtem', wie er auch in dem Begriff ‚Erlebnisdichtung' allzu leicht mitschwingt; vielmehr hat man sich ‚Erlebnis' zu denken als eine Art psychologischen Akt, in dem unter Beteiligung aller Seelenkräfte innere und äußere Erfahrung zu einer Einheit verschmolzen werden. Auf dieser Einheit baut die zweite Kategorie auf, die **‚Bedeutung'** oder das **‚Bedeutsame'**, mit dem die in dem Erlebnis aus dem Lebensstrom hervorgehobenen einzelnen Momente in einer auf den Zeitpunkt der Rückschau bezogenen Sinngebung gewertet werden: Bedeutung erhält die einzelne Lebenserfahrung im Rückblick durch ihren „Zusammenhang mit dem Ganzen, durch die Beziehung von Vergangenheit und Zukunft, von Einzeldasein und Menschheit" (W. Dilthey, L 36, S. 233). Da jedoch das

Leben noch nicht abgeschlossen ist, kann das Urteil über einzelne Lebensphasen ebensowenig endgültig sein wie das über den gesamten Lebensverlauf; es ist notwendigerweise zu überprüfen und gegebenenfalls zu revidieren: Die Geschichtlichkeit des Lebens bedingt die Geschichtlichkeit des Verstehens:

> Man müßte das Ende der Geschichte erst abwarten, um für die Bestimmung ihrer Bedeutung das vollständige Material zu besitzen. Andrerseits ist das Ganze doch nur für uns da, sofern es aus den Teilen verständlich wird. Immer schwebt das Verstehen zwischen beiden Betrachtungsweisen. Beständig wechselt unsere Auffassung von der Bedeutung des Lebens.
>
> (W. Dilthey, L 36, S. 233)

Was hier am Beispiel des Selbst-Verstehens dargelegt wird, kennen wir aus dem erkenntnistheoretischen Modell des **hermeneutischen Zirkels** (vgl. oben, S. 129), zurückgeführt auf seinen Ursprung, das Leben. Denn so wie das einzelne Lebensmoment seine Bedeutsamkeit vom ganzen Lebensgefüge her erhält, und dieses Lebensgefüge aber auch umgekehrt durch die einzelnen Lebensmomente geprägt wird, so läuft auch der Verstehensprozeß am Text vom Textganzen zu einzelnen Elementen und zurück zu einem erweiterten Verständnis des Textganzen. In dem Beziehungsgeflecht, der Struktur der bedeutsamen Lebensmomente, wird dem Menschen die „in den Lebensbezügen auftretende Beschaffenheit [seiner] selbst“ (W. Dilthey. L 40, S. 126) deutlich.

Erst von ihr aus ist auch das Verstehen anderer Menschen, der umgebenden Wirklichkeit, der Vergangenheit, der Geschichte möglich. Dieses Verstehen ist einmal grundsätzlich möglich, weil der Mensch als geschichtliches Wesen in allem Geschichtlichen den Lebensäußerungen von in ihrer seelischen Struktur ihm gleichartigen Menschen begegnet. Im Besonderen aber ist es nur möglich von der Lebenserfahrung des Einzelnen her: „Es gibt aber nur den Weg von der Deutung des Lebens zur Welt. Und das Leben ist nur da in Erleben, Verstehen und geschichtlichem Auffassen (W. Dilthey, L 36, S. 291). Das eigene Leben wird zum Bezugspunkt für das Verstehen der Umwelt: „So empfangen jedes Ding und jede Person aus meinen Lebensbezügen eine eigene Kraft und Färbung“, allerdings mit dem an dieser Stelle nicht ausgesprochenen Vorbehalt, daß die jeweilige von der eigenen Lebenserfahrung und Weltsicht abhängige Deutung sowohl der eigenen wie der fremden Lebensbezüge prinzipiell offen und veränderbar bleiben muß.

Nur von diesen allgemeinen Voraussetzungen her läßt sich der erste Satz des oben zitierten längeren Abschnitts richtig verstehen: „Poesie ist Darstellung und Ausdruck des Lebens." Denn grundsätzlich ist der Dichter in derselben Weise bestimmt wie jeder andere Mensch, doch heben eine gesteigerte Empfänglichkeit und Erlebensweise ihn aus der Masse der Menschen heraus; sein gesamter Lebensbezug wird mehr oder weniger stark geprägt von der ‚Phantasie', deren Eindrücke er in die Bilderwelt der Dichtung umsetzt: Die dichterische Phantasie ist der „Inbegriff der Seelenprozesse, in denen die dichterische Welt sich bildet. Die Grundlage dieser Seelenprozesse sind immer Erlebnisse und der durch sie geschaffene Untergrund des Auffassens [...] Der Dichter lebt in dem Reichtum der Erfahrung der Menschenwelt, wie er sie in sich findet und außer sich gewahrt [...] das Dichterauge ruht sinnend und in Ruhe auf ihnen; sie sind ihm b e d e u t s a m; die Gefühle des Dichters werden von ihm angeregt, bald leise, bald mächtig, gleichviel wie fern dem eigenen Interesse diese Tatsachen liegen oder wie lange sie vergangen sind: sie sind ein Teil seines Selbst" (W. Dilthey, L 40, S. 131f). Wenn der Dichter nun die eine oder andere bedeutsam gewordene Lebenserfahrung gestaltet, ‚bedeutsam' aber gleichzeitig ein Geschehen genannt wird, „sofern es uns etwas von der Natur des Lebens offenbart", dann läßt sich Dichtung nur noch als Lebensdeutung bestimmen: „Die Dichtung ist Organ des Lebensverständnisses, der Poet ein Seher, der den Sinn des Lebens erschaut" (W. Dilthey: L 41, S. 391).

Der Dichter vermag seine Aufgabe, die Vorgänge des Lebens auszudeuten, nur zu erfüllen, weil er als eine besondere Persönlichkeit unter seinen Mitmenschen hervorragt. Zwischen ihm und seiner Mitwelt besteht eine eigentümliche Wechselbeziehung: „Die Menschenwelt ist für den Dichter da, indem er in sich Menschendasein erlebt und, wie es von außen ihm entgegentritt, es zu verstehen sucht" (W. Dilthey, L 40, S. 165). Sein Verstehen ist also einmal abhängig von seiner gesteigerten Sensibilität, zum anderen von seiner Umwelt, der er mit seinem besseren Verstehen dann wiederum zu dienen vermag, weil sich „der Seherblick des wahren Dichters ins Unendliche steigert" (W. Dilthey, L 40, S. 165). Max Kommerells Auffassung von dem Dichter als Führer und Vorbild hat in einem solchen Dichter-Verständnis ebenso ihre Ursache wie die Gemeindebildung um Rilke, Hofmannsthal, George und andere.

Solches Dichtungsverständnis hat verschiedene Konsequenzen für den geistesgeschichtlichen Umgang mit Literatur.

Dichtung als geschaute Lebensdeutung verlangt auf der anderen Seite auch Leser mit besonderem seelischen Vermögen; denn der die persönlichen Erfahrungen gestaltenden Kraft der Phantasie muß beim Leser ebenfalls eine gesteigerte seelische Fähigkeit entsprechen, die ihn zu einer Art sympathetischen Erfassen der vom Dichter gewährten Einblicke in das Leben befähigt. Nur dann nämlich kann ihm der Dichter zum Führer in eine andere, bessere Welt werden, die ihm Ersatzbefriedigung für die durch die tägliche Wirklichkeit ihm nicht vermittelte innere Erfahrung gibt und die ihn gestärkt für den Lebenskampf wieder entläßt:

> Indem sie [sc. die Dichtung] dem durch das Schicksal und eigene Lebensentscheidungen in die Schranken einer Lebensbestimmtheit eingeschlossenen Menschen die geheime Sehnsucht befriedigt, Lebensmöglichkeiten, die er nicht realisieren konnte, in der Phantasie durchzuführen, erweitert sie sein Selbst und den Horizont seiner Lebenserfahrungen. Sie öffnet ihm den Blick in eine höhere und stärkere Welt.
>
> (W. Dilthey, L 43, S. 92)

Dichtung als „Organ des Lebensverständnisses" gesehen, unterscheidet sich prinzipiell nicht von anderen, seien es religiöse, seien es philosophische Möglichkeiten der Lebensdeutung; ihr Unterschied zur philosophischen Bewältigung des Daseins beispielsweise besteht nur in dem Verfahren: statt in begrifflich denkerischer Weise die Deutung des Lebens zu geben, macht sie sie im Bild anschaulich. Von daher wird auch verständlich, daß der Kunstwerkcharakter der Literatur in der geistesgeschichtlichen Betrachtung vernachlässigt wird, daß intuitives Verstehen auf Analyse verzichten zu können glaubt, daß, wenn von Form die Rede ist, fast immer die ‚innere Form' gemeint ist, diese aber wiederum, auch wenn sie die einzelnen formalen Elemente mitprägt, als Ausdruck des Lebensgefühls und der Lebensauffassung des Dichters verstanden wird. Und wenn, so von Unger, gefordert wird, eine Dichtung sei als ein „einheitlicher künstlerischer Organismus" (R. Unger, L 302, S. 18) nach Maßgabe der Poetik zu prüfen, so darf der Begriff ‚Poetik' nicht im Sinne einer irgendwie gearteten normativen Poetik aufgefaßt werden; denn was Unger als „Normen der Poetik" bezeichnet und was dazu dienen soll, daß der Literaturhistoriker anders als der gewöhnliche Leser zur wissenschaftlichen Begründung seiner Eindrücke fortschreitet, wird nicht anders bestimmt als durch die allgemeinen ästhetischen Bedürfnisse der Menschen, nach denen sich die „Forderungen an die ästhetische Produktion überhaupt und die einzelnen Künste und Kunstgattungen insbesondere" richten. Letzten Endes gibt es nur eine feste ‚Norm', von der sich alle anderen Normen ableiten lassen, die „unwandelbare Wesenheit der menschlichen Natur“ (R. Unger, L 302, S. 20). Dichtung, deren Verstehen an die seelische Erlebnisfähigkeit des einzelnen Lesers gebunden ist, kann demnach nicht mehr nach allgemeinen ästhetischen Maßstäben gewertet werden und erfordert im Grunde auch eine jeweils subjektive Methode ihrer Betrachtung; denn: „Danach was jeder für das Lebendige hält bestimmt sich seine besondere Geschichtsauffassung und seine Methode. [...] Methode ist Erlebnisart, und keine Geschichte hat Wert die nicht erlebt ist“ (F. Gundolf, L 85, S. VIII).

Mit den bisherigen Ausführungen sind in erster Linie die subjektiven Elemente des Verstehens, die aus ihnen resultierende Auffassung der Dichtung als eines jeweils einzelnen, individuellen ‚Organismus‘ und die dieser entsprechende, auch wiederum subjektive Rezeptionsmöglichkeit behandelt worden. Im Begriff ‚Geistesgeschichte‘ aber liegt es schon, daß über die allgemeine Charakterisierung des Menschen als eines geschichtlichen Wesens hinausgehend geschichtsphilosophische Fragen eine Antwort suchen. Dabei geht es nicht nur um eine wissenschaftliche Begründung der Literaturwissenschaft als Literaturgeschichte, sondern allgemeiner um die Frage nach gesetzmäßigen Abläufen in der Geschichte oder um die nach dem Verhältnis des Einzelnen zur Geschichte. Soll Geistesgeschichte sinnvoll sein, so muß es neben dem prinzipiell Individuellen auch Konstanten geben. Zwischen der positivistischen **nomothetischen** Verfahrensweise (vgl. oben, S. 149f.) in der Behandlung der Geschichte und der historischen, **idiographischen** – d.h. die einzelnen geschichtlichen Gestalten und Epochen sind in ihrer Eigentümlichkeit und Individualität nur beschreib- und reproduzierbar –, wird ein Weg gesucht, der es erlaubt, zu Organisationen fortzuschreiten, die einzelnes Individuelles in sich aufheben und im ständig Wechselnden etwas Dauerndes anzeigen.

Ähnlich wie aus der Erfahrung einzelner Lebensbezüge allmählich das Bewußtsein des Lebens als eines Ganzen sowie eine Vorstellung von der wesenhaften Bedeutung des Lebens erwachsen, so kann auch die Poesie von der Darstellung einzelner Motive – ‚Motiv‘ als ein „Lebensverhältnis, dichterisch in seiner Bedeutsamkeit aufgefaßt“ (W. Dilthey, L 41, S. 394) – zu allgemeinerer Darstellung bedeutsamer Erlebnisse vorwärtsschreiten; sie kann in allgemeiner Weise Aufschluß über das Leben geben, nähert sich damit aber schon der gedanklichen Lebensdeutung der Philosophen. Wichtig scheint die Tendenz, aufzusteigen von der individuellen Lebenssicht zu einer einheitlicheren Weltsicht. So wird auch jedes einzelne Werk eines großen Dichters dadurch, daß es eine umfassendere Auffassung des Lebens darstellt, zum Teil einer dichterischen Weltsicht, die als Ganzes erst dem Gesamtwerk des Autors zu entnehmen ist. Schließlich bietet diese Tendenz auch die Möglichkeit, die Weltsicht eines Dichters im Zusammenhang mit der von Theologen und Philosophen seiner Zeit zu sehen und mit deren Deutung des Lebens zu vergleichen:

> In dem Herausholen eines Allgemein-Menschlichen aus den unbewußten Tiefen unseres Daseins war Goethe verbunden mit der Transzendentalphilosophie von Kant, Fichte und Hegel und mit der Instrumentalmusik Beethovens, und in dem Ideal der Gestaltung des Menschen aus dem inneren Gesetz seines Wesens war er eins mit denselben Philosophen und mit Schiller, Humboldt und Schleiermacher.
>
> (W. Dilthey, L 40, S. 141)

Die Beziehung, die Dilthey zwischen Goethes Dichtung und der Philosophie der Zeit knüpft, weist auf eine weitere Möglichkeit, über das Einzelwerk hinausgehend zur Darstellung „überindividueller Zusammenhänge" im Bereich der Geschichtswissenschaften zu kommen. Es handelt sich um die Gruppierung von ‚Weltanschauungstypen', die Dilthey zunächst für die Philosophie vornimmt. Mit ihrer Hilfe sucht er Kategorien zu gewinnen, die den Gegensatz zwischen geschichtlicher Relativität und dem „Anspruch der Philosophien auf Allgemeingültigkeit" (W. Dilthey, L 43, S. 76) überwinden:

> Die Weltanschauungen sind nicht Erzeugnisse des Denkens. Sie entstehen nicht aus dem bloßen Willen des Erkennens. [...] Aus dem Lebensverhalten, der Lebenserfahrung, der Struktur unserer psychischen Totalität gehen sie hervor. Die Erhebung des Lebens zum Bewußtsein in Wirklichkeitserkenntnis, Lebenswürdigung und Willensleistung ist die langsame und schwere Arbeit, welche die Menschheit in der Entwicklung der Lebensanschauungen geleistet hat.
>
> (W. Dilthey, L 43, S. 86)

Dilthey sieht insgesamt drei **Weltanschauungstypen,** zunächst den naturalistischen: Danach ist die uns bekannte empirische und kausale Erklärung der Welt die einzig gültige; ihre Ausformung reicht von Demokrit und Lukrez zu dem Empirismus Hobbes' und dem Positivismus Comtes. Diesem Typus gegenüber steht der des „Idealismus der Freiheit", der die Unabhängigkeit des Geistes der Natur gegenüber betont und im geistigen und sittlichen Verhalten die Bestimmungsmöglichkeiten der Wirklichkeit sieht; Platon, Kant und Fichte sind die wichtigsten Vertreter dieses Typs. Als dritten Weltanschauungstypus begreift Dilthey den des „objektiven Idealismus", für den sich die gesamte physische Welt „als Ausdruck eines Inneren“ darstellt und „gefaßt wird als die Entfaltung eines unbewußt oder bewußt wirkenden seelischen Zusammenhangs“ (W. Dilthey, L 41, S. 403); als seine Repräsentanten sind Heraklit, Leibniz, Shaftesbury, Schelling, Schleiermacher und Hegel anzusehen.

Diese philosophischen Weltanschauungstypen überträgt Dilthey auch auf die Dichtung und die Dichter; und zwar gehören Balzac und Stendhal zu dem ersten Typus, weil sie das Leben begreifen als „ein aus der Natur selbst absichtslos, in dunklem Trieb geschaffenes Gewebe von Illusionen, Leidenschaften, Schönheit und Verderben, in dem der starke Wille seiner selbst den Sieg behält“. Corneille und Schiller dagegen sehen das Leben als einen „Schauplatz heroischen Handelns“ an und gehören deshalb dem Typ „Idealismus der Freiheit“ an, während Goethe, der „im Leben eine gestaltende Kraft [sieht], welche die organischen Gebilde, die Entwicklung der Menschen wie die Ordnungen der Gesellschaft in einem wertvollen Zusammenhang vereint“, den „objektiven Idealismus“ verkörpert, dem Diltheys offenkundige Sympathien gehören. (Alle Zitate: W. Dilthey, L 43, S. 93.)

Aber auch Diltheys Auffassung von der Literaturwissenschaft und ihrer Behandlung der Zeit von Lessing bis Goethe zeigt das Bemühen, einen durchgehenden Zug im Wechsel aller Erscheinungen herauszuarbeiten:

> Denn man untersuche diese Behandlungen doch, ob sie, auch die besten, mehr als ein Chaos zusammenstoßender Einwirkungen geben, deren Produkt dann unsere neuere Literatur sein soll [...] Nicht so ist unsere Literatur entstanden, die schon heute von Lessings Geburt bis zum Tode Hegels und Schleiermachers als ein Zusammenhang uns erscheint. Sie entsprang aus einem schöpferischen Trieb, welcher ihren Charakter bestimmte. Dieser lag in dem Drang der Nation, ein neues Lebensideal zu gestalten. [...] Dieser Drang war die stetig fortwirkende schöpferische Macht in dem Chaos von Kräften, welche entbunden wurden [...]
>
> (W. Dilthey, L 40, S. 122)

Dilthey sieht in Lessing den Träger dieses neuen Lebensideals und in den großen Dichtungen der Epoche dessen Gestaltung.

Die Namen, die Anfang und Ende dieses Zeitraums bezeichnen, Lessing und Hegel, machen aber schon deutlich, daß es nicht nur um die Dichtung dieser Epoche geht, sondern daß ein enger Zusammenhang besteht zwischen Dichtung, Philosophie, Religion und Musik. Das neue Lebensideal prägt den ‚Gesamtgeist‘ der Epoche, der sich in den einzelnen Phänomenen des geistigen Lebens ausdrückt. Die Epoche wird als **Synthese** aller ihrer kulturellen Erscheinungen gesehen. Damit ist auf die zweite Komponente des Begriffs ‚Geistesgeschichte' verwiesen. Doch muß festgehalten werden, daß, wenn vom ‚Geist' einer Epoche, einer Literatur, gesprochen wird, dieser nicht im Hegelschen Sinn metaphysisch als die selbsttätige Entfaltung des Weltgeistes aufgefaßt werden darf. Vielmehr hat man unter ‚Geist' oder ‚Ideen' historische Kategorien zu verstehen, „menschliche Leistungen" als „Versuche des denkenden Geistes, den Lebensvorgängen einen Sinn zu geben und so mit der Problematik des Lebens fertig zu werden" (K. Viëtor, L 305, S. 903). Die einzelnen Tatsachen und Phänomene einer Epoche sind unter einer aus dem Vorverständnis gewonnenen ‚Idee' zu ordnen, aus dieser Ordnung der wesentlichen Erscheinungen einer Zeit ist der ‚Geist' der Zeit herauszudestillieren, als dessen Ausdruck und Spiegelung nun wiederum die einzelnen Manifestationen interpretiert werden; dabei kann keine Beschränkung auf die Leistungen e i n e s geistigen Gebiets statthaben, da alle für sich und untereinander im Bezug auf den Gesamtgeist ihrer Zeit verbunden sind[2].

Eine solche Betrachtungsweise aber führt über die Literaturgeschichte hinaus zur **„Ideengeschichte"** (L 133, S. IX), wie Hermann August Korff seine Darstellung der Goethezeit bezeichnet. Korff sucht das Wesen der klassisch-romantischen Epoche herauszuarbeiten und sieht dieses in zwei Grundkräften, der Dichtung und der Philosophie. Erstere ist im wesentlichen Ideendichtung, letztere Kunstphilosophie. Die die Epoche bestimmenden Kräfte lassen sich auf drei Grundideen zurückführen, erstens den „Humanitätstraum des gebildeten deutschen Bürgertums", zweitens die „philosophische Aufhellung der Religion" und drittens die „Gleichsetzung von Kunst und Religion". Auf diese Systematisierung läßt sich die Vielzahl der Werke ebenso zurückführen, wie sie die Grundlage ihrer Deutung bildet.

In anderer Weise sucht Rudolf Unger, auch wenn er Literatur als einen Ausdruck des „Gesamtgeistes einer Epoche" ansieht, zu die Werke übergreifenden Zusammenhängen zu kommen; für ihn wird Literatur in erster

---

[2] Vgl. Eppelsheimer: „Es ist uns aufgegeben, aus der gesamten Objektivation einer Zeit – von ihrer Religion bis zu ihrer Tracht – den Geist zu konstruieren, aus dem dies alles möglich war: aus den **Objekten** einer Zeit ihr **Subjekt.** Wir suchen also die hinter den Kulturobjektivationen liegende Totalität, auf die wir jede einzelne Erscheinung zurückbeziehen dürfen, um von dort ihre ‚Erklärung', besser: ihre Sinndeutung zu erfahren." (L 54, S. 497.)

Linie zur „Spiegelung der Entwicklung sachlicher P r o b l e m e, und demgemäß die Literaturgeschichte [zur] **Problemgeschichte“** (L 302, S. 144). Die der Dichtung zugeschriebene Funktion der Lebensdeutung verkürzt Unger, indem er diese „Deutung des Lebens nach seinen zeitlichen Erscheinungen und überzeitlichen Gründen“ als Deutung „nach seinen Problemen“ (L 302, S. 151) auf wenige Grundprobleme, das Verhältnis des Menschen zum Schicksal, das zur Natur vor allem in der daraus entstehenden Beziehung des Menschen zu Liebe und Tod, und schließlich auf die Gestaltung des Religiösen in der Dichtung reduziert.

Ein weiterer Versuch, das Wesen des Geistes zu erfassen und die Vielzahl seiner Äußerungen auf wenige übergreifende Konstanten zurückzuführen, stammt von Fritz Strich. Strich verweist in Anlehnung an Wölfflins „Kunstgeschichtliche Grundbegriffe“[3] auf die **Stilgeschichte.** Wölfflin hatte an der Bildenden Kunst des 16. und 17. Jahrhunderts eine Stiltypologie entwickelt und diese, ausgehend von der optischen Wahrnehmung, in fünf Begriffspaaren formuliert: linear und malerisch, flächenhaft und tiefenhaft, geschlossene und offene Form, Vielheitliches und Einheitliches, absolute und relative Klarheit. Sein Ansatz führte nicht nur zu einer Gleichberechtigung der barocken Kunst neben der der Renaissance, sondern erwies sich von seiner Ableitung her als geschichtlich gebunden, auch wenn die Typologie der Stile über diese Epochen hinausweist.

Wenn Strich nun aber ‚Stil‘ nicht so sehr als formal-ästhetische Ausdrucksform, sondern als „einheitliche und eigentümliche Erscheinungsform der ewig menschlichen Substanz in Zeit und Raum“ (L 284, S. 20) ansieht, so zeigt sich bei ihm deutlich der Einfluß Wilhelm Worringers; dieser hatte seine Auffassung von künstlerischer Anschauung und Produktion auf die beiden typologisch verstandenen Gegensätze „Abstraktion und Einfühlung“ (vgl. L 329) zurückgeführt, auf ein Begriffspaar, das mit seiner anthropologischen Bestimmung den jeweiligen historischen und formalen Erscheinungen zugrundeliegt, selbst aber nicht mehr historischem Wandel unterworfen ist. Auf ähnliche Weise meint auch Strichs Stilbegriff also immer und in erster Linie die hinter den Dingen erscheinenden „geistigen Grundhaltungen“ (L 284, S. 17) und kann darum in den **„Grundbegriffen“,** den „Urphänomenen der Menschen“ (L 284, S. 29), aufgehen. Im Anschluß an Diltheys Auffassung vom „Erlebnis des Lebens“ gewinnt Strich aus der menschlichen Erfahrung der Vergänglichkeit die ‚Ewigkeit‘ als unwandelbaren obersten Begriff, von dem aus sich

[3] Zum Einzelnen vgl. H.-H. Müller, L 194, S. 118 - 134.

die verschiedenartigen Manifestationen des Geistes unter den antithetischen Grundbegriffen ‚Vollendung und Unendlichkeit' begreifen lassen. Die Zuordnung bestimmter und typischer Verhaltens- und Ausdrucksweisen zu diesen beiden Konstanten läßt Strich dann von einem klassischen und romantischen Stil ebenso sprechen wie von einem klassischen und romantischen Menschen: Der klassische Mensch vermag aus seiner Einsicht in die zeitlose Dauer der Grundsubstanz des Lebens schon zu seinen Lebzeiten die Vergänglichkeit und Ewigkeit miteinander zu versöhnen und sich in dieser Harmonie zu vollenden; der romantische dagegen kann aus seiner starken Erfahrung der Vergänglichkeit diese Vollendung nur ersehnen und muß ihre Verwirklichung in die Unendlichkeit projizieren.

Bei aller Verschiedenheit geistesgeschichtlicher Fragestellungen liegt die entscheidende Leistung gegenüber dem Positivismus in der Betrachtung des dichterischen Werkes als eines organischen Ganzen und in der Erweiterung des literaturwissenschaftlichen Blickwinkels in die Richtung auf philosophisches und historisches Denken. Im Einzelnen erweisen sich diese Ansätze als fruchtbar bei der Behandlung von bis dahin weniger beachteten Epochen wie Barock und Romantik sowie bei Dichtung und Philosophie einbeziehenden Untersuchungen, z. B. des Mittelalters. Allerdings lassen sich von dieser Leistung aus auch die Grenzen dieses methodischen Ansatzes zeigen. Sie werden nicht so sehr offenbar an der Problematik, die mit der Übertragung kunstgeschichtlicher Grundbegriffe auf die Literatur entsteht, oder an der Vernachlässigung der formalen Analyse eines Werks; vielmehr liegen sie einerseits in der Verengung, die mit der Rückführung der Mannigfaltigkeit dichterischer Werke auf wenige Grundzüge, die eine Typisierung oder Gruppierung ermöglichen, einhergeht. Der von Dilthey betonte interpretatorische Ansatz bei der Individualität des Einzelwerks oder des einzelnen Autors läuft – insbesondere wenn man glaubt, auf umfassende Tatsachenkenntnis verzichten zu können – Gefahr, hinter Einheit stiftenden Konstruktionen übersehen zu werden.

Zum anderen wird auch der geschichtliche Aspekt eher nebensächlich, wenn die Literatur auf bestimmte Grundprobleme oder zwei wesentliche Grundbegriffe hin untersucht wird. Strich glaubt, diesen Einwand ausräumen zu können, indem er seine Untersuchungen nur als „Vorbedingung der historischen Darstellung" (L 284, S. 30) verstanden wissen will; seine „grundbegriffliche Betrachtung" zeigt jedoch gerade, wie weit die historischen Bedingungen eines Werkes unberücksichtigt bleiben können. Zwar glaubt er, die „ewig menschliche Polarität der Geistesströmungen" (L 284, S. 29) besonders deutlich am Beispiel von Klassik und Romantik, also zu einem bestimmten Zeitpunkt, zeigen zu können; doch ist diese grundsätzlich „auch an jedem anderen Punkte der Entscheidung in der deutschen wie in jeder anderen Literatur möglich" (L 284, S. 29). Damit tritt aber an die Stelle historischer Perioden- oder Epochenbildung ein „rhythmischer Wandel der [unhistorischen] Stile" (ebd.), wie er mit dem Begriffspaar ‚Vollendung und Unendlichkeit' bezeichnet wird.

„Zwischen dem Dilettantismus fadenscheiniger Synthesen und dem antiästhetischen sowohl wie antihistorischen Geist der Abstraktion läuft der schmale Weg echter Geistesgeschichte" (L 305, S. 909), dieses Fazit Viëtors faßt die im methodischen Ansatz selbst liegenden Gefahren deutlich zusammen.

Außer acht bleibt in diesem Zitat, mit dem man den Überblick abschließen könnte, die Korrumpierung der Geistesgeschichte, die sich aus ihrer Inanspruchnahme für eine Ideologie des Nationalen ergibt. Sie rührt nur teilweise daher, daß die Geistesgeschichte in den zwanziger Jahren mit anderen idealistischen und zeitgenössischen Strömungen für eine Erneuerung der geistigen Kräfte des Volkes in Anspruch genommen wurde, daß sie als Teil einer „geistigen Revolution" gesehen wurde, als deren Ergebnis Ernst Troeltsch die „Bildung einer neuen geistigen Aristokratie" erwartete, „die dem Rationalismus und dem Nivellement der Demokratie ein Gegengewicht bietet, die insbesondere der geistigen Öde des Marxismus und des modernen Rationalismus eine feinfühligere und organischer zusammenfassende Geistigkeit gegenüberstellt" (zit. bei H. H. Müller, L 194, S. 85; zum Ganzen vgl. ebd., S. 84ff.).

Die im Ansatz der Geistesgeschichte liegenden allgemeinen Möglichkeiten, ideologisch mißbraucht zu werden, sind in diesem Zitat deutlich erkennbar. Von Bedeutung für die Literaturwissenschaft werden sie speziell in dem Moment, in dem politische Weltanschauung und Propaganda zunächst unbewußt bereitgestelltes Vokabular und Denkweisen für sich entdecken – und die Geistesgeschichte sich in Dienst nehmen läßt.

Dabei ist es nicht nur die in der geistesgeschichtlichen Fragestellung angelegte Tendenz zur Synthese und Vereinheitlichung auf das Wesen und Typische, die sie verwendungsfähig macht für nationale und politische Ideologie; denn wenn die Frage nach dem Wesen des deutschen Volksgeistes gestellt und beantwortet werden kann, dann auch die nach dem Wesen der Deutschen oder die nach dem Völkischen an sich. Hinzukommen muß aber eine positive Wertung, die gerade das Deutsche als etwas Besonderes auffaßt. Auch dieses Verfahren läßt sich an Strichs Verwendung der Grundbegriffe deutlich machen, wobei betont werden muß, daß Strich selbst eine Ideologisierung des Nationalen fernlag. Strichs Grundbegriffe erscheinen zunächst als wertneutrale Kategorien, die das Verhältnis des Menschen zu Zeit und Raum bestimmen sollen; sie verschieben sich aber zu Wertbegriffen in dem Maß, in dem Strich das Unendliche oder das Romantische als vorzugsweise dem deutschen Geist adäquate Seins- und Ausdrucksweise hervorhebt. Wenn von einem ‚urgewachsenen deutschen Stil' die Rede ist (L 284, S. 29), dem ein an der Antike und an romanischen Ausdrucksformen sich orientierender Geist gegenübergestellt wird, wenn Renaissancepoesie als dem deutschen Wesen fremd bezeichnet wird und „Opitz dem deutschen Geist eine Wiedergeburt bereitet" (L 283, S. 229), wenn germanischer Geist die antiken und romanischen Ausdrucksformen in der Rezeption überwindet, dann ist zumindest der Boden bereitet für die Gleichsetzung von Dichtung und absolut verstandenem Volkstum.

Die Pervertierung der geistesgeschichtlichen Methode durch den Nationalsozialismus aber ist eine wesentliche Ursache für den Rückzug der deutschen Literaturwissenschaft auf das ‚sprachliche Kunstwerk', das als ‚autonom' und nahezu ‚autarkes' künstlerisches Gebilde betrachtet wird. (Vgl. Kap. III.)

Weiterführende Literatur: L 86, S. 178 - 233; L 233; L 235; L 305.

A. Fragen und Aufgaben zur geistesgeschichtlichen Literaturwissenschaft

1. Worin unterscheiden sich nach Diltheys Definition die Geistes- von den Naturwissenschaften?
2. Warum erweist sich der Begriff ‚Kausalität' als untauglich für die Geisteswissenschaften?
3. Erläutern Sie Voraussetzungen und Bedingungen des Verstehens!
4. Erläutern Sie das erkenntnistheoretische Modell des ‚hermeneutischen Zirkels'!
5. Definieren Sie den positivistischen und den geistesgeschichtlichen ‚Erlebnis'-Begriff und vergleichen Sie beide miteinander!

6. Erläutern Sie den Begriff ‚Bedeutung' und seine Rolle für das Verstehen!
7. Welche Qualitäten erheben den Dichter zum „Führer und Seher"?
8. Erörtern Sie Diltheys Auffassung von der Funktion der Dichtung!
9. Vergleichen Sie die geistesgeschichtliche Definition des Begriffs ‚Motiv' mit anderen Ihnen bekannten!
10. Definieren Sie die Begriffe ‚nomothetisch' und ‚idiographisch'!
11. Vergleichen Sie Diltheys Begriff ‚Weltanschauungstyp' mit der literatursoziologischen und marxistischen Auffassung von ‚Typ'!
12. Erläutern Sie Korffs ideengeschichtliche Konzeption der Goethezeit!
13. Erläutern Sie ‚Literaturgeschichte als Problemgeschichte'!
14. Was versteht Fritz Strich unter ‚Grundbegriffen'?
15. Versuchen Sie, analytische und synthetische Literaturbetrachtung zu charakterisieren und miteinander zu vergleichen!
16. Analysieren Sie die folgenden Texte unter methodologischen Gesichtspunkten!

B. Texte

V, 1 Wilhelm Dilthey

Das Erlebnis und die Dichtung (1906)

LESSING

[...]
Aber der *Nathan* ist mehr als ein bloßes dramatisches Lehrgedicht. Ein lebendiges Kunstwerk entspringt in der Ganzheit der menschlichen Natur: das Neue, das es erblicken läßt, ist Erlebnis: indem wir nun das Erlebnis, das im *Nathan* zum Ausdruck kommt, in seinem ganzen Umfang zu erfassen suchen, müssen wir über die bisherige Darstellung von Lessings Verhältnis zur deutschen Aufklärung hinausgehen.

Lessing, wie wir ihn nachzuverstehen versucht haben, mußte das Lebendige, Lebenschaffende, Menschliche und Menschenverbindende, das Glückbringende der deutschen Aufklärung tiefer in sich durchleben als ein anderer Zeitgenosse. Das siebzehnte Jahrhundert vereinigt die großen Denker und Forscher durch die gemeinsame Arbeit an der Begründung der modernen Naturerkenntnis. In ihr entsprang das neue Bewußtsein von der Solidarität des menschlichen Geschlechts und seinem Fortschritt. Das Jahrhundert der Aufklärung entwickelte dann die Folgerungen aus den neuen Ideen. Der menschliche Geist erkannte seine Souveränität gegenüber allen Autoritäten der Vergangenheit; er erfaßte im eigenen Denken sein Verhältnis zum Unsichtbaren; aus ihm leitete er das Verhältnis der Menschen zueinander ab; sie arbeiten gemeinsam unter demselben inneren Gesetz an dem allumfassenden Fortschritt des menschlichen Geschlechts. Hierin war eine neue rationale Ordnung der Beziehungen gegeben, welche die Menschen verbinden. Dieses neue Ideal schuf, wohin es drang, eine Verbindung der freien Geister untereinander; es gab jetzt eine Stelle, an der die äußeren Unterschiede der ständischen Gliederung aufgehoben waren; es entstand ein Charaktertypus, dessen Wesen in der Verwirklichung dieses Ideals lag. Nirgend hat diese Aufklärung so einheitlich, so harmonisch, so stark alle Kreise der Gesellschaft durchdrungen, als in dem protestantischen Norddeutschland. [...]

Und welche ist nun die Handlung, mittels deren diese freien Geister miteinander verbunden sind? Sie beruht auf dem dargelegten Moment, das dem Drama Lessings erst sein eigenstes Gepräge gibt. Es erweitert die Seele durch große Wahrheiten; es erhebt durch die Anschauung freier Charaktere, welche ohne die Beweggründe des positiven Religionsglaubens das Gute tun: seine letzte und höchste Wirkung liegt doch in der Rührung, welche die Verbindung dieser menschlichen zu einer neuen Gemeinschaft hervorruft. Nicht Leidenschaft vereinigt sie. Wohl macht sie sich in den Beziehungen zwischen dem Tempelherrn und Recha zunächst geltend, sie schürzt den Knoten des Stückes, aber sie wird aufgelöst in das starke, ruhige Gefühl geschwisterlicher Zusammengehörigkeit. Hier herrschen die universalen Stimmungen, die aus den höchsten Relationen zur unsichtbaren Welt entspringen, aus dem Verhältnis derer, die gemeinsam in dieser Region leben. Leise, feine Fäden gehen zwischen diesen Personen hin und her – ein Entdecken verwandter Naturen, ein Sichbefreunden, ein reinstes Glück, das von da ausgeht. Die Gemeinschaft, die so entsteht, ist eine innere, unabhängig von Nation, Bekenntnis, Stand und Wirken in der Welt. Wir alle sind durch die Ziele, die wir im Leben verfolgen, mit anderen zu einem Gefüge von Handlungen und Schicksalen verknüpft, das unsere äußere Welt ausmacht. In ihr siegen oder unterliegen wir, leiden oder triumphieren. Ihr gehören zunächst auch die Personen des Stückes an: sie leben in Staatsgeschäften, führen Krieg, treiben Handel, vollziehen fromme Pflichten. Aber jenseits dieses äußeren Lebensgefüges dulden und geniessen sie ein von diesem äußeren Schicksal, Unabhängiges. Dieses macht sie in letzter Instanz, in einer rein innerlichen Welt, gebunden oder frei, glücklich oder elend. Mag nun der Mensch wie der Klosterbruder und Al Hafi die Welt verlassen, oder mag ihm wie dem Nathan ein eingeschränktes Geschick in ihr beschieden sein, oder wie dem Saladin ein königliches Wirken – gemeinsam ist ihnen nach Lessing die Anlage sich zu vollendeter Menschlichkeit zu entwickeln. Und das verbindet sie miteinander. So schildert das Gedicht, in Übereinstimmung mit dem eigensten und höchsten Zug der deutschen Aufklärung, wie aus der freien Menschlichkeit eine Gemeinschaft entsteht, ein Bewußtsein, zusammen fortzuschreiten einer besseren Gesellschaft entgegen, sicheres Vertrauen, Seelenruhe, eine große Lebensfreude, Heiterkeit.

Hiermit spricht Lessings Dichtung einen der höchsten Züge des Lebens aus, einen Zug, der in dem Drama bis dahin nie ausgedrückt worden war. Das Einverständnis mit dem Gleichgesinnten begleitet unser Leben wie eine unsichtbare Harmonie: nicht Abwesenheit noch Tod vermag sie aufzuheben. Töne von verschiedener Höhe und Tiefe, Stärke und Lindigkeit fügen sich zu ihr zusammen, immer klingt sie um uns.

Wie die Vernunftreligion, in der für Lessing diese Beziehungen gegründet sind, im Denken beruht, so nähern sich auch die Personen einander durch das Denken – fragend, antwortend, dialektisch ihre Verständigung suchend, aus der dann erst das gehaltene Gefühl des Einverständnisses und der Befreundung hervorbricht. Diese Vorgänge sind zusammengefaßt zu einer Handlung, die in einem äußeren Symbol die erreichte Gemeinschaft der freien Geister zum tiefsten Ausdruck bringt. Nicht durch Affekt, welcher die Kluft der Geburt, des Blutes, ja des religiösen Glaubens selber überspringt, wird im Verlauf der Handlung zwischen Judentum und Christentum das Band geknüpft; vielmehr blutsverwandt sind die Nationen, sind die großen Religionen, welche sich in die Erde teilen. Fremd, ja feindlich einander gegenübertretend, entdecken sie, daß sie e i n e Familie bilden. Das ist das große Geheimnis, welches der Schluß symbolisch ausdrückt. Auf e i n e m Stamm sind die religiösen Ideen gewachsen, entsprossen aus e i n e r Einheit des ersten Glaubens; sie bilden e i n e Entwicklung der religiösen Vernunft.

Von Lessings Gedankendrama gehen Linien der Wirkung zu Schillers *Don Carlos,* zu Kants Religionsschrift, zu Herders Humanität, zu Goethes Plan der Geheimnisse, ja selbst zu Hegels ersten theologischen Schriften. Zu mächtigem Ausdruck aber gelangte der Gehalt dieses Gedichts in der *neunten Sinfonie* Beethovens. Auch sie führt hindurch durch die partikulare Leidenschaft und ihre Schmerzen zu der universalen Stimmung, in der sich ganz im Geiste der Lessingschen Aufklärung die Harmonie der Welt, die Güte des göttlichen Wesens, die allgemeine Menschenliebe und eine das ganze Leben durchdringende, verklärte Heiterkeit verbinden. So hat Beethoven den Gehalt dieser Dichtung, losgelöst von allem Endlichen und Vergänglichen, das ihr anhaftet, in die Ewigkeit erhoben.

Das neue Ideendrama fordert auch eine eigene Form. Die straffe Handlung der *Emilia Galotti,* in der jeder Satz der Katastrophe zuzueilen scheint, mußte der freien Vergegenwärtigung einer Welt von Ideen und Idealen Platz machen. So erhält jede Szene einen selbständigen Gehalt. Der Zuschauer kann sich der Auffassung desselben in gelassener Stimmung hingeben. Der Dialog geht lässig wechselnd, auf verschlungenen Wegen wie ein Spaziergänger vorwärts und wird doch jedesmal durch eine innere dramatische Bewegung dem Ziel, das der Zusammenhang fordert, entgegengeführt. Und welchen Hintergrund für diese Szenen bilden das weiträumige Kaufhaus Nathans, vor ihm der Platz mit den Palmen, die das Grabmal des Erlösers umgeben, die Kreuzgänge des Klosters, durch die man den Patriarchen mit seinem geistlichen Pomp ziehen sieht, der Palast des Sultans mit seiner phantastischen Architektonik! Sie unterscheiden und charakterisieren gleichsam die Hauptpersonen, wie deren Tracht. Ihr fremdartiger Glanz beschäftigt das Auge, die südliche Heiterkeit der Szenerie macht die Seele leicht und frei. Zugleich faßt doch die Einheit derselben Stadt räumlich die Szenen zusammen. Die Einheit der Zeit ist streng gewahrt. E i n Tag umschließt die Handlung. In ihm vollzieht sich die ganze innere Wandlung in Recha, dem Tempelherrn, Saladin und die Befreundung der Hauptpersonen zueinander. Durch eine Art von perspektivischer Kunst blicken wir weiter rückwärts in die Geschichte der Personen und in die Vorbedingungen dessen, was der Tag umfaßt. So setzt sich in diesem deutschen Drama Racines Seelendarstellung fort, welche auf der Bühne selbst den ganzen Zusammenhang inneren Geschehens sehen läßt; dabei gestattet der Wechsel des Ortes doch, ohne die Vertrauten und die Berichte der französischen Tragödie, diese Vollständigkeit des inneren Zusammenhanges zu erreichen. Auf diesem Wege ist Goethes Seelendrama weitergegangen.

[...] (L 40, S. 96 u. 100 - 102)

V, 2 Wilhelm Dilthey

Aus: *Von deutscher Dichtung und Musik* (1933[1])

Klopstock

Klopstock ist eine nordische Natur. Die Familie stammt aus dem nordwestlichen Grenzbezirk Deutschlands. In ihm bricht der germanische Geist mit innerer Mächtigkeit durch: der Sinn für die unfaßliche, unbestimmte Größe, das Heroische, das über jede Form und Gestalt hinausgehende Gefühl. Er ist hierin den tiefsten Offenbarungen der germanischen Musik verwandt, die unmittelbar vor ihm und neben ihm in Bach und Händel hervortrat. Das stärkste Gefühl seiner Persönlichkeit war ihm eigen; er zuerst stellte sich mit seinen persönlichen Eigenschaften vor der Öffentlichkeit dar, und das tiefste Interesse seiner Zeitgenossen begleitete dieselben. Aber die kleinen Formen von Lyrik, Fabel, poetischer Erzählung konnten dieser heroischen Natur nicht genügen. Sie mußte nach Stoffen greifen, in welche sie ihre großen Leidenschaften verlegen konnte. Klopstock nahm an dem Aufschwung der Lyrik seiner Zeit teil; es gibt von ihm lyrische Gedichte, in welchen er ein Erlebnis in einfacher Kraft hinstellt; eben aus dem Gefühl seiner Persönlichkeit entsprang ihm die offene Freiheit, in welcher er sein Schicksal und die Bewegungen seiner Seele sehen ließ. Aber eben darin unterscheidet er sich von den Hagedorn, Uz, Gleim und Gellert, daß seine auf das Große gerichtete Seele die Würde der menschlichen Existenz nur in der Beziehung zu den großen, objektiven Werten des Lebens erblickt. Er vermochte sich – wie nach ihm Schiller – nur in diesen Beziehungen auszuleben. Und anders als dieser – eine lyrische Natur im größten Stil – konnten nur die Stoffe ihn bewegen, welche zu dem Mittelpunkte seines Lebens selbst eine Beziehung hatten. Freundschaft, Liebe, Naturgefühl waren immer in ihm wirksam. Tiefer aber fand er in sich das Verhältnis seines religiösen Lebens zur Geschichte der Erlösung, das seines nationalen Bewußtseins zur germanischen Vergangenheit und dann nach der Revolution die Sehnsucht nach der Verwirklichung freierer Ordnungen der Gesellschaft. So steht er am

---

[1] Entstanden zwischen 1895 und 1911; vgl. L 37, Vorwort.

Beginn unserer modernen Dichtung, eine große, heroische Natur, welche darauf gerichtet war, die Dichtung zu dem Leben der Nation an den entscheidenden Punkten, an denen dies Leben am tiefsten vibrierte, in innere Beziehung zu setzen. Nicht ohne Bewegung kann man heute die Gedichte lesen, in denen er – den Siebzigern sich nähernd und dann darüber hinaus – mit dem Feuer des Jünglings den großen Angelegenheiten der Menschheit folgt, die damals in der Revolution sich abspielten. Ebenso alt war Kant, als er mit demselben Jugendenthusiasmus den großen Prozeß um die Freiheit in Frankreich verfolgte. Und überall überschreitet diese jünglingshafte, von Idealen erfüllte Natur jede Erfüllung derselben, die ihm in der Wirklichkeit entgegenkam. Seinem Gefühle genügt keine Erscheinung. Dies war der Grundzug seiner Religiosität, welche in die Transzendenz die Befreiung verlegt. Und es war entscheidend für die Entwicklung seines nationalen Gefühls in die Jenseitigkeiten Altgermaniens und einer unfaßlichen Zukunft.

[...]

Die ungestüme nordische Natur Klopstocks, in welcher jede Vorstellung, jede Anschauung ins Unbestimmte, Unaussprechbare sich erweitert, fand ihren direkten Ausdruck in seiner Lyrik. In ihr zuerst ist in der Geschichte unserer neueren Dichtung der Mensch eins mit dem Dichter; in unerhörter Kühnheit stellt er seine Persönlichkeit, sein Lieben, sein Leiden, seinen Anteil an den großen Weltbegebenheiten vor die Öffentlichkeit hin. Dies war eben dadurch bedingt, daß das Gefühl seiner großen Mission als Dichter des *Messias* das Bewußtsein seiner persönlichen Würde steigerte. Das Gefühl seiner Genialität, der Stolz einer vornehmen Persönlichkeit verschmolzen hiermit in ihm. So wurde er der Schöpfer der höheren Lyrik in Deutschland.

Die ganze Lyrik der voraufgehenden Zeit, die durch das Prinzip der Regulierung von Gefühl und Leidenschaft durch den Verstand bestimmt war, wird durch den neuen Ton und Gehalt seiner Poesie überwunden. Sie war der berechtigte Ausdruck einer Epoche gewesen, über die er nun hinausschreitet. So knüpft er direkt an Pindar und Horaz als die Schöpfer der großen lyrischen Form an. Die Nation, der Hermann, Luther und Leibniz angehörten, soll im Gesang nur den „Griechengesang" als Vorbild achten. Doch auch über diesen findet der Sänger sich erhaben durch die Religion und das Herz. Zumal in seiner letzten Periode, in welcher die Beschäftigung mit dem deutschen Altertum sein germanisches Selbstgefühl steigerte, spricht er die Überlegenheit des „kühneren, deutscheren Odenflugs", der „wie der Adler zur Wolke itzt steigt, dann herunter zu der Eiche Wipfel sich senkt", mit stolzer Härte aus. Sie ist ihm in unserer Sprache gegründet. Deutschland widerstand der römischen Eroberung und bewahrte so seine ursprüngliche Sprache. Eben darum hebt er Armin immer hervor. Er fühlt sich selbst als Wiederentdecker ihres ursprünglichen Gefühls und ihrer Kraft. Diesen Gedanken hat dann Fichte in seinen Reden an die deutsche Nation aufgenommen.

[...]

[...] Nun schreitet der Dichter vorwärts auf der Höhe seiner Kraft zu seiner größten Erfindung: er löst die Strophen auf. Diese Erfindung erregte sofort die Aufmerksamkeit der beiden berufensten Kritiker der Zeit, Lessings und Herders.

„Die Empfindungen des Dichters“, sagt Lessing, „scheinen sich von selbst in symmetrische Zeilen geordnet zu haben, die voller Wohlklang sind, ob sie gleich kein bestimmtes Silbenmaß haben“. Es ist „eine künstliche Prosa, in alle kleinen Teile ihrer Perioden aufgelöst, deren jeden man als einen einzelnen Vers eines besonderen Silbenmaßes betrachten kann“. Herder fand in ihr die natürlichste und ursprünglichste Poesie. Der dithyrambische Dichter zerreiße das gewöhnliche Strophenmaß, welches das Gefühl wie die Abfolge von Paragraphen einschränke. Beide aber haben sofort die Bedeutung dieser neuen Erfindung über die Lyrik hinaus für das Drama und die musikalische Komposition erfaßt. „Ich wollte“, sagte Lessing, „noch weitergehen, und diese freie Versart sogar für das Drama empfehlen. Wir haben angefangen, Trauerspiele in Prosa zu schreiben. Dieses neue Maß würde alle Vorteile hiervon mit Symmetrie und Wohllaut verbinden.“ Und Herder sieht schon, wie dies Versmaß den Wechsel zwischen ruhiger Exposition, heftigen kurzen Doppelgesprächen und höchstem tragischen Affekt ermöglichen werde. Diese Voraussagungen sind dann durch Goethe im *Faust* wahrgemacht worden. Und wenn beide, Lessing und Herder, es auch für das musikalische Drama empfehlen, so hat Richard Wagner in seinen größten Musikdramen auch diese Voraussage erfüllt. [...]

(L 37, S. 301 - 302, 317 - 318 u. 321)

V, 3 Hermann August Korff

Aus: *Geist der Goethezeit* (1923)

[...]

Man braucht literarisch Gebildeten heute nicht mehr auseinanderzusetzen, daß der *Werther* nicht in dem gewöhnlichen Sinne die Geschichte einer unglücklichen Liebe, sondern die Darstellung eines Menschenschicksals ist, das sich nur zufällig in der Geschichte einer unglücklichen Liebe erfüllt, aber sich schließlich auch an einem andern Konflikte der Seele mit der Welt erfüllen könnte. Und doch hat das Motiv der ‚unglücklichen Liebe‘ eine tief symbolische Bedeutung, die man nicht wohl übersehen kann, ohne dem Ganzen jene innere Notwendigkeit zu nehmen, die man so unmittelbar gerade hier zwischen Stoff und Idee empfindet. Denn allerdings ergeben sich die Leiden des jungen Werther aus einer unglücklichen Liebe; aber es ist doch nicht bloß die unglückliche Liebe zu der im bürgerlichen Sinne ‚versagten‘ Lotte, sondern die unglückliche Liebe des seelenhaften Menschen zur Welt überhaupt, die gegenüber den unendlichen Ansprüchen des innern Gottes überall ‚versagt‘. Ja unter Bezug auf seine pantheistische Grundlage könnte man Werther wohl als eine Szene aus der unglücklichen Liebe Gottes zu seiner Welt betrachten. Jedenfalls erklärt sich der ungeheure Widerhall, den Goethes Jugendroman gefunden hat, zutiefst nicht aus seiner bloßen ‚Geschichte‘, sondern aus der Tatsache, daß sich in dieser Geschichte zum erstenmal in idealer Gestalt der faustische Menschentypus offenbart, den sie alle damals in sich fühlen und hinter dessen Existenz wegen ihres tief problematischen Verhältnisses zum Leben das dunkle Fragezeichen des Selbstmordes droht. Wenn es trotz alledem so schwer gewesen ist, sich über die tiefere Bedeutung des *Werther* bewußte Rechenschaft zu geben, so beruht das nicht zum geringsten auf der Form des Briefromans, die in ihrer rein dokumentarischen Selbstdarstellung des Helden scheinbar auf alle Fingerzeige verzichtet, wie der Dichter das Schicksal seines Helden seinerseits aufgefaßt wissen will. – Reiner als irgendeine andere Gestalt der Sturm-und-Drang-Dichtung verkörpert Werther den gotterfüllten, seelenhaften Menschen. Und weitaus deutlicher noch als im *Urfaust* wird durch ihn, worin das Wesen eines solchen besteht: in der beseelenden und beseligenden Kraft der Seele. In Werther antizipiert der Dichter, was späterhin in der Kritik der Vernunft der Philosoph in seiner ganzen transzendentalen Bedeutung entdeckt: die weltschöpferische Kraft des Subjekts. Was ist die Welt? Die Welt ist meine Vorstellung. Und die Form des Briefromans, in dem wir in der Tat nur von der Vorstellungswelt Werthers, d. h. die Welt als eine Vorstellung Werthers, erfahren, ist deshalb auf das tiefste mit dem Wesen dieser Dichtung des Subjektivismus verknüpft. Das Organ der weltschöpferischen Kraft des Subjekts aber ist ein von der Phantasie beflügeltes und von der Ahnung um die metaphysische Einheit aller Wesen getragenes Gefühl, das sich in alles einzufühlen, es zu erleben imstande ist und, weil es, wie schon das Wort sagt, *sich* in die Welt einfühlt, auch im Grunde immer nur *sich* erlebt und aus den ‚Dingen', die in den Umkreis seiner Organe gelangen, immer nur seine Welt, den objektiven ‚Gegenstand' eines subjektiven Gemütszustandes erschafft. Aber diese Welt höchster Seelenhaftigkeit ist auch eine Welt der höchsten Seeligkeit, und die Gotterfülltheit des Menschen beweist sich unmittelbar durch die Kraft zur Schöpfung einer solchen durch ihre Beseeltheit beseligenden Welt, wie sie sich in den ersten Briefen Werthers so wundervoll vor uns auftut. In diesen Briefen aber wird nun von Werthers gotterfülltem Herzen in allmählicher Steigerung nacheinander voll Seligkeit erfaßt: erst die mailiche Natur, dann der idyllische Zauber naturhaften Menschenlebens und endlich als das Letzte und Höchste ein durch die Augen der Liebe gesehenes und von der Liebe innerlich verklärtes Menschenkind, in dem sich die ganze Seligkeit der Welt gleichsam vereinigt. [...]

[...] Werther wird nicht nur in seiner Liebe zu Lotte, sondern in seiner Liebe zur ganzen Welt enttäuscht. Unter der Enttäuschung aber erlischt seine Liebe selbst, und wo vormals die von innen erleuchtete Zauberlaterne die Welt mit beseligenden Bildern erfüllte, da sieht es jetzt aus wie auf derBühne, nachdem der Vorhang gefallen und die Lichter erloschen sind. Hierfür am bezeichnendsten ist ja der Umschlag in Werthers Naturgefühl. Verklärte sich ihm im Lichte der Liebe die Natur zu einer seligen und beseligenden Gotteswelt, so hat es sich, kaum daß sich der Himmel seiner Liebe mit Wolken bedeckt hat, vor seiner Seele wie ein Vorhang weggezogen, ... und der Schauplatz des unendlichen Lebens verwandelte sich vor ihm in den Abgrund des ewig offenen Grabes. „Das volle, warme Gefühl meines Herzens an der lebendigen Natur, das mich mit so vieler Wonne überströmte, das ringsumher die Welt mir zu einem Paradiese schuf, wird mir jetzt zu einem unerträglichen Peiniger, zu einem quälenden Geist, der mich auf allen Wegen verfolgt." „Wie faßt' ich das alles (sagt er mit einem Rückblick auf die einstmals so innig gefühlte Natur) in mein warmes Herz, fühlte mich in der überfließenden Fülle wie vergöttert, und die herrlichen Gestalten der unendlichen Welt bewegten sich allbelebend in meiner Seele." Und jetzt? Nicht mehr die schaffende, sondern die zerstörende Gewalt der Natur ist es, die Werther erblickt. „Mir untergräbt das Herz die verzehrende Kraft, die in dem All der Natur verborgen liegt; die nichts gebildet hat, das nicht seinen Nachbar, nicht sich selbst zerstörte. Und so taumle ich beängstigt, Himmel und Erde und ihre webenden Kräfte um mich her! Ich sehe nichts als ewig verschlingendes, ewig wiederkäuendes Ungeheuer." Wie dem Gotterfüllten auch die Natur sich mit Gott erfüllte, so ist auch dem Gottverlassenen die Natur entgöttert. Aber da sie nur der Reflex seines Gemütes ist, so kann ihm die Welt zwar zu unendlicher Seligkeit werden, wenn sein Herz von dem Flutstrom des Göttlichen emporgetragen wird, kann aber ihm ihrerseits keinerlei Trosteskraft gewähren, wenn dem Flutstrom der Seele die innere Ebbe folgt; und sie verwandelt sich schließlich nur in die äußeren Kulissen seiner inneren Hölle. [...] Dieser Vorgang der Desillusionierung ist das typische Geschick des faustisch-wertherischen Menschen, der sich darum auch in allen möglichen Formen im Werther wiederholt. – Am deutlichsten aber spiegelt sich diese überall unglückliche Liebe der Seele zur Welt in Werthers Schicksal als Künstler. Denn Werther ist Künstler! Und nicht nur durch seine dilettantischen Versuche in der bildenden Kunst, sondern unendlich viel mehr noch durch – seine Briefe, in denen ja vor unsern Augen die Welt zu einem Zaubergarten wird und in denen die idealisierende Kraft seiner Liebe ihre höchste schöpferische Kraft erweist. Freilich, Werther kommt nicht auf den Gedanken, „eigentlich zum Dichter geboren zu sein", wie Goethe später von sich aus Italien schreibt. Seine Leidenschaft ist die bildende Kunst, als solche aber keineswegs darauf allein gerichtet, nur die äußeren Umrisse der Natur, sondern dasjenige in einer Zeichnung festzuhalten, was er beim Anblick der Natur empfindet. Sein Künstlerehrgeiz ist die Naturbeseelung und die beseelte Natur! Das heißt, wie sein ganzes Verhältnis zur Welt ein wesentlich künstlerisches ist, so ist sein ausübendes Künstlertum nur der Versuch, dieses subjektive Verhältnis irgendwie zu objektivieren, die beseelende Kraft seiner Seele irgendwie zu ‚verwirklichen'. Aber auch hier erlebt er nur die ewig wiederkehrende Enttäuschung seines Lebens, daß sich auch in der Kunst die innerste Intention der Seele nicht verwirklichen läßt. Auch das Kunstwerk bleibt in seiner Endlichkeit hinter der Unendlichkeit jener hohen Idee zurück, die dem Künstler in dem göttlichen Augenblicke der Empfängnis vorschwebt. Auch hier lauert auf die Seele die Stunde der Resignation, wenn sie nicht von vornherein durch die Unmöglichkeit, ihre Gefühle ganz aufs Papier zu bringen, zu jedem künstlerischen Versuch entmutigt wird. Werther insbesondere gehört zu diesen von vornherein entmutigten Künstlern, die vor der Innigkeit ihrer inneren Gesichte verzweifeln, mehr als tote Umrisse auf dem Papier festzuhalten. „Noch nie war ich glücklicher, noch nie war meine Empfindung an der Natur, bis aufs Steinchen, aufs Gräschen herunter, voller und inniger; und doch – ich weiß nicht, wie ich mich ausdrücken soll – meine vorstellende Kraft ist so schwach, alles schwimmt und schwankt so vor meiner Seele, daß ich keinen Umriß packen kann.“ Aber er kann keinen Umriß packen, weil er nicht bloße Umrisse, sondern in diesen Umrissen etwas Seelisches sieht, das mit den bloßen Umrissen nicht mehr zu packen ist.

Es ist nun im *Werther* wie im *Faust:* Was sich in der Dichtung im großen als ein einmaliger Wechsel der Stimmung abspielt, das ist ein im kleinen immer wiederkehrender Rhythmus des Lebens, den Werther selbst aus langer Erfahrung schmerzlich kennt und der deshalb seinen Reflex in weltschmerzlichen Reflexionen findet, die von Anfang an und auch da schon seine Briefe durchziehen, wo sie seine gehobene Stimmung widerspiegeln. Von vornherein ist der Werther das Selbstporträt eines Künstlers, wie dasjenige Böcklins, dem der geigende Tod über die Schulter sieht. Denn dem müssen ja die Stimmen des Todes wie eine geheimnisvolle Lockung im Ohre klingen, den die Enttäuschungen des Lebens dem Leben selber allmählich entfremdet haben. Werther aber ist, unterhalb seines ewigen Schwankens zwischen Weltseligkeit und Weltschmerz, im ganzen eben dadurch der dem Leben innerlich entfremdete Mensch, der dem Tode unaufhaltsam in die Arme treibt, weil er mehr und mehr den Zusammenhang mit dem Leben verliert. – [...]

(L 133, Bd. I, S. 306 - 307 u. 310 - 313)

V, 4 Rudolf Unger

Aus: *Herder, Novalis und Kleist* (1922)

[...]
„*Der Prinz von Homburg*“, so beginnt Hebbel seine bekannte Beurteilung des Dramas, „gehört zu den eigentümlichsten Schöpfungen des deutschen Geistes, und zwar deshalb, weil in ihm durch die bloßen Schauer des Todes, durch seinen hereindunkelnden Schatten erreicht worden ist, was in allen übrigen Tragödien ... nur durch den Tod selbst erreicht wird: die sittliche Läuterung und Verklärung des Helden. Auf dieses Resultat ist das ganze Drama angelegt“*. Das wird erwiesen durch eingehende Analyse der seelischen Entwicklung Homburgs, die zum Teil Gedanken des Hebbelschen Jugendaufsatzes *Über Theodor Körner und Heinrich von Kleist*** wieder aufnimmt. Im Sinne unseres Themas und des bisher Dargelegten dürfen diese Betrachtungen Hebbels in folgender Richtung weitergeführt, zugleich aber auch modifiziert werden:

Homburgs innere Entwicklung erscheint, insofern die Rückwirkung des drohenden Todes auf die Seele des Helden ihr mächtigster Hebel ist, als ein Seitenstück des Guiskard-Dramas, wie dessen vermutlicher innerer Fortgang oben erschlossen

* *Österreichische Reichszeitung* 1850; jetzt bei Werner 11, 323 [= Hebbel, Friedrich: *Sämtliche Werke. Historisch-kritische Ausgabe.* Bes. v. Richard Maria Werner. Abt. 1 Bd. 1 - 15, Berlin 1903 - 20].

** Geschrieben 1835 für den *Wissenschaftlichen Verein von 1817;* Werner 9, 31ff.

wurde. Hier wie dort handelt es sich um einen Todgeweihten – ob vermeintlich oder wirklich: der psychische Reflex ist der nämliche – den die verzweifelte Lage zu extremen Entschlüssen treibt; hier wie dort bäumt sich der Lebenstrieb mit allen Kräften gegen das nahende Verhängnis auf; hier wie dort beseitigt das Außerordentliche und unerbittlich Drängende der Situation alle Hemmungen moralischer Bedenken und schafft den elementarsten Wesenstendenzen freien Lauf. Die solchergestalt bloßgelegten innersten Motive des Handelns sind nun freilich in einem und dem anderen Falle sehr verschiedener Art: bei Guiskard ungemessener Wille zur Macht; bei Homburg der animalische Selbsterhaltungstrieb des jungen, im frischesten Safte stehenden Lebens. Gerade angesichts der Einwände, die immer wieder gegen die hemmungslosen Äußerungen dieser Todesfurcht des Prinzen erhoben worden sind, scheint es mir geboten, [...] die organische Bedeutung der Eingangs- und der ihr entsprechenden Schlußszene des Stückes für die Charaktermotivierung Homburgs zu betonen. Homburg ist eben kein kriegerischer „Held" im landläufigen Sinne: er stellt sich vielmehr, gleich Goethes Egmont, als visionäre Phantasienatur dar, die sich wohl jubelnd in den Rauschtod der Schlacht zu stürzen vermag, die aber auch die Schauer und Schrecken des vollbewußten, langsamen, durch äußere Gewalt erzwungenen Sichlosreißens vom warmen Leben, von der „süßen Gewohnheit des Daseins" mit der ganzen Vergegenwärtigungs- und Empfindungsfähigkeit hochgesteigerter seelischer Intensität in sich durchlebt. Das ist kein überflüssiges romantisches Beiwerk, wie Hebbel will; das ist, so wurde oben gezeigt, die eigenste Erfahrung des Dichters, dem eben dieser Dualismus, freilich in der noch weit schärferen Zuspitzung des Widerspruchs zwischen immer erneuter Versuchung zum Tode durch eigne Hand und dann doch wieder scheuem Zurückbeben vor der unvermutet drohenden Vernichtung, längst zum quälenden persönlichen Problem geworden war[†]. Im Grunde liegt hier freilich gar kein eigentlicher Widerspruch vor; denn die Geringschätzung des Lebens als solchen, des Lebens als bloßer Form, ist bei schöpferischen Naturen wie Kleist nur die Kehrseite, das Korrelat des Bedürfnisses intensiver Lebenserfüllung, welch letzteres den instinktiven Abscheu vor äußerer Lebensbedrohung notwendig in sich schließt. Und auch die viel angefochtene Maßlosigkeit, mit der sich die Todesfurchtdes Prinzen äußert, entspricht lebenstreu der psychologischen Besonderheit des plötzlich aus dem Himmel seiner Illusionen in rauheste Erdenwirklichkeit versetzten Phantasiemenschen, der, ethisch noch ungefestigt und haltungslos, nun mit nicht minderer Wollust in Vorstellungen und Hyperbeln ausgesuchter Selbstentwürdigung und Selbstqual schwelgt wie zuvor in ehrgeizigen Träumen naiver Selbstvergötterung. Ein ähnlich jäher Wechsel, wenn auch, dem klassizistischen Stil entsprechend, in gedämpfteren Tönen, ist ja auch Goethes Tasso nicht fremd.

Eben diese Stunde tiefster Selbsterniedrigung des Prinzen aber bildet, wie Hebbel mit Recht hervorhebt, die unmittelbare und unerläßliche Voraussetzung seines inneren Aufstiegs. Aus dem Todgeweihten wird – und hier sehen wir uns nun vom

[†] Vgl. oben [= L 303, S. 92 - 109].

Problemkreis des *Guiskard* zu dem der *Penthesilea* weitergeführt – ein Todeseiferer. Und wie dort vollzieht sich diese Entwicklung durch ein Hinüberwachsen des Todesproblems aus der ästhetischen in die ethische Sphäre. Nur daß hier dieser Prozeß nun nicht mehr in der, wenn auch von mystisch fernem Hoffnungsstern verklärten Mortifikation des Lebenswillens und Glücksverlangens endet, sondern zwar durch solche hindurch, zugleich aber über sie hinausführt zur inneren Überwindung auch des Todes, zur ethischen Wiedergeburt. Noch energischer als in der Penthesileatragödie hat der Dichter hier den seelischen Prozeß auf wenige symbolische Momente – und zudem wie großartig lakonische! – zusammengedrängt. Zunächst der wortkarg-verhaltene Monolog, einer der grandiosesten Kleists, nach des Prinzen Rückkehr ins Gefängnis: „Das Leben nennt der Derwisch eine Reise ...“, der in seiner skeptischen Nachdenklichkeit die bisherige Allgewalt der naiven Lebensinstinkte bereits in Frage gestellt zeigt. Dann die erhabene Peripetie, der Durchbruch des sittlichen Geistes durch die sinnliche Natur: die Selbstverurteilung des zum Richter über die eigene Tat Aufgerufenen in Gegenwart der unter Zittern bewundernden Geliebten. Hier ist es wiederum bezeichnend für das Wesen des Phantasiemenschen, daß sich der neue, tiefere Heroismus Homburgs entzündet und aufrichtet an dem zugleich beschämenden und erhebenden Vorbilde des Kurfürsten, dessen Großmut er sich nicht als Unwürdiger erweisen darf. Wir kennen aus anderen Dichtungen, den *Schroffensteinern,* der *Hermannsschlacht,* vor allem dem *Kohlhaas,* Kleists unbeugsamen Rechtssinn als ein Grundelement seiner sittlichen Persönlichkeit. Dieser natürliche Rechtssinn, verbunden mit edlem Stolze und geläutert zu männlichem Verantwortlichkeitsgefühl, wird auch seinen Helden zum Vermittler des tiefsten ethischen Erlebnisses, des Bewußtseins schwerer Schuld und des ernsten Willens zu ihrer Sühnung. Wie diese sich vollziehen soll, mag sich dabei des Prinzen klarer Vorstellung zunächst immer noch entziehen. Erst im letzten Akt gibt ihm die Revolte der Offiziere Gelegenheit, jenem Schuldbewußtsein durch den Entschluß zu freiem Opfertod im Dienste der überpersönlichen Idee des Gesetzes und Staates oder der sittlichen Gemeinschaft überhaupt Genüge zu tun und damit „den Feind in uns, den Trotz, den Übermut“ endgültig zu überwinden. Dabei ist es wieder ein Meisterzug, wie der Anblick des ihm bestimmten Grabes, der zuvor den noch in sinnlicher Lebensgier Befangenen zum Äußersten der Entwürdigung getrieben hatte, nunmehr die Opferbereitschaft des Todesreifen nur bestärkt und vertieft. „Versöhnt und heiter“ schließt Homburg die Rechnung mit der Welt ab, mit seiner letzten Bitte noch des Wohles der ihm Nächststehenden eingedenk.

„Wenn ich zehn Leben hätte, könnt' ich sie besser brauchen nicht als so“, hatte der Prinz nach der Fehrbelliner Schlacht, beim Anhören der bedeutsam in das Drama eingeflochtenen Erzählung vom heldenmütigen Opfertod des Stallmeisters Froben, ausgerufen. Der Tod, dem er freiwillig entgegengeht, ist ein Opfertod in um so viel höherem Sinne, als der einsame Märtyrertod für eine Idee sittlich höher steht denn der Schlachtentod des Soldaten. Kennt doch unsere arme Erde überhaupt nichts Höheres als solche freiwillige Hingabe des Lebens an die Idee. Oder vielmehr: eben durch solche Hingabe wächst der Mensch über das Irdische und seinen Gegensatz von Leben und Tod als über ein bloß Natürliches und daher im Grunde nur Scheinhaftes hinaus. Diese Einsicht als persönliches Erlebnis und ihre dichterische Gestaltung im *Homburg* stellt die letzte Folgerung und die Krönung des Kleistischen Ringens mit dem Todesproblem dar. Philosophisch hat diesem Gedanken in Kleists Tagen niemand machtvolleren und tiefsinnigeren Ausdruck gegeben als Fichte, und zwar in eben jener Schrift, deren Lektüre nach Cassirers Nachweis[††] so bedeutsam in die seelische Entwicklung der Frühzeit des Dichters eingegriffen hat, in der „Bestimmung des Menschen". [...]

(L 303, S. 134 - 137)

[††] Vgl. oben Anm. 21 [= Ernst Cassirer: *Heinrich von Kleist und die Kantische Philosophie* (Philosophische Vorträge, veröffentlicht von der Kantgesellschaft, N. 22) Berlin 1919. Jetzt auch in Cassirers Buch *Idee und Gestalt. Fünf Aufsätze*, Berlin 1921]. Cassirer selbst (S. 48ff. seines Vortrages) verweist, wie die anderen Kleistforscher, gerade für den *Homburg* nur auf Kant und dessen Freiheitslehre.

VI. Sozialgeschichtliche Literaturwissenschaft

1. Marxistische Literaturtheorie

Wie Karl Marx durch die materialistische Geschichtsphilosophie die idealistische Philosophie Hegels umkehrte (vom Kopf auf die Füße stellte, wie er glaubte), so läßt sich auch die marxistische Literaturtheorie als eine Umkehrung der idealistischen (‚geistesgeschichtlichen') Literaturauffassung, die im wesentlichen auf Hegel zurückgeht, ansehen. Die Gemeinsamkeiten sind erheblich: Hier wie dort wird Literatur nicht als ein isoliertes geistiges Phänomen betrachtet, sondern in einen Zusammenhang gebracht, der alle Erscheinungen des geistigen Lebens umfaßt und jeweils repräsentativ ist für den Entwicklungsstand der Geschichte überhaupt. Hier wie dort wird also Literatur der Totalität der Geschichte zugeordnet, und Literaturwissenschaft ist nichts anderes als Teil der umfassenden **Geschichtswissenschaft.** Hier wie dort erscheint die Geschichte als eine dem dialektischen Prinzip unterworfene, notwendig fortschreitende Bewegung. Doch die Unterschiede sind nicht weniger erheblich: Geschichtswissenschaft wird in dem einen Fall als Geisteswissenschaft, in dem anderen als Gesellschaftswissenschaft definiert; werden hier politisch-soziale Verhältnisse mit ihren materiellen Bedingungen zum Parameter des Geschichtsprozesses, so wird dort der Geist (das Bewußtsein) als das in erster und letzter Instanz Bestimmende dieses Prozesses angesehen.

Die marxistische Literaturwissenschaft wahrt in der Regel – anders als die Geistesgeschichte – den unmittelbaren Zusammenhang mit ihren geschichtsphilosophischen Grundlagen. Die Philosophie des Marxismus ist **der dialektische und historische Materialismus;** dieser bildet mit der politischen Ökonomie und dem wissenschaftlichen Sozialismus eine untrennbare Einheit. – Karl Marx hat im Vorwort seines Werks *Zur Kritik der politischen Ökonomie* (1859) die Hauptgedanken des historischen Materialismus zusammenfassend dargelegt (vgl. Text-Beispiel VI,1): Nicht das Bewußtsein (der Geist) der Menschen bestimme ihr Sein, sondern umgekehrt: das gesellschaftliche Sein bestimme das Bewußtsein, d.h. alle Weisen des geistigen Lebens seien abhängig von gesellschaftlichen Verhältnissen, die sich als notwendige Produktionsverhältnisse darstellen, die sich also dem Willen (Bewußtsein) des Menschen entziehen. Das bedeutet nicht, daß Ideen ohne Einfluß auf den Gang der Geschichte sind, sondern nur, daß hinter ihnen materielle Triebkräfte wirksam sind. Das **Basis-Überbau-**Grundmodell behält seine Gültigkeit, auch wenn aus ihm kein Ursache/Wirkungs-Schema ableitbar ist. Die marxistische Dialektik als die Theorie von den Zusammenhängen zwischen Materie und Bewußtsein und deren Bewegungsprinzipien nimmt ihren Ausgang stets von der ‚objektiven' Existenz der Materie, wie sie in der materiellen Einheit der Welt ihren Ausdruck findet. Die These vom Primat des Seins (der Materie, der Natur) gegenüber dem Bewußtsein (dem Geist, den Ideen) als Formel für die ‚wissenschaftliche Weltanschauung' des Materialismus liegt der Einsicht in die ‚objektiven' Gesetzmäßigkeiten der Natur, der Gesellschaft und des Denkens zugrunde, nach denen nicht nur die Erklärung der Welt, wie sie ist, sondern auch die Voraussage, wie sie sein wird, theoretisch möglich erscheinen; damit lassen sich praktische Handlungsanleitungen, die auf der Einheit von Theorie und Praxis basieren, gewinnen.

Der historische Materialismus, so heißt es in dem von Georg Klaus und Manfred Buhr herausgegebenen *Philosophischen Wörterbuch* (L 330, Bd. 2, S. 686), „geht vom wirklichen Lebensprozeß der Menschen, von ihrer praktischen Lebenstätigkeit aus, die er vor allem als Praxis des materiellen Produktions- und Reproduktionsprozesses sowie des Klassenkampfes und der sozialen Revolution versteht [...]." Der historische Materialismus hat es also mit der Geschichte der Menschen, genauer: der gesellschaftlichen Verhältnisse, durch die Menschen bestimmt werden, zu tun; diese Verhältnisse werden ständig verändert, weil sich die materiellen Bedingungen des Lebens ändern; die Veränderungen pflegen gewaltsam vor sich zu gehen, weil beharrende und fortschrittliche Kräfte in Widerstreit treten; diese Kräfte repräsentieren in der Regel soziale Klassen. – „Die Geschichte aller bisherigen Gesellschaft ist die Geschichte von Klassenkämpfen." Mit dieser Feststellung beginnt das 1. Kapitel des im Februar 1848 erschienenen *Manifests der Kommunistischen Partei* von Marx und Engels. Es fährt fort: „Freier und Sklave, Patrizier und Plebejer, Baron und Leibeigner, Zunftbürger und Gesell, kurz Unterdrücker und Unterdrückte standen in stetem Gegensatz zu einander, führten einen ununterbrochenen, bald versteckten bald offenen Kampf, einen Kampf, der jedesmal mit einer revolutionären Umgestaltung der ganzen Gesellschaft endete, oder mit dem gemeinsamen Untergang der kämpfenden Klassen." – Die Verfasser ließen die ‚eigentliche' Geschichte also mit

Unterdrückung und damit auch die ‚eigentliche' Gesellschaft erst jenseits der Urgesellschaft beginnen, in der eine Teilung in Klassen nicht möglich war, weil die Unentwickeltheit der Arbeitsmittel den Einzelnen auf Alle angewiesen sein ließ: Das Gemeineigentum und die gemeinschaftliche Produktion waren Voraussetzungen zum Überleben. Der Kampf begann in der antiken Sklavenhaltergesellschaft, die sich in Herren und Sklaven, Besitzende und Besitzlose teilte – eine Folge der Entwicklung der **Produktivkräfte** und der damit verbundenen erhöhten Arbeitsproduktivität: Die Schaffung neuer **Produktionsmittel** (Werkzeuge) förderte die Produktivkräfte, also die mit diesen Produktionsmitteln tätigen Menschen, so daß der Wert der geleisteten Arbeit wuchs; die Produktivkraft Mensch schuf ein größeres Produkt, als der Mensch herstellen mußte, um leben zu können; das über das Lebensnotwendige hinaus Produzierte konnte, auf dem Wege des Tauschs, in Eigentum verwandelt werden. Das Eigentum an Produktionsmitteln erlaubte es, andere Menschen für sich arbeiten zu lassen; der Verkauf ihrer Arbeitskraft sicherte diesen den Unterhalt; die Steigerung der Produktivität vermehrte den Reichtum derer, denen die Produktionsmittel gehörten. So also bildeten sich die **Klassen** der Ausbeuter und der Ausgebeuteten heraus. Der Begriff der Klasse bezeichnet eine Gruppe von Menschen, die durch die gleiche Beziehung zur Organisation der Arbeit, d. h. durch die gleiche Position im System der Produktion festgelegt sind. Dabei sind die Hauptklassen stets Klassenfeinde: Der Unterdrückte wehrt sich gegen den Unterdrücker. Die Herausbildung der antagonistischen Hauptklassen vollzog sich in einem allmählichen historischen Prozeß, der über die antike und die mittelalterliche Ständegesellschaft zur modernen kapitalistischen Gesellschaft führte, in der sich die Klasse der Bourgeoisie und die des Proletariats unversöhnlich gegenüberstehen. Die bestehenden **Produktionsverhältnisse** sind dadurch gekennzeichnet, daß die Klasse derer, die im Besitz der Produktionsmittel sind, die mittellose Klasse der Lohnarbeiter ausbeutet. Doch die Verhältnisse, die sowohl die Eigentumsverhältnisse wie den Entwicklungsstand der Produktivkräfte kennzeichnen, können nicht konstant bleiben, weil sich die Produktionsmittel auf Grund des technischen Fortschritts fortwährend ändern, die Produktivkräfte also neu bestimmen und dadurch auf die Produktionsverhältnisse einwirken. Eine höhere Gesellschaftsform wird, wenn ihre Bedingungen „im Schoße der alten Gesellschaft selbst ausgebrütet worden sind" (vgl. Text-Beispiel VI, 1), zwangsläufig verwirklicht; das kann auf dem Wege der Revolution geschehen.

Für die moderne kapitalistische Welt bringt, nach marxistischer Doktrin, der Fortgang der Geschichte die Auflösung: die Abschaffung des Privateigentums und damit die Schaffung eines die Interessen der Proletarier vertretenden **Sozialismus** als einer Vorstufe der klassenlosen Gesellschaft im vollendeten **Kommunismus.** Der proletarische Klassenkampf, der zum Sieg über die Bourgeoisie führen werde, wird als historische Notwendigkeit angesehen und sei daher, wo die Kampfmittel (politischer, organisatorischer und ideologischer Art) es erlauben, mit Nachdruck zu führen.

Das Ziel heißt: Selbstverwirklichung des Menschen durch die unmittelbare Erfahrung seiner gesellschaftlich sinnvollen Tätigkeit, mit der er Gegenstände produziert, die ihm selbst gehören, die Teil seiner selbst sind: ‚menschliche' Gegenstände, in menschlicher Arbeit, d. h. frei geschaffen. Es geht um die Aufhebung einer durch den Arbeitsteilungsprozeß begünstigten **Entfremdung** des Menschen von seiner Arbeit, d. h. von sich selbst. Die Einheit von Natur, Person und Gesellschaft soll wiederhergestellt werden. Damit das Ziel erreicht werden kann, müssen diejenigen, denen die historische Aufgabe seiner Verwirklichung gestellt ist, zur Erkenntnis der gesellschaftlichen Realität und zur Einsicht in die Notwendigkeit ihrer Veränderung gebracht werden.

Eine Klassengesellschaft wie die kapitalistische ist u. a. dadurch gekennzeichnet, daß sie durch **Ideologie** Erkenntnisse vereitelt: sie verfestigt durch ein sich selbst rechtfertigendes System von politischen, moralischen, philosophischen, künstlerischen Anschauungen falsches Bewußtsein, das über die tatsächlichen gesellschaftlichen Verhältnisse hinwegtäuscht, obwohl es Ausdruck dieser Verhältnisse ist. Ideologie ist nicht allein das falsche Bewußtsein Einzelner, sondern eine Art ‚Zeitgeist', der aus materiellen Bedingungen erwächst und diese, indem er sich anscheinend über sie erhebt, zu rechtfertigen unternimmt. Nur eine Änderung der ökonomischen Verhältnisse kann hier Abhilfe, d. h. den Abbau von Ideologie bringen. Der Klassenkampf wird also in erster Linie ökonomisch begründet werden müssen, und zwar besonders von denen, die erkannt haben, daß gesellschaftliche Arbeit nicht unbedingt zu einem fremden Gegenstand, zur Ware, führen muß, daß der **Warenfetischismus** der bürgerlichen Welt kein unabweisbares Verhängnis ist. Diese Erkenntnis freilich setzt bewußtseinsbildende Erfahrung mit der ‚Wahrheit', d. h. mit umgekehrter Ideologie, also auch mit anderen als den herrschenden gesellschaftlichen Verhältnissen voraus. Diese Erfahrung kann aus dem Spannungspotential zwischen Produktivkräften und Produktionsverhältnissen gewonnen werden; sie kann aber ebensogut durch andernorts bereits fortgeschrittene gesellschaftliche Verhältnisse vermittelt werden; dann wird der Klassenkampf auch mit politischem Druck zu führen sein und den ‚bürgerlichen' Staat um so mehr bedrängen. – Bei der Frage, auf welche Weise Machtstrukturen und kapitalistisch-imperialistische Machenschaften durchschaubar gemacht werden können, richtet sich der Blick auf jene, die seit altersher als Interpreten der Welt gelten: auf die des Gedankens und des Wortes Mächtigen; zu ihnen zählen auch die Schriftsteller.

Die Literatur ist ein Überbauphänomen; sie gehört zur Gesamtheit jener ‚gesellschaftlichen Ideen', die für eine bestimmte Gesellschaftsform charakteristisch sind, die auf den jeweiligen materiellen (ökonomischen) Verhältnissen basiert. Zwischen Basis und Überbau bestehen notwendige Wechselverhältnisse, dialektische Beziehungen, die – wie die Weiterentwicklung von Produktionsmitteln – zu den Voraussetzungen des geschichtlichen Fortschritts gehören. Literatur spiegelt und befördert den historischen Fortschritt. Die Position des Marxismus ist in dieser Hinsicht eindeutig.

Im März 1859 schickte Ferdinand von Lassalle sein Ritterdrama *Franz von Sickingen*, zusammen mit einer Abhandlung über die tragische Idee, an Marx und Engels. Das Drama war als Revolutionsdrama gedacht, es sollte Licht auf die gescheiterte Revolution von 1848 werfen; der unlösbare Widerspruch zwischen Revolutionsbegeisterung und kluger Berechnung der Ausführung revolutionärer Taten sollte dargestellt und analysiert werden: Das große Wollen scheitert an der Unzulänglichkeit der Einzelnen. – Marx und Engels haben an Lassalles Geschichtsauffassung und also an seinem Drama massive Kritik geübt: Das Scheitern der Revolution sei nicht auf Sickingens Klugheit zurückzuführen, sondern auf den Umstand, daß dieser von der Geschichte bereits der notwendig untergehenden Klasse zugewiesen worden sei; so äußerte sich u. a. Marx (s. Text-Beispiel VI, 2). Engels Einwände waren ebenfalls grundsätzlicher Art: Es sei zu wenig von den plebejischen, den bäurischen Elementen die Rede, zu wenig also von dem Fortschritt, der sich ankündigte, als die Adelsbewegung scheiterte.

> Die Durchsetzung der nationalen Adelsrevolution war [...] nur möglich durch eine Allianz mit Städten und Bauern, besonders den letzteren; und darin liegt meiner Ansicht nach grade das tragische Moment, daß diese Grundbedingung,

> die Bauernallianz, unmöglich war, daß die Politik des Adels daher notwendigerweise eine kleinliche sein mußte, daß im selben Moment, wo er an die Spitze der nationalen Bewegung treten wollte, die M a s s e der Nation, die Bauern, gegen seine Leitung protestierten, und er so notwendigerweise fallen mußte.
>
> (L 176, Bd. 1, S. 186)

Lassalle habe sich, so kritisiert Engels, zu sehr von Schillers Idealismus verleiten lassen; es fehle die eindeutige realistische Sicht der Dinge.

Historische Tragödien erfordern die Tragik des Historischen, d. h. das notwendige Scheitern einer historisch notwendigen Bewegung, die sich nicht durch beliebige Individuen, sondern allein durch Repräsentation fortschrittlicher Klassen (oder Stände) anschaulich machen läßt. Literatur, die sich mit der Vergangenheit auseinandersetzt, hat dies stets im Auge zu behalten: Geschichte ist Geschichte der Klassenkämpfe; Privatschicksale müssen in ihrem Bezug zur ‚objektiven' (Klassen-)Wirklichkeit dargestellt werden, wenn sie sich dadurch auszeichnen wollen, **realistisch** zu sein.

Realistisch zu sein, lautet eine Forderung der Marxisten an die Literatur. Die Forderung erscheint aber nur erfüllbar, wenn der Schriftsteller „aus der tiefen Erkenntnis der weltgeschichtlichen Umwandlungen der Gesellschaft seine Kraft schöpft", wie es Georg Lukács formuliert hat (L 162, S. 100). Der Schriftsteller ist Kenner der Geschichte, sofern er seine Aufgabe erfüllt, klassenbewußt zu handeln. Aber er registriert nicht nur, was war, sondern stellt auch dar, was ist, was sein wird und sein soll; um die Rückkopplung zur gesellschaftlichen Praxis, von der er ausging, stets bemüht; diese deutend und korrigierend.

Realistische Literatur spiegelt nicht nur die Dinge und Verhältnisse wider, wie sie erscheinen, sondern enthüllt auch ihr Wesen, das sich in ihrer Funktion zu erkennen gibt. Dabei steckt die materialistische Weltanschauung den Rahmen ab, in dem der Schriftsteller agieren soll. – L'art pour l'art? Die Kunst als Selbstzweck? Dann wäre sie der höchste Ausdruck der Entfremdung des Menschen im Spätkapitalismus. – Im Sozialismus hingegen wird Literatur „mit Notwendigkeit zum Mittel, durch welches der vergesellschaftete Mensch sich erst wirklich als ein eigener Zweck begreift: In der Kunst – und zwar produktiv wie rezeptiv – bejaht der Mensch seine gesellschaftliche Existenz mit a l l e n seinen Sinnen." So hat es Claus Träger gesagt (vgl. L 299, S. 26).

Der **sozialistische Realismus** spiegelt die Errungenschaften des Sozialismus wider und verdeutlicht seine Tendenzen; wo er im Vorgriff auf das

Zukünftige utopisch wird, behält seine Darstellung, sofern sie der sozialistischen (marxistischen) Geschichtsauffassung entspricht, Gültigkeit: Die **konkrete Utopie** kann eine besonders entwickelte Stufe realistischer Kunst bedeuten; sie beweist sich als Zeugnis eines beharrlichen Geschichtsoptimismus. Daß sie nur im konstruierten Modell erscheinen kann, zeigt, wie das Individuelle gegenüber dem Typischen zurücktritt; nur dieses behauptet sich als konkret, gleichsam als die zu benennende Geschichtsmächtigkeit.

Der sozialistische Mensch ist ‚vergesellschaftet' : das zu sein, erkennt er als sinnvoll an; diese Einsicht zu bestärken, ist die Hilfe der Kunst geeignet. Der Schriftsteller sollte vergewissert sein: Jeder Geschichtsmoment ist, da er notwendig ist, im Typischen erfaßbar; der Sozialismus wird realistisch erfaßt, indem er als Typ des historischen Fortschritts plausibel gemacht wird.

Georg Lukács hat den Zusammenhang zwischen realistischer Schreibweise und Darstellung des **Typischen** fast formelhaft so bestimmt: „Die zentrale Kategorie und das Kriterium der realistischen Literaturauffassung: der Typus in bezug auf Charakter und Situation ist eine eigentümliche, das Allgemeine und das Individuelle organisch zusammenfassende Synthese." (Vgl. Text-Beispiel VI, 5.) Bertolt Brecht hat auf einen anderen Zusammenhang, in dem realistische Literatur zu sehen ist, hingewiesen: „R e a l i s t i s c h heißt: [...] vom Standpunkt der Klasse aus schreibend, welche für die dringendsten Schwierigkeiten, in denen die menschliche Gesellschaft steckt, die breitesten Lösungen bereit hält [...]" (vgl. Text-Beispiel VI, 4); d.h. die realistische Schreibweise erfordert einen klassen- und geschichtsbewußten Schriftsteller, sie fordert dessen Parteinahme für eine Politik des Fortschritts. Die Literatur muß offen **parteilich** sein. Wer sich zu einer politischen Partei bekennt, sollte auch, so sah es Lenin, von ihr in Dienst genommen werden können; er wird also, bei Bedarf, Parteiliteratur liefern (vgl. Text-Beispiel VI, 3). Für die marxistischen Literaturtheoretiker ist also nicht zweifelhaft, daß die kommunistische Partei entscheidenden Einfluß auf die in ihrem Einflußbereich entstehende Literatur ausüben muß[1]. In dem 1972 erschienenen

[1] Spätestens hier wird deutlich, daß es keine einheitlich-geschlossene marxistische Literaturtheorie geben kann, weil sich die Theorie den jeweiligen politischen und gesellschaftlichen Verhältnissen anpassen muß, hier anders als dort, heute anders als morgen. Die auf dem Boden des durch Marx und Engels bereiteten wissenschaftlichen Materialismus entstandene Ästhetik der Mehring, Benjamin, Brecht und Lukács hat für die literarische Praxis nur den Wert, den ihr die Partei

Buch *Parteilichkeit und Volksverbundenheit,* das am Institut für Gesellschaftswissenschaften beim ZK der SED entstand, heißt es klipp und klar: „Die Leitung des literarischen Entwicklungsprozesses durch die marxistisch-leninistische Partei wird bei der Gestaltung der entwickelten sozialistischen Gesellschaft das entscheidende Glied im Beziehungssystem von Literatur und Gesellschaft." (L 202, S. 16) Die Parteilichkeit, die dem Schriftsteller abverlangt werden müsse, sei „untrennbar mit dem strategischen Ziel des Kampfes der Arbeiterklasse, dem Aufbau der sozialistischen und kommunistischen Gesellschaft, verbunden und in jeder Phase des Klassenkampfes auf die Erfüllung der historischen Mission der Arbeiterklasse gerichtet." (Ebd., S. 17) Und weiter: „Die Misere und Borniertheit spätbürgerlicher Literaten besteht gerade darin, daß sie glauben, literarische Werke ohne diese feste Beziehung zu den revolutionären Prozessen schreiben zu können. [...] Der sozialistisch-realistischen Literatur ist eine solche Ignoranz der objektiven Gesetzmäßigkeiten fremd, ihre Erkenntnisquellen liegen dort, wo die Arbeiterklasse im Bündnis mit der Bauernklasse und den anderen Schichten der Gesellschaft durch ihre Arbeit den realen Humanismus verwirklicht." (Ebd., S. 41)

Der Hinweis auf das notwendige Bündnis der Schriftsteller mit den Arbeitern und Bauern führt zu einem weiteren Charakteristikum der sozialistisch-realistischen parteilichen Literatur: dem der **Volksverbundenheit** oder **Volkstümlichkeit**[2]. Für Brecht bedeutete Volktümlichkeit zuallererst: „den breiten Massen verständlich, ihre Ausdrucksform aufnehmend und bereichernd [...]" (vgl. Text-Beispiel VI, 4). Das Autorenkollektiv, das den Band *Parteilichkeit und Volksverbundenheit* schrieb, bestimmte die Richtung der dem Volk zugedachten Literatur: „Es geht bei der Volksverbundenheit und der Volkstümlichkeit der sozialistisch-realistischen Kunst von vornherein darum, die Volksmassen mit solchen Kunstwerken zu erreichen, die sich der Gestaltung revolutionärer sowie

---

zugesteht. – Die marxistische Geschichts- und Literaturauffassung schließt auch aus, daß sich eine starre literaturwissenschaftliche Methode des Marxismus herausbildet. Das jeweilige methodische Vorgehen hängt vom Stand der gesellschaftlichen Entwicklung ab; der Wechsel wird zum Prinzip. – Vgl. auch unten, S. 202 - 205.

[2] Die Begriffe ‚Volksverbundenheit' und ‚Volkstümlichkeit' werden zwar in der Regel synonym gebraucht, sollten aber doch unterschieden werden: Die Volksverbundenheit charakterisiert die Haltung des Autors, der dem Volk verbunden ist und dessen Interessen wahrnimmt. Die Volkstümlichkeit kann eine Folge seiner Volksverbundenheit sein: Das Volk honoriert seine Bemühungen; es akzeptiert ihn; es macht ihn populär.

herangereifter ideologischer, geistiger, moralischer Probleme annehmen und die in enger Beziehung zur historischen Mission der Arbeiterklasse stehen." (L 202, S. 27) Es geht also nicht um eine möglichst große Verbreitung von solcher Literatur, die dem Volk gefällt, es geht auch nicht vorrangig um ‚Demokratisierung' von Literatur, sondern um gezielte Aufklärung des Volkes im Klassenkampf.

Die Arbeiterklasse braucht **proletarische Literatur**[3], was nicht bedeutet: Literatur von Arbeitern, sondern: Literatur für Arbeiter, wobei die Grenzen zwischen Autor und Adressat so weit wie möglich verwischt werden; denn der Leser, der versteht, was er liest, sollte dahin gebracht werden können, auch zu beschreiben, was er erkannt hat. Am Beispiel der Geschichte des proletarisch-revolutionären Theaters kann gezeigt werden, welche Wirkung proletarische Kunst im Klassenkampf zu entfalten vermag und auch: welchen Widerständen sie im eigenen Lager, also innerhalb der Arbeiterklasse begegnen kann. Es hat sich herausgestellt, daß der Fortschritt in der Regel mit Rückschritten erkauft werden muß: Wie formale Entwicklungen in der bürgerlichen Kunst notwendig auf Kosten des Inhaltlichen gingen, so ließen sich neue weltanschauliche Erkenntnisse in der sozialistischen Kunst nur unter Verzicht auf adäquate – auch dem angesprochenen Publikum, also der Arbeiterklasse adäquate – ästhetische Ausdrucksmittel verbreiten. Auch das Proletariat hat einen literarischen Erwartungshorizont, der von der Tradition geprägt wird, – von der Tradition der bürgerlichen Literatur. Proletarische Literatur kommt in der Regel ohne bürgerliche Elemente nicht aus. Lenins Wort ist bekannt: „Für den Anfang sollte uns eine wirkliche bürgerliche Kultur genügen." (L 145, S. 474) Es muß bestimmt werden, was „wirkliche bürgerliche Kultur", deren Rezeption im Klassenkampf empfohlen werden kann, ist. Das vieldiskutierte Problem der Aneignung des **literarischen Erbes** ist mit dieser Forderung angesprochen.

Allgemein ist festzulegen, daß sich solche Werke der Vergangenheit zur Aufnahme vorzüglich empfehlen, die „eine bestimmte Entwicklungsstufe des Menschen, sein Ringen um den gesellschaftlichen Fortschritt, das gesellschaftliche Leben einer bestimmten Zeit, die Lebensweise gesellschaftlich progressiver Klassen und schließlich das Denken und Fühlen

---

[3] Über den Zusammenhang zwischen proletarischer – bes. proletarisch-revolutionärer – Literatur und sozialistischer Literatur kann hier nicht gesprochen werden. Er ist auf jeden Fall kennzeichnend für den jeweiligen Stand der gesellschaftlichen Entwicklung. Vgl. L 124; L 72, S. 72-86; außerdem 202 S. 151-194.

der unterdrückten Volksmassen, ihre Träume von einer besseren Zukunft, ihren revolutionären Kampf künstlerisch widerspiegeln." (E. John, L 111, S. 136–137) Es geht also darum, Spuren des Fortschritts in der Literatur der Vergangenheit zu entdecken: des Fortschritts auf dem Wege zu einer humanen, klassenüberwindenden Gesellschaft. Der Fortschritt ist in der Regel gekennzeichnet durch die Rebellion gegen Bestehendes, den versuchten Ausbruch aus gesellschaftlichen Zwängen; er beweist sich aber auch in der realistischen Schilderung der bestehenden Verhältnisse, denn diese lassen keine vorbehaltlose Affirmation zu.

Welche Bedeutung der Literatur im marxistischen Geschichts- und Menschenbild zukommt und welchem Ziel die Schriftsteller sich verpflichtet fühlen sollen, ist nicht sehr problematisch. Auf den ersten Blick mag es scheinen, als sei es – klare Vorstellungen und Anweisungen vorausgesetzt – nicht schwierig, literaturwissenschaftlich zu arbeiten. Der Schein trügt aber, denn es geht nur zum Teil um die Ermittlung von Klassenkampfpositionen, sozialistischem Frieden und individuellen Schicksalen, in denen „das wirkliche Subjekt perspektivistischen gesellschaftlichen Handelns sichtbar wird" (Cl. Träger, L 299, S. 76); es geht auch nur zum Teil um die Beurteilung der literarischen Tätigkeit als einer Arbeit, durch die sich der Mensch nicht mehr und nicht weniger selbst bestimmt (oder sogar produziert) als durch beliebige andere Arbeiten. (Alle Produktionsprozesse unterliegen ja den gleichen politisch-ökonomischen Bedingungen.) Es geht in erster Linie und hauptsächlich um die Demonstration der These, daß ästhetische Phänomene gesellschaftliche Phänomene sind, daß sie materiell fundiert sind. Das heißt: Es müßte gelingen, das Wesen von Poesie – das Poetische – in seiner Wirkung zu beschreiben, diese Wirkung auf ihre Ursachen zurückzuführen und schließlich das Vorhandensein des solcherart vorgestellten Poetischen aus seinen Bedingungen zu erklären. Die marxistische Literaturtheorie, in der keine freischwebende Intelligibilität einen Platz hat, hat sich seit altersher mit besonderer Vehemenz gegen ‚bürgerliche' Versuche gewandt, durch formale Untersuchungen – bei denen Strukturanalysen eine besondere Rolle spielen – das Auszeichnende von Literatur (die ‚Literarität') in den Blick zu bekommen; der Verdacht einer esoterischen Geheimwissenschaft, die zudem auf spät- oder neuidealistischen Positionen zu verharren schien, ließ sich nicht entkräften, und also machte der ‚volksverbundene' Wissenschaftler, der sich mit der Berufung auf das materielle Substrat auch jeder individuellen schöpferischen Potenz in Sicherheit wähnte,

Front gegen anscheinend formale Spielereien, die in Wahrheit nicht weniger ernsthaft (allerdings auch nicht volksverbundener) sind als die Experimente von Kybernetikern. In den letzten Jahren ist allerdings vielerorts – nicht zuletzt in der DDR – die Sicherheit einseitiger (dogmatischer) Positionen zugunsten einer größeren Flexibilität in der Beurteilung von Kunstprodukten aufgegeben worden; der geschichtlich notwendige Erkenntnisgewinn ist nur so zu erlangen.

„Beim gegenwärtigen Stand der wissenschaftlichen Diskussionen können wir die marxistisch-leninistische Ästhetik als jene Wissenschaft definieren, die eine besondere Form der geistigen Aneignung der Wirklichkeit durch den gesellschaftlichen Menschen studiert." (L 111 S. 11.) „Wie jede andere Wissenschaft läßt sich auch die Ästhetik nach der konkreten Form des Praxisbeziehung differenzieren. So besitzt sie eine theoretisch-forschende und eine praktisch-angewandte Seite. Die theoretisch-forschende studiert die Entwicklung der künstlerischen Praxis und gelangt zu bestimmten Verallgemeinerungen, zu Einsichten in bestimmte Kunstgesetze. Sie muß Grundlagen für die in der Kulturpolitik praktisch angewandte Ästhetik liefern, die sich vor allem in Beschlüssen von Partei und Regierung zu kulturell-künstlerischen Fragen sowie in der Kunstkritik äußert." (Ebd., S. 20.) E. Pracht hat betont, daß auch sozialistische Kunst ohne ästhetische Wirkung unmöglich sei: „Nur im Gewande des Schönen, Erhabenen, Tragischen, Komischen usw. vermag Kunst ihrer Erkenntnisfunktion gerecht zu werden." (L 219, S. 105.) Es läßt sich absehen, wie der Zirkel durchlaufen wird: „Für den sozialistischen Realisten bilden ästhetische Wertung und Erkennen eine untrennbare Einheit." (Ebd.) Also: Es muß die Korrelation von Schönheit und Wahrheit im Auge behalten werden; ein Kunstwerk ist nur schön, wenn es wahr ist; was wahr ist, läßt sich, so wird unterstellt, ermitteln. Und weiter: „Ästhetisch findet die wachsende Übereinstimmung der persönlichen mit den gesellschaftlichen Interessen im Schönen ihren Niederschlag als Harmonie." (Ebd., S. 107.) – Literatur wird im wesentlichen nach ihrer „sozialistischen Qualität" (vgl. L 299, S. 115) zu beurteilen sein; doch darf ein Werk nicht nur „in seinem politischen und ideologischen Gehalt richtig" sein, um „künstlerisch wirksam werden" zu können, sondern es muß hinter ihm auch, wie Hans Koch gesagt hat, „die ganze Kraft der Künstlerpersönlichkeit, die subjektive Überzeugung, Aufrichtigkeit und Ehrlichkeit" stehen. (L 126, S. 125 - 126.) Damit ist umschrieben, was Marx mit dem einen Satz glaubte prägnant fassen zu können: „Zur Wahrheit gehört nicht nur das Resultat, sondern auch der Weg."[4] Doch was heißt das für die Künstlerpersönlichkeit und das Wesen des Ästhetischen? Es scheint sich immer deutlicher abzuzeichnen, daß sich das Wesen des Ästhetischen nur von seiner Funktion her bestimmen läßt, also auch von der Wirkung des Schönen her, wobei das Schöne nicht allein als Korrelat des Wahren ‚gesetzt' werden kann, sondern der Beglaubigung durch die Empirie, durch die Geschichte bedarf: Es ist das, für das es gehalten wird. (Von wem? Von denen, die über Kunstdinge entscheiden; es sind diejenigen, die im Besitz der politisch-ökonomischen Macht sind.) Unverzichtbar bleibt für den marxistischen Literaturbetrachter die Prämisse, daß Literatur als Produkt menschlicher Arbeit Anteil hat am gesamtgesellschaftlichen Prozeß, indem sie die bestehenden Verhältnisse deutend erfaßt (widerspiegelt) und auf sie einwirkt. (Vgl. L 73, S. 7 - 8.)

Unproblematisch wie die These von der Literatur als Moment im dialektischen Prozeß ist die Forderung nach Parteilichkeit der Schriftsteller; diese Kategorie gibt einen relativ leicht zu benutzenden Wertmaßstab an die Hand[5], ohne daß in der Regel die vermeintlich notwendige Konsequenz

---

[4] Aus Marx' Bemerkungen über die neueste preußische Zensurinstruktion (1842), zitiert nach L 201, S. 26. Dem zitierten Satz geht folgender Passus voraus: „[...] wird von einer völlig verkehrten und abstrakten Ansicht der W a h r h e i t [...] ausgegangen. Alle Objekte der schriftstellerischen Tätigkeit werden unter der einen allgemeinen ‚W a h r h e i t' subsumiert. Sehen wir nun selbst vom S u b j e k t i v e n ab, nämlich davon, daß ein und derselbe Gegenstand in den verschiedenen Individuen sich verschieden bricht und seine verschiedenen Seiten in ebenso viele verschiedene geistige Charaktere umsetzt; soll denn der C h a r a k t e r d e s G e g e n s t a n d e s gar keinen, auch nicht den geringsten Einfluß auf die Untersuchung ausüben?"

[5] In der *Süddeutschen Zeitung* (1975. Nr. 186) wurde am 16. August 1975 unter der Überschrift *DDR-Zeitschrift kritisiert Walser* folgende dpa-Meldung veröffentlicht: „Die in der DDR erscheinende literaturwissenschaftliche Zeitung *Weimarer Beiträge* hat in ihrer jüngsten Ausgabe Martin Walser kritisiert, weil er sich in einem von der Zeitschrift abgedruckten Interview gegen die Forderung gewandt hatte, als ein der Deutschen Kommunistischen Partei (DKP) nahestehender Schriftsteller bei seiner Arbeit in erster Linie ‚parteilich' sein zu müssen. Nach Ansicht Walsers würde es den literarischen Arbeitsprozeß und die intellektuelle Arbeit überhaupt beschränken, wenn man Parteilichkeit als etwas, ‚was man vorher positiv haben kann', beurteilte. Man könnte eben das, wozu man komme, nicht mit Hilfe von besitzbarer Parteilichkeit erringen, sondern ‚indem man eine unermüdliche Tendenz zur Genauigkeit oder zur Radikalisierung von Erfahrungen entwickelt'.
Die Zeitschrift erklärte dazu, Walser lasse den Leninschen Parteilichkeitsbegriff ‚unreflektiert', welcher von der Rolle der Literatur innerhalb des Proletariats aus-

gezogen wird: Ob etwas ästhetisch (schön) ist, hängt von der Parteilichkeit des Produzenten ab. Claus Träger hat diese Konsequenz offenbar mit aller Deutlichkeit ziehen wollen: „der ästhetische Wert“, hat er gesagt (L 299, S. 109), erweise sich „als dialektisches Korrelat parteilicher Haltung.“ Freilich ist nicht davon die Rede, daß die Parteilichkeit darüber entscheide, ob etwas ästhetisch sei, sondern es wird gesagt, daß es von der Parteilichkeit abhänge, ob Ästhetisches einen Wert habe. Doch läßt sich der Wert einer Sache erst bestimmen, wenn die Sache erkannt ist. Wie läßt sich die Schönheit eines Kunstwerks erkennen?

Die Geschichte der marxistischen Literaturtheorie und -praxis hat mancherlei Wandlungen durchgemacht und dabei gelegentlich Rückschritte in Kauf nehmen müssen, die sich als Reaktion auf zu hastige Fortschritte erklären lassen. (Als in den dreißiger Jahren die Literatur in der Sowjetunion nicht mehr in erster Linie in den Dienst der Revolution gestellt wurde, sondern den Auftrag erhielt, die nachrevolutionäre sozialistische Persönlichkeit im Geiste eines realen Humanismus mitzuformen, da wurde sehr schnell der Weg frei für die Darstellung von Individuen und Einzelschicksalen, die nicht immer davon ausgingen, daß es in einer entwickelten sozialistischen Gesellschaft keine ‚organischen‘ Widersprüche zwischen Einzelnem und Masse, zwischen Individuellem und Gesellschaftlichem geben kann; d.h. die Literatur zeigte sich dem gesellschaftlichen Fortschritt noch nicht gewachsen und fiel in bürgerliche Praktiken zurück; ihre Reglementierung war die Folge; die Theorie mußte versuchen, die Praxis auf einem schon überwunden geglaubten Niveau einzuholen und an die neue Wirklichkeit heranzuführen.) Doch lassen sich auftauchende Schwierigkeiten stets aus den Besonderheiten einer historisch notwendigen Situation und also mit Ansichten von Marx, Engels und Lenin erklären; die Analyse der Situation ist der erste entscheidende Schritt zur Überwindung von Schwierigkeiten.

---

gehe. Außerdem nehme seine Auffassung von den Besonderheiten der Literaturproduktion einzig die existentiellen Antriebe des Schreibens zum Ausgangspunkt. Sie ergäben sich für ihn aus den unfreiwillig gemachten Erfahrungen auf Grund seiner kleinbürgerlichen Herkunft. Die neuen Erfahrungen, die er mit seiner Hinwendung zur DKP gemacht habe, hätten noch kaum die ‚Umorganisierung der Gefühls- und Existenzweise‘ gebracht, die die Voraussetzung bilde, um innerer Schreibantrieb zu werden.“ Zehn Jahre später wäre eine solche Polemik nicht mehr wahrscheinlich gewesen. Die Waffen des dogmatischen Klassenkampf-Marxismus sind stumpfer geworden.

Für den Historiker stellen sich bei der Betrachtung des Vergangenen keine Rätsel: Selbstverständlich sind z. B. Franz Mehrings Verdienste um die marxistische Literaturgeschichtsschreibung anzuerkennen (vor allem seine Attacken gegen die bürgerliche Literatur der Zeit um 1900 boten Neues und Wegweisendes), aber es ist nicht mehr fraglich, daß er eine ‚falsche' Auffassung von der historischen Situation in Deutschland um 1800 hatte, da er die nationalen und sozialen Interessen als unversönlich gegensätzlich annahm, – und also konnte er die späten Dramen Schillers nicht angemessen würdigen; auch irrte er, wenn er glaubte, daß proletarische Literatur in bürgerlichen Zeiten ein Unding sei etc. Der Historiker nimmt allerdings, wenn er so befindet, einen Parteistandpunkt ein, für den wohl auch die Beobachtung Gültigkeit hat, die Marx gemacht hat: daß sich die materielle Produktion und die geistige Produktion ‚unegal' entwickeln können; damit kann eine Disproportion entstehen zwischen den politisch-ökonomischen Verhältnissen und verschiedenen Formen des Bewußtseins, von denen auch der Parteistandpunkt abhängig ist. Es gehört demnach zur Natur der Geschichte, daß sie auch historische Standpunkte und Überzeugungen umwälzt.

Mag auch die Frage, ob Franz Mehring eine ganz und gar oder nur teilweise richtige Welt-, Geschichts- und Literaturauffassung hatte, entschieden sein oder der Entscheidung nicht bedürfen, so wird in einem andern Fall deutlich, wie schwierig die Beantwortung solcher Fragen sein kann: Georg Lukács wurde (und wird) seit Ende der fünfziger Jahre von vielen kommunistischen und sozialistischen Parteien nicht als Repräsentant der orthodoxen marxistischen Literaturtheorie anerkannt, obwohl er bis in die dreißiger Jahre als führender marxistischer Ästhetiker eine wichtige Rolle bei den grundlegenden Expressionismus- und Realismus-Debatten gespielt hat. Aber gerade diese Debatten haben dazu geführt, daß Lukács später als obsolet, als verkappter bürgerlicher Idealist und Utopist gelten konnte: Er war nicht bereit gewesen, den fundamentalen Unterschied zwischen bürgerlichem Realismus und sozialistischem Realismus zu akzeptieren; er hatte den fortschrittlichen bürgerlichen Roman als Modell für einen sozialistischen Roman angesehen; er hatte sich mit Entschiedenheit gegen die Verwendung von neuen Stilmitteln in der Literatur seiner Zeit gewandt; er hatte schließlich vor einer Parteilichkeit gewarnt, die zur Parteiliteratur führen muß. (Vgl. L 59.) Es schien, als sei die Diskussion um Lukács bereits abgeschlossen, wenn in einschlägigen Werken beiläufig über „bürgerliche Theoretiker und Revisionisten, wie George Lukács und Ernst Fischer", gesprochen werden konnte (L 202, S. 21), oder wenn es apodiktisch heißt: „Auf Grund der Erfahrungen in der sich verändernden zeitgeschichtlichen Wirklichkeit wurde Lukács' Ansicht sehr differenziert widerlegt. In der künstlerischen Praxis erwies sich, daß die Errungenschaften der proletarisch-revolutionären Literatur und Kunst verteidigt, zugleich aber auch weiterentwickelt und verändert werden mußten." (L 122, S. 84)

Doch die Akte Lukács ist wieder geöffnet (vgl. L 34 und L 161a); allein die lebhafte Diskussion über ihn bedeutet seine Rehabilitation – mag er mehr Gegner oder mehr Anhänger haben. – Es ist an der Zeit, die Akte Walter Benjamin entschiedener, als das bisher geschehen ist (vgl. L 21), vorzunehmen und offiziell vom Partei(en)-Standpunkt aus zu studieren. Wie der historische Materialist das Kontinuum der Geschichte aufsprengen muß, um zur Gegenwart zu kommen, die allein den Sinn geschichtlicher Arbeit ausmacht, – wie der Literaturhistoriker sich darauf einzurichten hat, die Literatur vergangener Zeit als das fortwirkend Aktuelle wissenschaftlich zu begründen, – wie es dazu – und also auch zur Erkenntnis von Fortschritt – des Stillstands der Gedanken bedarf: darüber und über anderes hat Benjamin jedem Literaturwissenschaftler wichtige Einsichten zu vermitteln. (Vgl. z. B. L 22.) Freilich hat er – wie auch Brecht – nicht der kommunistischen Partei angehört.

Die Aufgabe, die einem marxistischen Literaturwissenschaftler gestellt ist, unterscheidet sich prinzipiell nicht von der, die einem marxistischen Schriftsteller gestellt ist: Erscheinungen, die für die Entwicklung der Gesellschaft von Bedeutung sind, zu erkennen, zu beschreiben und zu bewerten. Das bedeutet im einzelnen: Der Literaturwissenschaftler versteht sich nicht als Vertreter einer selbständigen Disziplin, sondern als Gesellschaftswissenschaftler, dessen Tätigkeit der Grundlage des historischen und dialektischen Materialismus bedarf; er betrachtet Literatur als Produkt gesellschaftlicher Arbeit, durch die bestehende Verhältnisse charakterisiert werden; er deckt den Klassencharakter von Literatur auf; er analysiert Literatur und beurteilt sie gemäß der ihm selbstverständlichen, da weltanschaulich verwurzelten Parteilichkeit; er sucht die Wahrheit im Gewande der Schönheit; er beschreibt dieses Gewand; er treibt Wissenschaftskritik; dabei entlarvt er die bürgerliche Literaturwissenschaft als klassisch ideologisch; er durchschaut sich selbst. Es kann nicht fehlen, daß der anthropologisch ausgerichtete marxistische Literaturwissenschaftler ebensowenig wie der marxistische Schriftsteller auf die Einsichten der Psychologie verzichten kann, wenn er mit der Erkenntnis von

Marx zurechtkommen will, daß sich die Arbeit des Menschen von der des Tieres ganz wesentlich unterscheidet: „Am Ende des Arbeitsprozesses kommt ein Resultat heraus, das beim Beginn desselben schon in der Vorstellung des Arbeiters, also schon ideell vorhanden war. Nicht daß er nur eine Formveränderung des Natürlichen bewirkt; er verwirklicht im Natürlichen zugleich seinen Zweck, den er weiß, der die Art und Weise seines Tuns als Gesetz bestimmt und dem er seinen Willen unterordnen muß." (L 178, Bd. 1, S. 178.) Diese Erkenntnis, die zur Reflexion nicht nur psychologischer, sondern auch (und besonders) hermeneutischer Probleme der Literaturwissenschaft zwingt, wird zunehmend in der marxistischen Literaturtheorie berücksichtigt. Wie weit diese Reflexion in der DDR gekommen ist, lehrt vor allem das Studium der einschlägigen Abhandlungen in der seit 1980 bestehenden „Zeitschrift für Germanistik", die zu einem Forum (fast?) freier Meinungsäußerungen über die vielfältigen Möglichkeiten der Auseinandersetzung mit Literatur geworden ist. Die Vielfalt steht nicht (länger) im Widerspruch zum Postulat „weltanschaulicher Fundierung im historischen Materialismus". (Vgl. Text-Beispiel.) Wie historisch ist die marxistische Literaturtheorie?

Weiterführende Literatur: L 73 (Bd. 2, S. 100 - 133), L 156 (S. 79 - 97), L 202 (S. 11 - 64), L 299 (S. 67 - 131), L 304 (S. 12 - 62).

Arbeitsteil

A. Fragen und Aufgaben zur marxistischen Literaturtheorie

1. Erläutern Sie den Satz von Karl Marx: „Die Geschichte aller bisherigen Gesellschaft ist die Geschichte von Klassenkämpfen."
2. Die Entfremdung: Kennzeichen der Literatur im spätbürgerlichen Zeitalter?
3. Erläutern Sie den Begriff der Ideologie im Sinne der marxistischen Gesellschaftstheorie!
4. Skizzieren Sie die wichtigsten Aufgaben des Schriftstellers in der sozialistischen Gesellschaft!
5. Die *Sickingen*-Debatte und ihre Bedeutung für die marxistische Literaturwissenschaft.
6. Stellen Sie den Streit um den Realismus dar!
7. Brechts Auffassung von Realismus und Volkstümlichkeit und seine literarische Praxis.

8. Welche Konsequenzen hat die Forderung nach Parteilichkeit der Literatur?
9. Die Literatur als Produkt menschlicher Arbeit – Probleme der gesellschaftlichen Vermittlung ästhetischer Erscheinungen.
10. Skizzieren Sie die Hauptaufgaben der marxistischen Literaturwissenschaft!

B. 1. Texte zur marxistischen Literaturtheorie

VI, 1 Karl Marx

Aus: *Zur Kritik der politischen Ökonomie* (1859)

VORWORT

[...]
In der gesellschaftlichen Produktion ihres Lebens gehen die Menschen bestimmte, notwendige, von ihrem Willen unabhängige Verhältnisse ein, Produktionsverhältnisse, die einer bestimmten Entwicklungsstufe ihrer materiellen Produktivkräfte entsprechen. Die Gesamtheit dieser Produktionsverhältnisse bildet die ökonomische Struktur der Gesellschaft, die reale Basis, worauf sich ein juristischer und politischer Überbau erhebt, und welcher bestimmte gesellschaftliche Bewußtseinsformen entsprechen. Die Produktionsweise des materiellen Lebens bedingt den sozialen, politischen und geistigen Lebensprozeß überhaupt. Es ist nicht das Bewußtsein der Menschen, das ihr Sein, sondern umgekehrt ihr gesellschaftliches Sein, das ihr Bewußtsein bestimmt. Auf einer gewissen Stufe ihrer Entwicklung geraten die materiellen Produktivkräfte der Gesellschaft in Widerspruch mit den vorhandenen Produktionsverhältnissen oder, was nur ein juristischer Ausdruck dafür ist, mit den Eigentumsverhältnissen, innerhalb deren sie sich bisher bewegt hatten. Aus Entwicklungsformen der Produktivkräfte schlagen diese Verhältnisse in Fesseln derselben um. Es tritt dann eine Epoche sozialer Revolution ein. Mit der Veränderung der ökonomischen Grundlage wälzt sich der ganze ungeheure Überbau langsamer oder rascher um. In der Betrachtung solcher Umwälzungen muß man stets unterscheiden zwischen der materiellen naturwissenschaftlich treu zu konstatierenden Umwälzung in den ökonomischen Produktionsbedingungen und den juristischen, politischen, religiösen, künstlerischen oder philosophischen, kurz, ideologischen Formen, worin sich die Menschen dieses Konflikts bewußt werden und ihn ausfechten. Sowenig man das, was ein Individuum ist, nach dem beurteilt, was es selbst sich dünkt, ebensowenig kann man eine solche Umwälzungsepoche aus ihrem Bewußtsein beurteilen, sondern muß vielmehr dieses Bewußtsein aus den Widersprüchen des materiellen Lebens, aus dem vorhandenen Konflikt zwischen gesellschaftlichen Produktivkräften und Produktionsverhältnissen erklären. Eine Gesellschaftsformation geht nie unter, bevor alle Produktivkräfte entwickelt sind, für die sie weit genug ist, und neue höhere Produktionsver-

hältnisse treten nie an die Stelle, bevor die materiellen Existenzbedingungen derselben im Schoße der alten Gesellschaft selbst ausgebrütet worden sind. [...]

(L 178, Bd. 3, S. 838 - 839)

VI, 2 Karl Marx an Ferdinand Lassalle

London, 19. April 1859

[...] Ich komme nun zu *Franz von Sickingen.* D'abord muß ich loben die Komposition und die Aktion, und das ist mehr, als man von irgendeinem modernen deutschen Drama sagen kann. In the second instance, alles rein kritische Verhältnis zu der Arbeit beiseite gesetzt, hat sie beim ersten Lesen mich sehr aufgeregt und wird darum auf Leser, bei denen das Gemüt mehr vorherrscht, diesen Effekt in noch stärkerm Grad hervorbringen. Und dies ist eine zweite, sehr bedeutende Seite.

Nun the other side of the medal: Erstens – dies ist rein formell –, da Du einmal in Versen geschrieben hast, hättest Du die Jamben etwas künstlerischer verarbeiten können. Indes, so sehr Dichter von Fach von dieser Nachlässigkeit schockiert werden, betrachte ich sie im ganzen als einen Vorzug, da unsre poetische Epigonenbrut nichts als formelle Glätte übrigbehalten hat. Zweitens: Die beabsichtigte Kollision ist nicht nur tragisch, sondern ist die tragische Kollision, woran die revolutionäre Partei von 1848/49 mit Recht untergegangen ist. Ich kann also nur meine höchste Zustimmung dazu aussprechen, sie zum Drehpunkt einer modernen Tragödie zu machen. Aber ich frage mich dann, ob das behandelte Thema passend zur Darstellung dieser Kollision war? Balthasar kann sich in der Tat einbilden, daß, wenn Sickingen, statt seine Revolte unter einer ritterlichen Fehde zu verstecken, das Banner eines Antikaisertums und offnen Kriegs gegen das Fürstentum aufgepflanzt, er gesiegt hätte. Können wir aber diese Illusion teilen? Sickingen (und mit ihm Hutten, mehr oder minder) ging nicht unter an seiner Pfiffigkeit. Er ging unter, weil er als Ritter und als Repräsentant einer untergehenden Klasse gegen das Bestehende sich auflehnte oder vielmehr gegen die neue Form des Bestehenden. Streift man von Sickingen ab, was dem Individuum und seiner besondern Bildung, Naturanlage usw. angehört, so bleibt übrig – Götz von Berlichingen. In diesem letztern miserablen Kerl ist der tragische Gegensatz des Rittertums gegen Kaiser und Fürsten in seiner adäquaten Form vorhanden, und darum hat Goethe mit Recht ihn zum Helden gemacht. Soweit Sickingen – selbst Hutten gewissermaßen, obgleich bei ihm wie bei allen Ideologen einer Klasse bedeutend solche Aussprüche modifiziert werden müßten – gegen die Fürsten kämpft (gegen den Kaiser [Karl V.] entsteht die Wendung ja nur, weil er aus einem Kaiser der Ritter in einen Kaiser der Fürsten sich umwandelt), ist er in der Tat nur ein Don Quixote, wenn auch ein historisch berechtigter. Daß er die Revolte unter dem Schein einer ritterlichen Fehde beginnt, heißt weiter nichts, als daß er sie ritterlich beginnt. Sollte er sie anders beginnen, so müßte er direkt, und gleich im Beginn, an Städte und Bauern appellieren, d.h. exakt an die Klassen, deren Entwicklung = negiertem Rittertum.

Wolltest Du also die Kollision nicht einfach auf die im Götz von Berlichingen dargestellte reduzieren – und das war nicht Dein Plan –, so mußten Sickingen und Hutten untergehn, weil sie in ihrer Einbildung Revolutionäre waren (letztres kann von Götz nicht gesagt werden) und ganz wie der gebildete polnische Adel von 1830 sich einerseits zu Organen der modernen Ideen machten, andrerseits in der Tat aber ein reaktionäres Klasseninteresse vertraten. Die adligen Repräsentanten der Revolution – hinter deren Stichworten von Einheit und Freiheit immer noch der Traum des alten Kaisertums und des Faustrechts lauert – durften dann nicht so alles Interesse absorbieren, wie sie es bei Dir tun, sondern die Vertreter der Bauern (namentlich dieser) und der revolutionären Elemente in den Städten mußten einen ganz bedeutenden aktiven Hintergrund bilden. Du hättest dann auch in viel höherm Grade grade die modernsten Ideen in ihrer naivesten Form sprechen lassen können, während jetzt in der Tat, außer der religiösen Freiheit, die bürgerliche Einheit die Hauptidee bleibt. Du hättest dann von selbst mehr shakespearisieren müssen, während ich Dir das Schillern, das Verwandeln von Individuen in bloße Sprachröhren des Zeitgeistes, als bedeutendsten Fehler anrechne. – Bist Du nicht selbst gewissermaßen, wie Dein Franz von Sickingen, in den diplomatischen Fehler gefallen, die lutherisch-ritterliche Opposition über die plebejisch-münzerische zu stellen?

Ich vermisse ferner das Charakteristische in den Charakteren. Ich nehme aus Karl V., Balthasar und Richard von Trier. Und gab es eine Zeit von mehr derber Charakteristik als die des 16ten Jahrhunderts? Hutten ist mir viel zu sehr bloßer Repräsentant von „Begeisterung", was langweilig ist. War er nicht zugleich geistreich, ein Witzteufel, und ist ihm also nicht großes Unrecht geschehn?

Wie sehr selbst Dein Sickingen, der nebenbei auch viel zu abstrakt gezeichnet ist, leidet an einer von allen seinen persönlichen Berechnungen unabhängigen Kollision, tritt hervor in der Art, wie er seinen Rittern Freundschaft mit den Städten etc. predigen muß, andrerseits dem Wohlgefallen, womit er selbst faustrechtliche Justiz an den Städten ausübt.

Im einzelnen muß ich hier und da übertriebenes Reflektieren der Individuen über sich selbst tadeln – was von Deiner Vorliebe für Schiller herrührt. [...]

(L 176, Bd. 1, S. 179 - 181)

VI, 3 Lenin

Parteiorganisation und Parteiliteratur (1905)

[...]
Die Revolution ist noch nicht vollendet. Hat der Zarismus nicht mehr die Kraft, die Revolution zu besiegen, so hat die Revolution noch nicht die Kraft, den Zarismus zu besiegen. Und wir leben in einer Zeit, da sich diese widernatürliche Verbindung der offenen, ehrlichen, direkten und konsequenten Parteilichkeit mit der unterirdischen, verdeckten ‚diplomatischen' und aalglatten ‚Lega-

lität' überall und in allem auswirkt. Diese widernatürliche Verbindung wirkt sich auch in unserer Zeitung aus: Herr Gutschkow mag noch so sehr witzeln über eine sozialdemokratische Tyrannei, die es verbietet, bürgerlich-liberale, gemäßigte Zeitungen zu drucken, die Tatsache bleibt doch bestehen, daß das Zentralorgan der Sozialdemokratischen Arbeiterpartei Rußlands, der ‚Proletari', bislang außerhalb der Grenzen des a b s o l u t i s t i s c h e n Polizeistaates Rußland erscheint.

Gleichviel, auch die halbe Revolution zwingt uns alle, sofort an eine Neuregelung der Dinge zu gehen. Die Literatur kann jetzt sogar ‚legal' zu neun Zehnteln Parteiliteratur sein. Und sie muß Parteiliteratur werden. Im Gegensatz zu den bürgerlichen Sitten, im Gegensatz zur bürgerlichen Unternehmer- und Krämerpresse, im Gegensatz zum bürgerlichen Karrierismus und Individualismus in der Literatur, zum ‚Edelanarchismus' und zur Jagd nach Gewinn muß das sozialistische Proletariat das Prinzip der P a r t e i l i t e r a t u r aufstellen, dieses Prinzip entwickeln und es möglichst vollständig und einheitlich verwirklichen.

Worin besteht nun dieses Prinzip der Parteiliteratur? Nicht nur darin, daß für das sozialistische Proletariat die literarische Tätigkeit keine Quelle des Gewinns von Einzelpersonen oder Gruppen sein darf, sie darf überhaupt keine individuelle Angelegenheit sein, die von der allgemeinen proletarischen Sache abhängig ist. Nieder mit den parteilosen Literaten! Nieder mit den literarischen Übermenschen! Die literarische Tätigkeit muß zu einem T e i l der allgemeinen proletarischen Sache, zu einem ‚Rädchen und Schräubchen' des einen einheitlichen, großen sozialdemokratischen Mechanismus werden, der von dem ganzen politisch bewußten Vortrupp der ganzen Arbeiterklasse in Bewegung gesetzt wird. Die literarische Betätigung muß ein Bestandteil der organisierten, planmäßigen, vereinigten sozialdemokratischen Parteiarbeit werden.

[...] Die Literaten müssen unbedingt Parteiorganisationen angehören. Verlage und Lager, Läden und Leseräume, Bibliotheken und Buchvertriebe – alles dies muß der Partei unterstehen und ihr rechenschaftspflichtig sein. Diese ganze Arbeit muß vom organisierten sozialistischen Proletariat verfolgt und kontrolliert werden, das dieser ganzen Arbeit, ohne jede Ausnahme, den lebendigen Atem der lebendigen proletarischen Sache einhauchen und so dem alten, halb Oblomovschen, halb krämerhaften russischen Prinzip: der Schriftsteller schreibt, wie's kommt, der Leser liest, wie's kommt, den Boden unter den Füßen wegziehen muß.

Wir behaupten selbstverständlich nicht, daß diese Wandlung des von der asiatischen Zensur und der europäischen Bourgeoisie verhunzten literarischen Schaffens mit einem Schlag erfolgen kann. Der Gedanke, irgendein einförmiges System oder die Lösung der Aufgabe durch ein paar Entschließungen zu verkünden, liegt uns fern. Nein, von Schematismus kann auf diesem Gebiet am allerwenigsten die Rede sein. Es handelt sich darum, daß unsere ganze Partei, daß das gesamte bewußte sozialdemokratische Proletariat ganz Rußlands diese neue Aufgabe erkennt, sie klarstellt und ihre Lösung allüberall in die Hand nimmt. Der Gefangenschaft der leibeigenschaftlichen Zensur entronnen, wollen und werden wir uns nicht in die Gefangenschaft der bürgerlich-krämerhaften Literaturverhältnisse begeben. Wir wollen und werden eine freie Presse schaffen, frei nicht nur von der Polizei, sondern auch vom Kapital und vom Karrierismus, ja noch mehr frei, frei auch vom bürgerlich-anarchistischen Individualismus.

Diese letzten Worte mögen als ein Paradox oder eine Verhöhnung der Leser anmuten. Wie denn! wird vielleicht ein Intellektueller, ein eifriger Freund der Freiheit, ausrufen. Wie denn! Ihr wollt eine so delikate, individuelle Sache wie das literarische Schaffen der Kollektivität unterordnen! Ihr wollt, daß die Arbeiter mit Stimmenmehrheit über Fragen der Wissenschaft, der Philosophie, der Ästhetik entscheiden! Ihr leugnet die absolute Freiheit des absolut individuellen geistigen Schaffens!

Beruhigt euch, Herrschaften! Erstens ist von der Parteiliteratur und ihrer Unterordnung unter die Parteikontrolle die Rede. Jeder hat die Freiheit, zu schreiben und zu reden, was ihm behagt, ohne die geringste Einschränkung. Aber jeder freie Verband (darunter die Partei) hat auch die Feiheit, solche Mitglieder davonzujagen, die das Schild der Partei benutzen, um parteiwidrige Auffassungen zu predigen. Die Freiheit des Wortes und der Presse soll vollständig sein. Aber auch die Freiheit der Verbände soll vollständig sein. Ich muß dir im Namen der Freiheit des Wortes das volle Recht einräumen, zu schreiben, zu lügen und zu schreiben, was dir behagt. Du aber mußt mir im Namen der Freiheit der Verbände das Recht einräumen, mit Leuten, die das oder jenes sagen, ein Bündnis zu schließen oder zu lösen. Die Partei ist ein freiwilliger Verband, der unweigerlich zunächst ideologisch und dann auch materiell zerfallen würde, wenn er sich nicht derjenigen Mitglieder entledigte, die parteiwidrige Auffassungen predigen. Zur Festsetzung der Grenze aber zwischen dem, was parteimäßig und was parteiwidrig ist, dient das Parteiprogramm, dienen die taktischen Resolutionen und das Statut der Partei, dient schließlich die ganze Erfahrung der internationalen Sozialdemokratie, der internationalen freiwilligen Verbände des Proletariats, das in seine Parteien ständig einzelne Elemente oder Strömungen einschließt, die nicht ganz konsequent, nicht ganz rein marxistisch, nicht ganz richtig sind, das aber auch ständig periodische ‚Reinigungen‘ seiner Partei vornimmt. [...]

(L 201, S. 45 - 47)

VI, 4 — Bertolt Brecht

Volkstümlichkeit und Realismus (1938)

Wenn man Parolen für die zeitgenössische deutsche Literatur aufstellen will, muß man berücksichtigen, daß, was Anspruch erheben will, Literatur genannt zu werden, ausschließlich im Ausland gedruckt und fast ausschließlich nur im Ausland gelesen werden kann. Die Parole Volkstümlichkeit für die Literatur erhält dadurch eine eigentümliche Note. Der Schriftsteller soll da für ein Volk schreiben, mit dem er nicht lebt. Jedoch ist bei näherer Betrachtung die Distanz des Schriftstellers zum Volk doch nicht so sehr gewachsen, wie man denken könnte. Sie ist jetzt nicht ganz so groß, wie es scheint, und sie war ehedem nicht ganz so klein, wie es schien. Die herrschende Ästhetik, der Buchpreis und die Polizei haben immer eine beträchtliche Distanz zwischen Schriftsteller und Volk gelegt. Trotzdem wäre es unrichtig, nämlich unrealistisch, die Vergrößerung der Distanz als eine nur ‚äußerliche' zu betrachten. Es sind zweifellos besondere Bemühungen nötig, um heute volkstümlich schreiben zu können. [...]

Auch die Forderung nach einer realistischen Schreibweise kann heute nicht mehr so leicht überhört werden. Sie hat etwas Selbstverständliches bekommen. Die herrschenden Schichten bedienen sich offener der Lüge als ehedem und dickerer Lüge. Die Wahrheit zu sagen erscheint als immer dringendere Aufgabe. Die Leiden haben sich vergrößert, und die Masse der Leiden hat sich vergrößert. Angesichts der großen Leiden der Massen wird die Behandlung von kleinen Schwierigkeiten und von Schwierigkeiten kleiner Gruppen als lächerlich, ja verächtlich empfunden.

Gegen die zunehmende Barbarei gibt es nur einen Bundesgenossen: das Volk, das so sehr darunter leidet. Nur von ihm kann etwas erwartet werden. Also ist es naheliegend, sich an das Volk zu wenden, und nötiger denn je, seine Sprache zu sprechen.

So gesellen sich die Parolen Volkstümlichkeit und Realismus in natürlicher Weise. Es liegt im Interesse des Volkes, der breiten, arbeitenden Massen, von der Literatur wirklichkeitsgetreue Abbildungen des Lebens zu bekommen, und wirklichkeitsgetreue Abbildungen des Lebens dienen tatsächlich nur dem Volk, den breiten, arbeitenden Massen, müssen also unbedingt für diese verständlich und ergiebig, also volkstümlich sein. [...]

Unser Begriff volkstümlich bezieht sich auf das Volk, das an der Entwicklung nicht nur voll teilnimmt, sondern sie geradezu usurpiert, forciert, bestimmt. Wir haben ein Volk vor Augen, das Geschichte macht, das die Welt und sich selbst verändert. Wir haben ein kämpfendes Volks vor Augen und also einen kämpferischen Begriff volkstümlich.

Volkstümlich heißt: den breiten Massen verständlich, ihre Ausdrucksform aufnehmend und bereichernd / ihren Standpunkt einnehmend, befestigend und korrigierend / den fortschrittlichsten Teil des Volkes so vertretend, daß er die Führung übernehmen kann, also auch den andern Teilen des Volkes verständlich / anknüpfend an die Traditionen, sie weiterführend / dem zur Führung strebenden Teil des Volkes Errungenschaften des jetzt führenden Teils übermittelnd.

Und jetzt kommen wir zu dem Begriff Realismus. Und auch diesen Begriff werden wir als einen alten, viel und von vielen und zu vielen Zwecken gebrauchten Begriff vor der Verwendung erst reinigen müssen. Das ist nötig, weil die Übernahme von Erbgut durch das Volk in einem Expropriationsakt vor sich gehen muß. Literarische Werke können nicht wie Fabriken übernommen werden, literarische Ausdrucksformen nicht wie Fabrikationsrezepte. Auch die realistische

Schreibweise, für die die Literatur viele voneinander sehr verschiedene Beispiele stellt, ist geprägt von der Art, wie, wann und für welche Klasse sie eingesetzt wurde, geprägt bis in die kleinsten Details hinein. Das kämpfende, die Wirklichkeit ändernde Volk vor Augen, dürfen wir uns nicht an ‚erprobte' Regeln des Erzählens, ehrwürdige Vorbilder der Literatur, ewige ästhetische Gesetze klammern. Wir dürfen nicht bestimmten vorhandenen Werken d e n Realismus abziehen, sondern wir werden alle Mittel verwenden, alte und neue, erprobte und unerprobte, aus der Kunst stammende und anderswoher stammende, um die Realität den Menschen meisterbar in die Hand zu geben. Wir werden uns hüten, etwa nur eine bestimmte, historische Romanform einer bestimmten Epoche als realistisch zu bezeichnen, sagen wir die der Balzac oder der Tolstoi, so für den Realismus nur formale, nur literarische Kriterien aufstellend. Wir werden nicht nur dann von realistischer Schreibweise sprechen, wenn man zum Beispiel ‚alles' riechen, schmecken, fühlen kann, wenn ‚Atmosphäre' da ist und wenn Fabeln so geführt sind, daß seelische Expositionen der Personen zustande kommen. Unser R e a l i s m u s begriff muß breit und politisch sein, souverän gegenüber den Konventionen.

R e a l i s t i s c h heißt: den gesellschaftlichen Kausalkomplex aufdeckend / die herrschenden Gesichtspunkte als die Gesichtspunkte der Herrschenden entlarvend / vom Standpunkt der Klasse aus schreibend, welche für die dringendsten Schwierigkeiten, in denen die menschliche Gesellschaft steckt, die breitesten Lösungen bereit hält / das Moment der Entwicklung betonend / konkret und das Abstrahieren ermöglichend.

Das sind riesige Anweisungen [. . .].

(W 12, Bd. 19, S. 322, 323 u. 324 - 326)

VI, 5 Georg Lukács

Aus: *Balzac und der französische Realismus* (1952)

Vorwort

[. . .]

Der Gegensatz zwischen dem Marxismus und der Geschichtsauffassung der letzten fünfzig Jahre, deren weltanschauliches Wesen darin besteht, daß sie die Geschichte als die Wissenschaft der einheitlichen Aufwärtsbewegung der Menschheit leugnet, bedeutet einen scharfen, objektiven Gegensatz auch in allen Fragen der Ästhetik. Die marxistische Geschichtstheorie, als die umfassende Lehre vom notwendigen Weg der Menschheit bis zum heutigen Tage, als die Lehre von der Perspektive der Zukunft, ist ein geschichtlicher Wegweiser. Aber dieses Wegweisen, das sich aus der Erkenntnis der Gesetzmäßigkeit ergibt, bedeutet bezüglich der einzelnen Erscheinungen, der einzelnen Etappen, durchaus keine Sammlung von Rezeptvorschriften; der Marxismus ist kein Baedeker der Geschichte, sondern ein Aufzeigen des geschichtlichen Entwicklungsweges.

Freilich erschöpft diese allgemeine Feststellung durchaus nicht die Wegweiserrolle des Marxismus. Der Marxismus zeigt den Weg auch in allen Einzelheiten, allen Tagesfragen. In ihm vereint sich die stete Einhaltung der Hauptrichtung mit der ständigen theoretischen wie praktischen Rücksichtnahme auf die notwendigen Schwankungen des Weges; er ist eine auf festen Füßen stehende Geschichtstheorie, deren Grundlage eine schmiegsam veränderliche Geschichtstheorie, Geschichtsanalyse ist. Diese – scheinbare – Zweiheit, die in Wirklichkeit die Einheit der materialistischen Weltanschauung ausmacht, ist zugleich auch der Leitfaden für die marxistische Ästhetik und Literaturtheorie.

Es ist kein Zufall, daß die großen Marxisten auch in der Ästhetik Anhänger des klassischen Erbes sind. Dieses klassische Erbe bedeutet ihnen aber durchaus nicht die Rückkehr zur Vergangenheit, die gerade sie, infolge einer notwendigen Konsequenz ihrer Geschichtstheorie, für unwiederbringlich vergangen und unerweckbar halten. Das In-Ehren-Halten des klassischen Erbes in der Ästhetik bedeutet ebenfalls, daß die Marxisten den wirklichen Hauptfaktor der Geschichte sehen, die Hauptrichtung der Entwicklung, die wirkliche Bahn der Geschichtskurve, deren Formel sie kennen, und daß sie eben deshalb nicht bei jeder Kurvenbiegung in der Richtung der Tangente hinausschnellen, wie dies die bürgerlichen Denker zu tun pflegen, weil sie die Hauptrichtung nicht kennen und die Existenz einer Hauptrichtung theoretisch leugnen.

Für die Ästhetik ist das klassische Erbe jene große Kunst, die die Totalität des Menschen, den ganzen Menschen im Ganzen der gesellschaftlichen Welt darstellt. Hier bestimmt ebenfalls die allgemeine Philosophie, der proletarische Humanismus die zentrale Problemstellung. Die marxistische Geschichtstheorie analysiert den ganzen Menschen, seine Entwicklungsgeschichte, die teilweise Verwirklichung seiner Vervollkommnung respektive seine Zerstückelung in den verschiedenen Perioden, und versucht, die verborgene Gesetzmäßigkeit dieser Beziehungen festzustellen; das Ziel des proletarischen Humanismus ist der Mensch in seiner Ganzheit, die Wiederherstellung der menschlichen Existenz in ihrer Totalität im Leben selbst, die praktische, wirkliche Aufhebung der durch die Klassengesellschaft bewirkten Verkrüppelung und Zerstückelung eben dieser Existenz. Diese theoretischen und praktischen Perspektiven bestimmen jene Kriterien, auf deren Grundlage die marxistische Ästhetik zu den Klassikern zurückgreift und zugleich inmitten der gegenwärtigen literarischen Kämpfe neue Klassiker auffindet. Die Griechen, Dante, Shakespeare, Goethe, Balzac, Tolstoi, Gorki sind zugleich adäquate Bilder einzelner großer Etappen der Menschheitsentwicklung und Wegweiser im ideologischen Kampf um die Totalität des Menschen.

Diese Gesichtspunkte geben ein Bild auch der kulturellen und literarischen Entwicklung des 19. Jahrhunderts. Im Lichte dieser Gesichtspunkte erhellt es sich, daß die wirklichen Fortsetzer des zu Beginn des Jahrhunderts großartig ansetzenden französischen Romans nicht Flaubert und vor allem nicht Zola sind, sondern die russische (und teilweise die skandinavische) Literatur der zweiten Jahrhunderthälfte.

Wenn wir den geschichtlich gefaßten Gegensatz zwischen Balzac und dem französischen Roman der Mitte und zu Ende des Jahrhunderts in eine rein ästhetische Sprache übersetzen, so gelangen wir zu dem Gegensatz zwischen Realismus und Naturalismus. Daß wir hier von einem Gegensatz sprechen, mag einem Teil der heutigen Schriftsteller und Leser zunächst vielleicht paradox erscheinen. Sie haben sich an das Hin- und Herschaukeln der Mode zwischen der Scheinobjektivität des Naturalismus und der Fata-Morgana-Subjektivität des Psychologismus oder des abstrakten Formalismus gewöhnt. Und wer von ihnen den Realismus überhaupt anerkennt, faßt sein eigenes falsches Extrem als ein Hinüberwachsen in den Realismus, als eine neue Abart des Realismus auf. In Wirklichkeit jedoch ist der Realismus nicht irgendeine Art von ‚mittlerem Weg' zwischen falscher Objektivität und falscher Subjektivität, sondern, im Gegenteil, gerade ein richtiges, die Lösung in sich tragendes tertium datur gegenüber jenen Pseudo-Dilemmas, die aus den falsch gestellten Fragen der im Labyrinth Herumirrenden erwachsen. Der Realismus ist die Erkenntnis, daß die künstlerische Schöpfung weder ein toter Durchschnitt ist, wie dies der Naturalismus meint, noch ein sich selbst zersetzendes, ins Nichts zerfließendes individuelles Prinzip, die mechanisch outrierte, überspannte Zu-Ende-Führung des Einmaligen, des Sich-nie-Wiederholenden. Die zentrale Kategorie und das Kriterium der realistischen Literaturauffassung: der Typus in bezug auf Charakter und Situation ist eine eigentümliche, das Allgemeine und das Individuelle organisch zusammenfassende Synthese. Der Typus wird nicht infolge seiner Durchschnittlichkeit zum Typus, aber auch nicht durch seinen nur – wie immer vertieften – individuellen Charakter, sondern dadurch, daß in ihm alle menschlich und gesellschaftlich wesentlichen, bestimmenden Momente eines geschichtlichen Abschnitts zusammenlaufen, sich kreuzen, daß die Typenschöpfung diese Momente in ihrer höchsten Entwicklungsstufe, in der extremsten Darstellung von Extremen, die zugleich Gipfel und Grenzen der Totalität des Menschen und der Periode konkretisiert.

Der wirklich große Realismus stellt also den Menschen und die Gesellschaft nicht von einem bloß abstrakt-subjektiven Aspekt aus gesehen dar, sondern gestaltet sie in ihrer bewegten, objektiven Totalität. Vom Gesichtspunkt dieses Kriteriums aus bedeutet sowohl der Aspekt der einseitigen Verinnerlichung als auch das einseitige Sich-nach-außen-Wenden für jede Kunstrichtung gleichermaßen eine Verarmung, eine Verzerrung. Der Realismus bedeutet dagegen die Plastizität, das Herumgehen-Können um die Gestalt, das selbständige Leben der Menschen und der Beziehungen zwischen ihnen [...].

(L 164, S. 242 - 245)

VI, 6 Claus Träger

Aus: *Zur Stellung des Realismusgedankens bei Marx und Engels* (1968)

[...]

IV

Es war behauptet worden, daß die realistische Widerspiegelung (im genauen und vollen Wortsinn gefaßt) an die Ausbildung eines vom Menschen her gedachten, also geschichtlichen Weltbilds geknüpft ist. Erst dieses geschichtliche Selbstbewußtsein einer Klasse erzeugte das Vermögen, die Dinge der Gesellschaft samt ihrer Vergangenheit unter den Aspekt der Zukunft zu stellen. Die bürgerliche Klasse ist die erste Klasse der Geschichte, die in der Epoche ihrer Konstituierung sich selber als den Grundbestand einer menschlichen Gesellschaft verstand, indem sie die Emanzipation des individuellen Menschen und seines Bewußtseins mit aller Konsequenz vollzog. Das 18. Jahrhundert löste endgültig das Individuum aus den ‚Naturbanden', es setzte den ‚vereinzelten Einzelnen', dem die ‚verschiedenen Formen des gesellschaftlichen Zusammenhangs' nur als ‚Mittel für seine Privatzwecke' gegenübertreten, schlechtweg als den Anfang der Geschichte. Wenn immer die nach der Revolution sich konstituierende bürgerliche Gesellschaft dennoch keinen ‚freiwilligen' Zusammenschluß aller Mitglieder der Gemeinschaft darstellte, wie die Aufklärung dachte, sondern wiederum nur einen ‚naturwüchsigen', also klassengesellschaftlichen – so war doch das progressive Wesen dieses Individualismus nicht mehr zu tilgen.

Nichtsdestoweniger wird dessen negative Seite schon bald spürbar. Gerade die Poetisierung des Menschlichen erweist sich unter dem Druck der neuentstandenen Verhältnisse, mit denen der individuelle Dichter nicht nach seinem bloßen humanen Wollen verfahren kann, als – zugleich Ausdruck für das letzthin Kunstfeindliche dieser Gesellschaft – das mehr oder minder bewußt reflektierte Unvermögen des Künstlers, auf die wirklichen Prozesse zu wirken. Kunst und Leben, Geist und Tat scheinen durch eine eherne Grenze voneinander geschieden. Das Bürgertum entdeckt seine, sozusagen ihm spezifische ästhetische Natur, da es bereits seine menschliche verloren hat; das Poetische stellt sich von nun an zunehmend dar als ein Surrogat für unerfüllte Hoffnungen, die mit der Revolution begraben wurden.

In diesen Widerspruch ist die gesamte Poesie der bürgerlich-kapitalistischen Epoche gefesselt. Unter solchem Aspekt ließe sich diese Geschichtsepoche als die ästhetische Phase des Bürgertums als Klasse betrachten, die seiner politisch-philosophischen Phase vor der Revolution entgegengesetzt werden könnte. Solange das Bürgertum menschliche Ideale verfocht, hatte es wenig Zeit, die Welt ästhetisch zu reproduzieren; als dazu die Zeit reif geworden war, mußte es seine menschlichen Ideale als (unmittelbar) reale Ziele aufgeben. Dies ist für die sozialistische Erbe-Aneignung von außerordentlicher, ja prinzipieller Bedeutung. Die Arbeiterklasse beerbt in Dingen der Kunst die bürgerliche Klasse gerade in Hinsicht auf deren unspezifische Produkte. Die Bourgeoisie ist durchaus falsch beschieden mit der hoffärtigen Vorstellung, sie überliefere Habenichtsen ungefragt ihr ureigenstes geistiges Besitztum. Die Arbeiterklasse betrachtet vielmehr diejenigen Traditionen als i h r unveräußerliches (von der Bourgeoisie usurpiertes) Eigentum, in welchen die weithin im Einklang mit den jeweiligen Interessen und Bedürfnissen der V o l k s m a s s e n entstandenen geistigen Werte über den begrenzten Horizont der Bourgeoisiegesellschaft und deren i n d i v i d u a l i s t i s c h e s Kulturwertesystem am Ende triumphieren.

Das alles ist nicht etwa so zu verstehen, als ob die bürgerliche Klasse vor ihrer politischen Machtergreifung keine phantasievolle Kunst und hernach keine gedankenvolle Philosophie mehr hervorgebracht hätte. Die Differenz besteht darin, daß Phantasie und Gedanke dem beschränkten Horizont der sich konstitutierenden bürgerlich-kapitalistischen Gesellschaft, dem zur Perfektion strebenden ‚politischen' (das heißt bürgerlichen) Staat botmäßig sein sollen. Die Basis dafür ist die nunmehr stattfindende grundsätzliche Trennung des menschlichen Lebens in seine privaten und seine öffentlichen Bestandteile. Bereits in der *Judenfrage* hatte der junge Marx dieses Phänomen definiert: „Der vollendete politische Staat ist seinem Wesen nach das G a t t u n g s l e b e n des Menschen im G e g e n s a t z zu seinem materiellen Leben ... Wo der politische Staat seine wahre Ausbildung erreicht hat, führt der Mensch nicht nur im Gedanken, im Bewußtsein, sondern in der W i r k l i c h k e i t, im Leben ein doppeltes, ein himmlisches und ein irdisches Leben, das Leben im p o l i t i s c h e n G e m e i n w e s e n, worin er sich als G e m e i n w e s e n gilt, und das Leben in der b ü r g e r l i c h e n G e s e l l s c h a f t, worin er als P r i v a t m e n s c h tätig ist, die andern Menschen als Mittel betrachtet, sich selbst zum Mittel herabwürdigt und zum Spielball fremder Mächte wird." (MEW, Bd. 1, S. 354f.)

Die vorrevolutionäre (aufklärerische) Ideologie, ihr politischer Charakter als Antithese zur Feudalität, beruhte auf der progressiven Illusion, das intérêt général mit dem intérêt individuel in eine ‚vernünftige' Übereinkunft setzen zu können: daher das entschieden politisch-philosophische Wesen auch der dichterischen Hervorbringungen jener Epoche. Dieses Blatt wendet sich mit und nach der politischen Umwälzung der feudalabsolutistischen Gesellschaftsverhältnisse. „Die politische Revolution h o b ... den politischen C h a r a k t e r d e r b ü r g e r l i c h e n G e s e l l s c h a f t auf. Sie zerschlug die bürgerliche Gesellschaft in ihre einfachen Bestandteile, einerseits in die I n d i v i d u e n, andrerseits in die m a t e r i e l l e n und g e i s t i g e n E l e m e n t e, welche den Lebensinhalt, die bürgerliche Situation dieser Individuen bilden." Sie befreite den „politischen Geist" von seiner „Vermischung mit dem bürgerlichen Leben und konstituierte ihn als die Sphäre des Gemeinwesens, der a l l g e m e i n e n Volksangelegenheit in idealer Unabhängigkeit von jenen b e s o n d e r n Elementen des bürgerlichen Lebens. Die b e s t i m m t e Lebenstätigkeit und die bestimmte Lebenssituation sanken zu einer nur individuellen Bedeutung herab. Sie bildeten nicht mehr das allgemeine Verhältnis des Individuums zum Staatsganzen." (MEW, Bd. 1, S. 368f.)

Von da an datiert die Tendenz, den Geltungsbereich der Kunst entweder auf den Kontemplationsraum des ‚Privatmenschen' einzuschränken oder sie in dem politischen Himmel des ‚Privatmenschen' schlechtweg aufgehen zu lassen. Indem sich so das Ästhetische auf eine bloß dekorative Funktion zu reduzieren drohte, mußte die Kunst als eine besondere Form produktiver Lebenstätigkeit, die gerade als das „allgemeine Verhältnis des Individuums zum Staatsganzen" widerspiegelt, sich aufheben. Die Reaktion der bürgerlichen Intellektuellen am Anfang dieses Prozesses war eindeutig: Sie war intellektuelle Opposition. Doch sie konnte zugleich nur gegen die Vernunft-Illusionen der voraufgegangenen Epoche gerichtet sein; folgerichtig beginnt die bürgerliche Literatur der kapitalistischen Ära in ihrer schroffsten Reaktion mit einem Sprung in die Irrationalität – um darin jene scheinbar existentielle Schizophrenie des Menschen zu überwinden. Erster konsequenter Ausdruck dafür ist die deutsche Romantik.

Der Schnittpunkt ist also die Revolution. Der Prozeß hat darum in Frankreich seine klassische Ausprägung erfahren. [...]

(L 299, S. 49 - 52)

VI, 7 Ursula Heukenkamp

Aus: *Gibt es richtige und falsche Interpretationen?*

Thesen

[...]

10. Literaturinterpretationen können nicht mehr betrieben werden, als sei das Werk zu fassen, ohne daß die Rezeptionssphäre einbezogen würde. Sprachhandlungen erhalten ihren Sinn und damit ihre Handlungsrelevanz durch die Mitwirkung der Verstehenden und vollziehen sich unter der Voraussetzung gesellschaftlicher Vorverständigung. Aus der theoretischen Auseinandersetzung mit dem „Leser-Anteil" am Zustandekommen des Werkes sind methodische Unsicherheiten und Schwierigkeiten für die Literaturinterpretation erwachsen. Doch ist der Gewinn, der sich in den Debatten um den Begriff des Realismus und Fragen der Wertung im letzten Jahrzehnt bereits erwiesen hat, offensichtlich. Die Aneignung der kommunikativ-funktionalen Literaturauffassung für die Interpretation kann daher keinesfalls abgebrochen oder rückgängig gemacht werden. Auch darf der „Leser-Anteil" nicht als bloße Zusicherung einer theoretischen Vorgabe behandelt werden. Vielmehr kann diese „Leerstelle" gefüllt werden und zwar dadurch, daß die Geschichtlichkeit der Werke als Moment menschlicher Tätigkeit behandelt wird. Die marxistisch-leninistische Literaturwissenschaft ist nicht darauf angewiesen, den Sinn als insgeheim gegeben anzunehmen. Der literaturwissenschaftliche Umgang mit dem Text kann vielmehr so entwickelt werden, daß bei historisch-genetischer Untersuchung ebenso wie bei der Analyse seiner wirkenden Faktoren in der Rezeption erhellt wird, wie Sinn durch menschliche Tätigkeit hervorgebracht wird. Sobald ein solches Vorgehen die Verfahrensweisen der Interpretation

bestimmt, enthält sie immanent die Kritik aller normativen Sinnsetzung, auch wenn sie selbst wiederum Aussagen über den Sinn des Texts aufstellt.

11. Von einem wissenschaftstheoretisch geschlossenen Gebäude der Interpretationsverfahren kann gegenwärtig nicht die Rede sein. Dennoch sind literaturwissenschaftliche Interpretationen nicht der Beweispflicht für die Aussagen, die sie aufstellen, enthoben. Literaturwissenschaftliche Interpretationen unterscheiden sich von den diversen anderen Arten der Literaturinterpretation gerade dadurch, daß sie durchgängig begründen, warum sie den Text auf einen bestimmten Zusammenhang so beziehen, daß ihm der entwickelte Sinn zukommt. Dieser Zusammenhang kann ein soziologischer oder ein gattungsgeschichtlicher sein, in der Intention des Autors bestehen oder in einer aktuellen Konstellation. Literaturwissenschaftliche Interpretationen sind in der Auswahl möglicher Sinnrichtungen nicht beschränkt. Doch müssen sie die Subjektivität des Interpreten und dessen Anteil an der Sinngebung in höchst möglichem Maße objektivieren, indem sie deren Voraussetzungen, Auswahlprinzipien und Entscheidungen wahrnehmbar machen.

12. Beinahe jeder Umgang mit einem literarischen Text ist eine Form von Interpretation. Deshalb können diejenigen Aussagen der Theorie, die für die Gesamtheit aller Interpretationsakte zutreffen, nicht jeden einzelnen von ihnen ausreichend bestimmen. Literaturwissenschaftliche Interpretationen müssen sich als Ergebnisform wissenschaftlicher Verfahren dadurch qualifizieren, daß sie nicht Sinndeutung so präsentieren, als wären sie objektive Aussagen, sondern selbst Aussagen über das Zustandekommen ihrer Sinngebung aufstellen. Dazu ist es nötig, daß die theoretischen und materialen Prämissen der Interpretation ausgewiesen werden, daß der Begriffsapparat ausdrücklich und begründet eingeführt wird, die Reflexion und das Verhältnis von Methode und weltanschaulicher Fundierung im historischen Materialismus argumentativ dargeboten wird, methodische Entscheidungen sichtbar werden, Prinzipien der Verfahrensauswahl und Organisation des Materials kenntlich gemacht sind und die Bezugssysteme, im Verhältnis zu denen der Text untersucht und seine Mitteilung als eine sinnhafte erschlossen werden soll, vorab beschrieben werden.

13. Solche Forderungen lassen sich nicht leicht einlösen. Oft stecken Wissenschaftstraditionen die eingeschlagene Bahn ab. Sie bedingen methodische Vorentscheidungen und bestimmen die Wahl des Bezugssystems, das dem Interpreten jedoch als Gegebenheit erscheint. Die Traditionen, in denen man selber steht, als Bedingung der aktuellen Interpretation gleichfalls kenntlich zu machen, erfordert einen hohen Grad der Selbstreflexion. Dafür geeignete Verfahrenswege müssen entwickelt und qualifiziert werden. [...]

(L 98, S. 418 - 419)

B. 2. Texte zur marxistischen Literaturinterpretation

VI, 8 Kollektiv

Aus: *Geschichte der deutschen Literatur 1917 bis 1945 (1973)*

GOTTFRIED BENN

Die Lyriker, die sich nach den pathetischen Aufschwüngen resignierend, kleinlaut oder humoristisch einer die Übermacht wiedergewinnenden bürgerlichen Gesellschaft anpaßten, bestätigten auf künstlerisch meist wenig überzeugende Weise, daß der Expressionismus den neuen gesellschaftlichen Realitäten seit der Oktoberrevolution nicht gerecht zu werden vermochte. Neben dem mehr oder minder eingestandenen Scheitern und im Gegensatz zur revolutionären Überwindung des Expressionismus gab es jedoch auch den Versuch, seine Krise zu leugnen, seine Not zu seiner Tugend zu erheben und die Unmöglichkeit, von einem monadisch abgesperrten Ich her eine Beziehung zu den treibenden Kräften der Entwicklung zu gewinnen, zum Ausgangspunkt literarischer, besonders lyrischer Konzeptionsbildung zu machen. Das geschah namentlich bei GOTTFRIED BENN (1886 - 1956).

Bereits seit seinen expressionistischen Anfängen hatte in Benns Affront gegen die vorgefundene Bürgerwelt das Pathos sozialen Protests eine nur beiläufige Rolle gespielt; in der Lyrik fiel es fast gänzlich aus. Benns Gedichte abstrahierten weitgehend von allem historisch Besonderen und artikulierten – allerdings mit Hilfe zeitgenössischer Requisiten – Weltekel, Ich-Besessenheit, Verachtung des Denkens, „Aufstand gegen die Wirklichkeit“ und eine rein innerliche, ästhetisierende Utopie des „Südens“. Daran hielt er auch nach Krieg und Revolution fest.

Seine Art der Reaktion auf die neuen geschichtlichen Erfahrungen bestand darin, daß er die bisher – gerade im Gedicht – spontan geäußerte Haltung zu einer nihilistischen Grundauffassung systematisierte, die im Laufe der Zeit im Ästhetizismus ihre notwendige Ergänzung fand. Dabei handelte es sich nicht nur um die Aufnahme vorgegebener reaktionärer spätbürgerlicher Ideologien. Benns Briefe enthalten gelegentlich ganz unverhüllte Selbstaussagen des Arztes und Künstlers über seine Lebensprobleme, die er weder theoretisch noch praktisch zu bewältigen vermochte.

Diese biographischen Dokumente geben Auskunft darüber, wie die Bewußtseinskrise, die Vorstellung von der totalen Sinnentleertheit des Verhältnisses von Ich und Welt, der Nihilismus, der zeitweilig sogar die eigene Kunstausübung einschloß, aus persönlichen Lebensumständen stets neu reproduziert wurden. So schreibt Benn am 29. Dezember 1921: „Es ist kein Leben dies tägliche Schmieren u. Spritzen u. Quacksalbern u. Abends so müde sein, daß man heulen könnte. Aber wenn ich mir vorstelle, was ich machen sollte, weiß ich es auch nicht. Den Laden verkaufen u. fortgehen! Aber wohin? ... Oder eine Arbeit anfangen, ein Stück, eine Novelle, aber wozu, für wen, worüber, alles so erledigt, ausgepowert, abgeknabbert und schließlich kotzt man vor sich selbst ...“

Der Typ des elegisch philosophierenden Gedichts, den Benn in den ersten Nachkriegsjahren entwickelte und pflegte, ergab sich in Inhalt und Methode recht unmittelbar aus der Unfähigkeit des Dichters, dem Leben einen Sinn abzugewinnen und die Welt als ein durchschaubares und veränderbares oder wenigstens als in Bewegung befindliches Ganzes zu begreifen.

Seine neuerdings sehr melodisch organisierten, suggestiven Verse waren nichts als die gekonnte poetische Aufbereitung des eigenen Krisenbewußtseins. Aber als Dichter sprach Benn zumeist nicht in gegenständlich-konkreter Weise von sich selbst. Vielmehr gestaltete er seine monologischen, weitgehend asyndetisch-assoziativ gebauten Gedichte als Äußerungen eines überpersönlich verstandenen und formulierten „modernen Ichs".

Ganz in sich gekehrt, traf er doch umfassende magisch-metaphorische Aussagen über das Weltganze. Unter dem anhaltenden starken Einfluß Nietzsches und dem frischen Eindruck von Spenglers „Untergang des Abendlandes" verwarf er die Welt als ein seit jeher immer gleiches, sinnloses und nun seinem Ende zutreibendes Chaos:

Chaos – Zeiten und Zonen
bluffende Mimikry,
großer Run der Äonen
in die Stunde des Nie –
Marmor Milets, Travertine,
hippokratischer Schein,
Leichenkolombine:
Die Tauben fliegen ein.

Die Strophe ist in jeder Hinsicht ein repräsentatives Muster der Bennschen Nachkriegslyrik. Das umgewertete biblische Motiv vom Taubenflug, der das Ende der Sintflut signalisierte, formulierte die Absage an jede Möglichkeit einer Wendung zum Besseren.

Benn vertritt einen totalen Pessimismus, eine Absage an jede humanistische Hoffnung auf den Menschen. Charakteristisch ist der Widerspruch zwischen betonter Abwendung vom Mitmenschen und einer effektvollen Aufmachung der Strophe, die in Reim und Rhythmus, in der verblüffenden Zusammenstellung von zeitgenössischen Schlagwörtern („Run") und weithergeholten klangvollen Begriffen durchaus auf einen modisch orientierten bürgerlichen Lesertyp spekuliert. Daher wirkte Benns Nihilismus nicht selten unseriös, ja kokett.

Auf ausdrückliche, stofflich eindeutige Bezüge zur Zeitgeschichte verzichtete der Dichter auch jetzt. Das nur durch die Überschrift als aktuell-politische Äußerung kenntlich gemachte Gedicht *„Bolschewik"*, möglicherweise als unmittelbare Zurückweisung von Bechers „Gruß des deutschen Dichters an die Russische Föderative Sowjet-Republik" gedacht, bleibt da eine Ausnahme.

Der Dichter stimmte sich und seinen Leser auf eine „leere Melancholie" als das vorherrschende, normale Lebensgefühl ein. Die geringe Resonanz, die sein Werk in der Weimarer Republik fand, bestärkte ihn noch in dieser Haltung. In der restaurierten kapitalistischen Welt der Bundesrepublik gilt er als prominenter Vertreter einer „modernen Lyrik“, die der realistischen und politisch parteinehmenden Poesie entgegengehalten wird.

(L 78, S. 165 - 167)

VI, 9 Wolfgang Heise

„Hyperion“. Schönheit und Geschichte (1988)

Zur Ostermesse 1797 erschien Hölderlins „Hyperion oder der Eremit in Griechenland“, erster Band. Im Herbst 1799 erschien der zweite Band. Die Auflagenhöhe betrug 360 Exemplare.

Im „Hyperion“ wird die philosophisch-ästhetische und politische Position poetische Gestalt, deren Verneinung Hegels These vom Ende der Kunst impliziert.

Sein Grundthema ist, wie der „Tag der Tage“ als nationalrevolutionärer Aufstand notwendig gesucht, erstrebt, entfacht wird und scheitert, wie dies Scheitern für Hyperion, den Hauptthelden und Hölderlins ideales Erzähler-Ich, des Lebens Gehalt ins Nichts aufzulösen scheint und wie dieser im erinnernden Reflektieren des Getanen und Gewesenen neu gefunden wird: Im Aufarbeiten seiner Vergangenheit gewinnt Hyperion die ihm allein verbleibende und ihm allein gemäße Möglichkeit als Dichter. Sein erinnerndes Darstellen ist sein Werden zum Dichter, ein Bewußtwerden seiner Berufung und deren erste Bewährung.

Das dichterische Erinnern legt insofern einen Grund zur Zukunft, als dies Ideal eines Anderswerdens, die Ideale der Revolution und Wiedergeburt des Volkes sowie die Einsicht in deren Notwendigkeit nicht zurückgenommen werden und in der Bestimmung des Schönen und der Rolle der Poesie die Aufgabe des Dichters für die kommende und gesuchte Revolution der Gesinnungen und Vorstellungsarten entworfen wird. Jedoch die konkrete Vermittlung zwischen dem Eremiten in Griechenland und der Zukunft fehlt. Das erzählte Geschehen ist zugleich ein Gegenbeispiel: die Revolution, die nicht aus der Umwälzung der Gesinnungen und Vorstellungsarten hervorgeht, muß scheitern beziehungsweise steckenbleiben in verselbständigter Gewalt.

So ist die hochbewußt komponierte künstlerische Einheit des Romans Form, in der ein widerspruchsvolles, letztlich keinen realen Ausweg findendes Verhalten zur Wirklichkeit der Epoche sich artikuliert. „Hyperion“ ist ein politischer und philosophischer Citoyenroman in nachthermidorianischer Epoche. Er hält die allgemeinen Ideale der Französischen Revolution fest gegen die halbfeudale deutsche Welt in ihrer Bewegungslosigkeit und Veränderungsunfähigkeit, behauptet sie gegen die prosaische Praxis der nachthermidorianischen Bourgeoisie: gegen die „schmutzige Wirklichkeit“. Er hält den Traum einer erneuerten Gemeinschaft fest gegen die desillusionierende „eiskalte Geschichte des Tages“. Aber er lehnt immanent auch die Diktatur der Jakobiner grundsätzlich und tief schockiert ab. Die Reinheit des Ideals findet keinen Weg in die brutale Wirklichkeit.

Dieser lyrisch-elegische Roman, dem das Ideale und begeistert Bejahte Vergangenheit ist und gesuchte, verborgene, zukunftstragende Möglichkeit, vereint Utopie und verzweifelte Resignation mit der Haltung des Nicht-Aufgebens. Aber er findet keinen Ansatz, die Wirklichkeit der doch „schön geborenen" Menschen mit ihrer realen Existenz zu vermitteln – weder in der Erklärung des Zustandes noch im Entwurf seiner Veränderung. Wenn er schließlich vom „Menschenwerk" sich abwendet, die revolutionären Ideale in die Natur verschlüsselt, so spiegelt sich darin reale Aktionsunfähigkeit, die praktische Ohnmacht des vom Citoyenideal erfüllten Intellektuellen, dem die wirklichen Triebkräfte und materiellen Interessen fremd sind. Die Natur als universeller Zusammenhang wird zur geschichtstragenden und -bestimmenden Macht, zum Akteur auch der unaufgegebenen „vaterländischen Umkehr", wie Hölderlin später formulierte. Dies ist Ansatz seines poetischen Mythisierens. Und verzweifelte Ironie ist's, daß der hohe Anspruch der Poesie und des Poeten sich realisiert als einzige Möglichkeit des praktisch-politisch Gescheiterten und Handlungsunfähigen: er wird Dichter in dürftiger Zeit der Zerrissenheit, Gemeinschaftslosigkeit, des sinnlosen Treibens und des Unfriedens. Erscheint in begeistert-enthusiastischen Aufschwüngen die geschaute Alternative und das gewesene Glück, so dominiert deren realer Mangel im Ausdruck von Schmerz und Sehnsucht.

„Hyperion" ist ein philosophischer Roman nicht nur insofern, als darin philosophiert, theoretisch entwickelt und verkündet wird, sondern weil er als Ganzes hoch philosophisch-reflektiert ist und diese Reflexion seine eigentliche innere Bewegung steuert. Er ist in Poesie aufgehobene Philosophie. Am Ende steht die gelebte Einsicht, daß Einheit und Harmonie der Natur nicht ein Jenseits der Antagonismen, Widersprüche, Dissonanzen des Lebens ist, sondern allein in und durch deren Prozessieren sich verwirklicht.

Darum enthält „Hyperion" die Schönheitslehre Hölderlins nicht nur, er ist sie, ist deren Darstellung. Sie reduziert sich nicht auf die theoretischen Aussagen, deren jede durch ihren Kontext poetisch relativiert ist; das Ganze ist immer mehr, wie das „Leben" jede besondre Gestalt transzendiert: Schönheit ist, wo seine Ganzheit aufleuchtet, wo es als Ganzheit bewußt wird, und der Weg dazu führt über die vereinigende Liebe. Platons „Symposion" vermittelte die Wegstruktur, die im spinozistisch gedachten Lebensbegriff dem Weg das Ziel immanent sein läßt.

Schönheit erscheint als das „Hen kai pan" und das „Heiligste", als objektives Sein und subjektive Erfüllung, als lebendige Natur, als Grund und Ziel menschlicher Geschichte. Als ruhendes Bild ist sie vergehendes Moment des Prozesses, der im Wechsel seiner Momente die Einheit des Widersprechenden ist, Harmonie, die in den Dissonanzen sich herstellt, das Unendliche im Endlichen als lebendiges Streben. Und hier ist Schönheit das schlechthin Bejahte, in dem das Subjekt sich aufgehoben und bejaht erfährt.

Ist der Schönheit historischer Fixpunkt das verklärte schöne Bild des klassischen Athen als Traum einer idealen menschlichen Gemeinschaft, so ist sie zugleich Alternative, weil Negation der häßlichen gegenwärtigen menschlich-gesellschaftlichen Wirklichkeit. Sie steht zugleich für deren verborgene Substanz; Revolution ist ihre schöne Aktion, sie gebiert sie wieder; Wiedergeburt des Volkes ist Wiedergeburt zu verklärter, vereinigender, weil wahrhaft vergemeinschaftender Schönheit, Herstellung der Einheit von Mensch und Natur. Im Gegensatz zu Nietzsches Konzept ästhetischer Rechtfertigung des Lebens ist für Hölderlin Schönheit sozial-idealen Gehalts, sie umgreift den Zusammenhang des Universums, das Hen kai pan und eine nichtentfremdete Menschheit, die ihre Natur tätig entfaltet. So enthält sie alle Utopie Hölderlins und verallgemeinert sie zugleich weltanschaulich. Weil diese Utopie alle reale Möglichkeit der bürgerlichen Gesellschaft transzendiert, wird das gesellschaftlich nicht Vermittelte und Vermittelbare der „Natur" zugeschlagen, einer pantheistisch „göttlichen" Natur. Ihr entspricht im endlichen Subjekt die „Natur in mir", der „Gott in uns". Was seinem realen Gehalt nach das unterdrückte, nicht verwirklichte soziale Aktionspotential und -bedürfnis in der ideologisierten Form des idealen Anspruchs, gewinnt als „Gott in uns" im Individuum die Gestalt überindividueller Macht und Kraft, die ihrerseits den Anspruch des Individuums konstituiert. Daher kann der „Gott in uns" dem „Wurm" als Repräsentanten der bestehenden Lebensweise und Ordnung entgegengesetzt werden, der Gott aber den Anspruch ihrer Alternative tragen: er legitimiert das revolutionäre Verhalten nicht nur, er artikuliert seine Notwendigkeit.

[...] (L 94, S. 477 - 479)

2. Literatursoziologie

Die marxistische Literaturwissenschaft, die sich nicht bis ins einzelne durch ‚gültige' Gesetze, Regeln, Verfahrensweisen festlegen läßt, ist dennoch gekennzeichnet durch einige unverrückbare Prinzipien, die sich auf die Voraussetzungen der Erkenntnis, das Interesse an ihr und den Weg zu ihr beziehen; dazu gehört vor allem die Bestimmung, daß Literatur ein geschichtliches, das heißt: ein gesellschaftliches Phänomen ist. Literatur entsteht und wirkt in konkreten gesellschaftlichen Situationen und ist von diesen abhängig. Insofern ist marxistische Literaturwissenschaft nicht nur sozialgeschichtlich im engeren Sinne, sondern auch – im weiteren Sinne – eine Spezies der Literatursoziologie.

Nicht jede Literatursoziologie ist marxistisch; denn es gibt auch andere als marxistische Gesellschaftsvorstellungen; der Zusammenhang zwischen Literatur und Gesellschaft kann außerdem höchst unterschiedlich eingeschätzt und unter verschiedenen Prämissen erforscht werden. Es gibt also auch nicht d i e Literatursoziologie.

Es gibt e i n e literatursoziologische Richtung, die mit der Literaturwissenschaft wenig zu tun hat, auf jeden Fall nicht mit ihr in unmittelbare Verbindung gebracht oder gar verwechselt werden möchte: Die sogenannte **empirisch-positivistische Literatursoziologie,** die als Teilgebiet der Soziologie Erkenntnisse über die Literatur – besser: über die mit Literatur Befaßten – sammelt, die deren Verhältnis zur Gesamtgesellschaft erhellen. Die Sammlung der sozialen Fakten soll nicht dem Verständnis der Literatur dienen, sondern Aufklärung über bestimmte soziale Gruppen oder gesellschaftlich interessante Individuen bringen. Alphons Silbermann fragt in erster Linie nach Erlebnissen, die durch Kunst bewirkt werden; darüber hinaus nach allen sozialen Beziehungen, die durch Kunst zustande kommen; dabei wendet er „sich völlig ab von allgemeinphilosophischen Normen in der Analyse des Wie und Was künstlerischer Materialien." (Vgl. Text-Beispiel VI, 10)

Hans Norbert Fügen ist in seinem Buch *Die Hauptrichtungen der Literatursoziologie und ihre Methoden* (L 68) einer Vermischung von Literaturwissenschaft und Literatursoziologie entschieden entgegengetreten; letztere faßt er als eine spezielle Soziologie auf und bestimmt sie so: „Da die Soziologie das soziale, d.h. intersubjektive Handeln zum Forschungsgegenstand hat, ist sie nicht am literarischen Werk als ästhetischem Gegenstand interessiert, sondern Literatur wird nur insofern für sie bedeutsam, als sich mit ihr, an ihr und für sie spezielles zwischenmenschliches Handeln vollzieht. Die Literatursoziologie hat es demnach mit dem Handeln der an der Literatur beteiligten Menschen zu tun; ihr Gegenstand ist die Interaktion der an der Literatur beteiligten Personen." (Ebd., S. 14) Fügen, der keineswegs leugnet, daß soziale Fakten zur Erklärung und zum Verständnis von Literatur wichtig sein können (der sich ihr bedienende Literaturwissenschaftler gehe freilich nicht literatursoziologisch, sondern sozialliterarisch vor), teilt also die Literatur in zwei Bereiche: in den der empirisch nachweisbaren Verflechtung von Produktion, Distribution und Konsumtion sowie in den des nur spekulativ (geistesgeschichtlich oder werkimmanent oder sonstwie) erfaßbaren Ästhetischen. Fügens Auffassung wird vermutlich nicht so sehr von einem bestimmten Literatur-Verständnis als vielmehr von einem bestimmten Wissenschafts-Verständnis her zu erklären sein: Literaturwissenschaft verfahre historisierend, es gehe ihr um das geschichtlich Bedeutsame, das Einmalige, Individuelle; Soziologie verfahre generalisierend, es gehe ihr um **Typisches,** um Grundformen menschlicher Beziehungen und menschlichen Verhaltens. (Der Weg zum Typischen soll dabei – anders als bei der geistesgeschichtlichen und marxistischen Literaturbetrachtung – nicht über eine Weltanschauung führen, sondern ‚objektiven' wissenschaftlichen Verfahrensweisen, denen der Induktion vor allem, folgen.)

Ungeachtet der Bemühungen Fügens, sich aus dem Gebiet der Literaturwissenschaft herauszuhalten, sind die von ihm der Erforschung durch die Soziologie vorbehaltenen Themen auch für die Literaturwissenschaft – und nicht nur für die Literaturhistorie, sondern auch die Literaturtheorie – interessant und wichtig genug, um berücksichtigt zu werden. Die Literatursoziologie, so sieht es Fügen, könne die Literatur als soziales Phänomen jeweils nur im Rahmen eines ‚sozialen Grundverhältnisses', durch das die wechselseitige Abhängigkeit von literarischer Produktion und literarischer Rezeption geregelt sei, untersuchen; d.h. die Untersuchungen beginnen mit der Annahme eines solchen Verhältnisses und zielen auf die Erhellung typischer Formen dieses Verhältnisses, also auf das Rollenverhalten der an Literatur Beteiligten: der Produzenten, der Vermittler und der Konsumenten. Die wohl wichtigste Aufgabe sieht Fügen in der Beantwortung der Frage, wie sich ein Autor gegenüber seiner sozialen Umwelt verhält. Ein Blick auf die Literaturgeschichte scheint zu lehren, daß sich drei typische Verhaltensweisen beschreiben lassen: die des gesellschaftskonformen, die des gesellschaftskonträren und die des gesellschaftsabgewandten Autors. Fügen glaubt, aus der Dominanz verschiedener Typen zu verschiedenen Zeiten auf Gesetzmäßigkeiten schließen zu können. Diese Annahme ist sehr problematisch und im Einzelfall kaum förderlich.

Daß die Kenntnis der gesellschaftlichen Position eines Autors zum Verständnis seiner Werke wichtig ist, wird kein Literaturwissenschaftler bestreiten; – doch die Werke interessieren Fügen nicht; er stellt die Ergebnisse seiner soziologischen Untersuchungen zur Verfügung. Welchen literarischen Typ repräsentiert Thomas Mann? Brecht? Heine? Gryphius? Die Antworten sind nicht einfach. Ergeben sie sich vielleicht aus den Werken der Autoren? (Also gewännen die Werke eines einzelnen Autors Bedeutung für literatursoziologische Bemühungen?)

Ergiebiger sind sicher empirische Untersuchungen, die dem Verhalten des literarischen **Publikums** gelten: wer liest was warum? Die Buchmarktforschung hat sich inzwischen diesem weiten Problemkreis mit Eifer gewidmet und eine Fülle von Materialien vorgelegt, die sich zum größten Teil auf aktuelle Umfrage-Ergebnisse stützen (vgl. z. B. L 28) und einstweilen wohl mehr die Literaturproduktion und -distribution als die Literaturwissenschaft beeinflussen. (Die Tatsache, daß sich aus erfahrbarem Publikumsverhalten eine sich im Werk niederschlagende Haltung des Autors gegenüber dem Publikum erklären lassen kann, sollte für die Literaturwissenschaft allerdings Grund genug sein, sich mit Themen wie *Verbreitung von Lesestoff, Grundzüge einer Sozialgeschichte des Lesers und der Lesekultur, Grundzüge einer Soziologie des heutigen Lesers* [vgl. L 146, S. 106ff., S. 117ff., S. 149ff.] zu beschäftigen.) Ähnliches gilt für soziologische Untersuchungen, die sich mit Literatur-Vermittlern (Kritikern, Buchhändlern, Verlegern, Bibliothekaren) beschäftigen: auch deren Tätigkeiten üben einen entscheidenden Einfluß auf den literarischen Markt aus; nicht nur das Vorhandensein, sondern auch die Beschaffenheit von Werken können durch Vermittler bestimmt werden. Die Zensur ist dafür das krasseste Beispiel.

Die Literatur der Gegenwart wird von der empirisch-positivistischen Soziologie begleitet; die Literaturwissenschaft wird die Ergebnisse noch nutzen können, wenn die Literatur historisch geworden ist. Spätestens dann wird der Mangel an Daten über das literarische Leben früherer Zeiten spürbar werden. Wie verhielt es sich mit dem Publikum um 1750? Welchen Einfluß hatte es auf Salomon Geßners Idyllen? Die Literatursoziologie wird schwerlich mit typischem Leseverhalten in dieser Zeit helfen können.

Die Literaturwissenschaft, die literatursoziologisch – und zwar empirisch-positivistisch – vorgehen möchte, muß sich hüten, aus wenigen Ergebnissen Gesetze zu formulieren, allzu schnell vom Besonderen zum Allgemeinen zu gelangen, den Prozeß der Induktion abzukürzen, um hurtig deduzieren zu können. Die Frage, ob Dichter die Welt verändern, wird sich nicht beantworten lassen, wenn feststehen sollte, daß Klopstock und Hebbel sie nicht verändert haben. Ruth A. Inglis hat sich in einem 1938 erschienenen Aufsatz (vgl. L 104) mit dem Verhältnis von Literatur und Gesellschaft auf die Weise beschäftigt, daß sie am Beispiel von 420 Erzählungen, die im Laufe von 35 Jahren in einem und demselben Journal erschienen sind, zeigte, daß die Heldinnen dieser Erzählungen die gesellschaftliche Wirklichkeit ihrer Zeit nicht geprägt, sondern reflektiert haben. Damit war für die Lösung des anregenden Problems, daß sich bei der Beurteilung des Verhältnisses von Literatur und Gesellschaft die Vertreter der sogenannten **‚Kontrolltheorie'** und die der **‚Reflektionstheorie'** schroff gegenüberstehen, nicht mehr gewonnen als: Die short stories der *Saturday Evening Post* zeigen, daß die Kontrolltheorie keine unbedingte Gültigkeit beanspruchen kann. Jede Verallgemeinerung verbietet sich. Wie verhält es sich mit den short stories eines anderen Blattes? – Auch die Untersuchung von Ruth A. Inglis ist unter literaturwissenschaftlichen Aspekten unbefriedigend, weil die sozialen Fakten nur ein spezielles Grundverhältnis erkennen lassen, nicht aber als mögliche Konstituenten von Literatur in Betracht gezogen werden.

Daß die literatursoziologische Literaturwissenschaft sich nicht allein gewonnener Ergebnisse bedienen, sondern diese auch selbst gewinnen will, versteht sich von selbst. Das bedeutet nun keineswegs, daß damit die empirisch-positivistische Methode preisgegeben wird, sondern lediglich, daß sozialliterarische Verfahren, durch die literaturgeschichtliche oder literaturkritische Erkenntnisse möglich werden, als literatursoziologische angesehen werden. Spezielle soziale Erscheinungen im literarischen Leben erhalten damit ein stärkeres Gewicht. – Daß es der Literatursoziologie nicht allein um Soziales, sondern auch (und vielleicht vorrangig) um Literarisches gehen müsse, hat Hans Norbert Fügen in einer späteren Arbeit mit aller Deutlichkeit gesagt: zu erforschen sei „die Wechselwirkung zwischen literarischen Phänomenen und dem System der literarischen Phänomene einerseits und gesamtgesellschaftlichen Phänomenen andererseits." (Vgl. Text-Beispiel VI, 11) Mit dieser Wendung hat sich Fügen einen so weiten Spielraum geschaffen, daß ein großer Teil der Kritik, welche die empirisch-positivistische Literatursoziologie gefunden hat, darin verschwinden kann.

Zu den heftigsten Kritikern einer Literatursoziologie im Sinne Silbermanns gehörte Theodor W. Adorno, einer der profiliertesten Vertreter jener **dialektischen Theorie** von Gesellschaft, die sich als **,Kritische Theorie'** verstand, weil Kritik ihr Wesen ausmacht: Analyse des Systems der Gesellschaft als Kritik; Analyse der gesellschaftlichen Bedingungen von Analyse als Kritik. Erst die Erkenntnis des Systems der Gesellschaft lasse die Erkenntnis von sozialen Einzelfakten zu; das System werde bestimmt durch die Entwicklung der Produktivkräfte und den damit zusammenhängenden Stand der Produktionsverhältnisse. Als historische Erscheinung bedarf die Gesellschaft permanenter Kritik. Aber es geht um Literatur: Sie ist, wie jede Kunst, eine soziale Erscheinung, mag ihre Wirkung in der Gesellschaft meßbar sein oder nicht. („Der soziale Gehalt von Kunstwerken [...] liegt zuweilen [...] gerade im Protest gegen soziale Rezeption [...]." [L 2, S. 97]) Dem Soziologen obliegt es, die **Gesellschaftlichkeit** von Literatur, ihre Bedingtheit durch Gesellschaft und schließlich das Maß an Selbständigkeit, das ihr das Ansehen gibt, autonom zu sein, zu erforschen und damit das Verständnis ihrer Besonderheit (,Literarität') zu fördern. Literatursoziologie ist eine spezielle Form der Gesellschaftswissenschaft; ihr Ziel und ihre Methode hängen von des Soziologen Gesellschaftsauffassung ab.

Die kritischen Theoretiker der sogenannten ,Frankfurter Schule' nahmen ihren Ausgang von dem jungen Marx, der die Menschen als Gattungswesen dadurch bestimmt sah, daß sie durch Arbeit in die Natur eingreifen und dadurch die Grundlagen ihrer Existenz verwandeln. Der Mensch schafft sich die Natur, von der er abhängt; wer die Natur zu verwandeln in der Lage ist, erweist sich gegenüber dem, der das nicht vermag, als überlegen; es bilden sich Herrschaftsverhältnisse heraus. (In dem Maße, in dem ein Mensch von den bestehenden Verhältnissen abhängig ist, fehlt ihm das Vermögen der Einsicht in seine Abhängigkeit, verfällt er also der **Ideologie.**) Indem der Mensch arbeitet (produziert), schafft er sich nicht nur ein bestimmtes Verhältnis zur Natur, sondern auch zu anderen Menschen, zur Gesellschaft. Die Arbeit bestimmt das Bewußtsein, dessen Entstehung als durch den Arbeitsprozeß vermittelt denkbar erscheint, wenngleich die Behauptung, ein Materielles habe Bewußtsein hervorgebracht, unterbleibt.

Der Geschichtsprozeß, so sieht es Adorno, ist dadurch gekennzeichnet, daß die **Entfremdung** des Menschen von sich selbst, also die Beziehungslosigkeit zu den Ergebnissen eigener Tätigkeit, auf Grund der zunehmenden Arbeitsteilung immer größer geworden ist. Eine Entwicklung, die diesen Prozeß umkehrt (etwa im Stadium der klassenlosen Gesellschaft), sieht er als nicht denkbar an. Das bedeutet: Die Macht der Ideologie besteht oder wächst weiter, weil die Entfremdung der Erkenntnis des Menschen über sich selbst hinderlich ist.

Das System der Gesellschaft zu durchschauen, heißt demnach, Ideologie aufzudecken. Analyse der Gesellschaft ist im wesentlichen **Ideologiekritik.** Analyse von Literatur als sozialem Phänomen ist nichts anderes; es ist zu zeigen, inwieweit ein literarisches Werk ideologisch verstrickt ist, inwieweit es der Ideologie entkommen konnte oder selbst ideologiekritisch wirksam ist. Literatur, wie jede Kunst, ist ein besonderes Produkt menschlicher Arbeit.

Zwar ist nicht zu leugnen, daß ein Kunstwerk stärker als andere Werke Merkmale der geistigen Eigentümlichkeit des Produzenten zeigt, also auf dessen eigenartiges Verhältnis zur Welt, zur Gesellschaft, zu sich selbst hindeutet, doch damit ist noch nicht gesagt, daß es von den gesellschaftlichen Verhältnissen weniger abhängt als ein Stuhl; die Eigenarten des Künstlers wären sehr wohl als gesellschaftlich vermittelte zu erkennen. Das Besondere der Kunst, durch das sie für die Ideologiekritik prädestiniert wird, liegt in etwas anderem begründet: in der schwer zu leugnenden Tatsache ihrer Überflüssigkeit. Kunst erscheint als nicht kalkulierbares Phänomen im materiellen Produktionsprozeß, sie befriedigt keine materiellen Bedürfnisse, sie richtet sich nicht an die Masse. Kunst ist anspruchsvoll, indem sie vorgibt, sich von den Zwängen materieller Bedingungen befreien oder diese doch durchschauen und ‚aufheben' zu können: Für Herbert Marcuse gelingt der Kunst „das bewußte Transzendieren der entfremdeten Existenz – ein ‚höheres Niveau' oder vermittelte Entfremdung." (L 172, S. 79 - 80) Damit aber wird der Künstler zu einer Art ‚höherem Wesen', dessen Werke „sprechen lassen, was die Ideologie verbirgt." (L 4, S. 77) Im Kunstwerk wird die Welt, wie sie ist, gesehen und gedeutet; das Kunstwerk rebelliert gegen die Wirklichkeit; von seiner Wirkung darf sein Wert nicht abhängen; wichtig ist, daß es die Möglichkeit der Erkenntnis bietet und damit die Möglichkeit der Veränderung. Kunst ist, sofern sie Wahrheit ausspricht, nicht anders vorstellbar als „Protest gegen das, was ist": die „Große Weigerung". (L 172, S. 83 - 84) Es liegt im Wesen der Kunst, elitär zu sein.

Die Literatursoziologie, die nach den grundlegenden Bestimmungen der Kritischen Theorie verfahren möchte, ist elitär. Sie erfordert den Überblick des Polyhistors, dessen mannigfache Kenntnisse in einem umfangreichen System gesellschaftswissenschaftlicher Einzeldisziplinen geordnet und miteinander in Zusammenhang gebracht sind. Bevor die Arbeit der eigentlichen Literaturanalyse beginnen kann, muß die Analyse der Gesellschaft weit fortgeschritten sein, weil ohne diese nicht erkannt werden kann, wie sich in Literatur die Gesellschaft spiegelt oder wie die Gesellschaft durch Literatur transzendiert wird. Darüber hinaus ist zu klären, wie der Vermittlungsprozeß des spezifisch Literarischen durch die ‚entdeckte' gesellschaftliche Wirklichkeit vonstatten geht. Und schließlich: bei dem Umgang mit Literatur wird der Literatursoziologe auf umfassende literaturwissenschaftliche Kenntnisse (und Fähigkeiten) nicht verzichten können (bis hin zur Kenntnis von Autor-Biographien und Versformen). Die bei einer Analyse gewonnenen Elemente eines literarischen Werkes in ihrer wechselseitigen (dialektischen) Abhängigkeit zu bestimmen, darf als Postulat nicht übersehen werden; dabei ist darauf zu achten, daß sich ästhetische Momente nicht aus ihren sozialen Bindungen lösen, also verselbständigen. Es bleiben bei allen Bemühungen, sich der Literatur soziologisch zu vergewisssern, ungelöste Probleme, die vielleicht am Ende doch darauf zurückgeführt werden müssen, daß nicht alle sozialen Implikate einer geistigen Erscheinung erkannt werden können, weil diese Erscheinung auf einer relativen Autonomie beharrt, die sich der objektiven Erkenntnis in den Weg stellt. Nicht anders sah es Adorno: „Da Kunstwerke einer anderen Logik als der von Begriff, Urteil und Schluß unterliegen, haftet der Erkenntnis objektiven künstlerischen Gehalts ein Schatten des Relativen an. Aber von dieser Relativität im Höchsten bis zu der prinzipiellen Leugnung eines objektiven Gehaltes überhaupt ist ein so weiter Weg, daß man den Unterschied als einen ums Ganze betrachten darf." (Vgl. Text-Beispiel VI, 12)

Wie die empirisch-positivistische Literatursoziologie im Sinne Silbermanns für den Literaturwissenschaftler nicht attraktiv sein kann, weil sie die Literatur nicht angemessen berücksichtigt, so mag die Literatursoziologie im Sinne Adornos zu umfassend und damit zu anspruchsvoll erscheinen, so daß, wenn nicht Resignation, so doch Beschränkung notwendig wird, und das kann zunächst nur heißen: empirisch-positivistische Literatursoziologie als Literaturwissenschaft zu treiben mit dem Ziel, aus den Verhältnissen zwischen den am literarischen Leben beteiligten Gruppen und Einzelpersonen erhellende Schlüsse auf die Genese, die

Veröffentlichung und die Wirkung literarischer Werke zu ziehen, d.h. dem Verständnis der Werke näherzukommen. Es genügt also nicht die Feststellung, daß um 1800 die Lesefähigkeit des Publikums sehr beschränkt war, oder die, daß es bei der Uraufführung von Gerhart Hauptmanns *Vor Sonnenaufgang* zu Tumulten kam, sondern es muß die Beziehung dieser sozialen Fakten zur Literatur, die von ihnen betroffen war, herausgestellt werden. Wer las Goethe? Warum? Welche Kenntnis besaß er? Welche Interessen hatte er? Wie stellte sich Goethe auf sein Publikum (auf das reale, das er kannte, auf das fiktive, das er sich ausdachte) ein? Warum löste Hauptmanns Stück Tumulte aus? etc. Die Fragen müssen nicht notwendig an der Oberfläche bleiben, sondern können sehr wohl an den literarischen Kern eines Werkes heranführen: Wie verhält es sich mit den gesellschaftlichen Voraussetzungen ästhetischer Erscheinungen? Es leuchtet ein, daß der Stil der deutschen Klassik (eben jenes Besondere, das die Bezeichnung rechtfertigt) zwar nach 100 Jahren zu reproduzieren bzw. zu kopieren war, aber es ist auch nicht fraglich, daß damit keine Kunst produziert wurde; das hat weniger etwas mit der Originalität der Dichter zu tun als vielmehr mit der Unwiederholbarkeit der Geschichte, also gesellschaftlicher Verhältnisse. Der Stil Goethes war nur unter bestimmten gesellschaftlichen Verhältnissen als Kunst-Stil möglich; der Gerhart Hauptmanns ebenso. Die Dependenzen und Interdependenzen aufzudecken, ist Aufgabe der Literatursoziologie. (Dabei wird das Eingeständnis der Unzulänglichkeit von vornherein zu machen sein: Die Erforschung der ‚gesamtgesellschaftlichen' Verhältnisse kann nicht geleistet werden.)

Das Schwergewicht der literatursoziologischen Arbeiten liegt seit einiger Zeit auf dem weiten Feld der Publikumserforschung, wobei die Argumentation, daß sich die Literaturwissenschaft über 100 Jahre fast nur mit dem Autor und einzelnen Werken beschäftigt hat und deshalb die Literatur in ihrer wichtigen Funktion als Mittel der Kommunikation zwischen zwei Partnern ignoriert wurde, völlig einleuchtend war und ist. Denn ein Autor pflegt sich in der Regel so zu äußern, daß derjenige, zu dem er spricht, ihn verstehen kann; des Rezipienten Verstehensfähigkeit ist also bei der Abfassung der Mitteilung zu berücksichtigen. Was gilt als schön? als geschmackvoll? Heute etwas anderes als gestern; also wandeln sich die Kunst-Mittel, weil sich der Geschmack wandelt? Bevor es zu der Einsicht kommen kann, daß mit eindeutigen Kausalverhältnissen der Wirklichkeit Gewalt angetan wird und daß auch hier auf Wechselverhältnisse zu achten ist, muß der These von der Geschmacksbildung durch die Künstler die

These von der Geschmacksbildung durch das Publikum entgegengestellt werden.

Levin L. Schücking hat bereits vor über 50 Jahren den Versuch unternommen, künstlerische Prozesse durch Geschmackswandel zu erklären und diesen Wandel auf gesellschaftliche Entwicklungen verschiedener Art zurückzuführen. (Vgl. L 263) Der Autor ist demnach vom Geschmack seines Publikums abhängig, und dieser Geschmack ist ein gesellschaftliches Faktum, dessen Ursachen im einzelnen erforschbar sind. Schücking sah es als seine Aufgabe an, den Gründen für literarische Geschmacksbildung nachzugehen, und hoffte, damit wesentliche Erkenntnisse über das Wesen von Literatur zu gewinnen. Von zentraler Bedeutung war ihm die Beantwortung der Frage, welche Bedingungen erfüllt werden müssen, um das aus der Vergangenheit bekannte Phänomen des dominierenden ‚Zeitgeschmacks' hervorzurufen. Wer trägt den für eine Zeit typischen Geschmack? Die Frage nach dem ‚herrschenden' Geschmack, der von Einzelnen oder einer Gruppe bestimmt (‚getragen') wird und dessen ‚typische' Kennzeichen beschreibbar sind, führt zur Konzentration auf den fruchtbaren Begriff **Geschmacksträgertypus,** dessen Definition die Erklärung literarischen Wandels impliziert. Schücking versucht, sein Modell der Abhängigkeit des Geschmacks von sozialen Verhältnissen und der Literatur vom Geschmack an Beispielen zu verdeutlichen, und demonstriert dabei unfreiwillig die Unzulänglichkeit seiner Voraussetzung, daß sich für die Eigenarten literarischer Formen und Inhalte monokausale Erklärungen anböten. Dennoch kann seine Abhandlung den Rang einer Pionierarbeit beanspruchen.

Einige Jahrzehnte später hat Robert Escarpit in seinem Werk *Sociologie de la Littérature* (vgl. L 58) die Probleme Schückings wieder aufgegriffen und differenzierter zu behandeln versucht: Bereits im ersten Abschnitt deutet er den Fortschritt an, wenn er Autoren, Werke und Publikum als ein „Gesamt von Wechselbeziehungen mit einem äußerst komplizierten Übermittlungsapparat" (ebd., S. 9) bezeichnet und an jedem Punkt des „interaktionellen Kreislaufs" zahlreiche Möglichkeiten der Erforschung literarischer Erscheinungen erkennt. Die Aufgabe der Literatursoziologie sieht er in der Aufdeckung aller das literarische Leben im weiten Sinne bestimmenden Faktoren, wobei innerliterarische Spezialitäten wie Textstrukturen, Stilebenen u. ä. ausgeklammert bleiben. Das Hauptgewicht der literatursoziologischen Untersuchungen solle auf die Erfassung des Publikums (seiner sozialen Struktur, seiner Lesegewohnheiten, seiner

Erwartungen) gelegt werden, um zu erhellen, wie dessen Verhalten die literarischen ‚Botschaften', die es nach dem Willen des Autors empfängt, steuert. Dabei geht es im wesentlichen um das gebildete Publikum, das einen nachweisbaren Part im literarischen Dialog seit eh und je gespielt hat; dieses Publikum konstituiert ein Milieu, dem der Autor ausgeliefert ist; es ist auf jeden Fall zuständig für das, was mit ihm geschieht: Die Interpretationen von Literatur können sich von den Intentionen der Autoren weit entfernen und sind deshalb doch nicht ‚falsch'. Escarpit bringt diesen Sachverhalt auf die Kurzformel: „Wissen, was ein Buch ist, heißt zunächst wissen, wie es gelesen wurde." (Ebd., S. 119) Dieses zu wissen, schien Goethe so wichtig, daß er nicht weniger prägnant formulierte (im Gespräch mit dem Kanzler von Müller am 11. Juni 1822): „Ein Buch, das große Wirkung gehabt, kann eigentlich gar nicht mehr beurteilt werden." (W 21, Bd. 23, S. 198) Zur Begründung dieser Ansicht kann eine Bemerkung aus dem Vorwort zur *Farbenlehre* angeführt werden: „Denn eigentlich unternehmen wir umsonst, das Wesen eines Dinges auszudrücken. Wirkungen werden wir gewahr, und eine vollständige Geschichte dieser Wirkungen umfaßte wohl allenfalls das Wesen jenes Dinges." (W 21, Bd. 16, S. 9)

Die Annahme, Literatur sei, wie sie wirke, ist nicht frei von ebenso verlockenden wie gefährlichen Simplifikationen: Literaturgeschichte = Wirkungsgeschichte; Wirkung = Aufnahme eines Werkes durch das Publikum. Das kann bedeuten: Zur Interpretation von Kleists *Zerbrochnem Krug* bedarf es nicht unbedingt der durch Lektüre erworbenen Kenntnis des Stücks, aber unbedingt der Kenntnis der fast 170jährigen Wirkungsgeschichte (auf dem Theater, in der öffentlichen Kritik, im Bereich der Wissenschaft, hinsichtlich der Auflagen und Verkaufserfolge etc.). Der Autor ist im Kreis derer, die sich seines Werkes bemächtigt haben, nicht mehr zu erkennen. Harald Weinrichs Plädoyer *Für eine Literaturgeschichte des Lesers* (L 316), in dem er empfiehlt, einen Text „nicht vom Sprecher, sondern vom Hörer her zu betrachten" (ebd., S. 1026) und dabei „die typischen Leseerfahrungen einer Lesergruppe oder eines solchen Lesers, der repräsentativ für eine Gruppe ist" (ebd., S. 1031), zu beschreiben, kann als inzwischen klassisches Beispiel für jene Vereinfachungen gelten, die sich fast notwendig einstellen, wenn einem als extrem gekennzeichneten Übelstand (Literaturgeschichte = Werkgeschichte = Autorengeschichte) mit einem anderen Extrem (Literaturgeschichte = Wirkungsgeschichte = Lesergeschichte) begegnet wird. Bei der Frontstellung wird es schwer, Weinrichs Auffassung, Literaturgeschichte sei die Geschichte eines Dialogs (vgl. ebd., S. 1031), als Maxime literarhistorischen Handelns zu sichern.

Weinrichs Anregungen für die Literatursoziologie sind gleichwohl beträchtlich, da er ihr das Feld der Literaturgeschichtsschreibung als Domäne zugewiesen hat; daß die Wirkungsforschung intensiviert werden muß, kann nicht zweifelhaft sein. Die Gefahr, daß sie sich verselbständigt, ist nicht sehr groß. – Die Wirkung, die vom Publikum auf Literatur ausgeht, läßt sich mit der Wirkung von Literatur auf das Publikum in Zusammenhang bringen, indem die literarische Wirkung auf das Publikum als literarische Rezeption durch das Publikum (als aktives Sich-Aneignen und Verwenden) verstanden wird: Die **Wirkungsgeschichte** wird zur **Rezeptionsgeschichte.** Die Aufdeckung der Korrelation zwischen Produktion und Rezeption führt zu Problemen der **Rezeptionsästhetik,** deren Gegenstand die Vermittlung von Künstlerischem durch Rezeption ist. Hans Robert Jauß hat den – wie die Folgen zeigten: fruchtbaren – Versuch unternommen, die Geschichtlichkeit der Literatur durch die „geschichtsbildende Energie“ der Rezipienten zu sehen (vgl. L 110, S. 169): ihre „vorgängige“ Erfahrung des literarischen Werkes bestimme dessen Erscheinung und Wesen als geschichtlich. Den Zugang zum Rezipienten möchte Jauß über den **Erwartungshorizont** gewinnen, in den hinein jedes Werk gestellt wird; denn: „Die interpretierende Rezeption eines Textes setzt den Erfahrungskontext der ästhetischen Wahrnehmung immer schon voraus: die Frage nach der Subjektivität der Interpretation und des Geschmacks verschiedener Leser oder Leserschichten kann erst sinnvoll gestellt werden, wenn zuvor geklärt ist, welcher transsubjektive Horizont des Verstehens die Wirkung des Textes bedingt.“ (Ebd., S. 175 - 176) Diesen – sich ständig wandelnden – Horizont auszumessen, ihn unter den Voraussetzungen eines gesellschaftlich determinierten Publikums ‚objektiv‘ erscheinen zu lassen, sollte Aufgabe des geschichtlich, d. h. soziologisch vorgehenden Literaturwissenschaftlers sein. Im Erwartungshorizont tauchen die Fragen auf, die durch literarische Werke beantwortet werden können.

Es ist Jauß der Vorwurf gemacht worden, er beschränke sich weitgehend auf innerliterarische Untersuchungen und vernachlässige den umfassenden gesellschaftlichen Kontext (vgl. L 310). Von diesem grundsätzlichen Bedenken abgesehen, scheinen ein kleines und ein großes Problem von Jauß nicht gelöst worden zu sein: 1. Welche entscheidenden Einsichten in das Wesen eines bestimmten Werkes durch die Erhellung des zeitgenössischen Erwartungshorizonts gewonnen werden, bleibt ungeklärt, solange der Theorie nicht gründliche Praxis-Bemühungen folgen. 2. Die Betonung des jeweils zeitgenössischen Erwartungshorizonts erschwert die Einsicht in den literarischen Prozeß als kontinuierliche Geschichte der sich verändernden Wirkung aller jeweils präsenten literarischen Werke. Indem der Literarhistoriker sich vor allem dafür interessiert, welche Einflüsse das literarische Publikum um 1800 auf Schillers *Maria Stuart* ausgeübt hat und wie das Stück als Stück des Jahres 1800 zu verstehen sei, kann er einem historischen Denken verfallen, das für eine lebendige Weiterentwicklung literarischer Werke im Verlauf der Geschichte unempfänglich ist.

Der dem Jaußschen Begriff des Erwartungshorizontes entgegengesetzte Begriff der **Rezeptionsvorgabe,** den Manfred Naumann zu einem literatursoziologischen Schlüsselbegriff gemacht hat[1], versagt dem Literaturhistoriker, der ohnehin weiß, daß jedes Werk auf jeden Leser anders wirken kann, seinen Dienst, weil das zu untersuchende Werk als eine bestimmte Rezeptionsvorgabe, die dem Einvernehmen zwischen einem bestimmten Autor und einem bestimmten Publikum entspringt, gedacht ist. Wenn diese das Werk ausmachte, dann könnte ihre gründliche Erforschung einmal geschehen und hätte dann Gültigkeit für alle Zeiten.

Daß es der Literatursoziologie um Literatur zu gehen hat, um die „Soziologie des ‚Literarischen'", wie es Viktor Žmegač gesagt hat (vgl. Text-Beispiel VI, 13), im Grunde um die Soziologisierung des Ästhetischen, das ist kaum noch fraglich. Und ebensowenig, daß sie damit das Feld der Hermeneutik betritt, auf dem es schwerlich vorurteilsfrei zugehen kann, weil das erkennende Subjekt nicht fähig ist, sich gänzlich objektiv zu machen und das Objekt ‚rein' aufzufassen. (Vgl. dazu Text-Beispiel VI, 14) Die empirisch-positivistische Literatursoziologie wird dadurch nicht ‚überholt', sondern besonders sinnvoll gemacht. Über die Aufgaben, die sie hat, ist vieles gesagt worden, ihre Methode ist hinlänglich reflektiert worden; es kommt darauf an, praktischen Nutzen zu gewinnen und auf diese Weise der Literaturwissenschaft neue Impulse zu geben.

Weiterführende Literatur: L 68 (S. 21 - 42), L 79 (S. 301 - 353), L 81, L 110 (S. 144 - 207), L 148 (S. 39 - 112), L 190, L 232 (S. 9 - 39).

---

[1] „Die Eigenschaft des Werkes, die Rezeption zu steuern, fassen wir unter dem Begriff Rezeptionsvorgabe zusammen. Diesen Begriff gebrauchen wir wertfrei; eine Rezeptionsvorgabe ist jedes beliebige Werk." (L 79, S. 35.) [Ist die Eigenschaft eines Werkes das Werk selbst?]

Arbeitsteil

A. Fragen und Aufgaben zur Literatursoziologie

1. Skizzieren Sie Hans Norbert Fügens Kritik an der marxistischen Literaturtheorie!
2. Skizzieren Sie die wichtigsten Merkmale der empirisch-positivistischen Literatursoziologie, die sich als Soziologie der Literatur versteht!
3. Vergleichen Sie die Rolle des Typus in der marxistischen Literaturtheorie mit der Rolle des Typus in der Soziologie-Theorie Fügens!
4. Referieren und diskutieren Sie Adornos Kritik an Silbermann!
5. Beschreiben Sie Prinzipien der Kritischen Theorie!
6. Was intendiert die Kritische Theorie als Literatursoziologie?
7. Erläutern Sie die Begriffe ‚künstlerische Entfremdung', ‚Demokratisierung der Kultur' und ‚Große Weigerung' im Sinne Herbert Marcuses!
8. „Die absorbierende Macht der Gesellschaft höhlt die künstlerische Dimension aus, indem sie sich ihre antagonistischen Inhalte angleicht." Nehmen Sie Stellung zu dieser Bestimmung Herbert Marcuses!
9. Welche Funktion haben ‚Geschmacksträgertypen' im Sinne Levin L. Schükkings?
10. Erörtern Sie Aspekte einer Literaturgeschichte des Lesers!
11. Erwartungshorizont und Rezeptionsvorgabe: Erörtern Sie Möglichkeiten der Rezeptionsästhetik!
12. Die Literatursoziologie als Literaturgeschichte?

B. Texte zur Literatursoziologie

VI, 10 Alphons Silbermann

Kunst [-Soziologie] (1958)

[...]

Es ist das erste Ziel der Kunstsoziologie, den dynamischen Charakter des sozialen Phänomens ‚Kunst' in seinen diversen Ausdrucksformen (Drama, Lustspiel, Roman, Novelle, Folklore, Volkstanz, Kunsttanz, klassische Musik, Kirchenmusik, Unterhaltungsmusik, Jazz, geistliche Malerei, profane Malerei, Bildhauerei usw.) zu veranschaulichen. Hierzu bedarf es einer Analyse der in ihrem Zusammenhang gesehenen Formen des Lebens der Kunst, die allerdings nicht nach den spezifischen Werturteilen ausgerichtet sein kann, welche die Mitglieder jeder Gesellschaft ihrer besonderen Lebensformen unterstellen, sondern nach der Konzeption der sturkturell-funktionalen Analyse (→ Struktur). Hierdurch erreicht die Kunstsoziologie ihr zweites Ziel: einen allgemeinverständlichen, überzeugenden und gültigen Annäherungsweg an das Kunstwerk; denn es wird aufgezeigt, wie die Dinge zu dem wurden, was sie sind, und es werden die Veränderungen erkannt, welche stattfinden und stattgefunden haben. Hiernach kann sich die Kunstsoziologie ihrem dritten, dem einer jeden Wissenschaft zukommenden Ziel zuwenden: Gesetze der Vorhersage zu entwickeln, die es ermöglichen, zu sagen, daß, wenn dieses oder jenes geschieht, wahrscheinlich dies oder das folgen wird.

Eine der Hauptursachen für die Unklarheiten gewisser kunstsoziologischer Betrachtungen und für ihre Verdünnung zu bloßer Sozialphilosophie oder gar Pseudosoziologie liegt im Übersehen der ersten Regel für jede soziologische Betrachtungsweise, wie sie schon von Emile Durkheim (1858 - 1917) unterstrichen wurde, nach dem im Mittelpunkt ein ‚spezifischer Gegenstand' stehen muß. Denn wenn erst die Beobachtung des Tatsächlichen Kunstsoziologie überhaupt zu einer Wissenschaft macht, dann ist es die Erforschung eines spezifischen Gegenstandes, der ihr das Recht gibt, sich als eigene Wissenschaft zu betätigen. So ist es denn für den gewissenhaften Soziologen eine Unmöglichkeit, die Kunst als Vision soziologisch zu analysieren. Skulptur als innere Angelegenheit eines Bildhauers, Musik als innere Angelegenheit eines Musikers hat nicht den geringsten Realitätswert. Erst wenn sie sich objektiviert, wenn sie einen konkreten Ausdruck annimmt, erst dann hat sie soziologischen Realitätswert. Dann nämlich entsteht jene spezifisch soziale Interaktion zwischen zwei Einzelwesen, sagen wir Dichter und Leser, die so oft als ‚Verstanden-sein-Wollen' umschrieben wird, und der dynamisch darüber hinausgehende soziale Effekt sowie die damit verbundenen sozialen Interaktionen. Außer in Ausnahmefällen mystischen Einswerdens können solche Interaktionen zwischen zwei Einzelwesen einzig dadurch entstehen, daß sich in ihnen das gleiche Erlebnis entfaltet. Erst wenn sich dieses spontan in einer Geste, einem Wort, einem Ton konkretisiert und überträgt, kann das angeblich gleiche Erlebnis nachgewiesen und geprüft werden. Von hier aus gesehen, werden Kreation und Rekreation zur Sprache der Aktivität jeglicher Kunstform; sie verfestigen solche für den Soziologen verschwommenen Begriffe wie Musik, Malerei, Dichtung usw. und schaffen soziales Handeln, einen begrifflich ‚greifbaren' Prozeß, eine soziale Situation. Gesamtheiten sozialer Praxis, Prozesse und Muster menschlicher Beziehungen, Massen- und Einzelaktionen sind aber Fakten, die beobachtet werden können, sind sozio-künstlerische Aktionen und Interaktionen, um deren Erkenntnis und Analyse sich die Kunstsoziologie dreht. Da sich das Hauptinteresse der Kunstsoziologie auf den sozialen Prozeß, jenen bestimmten Gegenstand, der durch das Kunstwerk in Bewegung gesetzt wird, konzentriert, gehört es auch nicht zu den Aufgaben der Kunstsoziologie, das Verhältnis verschiedenartiger künstlerischer Niveaus zu behandeln, welche soziale Aktionen oder Situationen hervorrufen. Daher bleiben Aussagen über das Kunstwerk selbst und seine Struktur außerhalb kunstsoziologischer Betrachtungen.

Trotz der im Verlauf der Geschichte der Künste immer wieder auftretenden Versuche, ent-emotionalisierte Kunst zu produzieren und zu propagieren, steht im Vordergrund die Auffassung von der Kunst als Gestaltung der Gefühle oder Emotionen einer Person. Obwohl diese Auffassung keineswegs Allgemeingültigkeit besitzt, bleibt es doch für den Kunstsoziologen wesentlich, daß die Schöpfung des Kunstwerkes um einer Aktion willen geschieht, nämlich des Versuchs, ähnliche oder gleiche Emotionen in anderen Menschen zu erwecken. Dies zu unterstreichen ist wichtig, wenn man verstehen will, daß sich die Kunstsoziologie unter keinen Umständen vom Menschen abwendet und daß bei ihr die zwischenmenschlichen → Beziehungen eine zentrale Rolle spielen. Diese Beziehungen verwirklichen sich in den Künsten durch das Kunsterlebnis. Einzig das Kunsterlebnis kann Kulturwirkekreise herstellen, kann aktiv, kann sozial sein, kann bestimmter Gegenstand, kann als soziale Tatsache Ausgangspunkt und Mittelpunkt kunstsoziologischer Betrachtungen sein.

Am einfachsten ist nun zu erfassen 1. die praktische Ausdrucksweise des Kunsterlebnisses, die unmittelbare Kunstausübung. Sie findet sich in jedem künstlerischen Akt, umfaßt alle Aktionen, die vom Kunsterlebnis herkommen oder durch das Kunsterlebnis bestimmt sind. Es sind durchweg menschliche Handlungen vom Schreiben bis zum Lesen, Malen, Komponieren, Interpretieren, Hören oder Sehen. Sodann erkennen wir 2. die theoretische Ausdrucksweise des Kunsterlebnisses: seine Doktrinen. Hier finden wir Schemata und künstlerische Systeme, symbolisierte Formen, Normungen, Stilvorstellungen und die unmittelbare künstlerische Erkenntnis (‚Intuition‘), bevor sie zur Theorie, zur Doktrin und zum Dogma wird. Auch finden sich hier Gestaltung und Vereinfachung, sowie der schon irgendwie geformte Wunsch, das Kunsterlebnis mitzuteilen und zu verbreiten. Schließlich erkennen wir 3. die soziologische Ausdrucksweise des Kunsterlebnisses, die soziale Interaktion. Sie ist das Leben und die Lebenskraft jeder Kunst, durch die sie soziale Beziehungen – im weitesten Sinne des Begriffs – schafft und unterhält.

Wenn die Kunstsoziologie das Kunsterlebnis, seine Ausdrucksweise und seine Wirkekreise als soziale Tatsache zum Mittelpunkt ihrer Überlegungen und Forschungen macht, so wendet sie sich völlig ab von allgemein-philosophischen Normen in der Analyse des Wie und Was künstlerischer Materialien. Die Kunstsoziologie zieht eine scharfe Trennungslinie dort, wo es um Malerei, Dichtung oder Musik als solche und wo es um das Kunsterlebnis geht, so wie es sich, verbunden mit der Wahrnehmung von Stil, Farbe, Form, Klang oder Worte, durch Emotionen, Attitüden, Verhaltensweisen und Ideen nach außen hin sichtbar und beobachtungsfähig bemerkbar macht. Es ist dieses ‚Nach-außen-hin‘, welches die Kunstsoziologie in erster Linie interessiert [...].

(L 270, S. 156 - 159)

[Die Verweise (→) beziehen sich auf Stichwörter des Soziologie-Lexikons (vgl. L 270.]

VI, 11

Hans Norbert Fügen

Aus: *Wege der Literatursoziologie* (1968)

Einleitung

[...]

III

In der Gegenwart sind wissenschaftliche Untersuchungen, die sich erklärtermaßen oder ihrer Thematik nach als literatursoziologische Arbeiten verstehen, keine Seltenheit mehr. Je häufiger jedoch soziale Sachverhalte mit Literatur in Zusammenhang gebracht werden, um so deutlicher zeigt sich auch, daß in den methodologischen Fragen eine große Unsicherheit besteht und in der Frage nach einem literatursoziologischen Objektbereich wenig Übereinstimmung vorherrscht. Man scheint sich auf eine glückliche Intuition oder auf die zufällige Ergiebigkeit des behandelten Gegenstandes verlassen zu müssen. Oftmals werden literatursoziologische Probleme, nachdem sie entdeckt werden, bald wieder verschüttet durch nominalistisch-willkürliche oder metaphysisch-spekulative Definitionen, die sich entweder über die vorwissenschaftlich gegebene Wirklichkeit hinwegsetzen oder die Rücksichtnahme auf eine operationale Brauchbarkeit vernachlässigen. Oder es schleicht sich unter dem Einfluß einer stark künstlerisch ambitionierten Wissenschaftlichkeit eine wissenschaftskritisch nicht faßbare Metaphorik ein, die ihre Legitimation aus einer mehr oder weniger geglückten Anähnelung an die Dichtung zieht. Schließlich ist die Literatursoziologie mehr als jeder andere Zweig der Soziologie dem Einströmen von Werturteilen ausgesetzt; unter diesem Aspekt ist sie höchstens noch mit der Rechtssoziologie vergleichbar. Selbst internalisierte Handlungsregulative sind theoretisch leicht dispensierbar, wenn sie eindeutig als aus der Lebenswelt stammend und damit als vorwissenschaftlich erkannt werden können. Wo jedoch das Überschneiden des Gegenstandsbereiches zu einem so engen Kontakt führt mit einer akademisch etablierten und funktional zur Wertung verpflichteten Wissenschaftlichkeit, wie sie der akademischen Literaturkritik eigen ist, so daß institutionell garantiert erscheint, was methodologisch erst geklärt werden müßte, werden die Grenzen zwischen einer empirischen und einer normativen Wissenschaft leicht übersehen und schnell übersprungen. Im Prinzip bleibt es dabei gleichgültig, ob die Wertungen einer tradierten ästhetischen oder moralischen Anschauung oder dem Elan revolutionärer Ideologien entliehen sind. [...]

Trotz der Menge wissenswerter Einzelfakten, die von den vermehrten literatursoziologischen Untersuchungen mitgeteilt werden*, bilden sie wegen der bedeutenden methodischen Divergenzen eine nur schwache Basis für den Entwurf eines

* Daß eine noch so umfangreiche Kenntnis von Einzelfakten ohne theoretische Klammer kaum mehr als eine Kuriositätensammlung bieten kann, zeigt L. L. Schückings *Soziologie der literarischen Geschmacksbildung*, Leipzig und Berlin 1931, 2. Aufl., Bern und München 1961.

Schemas, mit dessen Hilfe die Grenzen des Problemfeldes umrissen werden können und das offen ist für die Bildung über den Einzelfall hinausreichender Urteilskomplexe, die als Elemente einer literatursoziologischen Theorie gelten könnten. Dieses Schema müßte zur Klassifikation und analytischen Untersuchung literarischer Prozesse und Gebilde beitragen, die Beeinflussung und Abhängigkeit dieser Phänomene einerseits und gesamtgesellschaftlichen Phänomenen andererseits mit einfassen. Es ginge dabei also um ein Konzept der Erforschung dessen, was man in der Alltagssprache literarisches Leben, literarischen Betrieb oder, vornehmlich im einschlägigen Schrifttum der Deutschen Demokratischen Republik, Literaturgesellschaft nennt**, und zwar mit den Mitteln der Soziologie.

Das deskriptive Schema einer möglichen Literatursoziologie kommt allerdings nicht aus ohne die definitorische Absicherung seiner beiden Grundbegriffe, d. h. es muß ausgedrückt werden, welche Vorstellungen von Soziologie und von Literatur in das Schema eingehen. Dabei kommt es besonders bei der Bestimmung von ‚Literatur' nicht auf einen alle denkbaren Möglichkeiten umfassenden oder eine ontisch autonome Wesenheit treffenden Begriff an, sondern es geht um den Aufweis eines Unterscheidungskriteriums, das sich als soziologisch relevant erweist.

Versteht man unter Soziologie die Wissenschaft von den Prozessen und Strukturen zwischenmenschlichen Verhaltens und unter Literatur jede schriftliche oder durch häufige mündliche Wiederholung in eine relativ feste Form gebrachte Darstellung eines Geschehensablaufs, die ihrer Intention nach auf die konkrete empirische Nachprüfbarkeit ihres Inhaltes verzichtet, ohne einen wie immer verstandenen, in seiner geschichtlichen Entwicklung variablen Wahrheitsanspruch aufzugeben, dann wäre Literatursoziologie der Zweig der Soziologie, der erstens dieses Schrifttum als Objektivation sozialen Verhaltens und sozialer Erfahrung untersucht und zweitens sich in seinem Erkenntnisinteresse auf ein zwischenmenschliches Verhalten richtet, das die Herstellung, Tradition, Diffusion und Rezeption fiktionalen Schrifttums und seiner Inhalte betreibt; dieses durch eine spezifische Tradition und Normierung von anderen Klassen sozialen Verhaltens differenzierte zwischenmenschliche Handeln soll als literarisches Verhalten bezeichnet werden.

IV

Der durch die Definition abgesteckte Rahmen wird von der Literatursoziologie mit empirischem Gehalt gefüllt, wenn sie nicht nur literarisches Verhalten

** Zu ‚literarisches Leben' als wissenschaftlichem Terminus vgl. H. G. Göpfert im Börsenblatt für den deutschen Buchhandel (Frankfurter Ausgabe) Nr. 33 vom 27. 4. 1965, S. 760 - 762; auch W. Kayser in *Das literarische Leben der Gegenwart.* Deutsche Literatur in unserer Zeit, 3. Aufl., Göttingen 1961. Zu ‚Literaturgesellschaft' vgl. H. Koch, *Unsere Literaturgesellschaft,* Dietz Verlag Berlin, 1965.

beschreibt, sondern über die Klassifikation noch hinaus auf eine Systematisierung abzielt, die schließlich relativ stabile Strukturen erkennen läßt. Wie jeder andere Bereich sozialen Handelns ist das literarische Verhalten von einer unübersichtlichen Menge individuell motivierter Aktionen durchsetzt, die von der Literatursoziologie unberücksichtigt bleiben können. Dies gilt, trotz der weit verbreiteten Rudimente der Genie-Religion – deren Erforschung und Kritik übrigens den eigentümlichen, aber nicht besonders wirksamen deutschen Beitrag zur Literatursoziologie darstellen – auch für die Schriftsteller und deren literarisches Verhalten. Als spezielle Soziologie muß sich auch die Literatursoziologie auf das Verhalten konzentrieren, das eine relative Stabilität aufweist, auf jene Invarianzen, die allen am literarischen Verhalten teilnehmenden Individuen eine relativ zuverlässige Orientierung ermöglichen. Diese Stabilität ist dort zu finden, wo von der individuellen Motivation unabhängige, sozial-kulturell vorgegebene Verhaltenserwartungen deutlich werden, die zu erfüllen subjektiv sinnvoll und objektiv verstehbar ist. Rollenerwartungen und Rollenerfüllungen, d. h. Normierungen differenzierender Art, erreichen auch innerhalb des literarischen Verhaltens ihre größte Eindeutigkeit und Stabilität dort, wo sich literarische Institutionen entwickelt haben. Man kann bei der ersten Fixierung dieser Institutionen an der vorwissenschaftlichen Alltagserfahrung anknüpfen, die neben der Literatur im oben definierten Sinne die literarische Kritik, den Buchhandel und die Bibliotheken als literarische Institutionen kennt und den Schriftstellern wie dem Publikum zum mindesten eine diffuse soziale Rolle zuweist, der in der Regel entsprochen wird.*** [...]

(L 312, S. 16 - 20)

VI, 12 Theodor W. Adorno

Zum Gedächtnis Eichendorffs (1958)

[...]

Noch das Unsinnliche und Abstrakte ward bei Eichendorff zum Gleichnis für ein Gestaltloses: archaisches Erbe, früher als die Gestalt und zugleich späte Transzendenz, das Unbedingte über die Gestalt hinaus. Das sinnlichste Gedicht aus seiner Hand hält sich im nächtlich Unsichtbaren:

Über Wipfel und Saaten
In den Glanz hinein –
Wer mag sie erraten?
Wer holte sie ein?
Gedanken sich wiegen,
Die Nacht ist verschwiegen,
Gedanken sind frei.

*** An diese Alltagserfahrung knüpft auch das theoretische Konzept von R. Escarpit, *Das Buch und der Leser,* Köln und Opladen 1962, an, läßt allerdings die Kritik als literarische Institution außer acht.

Errät es nur eine,
Wer an sie gedacht,
Beim Rauschen der Haine,
Wenn niemand mehr wacht,
Als die Wolken, die fliegen –
Mein Lieb ist verschwiegen
Und schön wie die Nacht.

Der noch Zeitgenosse Schellings war, tastet nach den *Fleurs du mal,* der Zeile: „O toi que la nuit rend si belle". Eichendorffs entfesselte Romantik führt bewußtlos zur Schwelle der Moderne.

Die Erfahrung des modernen Elements in Eichendorff, das heute wohl erst offen liegt, führt am ehesten ins Zentrum des dichterischen Gehalts. Es ist wahrhaft antikonservativ: Absage ans Herrschaftliche, an die Herrschaft zumal des eigenen Ichs über die Seele. Eichendorffs Dichtung läßt sich vertrauend treiben vom Strom der Sprache und ohne Angst, in ihm zu versinken. Für solche Generosität, die nicht haushält mit sich selber, dankt ihm der Genius der Sprache. Die Zeile: „Und ich mag mich nicht bewahren!", die in einem seiner Gedichte vorkommt, das er selber an den Anfang von deren Ausgabe setzte, präludiert in der Tat sein gesamtes œuvre. Hier zuinnerst ist er Schumanns Wahlverwandter, gewährend und vornehm genug, noch das eigene Daseinsrecht zu verschmähen: so verströmt die Ekstase des dritten Satzes von Schumanns Klavierphantasie ins Meer. Todverfallen ist diese Liebe und selbstvergessen. In ihr verhärtet das Ich nicht länger sich in sich selber. Es möchte etwas gutmachen von dem uralten Unrecht, Ich überhaupt zu sein. Eichendorff ist schon ein bâteau ivre, aber eines noch auf dem Fluß zwischen grünen Ufern und mit bunten Wimpeln. „Nacht, Wolken, wohin sie gehen, / Ich weiß es recht gut", heißt es aufgelöst expressionistisch in den gleichwohl dem Volkslied nachgebildeten *Nachtigallen:* diese Konstellation ist der ganze Eichendorff. Der wandernde Musikant sagt: „In der Nacht dann Liebchen lauschte / An dem Fenster süß verwacht", ein Bild der Traumbefangenen mit wirrem Haar, von keiner exakten Vorstellung mehr einzuholen, aber, durch die Synkopierung des Ausdrucks, der die Süße des Mädchens und die Übernächtigkeit ineinanderfügt, magischer als jegliche Beschreibung; im selben Geist wird sie anderswo „ein süßverträumtes Kind" genannt. Zuweilen sind bei Eichendorff Worte hingelallt, aller Kontrolle bar, und die bis zum Extrem gediehene Lockerung nähert sie dem immer schon Gewesenen: „Lied, mit Tränen halb geschrieben".

Wie wenig ein Begriff von Kultur taugt, welcher die Künste abschneidend auf einen Nenner bringt, bezeugt die deutsche Dichtung, die, seit Lessing Shakespeare gegen den Klassizismus wandte, im äußersten Gegensatz zur großen Musik und Philosophie, nicht Integration, System, subjektiv gestiftete Einheit des Mannigfaltigen wollte, sondern Ausatmen und Dissoziation. An diesem deutschen Unterstrom, wie er vom Sturm und Drang und dem jungen Goethe über Büchner und manches von Hauptmann bis zu Wedekind, dem Expressionismus und Brecht treibt, hat Eichendorff insgeheim Anteil. Seine Lyrik ist gar nicht „subjektivistisch", so, wie man von der Romantik es sich vorzustellen pflegt: sie erhebt, als Preisgabe an die Impulse der Sprache, stummen Einspruch gegen das dichterische Subjekt. Auf kaum einen paßt das bequeme Schema vom Erlebnis und der Dichtung schlechter als auf ihn. Das Wort „wirr", eines seiner liebsten, ist völlig anderen Sinnes als das „dumpf" des jungen Goethe: es meldet die Suspension des Ichs, seine Preisgabe an ein chaotisch Andrängendes an, während die Goethesche Dumpfheit stets den seiner selbst gewissen Geist meint, der sich erst bildet. [...]

(L 3, S. 118 - 122)

VI, 13 Viktor Žmegač

Probleme der Literatursoziologie (1973)

[...]
Dem ‚inneren' Bereich der Literatur gegenüber verhielt sich die soziologische Forschung bisher überwiegend zurückhaltend. Trotz mancher wegweisender Versuche (Benjamin, Adorno, Auerbach, auch Lukács), konzentrierte sich die Aufmerksamkeit auf den Produzenten und den Leser, allenfalls auf die Vermittlerinstanzen.* Das Objekt der literarischen Kommunikation fand, namentlich in der Theorie, wenig Beachtung. Bezeichnenderweise gibt es in Escarpits Einführung kein einziges Kapitel über die soziologischen Implikationen von T e x t e n. Lediglich in der Erforschung der Trivialliteratur bekundete sich von Anfang an das Interesse für die soziologische Problematik der Textur.**

Zu den künftigen Aufgaben der Literatursoziologie gehört sicherlich eine systematisch betriebene Soziologie des ‚Literarischen'. Dazu zählen u. a. die jeweils gesellschaftlich vermittelten Vorstellungen davon, was als poetisch, literarisch, ästhetisch usw. anzusehen sei, und zwar in Verbindung mit den verschiedenen Auffassungen der Kunst als Kultus, Spiel, Offenbarung, Erkenntnis, Kritik, Bekenntnis, Unterhaltung, Luxus; ferner die wechselnden Klassifizierungskriterien innerhalb der literarischen (auch dramaturgischen) Praxis, d. h. die Kriterien der Gattungspoetik in ihrem sozialen und technischen Wandel; schließlich die zeitbedingten literarischen Normen stofflicher und stilistischer Art. Bei der Untersuchung des gesellschaftlichen Substrats kommt es freilich mehr denn je darauf an, eine den Gegenstand künstlich isolierende Einzelbetrachtung zu vermeiden und das Augenmerk, sofern das methodisch möglich ist, aufs Ganze zu richten.

---

* Über formsoziologische Untersuchungen berichtet J. Strelka, *Die gelenkten Musen.* Dichtung und Gesellschaft, Wien / Frankfurt / Zürich 1971, S. 193 - 210 (mit bibliogr. Angaben).

** Vgl. die bibliogr. Angaben in: *Wege der Literatursoziologie* [L 312] und *Literaturwissenschaft und Sozialwissenschaften* [Stuttgart 1971], ferner H. Kreuzers Aufsatz *Trivialliteratur als Forschungsproblem,* in: DVjs, 41. Jg. (1967), Heft 2; auch *Der wohltemperierte Mord.* Zur Theorie und Geschichte des Detektivromans, hg. von V. Žmegač, Frankfurt a. M. 1971.

Was im gegebenen Fall als Ganzes zu betrachten sei, zeigt die – immer noch nicht geschriebene – Historie literarischer Tabus, oder vielmehr: die Geschichte der vielfachen Windungen, welche die Toleranzgrenze gegenüber dem Häßlichen, Anstößigen, gesellschaftlich Geächteten, Obszönen aufweist – eine Geschichte der Liberalität oder der Repression unter wechselnden gesellschaftlichen Bedingungen. Es ist unmöglich, den durch die Aufstellung oder Verletzung von Tabus entstehenden Fragenkomplex zu entwirren, ohne alle daran beteiligten Faktoren zu beachten: Die größere oder geringere Toleranzbereitschaft der herrschenden Ideologie, die konkreten Interessen der Vermittler (der Distribution), aber auch den besonderen Charakter literarischer Texte, nämlich fiktionaler, deren spezifische Beschaffenheit das Anstößigkeitsproblem zusätzlich kompliziert.***

Die Forderung, die Adorno an die Musiksoziologie richtet, ist der Literaturwissenschaft nicht minder auf den Leib geschrieben. Musik, schreibt Adorno, fungiert in der Gesellschaft, „spielt ihre Rolle nicht nur im Leben der Menschen, sondern als Ware, auch im ökonomischen Prozeß. Zugleich ist sie gesellschaftlich in sich selbst. Gesellschaft hat sich in ihrem Sinn und dessen Kategorien sedimentiert, und ihn muß Musiksoziologie entziffern. Sie ist damit verwiesen auf das eigentliche Verständnis von Musik bis in die kleinsten technischen Zellen hinein. Nur dann gelangt sie über die fatal äußerliche Zuordnung geistiger Gebilde und gesellschaftlicher Verhältnisse hinaus, wenn sie in der autonomen Gestalt der Gebilde, als ihres ästhetischen Gehalts, eines Gesellschaftlichen innewird."*

Auch für die Literatursoziologie führt der Weg zum Verständnis der gesellschaftlichen Zeichenhaftigkeit literarischer Werke über das strukturelle Detail. Begreift man es in seinen geschichtlichen Beziehungen, so teilt sich der Analyse die soziale Dimension künstlerischer Verfahrensweisen mit: deren notwendige Verwandtschaft mit den allgemeinen Produktionsverhältnissen. Dieses Komplementverhältnis kann der literarischen Machart auch dann innewohnen, wenn das Kunstwerk in seiner ästhetischen Tendenz gegen die Identifikation mit dem herrschenden

*** Dazu Fügen (*Wege der Literatursoziologie,* S. 22): „Das Bewußtsein des fiktiven Charakters des Dargestellten gestattet dem Leser eine Verlagerung der Peinlichkeitsgrenze und der Abwehrschwelle, wo bestehende Normen und Tabus literarisch-fiktiv verletzt werden. Allerdings reicht der fiktive Charakter der Literatur allein nicht aus, um der Literatur das Recht der Norm- und Tabuverletzung institutionell zu garantieren." – Siehe zu diesen Fragen: K. Heitmann, *Der Immoralismus-Prozeß gegen die französische Literatur im 19. Jahrhundert,* Bad Homburg 1970.

* Adorno, *Klangfiguren.* Musikalische Schriften I, Berlin / Frankfurt a. M. 1959, S. 11. Vgl. ferner Adorno, *Ästhetische Theorie* (Gesammelte Schriften, Bd. 7), Frankfurt a. M. 1970, besonders S. 334 - 387. – Richtungweisend sind die Arbeiten von Erich Köhler, z. B. *Über die Möglichkeiten historisch-soziologischer Interpretation* (aufgezeigt an französischen Werken verschiedener Epochen), in: Köhler, *Esprit und arkadische Freiheit.* Aufsätze aus der Welt der Romania, Frankfurt a. M. / Bonn 1966 (auch in: *Methoden der deutschen Literaturwissenschaft* [L 189]).

Gesellschaftszustand aufbegehrt, Utopie und Protest sein will. Ersichtlich ist das an der Dialektik des Neuen, des ‚Modernen' in der Kunst seit dem Aufkommen des bürgerlichen Individualismus. Die einmalige und originelle ästhetische Formulierung, die sich vom stereotypen Vokabular überlieferter Kunstübung loslöste, vertrat im Zeitalter des gesellschaftlichen (und poetischen) Umbruchs das Recht der emanzipierten Persönlichkeit. Doch gleichzeitig rief die geistige Autonomie des einzelnen eine Entwicklung hervor, die vergleichbar ist mit dem Funktionieren wirtschaftlicher Konkurrenz: das Produkt, mit dem Siegel der Originalität versehen, geriet in ein objektiv antagonistisches Verhältnis zu anderen, entsprechenden Kunstprodukten. Folgerichtig bemächtigte sich auch der literarische Markt mit der Zeit des Gedankens der ästhetischen Innovation und münzte ihn in ein Mittel potentieller Wirksamkeit im Warenangebot um; Originalität wurde – und wird – gleich einer Warenmarke angepriesen. Seither ist dieses Moment aus der Zirkulation unter kapitalistischen Bedingungen nicht mehr wegzudenken. Es wäre daher einigermaßen naiv, anzunehmen, daß die ästhetische Innovation stets ein Zeichen neuen Wahrnehmungsvermögens und unverbrauchter künstlerischer Sensibilität sei. Nicht selten ist das ‚Neue' bloßes Vehikel der Mode, d. h. eines gelenkten, kommerziell auswertbaren Vorgangs, der mit den ursprünglichen Impulsen der Auflehnung gegen erstarrte Formen kaum noch etwas gemein hat. Gerade im Hinblick auf solche Erscheinungen vermag der Soziologe nicht auf Kritik zu verzichten: sonst schätzt er unterschiedlos als künstlerische Tendenz ein, was bloß den Mechanismen des Tauschwerts entspricht. Allein der Kritik darf nicht entgehen, daß im Bereich der alles assimilierenden Warenästhetik** die Basis des nicht manipulierten Ausdrucks erschreckend schmal geworden ist. Die Ästhetik des Häßlichen ist eine Antwort auf die das ‚Schöne' in Beschlag nehmende Technik der Konsumsteigerung.

Die Skepsis, die vorherrscht, wenn von Formsoziologie die Rede ist, beruht zu einem guten Teil auf Mißverständnissen, letztlich wohl auf den Unzulänglichkeiten in der Definition literatursoziologischer Aufgaben. [...]

(L 136, S. 270 - 272)

VI, 14 Erich Köhler

Einige Thesen zur Literatursoziologie (1974)

1.

Literatursoziologie grenzt sich ab von Soziologie und Literatur. Letztere, vorwiegend empirisch orientiert, ist eine Teildisziplin der Soziologie und bei dieser anzusiedeln. Literatursoziologie dagegen ist eine Methode der Literaturwissenschaft.

** Hierzu die eindringliche Analyse von W. F. Haug, *Zur Kritik der Warenästhetik,* in: Kursbuch 20, 1970; vgl. besonders S. 148 ff. (Siehe ferner Haugs Buch: *Kritik der Warenästhetik,* 1971, edition suhrkamp 513.)

Wir definieren sie als historisch-soziologische Literaturwissenschaft. Ihr fundamentales Postulat lautet: jede Literatursoziologie muß historisch, jede Literaturgeschichte soziologisch vorgehen. Das Postulat impliziert Dialektik als vom Gegenstand auferlegte Methode.

2.

Nur in Gestalt so verstandener Literatursoziologie, vermag die Literaturwissenschaft einen substantiellen Beitrag zu einer materialistischen Hermeneutik zu leisten. Sie kann dies nur, wenn 1. ihr unabdingbarer ideologiekritischer Ansatz nicht dogmatisch erstarrt, 2. sie ihre Scheu vor Texten ablegt und 3. vor der Dimension des Ästhetischen nicht zurückschreckt.

3.

„Das wirklich Soziale [aber] in der Literatur ist: die Form." Dieses Wort des jungen Lukács behauptet die Dependenz dessen, was Kunst im Letzten als Kunst bezeugt, von dem, wovon sie sich am weitesten entfernt, mit anderen Worten: die Abhängigkeit der subtilsten Ausgestaltung des künstlerischen Überbaus von der Basis. Klarheit muß darüber herrschen, daß, die Richtigkeit von Lukács' Auffassung vorausgesetzt, die Form als abstrakteste ‚Widerspiegelung' das ästhetische Gebilde, welches sie mit der Kraft der Rückwirkung auf veränderndes Bewußtsein ausstattet, den Endpunkt einer verschlungenen Kette von Vermittlungen darstellt, die idealiter in jedem Einzelfall zu entwirren ist. Klarheit auch darüber, daß die Basis dem Künstler im Allgemeinen in bereits vielfältig vermittelter Gestalt vor Augen tritt, durch die Vermittlungen hindurch aber, wie immer ‚gestört', in „letzter Instanz" (Engels) bestimmend ist.

4.

Adornos – im Zusammenhang seiner Kritik an den frühen Baudelaire-Interpretationen W. Benjamins geäußerte – Auffassung, die Herstellung einer Beziehung zwischen dem Unterbau und dem spezifisch künstlerischen Überbau sei nur möglich über die Vermittlung durch den ‚Gesamtprozeß', bedarf der Konkretisierung.

Um diesen Gesamtprozeß, dem die ganze komplexe Vielfalt des empirisch-sozialen und des geistigen Lebens eignet, näher zu bestimmen und die Einsicht in seine Struktur hermeneutisch tauglich machen, d.h. zugleich um eine Ästhetik auf literatursoziologischer Basis zu begründen, sind in den Werken selbst jene Schichten des Überbaus auszumachen, die zwischen der Basis und der Kunstform vermitteln.

5.

Wir bedienen uns dazu eines Schichtenmodells, das schon bei Engels eine gewisse Hierarchie einschließt, wenn es heißt: „die politische, rechtliche, philosophische, religiöse, künstlerische usw. Entwicklung beruht auf der ökonomischen ...". Die Reihenfolge bei Marx weicht ab: die Schicht des Rechts steht näher bei der Basis. Bei Plechanow lautet die Folge: Stand der Produktivkräfte, Ökonomie, soziale Ordnung, Psychologie, Ideologie. Diese Ansätze sind unentfaltet geblieben.

Unser Vorschlag hat zum Gegenstand das Modell bzw. die Modelle einer variablen (und methodisch flexiblen) Schichtenhierarchie. Die Variabilität ist bedingt durch vier wesentliche Komponenten: 1. die jeweilige geschichtliche Konstellation, 2. die Klassen- bzw. Gruppenzuordnung, mithin das ‚Bewußtsein' des Autors, 3. seine Persönlichkeit und Bildung und 4. die gewählte Gattung.

6.

Die so bedingte Variabilität besagt, daß je nach geschichtlicher Phase, aber auch innerhalb der Phase, je nach Autor und Gattung eine (oder auch mehrere) der Vermittlungsschichten dominiert, sei es definitiv oder nur tendenziell. Jene eine (oder auch mehrere) unter den genannten Bedingungen bevorzugte Vermittlungsschicht bildet innerhalb der anderen ein organisierendes und strukturierendes Gravitationszentrum, das den ersten Schlüssel für die Interpretation bieten kann. Hier kommt auch ein literatursoziologischer Strukturbegriff (anderer Art als derjenige Goldmanns) in Sicht. Nicht alle Vermittlungsschichten des Überbaus müssen materiell im Werk vorhanden sein; oft genug sind sie es nur als bereits vermittelte, d. h. in einer anderen Schicht (etwa der psychologischen) aufgehobene. Das materielle Nicht-Erscheinen einzelner Vermittlungsschichten besagt nichts gegen ihre tatsächliche Wirksamkeit. Doch am Grad der ‚vermittelten Vermittlung' eröffnet sich ein Einblick in Gattungsdifferenzierung und Gattungssystem.

7.

Die Grundkategorie der Vermittlung muß auch da immer neu fundiert und appliziert werden, wo sie am unproblematischsten scheint: bei der Zuweisung bestimmter literarischer Erscheinungen an soziale Klassen oder Gruppen. Noch L. Goldmann ging von der These aus, daß eine authentische kulturelle Schöpfung nur dann zustandekommt, wenn deren geistige Struktur mit derjenigen der sozialen Gruppe übereinstimmt, die auf eine im Sinne des Fortschritts höhere Gesamtordnung des sozialen Lebens abzielt. Wir stellen dieser Auffassung, die den Klassenkampf um seine komplexere Folgedialektik verkürzt und die Neigung fördert, die Bewußtseinsdialektik zum vulgärmaterialistischen, allzu handlichen Klassifikationsschema von ‚falschem' und ‚richtigem' Bewußtsein absinken zu lassen, die folgende These entgegen:

Blütezeiten der Kunst, die Herausbildung sozusagen ‚klassischer' Phasen, beruhen auf der soziokulturellen Allianz zweier, möglicherweise auch mehrerer sozialer Gruppen. Ursache solcher kreativer Allianzen sind partielle, aber vitale Interessenkongruenzen ökonomischer und politischer Natur. Dabei kann durchaus e i n e Gruppe den initialen Impuls geben und auch weiter dominieren, diese Dominanz kann sich aber auch in den verschiedenen Kunstgattungen anders, nämlich im Sinne der zweiten (oder dritten) Gruppe akzentuieren. Das jeweilige System der Gattungen und Gattungsstile, so ist zu folgern, schließt dann auch den tendenziellen Ausgleich der gesellschaftlichen Widersprüche ein und trägt diese zugleich aus.

8.

Die soziokulturelle Allianz ist nicht von Dauer. Der Prozeß des Umschlagens des tendenziellen Ausgleichs in neue Widersprüche verläuft mit unterschiedlicher Geschwindigkeit, die von der Entwicklung der Produktivkräfte abhängt, aber auch vom Beharrungsvermögen bzw. von der ideologischen Überzeugungskraft der aus den Produktionsverhältnissen entwickelten Vorstellungen moralischer, religiöser, philosophischer und ästhetischer Art, die ihrerseits auf die Basis zurückwirken. Der Legitimationszwang, unter dem die herrschende Gruppe steht, sobald sie ernstlich mit einer rivalisierenden Gruppe konfrontiert wird, treibt zur Moralisierung, ja Spiritualisierung des interessegeleiteten Weltbilds, das in seiner abstrakt-ethischen Verallgemeinerung, deren kulturellem und künstlerischem Niederschlag und in seinen substantiellen Entdeckungen von Teilwahrheiten über den Menschen sich zu einem Wertsystem herausbildet, mit dem sich auch die aufsteigende Gruppe identifizieren k a n n und sogar zunächst in dem Maße m u ß , als sie selber ideologisch noch nicht mündig ist. Erst recht hat solche Affizierung statt, wenn beide Gruppen einen gemeinsamen Gegner haben.

Was für die Epoche der Ständegesellschaft und diejenige der Klassengesellschaft einsichtig ist, ist es nicht mehr in gleichem Maße für die Moderne. Die soziologische Zuordnung von Werken, Gattungen, Stilen bedarf heute eines Instrumentariums, das nicht mehr allein aus den Verhältnissen des 19. Jahrhunderts gewonnen werden kann.

9.

Das Erscheinungsbild der Kunst – d. h. ihre Inhalte und Formen – ist stets unendlich reicher als die Basis. Drei Gründe bieten sich vor allem an: 1. den gleichen Basis-Verhältnissen stehen mehrere soziale Gruppen in affirmativer, resignativer, opponierender, verklärender, kritischer usw. Auseinandersetzung gegenüber. 2. In die Literatur einer Epoche geht jene Überlieferung ein, welche die gespeicherten Wahrheiten ihrer historischen Entdeckungen mitbringt, die von keiner Gruppe ohne Schaden für ihren eigenen sozialen Geltungsanspruch geleugnet werden können, vielmehr in dessen ideologisches Arsenal integriert werden müs-

sen. 3. hat Kunst es mit einer Vielzahl von Individualitäten zu tun, mit unzähligen subjektiven Reflexen und persönlichen Reaktionen auf die gleichen gesellschaftlichen Verhältnisse, mit dem Einzelnen und nicht bloß mit dem Allgemeinen. Es gilt, der Dialektik von Typus und Individuum nachzugehen in einer Fragestellung, die mit Lukács zu erweitern ist um die Kategorie der Besonderheit, die – im Leben wie in der Literatur – zwischen dem Partikulär-Einzelnen und dem Allgemeinen vermittelt.
[...]

(L 127, S. 257 - 260)

VII. Psychoanalytische Literaturwissenschaft

Bei Diltheys Begründung der geistesgeschichtlich verfahrenden Literaturwissenschaft kam der Trennung der erklärenden Natur- von den verstehenden Geisteswissenschaften und der Begründung des dichterischen Werks in dem Erlebnis des Künstlers besondere Bedeutung zu (vgl. oben, S. 164ff.). Schon vor der endgültigen Ausformung seiner Ansichten in „Das Erlebnis und die Dichtung" (1906) hatte Dilthey sich jedoch mit Theorien auseinandersetzen müssen, die von Vertretern der Medizin und der Psychologie über Kunst und Künstlertum vorgebracht worden waren. In einer Rede „Dichterische Einbildungskraft und Wahnsinn" (1886; L 38, S. 90 - 102) setzt er sich mit den Vorwürfen auseinander, die immer häufiger gegen eine Betonung des Geniegedankens vorgebracht wurden.

Auch in dieser Rede geht es wieder um den Gegensatz zwischen einer geisteswissenschaftlichen Position und den Auffassungen, die auf dem Boden der Psychologie als einer Erfahrungswissenschaft über den Zusammenhang zwischen körperlichen und seelischen Vorgängen vor allem im Blick auf das Genie zum Ausdruck gebracht werden, indem die Einbildungskraft des Dichters als eine „pathologische Erscheinung" (W. Dilthey, L 38, S. 94) dargestellt wird.

Dilthey greift auf seine Lehre von der schöpferischen Phantasie zurück, die er aber nun trotz einiger Analogien, welche er zwischen dem Künstler auf der einen Seite, Träumern und Irren auf der anderen, feststellt, scharf von den Wahnvorstellungen der Kranken zu scheiden sucht. Er betont gerade das gesunde und vollkommene Wesen des Dichters, weil dessen Einbildungskraft bei aller Angespanntheit nie des „regulierenden Apparats" verlustig gehe, dem er eine willkürliche Verknüpfung von „Eindrücken, Vorstellungen und Gefühlen", wie sie „im Traum und Wahnsinn" die Regel sei, entgegensetzt (W. Dilthey, L 38, S. 94).

Nicht nur der Hinweis auf den Traum und vor allem den Wahnsinn, für den man auch die Neurose oder die Psychose einsetzen könnte, weist auf die Psychologie und auf Freuds Gedankengänge voraus, der gerade dem Traum dann eine völlig andere und auch für den Künstler entscheidende Wertung beimißt; vielmehr findet sich in dieser Rede überraschenderweise auch der Vergleich des Dichters mit dem spielenden Kind, an dem

Freud später seine Theorie des dichterischen Phantasierens entwickelt (W. Dilthey, L 38, S. 98).

Dilthey wendet sich mit seiner Rede gegen Thesen, die von französischen und italienischen Forschern entwickelt worden waren und einen engen Zusammenhang zwischen Genie und Neurose behauptet hatten (Jacques-Joseph Moreau, 1857; Benedict August Morel, 1859). Entscheidend für die Durchsetzung dieser Ideen wurde das Werk des italienischen Arztes und Anthropologen Cesare Lombroso: „Genio e follia" (1864; deutsch: „Genie und Irrsinn", 1888). Lombroso ist der Auffassung, daß sowohl der Verbrecher als auch der Dichter abnorme physiologische Veränderungen aufweisen, die dem des Wahnsinnigen benachbart seien, und er versucht, seine Theorie durch den Nachweis zu belegen, daß ein überdurchschnittlich hoher Prozentsatz genialischer Menschen geisteskrank sei, während andererseits Geisteskranke häufig in Malerei und Dichtung ihre Wahnvorstellungen auszudrücken suchten. Seine Ergebnisse, denen zufolge zwar noch ein Unterschied zwischen Genie und Wahnsinn besteht, genialische Menschen jedoch eine pathologisch anders geartete physiologische Konstitution als die normalen Menschen besitzen und ihre Werke aus Neurosen schaffen, waren von weitreichender Wirkung; sie wurden erst Ende der zwanziger Jahre dieses Jahrhunderts von dem deutschen Psychiater W. Lange-Eichbaum in seinem Werk „Genie, Irrsinn und Ruhm" (München 1928) überprüft und differenziert, wobei Lange-Eichbaum zuallererst den Geniebegriff definiert und zwischen gesundem und krankem Genie unterscheidet.

Lombrosos Ideen hatten nicht nur eine ganze Reihe von **„Pathographien"** zur Folge, in denen, wie etwa von P. J. Möbius um die Jahrhundertwende „Über das Pathologische bei Goethe" (1898) – ferner bei Rousseau, Nietzsche und Robert Schumann – gehandelt und aus der Biographie des Dichters unter Heranziehung seines Werks Beispiele für die psychiatrische Theorie gesammelt wurden.

Am folgenreichsten, vor allem im Blick auf die Argumentation der Nazis, erweist sich die Adaption von Lombrosos Ideen durch Max Nordau, in dem 1892/93 erschienenem zweibändigen Werk „Entartung". Nordau greift im Vorwort ausdrücklich auf Lombrosos medizinisch-psychiatrische Untersuchungen zurück, verwendet sie aber in kulturkritischer Absicht. In seinem Pamphlet geht es um die Abrechnung mit neueren künstlerischen und philosophischen Entwicklungen seiner Zeit – Baudelaire, Verlaine, Wagner, Nietzsche, Zola –; deshalb stellt Nordau unter dem Begriff ‚Entartung' den Zusammenhang her zwischen anomalen anthropologischen Entwicklungen bei Verbrechern und Künstlern und sucht diese mit zahlreichen Belegen aus den Werken wie auch mit Hinweisen auf die körperliche Statur oder die Gesichtszüge (Verlaine) zu belegen:

> Die Entarteten sind nicht immer Verbrecher, Prostituirte, Anarchisten und erklärte Wahnsinnige. Sie sind manchmal Schriftsteller und Künstler. Aber diese weisen dieselben geistigen – und meist auch leiblichen – Züge auf wie diejenigen Mitglieder der nämlichen anthropologischen Familie, die ihre ungesunden Triebe mit dem Messer des Meuchelmörders oder der Patrone des Dynamit-Gesellen statt mit der Feder oder dem Pinsel befriedigen (M. Nordau, L 198, S. VII, Zuschrift an C. Lombroso).

Es ist leicht einzusehen, daß vor allem diese Pathographien der Mediziner und der Psychiater, in denen auf die Biographien von Künstlern und Dichtern zurückgegriffen wird, die reservierte Betrachtungsweise der Ergebnisse Freuds in der Literaturwissenschaft zur Folge hatten. Gleichwohl bilden die Pathographien eine Vorstufe in der Geschichte der Beziehungen zwischen Psychoanalyse bzw. Psychotherapie und Literaturwissenschaft.

Wenn im allgemeinen von Literaturpsychologie als einem methodischen Ansatz gesprochen wird, so ist zunächst daran zu erinnern, daß seit der Antike Zusammenhänge zwischen Literatur und Psyche geläufig sind und daß sie auch in der Literaturtheorie berücksichtigt worden sind.

Die Funktion seelischer Kräfte steht im Mittelpunkt aller Diskussionen um das dichterische Ingenium, sei es, daß von einer Inspirationslehre die Rede ist, sei es, daß die schöpferischen Elemente der Phantasie in der Seele des Autors beschrieben werden. Psychologische Darstellungs- und Betrachtungsweisen begegnen im Entwicklungs- und im psychologischen Roman; vor allem aber spielen Fragen nach der Wirkung von Literatur und Kunst bei Lesern, Betrachtern und Hörern auch unter dem Aspekt emotionaler Beeinflussung eine große Rolle; das gilt nicht nur für die auf die Affekte zielenden Stilmittel der Rhetorik, sondern vor allem auch für die Definition der Tragödie durch Aristoteles.

Die mit diesen kurzen Hinweisen berührten Fragen und Probleme sind so geläufig, daß sie meistens nicht gesondert als literaturpsychologische Probleme empfunden und benannt werden. Wenn deshalb von Literaturpsychologie die Rede ist, so muß der Begriff dem eingebürgerten Gebrauch zufolge eingegrenzt werden auf Tiefenpsychologie oder Psychoanalyse;

d. h. wenn von Literaturpsychologie überhaupt als von einem zusammengesetzten Begriff zu sprechen ist, dann ist darunter das Verhältnis von Literaturwissenschaft zur Psychoanalyse bzw. die Frage nach dem Einfluß der Psychoanalyse auf die Literaturwissenschaft zu verstehen; um diese Eingrenzung schon im Begriff deutlich zu machen, spricht man daher besser von „psychoanalytischer Literaturwissenschaft“.

Der Versuch einer Antwort auf diese Frage setzt den Einblick in die Grundlagen der von Sigmund Freud entwickelten Wissenschaft der Psychoanalyse voraus, jedenfalls so weit sie im Modell des „psychischen Apparates“ und in der Funktion und Bedeutung des Traums von solch entscheidendem Einfluß auf das Hervorbringen wie auf das Verstehen von Literatur geworden sind.

Freud bestimmt das von ihm als wissenschaftliche Disziplin begründete Fach folgendermaßen:

> PSYCHOANALYSE ist der Name 1) eines Verfahrens zur Untersuchung seelischer Vorgänge, welche sonst kaum zugänglich sind; 2) einer Behandlungsmethode neurotischer Störungen, die sich auf diese Untersuchung gründet; 3) einer Reihe von psychologischen, auf solchem Wege gewonnenen Einsichten, die allmählich zu einer neuen wissenschaftlichen Disziplin zusammenwachsen (S. Freud, L 66, Bd. XIII, S. 211).

Allzuleicht übersieht man bei dieser Definition der Psychoanalyse das absolut Neuartige in den Ergebnissen der Erforschung der menschlichen Seele, das in der Feststellung objektivierbarer Strukturen und gesetzmäßiger Abläufe liegt, deren Kenntnis, aus den Krankengeschichten gewonnen, die Grundlage der Therapie bildet.

Nach Freud hat man sich die Seele als eine Art Kraftfeld oder auch als einen Kampfplatz vorzustellen, auf dem drei Instanzen die Abläufe und Prozesse in einem ständigen Interaktionsprozeß zugleich bedingen und steuern: das „Es“, das „Ich“ und das „Über-Ich“.

> Die älteste dieser psychischen Provinzen oder Instanzen nennen wir das Es; sein Inhalt ist alles, was ererbt, bei Geburt mitgebracht, konstitutionell festgelegt ist, vor allem also die aus der Körperorganisation stammenden Triebe, die hier einen ersten uns in seinen Formen unbekannten psychischen Ausdruck finden (Freud, L 65, S. 9).

Diese Triebe faßt Freud in zwei Gruppen zusammen, dem „Destruktionstrieb“ und der „Libido“. Das „Mit- und Gegeneinanderwirken der beiden Grundtriebe ergibt die ganze Buntheit der Lebenserscheinungen“ (L 65, S. 12).

Wird das Es in seinem instinktiven Handeln vom Lustprinzip beherrscht und richtet es alle Wünsche und Kräfte auf die Befriedigung der in den beiden Triebrichtungen angelegten und versprochenen Lust, so entwickelt sich aus dem Widerstand, den das Es in seinem Streben nach Lusterfüllung an der Realität findet, das Ich als Vermittlungsinstanz zwischen Es und Außenwelt: Das Ich „hat die Aufgabe der Selbstbehauptung, erfüllt sie, indem es nach außen [...] endlich lernt, die Außenwelt in zweckmäßiger Weise zu seinem Vorteil zu verändern (Aktivität); nach innen gegen das Es, indem es die Herrschaft über die Triebansprüche gewinnt [...]" (L 65, S. 10).

Teils innerhalb des Ichs, teils als Spaltung dieses Ichs entsteht als dritte Instanz das Über-Ich, das alle Vorstellungen, Gewissensregungen, moralisch-sittliche Forderungen und Verbote repräsentiert, die das Kind im Prozeß seiner Sozialisation von seiner Umgebung, von Eltern und Lehrern angenommen hat.

Eine der Grundlagen der Freudschen Lehren besteht in der Erkenntnis, daß dieser psychische Apparat in der frühen Kindheit voll ausgebildet werde, daß die Erfahrungen in den frühen drei Entwicklungsphasen – nach der Freudschen Trieblehre: oral, sadistisch-anal und phallisch – das gesamte Seelenleben des erwachsenen Menschen prägen, so daß man mit Fug und Recht sagen könne, daß „Kind sei psychologisch der Vater des Erwachsenen [...]" (L 65, S. 44).

Dem Ich kommt in diesem komplexen Geflecht die schwierigste Aufgabe zu; es muß seine Handlungen derartig an den Forderungen von Es, Über-Ich und Wirklichkeit ausrichten, daß es diese möglichst gleichzeitig erfüllt. Dieser Ausgleich zwischen allen Interessen ist naturgemäß nur schwer erreichbar und gelingt höchstens eine Zeitlang; sind die Ansprüche von Es und Über-Ich jedoch auf Dauer nicht miteinander in Einklang zu bringen, kommt es zur psychischen Erkrankung, den Neurosen, aus deren Erforschung und Behandlung Freud seine Erkenntnisse gewonnen hat.

In enger Verbindung mit und Ergänzung zu diesen drei Instanzen entwickelt Freud die „Lehre von den drei Qualitäten des Psychischen" (L 65, S. 21), die von erheblicher Bedeutung für die psychische Struktur ist, da sie die drei ‚Provinzen' inhaltlich auffüllt; es handelt sich um die Kategorien des „Bewußten", des „Vorbewußten" sowie des „Unbewußten". Ähnlich der zunächst entwickelten Zweiheit von Es und Ich geht Freud auch bei diesen Qualitäten zunächst von zwei Kategorien, dem Bewußten und dem Unbewußten aus, differenziert dann aber wie in Ich und Über-Ich weiter zwischen Vorbewußtem und „eigentlich Unbewußtem“ (L 65, S. 20). Bedarf das Bewußte keiner näheren Erläuterung und ist das Vorbewußte zwar dem Wissen nicht jederzeit verfügbar, aber immer wieder ins Bewußtsein zu rufen, so können die Inhalte des Unbewußten nur mit Anstrengung erschlossen und „in bewußten Ausdruck übersetzt werden“ (L 65, S. 20).

Bezogen auf die drei psychischen Instanzen wird das Unbewußte als die „allein herrschende Qualität im Es“ (L 65, S. 23) bestimmt, während das Vorbewußte in enger Verbindung zum Ich gesehen wird. Um die schwierige Verbindung zwischen dem Unbewußten und dem Ich anschaulich zu machen, greift Freud noch einmal auf die Entwicklung des Ich aus dem Es zurück. Wie das Ich bestimmte Inhalte aus dem Es aufgenommen, andere dort zurückgelassen, und einige wieder dorthin zurückverwiesen hat, so ist es auch mit neuen Eindrücken, die es sich hätte aneignen können, auf die Weise verfahren, daß es sie „wieder in den unbewußten Zustand zurückversetzt“ (L 65, S. 23); das Ich hat diese Eindrücke verdrängt.

Die Frage nach den einzelnen Abläufen im dynamischen Beziehungsgeflecht von Es, Ich und Über-Ich, von Unbewußtem, Vorbewußtem und Bewußtem ist auf Grund empirischer Untersuchungen zunächst soweit zu beantworten, daß für das Es und Unbewußte andere Gesetze gelten als für das Vorbewußte und das Ich. Während im Primärvorgang die Abläufe im Unbewußten und Es ohne normative Regelungen und in erster Linie nach der inneren Bedürfniserfüllung, ohne Kontrolle durch die Vernunft geschehen, herrschen im Vorbewußten und im Ich Vernunft und Zensur und lassen im Sekundärvorgang bestimmte Wünsche nicht aus dem Unbewußten in das Vorbewußte empordringen; diese Inhalte bleiben verdrängt.

Nur der Traum verhilft nach Freud zu einer Möglichkeit, diese ins Unbewußte verdrängten Inhalte zu entschlüsseln.

Für die psychoanalytische Literaturwissenschaft wie für jede andere psychoanalytische Auseinandersetzung mit Kunst und Künstlern bildet Freuds Werk „Die Traumdeutung“, das 1899 – mit der Jahreszahl 1900 – veröffentlicht wurde, eine der wichtigsten Voraussetzungen. Die Entdekkung, daß die Träume nach bestimmten Mechanismen ablaufen, daß im Traum als dem „Hüter des Schlafs“ sowohl die aus den Tageserlebnissen übrigbleibenden Reste, vor allem aber die unbewußten und verdrängten

Phantasien ihren Ausdruck finden, stellt den Ausgangspunkt für Freuds Traumdeutung dar.

Auch Vorläufer von Freud hatten einzelnen Träumen schon die Funktion einer phantasierten Wunscherfüllung zugeschrieben; Freud indes geht einen entscheidenden Schritt über diese Forschungsergebnisse hinaus, indem er das Wesen des Traums grundsätzlich als Wunscherfüllung – „Wunscherfüllung der Sinn eines jeden Traums" (L 67, Bd. II, S. 151) – bestimmt und gleichzeitig die Verschlüsselungsmechanismen der Traumsprache aufdeckt. Denn die Handlungssequenzen, Personen und Bilder, an die der Träumende sich bei und nach dem Erwachen erinnert – dieser manifeste Trauminhalt macht nur vermeintlich die Wirklichkeit des Traums aus; tatsächlich stellt diese Traumwirklichkeit nur den verschlüsselten Ausdruck der im latenten Trauminhalt unbewußt verborgenen Wünsche dar, d. h. der Wünsche des Ichs, die als unerfüllbare ins Unbewußte zurückgewiesen, verdrängt werden; sie können selbst in den Phantasien des Traums nicht unverändert vor der Traumzensur bestehen und dürfen deshalb nur auf dem Umweg über die **Traumarbeit** den Weg aus dem Unbewußten in das Bewußtsein des Träumenden finden. Mit dem Begriff ‚Traumarbeit' bezeichnet Freud eine Art Grammatik der Traumsprache, deren einzelne Bestandteile – „Entstellung" und „Verstellung", „Verdichtung" und „Verschiebung" – dafür Sorge zu tragen haben, daß „der Trauminhalt dem Kern der Traumgedanken nicht mehr gleichsieht, daß der Traum nur eine Entstellung des Traumwunsches im Unbewußten wiedergibt" (L 67, Bd. II, S. 307).

Wenn die im Kern des Es und des Unbewußten verborgenen Wünsche von der Phantasie nur auf diese Weise in das Bewußtsein des Träumenden gebracht werden können, daß sie im Laufe der Traumarbeit eine entstellte oder verdichtete, d. h. aber auch, eine abgemilderte Gestalt angenommen haben, um die Traumzensur passieren zu können, dann besteht die Aufgabe des Psychoanalytikers darin, in der Traumdeutung die auch dem Träumenden unbekannte Traumsprache zu entziffern und hinter dem manifesten Trauminhalt den eigentlichen Sinn des Traums, die wahren, aber verdrängten Wunschvorstellungen offenzulegen.

Diese prinzipiellen Erkenntnisse über den Traum und seine Funktion haben in zweifacher Weise große Bedeutung für das Verstehen von Literatur gewonnen: 1. durch die Demonstration der Traumdeutung an Beispielen aus der Weltliteratur 2. durch die Analogie, die Freud herstellt zwischen dem Träumen und dem Phantasieren der Dichter.

Nach der Darstellung und Analyse einzelner Träume kommt Freud auf die Träume zu sprechen, die er als „typische Träume" klassifiziert, weil sie bei einer Vielzahl von Menschen anzutreffen seien; zu diesen ‚typischen Träumen' gehören der Nacktheits- und der Prüfungstraum sowie die „Träume vom Tod geliebter Personen"; unter dem Gesichtspunkt der Wunscherfüllung müssen Träume, in denen Patienten vom Tod eines Elternteils träumen, als skandalös empfunden werden. Doch diagnostiziert Freud hier nicht nur Neurosen kranker Menschen; vielmehr ist er der Auffassung, daß die Neurotiker „uns nur durch die Vergrößerung kenntlich machen, was minder deutlich und weniger intensiv in der Seele der meisten Kinder vorgeht" (L 67, Bd. II, S. 265). Zum Beweis für diese These greift Freud auf die Antike zurück; denn „das Altertum hat uns zur Unterstützung dieser Erkenntnis einen Sagenstoff überliefert, dessen durchgreifende und allgemeingültige Wirksamkeit nur durch eine ähnliche Allgemeingültigkeit der besprochenen Voraussetzung aus der Kinderpsychologie verständlich wird. Ich meine die Sage vom König Ödipus und das gleichnamige Drama des Sophokles" (L 67, Bd. II, S. 265).

Freud sieht in der dramatischen Fassung des Sagenstoffes den Beleg dafür, daß der seelische Prozeß, den er mit dem Namen der Königsgestalt aus Sage und Drama bezeichnet, als eine anthropologische Konstante des Seelenlebens anzusehen ist, die bei den Menschen der Antike ebenso anzutreffen ist wie bei den Zeitgenossen um die Jahrhundertwende.

> Wenn der *König Ödipus* den modernen Menschen nicht minder zu erschüttern weiß als den zeitgenössischen Griechen, so kann die Lösung wohl nur darin liegen, daß die Wirkung der griechischen Tragödie nicht auf dem Gegensatz zwischen Schicksal und Menschenwillen ruht, sondern in der Besonderheit des Stoffes zu suchen ist, an welchem dieser Gegensatz erwiesen wird. Es muß eine Stimme in unserem Innern geben, welche die zwingende Gewalt des Schicksals im *Ödipus* anzuerkennen bereit ist, während wir Verfügungen wie in der *Ahnfrau* [von Grillparzer] oder in anderen Schicksalstragödien als willkürliche zurückzuweisen vermögen. Und ein solches Moment ist in der Tat in der Geschichte des Königs Ödipus enthalten. Sein Schicksal ergreift uns nur darum, weil es auch das unsrige hätte werden können, weil das Orakel vor unserer Geburt denselben Fluch über uns verhängt hat wie über ihn. Uns allen vielleicht war es beschieden, die erste sexuelle Regung auf die Mutter, den ersten Haß und gewalttätigen Wunsch gegen den Vater zu richten; unsere Träume überzeugen uns davon. König Ödipus, der seinen Vater Laïos erschlagen und seine Mutter Jokaste geheiratet hat, ist nur die Wunscherfüllung unserer Kindheit. Aber glücklicher als er, ist es uns seitdem, insofern wir nicht Psychoneurotiker geworden sind, gelungen, unsere

> sexuellen Regungen von unseren Müttern abzulösen, unsere Eifersucht gegen unsere Väter zu vergessen. Vor der Person, an welcher sich jener urzeitliche Kindheitswunsch erfüllt hat, schaudern wir zurück mit dem ganzen Betrag der Verdrängung, welche diese Wünsche in unserem Innern seither erlitten haben. Während der Dichter in jener Untersuchung die Schuld des Ödipus ans Licht bringt, nötigt er uns zur Erkenntnis unseres eigenen Innern, in dem jene Impulse, wenn auch unterdrückt, noch immer vorhanden sind.
>
> Wie Ödipus leben wir in Unwissenheit der die Moral beleidigenden Wünsche, welche die Natur uns aufgenötigt hat, und nach deren Enthüllung möchten wir wohl alle den Blick abwenden von den Szenen unserer Kindheit. (S. Freud, L 67, Bd. II, S. 266f.).

Nicht nur für die Entstehung, sondern auch für die weitere Entwicklung der Psychoanalyse ist es wichtig zu sehen, daß und wie Freud hier Überlegungen über die Entstehung bestimmter Neurosen in der Auseinandersetzung mit einem literarischen Werk und also nicht als Arzt in der Behandlung eines Patienten zur Erkenntnis einer psychoanalytischen Diagnose ausformt.

Das Drama des Sophokles gewinnt für Freud die Funktion eines Erkenntnismodells, denn es läßt ihn den Wunsch nach der Tötung des Vaters, der im Zentrum des Ödipus-Komplexes steht, als „eine schicksalsbestimmende Phase im Leben jedes menschlichen Individuums erkennen, als das unausweichliche Drama, das die erste Phase der Triebentwicklung abschließt und mit mächtigen Schüben von notwendiger Verdrängung die Vita des Menschen teilt“ (von Matt, L 182, S. 23).

Das Wirkungspotential dieser griechischen Tragödie und die ästhetische Erfahrung der zeitgenössischen Zuschauer werden damit erklärt, daß im Drama ein Geschehen zur Anschauung gebracht wird, das, „einem uralten Traumstoff entsprossen“ (L 67, Bd. II, S. 268), zeitlose Dauer und allgemeine Gültigkeit erfährt, weil der moderne Mensch in der Gestalt des Ödipus immer auch sich selbst begegnet. In den Träumen der Neurotiker ist in die Traumwelt verbannt, was im „König Ödipus“ noch Gestalt gewinnen und ein befriedigendes Ende nehmen durfte; jeder Zuschauer und Leser des Dramas erlebt in der Identifizierung mit dem Protagonisten Ödipus diesen grundsätzlichen Kindheitskonflikt nach. Während Sophokles diesen Konflikt jedoch noch offen auf der Bühne austragen lassen konnte, verbietet die Entwicklung von Zivilisation und Kultur Shakespeare ein solches Verfahren; vielmehr wird im „Hamlet“, der „veränderten Behandlung des nämlichen Stoffes“, der „ganze Unterschied im Seelenleben der beiden weit auseinanderliegenden Kulturperioden, das säkulare Fortschreiten der Verdrängung im Gemütsleben der Menschheit" (L 67, II, S. 260) offenbar. Denn während im „König Ödipus" noch die „zugrundeliegende Wunschphantasie des Kindes wie im Traum ans Licht gezogen und realisiert" wird, „bleibt sie im ‚Hamlet' verdrängt, und wir erfahren von ihrer Existenz – dem Sachverhalt bei einer Neurose ähnlich – nur durch die von ihr ausgehenden Hemmungswirkungen" (L 67, Bd. II, S. 268f.). Mit dem Hinweis auf die „Hemmungswirkungen" leitet Freud seine neue psychoanalytische Interpretation des Dramas ein und gibt auf die oft gestellte Frage nach der Diskrepanz zwischen dem Rachegebot durch den Geist des Vaters und der Unfähigkeit Hamlets, diese Rache zu vollziehen, eine Antwort aus der Kenntnis und Analyse des seelischen Apparats des Dramenhelden:

> Allein die Fabel des Stückes lehrt, daß Hamlet uns keineswegs als eine Person erscheinen soll, die des Handelns überhaupt unfähig ist. Wir sehen ihn zweimal handelnd auftreten, das einemal in rasch auffahrender Leidenschaft, wie er den Lauscher hinter der Tapete niederstößt, ein anderesmal planmäßig, ja selbst arglistig, indem er mit der vollen Unbedenklichkeit des Renaissanceprinzen die zwei Höflinge in den ihm selbst zugedachten Tod schickt. Was hemmt ihn also bei der Erfüllung der Aufgabe, die der Geist seines Vaters ihm gestellt hat? Hier bietet sich wieder die Auskunft, daß es die besondere Natur dieser Aufgabe ist. Hamlet kann alles, nur nicht die Rache an dem Mann vollziehen, der seinen Vater beseitigt und bei seiner Mutter dessen Stelle eingenommen hat, an dem Mann, der ihm die Realisierung seiner verdrängten Kinderwünsche zeigt. Der Abscheu, der ihn zur Rache drängen sollte, ersetzt sich so bei ihm durch Selbstvorwürfe, durch Gewissensskrupel, die ihm vorhalten, daß er, wörtlich verstanden, selbst nicht besser sei als der von ihm zu strafende Sünder. Ich habe dabei ins Bewußte übersetzt, was in der Seele des Helden unbewußt bleiben muß [...] (S. Freud, L 67, Bd. II, S. 269).

Im Anschluß an diese Interpretation stellt Freud den engen Zusammenhang her zwischen dem Protagonisten und dem Autor des Dramas und liefert damit das Vorbild für die zahlreichen Untersuchungen, in denen das Verhalten und das Seelenleben der fiktiven Gestalten allzu kurzschlüssig auf die Psyche ihres Schöpfers zurückgeführt wurde, weil die Werke nur noch als Dokumente für die seelische Verfassung ihrer Autoren angesehen wurden: „Es kann natürlich nur das eigene Seelenleben des Dichters gewesen sein, daß uns im ‚Hamlet' entgegentritt", zumal das Drama ganz kurz nach dem Tod von Shakespeares Vater „in der Wiederbelebung [...] der auf den Vater bezüglichen Kindheitsempfindungen gedichtet worden ist" (L 67, Bd. II, S. 269f.).

Der die Interpretation abschließende, wichtige methodische Hinweis, demzufolge in Analogie zur Analyse der Neurose und des Traums „auch jede echte dichterische Schöpfung aus mehr als aus einem Motiv und einer Anregung in der Seele des Dichters hervorgegangen sein (werde) und mehr als eine Deutung zulasse" (L 67, Bd. II, S. 270), ist demgegenüber in der Rezeption der psychoanalytischen Literatur-Interpretationen Freuds allzu leicht übersehen worden.

Die Hinweise Freuds auf bestimmte seelische Erfahrungen Shakespeares, die beim Tod des Vaters aufgebrochen seien und die Abfassung des „Hamlet" mitbestimmt hätten, zeigen auf der einen Seite Möglichkeiten der psychoanalytischen Interpretation einzelner Werke; die Erkenntnisse über den psychischen Apparat und die Deutung der Träume haben jedoch für literaturwissenschaftliches Arbeiten, das sich auf diese Voraussetzungen einläßt, eine weit größere und über das einzelne Werk hinausführende Bedeutung gewonnen. Es geht um die Analogien, die Freud herstellt zwischen den Phantasien und Abläufen der Trauminhalte auf der einen Seite und den Phantasien des Dichters, die im literarischen Werk ihren Niederschlag finden, auf der anderen. Freud entwickelt seine Phantasie-Theorie 1907 in einem Vortrag „Der Dichter und das Phantasieren" und gibt damit eine grundlegende psychoanalytische Einführung in das Verhältnis des Dichters zu seinem Werk.

Ausgehend von der Frage nach der Stoffwahl des Dichters lenkt Freud den Blick zurück auf die Kindheit als die Entwicklungsphase, in der jeder Mensch die Ausprägung seiner seelischen Struktur erfährt, und vergleicht das Spiel des Kindes mit dem Phantasieren des Dichters. Lassen sich dichterische Produktion und kindliches Spielen vom Verfahren her miteinander vergleichen, so grenzt der Bezug zur Wirklichkeit beide Tätigkeiten scharf gegeneinander ab. Denn während die Spielwelt des Kindes immer eine Verbindung zur Umgebung des Kindes und damit zur Wirklichkeit erkennen läßt, arbeiten die Phantasien des Dichters ohne erkennbaren Bezug zur Realität. Dieses Verfahren wird mit der Definition begründet, mit der Freud die „unbefriedigenden Wünsche" als die „Triebkräfte der Phantasien" (L 67, Bd. X, S. 173) bestimmt und nach der „jede einzelne [...] Phantasie eine Wunscherfüllung, eine Korrektur der unbefriedigenden Wirklichkeit" (L 67, Bd. X, S. 174) darstellt. Den eigentlichen Vorgang des Phantasierens verdeutlicht Freud, indem er den Zusammenhang zwischen Phantasie und menschlicher Zeitvorstellung herstellt:

> Man darf sagen: eine Phantasie schwebt gleichsam zwischen drei Zeiten, den drei Zeitmomenten unseres Vorstellens. Die seelische Arbeit knüpft an einen aktuellen Eindruck, einen Anlaß in der Gegenwart an, der imstande war, einen der großen Wünsche der Person zu wecken, greift von da aus auf die Erinnerung eines früheren, meist infantilen, Erlebnisses zurück, in dem jener Wunsch erfüllt war, und schafft nun eine auf die Zukunft bezogene Situation, welche sich als die Erfüllung jenes Wunsches darstellt, eben den Tagtraum oder die Phantasie, die nun die Spuren ihrer Herkunft vom Anlasse und von der Erinnerung an sich trägt. Also Vergangenes, Gegenwärtiges, Zukünftiges wie an der Schnur des durchlaufenden Wunsches aneinandergereiht (S. Freud, L 67, Bd. X, S. 174).

Die Phantasie ist an die den Tagträumer umgebende Wirklichkeit nur in der Weise noch gebunden, daß von dieser der Anstoß kommt, der ihre Tätigkeit in Gang setzt; das Ergebnis des Rückgriffs auf ein Kindheitserlebnis bildet den Tagtraum. Die Analogie zum nächtlichen Traum wird darin deutlich, daß beide Träume auf die verborgenen, unbewußten Träume zurückgehen; der nächtlichen Traumarbeit entspricht für den Tagtraum die Leistung der Phantasie, welche die verdrängten Wünsche in Bilder umsetzt. In einer späteren Darstellung bezeichnet Freud das „Reich der Phantasie“ als „Schonung“, die bei dem Zusammenstoß von „Lust- und Realitätsprinzip“ als Surrogat für die im wirklichen Leben nicht zu erreichende Triebbefreiung aufgesucht werde (L 66, Bd. XIV, S. 90).

Auf der Grundlage dieser Theorie der Phantasie entwickelt Freud seine Auffassung von der dichterischen Phantasie; die „Gleichstellung des Dichters mit dem Tagträumer, der poetischen Schöpfung mit dem Tagtraum“ (L 67, Bd. X, S. 177) macht es möglich, den dichterischen Schöpfungsprozeß in einer, wie Freud selbst meint, vereinfachten Form folgendermaßen zusammenzufassen:

> Ein starkes aktuelles Erlebnis weckt im Dichter die Erinnerung an ein früheres, meist der Kindheit angehöriges Erlebnis auf, von welchem nun der Wunsch ausgeht, der sich in der Dichtung seine Erfüllung schafft; die Dichtung selbst läßt sowohl Elemente des frischen Anlasses als auch der alten Erinnerung erkennen (S. Freud, L 67, Bd. X, S. 177f.).

Wie die Traumarbeit vor dem Richterstuhl der Traumzensur die ‚verbotenen‘ Wünsche und Vorstellungen des latenten Trauminhalts verändert, damit sie als ‚erlaubter‘ manifester Trauminhalt das Bewußtsein des Träumenden erreichen, so muß auch die Phantasie des Dichters die Bilder des Tagtraums abmildern und dafür Sorge tragen, daß kein anstößiger Wunsch die Leser und Zuschauer beunruhigt. Denn gerade wenn die

Werke des Künstlers als „Phantasiebefriedigungen unbewußter Wünsche, ganz wie die Träume", bezeichnet werden, unterscheiden sie sich doch von den Traumphantasien dadurch, daß sie auf Mitteilung, „auf die Anteilnahme anderer Menschen berechnet" werden und „bei diesen die nämlichen unbewußten Wunschregungen beleben und befriedigen" können (L 66, Bd. XIV, S. 90).

Im schöpferischen Prozeß bedient sich der Autor sowohl inhaltlicher als auch formaler Verfahren, um die verdrängten, aber eigentlich zum Ausdruck drängenden Wünsche und Phantasien zu verbergen; er schafft sich beispielsweise einen oder mehrere Protagonisten, deren Verhalten und Schicksal dem Leser die Möglichkeit zur Identifizierung bieten; er wählt eine bestimmte Gattung und setzt unterschiedliche Stilmittel ein, um bei dem Leser einen „ästhetischen Lustgewinn" (L 67, Bd. X, S. 179) zu erreichen. Mit Begriffen, die er zuerst in seiner Untersuchung über „Der Witz und seine Beziehung zum Unbewußten" (L 67, Bd. IV, S. 9 - 219), in der das Formprinzip und nicht der Inhalt des Witzes als der entscheidende Faktor herausgearbeitet wird, verwendet hatte, charakterisiert Freud den ästhetischen Lustgewinn als „Vorlust" oder „Verlockungsprämie". Wenn jedoch die „Formschönheit als ‚Verlockungsprämie'" (L 66, Bd. XIV, S. 90) eines dichterischen Werks verwendet wird, so wird eine deutliche Trennung vorgenommen zwischen dem „Formgenuß, der mit keinem Tabu belegt ist", und dem auf einer zweiten Stufe folgenden „eigentlichen Genuß des Dichtwerkes", der „aus der Befreiung von Spannungen in unserer Seele hervorgeht" (L 67, Bd. X, S. 179). Diese entlastende und therapeutische Funktion der Dichtung wird damit begründet, „daß uns der Dichter in den Stand setzt, unsere eigenen Phantasien nunmehr ohne jeden Vorwurf und ohne Schämen zu genießen (L 67, Bd. X, S. 179); denn die verarbeiteten und hinter dem schönen Schein der Form versteckten Tagtraum-Phantasien sprechen den Leser an, weil er selbst, ohne sich dessen bewußt zu sein, ähnlich verdrängte und verbotene unbefriedigte Wünsche in sich trägt. Ästhetische Form wie Erfahrung lassen sich damit als Ergebnis eines Abwehrprozesses bestimmen, mit dem der Wunschinhalt erträglich und mitteilbar gemacht wird; er kann gleichzeitig zu einer Täuschung und Selbsttäuschung des Lesers und Zuschauers führen; denn „es scheint als Bedingung der Kunstform [sic!], daß die zum Bewußtsein dringende Regung, so sicher sie kenntlich ist, so wenig mit deutlichem Namen genannt wird, so daß sich der Vorgang im Hörer wieder mit abgewandter Aufmerksamkeit vollzieht und er von Gefühlen ergriffen wird, anstatt sich Rechenschaft zu geben" (L 67, Bd. X, S. 167).

Freuds psychoanalytische Lehren sind von den Literaturwissenschaftlern seiner Zeit weitgehend abgelehnt worden; zu ungewohnt und auch zu gefährlich erschienen ihnen die Folgerungen, die für die Autoren, aber auch für sie selbst als Interpreten aus den Erkenntnissen über die menschliche Psyche abzuleiten waren. Weit unproblematischer kamen ihnen demgegenüber die Lehren von Carl Gustav Jung vor, der denn auch den ersten grundlegenden Artikel über „Psychologie und Dichtung“ in einem literaturwissenschaftlichen Handbuch in bewußter Ablehnung der Ergebnisse Sigmund Freuds, soweit sie auf das Verhältnis zwischen Künstler und Werk übertragen werden sollten, verfaßte.

Jung unterscheidet zwischen zwei Arten der Dichtung, einer psychologischen, die in der Welt der Erfahrung des Menschen beheimatet sei, und einer visionären, deren Ursprung weit über die Grenzen der Erfahrung in die Tiefen des Unbewußten zurückführe. In der „visionären Dichtung“ tritt die enge Verbindung zwischen Unbewußtem und Dichter zutage, weil Jung in ihr „ein wirkliches Symbol, nämlich ein(en) Ausdruck für unbekannte Wesenheit“ (C. G. Jung, L 113, S. 322) dargestellt sieht; diese „unbekannte Wesenheit“ wird als Archetypus näher bestimmt, in dem als eine Art Urbild oder Urtyp der einzelne Mensch immer wieder teilhat an der ‚Urerfahrung‘ der gesamten Menschheit mit der sie umgebenden Natur, der Transzendenz, der das Kind aufziehenden Eltern etc. Man kann sich diese Archetypen auch als „Kraftzentren und Kraftfelder“ (J. Jacobi, L 107, S. 49) im Unbewußten vorstellen, die Symbole und Bilder ins Bewußtsein aufsteigen lassen: „In der Sprache des Unbewußten, die eine Bildersprache ist, erscheinen die Archetypen in personifizierter oder symbolischer Bildform“ (J. Jacobi, L 107, S. 53). In diesen Bildern der Archetypen hat der Mensch Anteil am „kollektiv Unbewußten“ der Menschheit, d. h. der Archetypus wie auch bestimmte archetypische Abläufe – etwa der Prozeß der Individuation oder des Alterns – weisen immer von der jeweils persönlichen Konstitution und Erfahrung auf allgemein menschliche, d. h. kollektive Erfahrungen und Prozesse zurück. Über die Archetypen erfährt auch der Mensch fortgeschrittener und spätzeitlicher Epochen den Zusammenhang mit den Bildern und Symbolen, in welche die Menschen der Frühzeit die sie umgebenden Phänomene zu fassen und zu bannen suchten. Deshalb kann Jung, ähnlich übrigens wie Herder von einem ganz anderen Ansatz her, die Mythologie als „ein Relikt frühester Stufen solcher Erfahrung“ (C. G. Jung, L 113, S. 324) bezeichnen, in deren Bildern ebenso wie später in denen der visionären Dichtung das *„kollektiv Unbewußte,* nämlich die eigentümliche, durch

Generationen vererbte Struktur der psychischen Vorbedingungen des Bewußtseins" zutage tritt (ebd.).

Jungs Auffassung ließ sich beinahe problemlos mit der Lebensphilosophie Diltheys und den geistesgeschichtlichen Interpretationsansätzen verbinden. Denn von der Lehre vom **„kollektiv Unbewußten"**, als dessen Ausprägungen sowohl in der Einzelseele als auch in den kollektiven Schöpfungen der Mythen und Märchen die Archetypen anzusehen sind, ist der Weg nicht weit zu Diltheys Auffassung von dem Geschehen in der Dichtung als dem „Symbol eines Allgemeinen" (s. o., S. 166f.). Die Rückführung der Archetypen auf das „kollektiv Unbewußte" hat vor allem für die Interpretation der Mythen und Märchen große Bedeutung gewonnen. Denn Jung und die Vertreter seiner Schule sehen in den Bildern dieser ‚einfachen Formen' (A. Jolles, vgl. oben, S. 36) psychische Abläufe in „symbolisch-bildhafter Form" dargestellt (J. Jacobi, L 107, S. 54). Die Archetypen erscheinen in der einzelnen Seele zwar als Traum, haben als Phänomene des kollektiv Unbewußten aber in Gestalten der Mythen und Märchen Ausdruck gefunden. So kann der im Märchen bruchlose Übergang von der wirklichen in die magische oder verzauberte Welt – etwa bei „Dornröschen", „Rumpelstilzchen", „Hänsel und Gretel" – für das Nebeneinander von Bewußtsein und Unbewußtem stehen; in „Frau Holle" erscheint der Archetypus der Urmutter; ein Wasserfall symbolisiert die sich ständig erneuernde Energie; während die Stiefmutter das Prinzip verkörpert, welches einen Ablöse- und Individuationsprozeß des Kindes auslöst und auf einer bestimmten Stufe zum Abschluß bringt, bewähren sich in der die Verwandlung einer Schlange oder eines Froschs auslösenden Tat ungewöhnliche, über den Verstand und das anerzogene Verhalten hinausführende Fähigkeiten eines Mädchens, das der Prinz dann zur Frau nimmt[1].

Schon von der bildhaft-symbolischen Sprache her leuchtet es ein, daß die Untersuchung der Mythen und Märchen aus der tiefenpsychologischen Sehweise Jungs zu vielschichtigen und mehrdeutigen Interpretationen gelangt und nicht einmalige und abgeschlossene Ergebnisse vorweist; das Verstehen ist vielmehr gebunden an die Fähigkeit des Lesers, sich der Wirkung zu öffnen: „um es als Kunstwerk zu verstehen, muß man sich von ihm gestalten lassen, wie es den Dichter gestaltet hat" (L 113, S. 330).

---

[1] Zur tiefenpsychologischen Interpretation der Märchen vgl. L 169a. Eine Interpretation von Ingeborg Bachmanns „Malina" auf der Grundlage der Jungschen Tiefenpsychologie hat Ingrid Riedel, L 155, S. 178 - 207 vorgelegt.

In diesem wesentlichen Unterschied zur erklärenden psychoanalytischen Verfahrensweise Freuds ist die Ursache dafür zu sehen, daß die tiefenpsychologische Interpretation C. G. Jungs von der geistesgeschichtlichen Literaturwissenschaft nicht mit ebenso großer Skepsis betrachtet wurde wie die Ergebnisse Freuds und seiner Schüler.

Die „Herausforderung der Literaturwissenschaft durch die Psychoanalyse“, wie Peter von Matt das Verhältnis beider Wissenschaften zueinander überschrieben hat (L 181, S. 1), ist von der Literaturwissenschaft erst in den letzten zwanzig Jahren angenommen worden; diese verspätete Rezeption hängt in erster Linie mit der Vertreibung der Psychoanalytiker durch die Nazis nach 1933, dann aber auch mit dem Verlauf der Geschichte der Literaturwissenschaft in der Nachkriegszeit zusammen; der Durchbruch psychoanalytischer Fragen und Interpretationen in der Literaturwissenschaft erfolgte erst Ende der 60er Jahre und ist nicht zu erklären ohne die Neubewertung der Psychoanalyse in der emanzipatorischen Studentenbewegung und die gleichzeitige Ausweitung literaturwissenschaftlicher Forschung auf die Probleme der Rezeptionsästhetik und der Trivial-Literatur.

Die Zurückhaltung, mit der die Literaturwissenschaft der Übertragung psychoanalytischer Erkenntnisse und Untersuchungsmethoden auf die Literatur zunächst gegenüberstand, läßt sich nicht zuletzt mit der Ausschließlichkeit erklären, mit der vor allem in der frühen Entwicklungszeit der neuen Disziplin, das literarische Werk als eine Phantasie des Autors im Sinne eines psychischen Symptoms und – ähnlich wie der fiktive Held dieses Werks – als Dokument für die seelische Beschaffenheit des Autors analysiert wurden. In dem Maß jedoch, wie die Literaturwissenschaftler die psychoanalytischen Fragestellungen aufnahmen, erweiterten sie deren Untersuchungsrahmen und verließen die ursprüngliche Grundlage, auf der Traum und Kunstwerk gleichgesetzt wurden, weil beider Funktion darin gesehen wurde, zu einer Befriedigung von in der Wirklichkeit nicht erfüllbaren und darum verdrängten Wünschen zu verhelfen. Entscheidend bleibt, daß Freud das Reich des Unbewußten entdeckt und erschlossen sowie den wissenschaftlichen Umgang mit ihm auf eine empirisch-analytische Methode gegründet hat, auf die – wie auch auf die Terminologie – die Literaturwissenschaft als hermeneutische Wissenschaft immer wieder zurückgreifen muß.

Verändert hat sich jedoch der Versuch der Literaturwissenschaft, Antworten auf die Herausforderung zu geben insofern, als in erster Linie literaturwissenschaftliches und nicht psychoanalytisches Erkenntnisinteresse den leitenden Gesichtspunkt für die Nutzung des von der Psychoanalyse bereitgestellten methodischen Ansatzes bildet.

Unter diesem veränderten Blickwinkel stellt die psychoanalytische Literaturwissenschaft ihre Fragen an Autor, Werk und Leser im Vergleich zu anderen methodischen Ansätzen (z. B. dem positivistischen und dem geistesgeschichtlichen) nicht unbedingt völlig neu, aber sie gewinnt Antworten, die häufig überraschend neue und ungewohnte Einsichten in altbekannte Werke möglich machen, weil sie bisher nicht gekannte und gesehene Tiefenstrukturen der Werke aufdeckt. Als Beispiele seien Freuds schon genannte ‚Hamlet'-Interpretation, Peter von Matts Auseinandersetzung mit Schillers „Wilhelm Tell" und Carl Pietzckers Deutung von Jean Pauls „Rede des toten Christus vom Weltgebäude herab, daß kein Gott sei" angeführt.[2]

Abgesehen von Untersuchungsergebnissen zu einzelnen Werken lassen sich einige Fragenkomplexe auch allgemeiner formulieren, ehe man im Einzelfall die Antwort sucht. So ist beispielsweise die Frage nach der Intention des Autors unter Berücksichtigung der psychoanalytischen Erkenntnisse anders zu beantworten als in der traditionellen Literaturwissenschaft. Denn, wenn es richtig ist, daß dem Träumenden die eigentlichen Motive und Wünsche hinter seinen Traumbildern unbekannt sind, weil die Traumarbeit sie verschlüsselt hat, dann gilt auch für das literarische Werk, die Analogie von Traum und Dichtung vorausgesetzt, „daß jene Dinge am interessantesten sind in einem literarischen Text, von denen der Verfasser keine Ahnung hatte" (von Matt, L 181, S. 5), weil sie hinter der ‚manifesten' Erscheinung des Werks in einer ‚latenten', dem Autor selbst nicht zugänglichen Schicht der Seele, in dem Bereich des Es anzusiedeln sind.

Auf ähnliche Weise erscheinen Fragen, die aus dem Gebiet der Literatursoziologie geläufig sind, in einem neuen Licht; Antworten auf die Frage „wer liest was?" bzw. „warum liest wer was?" müssen anders bedacht werden, wenn Freuds Auffassung zu Grunde liegt, nach der bei der Rezeption eines Werks „die Affektlage, die psychische Konstellation, welche beim Künstler die Triebkraft der Schöpfung abgab, bei uns wieder hervorgerufen werden" (L 67, Bd. X, S. 198). Wird der „herrschende Geschmack", der einem Werk zum Durchbruch verhilft, tatsächlich von

---

[2] Vgl. P. von Matt, L 182, S. 55ff., C. Pietzcker, L 211.

„Geschmacksträgertypen“ (s. o., S. 233) mit geprägt, oder ist das entsprechende Werk als Ausdruck bestimmter verborgener psychischer Strukturen zu lesen, die nicht nur den einzelnen Autor, sondern kollektiv auch ganz bestimmte Gruppen prägen?

Die Affizierung des Lesers durch das Werk geschieht in erster Linie auf Grund verwandter seelischer Konstellationen bei Autor und Leser, die es dann auch möglich machen, daß der zur phantasierenden Triebbefriedigung geschriebene Text zu einem Abbau von Triebspannungen bei dem Leser führt. Doch ist auch das umgekehrte Verhalten auf diese Weise erklärbar: die Ablehnung eines Autors oder seines Werks kann ohne rationale Erklärung darauf zurückzuführen sein, daß der Leser, berührt durch ihm unbegreifliche, aber als bedrohlich empfundene Reaktionen, um sein seelisches Gleichgewicht fürchtet, wenn er sich näher auf den Text einläßt.

Unter diesem Gesichtspunkt den Fragen nach der öffentlichen Rolle und Wirkung von Schriftstellern nachzugehen oder die Verurteilung einer Gruppe von Schriftstellern als „Pinscher“ – wie seinerzeit durch den Bundeskanzler Ludwig Erhardt – zu analysieren, führt zu anderen Einsichten über das Publikum – wie auch über die Autoren – und den Verurteilenden und das ihm zustimmende Kollektiv als zur einfachen Feststellung politischer Gegnerschaft.

Auch auf die Bildung von Gruppen um einen Schriftsteller als Zentrum kann neues Licht fallen, wenn ein Autor wie Stefan George Freuds „Reihe der infantilen Vorbilder“ zugeordnet werden kann (vgl. P. v. Matt, L 182, S. 50). Nicht zuletzt gelten diese Fragen auch dem Literaturwissenschaftler selbst; denn die Erkenntnisse über die frühkindliche Identifikation mit der Vater- oder Mutter-Imago lassen auch die Wahl eines bevorzugten Autors, dem größere Forschungen gewidmet werden, unter solchen Vorzeichen wahrscheinlich werden.

Diese Überlegungen aus dem Bereich der Rezeptionsästhetik lassen sich weiterführen zur grundsätzlichen Frage nach der Rolle und Bedeutung der Literatur im menschlichen Leben. Greift Freuds Auffassung, sowohl die Entstehung als auch die Wirkung von Literatur und Kunst sei letzten Endes nur mit der ersatzweisen Befriedigung unerfüllter, weil verbotener unbewußter Wünsche zu erklären, nicht zu kurz? Ist diese Bestimmung von Literatur eventuell ebenso zeitbedingt zu sehen wie das Aufkommen verschiedener Methoden und ihre Anwendung auf die Interpretation von Literatur? Wenn Literatur als sprachlich gestaltete Wirklichkeitserfahrung – Wirklichkeit um die Schichten des Unbewußten erweitert – verstanden werden und auf diese Weise als Erkenntnismodell dienen kann, dann kann sie nicht allein zurückgeführt werden auf den Untergrund psychischer Strukturen und Konflikte.

Wenn psychoanalytische Literaturwissenschaft von einer befreienden Wirkung der Literatur und Kunst spricht, so ist damit zunächst immer die zeitweise Lockerung oder die Überwindung bestimmter verbotener oder durch Verdrängung vermeintlich überwundener Triebkräfte gemeint. Peter von Matt hat in diesem Zusammenhang der ästhetischen Erfahrung, die der einzelne Mensch mit Literatur und Kunst machen kann, die gleiche Bedeutung zugeschrieben, die das Fest für ein Kollektiv haben kann, nämlich den von Regulierungen und Verboten bestimmten Alltag „zeitweise und spielerisch außer Kraft zu setzen" (P. v. Matt, L 181, S. 10). Auch wenn hier das Horazische „delectare" (Erfreuen) als eine wesentliche Aufgabe von Literatur wiederkehrt, muß man sich an die Rolle erinnern, die dem ästhetischen Genuß als „Verlockungsprämie" vor der Begegnung und Auseinandersetzung mit dem Gehalt eines literarischen Werks zugeschrieben wird. Es hängt dann von der Reaktion des Lesers ab, ob er in der Konfrontation mit dem Text auf das unter der Oberfläche erkennbar zu machende Konflikt- und Wunschpotential einer ihm unbewußten Entwicklungsphase mit Abwehr reagiert, oder ob er bereit ist, dieses zur Erkenntnis seiner selbst und damit auch zur Einsicht in die überzeitlichen psychischen Grundlagen der menschlichen Entwicklung zu nutzen.

Denn das „säkulare Fortschreiten der Verdrängung im Gemütsleben der Menschheit" (s. o., S. 260), das Freud an der unterschiedlichen Bearbeitung des Themas von der Tötung des Vaters und von dem Inzest mit der Mutter im „König Ödipus" und im „Hamlet" diagnostiziert hatte, schreibt dem Kunstwerk, in diesem Fall dem Drama Shakespeare's, auch die Möglichkeit zu, über den Stand der Triebregulierung im „Prozeß der Zivilisation" Auskunft zu geben; allerdings hat Norbert Elias diesen Prozeß nicht nur als ein Fortschreiten der vom Über-Ich verhängten Verdrängung bestimmter Triebenergien verstanden, sondern sieht im Gegensatz zu Freuds Auffassung von der zeitlosen Natur psychischer Strukturen eine geschichtliche Vermittlung und vor allem den Niederschlag sozialer Konkurrenzkämpfe als ausschlaggebend an.

Wenn die psychoanalytische Interpretation in den letzten Jahren so viele eindrucksvolle Ergebnisse aufweisen konnte, so ist das nicht nur mit dem

Legitimationsdruck zu erklären, dem sie als neue Methode von den tradierten und etablierten Verfahrensweisen im Umgang mit Literatur ausgesetzt war; vielmehr leitet sich dieser Erfolg auch von der Tatsache her, daß sie sich in zunehmendem Maß als Literaturwissenschaft verstanden und die psychoanalytische Interpretation des Werks gegen das Subjekt als Untersuchungsgegenstand der Psychoanalyse abgegrenzt hat. Sie begnügt sich nicht mehr damit, aus Themen, Figurenkonstellation, Geschichten und Bildern des literarischen Werks auf die psychische Befindlichkeit seines Autors zurückzuschließen, das Werk also weiterhin als Grundlage einer Pathographie, wenn auch unter anderen Vorzeichen als um die Jahrhundertwende, zu benutzen. In den Mittelpunkt der Bemühungen sind vielmehr die Werke gerückt und im Blick auf diese interessiert nicht so sehr die Erkenntnis, d a ß psychische Abläufe und Konflikte zu ihrer Entstehung beigetragen haben, sondern w i e diese im Werk vermittelt erscheinen und wie sie die Konstituierung desselben bestimmt haben. Untersuchungen gerade zur formalen Gestaltung – (vgl. C. Pietzcker, L 212) – haben ergeben, daß Freuds Aufspaltung der Leseerfahrung in einen ästhetischen und einen eigentlichen, gehaltlichen Teil überwunden ist, und daß von einer Einheit von Inhalt und Form auszugehen ist; deren Grundlage wiederum bildet Freuds Auffassung von dem Entstehungsprozeß der Literatur – und in einer von Freud nicht intendierten Weise kann von diesem Prozeß her auch das diagnostizierende Verfahren der Psychoanalyse von dem interpretierenden der Literaturwissenschaft geschieden werden –; denn mit der ästhetischen Formung verschlüsselt der Autor die komplizierten Triebkräfte und Triebkämpfe, die aus dem Unbewußten in das Bewußtsein drängen – nicht nur, um sich ihrer zu erwehren, sondern gleichzeitig, um sie mitteilbar zu machen, um sie im literarischen Werk zur Anschauung bringen zu können: „Psychische Mechanismen sind überführt in poetische Spielregel, biographische Motive und Gehalte erscheinen mutiert zu dichterischen Bildfeldern [...]“ (G. Kaiser, L 116, S. 88).

Liest man Literatur unter diesen Voraussetzungen, so läßt sich vor allem an Romanen und Novellen, in denen man autobiographische Züge ihrer Autoren findet und erkennt – z. B. Karl Philipp Moritz: Anton Reiser; Charles Dickens: David Copperfield; Iwan Turgenjew: Erste Liebe[3]; Gottfried Keller: Der grüne Heinrich – die mögliche Leistung psychoanalytischer Literaturwissenschaft zeigen; denn nicht die vermeintlich

[3] Vgl. zu Dickens und Turgenjew: Peter Gay, L 74, S. 188 - 191.

offen zu Tage liegenden Parallelen zu bekannten Episoden der Biographie oder die vermeintlich leicht feststellbaren Analogien zu psychischen Problemen des Verfassers liefern einen Schlüssel zur Konstituierung des Werks aus der Persönlichkeit des Autors; vielmehr muß dieser Zugang hinter den Partien des Werks gesucht werden, auf deren Gestaltung der Autor besondere Mühe verwandt hat, um sich vor dem Einblick in sein Leben zu schützen: „Je ‚poetischer' Keller wird, um so biographischer ist er oft und umgekehrt" stellt Gerhard Kaiser (L 116, S. 86) fest, der in diesem Zusammenhang auch auf Max Frischs „Montauk" verweist, wo es heißt: „Ich habe mir mein Leben verschwiegen. Ich habe irgendeine Öffentlichkeit bedient mit Geschichten. Ich habe mich in diesen Geschichten entblößt, ich weiß, bis zur Unkenntlichkeit. Ich lebe nicht mit der eignen Geschichte, nur mit Teilen davon, die ich habe literarisieren können [...]. Ich habe mich selbst nie beschrieben. Ich habe mich nur verraten" (M. Frisch, W 20a, S. 156).

Auf der Grundlage des methodischen Ansatzes der psychoanalytischen Literaturwissenschaft müßte man sich fragen, warum ein Autor, der die Öffentlichkeit seines Tuns mehrfach bestätigt hat und in dessen Gesamtwerk das Tagebuch wie auch „Montauk. Eine Erzählung" eine große Rolle spielen, derart bemüht ist, nur in „literarisierter", d. h. in verschlüsselter und verbergender Form von seiner „eignen Geschichte" zu sprechen, zumal doch alle Literatur auch Geschichte ihrer Verfasser darstellt. Wenn alle Teile des Gesamtwerks nur als Zeugnisse eines ‚Verrats' anzusehen sind, müßte psychoanalytische Literaturwissenschaft herauszuarbeiten versuchen, in welcher Weise die einzelnen Werke Max Frischs von diesem verbergenden Enthüllen geprägt und gestaltet werden.

Die Literaturwissenschaft als eine verstehende Wissenschaft kann sich bei ihrer Aufgabe, auf dem Weg einer methodisch geleiteten Interpretation zu einem umfassenden Verständnis literarischer Werke zu gelangen, des Instrumentariums bedienen, das die Psychoanalyse als eine erklärende Wissenschaft bereitstellt; sie sollte sich allerdings immer dessen bewußt bleiben, daß ihr Erkenntnisinteresse sein Ziel im Werk hat und sich damit grundlegend von dem der Psychoanalyse unterscheidet:

> Auch der interpretierende Literaturwissenschaftler sagt natürlich, was die Texte so nicht sagen, aber er sagt es in der Weise, daß alle Aussagen über den Text Hinweise auf diesen sind. Es sind Aussagen, die ständig mitsagen, daß nur der Text sie ermöglicht und trägt; daß sie ihn erhellen, indem sie sein eigenes Licht sammeln und reflektierend auf ihn zurückwerfen. Der interpretierende Literaturwissenschaftler weiß, daß Dichtung in ihrer Eigenschaft,

Ausdruck und Form zu sein, implizite Aussagen enthält, die ohne sie nicht gemacht werden könnten. Die Psychoanalyse dagegen meint, dasselbe zu wissen, was die Texte wissen, nur anders und genauer. Sie strebt zugleich einen Status an, den Dichtung grundsätzlich nicht in Anspruch nimmt. Die Psychoanalyse will in ihrem Ausgangspunkt nicht Deutung oder Programm, sondern Tatsachenwissenschaft sein.

(G. Kaiser, L 116, S. 114f.).

Weiterführende Literatur: L 181; L 262; L 182; L 184; L 211; L 70; L 290a; L 155; L 169a; L 331.

Arbeitsteil

A. Fragen und Aufgaben zur psychoanalytischen Literaturwissenschaft

1. Skizzieren Sie mit Hilfe der zentralen Begriffe die wesentlichen Gedanken Freuds zur Beschaffenheit der Psyche.
2. Auf welche Weise kommen psychische Konflikte zustande?
3. Erläutern Sie den Begriff ‚Pathographie‘.
4. Geben Sie einige Gründe für die Verwendung des Begriffs ‚Psychoanalytische Literaturwissenschaft‘ an.
5. Erläutern Sie die „Lehre von den drei Qualitäten des Psychischen“.
6. Erläutern Sie die wichtigsten Begriffe der Traumsprache.
7. Erläutern Sie Freuds Diagnose der Handlungsunfähigkeit bei Hamlet.
8. Erläutern Sie die Parallele zwischen Tagtraum und Dichtung sowie die Rolle der Phantasie.
9. Skizzieren Sie die wichtigsten Aufgaben einer psychoanalytischen Literaturwissenschaft.
10. Erläutern Sie den tiefenpsychologischen Ansatz C. G. Jungs für die Interpretation der Mythen und Märchen.
11. Analysieren Sie die folgenden Texte unter methodologischen Gesichtspunkten.

B. Texte

VII, 1 Peter von Matt

Max Frisch: „Biedermann und die Brandstifter“ Umrisse einer psychoanalytischen Deutung*

Das Unbewußte im Sinne Sigmund Freuds liegt im Konflikt mit der Gesellschaft, in der der einzelne lebt. Es speichert und beinhaltet alle jene Wunschregungen, die das bewußte Ich an sich selbst verrichten muß, damit es Vollmitglied dieser Gesellschaft sein darf. Der kulturelle und zivilisatorische Stand einer jeden Gesellschaft bildet ein äußerst komplexes Gefüge von dämmenden und hemmenden Regeln, die zahlreicher, subtiler und geschliffener sind als die offen diskutierten und offen umstrittenen politischen Gesetze.

Die Mitglieder der Gesellschaft aber ertragen diese Regeln nicht etwa zornig und protestierend, sondern sie empfinden sie zum überwiegenden Teil als etwas, das sie selbst zutiefst wollen. Die erregende Erfahrung der frühen Jahre, daß man durch die Übernahme der Verhaltensnormen der Erwachsenen selber in deren Kreis aufgenommen wurde, überdeckt weitgehend die Auflehnungsimpulse aus den tieferen Schichten, – ohne freilich diese Auflehnungsimpulse völlig aus der Welt zu schaffen. Sie äußern sich in dem, was Freud das Unbehagen in Kultur und Zivilisation nennt. Es ist dies ein dumpfes Malaise, das unentwegt da ist, sich aber plötzlich an einer Einzelheit des öffentlichen Lebens entzünden und zu schwer kontrollierbaren kollektiven Reaktionen führen kann. Diese zugeschütteten Auflehnungsimpulse äußern sich indessen positiv in jenen verschiedenen Formen von Kollektivverhalten, die Freud in seiner Schrift *Totem und Tabu* unter das Stichwort »Fest« gestellt hat. Im Fest – nach dieser ganz besonderen Bestimmung – wird für kurze Zeit eine Reihe von institutionalisierten Verboten aufgehoben. Das hat unausweichlich einen begeisternden Effekt, nicht wegen der jeweiligen konkreten Umstände und Anlässe, sondern weil der Totaldruck, die allgemeine Leidensquote jenes Unbehagens in der zivilisierten Gesellschaft, reduziert wird. Genauer: weil man erfährt, daß das alles überhaupt reduziert werden *kann.* Diese Erfahrung vermag so exaltierend zu wirken, daß die festliche Gesellschaft vor sich selber wieder erschrickt. Sie fährt zurück. Sie fürchtet sich vor dem, was sie „Überborden“ nennt.

Nun darf man auch die gesellschaftliche Funktion der Literatur, modellhaft betrachtet, parallel setzen zur gesellschaftlichen Funktion des Festes im Freudschen Sinn. Hier wie dort ist das Ereignis im Grunde kollektiv; es betrifft viele, zahllose auf einmal. Zum Akt des Lesens gehört unabdingbar die Reflexion auf

---

* Der Text stammt aus der Vortragsreihe „Literatur, Psychologie, Psychoanalyse“, die der Verf. im April/Mai 1974 am Schweizer Radio DRS, 2. Programm, gehalten hat. Er wurde für diesen Abdruck überarbeitet.

den Autor und das Wissen um die vielen Mitlesenden. Der Leser fühlt sich in einer Gemeinschaft. Das Fest wie die Lektüre bringen einen Verbrüderungseffekt mit sich: beim Fest oft genug derb und handgreiflich, beim Lesen imaginär und sehr subtil. Hier wie dort werden verbotene Wünsche von vielen gemeinsam eingestanden und dergestalt sozialisiert. Die Drohung des sozialen Todes, der Ausstoßung, die mit den Regungen des Unbewußten stets verbunden ist, wird hier im voraus aufgefangen und schlägt um in die Gefühle von Geborgenheit und Integration.

Diese behauptete Entsprechung zwischen Dichtung und Fest im psychoanalytischen Sinne ist nun konkret zu illustrieren. Im erfolgreichsten Stück von Max Frisch, *Biedermann und die Brandstifter,* wird gezeigt, wie unvorsichtig der Bürger sein kann gegenüber Leuten, die ihm politisch und wirtschaftlich an den Kragen wollen. Es wird gezeigt, daß man frühzeitig aufpassen muß, und daß einer ungewollt sich selber ins Unheil stürzt, wenn er die Verbrecher mit Freundlichkeit glaubt gewinnen zu können. Die Figur des Herrn Biedermann stellt sich also dem Zuschauer als eine Warnung dar. Er soll denken: „So wie dem darf es mir nicht gehen. Der arme Kerl war zu gutmütig und zu dumm." Das ist die vordergründig-rationale Lesart, ist das, was man allgemein als die Botschaft des Stücks betrachtet. Die zwei Brandstifter, da besteht für den Zuschauer kein Zweifel, sind die Bösen, die Schurken; sie verkörpern alle Variationen von politischer Gewalt und Erpressung. Herr Biedermann aber hat zwar seine moralischen Fragwürdigkeiten, ist indessen eindeutig das Opfer jener Gewalt. „Herr Biedermann, das bin ich, das könnte ich sein", denkt der Zuschauer, „indem ich mich in diesem Biedermann/Jedermann spiegle, erkenne ich gefährliche Möglichkeiten meiner selbst".

Derart verläuft nachweisbar die *bewußte* Rezeption. Nun gibt es aber Anhaltspunkte, daß das *Unbewußte* des Zuschauers dieses Stück kraß gegensätzlich liest und gerade wegen der Über-Eindeutigkeit der bewußten Aussage die Möglichkeit findet, insgeheim hinter moralischer Maske alte, verschüttete Wunschregungen ein Stück weit zu verwirklichen. Für das Unbewußte spiegelt sich in dem Stück ein ganz anderer Vorgang wider, ein Geschehnis, das einst als die kritischste Phase der frühen Kindheit erlebt und durchgestanden wurde. Der großartig-arrogant-selbstsichere Herr Biedermann, der Frau und Untergebene nach Belieben schikaniert und der doch im Verlauf des Stücks von den Eindringlingen schrittweise fertiggemacht wird, er rückt für das unbewußte Erfahren insgeheim an jene Stelle, wo in vergessener Zeit einmal der Vater stand. Damals erschien dem kleinen Wesen (dem Knaben, muß man präzisieren) die Mutter als das herrliche Ziel aller Wünsche, und der Vater, obwohl man ihn liebte, war der großartig-arrogant-selbstsichere Besitzer dieses Ziels. Damals wünschte das kleine Wesen dem Vater den Tod, aber weil es ihn gleichzeitig liebte, erschrak es dermaßen über sich selbst, daß es den Wunsch verjagte, verdrängte – zusammen mit der Begierde nach der Mutter selbst. Diese Leistung wurde belohnt durch soziale Integration. Und weil nun in dem Stück dem Zuschauer stets so penetrant gesagt wird: „Biedermann, das bist du!" kann dieser Zuschauer ungestört und von vornherein gerechtfertigt ein geheimes Spiel mit jenen alten Regungen treiben, empfindet er beim Ende eines großartig-arrogant-selbstsicheren Herrn einen Anhauch jenes uralten Triumphs, der ihm einst vorschwebte und der schon als Vorstellung so grandios war, daß er darüber zu Tode erschrak.

Man wird sagen, das könne nicht sein, weil die Brandstifter ja von Anfang an nichts anderes wollen als diese Stadt anzünden und weil sie sie zuletzt tatsächlich Bewußtsein davon abgehalten wird, diese Gestalt als die Wiederkehr jenes ältesten Aggressionsobjekts zu erkennen. Wo nämlich solche Aggression direkt und eingestandenermaßen vorgeführt wird, da reagieren wir als gründlich sozialisierte Wesen unwillig, gelangweilt oder abgestoßen, – wie wir ja auch aus dem Traum erwachen, sobald das Traumbild seine versteckte Wahrheit zu eröffnen droht.

Wo aber, darf man nun fragen, ist denn das alte Wunschziel, die erste geliebte Frau selber in diesem Stück? Das muß doch ebenfalls verborgen sichtbar, maskierend enthüllt werden, wenn das alte Aggressionsziel dergestalt verborgen sichtbar wird. Und hier kommt man nun zu einem Thema, einem kleinen privaten Mythos, der im ganzen Werk von Max Frisch immer wieder an entscheidenden Stellen auftaucht. Es ist: die Stadt, seine Stadt, die „Vaterstadt", wie er mit einem zwiespältigen Wort gerne sagt. Dieser „Vaterstadt" eignet bei ihm eine hintergründige Zeichenhaftigkeit. Der Roman *Mein Name sei Gantenbein* beginnt damit, daß einer wie im Traum splitternackt durch ihre Straßen trabt, und endet in der unvergeßlichen Beschreibung des Toten, der in der gefühlsmäßigen Mitte dieser Stadt, in der Limmat beim Großmünster, wie in einem Schoße ruht und schaukelt und friedlich verwest. Die Vaterstadt, das ist bei Frisch immer wieder etwas mit Leib und Seele Geliebtes. Sie wird in auffälliger Weise als schön und festlich gefeiert. Die Regungen von Zärtlichkeit, die sie erweckt, sind so ungestüm, daß man dahinter unschwer die Erlebnisstruktur erkennt, die das Kind in der sprachlosen Zeit frühster Jahre der ersten Frau, dem ersten Weiblichen seines Lebens entgegenbringt: der aus seiner winzigen Perspektive zur Zauberkönigin verklärten Mutter. Die Stadt ist bei Frisch in unauflösbarer Weise Symbol und Wirklichkeit zugleich. Auf die Stadt verschoben, wird jene versunkene Leidenschaft zur ersten Frau wieder gestattet und gesellschaftlich toleriert; auf die Stadt verschoben, bricht die Aggression gegen deren arrogant-selbstsichere Besitzer und Verwalter ungestüm wieder durch. Genau diese Bedeutungsstruktur hat die Stadt auch im *Biedermann*-Stück.

Man wird sagen, das könne nicht sein, weil die Brandstifter ja von Anfang an nichts anderes wollen als diese Stadt anzünden und weil sie sie zuletzt tatsächlich in einem orgiastischen Tumult zum Himmel lodern lassen. Aber auch dieser Vorgang ist von doppelter Bedeutungsstruktur. Das Bewußtsein erschrickt über die Katastrophe. Die abgedeckte Seite der Seele aber erfährt den großen Brand so, wie man in früher Kindheit das Feuer erfahren hat: als die Repräsentation erotischer Ekstase. Und dies ist sodann der Schluß des Stücks: Der großartig-arrogant-selbstsichere Herr ist aus dem Weg geräumt; die Stadt liegt offen da; sie wird anarchisch in Besitz genommen.

So genießt der Zuschauer, was er nicht genießen könnte, wenn er wüßte, was er da genießt. Die Feuerwehrleute aber, von denen man oft gemeint hat, sie wären eigentlich überflüssig, nehmen im Spannungsfeld dieser doppelten Bedeutungsstruktur eine genau bestimmbare Funktion ein. Sie sind Sprachrohr und Verstärker der rationalen Sinnebene. Sie hämmern dem Zuschauer ein: „Biedermann, das bist du!" und garantieren so, daß das Bangen und Mitfürchten des Zuschauers nie aussetzt, – jenes Bangen, das die Schuldgefühle neutralisiert, welche mit der Wiederkehr uralt-verbotener Wünsche gesetzmäßig verbunden sind.

Das mag modellhaft zeigen, inwiefern Literatur in Parallele gesetzt werden darf zum Fest-Begriff Sigmund Freuds. Hier wie dort geschieht eine zeitweilige, überwachte und von vornherein abgesicherte Freisetzung von Verbotenem und Verdrängtem. Diese partielle Freigabe hebt das Leiden des sozialisierten Ich in und an der Gesellschaft in kleinen Teilen auf und wird vom Ich als der Beweis genommen, daß solche Aufhebung grundsätzlich möglich ist. Die Funktion eines derartigen Signals, daß Freiheit überhaupt noch möglich sei, ist wahrscheinlich wichtiger und folgenreicher als der konkrete Zusammenhang, in dem in einem literarischen Werk Unbewußtes die Grenze passiert.

Nun muß aber auch nachdrücklich auf die Gefahren dieser Betrachtungsweise hingewiesen werden. Die Folgerung nämlich, daß die aufgewiesene Doppelschichtigkeit eine Zweiheit von Eigentlichem und Uneigentlichem, von Wahrem und Falschem sei, darf nicht gezogen werden. Es darf nicht argumentiert werden, das Biedermann-Stück sei gar kein politisches Manifest, sondern es objektiviere hinter einer uneigentlichen Maske nur Wunschvorstellungen aus dem Bereich des Oedipus-Komplexes. Wenn ich einen versteckten Gegensinn im literarischen Werk nachweisen kann, wird dadurch die rationale Nachricht dieses Werks um nichts weniger verbindlich. Sowenig das Unbewußte das „Eigentliche" am Menschen ist – am vernunfttragenden, kulturschaffenden Wesen Mensch –, sowenig gilt dies von der psychischen Tiefenstruktur des Kunstwerks. Freud selber hat zwar gelegentlich in dieser Richtung argumentiert, etwa in dem berühmten Abschnitt aus der Schrift *Das Unbehagen in der Kultur,* wo er das Kunstwerk als „milde Narkose" bezeichnet, die nicht mehr als „eine flüchtige Entrückung aus den Nöten des Lebens herbeizuführen" vermöge. Daß das Kunstwerk in diesem Sinn eine gewissermaßen hygienische und illusionär entspannende Wirkung haben kann, steht außer Zweifel. Aber es auf diese eine Funktion zu reduzieren, ist durch nichts gerechtfertigt.

Bleiben wir dazu beim Beispiel *Biedermann.* Da müssen wir jetzt nämlich sagen: Gerade weil dieses Stück von den ältesten Passionen der Seele her vibriert, werden seine politischen und gesellschaftlichen Resultate dem Zuschauer mit solcher Vehemenz vermittelt, vermögen sie ihn so fraglos zu überzeugen. Das Stück analysiert konkretes Verhalten im wirtschaftlichen und öffentlichen Leben. Es analysiert die Denkweise des machthaltigen Bürgertums. Es analysiert eine windige Moral, die statt des vernünftigen Gewissens nur die Kombination von Zynismus und Weinerlichkeit kennt. Diese Analysen und die Folgerungen daraus erhalten jedoch erst von der Tiefenstruktur des Stücks her die Überzeugungsgewalt, der sich keiner entziehen kann. Die kritische Leistung des Stücks ist die Erforschung einer ganz und gar alltäglichen Misere; die künstlerische Leistung besteht darin, daß man glaubt, man sehe dieses Alltägliche zum ersten Mal. Wenn daraus Max Frischs erfolgreichstes Werk wurde – ein kleiner, derber, handfester Klassiker – dann beruht das nicht zuletzt auf der traumhaften Genauigkeit, mit der der Autor jene Ökonomie von Wünschen und Verboten, von Liebe und Haß, von Lustphantasien und Schulderfahrungen, welche die frühe Sozialisation des einzelnen charakterisiert, in eine dramatische Fabel bringen und gleichzeitig hinter deren offiziellem Sinngehalt wieder verschwinden lassen konnte. (L 183, S. 258 - 263)

VII, 2 Gerhard Kaiser

Aus: *Gottfried Keller „Das gedichtete Leben“**

Heinrichs Auseinandersetzung mit dem toten Vater beginnt und endet als Auseinandersetzung mit Gott. Wenn das Kind beim Gedanken an eine Wiederkehr des toten Vaters „heiligen Schauder“ verspürt (III, 23; B 1, Kap. 2) oder wenn Heinrich den Vater als Teil des großen Unendlichen denkt, unter dessen Obhut er zu wandeln glaubt (23), zeigt sich darin die Zusammengehörigkeit von Vater- und Gottvaterbild. So rückt bereits eine der ersten Kapitelüberschriften der Zweitfassung „Lob Gottes und der Mutter. Vom Beten“ Gott an den Ort des Vaters in der Familie**. Daß Gott ein Geist sei – diese Auskunft der Mutter an das Kleinkind leitet von animistischen Gottesvorstellungen zu einer Vatervorstellung von Gott über (III, 28ff.; B 1, Kap. 3). Gott ist ein Geist, wie der Vater ein Geist ist. Es gehört zum festen Bestand der patriarchalischen Gesellschaft, daß der Vater Stellvertreter Gottes in der Familie ist, und ins Vage verblaßt geht dieses Bewußtsein in die neuzeitliche bürgerliche Familie über. Wieviel zwingender wird dieses Repräsentationsverhältnis, wenn der Vater als Toter in der Rede gegenwärtig, abwesend-anwesend ist wie Gott!

Gegenstand des ersten Mutter-Sohn-Konflikts, der durch Heinrichs virtuose Kunst des Schmollens trotz des erzieherischen Aufwandes der Mutter zu seinen Gunsten entschieden wird, ist dieser abwesend-anwesende Gott-Vater in seiner Eigenschaft als himmlischer „Oberviktualienmeister“ (XIX, 107; A 4, Kap. 5). Heinrich wehrt sich gegen die Neuerung, ein tägliches Tischgebet zum Geber aller

---

* Römische Zahlen bezeichnen den Band, arabische die Seite der – W 42 – genannten Keller-Ausgabe. Um auch andere Keller-Ausgaben benutzbar zu machen, sind beim „Grünen Heinrich“ Bandzahl und Kapitelzahl der Urfassung beigefügt. A bezeichnet die Urfassung, B die Bearbeitung.

** Das gleiche geschieht gegen Ende des Romans in der Überlegung Heinrichs, der „Umweg über das Grafenschloß“ habe ihn „nicht nur die Mutter, sondern auch den Glauben . . . an den lieben Gott selbst gekostet“ (VI, 306; B 4, Kap. 15).

Gaben zu sprechen. Das vom Erzähler geltend gemachte, vordergründige Motiv dafür ist Heinrichs Scheu laut zu beten (III, 41; B 1, Kap. 4), seine Ablehnung des Kultus und formalisierter religiöser Lehre. Bei der in Heinrichs Gedächtnis lebenden begeisternden Rede des Vaters von Gott waren Kultus, Lehre und Gefühl eins – auch in dieser Hinsicht dauert der Vater in der Imagination fort als Synthese-Figur; in Kirche und Schule dagegen findet Heinrich einen toten Kultus und eine versteinerte Rede, die nicht einmal den geringsten religiösen Gefühlsansprüchen der Mutter Genüge tut (XVI, 22; A 1, Kap. 1), und er setzt dagegen den Wunsch nach einem Gott der „zarteren Empfindungen oder tiefgehenden Gemütsfreuden" (III, 57; B 1, Kap. 6). Es ist ein Gott, der die Phantasie aufblühen läßt, wie es in Heinrichs theosophischen Spielen geschieht, wo er den Vater als glückseligste Seele „zunächst dem Auge Gottes, noch innerhalb des Dreieckes" als des Trinitätssymbols ansiedelt: Er „schien durch dieses allsehende Auge auf die Mutter und mich herunterzuschauen, welche in den schönsten Gegenden der Erde spazierten" (III, 110; B 1, Kap. 10). Weil nur dieser „Privatverkehr mit Gott" Heinrich entspricht, läßt er sich durch die Trockenheit und Regelhaftigkeit der religiösen Unterweisung auf ihn zurückdrängen, und noch dieser Privatverkehr schrumpft mangels äußerer Anregungen zusammen zu einer „nüchternen und schulmeisterlichen Wirklichkeit ..., zu welcher ich nur zurückkehrte wie ein müdgetummelter, hungriger Knabe zur alltäglichen Haussuppe ..." (III, 102; B 1, Kap. 9).

Mit diesem Vergleich wendet sich die Kritik von Schule und Kirche zur Mutter mit ihrer Gefühlssperre gegenüber dem Kind. Sie retiriert auf den patriarchalischen Hausvater- und Versorgergott ihrer dörflichen Herkunft, wo Heinrichs Vater Individualität und Erlebnis in seinen Gott einfließen ließ. Es ist die nur versorgende, aber die Entfaltung der Person im Medium von Emotion und Phantasie versagende Mutter, die durch ihre Kochkünste charakterisiert wird und bei der Kritik daran Gott ins Spiel bringt. Heinrich beschwert sich, daß ihre Speisen „aller und jeder Individualität" ermangeln (XVI, 104; A 1, Kap. 5) – die Zweitfassung schwächt ab, indem sie statt dessen von „aller und jeder Besonderheit" spricht (III, 38; B 1, Kap. 4); sie verweist auf einen Gott, der „nicht der Befriediger und Erfüller einer Menge dunkler und drangvoller Herzensbedürfnisse, sondern klar und einfach der vorsorgende und erhaltende Vater, die Vorsehung" ist (40). Weil Heinrichs Liebesfähigkeit nicht gebildet wird, kommt er dahin, „daß ich den Gott meiner Kindheit nicht liebte, sondern nur brauchte" (III, 102f.; B 1, Kap. 9); die Erstfassung des Romans fährt fort, „und daß damit das lebendige Gefühl der Liebe auch für alles übrige Leben nicht zum Erwachen kam und nur schwer durch die unnatürlich übergeworfene Eisdecke dringen konnte" (XVI, 169; A 1, Kap. 7). Die Mutter vermittelt nicht zur Gesellschaft, aber sie tritt in eine unheilige Allianz mit ihr, wenn es die wuchernden Gemütsbedürfnisse des Kindes mit einer Eisdecke zu überziehen gilt.

In dieser unheiligen Allianz gewinnt das Christentum sein Gesicht als Summe aller Verweigerungen, nicht „Geist ... einer sanften menschlichen Entwicklung", sondern eines „rohen und starren Barbarentums" (III, 100; B 1, Kap. 9). Damit rückt aber ein bedrückender Gehalt der Vatervorstellung in Gott nach vorn, der für Heinrich das Mittagessen unter der Forderung des Tischgebetes den Charakter des „Opfermahls" annehmen läßt (III, 41; B 1, Kap. 4): Beim Opfermahl wird zur Versöhnung des zürnenden Gottes ein Opfer verspeist, das stellvertretend für das Selbstopfer des Opfernden eintritt. Das ersetzte Selbstopfer wäre Heinrich, und damit erst ist der Kern der Episode vom verweigerten Tischgebet erreicht. Die „nüchterne Gestalt" Gottes als eines „Ernährers und Aushelfers" (III, 57; B 1, Kap. 6), wie sie die Mutter vor Heinrich hinstellt, vor der sie im Tischgebet Reverenz verlangt, ist ein naher Alltagsgott, im Seitenblick auf die an dieser Stelle eingeschaltete Meretlein-Erzählung aber auch ein strenger Gehorsamsgott, zu dem ums tägliche Brot betend sich Heinrich ebenso täglich als demütiges, hilfloses und zum Helfen unfähiges Kind bekennen würde, ein Kind, das den Vater verdrängte, ohne an seine Stelle treten zu können. Immer wenn Mutter und Sohn versammelt sind, ist dieser Vater mitten unter ihnen.

Er ist der Gegenspieler, der Heinrichs „unbewußtes Experiment mit der Allgegenwart Gottes" angreift. Dabei drängt es ihn, „Gott derbe Spottnamen, selbst Schimpfworte anzuhängen ... mit der unmittelbaren Versicherung, daß es nicht gelten solle, und mit der Bitte um Verzeihung" (58). Der kommentierende Erzähler bringt diese „krankhafte Versuchung" mit dem „dunklen Gefühl" in Verbindung, „vor Gott könne keine Minute unseres inneren Lebens verborgen und wirklich strafbar sein, sofern er das lebendige Wesen für uns sei, für das wir ihn halten." Noch die Gottesbeschimpfung mit anschließendem Reuebekenntnis stellt eine Beziehung zum Beschimpften als einem lebendigen Gegenüber her, so wie Heinrich sich unterm Auge der Trinität und des toten Vaters wandeln sieht; aber der Sohn hat in der Lust des Umgangs mit dem lebendigen Gott doch auch die andere Lust, als Maus mit der Katze zu spielen, den fernen Nahen herauszufordern. Gott ernennt in der Bibel Adam zum Namengeber der Dinge, aber nun trumpft Adam auf und gibt noch Gott Namen, dazu höchst profane, so wie der namengebende ‚Adam' und Poet Keller seine spöttische Namensphantasie mit besonderem Vergnügen an Gottvatergestalten und Göttlichem übt – angefangen vom „Schnepfenkönig" im „gelben Todesreigen", den der Dreizehn- bis Vierzehnjährige erfindet („eine auf langen, mit Pumphosen bekleideten Beinen an einer Keule dahinstelzende Schnepfe mit einem Krönlein auf dem Kopfe, Vatermördern, gelbem Frack und rotem Mantel"***), bis zu Josef Schmalhöfer, Adam Litumlei im „Schmied seines Glückes" oder dem Trinitätsspott der „Drei gerechten Kammacher". Welches Verbrechen hängt der kleine Heinrich den größeren Schuljungen an? Sie hätten den Geistlichen und den Lehrer mit Spitznamen belegt und Heinrich so lange mit Ruten geschlagen, „bis ich alles aussprach, was sie verlangten, auch jene unanständigen Worte" (III, 91; B 1, Kap. 8). Heinrichs Allmachtspiele sind weithin Namengebungsspiele, und was sind die Spiele des Poeten anderes?

*** Vgl. Emil Ermatinger: Gottfried Kellers Leben, Briefe und Tagebücher. 3 Bde. Bd. 1, Stuttgart u. Berlin [3]1918, S. 24.

Daß Gott sich beschimpfen läßt, kann als Schwäche, aber auch als großmütige Stärke gedeutet werden. Wie im Vaterideal, so schmelzen in Heinrichs Gottesideal Schwäche und Stärke zusammen, beidemale gemäß dem gleichen Bedürfnis, uneingeschränkt, im Notfall jedoch geschützt und behütet zu sein****. Es entsteht ein Gott, den man nur „allenfalls" braucht und sonst „herrlich einen guten Mann sein" lassen kann. Heinrich kennt ihm gegenüber „... keine Bedürfnisse und keine Dankbarkeit, kein Recht und kein Unrecht" (III, 29; B 1, Kap. 3). Wenn er in Anspruch genommen wird, dann als ein Wundergott, von dessen „eklatanten und theatralischen" Manifestationen man der Mutter gegenüber besser schweigt (XVIII, 15; A 3, Kap. 1); ist er doch auch mit besonderer Vehemenz in der Vatersphäre tätig. Hierher gehört die Anrufung Gottes als „hülfreicher Vater" und „gerechter Richter" in der Verzweiflung des ersten Schultages, die sich in den ersten Schuljahren fortsetzt: „In jeder üblen Lage aber rief ich Gott an ... und ich muß zu meiner Schande gestehen, daß ich immer entweder das Unmögliche oder das Ungerechte verlangte" (III, 36; B 1, Kap. 4). Später stellt sich Gott als Gebetserhörer im Berufsbereich dar – indem er dem schulverstoßenen Heinrich das Zeichnen einer jungen Esche gelingen läßt (III, 229ff.; B 1, Kap. 20) und indem er Römer schickt. „Ein Wunder und ein wirklicher Meister" ist das Kapitel genannt (V, 10; B 3, Kap. 2). Zuletzt erweist sich Gott als Lehrer der Ökonomie im Kapitel „Das Flötenwunder" (VI, 49ff.; B 4, Kap. 4), bei dem Heinrich die Versetzbarkeit seiner Flöte, später seines gesamten Besitzes und seiner Bilder klar wird; es führt zu Schmalhöfer, womit die Öffentlichkeitsbereiche Schule, Beruf und Wirtschaft durchschritten wären. Zugleich vollendet sich der Kontrast zum Gott der Mutter, denn deren Viktualienmeister hilft dem fleißigen Selbsthelfer in der unauffälligen Weise der Gewährung des täglichen Brotes, Heinrichs Gott aber muß mit eigenen Händen in den Weltlauf eingreifen zugunsten des selbstseligen und selbstverlorenen Faulpelzes, dem nur durch das ‚Wunder' des Totalausverkaufs noch geholfen werden kann.

Alle diese Wunder sind offensichtlich keine. Vielmehr ernennt Heinrich im Verlangen nach einem magisch herbeizitierbaren Gottvater ganz alltägliche Ereignisse zu Wundern. Nur scheinbar ist das ein Widerspruch dazu, daß Heinrich im ordentlichen Gang der Welt Gott immer weiter zurückdrängt und entmachtet, ja, ihm eine Selbstentmachtung und -abdankung zumutet, in deren Verlauf er vom erhabenen Schöpfer zum kindlich-brüderlich-väterlichen Umarmer (XVII, 118; A 2, Kap. 4), dann zum mäuschenstillen Gott (V, 6; B 3, Kap. 1) und zum konstitutionellen Monarchen wird, der „rein zu seinem Vergnügen Konzessionen" macht (XIX, 38f.; A 4, Kap. 2; vgl. auch XIX, 349 und IV, 147; B 2, Kap. 11). Heinrich kann sich um so leichter der rationalistischen Auflösung des göttlichen Weltregiments in eine Art göttlicher Weltverfassung ergeben, je irrationaler im Bedarfsfall sein Verfügen über Gott ist. Gott wird ihm ein „wahrer Diamantberg von einem

**** Das Wechselverhältnis von Vater- und Gottvaterbild bei Keller ist ein Kerngedanke bei K. Moormann: Subjektivismus und bürgerliche Gesellschaft. 1977 (s. das Kapitel: Vatergott und Gottvater).

Wunder, in welchem sich die Zustände und Bedürfnisse Heinrichs abspiegelten", eingelassen in die Ebene des Rationalismus, in der er um so höher aufragt, je flacher und weiter sie wird (XVIII, 134; A 3, Kap. 4). So fällt es Heinrich nicht schwer, das philosophisch argumentierende atheistische Schulmeisterlein unbefangen lachend abzuwehren (IV, 110; B 2, Kap. 9), aber im Zusammenstoß mit dem Gottesleugner Lys, dem Münchener Freund, wird es Ernst, denn hier steht eine magische Verlängerung Heinrichs selbst, seine „größte Möglichkeit" (XVIII, 45f.; A 3, Kap. 2) auf dem Spiel, ohne die er in Ohnmacht fiele: der Junggeselle mit dem Übervater. Genaugenommen geht es ihm nicht um Gott, sondern um einen Schlußstein für seine unabgeschlossene Persönlichkeitsbildung, weshalb er auch in den Begriffen, die er sich von Gott macht, zwischen Pantheismus, Deismus und Theismus hin- und herschwimmen kann. Als deus sive natura und als deistischer Weltenuhrmacher ist Gott weit weg, als theistischer Gott ist er der „alte Papa" (IV, 146; B 2, Kap. 11), der Spaß verstehen muß und den Sprößling laufen läßt, ohne ihn zu verlassen.

(L 115, S. 153 - 159)

VII, 3 Wolfram Mauser

Aus: *Max Frischs „Homo Faber"**

Die Interpreten des Romans hatten bisher Schwierigkeiten, plötzliche Absichtsänderungen, die lange Dschungelfahrt, den Inzest und den Tod Sabeths sowie andere ungewöhnliche Vorgänge im Bericht Walter Fabers schlüssig zu erklären. Trotz gewisser Unterschiede im einzelnen haben sie sich auf den ‚Dualismus': Technik – Natur, Berechenbarkeit – Unwägbarkeit, Planung – Zufall, Rolle – Schicksal festgelegt. Walter Faber, der Exponent des modernen, technisch-industriellen Zeitalters, der an die Kalkulierbarkeit von Lebensläufen glaubt und sich „von sich selbst ein Bildnis", nämlich das des Technikers gemacht hat, wird mit Unvorhersehbarem und mit dessen drastischen Folgen konfrontiert.

[...]

Ich stelle der gängigen These – zunächst unvermittelt – eine andere entgegen: Der Schlüssel zum Verständnis einzelner Episoden und des Ganzen liegt in der besonderen Konfliktstruktur der Gestalt Walter Fabers. Vieles spricht dafür, daß die Art seiner Konflikte mit der Familiensituation zu tun hat, in der er heranwuchs. Sehr deutlich gibt der Ich-Erzähler zu erkennen, daß seine Kindheit und seine spätere Entwicklung von einer tief gestörten Mutterbeziehung überschattet waren. Die problematische Beziehung zu seiner Mutter prägte seine Persönlichkeit offenbar stärker als andere Faktoren. Jedenfalls liegt es nahe, die folgenreiche Beeinträchtigung seiner emotionellen Möglichkeiten und das fragwürdige Muster seines

---

* Seitenzahlen in Klammern beziehen sich auf die Ausgabe: Max Frisch: Homo Faber. Ein Bericht, Frankfurt a. M. 1957 (Bibliothek Suhrkamp 87).

sozialen Verhaltens mit der familiären Sozialisationserfahrung in Verbindung zu bringen, die seine Entwicklung bestimmte.

Zur Begründung dieser These gehe ich vom Schluß der Erzählung aus. Im Krankenhaus in Athen in den Tagen bis knapp vor der Operation (also vom 19. Juli an) schreibt Walter Dinge nieder, die ihm in besonderer Weise gegenwärtig sind: Geschehen, Erinnerungen, Reflexionen (Kursivdruck) und andere, die der unmittelbaren Vergangenheit angehören: Reise nach New York, Guatemala, Caracas, Cuba, Düsseldorf und Zürich vom 8. Juni bis offenbar 19. Juli (Antiqua). Je näher aber die Operation rückt, um so ausführlicher hält Walter – zum Teil mit Hilfe Hannas – Ereignisse aus der Kindheit fest, zunächst aus der Kindheit Hannas: „Einmal, als Kind, hat Hanna mit ihrem Bruder gerungen und sich geschworen, nie einen Mann zu lieben, weil es dem jüngeren Bruder gelungen war, Hanna auf den Rücken zu werfen" (S. 227). Sie wünscht sich ein Kind ohne Vater, „ein Kind, das keinen Mann etwas angeht" (S. 250). Sie liebt Joachim, den sie dann auch heiratet, gerade weil er nicht der Vater ihres Kindes ist (S. 249). Aus der Fülle dessen, was Hanna erzählt, erinnert Walter vor allem Dinge, die mit ihrem gestörten Verhältnis zu Männern zu tun haben; dies hält er jedenfalls für berichtenswert. Aber meint Walter, wenn er über Hanna spricht, wirklich nur sie? Hat nicht auch er größte Schwierigkeiten im Umgang mit dem anderen Geschlecht? Im Zusammenhang mit Hanna und deren Tochter denkt Walter das erste Mal an seine Mutter. „Sie wußte, daß Walter der Vater von Hannas Kind ist, aber sie verbarg ihr Wissen vor dem Sohn, und der Vater hatte keine Ahnung" (S. 229). Walters Schlußfolgerung: Sie (die Frauen) „behandeln uns wie Unmündige" (S. 229). Er schreibt „uns" und meint die Männer (wohl auch den Vater; war er aus Unmündigkeit Antisemit?). Auffallend ist die Wendung ins Geschlechtertypische („uns"), die zu erkennen gibt, wie grundlegend die Erfahrung der Unmündigkeit für Walter war. Die Eltern sind auch gegen die Heirat mit Hanna (S. 55). Sie sind Walter anders in Erinnerung, als Hanna sie sieht, die erstaunt darüber ist, was alles Walter über seine Eltern nicht weiß (S. 229). Die Art von Walters Störung und die Beachtung dessen, was er erinnert, lassen den Schluß zu, daß seine Jugend Kränkungen, Verletzungen und Unwert-Erfahrungen durch eine übermächtige Mutter ausgesetzt war. Unter solchen Umständen hatte er wenig Chance, die Erfahrung einer Verschmelzung von zärtlichen und sinnlichen Strömungen zu machen.

[...]

Walter Faber lebt offenbar mit dem Bewußtsein, daß er in entscheidenden Entwicklungsphasen unselbständig gehalten wurde. Unter diesen Umständen war er daran gehindert, normale Objektbeziehungen auszubilden. Dies hatte fatale Auswirkungen, insbesondere für den Bereich der Emotionen. Innere Verödung und Verkümmerung des Gefühlslebens bestimmen weithin sein Leben. So ist nicht das Funktionieren der Sexualität für ihn ein Problem, sondern das Bestreben, sie auf den Akt zu reduzieren. Seine Ängste betreffen nicht die Sexualität, sondern die damit verbundenen emotionellen Ansprüche an ihn. Die Erfahrung eines unbefangenen und angstfreien Umgangs mit Gefühlen und Empfindungen hat Walter offenbar nie gemacht. Den emotionellen Bereich kann er als Techniker – wie er meint – ausblenden. Aber dagegen, daß ihn sexuelle Betätigung in unbewältigbare Gefühlszonen zieht, meint er, nicht gefeit zu sein. Ivy, verheiratet mit einem Mann, der sich nicht scheiden läßt, ist insofern (jedenfalls bis zu einem bestimmten Punkt seiner Entwicklung) die Idealpartnerin.

Menschen, die in diesem Sinn zu keiner Identität gefunden haben, neigen dazu, Ängste und Unsicherheiten dadurch abzuwehren, daß sie auf einem Felde Ausgleich suchen, auf dem sie sich von Bedrohungen frei wähnen. Wenn es zutrifft, daß Walters Defizienz ersatzhafter Befriedigung bedarf, liegt es nahe, seine Berufswahl (er ist Ingenieur), vor allem aber die Art seines Technikerdaseins als Kompensation zu deuten. Der Mann, den alles, was mit Emotionen zu tun hat, unsicher macht, ja bedroht, weil er im Grunde nicht weiß, wie man damit umgeht, findet im Beruf einen Komplizen dagegen. Was versteht er unter Techniker? Die fast ausschließliche Beschäftigung mit dem Kalkulierbaren, statistisch Erfaßbaren, mathematisch Gesicherten, mit Problemen, die lösbar sind, und mit Abläufen, die vorgeplant werden können. Eine solche Absicherung der eigenen Existenz wäre nicht problematisch, wenn das Bedürfnis nach Ordnung und die Orientierung an Berechenbarem nicht Zwangscharakter angenommen hätte und der Primat des Kalkulierbaren nicht auch den gesamten privaten Bereich beherrschen würde. Dies erst macht sein Techniker-Verhalten zum Indiz tiefer liegender, unbewältigter Widersprüche.

[...]

Was der Bericht des Ich-Erzählers im ganzen darstellt, ist der spannungsreiche und widerspruchsvolle Prozeß der Rückkehr ins Bewußtsein einer vordergründig vergessenen, im Unterbewußtsein aber nach wie vor virulenten (bzw. zu Virulenz erweckbaren) Beziehung zu einer Frau, zu Hanna. Diese drängt sich nicht nur störend in sein Bewußtsein, sondern paralysiert auch seine Qualitäten als Techniker und führt ihn in den Inzest. Die Rückkehr von Verdrängtem ins Bewußtsein erfolgt deshalb mit solcher Vehemenz, weil die Erinnerungen an die Beziehungen zu Hanna den Grundwiderspruch in der Existenz Walters aktualisieren, an dem ja auch seine Beziehung zu Hanna scheiterte. Die Strategie des Konfliktüberspielens, die Walter nach der Trennung von Hanna entwickelte, hat weder dazu beigetragen, den Grundwiderspruch in Walter zu lösen, noch dessen latente Gefährlichkeit zu entschärfen. Der eruptive Druck, der von Unbewältigtem und Widersprüchlichem ausgeht, und die bislang erfolgreich geübten Techniken und Mechanismen der Abwehr verharren zunächst noch im Gleichgewicht. Es überrascht aber nicht, daß sich im Verlauf des Geschehens das Dynamisch-Prozeßhafte dem Reaktiv-Mechanischen gegenüber durchsetzt.

[...]

Der Heiratsantrag bringt Walter nicht erst in Frankreich oder Italien vor, sondern schon auf dem Schiff, ganz sicher zu einem Zeitpunkt, zu dem ihn Sabeth nicht erwartet, nicht erwarten kann. Walter war bis dahin fest entschlossen, nicht zu heiraten, „grundsätzlich nicht" (S. 7). Ivy gegenüber vertrat er diesen Standpunkt mit aller Entschiedenheit. Ist es der Reiz der Jugendlichkeit, der den alternden Mann dazu verführt, seine Ansichten so schnell zu ändern? Sicher nicht im banalen Sinn. Die Angst, unmündig gehalten zu werden, ist einer jungen Frau gegenüber geringer. Die Geliebte-Mutter-Beziehung zu Hanna, aus der er verletzt zurückbleibt, glaubt Walter nun ersetzen zu können durch ein Geliebte-Tochter-Verhältnis, mit der Illusion: nicht gekränkt, nicht verletzt, nicht unmündig gehalten zu werden, Unwert-Erfahrungen nicht machen zu müssen. Mehr noch: Kann er in einer Konstellation, in der er zwar die Erinnerung an Hanna verdrängt, es aber doch nicht verhindern kann (und will), daß sie in der Gestalt Sabeths ständig präsent ist, nicht doch erreichen, die Kränkung von damals aufzuheben? Und kann er so nicht das Ungeschehene, das Vorenthaltene, das Nicht-Gewährte doch noch geschehen lassen? Walters räsonierende Notiz: „Mein Irrtum mit Sabeth: Repetition, ich habe mich so verhalten, als gebe es kein Alter, daher widernatürlich. Wir können das Alter nicht aufheben, indem wir weiter addieren, indem wir unsere eigenen Kinder heiraten" (S. 212), ist symptomatisch. Er verharrt auch hier an der Oberfläche. Nicht ein ‚Irrtum' führte ihn zu Sabeth, sondern eine psychologische Konstellation, die jenseits von ‚Irrtum' und ‚Addition' liegt; bis zuletzt überwiegt in Walter der Versuch, mit Kategorien des Technikers Lebenserscheinungen erfassen zu wollen, die sich einem solchen Zugreifen entziehen. Während sich Walter fast krampfhaft bemüht, mit den intellektuellen Mitteln, die er – in Abwehr und zur Verdrängung seiner Konflikte – ausgebildet und zu großer Schärfe entwickelt hat, die Vorgänge um ihn und andere zu begreifen sucht, folgt er in seinem Verhalten Impulsen, die aus jenem Bereich seiner konflikthaften psychischen Struktur kommen, die er mit Hilfe seiner im Beruf gewonnenen Anschauungs- und Verstehensmittel zu überspielen trachtet. Was er als ‚Irrtum' bezeichnet, stellt eine hochdeterminierte narzißtische Objektwahl dar, die auf einer ganz anderen Ebene verläuft als Vorstellungen wie ‚richtig' und ‚falsch', wie ‚jung' und ‚alt'.

(L 185, S. 79 - 87)

VIII. Strukturalistische Literaturwissenschaft

Im Vorwort zur ersten Auflage dieses Bandes wurde zwischen literaturwissenschaftlichen Positionen unterschieden, welche sich mehr in der praktischen Analyse bewähren, und solchen, die mehr Gewicht auf die Theorie legen. Der Strukturalismus ist entschieden der letzteren Gruppe zuzuweisen. Wer die Qualität eines literaturwissenschaftlichen Ansatzes danach bemißt, wie hoch das Quantum der Ergebnisse einer Interpretation ist, muß vom Strukturalismus enttäuscht sein. Zielt das literaturwissenschaftliche Interesse jedoch darauf, auch die Grenzen der Gültigkeit von Interpretationen zu kennen, so dient solchem Unterfangen insbesondere der Strukturalismus.

Die Anfänge des Strukturalismus liegen im russischen Formalismus. Der Anlaß zur Entwicklung einer neuen Theorie, die etwa von 1915 an in Arbeitsgruppen in Moskau und Petersburg entworfen wurde, war zunächst das Unbehagen an der damals fast unumschränkt akzeptierten positivistischen Methode in der Literaturwissenschaft. Nach Auffassung der Formalisten erfaßte der Positivismus nur einzelne Elemente in einem literarischen Text; was aber ein noch gravierenderer Einwand war: Er ging an dem Moment vorbei, welches erst das Literarische an literarischen Werken ausmachte, an der **Literarität.** Dieses spezifische Merkmal von Literatur sahen die Formalisten in der **Form.** Dieser Terminus bedeutete nicht: Dominanz formaler Elemente über inhaltliche, sondern die Einheit beider. Demgemäß war ein Wort in einem literarischen Werk nicht mehr durch seine Zuweisung zu einer außerliterarischen Bedeutung zu interpretieren, sondern es wurde gesehen als Zeichen für jene Einheit, die ein Werk zu einem literarischen macht. Die Formalisten betrachteten ein literarisches Werk als *autonomen* Zeichenkomplex. Vorarbeiten zu einer dementsprechenden Neuorientierung der Literaturwissenschaft sahen sie in den Arbeiten von Ferdinand de Saussure und Edmund Husserl.

Die einseitige Verweisfunktion eines Zeichens in einem literarischen Text wurde bald relativiert zugunsten der Lehre von der doppelten Verweisung: neben der Funktionalisierung von Zeichen auf den Kontext eines Werkes wurde eine Verweisfunktion des Zeichens auf den Bereich hin angenommen, dem es entstammte. Die Funktionalisierung eines Zeichens für ein literarisches Werk bewirkte nach der modifizierten formalistischen Theorie zweierlei: **Entautomatisierung,** d.h. Lösung des Zeichens aus seiner alltäglichen Funktion und deren **Verfremdung.**

Eine Ausarbeitung des formalistischen Ansatzes konnte von den Formalisten nicht vorgenommen werden, da sie sich mit ihrer Auffassung in starkem Gegensatz zu der herrschenden marxistischen Literaturtheorie befanden.

Zwei der produktivsten Formalisten veröffentlichten 1928 in Prag, wo sich eine neue Gruppe formalistisch orientierter Sprach- und Literaturwissenschaftler gebildet hatte, jene Thesen über „Probleme der Literatur- und Sprachforschung" (L 109), welche als Anfang des Strukturalismus gesehen werden können.

Die Autoren dieser kurzen Schrift, Roman Jakobson und Jurij Tynjanov, beziehen nicht nur Literatur erneut in die Wirklichkeit ein – dies ist ein Schritt der Relativierung von Literatur –, sie fassen umgekehrt zugleich alle Wirklichkeit als System und schaffen damit die formale methodologische Voraussetzung für eine Systematik als adäquater Untersuchungsbasis für Literatur und Wirklichkeit; Literatur und Wirklichkeit wurden als Systeme betrachtet. Die Isolation der Literatur, wie sie in der Konsequenz des formalistischen Ansatzes lag, ist damit überwunden.

Die Aufgabe des literaturwissenschaftlichen Strukturalismus, der speziell in der Tschechoslowakei fortentwickelt wurde, bestand zunächst in der Differenzierung der Struktur literarischer Werke gegenüber der Struktur der nicht-literarischen Wirklichkeit und in der Untersuchung der Wechselwirkung zwischen beiden.

Mukařovský, der bedeutendste Vertreter des tschechischen Strukturalismus, versuchte eine Lösung der genannten Probleme dadurch zu finden, daß er Wirklichkeit als System mehrerer Arten der Funktionalisierung von Zeichen annahm. Als Spezifikum literarischer Werke sah er die **ästhetische Funktion,** womit gemeint ist: die Verwendung von Zeichen, wie sie in literarischen Werken üblich ist.

Die ästhetische Funktion zeigt gegenüber anderen Funktionen als wesentliches Kennzeichen die Verweisung der Zeichen auf sich selbst (vgl. L 192, S. 48).

Dies bedeutet jedoch keine erneute einseitige Absorbierung der alltäglichen Funktion der Zeichen, vielmehr wird in der ästhetischen Funktion die Sicht frei für eine Erfassung der Welt als ganzer. Die Enthebung des

Zeichens aus seiner alltäglichen Funktion entspricht einer Befreiung aus der Partikularität des Geläufigen zugunsten der Totalität.

Mit dieser Vorrangstellung der ästhetischen Funktion vollzieht sich in Mukařovskýs Theorie eine gegenüber der ursprünglich methodologischen Bedeutung des Begriffes „Struktur“ bemerkenswerte Verschiebung: als entfunktionalisierte zeigt die Struktur des Kunstwerkes die wahre Wirklichkeit der Dinge. Während ursprünglich von ihm die Struktur ästhetischer Werke als eine spezifische Art der Funktionalisierung neben anderen angenommen wurde, erhält sie nachträglich doch einen Vorrang vor jenen, sofern gerade sie in der Lage sein soll, die ganze Wirklichkeit zu erfassen. In dieser Wendung manifestiert sich der Unterschied zwischen alltäglicher und ästhetischer Funktion als der zwischen gebrauchendem, partikularisierendem Umgang mit intellektueller Erfassung. Die ästhetische Funktion bewirkt geradezu eine Ent-Funktionalisierung der in der alltäglichen Funktion befangenen Gegenstände, sie hat jenen gegenüber den Vorrang unbefangener Luzidität und Intellektualität. Somit tendiert sie zum Übergang von Funktionalität in reine Wahrheit; mit diesem Übergang stellt sie die in ihr funktionalisierten Elemente gerade nicht mehr unter eine Funktion, sondern eröffnet ihnen den Raum zu ihrem Selbst-Sein. Mukařovský nennt diese Aufhebung aller bestimmten, einzelnen Funktionen daher auch **Autofunktion.**

Von den Literaturwissenschaftlern unter den französischen Strukturalisten wurden die Ansätze des tschechischen Strukturalismus hauptsächlich in zwei verschiedenen Richtungen weiterverfolgt: Eine Strömung versuchte, die Klärung des Verhältnisses von Literatur und Geschichte zu erreichen, eine andere bemühte sich mehr darum, für bestimmte Arten von Literatur Typen von kennzeichnenden Strukturen zu finden. Das gemeinsame Interesse beider Fragestellungen war es, jene Strukturen zu identifizieren, welche literarischen Werken als deren Prinzipien zugrundeliegen. Wir werden im folgenden die Thesen jeweils eines Vertreters der genannten Forschungsrichtungen darlegen.

Die Strukturalisten waren in Frankreich von Anfang an dem Vorwurf ausgesetzt, mit der Annahme von Strukturen überzeitliche, ahistorische Instanzen zu setzen, aus denen historische Werke erklärt werden sollten.

Der französische Strukturalist Roland Barthes versuchte, dieser Ahistorizität dadurch zu entgehen, daß er historisch sich wandelnde „Schreibweisen“ als das annimmt, wie und worin Literatur sich manifestiere. Mit diesem Terminus bezeichnet er nicht ein überzeitliches Modell von Literatur, sondern das Bedeutungspotential eines Textes bzw. einer Gruppe von Texten, welches einerseits die konkrete, geschichtliche Individualität des Autors wie des Lesers übersteigt, andererseits gerade in der Art dieses Übersteigens die Historizität des Textes zum Ausdruck bringt. Für Barthes ist also das Hinausgehen über die konkrete, geschichtliche Individualität keineswegs ein Schritt von der Historizität weg, sondern gerade erst das Finden derjenigen Ebene, auf der sich seiner Meinung nach Geschichte abspielt.

Barthes versteht auch seine Forderung, die Literaturgeschichte vom Individuum zu befreien, gerade als Aufforderung, Literatur in ihrer Geschichtlichkeit zu erfassen (vgl. L 17, S. 23). Für Barthes repräsentieren Geschichte und „Schreibweise" dieselbe Ebene. Nicht in einem konkreten historischen Werk, sondern in der „Schreibweise" als dem epochalen Schreibstil wird ein Werk etwa als der Epoche des Barock angehörendes faßbar. Der literaturtheoretischen Forderung nach der Abwendung von einem einzelnen Autor als dem Prinzip eines literarischen Werkes entspricht Barthes' geschichtstheoretische nach der Abkehr der Geschichtsschreibung von der Chronistik. Die Identität der Struktur von literarischen Werken und der Geschichte ist darin begründet, daß für Barthes Geschichte sich ebensowenig als Gang des Konkreten darstellt wie Literatur.

Die Verbindung von literarischer Struktur und Geschichte ist bei Barthes nicht in der Weise hergestellt, daß erstere aus der letzteren erklärt würde, sie ist vielmehr erreicht um den Preis einer Strukturalisierung der Geschichte. So blendend diese Lösung zunächst erscheint, so problematisch ist sie zugleich. Positiv ist zu bemerken, daß die Verbindung von Geschichte und Literatur im Strukturalismus so, wie Barthes sie hergestellt hat, die einzig mögliche, konsequente und widerspruchsfreie ist, da andernfalls entweder – wie etwa bei Mukařovský – Geschichte von der Struktur der Literatur absorbiert würde (Literatur also zum Übergeschichtlichen würde) oder die Struktur von der Literatur letztlich doch nur Ausdruck eines bestimmten, geschichtlich bedingten Inhalts wäre (womit die Priorität der Struktur verlorenginge). Konsequent ist also nur die Postulierung der Priorität der Struktur in Literatur u n d Geschichte.

Fragwürdig ist dieser Ansatz jedoch einerseits, weil in ihm geschichtlicher Wandel überhaupt nicht erklärt werden kann, zum anderen, weil – und dies hängt mit unserem ersten Einwand zusammen – Geschichte als nur einsinnig (von oben nach unten) wirkende metaphysische Ebene vorgestellt wird. Mit dieser Konzeption wird zwar der Makel überwunden, daß Literatur im Strukturalismus nicht geschichtlich erfaßt werden könne, es wird damit aber zugleich Geschichte unerklärbar gemacht. Mit Barthes' Schritt wird Geschichte literarisiert, Literatur aber nicht historisiert. Jene Tendenz zur Aufhebung des Konkreten, die sich in Barthes' Auffassung des einzelnen historischen Werkes manifestiert, findet sich auch in seinem Zeichenbegriff. Das Zeichen bedeutet nicht eine bestimmte Sache, einen bestimmten Inhalt, sondern immer schon den ganzen Umkreis, in dem es seine Funktion hat. Je abstrakter der Kontext ist, in dem ein Zeichen gesehen wird, desto umfassender ist auch die Bedeutung, die es trägt.

Das Spezifische des Zeichens ist nach Barthes also nicht, eine bestimmte Bedeutung zu haben, sondern vielmehr, verschiedene Bedeutungsebenen zu durchlaufen. Analog zu dem Verständnis eines literarischen Werkes als eines Zeichenkomplexes, der nicht nur einen bestimmten Inhalt bezeichnet, erschöpft sich das einzelne Zeichen nicht in einer bestimmten Bedeutung. Barthes erfaßt damit die Vieldeutigkeit des Zeichens als sein eigentliches Wesen, anders formuliert, das Zeichen ist aller bestimmten Bedeutung voraus.

Während Barthes an Zeichenkomplexen, etwa einem Werbebild, zeigt, in welcher Weise ein Produkt mit der Erwartung eines höheren gesellschaftlichen Status oder einer persönlichen Sehnsucht des angesprochenen Käuferkreises verbunden wird, sieht er in der Literatur ein System von Zeichen, das dazu tendiert, die Bindung von Zeichen an bestimmte Inhalte überhaupt aufzuheben. Stellt nach Barthes jeder Versuch der Bindung eines Zeichens an einen bestimmten Inhalt eine willkürliche Manipulation für ökonomische oder andere Interessen dar, so wird in der Literatur jede Art solcher Verkürzung aufgehoben. Für Barthes ist die Entfunktionalisierung von Zeichen ebenso wie bereits für Mukařovský eine Befreiung aus der funktionalisierten Sicht des Gewohnten. Ob jenes, das dadurch als grundlegende Wirklichkeit zum Vorschein kommt, eher mit Barthes „Leere" (L 17, S. 72) oder mit Mukařovský „Ganzheit" (L 193, S. 24) genannt werden sollte, kann mit den Mitteln der Wissenschaft nicht entschieden werden. Methodologisch haben beide Bestimmungen dieselbe Relevanz: Sie lassen das nicht mehr Funktionalisierte, das aller Begrenztheit enthobene Ganze der Realität, als den eigentlichen Inhalt der Literatur sichtbar werden. Die „Leere" als umfassender Inhalt der Literatur hat bei Barthes nicht die Funktion, eine metaphysische Instanz zu benennen,

„Leere“ meint Freiheit von Bedeutungen, die als nicht gerechtfertigt erscheinen. Wie für Mukařovský liegt auch für Barthes das Spezifische der Literatur darin, daß sie in dem Übersteigen aller Funktionalisierung die konkrete Realität als funktionalisierte, willkürlich beschränkte zeigt. Den Strukturalisten gemeinsam ist ferner, daß das Verständnis der Literatur als eines strukturalen Gebildes aus einer erkenntnistheoretischen Bewertung der Literatur entspringt; die Vieldeutigkeit der Literatur gilt beiden als adäquate Form der Darstellung der Vieldeutigkeit der Realität.

Weniger spekulativ als die Theorie Barthes' ist die von Tzvetan Todorov. Dieser bechränkt seine Aussagen auf das Gebiet, das er untersucht: literarische Werke, speziell Prosa. Was Todorov als Strukturalisten kennzeichnet, ist das Verständnis eines literarischen Textes als eines Zeichenkomplexes, der in seiner Bedeutung das konkrete Textmaterial übersteigt.

Im Gegensatz zu den zuvor besprochenen Autoren bleibt Todorov jedoch literaturimmanent. Er identifiziert jenen Bereich literarischer Werke, der sich einer Interpretation entzieht, nicht als universale Sicht der Realität, sondern als Erzählstruktur. Die Frage nach der Beziehung von Literatur und Wirklichkeit bleibt bei ihm außer acht. Todorov untersuchte bestimmte Gruppen von literarischen Texten, etwa den Kriminalroman, um deren gemeinsame Funktionsweise zu ermitteln.

Das Ergebnis solcher Untersuchungen sind Funktionsschemata der jeweils untersuchten Texte. Die Einzeltexte erhalten diesen Schemata gegenüber den Status von Realisationen des Gesetzes, das den Handlungsspielraum der Werke bestimmt. Was Todorov als übergeordnete Struktur von Texten erfaßt, nennt er „Poetik“ (L 297, S. 45) eines Text-Corpus.

Die Textstruktur ist für Todorov kein literaturwissenschaftlicher Untersuchungsbereich unter anderen, sie hat vielmehr andersartigen Fragestellungen gegenüber einen Vorrang, da Erzählen für ihn der eigentliche Inhalt von Literatur ist; mit der Analyse der Poetik will Todorov ermitteln, was überhaupt Erzählen ist. Ein literarisches Werk, z. B. eine Erzählung, erzählt nach ihm nie nur den Inhalt, sondern immer schon das Erzählen selbst.

Demnach sind für Todorov die Untersuchung der Literarität und die Analyse eines konkreten Werkes zwei Seiten derselben Sache. In Übereinstimmung mit Jakobson ist bei ihm Literatur immer Entfaltung ihrer eigenen Struktur. Die Struktur von literarischen Werken, die Todorov ermittelt, bleibt immer an die Texte gebunden. So sehr dabei einerseits die Struktur im Rahmen historischer Immanenz bleibt, so zeigt sich doch andererseits gerade in dieser strikten Bindung an geschichtlich fixierte Texte die methodologische Bedingtheit der bereits zuvor angesprochenen Ahistorizität des Strukturalismus. Ahistorisch wird der Strukturalismus bei Todorov, wie auch bei den zuvor besprochenen Strukturalisten, nicht dadurch, daß sie Geschichte und die geschichtliche Veränderung von Texten leugneten, sondern durch den methodologisch fundierten Primat der Struktur. Geschichtlicher Wandel wird zwar für die Elemente eines Kunstwerkes eingeräumt, nicht aber bezüglich dessen, daß sein Prinzip Strukturalität sei. Der Vorrang der Struktur ist nicht zeitlicher oder kausaler Art, er besteht darin, daß die Struktur alle Möglichkeiten konkreter Texte umfaßt. Die Konzentration auf die Struktur literarischer Werke ist motiviert durch das Verständnis des Forschungsobjekts als eines strukturalen Gebildes. Methodologisch gesehen weist diese Sicht gegenüber anderen Methoden der Literaturwissenschaft den Vorteil auf, daß die Texte verschiedener Textgruppen als Realisationen eines Modells zu verstehen sind, welches sich nicht in dem erschöpft, was an Texten vorliegt, sie hat jedoch zugleich den Nachteil, die historische Motivation von Texten auf untergeordnete Elemente abzudrängen.

Dem Vorrang der Möglichkeiten literarischer Produktion vor den konkreten Texten liegt ein sehr einfacher Gedanke zugrunde: Die Strukturalisten verstehen jene Struktur, die den von ihnen untersuchten Texten gemeinsam ist, nicht als Allgemeines, also als Sekundäres, sondern als deren Prinzip. Ihre methodische Ausgangsbasis bedeutet eine Verkehrung des traditionellen Verfahrens: Das, was in traditionellen Methoden als im einzelnen Text bzw. seinen Elementen nicht mehr faßbarer Bedeutungsüberschuß gilt, wird im Strukturalismus als das Primäre gegenüber einzelnen Texten gesehen.

Bevor die forschungspraktischen Konsequenzen dieses Ansatzes erläutert werden, geben wir eine kurze systematische Darstellung des literaturwissenschaftlichen Strukturalismus.

Mit der Untersuchung der **Struktur** beanspruchen die Strukturalisten das Wesentliche an der Literatur zu erfassen. Struktur bedeutet für sie nicht Form, sondern die Einheit von Form und Inhalt. Beides sind nur Momente von Struktur.

Mit diesem grundlegenden Terminus bezeichnen die Strukturalisten eine Ordnung, ein System, das h i n t e r demjenigen steht, was als Text vorliegt. Der Text ist gegenüber der Struktur etwas Sekundäres. Mit der Analyse der Struktur wird versucht, das Organisationsprinzip eines Textes herauszuarbeiten.

Daß die Struktur als das wesentliche Moment von Literatur gesehen wird, ist mehr als eine bloße Übertragung der strukturalen Methode, wie sie de Saussure für die Sprachwissenschaft entwickelt hat, auf die Literatur. Die Strukturalisten sehen in der strukturalen Gestalt von literarischen Texten dasjenige Moment, das sie von anderen Arten der Sprachverwendung unterscheidet. Struktur bedeutet demnach 1. das allgemeine Organisationsprinzip von Wörtern in der Sprache, 2. das spezifische Organisationsprinzip von Wörtern in einem literarischen Text.

Seit dem Russischen Formalismus wird diese spezifisch literarische Struktur als das gesehen, was das Literarische an literarischen Werken ausmacht. Die Formalisten prägten dafür den Begriff „Literarität".

Der Unterschied zwischen der Verwendung von Wörtern, oder – allgemein – Zeichen in der Alltagssprache einerseits, in der literarischen Sprache andererseits, liegt nach strukturalistischer Auffassung in der Art der Beziehung eines Zeichens auf den bezeichneten Gegenstand.

Während in der Alltagssprache, ebenso z. B. auch in der Sprache der Wissenschaft, ein Wort zur Bezeichnung eines bestimmten Gegenstandes benutzt wird, ist dieser Gegenstandsbezug in literarischen Texten aufgehoben zugunsten einer Verweisung des Zeichens auf sich selbst. Die Bedeutung von Wörtern in einem literarischen Text leitet sich aus dem System her, das ein literarisches Werk repräsentiert.

Zu dem Moment der Betonung der Systematik tritt ein zweites, durch das sich der Strukturalismus von anderen Theorien der Literatur und Methoden ihrer Interpretation unterscheidet: Mit der Veränderung der Funktion von Wörtern in der Alltagssprache einerseits, der Literatur andererseits, vollzieht sich nicht nur ein Wechsel der Bedeutungen, sondern von der „Bedeutung" zum **Zeichen.** Drückt ein Wort in der Alltagssprache einen bestimmten Inhalt aus, so erhält es in einem literarischen Text die Funktion eines Trägers möglicher Bedeutungen. Die Offenheit gegenüber Bedeutungen drückt sich in dem neutralen Terminus „Zeichen" aus. Gegenüber der Alltagssprache weist ein literarischer Text als differentielles Merkmal die Zeichenhaftigkeit auf. Dementsprechend wird vom literarischen Text nicht als einem System von Bedeutungen gesprochen, sondern als einem System von „Zeichen". Analog dazu gilt die

Struktur literarischer Werke nicht als Träger bestimmter Bedeutungen, sie bildet vielmehr ein System möglicher Bedeutungen.

Erst mit dem Verständnis des literarischen Werkes als eines ganzheitlichen Zeichenkomplexes kann man nach Ansicht der Strukturalisten dem Literarischen an einem Text gerecht werden. Eine Interpretation kann – so die Strukturalisten – nur dann adäquat sein, wenn sie stets an der Literarität eines literarischen Textes orientiert ist, wenn sie also als Strukturanalyse vollzogen wird. Strukturanalyse ist für die Strukturalisten nicht eine Aufgabe, die sich neben anderen für die Literaturwissenschaft stellt, sondern sie ist deren primäres Ziel.

Welche Konsequenz dieser Standpunkt für die konkrete Analyse literarischer Werke hat, wird deutlich in der strukturalistischen Kritik an anderen Ansätzen der wissenschaftlichen Bearbeitung literarischer Texte. Von Šklovskij bis Barthes zieht sich die Polemik gegen Methoden der Interpretation, welche literarische Texte dadurch zu erfassen versuchen, daß sie ein Werk als Ganzes oder Teile von ihm einfach „übersetzen", indem sie es etwa auf eine soziologische Basis übertragen.

In einer strukturalistischen Analyse sind Interpretationen soziologischer, biographischer oder psychologischer Art keineswegs ausgeschlossen; allerdings gelten derartige Interpretationen als nur untergeordnete Kommentare zu einem literarischen Werk, nicht jedoch als dessen adäquate Erfassung. Sie haben nach strukturalistischer Auffassung eine Gültigkeit nur bezüglich der isolierten Elemente des Textes, gehen jedoch am Wesen ihres Objektes, an dessen Systematik und Zeichenhaftigkeit vorbei.

Die Priorität der Struktur bedeutet also nicht nur einen quantitativen Vorrang der Struktur gegenüber der Interpretation von einzelnen Gesichtspunkten aus, sie impliziert zugleich eine qualitative Umdeutung der Einzelelemente.

Mit der „Struktur" soll ein Rahmen möglicher Interpretationen gegeben werden. Die strukturalistische Analyse wird damit jener Vieldeutigkeit gerecht, die sich oft als Konkurrenz verschiedener Interpretationen manifestiert. In diametralem Gegensatz zu dem Projekt, durch „synthetisches Interpretieren" die Vieldeutigkeit eines literarischen Textes auszufüllen, sieht die strukturale Methode ihr Hauptziel gerade darin, jene Vieldeutigkeit als das Wesen literarischer Werke zu zeigen und vor der Festlegung durch Interpretationen zu retten. Nach strukturalistischer Meinung stellt diese Vieldeutigkeit die Schranke wissenschaftlicher Aussagemöglichkeit über Literatur dar. Was an konkreten Interpretationsergebnissen geliefert werden kann, hat von strukturalistischem Gesichtspunkt aus im besten Fall einen Aussagewert, sofern es nicht falsch ist; die Adäquatheit konkreter Einzelergebnisse bezüglich eines literarischen Werkes wird jedoch auf den Status einer Äußerlichkeit reduziert.

Der Vorrang der Struktur bezieht sich nicht auf die Priorität gegenüber Elementen einzelner Werke, er gilt zugleich für literarische Werke untereinander. Dies ist eine Konsequenz des Anspruchs, daß Struktur als das Prinzip von Literatur dessen Verwirklichung in einzelnen literarischen Werken übersteigt. Dies gilt nicht nur für Werke, die derselben Epoche zugehörig sind, sondern – nach strukturalistischer Vorstellung – für Literatur überhaupt.

Die Priorität der Struktur vor einzelnen Elementen im einzelnen Werk wiederholt sich auf der Ebene der vorliegenden Texte als Priorität der Literatur vor einzelnen literarischen Werken. Todorov unterscheidet demgemäß zwischen „literarischen Werken" und „Literatur". Die Strukturalität als Wesensmerkmal einzelner Werke wird abgeleitet aus der Strukturalität als Prinzip aller Literatur.

Die übergeordnete Struktur besitzt also jeweils Priorität der untergeordneten gegenüber, sofern sie als deren Prinzip gilt. Literatur stellt für die Strukturalisten ein Phänomen dar, das über allen Elementen des einzelnen Werkes und über allen Werken steht. Erklärt wird im Strukturalismus demgemäß nur das Prinzip literarischer Texte, nicht jedoch deren konkrete Ausformung. Das Konkrete, und das gilt für einen bestimmten Text wie für die Umstände seiner Entstehung, ist nur Manifestation einer Struktur, also einer Instanz, welche allem Konkreten voraus ist. Das Konkrete bildet lediglich ein Indiz für die Struktur als dem Bedeutungsrahmen eines literarischen Werkes, und dieser Bedeutungsrahmen ist allein das Spezifische eines literarischen Textes. Strukturalisten verwenden zur Bezeichnung ihrer Arbeit den Begriff „Analyse", um sich gegen die „Interpretation" abzugrenzen, welche ja gerade einen Text auf irgendeine Bedeutung hin zu entschlüsseln versucht.

Gegenläufig zur Aufhebung aller Konkretheit in der Struktur ist nach strukturalistischer Lehre die Literatur zugleich Hinweis auf jene Wirklichkeit, in der das Konkrete seinen Platz hat. In der Abwendung von allem Partikularen erreicht das literarische Werk erst die Möglichkeit, den

Blick freizumachen für die Realität als Ganzes. Literatur befreit – so die Strukturalisten – von jener Befangenheit des Blicks, der die alltägliche Sicht der Welt kennzeichnet.

Die Darstellung der Struktur als des Prinzips von Literatur ist ihrerseits begründet in dem Verständnis der Realität als eines offenen, nicht endgültig interpretierbaren Bedeutungsgefüges. Die strukturale Gestalt der Literatur bedeutet eine Analogie der Gestalt von Literatur und Realität. „Struktur" repräsentiert demnach über die Kennzeichnung des Spezifikums von Literatur hinaus eine Form der Aussage über die Realität. Literatur ist auf Grund ihrer Strukturalität die umfassendste und wahrste Aussageform. Sie hat einen erkenntnistheoretischen Vorrang vor anderen Formen der Welterkenntnis, sofern sie die Offenheit gegenüber festlegenden Interpretationen als das Wesen der Realität zum Vorschein bringt. Reziprok zur Aufhebung einzelner Bedeutungen ist nach Ansicht der Strukturalisten die Literatur Hinweis auf die umfassende Deutbarkeit der Dinge.

Welche Auswirkungen diese Theorie für die Literaturwissenschaft hat, soll anhand der strukturalistischen Fassung zweier Problembereiche gezeigt werden, die in der traditionellen Literaturwissenschaft als Spezialbereiche etabliert waren. Nach den vorangegangenen Ausführungen ist bereits deutlich, daß im Strukturalismus alle Bereiche der Literatur unter dem Begriff der Struktur zu subsumieren sind. Dementsprechend müssen alle Sonderdisziplinen der Literaturwissenschaft von dem Prinzip der Strukturalität her neu begründet werden. Als Beispiel dieser Uminterpretation soll im folgenden die strukturalistische Fassung der Rezeption von Literatur und der Literaturgeschichte kurz skizziert werden.

Daß dem R e z i p i e n t e n eine wesentliche Rolle in der strukturalistischen Literaturtheorie zukommt, geht schon daraus hervor, daß das System von Zeichen, als das ein literarischer Text vorgestellt wird, einer Aktualisierung bedarf. Erst durch den Leser wird die Differenz zwischen der Bedeutung eines Zeichens im alltagssprachlichen Gebrauch und seiner Verwendung in einem literarischen Werk aktualisiert. Der Rezipient ist die Instanz, durch welche die Wechselwirkung zwischen der Verfremdung der alltäglichen Gewohnheit und dem Hinweis auf die Ganzheit der Wirklichkeit zustandekommt. Bei der Rezeption als Nachvollzug der Ent-Funktionalisierung des einzelnen Momentes zugunsten seiner Einordnung in die übergreifende Struktur des literarischen Werkes verändert sich die Rolle des Rezipienten, indem sich dieser vom rezipierenden Subjekt zum Objekt jener Struktur wandelt, die er im literarischen Werk als umfassende wahrnimmt.

War der Rezipient in der traditionellen Rezeptionstheorie vornehmlich als soziologisches Faktum thematisiert worden, so wird er nach strukturalistischer Meinung im Rezeptionsprozeß gerade seiner soziologischen und ebenso seiner Rolle als Individuum enthoben. Die Funktion des Rezipienten ist somit die, Literatur als Transsubjektives zur Geltung zu bringen. Wie das literarische Werk sich aller Reduktion auf bestimmte Erklärungsebenen (Psychologie, Geistesgeschichte, Soziologie) entzieht, so übersteigt es auch jede subjektive Interpretation durch den Leser.

Wie bei der Fassung des Problems der Rezeption bleibt auch in dem Bereich der Literaturgeschichte die Struktur das alle Bedingungen und alle Veränderungen immer schon umfassende Prinzip der Literatur. Dabei wird die Geschichte der Literatur keineswegs verdrängt, sie erhält jedoch einen nur sekundären Status gegenüber dem prinzipiellen Primat der Struktur. Die geschichtliche Veränderung wird verstanden als Variation des invarianten Prinzips „Literatur". Die Zweiteilung zwischen Geschichte der Literatur und der Strukturalität als dem Wesen der Literatur entspricht der bereits dargelegten Trennung in „Literatur" und „literarische Werke" bei Todorov. Was der Literaturgeschichte als Aufgabengebiet zukommt, ist die Beschreibung jeweils vorherrschender, typischer Manifestationen der literarischen Struktur. Tynjanov nannte das jeweils vorherrschende Moment „Dominante". Methodisch sollte seiner Auffassung nach bei der Literaturgeschichtsschreibung so vorgegangen werden, daß anhand der Kennzeichnung des Stellenwertes einzelner Elemente deren zunehmende Wichtigkeit oder Irrelevanz erfaßt werden sollte. Betont sei hier nochmals, daß die geschichtlich sich wandelnde Ebene der literarischen Werke und die invariante Ebene der Strukturalität nicht getrennte, sondern komplementäre Bereiche darstellen.

Was für die Rezeption und die Literaturgeschichte gilt, trifft analog dazu auch auf den Stellenwert anderer Bereiche der Literaturwissenschaft im Strukturalismus zu: ihre Ergebnisse betreffen nach strukturalistischer Auffassung nur einzelne Elemente eines literarischen Werkes, gehen aber an der literarischen Funktion jener Elemente, nur Zeichen zu sein, vorbei. Das Objekt der „traditionellen" Literaturwissenschaft, der jeweils vorliegende Text, ist für den Strukturalisten nur Zeichen für eine den Text übersteigende Bedeutung. Die Überlagerung von Spezialbereichen der Literaturwissenschaft durch ein umfassendes Prinzip stellt eine methodologische Konsequenz des Ausgangspunktes jeder Art von Strukturalismus dar: der semiologischen Differenz zwischen Bezeichnendem und Bezeichnetem. Da das Bezeichnete in der Literatur alle biographische, soziologische etc. Bedingtheit übersteigt, ist der adäquate methodische Zugang zu literarischen Werken der semiologische, sofern er den Text als Zeichen einer erst zu ermittelnden Bedeutung sieht.

Gerade die These von der nur zeichenhaften Greifbarkeit der Bedeutung eines literarischen Werkes bedingt die Unverbindlichkeit strukturalistischer Analysen. Im folgenden soll dies anhand eines Essays erläutert werden, in dem Jakobson eine Analyse des Brecht-Gedichtes „Wir sind sie" liefert.

Bevor Jakobson auf das Gedicht eingeht, weist er auf den Stellenwert der Grammatik in der Lyrik hin. In formalen Momenten der Lyrik Brechts – Jakobson nennt „Kontrastierung zusammengehöriger Sätze, Parallelismus, Wiederholung, Inversion" (L 286, S. 38) – sieht er Möglichkeiten zur Analyse der Grammatik von Brechts Gedicht. Als Paradigma der Analyse gilt ihm die Identität. Jakobson hebt hervor, mit welchen grammatikalischen Mitteln Brecht Kontinuität und Abweichung zum Ausdruck bringt. Dabei gilt die Ebene der Grammatik als der Code, der das Gedicht trägt. Jakobson stellt zunächst den Parallelismus als wesentliche Stileigentümlichkeit der Gedichte Brechts dar. Anhand der Untersuchung der Satzstruktur zeigt er, daß dieser Parallelismus zugleich die Kontrastierung von Elementen und die Ganzheit des Gedichts bewirkt.

Die Strophen des Gedichtes sind sowohl durch Binnenpaar- wie durch Zwischenpaar-Entsprechungen verknüpft. Jakobson analysiert das Verhältnis der vier Strophen des Gedichtes als ein „geschlossenes grammatikalisches Ganzes", dessen Strophenpaare eine „Spiegelbildsymmetrie" aufweisen (L 286, S. 40).

Bei der Untersuchung der im Text vorliegenden Wortarten stellt Jakobson ein Vorherrschen der Pronomina fest. Deren Häufigkeit interpretiert er von der Ebene der Sprechbarkeit des Gedichtes her. Pronomina sind – so Jakobson – eine Wortart, die den gestischen Vortrag des Textes sehr erleichtert und fördert. Die Sprechbarkeit des Gedichtes wie der Zusammenhalt der Sätze werden, wie Jakobson zeigt, außerdem durch Alliteration hervorgehoben.

Im letzten Teil seiner Analyse fügt Jakobson der grammatischen Ebene und der der Sprechbarkeit noch die des Inhalts hinzu. Das von ihm verwandte Brecht-Zitat weist „Disharmonien und Interferenzen" (L 286,

S. 56) einen Vorrang gegenüber der Form zu. Jakobson führt den Inhalt des von ihm analysierten Gedichtes nur in der abstrakten Form an, wie Brecht ihn in einer theoretischen Abhandlung ausdrückte. Auf den Inhalt des konkreten Gedichtes, die Rolle der Partei, geht Jakobson gar nicht ein.

Jakobson gibt keine Interpretation des Gedichtes. Er weist lediglich den Rahmen einer möglichen Interpretation auf. Daß er sich mit der Darstellung der strukturellen Entsprechung von Grammatik, Sprechbarkeit und der abstrakten Form des Inhalts auf einen Interpretations r a h m e n beschränkt, ist nur konsequent, da nach strukturalistischer Auffassung das Literarische eines literarischen Textes gerade darin besteht, daß es sich jeder bestimmten Interpretation entzieht. Was Jakobson liefert, ist eine Vorgabe des Spielraumes, in dem sich eine Interpretation zu vollziehen hätte. Befriedigender wäre eine strukturalistische Interpretation zweifellos, wenn der Autor die Grenze zwischen Analyse und Interpretation genau angeben würde. Diese Unterlassung stellt bei strukturalistischen Autoren den Normalfall dar. Das Problem dieser Abgrenzung stellt sich nicht nur dann, wenn der Leser einer strukturalistischen Analyse fragt, warum die Analyse gerade hier und nicht auf einer anderen Ebene abbricht; vielmehr stellt es sich zu Anfang einer jeden Analyse, wenn der Leser mit der Frage allein bleibt, warum der Autor z. B. die grammatikalische Ebene als die tragende ansieht oder warum der Verfasser ein bestimmtes Kriterium wählt, anhand dessen er Kontinuität und Differenz mißt. Der Strukturalismus stößt an dem Punkt auf Probleme, an dem er zur Anwendung übergeht. Der Grund für diese Schwierigkeit beruht darin, daß er einerseits Interpretationen in ihrem wissenschaftlichen Wert prinzipiell in Frage stellt, daß er andererseits aber bei der Analyse nicht ohne interpretatorische Hypothesen auskommt.

Eine Lösung des Problems in der Weise, daß den Ergebnissen von Interpretationen einfach der Hinweis hinzugefügt wird, die Ergebnisse beträfen nur Einzelelemente, das Literarische erschöpfe sich aber nicht darin, leistet dem Mißverständnis Vorschub, das Literarische an literarischen Werken sei nur Beiwerk. Sinnvoller ist es, vor der Tatsache nicht die Augen zu verschließen, daß zwischen den Ergebnissen verschiedener Interpretationen und dem, was der Strukturalismus als das Kennzeichen von Literatur deutlich gemacht hat, eine Diskrepanz besteht, die bisher nicht überwunden ist.

Weiterführende Literatur: L 56; L 192; L 256; L 298; L 6.

Arbeitsteil

A. Fragen und Aufgaben zur strukturalistischen Literaturwissenschaft

1. Stellen Sie die Motivation für die Begründung des Formalismus dar.
2. In welcher Weise versucht Mukařovský, das Verhältnis von Literatur und Wirklichkeit zu klären?
3. Auf welche Weise versucht Barthes, Strukturalismus und Geschichte zu verbinden?
4. Worin liegt die Verbindung von Geschichts- und Zeichentheorie bei Barthes?
5. In welchem Verhältnis stehen bei Todorov „Literatur" und „Literarische Werke"?
6. Erläutern Sie die Systematik und die Zeichenhaftigkeit als Momente der literarischen Struktur.
7. Stellen Sie das Verhältnis des Strukturalismus zu anderen literaturwissenschaftlichen Ansätzen dar.
8. Stellen Sie die Rolle des Rezipienten im Strukturalismus dar.
9. Stellen Sie die Rolle der Literaturgeschichte im Strukturalismus dar.
10. Begründen Sie die Schwierigkeit der Anwendung des Strukturalismus.

B. Texte

VIII, 1 — Viktor Šklovskij

Aus: *Theorie der Prosa*

[...]

Um einen Gegenstand zu einem Gegenstand der *Kunst* zu machen, muß man ihn aus der Reihe der Fakten des Lebens herauslösen. Dazu muß man ihn vor allem ‚in Bewegung bringen', so, wie Ivan der Schreckliche seine Leute ‚Revue passieren' ließ. Man muß den Gegenstand aus der Reihe der gewohnten Assoziationen herausreißen, in der er sich befindet, und ihn umdrehen wie ein Holzscheit im Feuer. In dem Notizbuch Čechovs finden wir folgendes Beispiel: Jemand ging fünfzehn oder sogar dreißig Jahre durch die gleiche Straße und las jeden Tag ein Schild mit der Aufschrift: ‚Blaufelchen in großer Auswahl', und dachte jeden Tag: ‚Wer braucht denn eine große Auswahl von Blaufelchen?' Eines Tages wurde das Schild abgenommen und an die Mauer gestellt, und da las er: ‚Zigarren in großer Auswahl'. Der Dichter entfernt alle Schilder von ihrem Platz, der Künstler ist stets die treibende Kraft bei der Revolte der Dinge. Bei den Dichtern revoltieren die Dinge, werfen ihre alten Namen ab und nehmen mit ihren neuen Namen einen neuen Sinn an. Der Dichter gebraucht Bilder und Tropen zum Vergleich; er nennt zum Beispiel das Feuer eine rote Blume oder er gibt einem alten Wort ein neues Beiwort oder sagt wie Baudelaire, daß der Kadaver seine Beine wie eine schamlose Frau in die Luft strecke. Auf diese Weise nimmt der Dichter seine semantische Verschiebung vor, er löst einen Begriff aus der semantischen Reihe heraus, in der er sich befand, und versetzt ihn mit Hilfe eines anderen Worts (einer Trope) in eine andere semantische Reihe. Wir empfinden den Gegenstand als etwas Neues, da er sich in einer neuen Reihe befindet. Das neue Wort umhüllt ihn wie ein neues Kleid. Das Schild ist abgenommen. Dies ist eins der Mittel, den Gegenstand wahrnehmbar zu machen, ihn in ein Element zu verwandeln, das Material eines Kunstwerks werden kann. Ein anderes Mittel besteht darin, eine Stufenform zu schaffen. Das Objekt verdoppelt und verdreifacht sich durch das Medium seiner vielfältigen Spiegelungen und Nebeneinanderstellungen.

[...] (L 271, S. 75 - 76)

VIII, 2 Jan Mukařovský

Aus: *Kapitel aus der Poetik*

[...]

Die strukturelle Ästhetik gehört den objektivistischen Richtungen an, d. h. denen, die zum Ausgangspunkt (nicht jedoch zum ausschließlichen Ziel) ihrer Erforschung das *ästhetische Objekt* bestimmen, d. h. das Kunstwerk, ein Objekt freilich, das nicht im materiellen Sinne verstanden werden darf, sondern als das äußere Erscheinungsbild einer immateriellen Struktur, d. h. eines dynamischen Gleichgewichts der Kräfte, die durch die einzelnen Elemente dargestellt werden. Die Dynamik der künstlerischen Struktur hat ihren Ursprung darin, daß ein Teil ihrer Elemente jeweils den Stand bewahrt, der durch die Konventionen der jüngsten Vergangenheit gegeben ist, während der andere diesen Stand umgestaltet; dadurch entsteht eine Spannung, die zum Ausgleich drängt, d. h. zu einer neuen, weiteren Veränderung der künstlerischen Struktur. Obgleich jedes Kunstwerk für sich genommen eine Struktur bildet, ist die künstlerische Struktur nicht die Angelegenheit eines einzigen Werks, sondern sie dauert in der Zeit, indem sie bei ihrem Fortschreiten von einem Werk auf das andere übergeht und sich dabei ständig verändert; die Veränderungen ergeben sich aus der stetigen Umgruppierung der gegenseitigen Beziehungen und aus der relativen Wichtigkeit der einzelnen Elemente; im Vordergrund stehen immer diejenigen unter ihnen, die ästhetisch aktualisiert werden, d. h. die, welche mit dem bisherigen Stand der künstlerischen Konvention im Widerspruch stehen; die zweite Gruppe, die sich aus den Elementen zusammensetzt, die sich der bisherigen Konvention unterordnen, bildet den Hintergrund, vor dem sich die Aktualisierung der ersten Gruppe abzeichnet und vor dem sie empfunden wird. Es ist natürlich, daß die einzelnen Elemente im Laufe der Entwicklung in diesen Gruppen ihre Plätze wechseln – dies ergibt eine Umgruppierung des Ganzen.

[...]

Ein weiteres charakteristisches Merkmal der strukturellen Ästhetik ist ihre Aufmerksamkeit gegenüber dem *Zeichen* und der *Bedeutung*. Als ein Zeichen, das zwischen dem Künstler und dem Aufnehmenden vermittelt, begreift diese wissenschaftliche Auffassung vor allem das Kunstwerk als Ganzes und für sich genommen; daher rührt – in einem anderen Sinne als bei Croce, der die Kunst und die Sprache als einen unmittelbaren Ausdruck der Persönlichkeit betrachtet – die gegenseitige Annäherung der Ästhetik und der Linguistik als der Wissenschaft von der grundlegenden Art von Zeichen, der menschlichen Sprache. Da es die Beschaffenheit eines Zeichens hat, entspricht das Kunstwerk weder ganz dem Seelenzustand, der es beim Autor entstehen ließ, noch dem, den es beim Aufnehmenden herstellt; die Seelenzustände, mit denen es somit aktiv oder passiv in Beziehung tritt, enthalten jeweils – neben den Umrissen, die durch das Kunstwerk gegeben sind – auch noch die individuellen, unwiederholbaren und vom Standpunkt der objektiven (d. h. überpersönlichen) ästhetischen Struktur zufälligen Züge. Was wir aber von dem Seelenzustand des Autors im Kunstwerk objektiviert finden als „Erlebnis“ des Autors, ist schon eine Bedeutungseinheit, die in dem ganzen System des künstlerischen Aufbaus ihren festen Standort hat; nur so können die ziemlich häufigen Fälle einer „Vorwegnahme“ eines Erlebnisses im Schaffen erklärt werden, solche, bei denen ein Autor eine bestimmte Situation künstlerisch bearbeitet, ehe er sie erlebt hat. Das „Ich“, das *Subjekt*, das zwar auf verschiedenste Weise, aber in jeder Kunst und in jedem Werk irgendwie erscheint, ist weder mit irgendeinem konkreten leibseelischen Individuum identisch noch mit dem des Autors. Dies ist der Punkt, auf den sich der ganze künstlerische Aufbau des Werks konzentriert und zu dem hin dieser Aufbau angeordnet ist, auf den jedoch eine beliebige Persönlichkeit projiziert werden kann, die eines Autors wie die eines Aufnehmenden (das „Durchleben“ eines Werks durch den Aufnehmenden).

[...]

Die *dichterische Sprache* ist eines der sprachlich funktionalen Gebilde, das sich von den übrigen dadurch unterscheidet, daß es die sprachlichen Mittel im Sinne eines ästhetischen Selbstzwecks benutzt, also nicht zum Zweck der Mitteilung; da jedoch diese Mittel selbst größtenteils der Mitteilungssprache entstammen und da die dichterische Sprache ihrerseits wieder auf die Sprache einen Einfluß ausübt, beschäftigt sich die strukturelle Literaturwissenschaft nicht nur mit der dichterischen Sprache, sondern auch mit dem Verhältnis dieser Sprache zur mitteilenden Sprache als Gesamtheit und zu deren einzelnen funktionalen Aspekten; unter diesen besonders mit dem Verhältnis zur Schriftsprache, mit deren Entwicklung die Dichtersprache eng verbunden ist; daher rührt die enge Beziehung der strukturellen Literaturwissenschaft zur funktionellen Linguistik, eine Beziehung; die das Entstehen einer strukturellen Literaturforschung eigentlich erst ermöglicht hat. Die Stellung der dichterischen Sprache *innerhalb der Struktur* der Dichtung ist so zentral, daß sich in der Dichtersprache alle Probleme der Dichtung widerspiegeln, und zwar nicht nur der Versdichtung, sondern auch der poetischen Prosa; so muß beispielsweise sogar eine Geschichte des Romans oder der Erzählung, wenn sie die Entwicklung dieser Gattungen als ununterbrochene Linie erfassen soll, die durch die innere Gesetzmäßigkeit der poetischen Strukur geleistet wird, notwendig von der Entwicklung der semantischen Struktur ausgehen, die ihre Wurzeln freilich in der Sprache hat und besonders mit dem Satz als der grundlegenden semantischen Konstruktion und mit seiner Entwicklung zusammenhängt. Auch die *Unterscheidung der Gattungen* findet in der Dichtung einen stärkeren Niederschlag im Material als in den anderen Künsten; die Gattung offenbart sich hier als ein kompliziertes Gefüge vieler verschiedener Kompositionsmittel (nicht nur als ein bestimmter thematischer Bereich), und die sprachlichen Elemente kommen in der Struktur der Gattung semantisch zur Geltung.

[...]

Zwischen der inneren Zusammensetzung des Sprachzeichens in der Dichtersprache und in Äußerungen mitteilender Art besteht also ein erheblicher Unterschied: hier konzentriert sich die Aufmerksamkeit besonders auf das Verhältnis zwischen Benennung und Realität, dort jedoch tritt die Verbindung von Benennung und umgebendem Kontext in den Vordergrund. Dies bedeutet jedoch nicht, daß die informative Benennung ganz dem Einfluß des Kontextes entzogen, oder daß andererseits die poetische Benennung ganz von ihrer Beziehung zur Realität losgelöst wäre; es geht hier sozusagen nur um eine Verschiebung des Schwerpunkts. Die Abnahme der unmittelbaren Beziehung zur Realität macht aus der Benennung ein poetisches Verfahren; deshalb kann eine dichterische Äußerung (solange sie als solche erfaßt wird) nicht nach den für die Wahrhaftigkeit mitteilender Äußerungen geltenden Maßstäben bewertet werden: die poetische Fiktion ist noetisch ganz verschieden von einem „Hirngespinst“, das bewußt oder unbewußt irreführt. Der Wert der poetischen Benennung besteht allein in der Aufgabe, die sie im semantischen Gesamtaufbau des Werks erfüllt.

(L 192, S. 13 - 14, 15 - 16, 28 - 29 u. 46 - 47)

VIII, 3 Roland Barthes

Aus: *Die Kritik*

Die Kritik ist nicht die Wissenschaft; diese behandelt die Bedeutungen, jene bringt welche hervor. Sie hat, wie schon gesagt worden ist, eine Zwischenstellung inne zwischen Wissenschaft und Lektüre. Sie verleiht der reinen lesenden Rede eine

Sprache und gibt der mythischen Sprache, aus der das Werk besteht und die die Wissenschaft behandelt, eine Rede (unter anderen).

Die Beziehung der Kritik zum Werk ist die einer Bedeutung zu einer Form. Der Kritiker kann nicht den Anspruch erheben, das Werk zu „übersetzen", insbesondere nicht in größere Klarheit, denn nichts ist klarer als das Werk. Was er tun kann, ist eine bestimmte Bedeutung „zeugen", indem er sie von einer Fom, die das Werk ist, ableitet. Wenn er liest: „Die Tochter des Minos und der Pasiphae", besteht seine Aufgabe nicht darin, klarzustellen, daß Phädra gemeint ist (das besorgen vortrefflich die Philologen), sondern ein Bedeutungsnetz zu konzipieren, in dem nach bestimmten logischen Forderungen, auf die ich gleich zu sprechen komme, das chthonische und das solare Thema ihren Platz finden. Der Kritiker verdoppelt die Bedeutungen, er läßt über der ersten Sprache des Werkes eine zweite Sprache schweben, das heißt ein Netz aus Zeichen. Es handelt sich im Grunde um eine Art Anamorphose, die natürlich, da einerseits das Werk sich nie für eine reine Widerspiegelung eignet (es ist kein spiegelbares Objekt wie ein Apfel oder eine Schachtel) und andererseits die Anamorphose selbst eine kontrollierte Umwandlung ist, optischen Notwendigkeiten unterliegt: das, was es widerspiegelt, muß es umwandeln; und zwar nur nach bestimmten Gesetzen und immer in derselben Richtung. Das sind die drei Notwendigkeiten der Kritik:

Der Kritiker kann nicht „irgend etwas" sagen. Kontrolliert wird seine Aussage jedoch nicht durch die moralische Befürchtung, „irre zu reden"; zunächst einmal schon deswegen nicht, weil er anderen die unwürdige Sorge überläßt, mit Selbstgewißheit Vernunft und Unvernunft zu trennen, und zwar in einem Jahrhundert, in dem deren Trennung gerade wieder fraglich geworden ist; außerdem, weil die Literatur zumindest seit Lautréamont das Recht hat, „irre zu reden", und die Kritik sehr wohl nach poetischen Motiven in ein Delirium geraten könnte, wenn sie es nur erklärte, und schließlich, weil der Wahn von heute oft die Wahrheit von morgen ist. Wäre Taine einem Boileau nicht als „irre redend" erschienen und Georges Blin nicht einem Brunetière? Nein, wenn der Kritiker gehalten ist, etwas zu sagen (und nicht irgend etwas), so deshalb, weil er dem Sprechen (des Schriftstellers und seinem eigenen) eine Bedeutungsfunktion zuerkennt, und weil infolgedessen die Anamorphose, der er das Werk unterwirft (und der sich zu entziehen niemand auf der Welt die Macht hat), geleitet wird von den formalen Notwendigkeiten der Bedeutung. Man schafft nicht Bedeutung auf irgendeine beliebige Weise (wer das bezweifelt, soll es einmal versuchen); den Kritiker rechtfertigt nicht die Bedeutung des Werkes, sondern die Bedeutung dessen, was er darüber sagt.

[...]

Gewiß, die Kritik ist eine Art Tiefenlektüre (besser: eine profilierte Lektüre); sie gilt den intelligiblen Momenten der Werke, und dadurch, das ist richtig, nimmt sie teil an dem, was man Interpretation nennt. Gleichwohl kann das, was sie ans Licht holt, nie das Bedeutete sein (denn das Bedeutete weicht immer wieder zurück bis zur Leere des Subjekts), es können nur Symbolreihen, Beziehungshomologien sein. Die Bedeutung, welche die Kritik dem Werk gibt, ist schließlich nur ein neues Aufblühen der Symbole, aus denen das Werk sich zusammensetzt. Ein Kritiker, der Mallarmés Fächer und Vogel eine gemeinsame Bedeutung abgewinnt – die des Hin und Her, des Virtuellen –, bezeichnet keine letzte Wahrheit des Bildes, vielmehr ein neues Bild, das seinerseits in der Schwebe bleibt. Die Kritik ist keine Übersetzung, sondern eine Paraphrase; sie darf nicht hoffen, den „Grund" des Werkes zu erreichen, denn dieser Grund ist das Subjekt selbst, also eine Absenz. Jede Metapher ist ein Zeichen ohne „Grund"; gerade dieses Fernsein des Bedeuteten wird durch die Fülle der Symbole bezeichnet. Der Kritiker kann die Metaphern des Werkes allenfalls fortsetzen, nicht aber sie auf etwas zurückführen. Noch einmal: es gibt im Werk ein gleichsam vergrabenes und objektives Bedeutetes, das Symbol ist nur Euphemismus, die Literatur ist lediglich Verkleidung, und die Kritik ist nur Philologie. Es führt zu nichts, Literatur auf das zurückzuführen, was zutage liegt; die Funktion des Werkes kann es nicht sein, denen den Mund zu verschließen, die es lesen. Aber es ist kaum weniger nutzlos, im Werk das zu suchen, was es sagen würde, ohne es zu sagen, und in ihm ein höchstes Geheimnis zu vermuten, dem, sobald es entdeckt wäre, ebenfalls nichts mehr hinzuzufügen wäre. Was man auch von einem literarischen Werk sagen mag, es bleibt ihm immer, wie in seinem ersten Augenblick, Redeweise, Subjekt, Absenz.

[...]

(L 256, S. 168 - 169, 171 - 172)

VIII, 4 Roland Barthes

Aus: *Die strukturalistische Tätigkeit*

[...]
Das Ziel jeder strukturalistischen Tätigkeit, sei sie nun reflexiv oder poetisch, besteht darin, ein „Objekt" derart zu rekonstruieren, daß in dieser Rekonstitution zutage tritt, nach welchen Regeln es funktioniert (welches seine „Funktionen" sind). Die Struktur ist in Wahrheit also nur ein *simulacrum* des Objekts, aber ein gezieltes, „interessiertes" Simulacrum, da das imitierte Objekt etwas zum Vorschein bringt, was im natürlichen Objekt unsichtbar oder, wenn man lieber will, unverständlich blieb. Der strukturale Mensch nimmt das Gegebene, zerlegt es, setzt es wieder zusammen; das ist scheinbar wenig (und veranlaßt manche Leute zu der Behauptung, die strukturalistische Arbeit sei „unbedeutend, uninteressant, unnütz" usw.). Und doch ist dieses Wenige, von einem anderen Standpunkt aus gesehen, entscheidend; denn zwischen den beiden Objekten, oder zwischen den beiden Momenten strukturalistischer Tätigkeit, bildet sich etwas *Neues,* und dieses Neue ist nichts geringeres als das allgemein Intelligible; das Simulacrum, das ist der dem Objekt hinzugefügte Intellekt, und dieser Zusatz hat insofern einen anthropologischen Wert, als er der Mensch selbst ist, seine Geschichte, seine Situation, seine Freiheit und der Widerstand, den die Natur seinem Geist entgegensetzt.

Man sieht also, warum von strukturalistischer Tätigkeit gesprochen werden muß: Schöpfung oder Reflexion sind hier nicht originalgetreuer „Abdruck" der Welt, sondern wirkliche Erzeugung einer Welt, die der ersten ähnelt, sie aber nicht kopieren, sondern verständlich machen will. Man kann also sagen, der Strukturalismus sei im wesentlichen eine Tätigkeit der Nachahmung, und insofern gibt es strenggenommen keinerlei *technischen Unterschied* zwischen wissenschaftlichem Strukturalismus einerseits und der Kunst andererseits, im besonderen der Literatur: beide unterstehen einer *Mimesis,* die nicht auf der Analogie der Substanzen gründet (wie in der sogenannten realistischen Kunst), sondern auf der der Funktionen (was LÉVI-STRAUSS *Homologie* nennt).

(L 256, S. 154)

VIII, 5 Tzvetan Todorov

Aus: *Poetik*

[...]

Hier ist nicht das literarische Werk selbst Gegenstand der strukturalen Aktivität: was diese erfragt, sind die Eigentümlichkeiten dieser besonderen, nämlich der literarischen Rede. Jedes Werk wird also nur als die Manifestation einer weit allgemeineren abstrakten Struktur betrachtet, von der sie nur eine mögliche Verwirklichung ist. Insofern befaßt sich diese Wissenschaft nicht mehr mit der wirklichen Literatur, sondern mit der möglichen, mit anderen Worten: mit der abstrakten Eigenschaft, welche die Eigentümlichkeit des literarischen Faktums ausmacht, der *Literalität.* Das Ziel dieser Untersuchung ist nicht mehr, eine Paraphrase zu artikulieren, ein durchdachtes Resümee des konkreten Werks, sondern eine Theorie der Struktur und des Funktionierens der literarischen Rede vorzulegen, eine Theorie, die ein Bild der literarischen Möglichkeiten liefert, so daß die bestehenden literarischen Werke als realisierte Einzelfälle erscheinen. Das Werk wird sich also auf etwas anderes als es selbst projiziert finden, wie im Fall der psychologischen oder soziologischen Kritik, dieses andere ist dennoch nicht mehr eine heterogene Struktur, sondern die Struktur der literarischen Rede selbst. Der einzelne Text ist nur ein Beispiel, das es erlaubt, die Eigentümlichkeiten der Literalität zu beschreiben.

[...]

Auf den ersten Blick könnte man meinen, daß uns das Drama bereits mit dieser Situation vertraut gemacht hat, die sich durch das Fehlen jeder deskriptiven Rede des Erzählers auszeichnet: im Drama wird jedes Wort im Namen der Personen verkündet, und wir kennen sie durch dieses Wort. Aber der Unterschied zwischen den beiden literarischen Formen ist tiefer: in einer Erzählung, in der der Erzähler „ich" sagt, spielt eine Person vor allen anderen eine besondere Rolle; im Drama stehen alle auf derselben Ebene. Man könnte die beiden Gattungen sogar als entgegengesetzt betrachten, insofern uns die Ich-Erzählung einer neuen Art des Aussagevorgangs gegenüberstellt, die wir, im Gegensatz zum *Sprechen* der Personen, das *Schreiben* nennen könnten, wobei wir diesen Gebrauch des Worts mit dem verknüpfen, den André Jolles sich zu eigen machte, als er vom Schreiben als von einem „ewigen Bewußtsein der Sprache" redete. In der Tat unterscheidet sich die Erzählung des Erzählers vom simplen berichteten Wort durch die Tatsache, daß der Erzähler sich seiner bewußt wird und die Verantwortung für es übernimmt. Der Erzähler *spricht* nicht, wie die Protagonisten der Erzählung, er *erzählt*. Die Erzählung auf eine Vision reduzieren, heißt die Existenz des Schreibens nicht gewahr werden.

Die erzählende Person ist also keine Person wie die anderen; aber sie ähnelt auch nicht dem außenstehenden Erzähler, wie wir ihn oben beobachteten. Es hieße das „ich" mit dem wirklichen Subjekt des Aussagevorgangs verwechseln, welches das Buch erzählt. Sobald das Subjekt des Aussagevorgangs zum Subjekt der Aussage wird, sagt nicht mehr dasselbe Subjekt etwas aus. Von sich selbst sprechen bedeutet, nicht mehr dasselbe „Selbst" sein. Der Erzähler ist namenlos: wenn man ihm einen Namen geben möchte, überläßt er uns den Namen, ist jedoch hinter diesem unauffindbar; er flieht ewig in die Anonymität. Der Erzähler des Buchs ist ebenso flüchtig wie irgendein anderes Subjekt des Aussagevorgangs, das der Definition nach nicht dargestellt werden kann. In „Er läuft" gibt es „er", das Subjekt der Aussage, und „ich", das Subjekt des Aussagevorgangs. In „Ich laufe" schiebt sich ein *Subjekt des ausgesagten Aussagevorgangs* zwischen beide und raubt jedem einen Teil seines vorherigen Inhalts, ohne sie jedoch gänzlich zum Verschwinden zu bringen: es überflutet sie nur. Denn das „er" und das „ich" bestehen weiterhin: dieses „ich", das läuft, ist nicht dasselbe wie das, welches aussagt. „Ich" reduziert nicht zwei auf eines, sondern macht aus zwei drei.

Der wahre Erzähler, das Subjekt des Aussagevorgangs eines Textes, in dem eine Person „ich" sagt, wird dadurch nur um so mehr verkleidet. Die Ich-Erzählung expliziert nicht das Bild ihres Erzählers, sondern macht es im Gegenteil noch impliziter. Und jeder Versuch einer Erklärung kann nur zu einer immer vollkommeneren Verschleierung des aussagenden Subjekts führen; diese Rede, die sich als Rede bekennt, verbirgt nur schamhaft ihre Eigenschaft als Rede.

[...]

Nur auf der Ebene der Strukturen läßt sich die literarische Evolution beschreiben; nicht nur verhindert die Kenntnis der Strukturen nicht die der Evolution, sondern es ist auch der einzige Weg, der uns offensteht, um die Evolution erörtern zu können.

Dieser neue Untersuchungstypus ist um so erforderlicher, als die Beschreibung eines Textes niemals vollständig ist, wenn sie sich auf diesen einen Text beschränkt. Ein Werk gewinnt seinen Sinn immer nur in bezug auf andere Werke, auf ein System von Werten und Bedeutungen. In seinem Buch über die strukturale Poetik hat Jurij Lotman klar gezeigt, daß der Sinn des Textes stets mehr ist als der Text selbst. Folglich muß eine Untersuchung, die dem Text treu bleibt, ihn immerfort verlassen.

(L 298, S. 108 - 109, 128 - 129 u. 164 - 165)

VIII, 6 Roman Jakobson

Aus: *Der grammatische Bau des Gedichts von B. Brecht*

„Wir sind sie"

[...]
Dies sind die Worte Bertolt Brechts, die der Dichter zur Verteidigung der grammatischen Eigengesetzlichkeit seiner Verse anführte: „Ego, poeta Germanus, supra grammaticos sto." Mit Recht hatte A. N. Kolmogorov den grammatischen Bau der Poesie als deren allzu wenig beachtete Dimension gekennzeichnet. Zwar gibt es unter den Literaturforschern der verschiedenen Länder, Sprachen, Lehrmeinungen und Generationen immer noch solche, die in einer Strukturanalyse von Versen einen verbrecherischen Einbruch der Sprachwissenschaft in eine verbotene Zone erblicken, aber es gibt auch Sprachforscher verschiedener Observanz, die von vornherein die Dichtersprache aus dem Kreis der die Linguistik interessierenden Themen ausschließen. Es ist eben Sache der Troglodyten, Troglodyten zu bleiben.

Unser Buch „Die Poesie der Grammatik und die Grammatik der Poesie" schließt mit Proben einer grammatischen Analyse verschiedensprachlicher Gedichte aus dem 14. bis 20. Jahrhundert; die letzte Studie behandelt ein Gedicht, das B. Brecht (1898 - 1956) im Jahre 1930 schrieb. Ursprünglich war das Gedicht in seinem Lehrstück „Die Maßnahme" enthalten (vgl. Brecht, „Versuche" 1 - 12, Heft 1 - 4 in der Berliner Neuausgabe vom Jahre 1963), wurde aber später selbständig im Gedichtband „Lieder Gedichte Chöre" (Paris 1934) veröffentlicht:

1 Wer aber ist die Partei?
2 Sitzt sie in einem Haus mit Telefonen?
3 Sind ihre Gedanken geheim, ihre Entschlüsse unbekannt?
4 Wer ist sie?

5 Wir sind sie.
6 Du und ich und ihr – wir alle.
7 In deinem Anzug steckt sie, Genosse, und denkt in deinem Kopf.
8 Wo ich wohne, ist ihr Haus, und wo du angegriffen wirst, da kämpft sie.

9 Zeige uns den Weg, den wir gehen sollen, und wir
10 Werden ihn gehen wie du, aber
11 Gehe nicht ohne uns den richtigen Weg.
12 Ohne uns ist er
13 Der falscheste.
14 Trenne Dich nicht von uns!
15 Wir können irren, und du kannst recht haben, also
16 Trenne dich nicht von uns!

17 Daß der kurze Weg besser ist als der lange, das leugnet keiner
18 Aber wenn ihn einer weiß
19 Und vermag ihn uns nicht zu zeigen, was nützt uns seine Weisheit?
20 Sei bei uns weise!
21 Trenne Dich nicht von uns!

In der genannten Pariser Ausgabe ist das Gedicht nach der ersten fragenden Strophe „Wer aber ist die Partei?“ betitelt, in der Berliner Anthologie Brechts „Hundert Gedichte“ (1951) nach der ersten antwortenden Zeile der zweiten Strophe „Wir sind sie“. Das Gedicht stammt aus der Blütezeit seines Schaffens, die sich annähernd mit dem dritten Jahrzehnt seines Lebens und dem dritten Dezennium unseres Jahrhunderts deckt: diese Periode wird eingeleitet durch „Die Dreigroschenoper“ (1928) sowie den „Aufstieg und Fall der Stadt Mahagonny“ (1928 - 29), und durch zwei nicht minder bedeutende Dramen „Leben des Galilei“ (1938 - 39) sowie „Mutter Courage und ihre Kinder“ (1939) abgeschlossen.

In die gleiche Zeitspanne kämpferischen Suchens „unter schwierigen Umständen“ fällt auch Wolfgang Steinitz’ Buch über den „Parallelismus in der finnisch-karelischen Volkspoesie“ [1]. Die „Grammatik des Parallelismus“, eine kühne Fragestellung, hat in diesem Werk zum ersten Mal eine wissenschaftliche Lösung erfahren. Der grammatische Parallelismus dient als kanonisches Mittel in der von Steinitz sorgfältig untersuchten finnisch-karelischen Tradition und ganz allgemein in der uralischen und altaischen Folklore, aber auch in vielen anderen Arealen der Weltpoesie; er gehört z. B. zum unabdingbaren Prinzip der altchinesischen Wortkunst, er liegt dem chanaanischen und insbesondere dem altbiblischen Vers zugrunde. Aber auch in jenen Versifikationssystemen, in denen der grammatische Parallelismus nicht zu den obligatorischen Regeln zählt, unterliegt seine kardinale Rolle im Aufbau und in der Komposition der Verse keinem Zweifel. Die programmatischen Thesen des Forschers bleiben für alle poetischen Formen in Kraft: „Die Untersuchung des Wortparallelismus wird nach verschiedenen Richtungen hin zu geschehen haben. Einmal handelt es sich um die *inhaltlichen* Beziehungen der Wortpaare: nach welchen (psychologischen) Gesetzen findet die Parallelisierung statt. Sodann: welche *formale* Übereinstimmung herrscht zwischen den parallelen Worten (bzw. Elementen). Sehr wichtig erscheint auch die Feststellung der *grammatischen* Kategorien, die parallelisiert werden. Weiterhin sind die Begriffskategorien, die parallelisiert werden, und die Beziehungen, die zwischen Wortparallelismus und Alliteration bestehen, zu untersuchen“ (op. laud., 179; Hervorhebung im Original).

Diese Probleme tauchen auf bei aufmerksamer Lektüre des Brechtschen Gedichts „Wir sind sie“, eines Musterbeispiels jener künstlerischen Neuerungen des Dichters, die in seinem Aufsatz „Über reimlose Lyrik mit unregelmäßigen Rhythmen“ eine klare Charakteristik erhielten (‚Das Wort‘, 1939; jetzt auch in „Versuche“ 27/32, Heft 12, Berlin 1961, 137 - 143). Die Unterdrückung des Reims und der metrischen Norm läßt die grammatische Architektonik des Verses im ganzen Gedicht besonders deutlich hervortreten. In den Kommentaren zu Brechts Schaffen wurden seine bevorzugten Kunstmittel – Kontrastierung zusammengehöriger Sätze, Parallelismus, Wiederholung, Inversion – mit seiner aufschlußreichen Antwort auf die Frage eines Journalisten verglichen, welches Buch den Dichter am meisten beeinflußt hätte; die Antwort lautete: „Sie werden lachen – die Bibel" (‚Die Dame', Berlin, 10. 1. 1928).

Das oben angeführte Gedicht besteht aus vier Strophen, entsprechend der Zahl der „vier Agitatoren" in Brechts Lehrstück, die vor einem Gericht des „Kontrollchores" ihr Gespräch mit dem von ihnen getöteten „jungen Genossen" wiedergeben: „Sie stellen sich drei gegen einen auf, einer von den vieren stellt den jungen Genossen dar." Die erste Strophe gibt die Rede des jungen Genossen wieder, die übrigen drei Strophen sind den Agitatoren in den Mund gelegt, wobei laut Anweisung des Verfassers „der Text der drei Agitatoren aufgeteilt werden kann" (354). Die Länge der vier Strophen ist verschieden: auf zwei Vierzeiler (I, II) folgt ein Achtzeiler (III) und ein Fünfzeiler (IV). Gemäß der skurrilen und aufdringlich konsequenten Interpunktion Brechts enthalten die Strophen mit der geringsten Verszahl, nämlich die beiden ersten Verse, je vier Gesamtsätze *(sentences),* die Strophen mit mehr als vier Versen, nämlich die beiden letzten, je drei. Auf die vier Fragesätze der ersten Strophe, die je einen Vers einnehmen, antwortet die zweite Strophe mit Aussagesätzen zu wiederum je einem Vers. Sowohl die dritte als auch die vierte Strophe enden auf je zwei Ausrufesätze, wobei der Fragesatz des vierten Verses an die vier Fragesätze der ersten Strophe anklingt. Der erste Satz der dritten Strophe ist einerseits mit den vier Aussagesätzen der zweiten Strophe durch seine Aussageform innerlich verwandt. In diesem syntaktischen Zug, wie auch in einer ganzen Reihe anderer grammatischer Eigenheiten, offenbart sich die geschlossene Komposition des Gedichts. Das folgende Schema gibt die syntaktischen Entsprechungen innerhalb der Strophen wieder:

I	? ? ? ?	II	. . . .
IV	? ! !	III	. ! !

Das Bertolt Brecht-Archiv in Berlin hat uns liebenswürdigerweise den gleichen Text in zwei verschiedenen Varianten zur Verfügung gestellt, die im Zuge der Arbeit Brechts an seinem Lehrstück „Die Maßnahme" entstanden waren (die erste Variante trägt die Signatur 460/33, die zweite die Signatur 401/32 - 33). Ein Vergleich der beiden Varianten untereinander ebenso wie eine Gegenüberstellung der in den Drucktext des Lehrstücks aufgenommenen Version mit der endgültigen Redaktion des in den Band „Lieder Gedichte Chöre" aufgenommenen Gedichts zeigt, daß sich die ursprüngliche Phrasierung des Textes von der späteren Redaktion immerhin unterschied. Sowohl in den beiden Varianten des Brecht-Archivs, als auch im Drucktext des Lehrstücks stand am Ende des Verses [7] *In deinem Anzug steckt sie, Genosse, und denkt in deinem Kopf* noch kein Punkt, wobei Brecht ganz allgemein das Komma am Versende hartnäckig ausließ. In der älteren handschriftlichen Version lautete der 18. Vers ursprünglich „aber *wer weiß ihn? und* wenn ihn einer weiß", doch wurden die hier durch Kursivschrift hervorgehobenen

Worte der Maschinenschrift später vom Autor selbst getilgt. Im Urtext sah die Verteilung der Sätze innerhalb der Strophen folgendermaßen aus:

I	? ? ? ?	II	. . .
IV	? ? ! !	III	. ! !

Der gemeinsame Nenner der Strophen I und II ließe sich demnach folgendermaßen formulieren: alle Sätze umfassen je einen Vers und sind innerhalb der Strophe syntaktisch gleichartig; die Strophen III und IV enden auf je zwei Ausrufesätze; die Strophen I und IV enthalten je vier, die Strophen II und III je drei Sätze; außer den beiden Ausrufesätzen, die sowohl die dritte als auch die vierte Strophe beschließen, sind alle Sätze in der ersten und der vierten Strophe Fragesätze, in der zweiten und dritten Strophe Aussagesätze. Nicht nur die Verteilung grammatisch verschiedener Satztypen, sondern vor allem die Verteilung der grammatischen Kategorien innerhalb der vier Strophen zeigt eindeutig, daß das Gedicht in zwei *Paare* von Strophen gegliedert ist, in ein Anfangspaar und in ein Endpaar. Die grammatischen Übereinstimmungen zwischen den beiden Strophen innerhalb jedes dieser Paare kann man als Binnenpaar-Entsprechungen ansehen. Solche Binnenpaar-Entsprechungen gibt es sowohl innerhalb des Anfangs- als auch innerhalb des Endpaares. Andererseits lassen sich grammatische Eigentümlichkeiten feststellen, die je zwei Strophen verschiedener Paare eigen sind, mit anderen Worten Zwischenpaar-Entsprechungen. Es ist bezeichnend, daß das Gedicht „Wir sind sie" eigentlich keine grammatischen Übereinstimmungen zwischen den beiden ungeraden und den beiden geraden Strophen kennt, wobei aber andererseits gemeinsame Züge die zweite Strophe mit der dritten und die erste Strophe mit der vierten verbinden. Dies bedeutet so viel, daß die beiden Strophenpaare hier nicht durch direkte, sondern durch Spiegelbildsymmetrie miteinander verknüpft sind, wobei alle vier Strophen ein geschlossenes grammatisches Ganzes bilden: die erste Strophe steht in Korrelation mit der zweiten, die zweite mit der dritten, die dritte mit der vierten und die vierte mit der ersten. Die grammatischen Entsprechungen zwischen der Anfangs- und der Endstrophe werden im weiteren als *periphere*, die zwischen der zweiten und der dritten Strophe als *mittlere* Entsprechungen bezeichnet. Aus dem Vergleich der Verteilung der Gesamtsätze in den Strophen verschiedener Redaktion geht hervor, daß der Urtext Zwischenpaar-Entsprechungen bevorzugte, während die Endfassung den Binnenpaar-Entsprechungen den Vorrang gab.

Der weitere Textabschnitt, der dem hier wiedergegebenem Gespräch des „jungen Genossen" mit den Agitatoren folgt, die Chornummer „Lob der Partei", ist zugleich mit den übrigen Tiraden des Kontrollchores dazu berufen, in Brechts Stück eine rein organisatorische, strategische Rolle zu spielen. Dies hängt wiederum mit der Forderung des Dichters zusammen, „melodische Buntheit zu vermeiden" (S. 352). Das Streben nach einheitlicher Form dieses Chorals offenbart sich in einem kanonischen, wahrlich biblischen Parallelismus, der den ersten vier der sechs Zweizeiler dieses Panegyrikums zugrunde liegt:

[1]Der Einzelne hat zwei Augen.
[2]Die Partei hat tausend Augen.

[3]Die Partei sieht sieben Staaten
[4]Der Einzelne sieht eine Stadt.

[5]Der Einzelne hat seine Stunde
[6]Aber die Partei hat viele Stunden.

[7]Der Einzelne kann vernichtet werden
[8]Aber die Partei kann nicht vernichtet werden.

Abgesehen von der strengen grammatischen und lexikalischen Symmetrie, wird jedes Verspaar durch dreifache Klangwiederholung zusammengeschweißt: [1]Ei*nzelne* – *zw*ei – [2]*Part*ei; [1]Aug*en* – [2]*tausend* – Aug*en*; [3]*Part*ei – [4]Ei*nzelne* – ei*ne*; [3]sie*ht* – sie*ben* – [4]sie*ht*; [5]Einz*elne* – *seine* – [6]*Part*ei; [7]*ver*nicht*et* – [8]nicht – *ver*nicht*et*.

Das Gedicht „Wir sind sie", welches im Lehrstück *vor* dem Panegyrikum steht, im Sammelband „Lieder Gedichte Chöre" aber unmittelbar auf dieses *folgt*, verwendet, bei aller Launenhaftigkeit seiner Komposition, überaus anschaulich die Gegenüberstellung gleichförmiger syntaktischer Konstruktionen, und zwar unter Ausnützung gleichartigen Wortmaterials:

[1]Wer aber ist die Partei?
[4]Wer ist sie?

[3]Sind ihre Gedanken geheim,
ihre Entschlüsse unbekannt?

[7]In deinem Anzug steckt sie, Genosse,
und denkt in deinem Kopf.

[8]Wo ich wohne, ist ihr Haus,
und wo du angegriffen wirst, da kämpft sie.

Der Text ist durchwirkt von so typischen Äußerungen des Parallelismus, wie etwa Wiederholung einzelner Wörter oder ganzer Wortgruppen (z. B. [14], [16], [21] *Trenne Dich nicht von uns!*), oder Variierung einzelner Wörter, d. h. Ausnützung verschiedener Glieder eines Paradigmas bzw. verschiedener Bildungen von ein und derselben Wurzel: [2]*in einem Haus* – [8]*ihr Haus*, [9], [11]*den Weg*, – [17]*der Weg*, [9], [15]*wir* – [11], [12]*ohne uns* – [14], [16]*von uns*, [9]*gehen sollen* – [10]*werden gehen* – [11]*gehe*, [9]*zeige* – [19]*zu zeigen;* [3]*Gedanken* – [7]*denkt*, [11]*richtigen* – [15]*recht haben*, [18]*weiß* – [19]*Weisheit* – [20]*weise*.

Sowohl das Polyptoton als auch das Paregmenon lassen die grammatischen Kategorien um so schärfer hervortreten, so daß ihre Verteilung zu einem erstrangigen Faktor des gesamten Gedichtes wird.

Innerhalb des Gesamttextes, der 142 Wörter enthält, bietet das quantitative Verhältnis zwischen den einzelnen Wortklassen eine Reihe charakteristischer Eigentümlichkeiten. Das Gedicht enthält 13 substantivische Nomina und 40 substantivische Pronomina, ferner 8 adjektivische Nomina und ebenso viele adjektivische Pronomina, denen sich 7 Artikelformen hinzugesellen (eine *Null*form des unbestimmten Artikels steht außerhalb der von uns gezählten tatsächlich vorhandenen Wörter). Bei Vorhandensein von 6 pronominalen Adverbien fehlen nominale Adverbien völlig. Die Verben sind durch 20 lexikalische und 13 formale Verben vertreten, die sich von der ersteren nicht nur durch ihren semantischen Bau und ihre syntaktische Funktion, sondern auch durch spezifische Eigentümlichkeiten im Paradigma des Präsens unterscheiden: [1], [4], [12], [17]*ist*, [3], [5]*sind*, [20]*sei*, [8]*wirst*, [10]*werden*, [9]*sollen*, [16]*kannst*, [15]*können*, [19]*vermag*. Fügt man den 61 Pronomina (einschließlich der 7 Artikelformen) die 13 formalen Verben und die 27 „Partikeln" (Präpositionen, Konjunktionen, Modalpartikel) hinzu, so ergibt sich, daß 101 Wörter, d. h. über 70 % der Gesamtwortzahl des Gedichts auf formale, grammatische Wörter (Greimas' *mots-outils*) entfallen. [2] Während in den lexikalischen Wörtern *(mots pleins)* die Wurzelmorpheme eine lexikalische, alle übrigen Morpheme (Affixe) dagegen eine grammatische, formale Bedeutung haben, besitzen die formalen Wörter, und zwar sowohl die mono- wie die polymorphematischen, keinerlei Morpheme mit lexikalischer Bedeutung, so daß jedes vorhandene Morphem lediglich eine formale Bedeutung besitzt. [3] Ein formales Wort gibt keinerlei konkrete, materielle Charakteristik, es nennt weder noch beschreibt es irgendwelche Erscheinungen an sich; es zeigt bloß die Beziehungen an, die zwischen den Erscheinungen bestehen, und bestimmt sie. Bezeichnenderweise weichen in diesem Gedicht die Nomina von den Pronomina zurück, die die Verbindung zwischen der bezeichneten Erscheinung mit dem Kontext und dem Redeakt herstellen. In dieser pronominalen Manier findet offenbar jene Einstellung auf Sprechbarkeit ihren krassesten Ausdruck, die mit der Bühnenerfahrung Brechts aufs engste zusammenhängt und in seinem Aufsatz „Über reimlose Lyrik mit unregelmäßigen Rhythmen" beschrieben ist: „Ich dachte immer an das Sprechen. Und ich hatte mir für das Sprechen (sei es der Prosa oder des Verses) eine ganz bestimmte Technik erarbeitet. Ich nannte sie gestisch. Das bedeutet: die Sprache sollte ganz dem Gestus der sprechenden Person folgen" (S. 139).

[...]

„Ich hielt es für meine Aufgabe, all die Disharmonien und Interferenzen, die ich stark empfand, formal zu neutralisieren", schrieb Brecht über die Quellen seiner dramatischen Poesie („Über reimlose Lyrik ..."): Es handelte sich, wie man aus den Texten sehen kann, nicht nur um ein ‚Gegen-den-Strom-Schwimmen' in formaler Hinsicht, einen Protest gegen die Glätte und Harmonie des konventionellen Verses, sondern immer doch schon um den Versuch, die Vorgänge zwischen den Menschen als widerspruchsvolle, kampfdurchtobte, gewalttätige zu zeigen."

(L 286, S. 35 - 44 u. 56)

IX. Geschichte der Poetik im Überblick

Poetik ist die Lehre vom Wesen, von den Zielen, Gattungen, Darstellungsmitteln und den Grundgehalten der Dichtung. Als solche berührt sie die Literaturtheorie, d. h. die Wissenschaft von dem möglichen Ursprung der Literatur, und die Ästhetik als allgemeine Lehre vom Schönen; aber sie hat es auch mit anderen Problemen zu tun, mit solchen der Versgestaltung, der Bauform des Dramas, der Artunterschiede innerhalb der erzählenden Dichtung usf. Natürlich gilt das Hauptinteresse des Literaturwissenschaftlers in der Regel den zentralen Aspekten, vor allem den Aufgaben und Strukturen der Poesie. Deswegen treten die anderen Probleme auch im folgenden erst dann wirklich in den Vordergrund, wenn sich an ihnen die poetologischen Fundamentalfragen entfalten lassen.

Das Adjektiv ‚poetologisch' ist dem Substantiv ‚Poetik' zugeordnet, weil das eigentlich abzuleitende ‚poetisch' schon zu dem Begriff ‚Poesie' gehörte. Man hat aus ‚poetologisch' später auch das Substantiv ‚Poetologie' gebildet, dem man gelegentlich in der wissenschaftlichen Literatur begegnet, doch besagt es nichts anderes als ‚Poetik', weshalb es im Gegensatz zu ‚poetologisch' überflüssig ist und hier auch keine Verwendung findet.

Man kann die Geschichte der Poetik (ebenso wie die der Poesie) als einen Prozeß darstellen, in dem zwei Prinzipien miteinander streiten: das Prinzip, die Dichtung außerpoetischen, also z. B. politischen, religiösen, gesellschaftlichen Zielen dienstbar zu machen, und das Prinzip vollständiger **Autonomie.** Allerdings findet der Begriff der Autonomie in diesem Zusammenhang eine unterschiedliche Verwendung. Als Gegenbegriff zu ‚Heteronomie' bedeutet er, daß Dichtung allein ihren eigenen, nämlich poetischen Prinzipien folgt. Diese Vorstellung von ästhetischer Autonomie wird etwa gegen Ende des 18. Jahrhunderts realisiert. Der Begriff ‚Autonomie' wird aber auch in einem noch radikaleren Sinne verwendet, autonome Kunst wird dann als absolute Kunst verstanden: Sie löst sich von allem, was nicht Kunst ist, lehnt also nicht nur außerästhetische Anforderungen ab, sondern befreit sich sozusagen von der Welt überhaupt, z. B. von der Natur, der Gesellschaft, den logischen Beziehungen als nicht-ästhetischen Elementen. In diesem Sinne wird der Begriff der Autonomie hier gebraucht, die Geschichte der Poetik als ein widerstreitender Prozeß zwischen dem Prinzip der Bindung der Kunst an die Welt und dem ihrer vollständigen Befreiung von der Welt dargestellt.

Die Geschichte der abendländischen Poetik beginnt mit Platos Äußerungen über Kunst und Literatur in seiner *Politeia (Der Staat),* und schon hier zeigt sich, wie vehement der eine gegen den anderen Grundsatz ausgespielt werden kann. Sokrates, der wichtigste Gesprächspartner in diesem Dialog, stellt die Frage, wie die Poesie dazu beitragen könne, daß die Staatsbürger, zumal junge Menschen, zu tüchtigen Mitgliedern der Gesellschaft erzogen werden. Dichtung wird also von vornherein nicht als eine autonome Erscheinung, sondern als ein staatsbürgerlichen Zwecken dienendes Mittel betrachtet. Sofern im Mythos, sofern in den Dichtungen Begebenheiten erzählt werden, die dem Ziel, die Jungen zu mutigen Kriegern und disziplinierten Staatsbürgern zu erziehen, widersprechen, muß man sie unterdrücken und verbieten. Zensur ist durchaus nötig, selbst bei Homer: „Homer und die anderen Dichter mögen uns nicht böse sein, wenn wir diese und alle ähnlichen Stellen wegstreichen, [...] weil sie sich, je dichterischer sie sind, desto weniger für Knaben und Männer eignen, die frei sein und die Knechtschaft mehr als den Tod fürchten sollen." (W 59, S. 71). Die Geschichte der Bevormundung der Dichtung nach Maßgabe außerliterarischer Vorstellungen hat hier ihren Ursprung, alle Doktrinen, die sich zum Richter über die Poesie machen, die Doktrinen von der Dienerfunktion der Dichtung gegenüber der Theologie, der Moral, der Staatserhaltung, der Nation, der Revolution, der Partei etc. lassen sich auf Plato zurückgründen. Schon am Beginn der abendländischen Geschichte poetologischer Überlegungen steht also die Frage, wieweit Kunst im allgemeinen und Literatur im besonderen frei ist und nur an ihren eigenen Maßstäben gemessen werden darf.

Im zehnten Buch der *Politeia* kommt Plato in einem doppelten Zusammenhang darauf zu sprechen, daß Dichtung (und Kunst überhaupt) Nachahmung ***(mimesis)*** der vorfindlichen Realität sei. Keineswegs begründet er diese Auffassung, sondern sie ist ihm wie der ganzen Antike so selbstverständlich, daß sie einer Rechtfertigung nicht bedarf. Ihr Nachahmungscharakter läßt die Poesie fragwürdig, ja verwerflich erscheinen, und zwar aus zwei Gründen. Die Frage, warum in der Dichtung meist zögernde, tragische, trauernde, ja weinende Menschen dargestellt werden, beantwortet Sokrates entschlossen mit dem Hinweis auf den „Beifall des Pöbels" (W 59, S. 341). Er liebt es, sich selbst nachgeahmt zu sehen, so daß staatserhaltende Tugenden wie Tapferkeit, Selbstdisziplin, Mannhaftigkeit in der Dichtung zu kurz kommen. Und noch ein anderer Grund spricht gegen Kunst und Literatur: Sie ahmen Gegenstände, Menschen und deren Handlungen nach, die in der Wirklichkeit existieren. Diese sind aber nur Erscheinungen. Plato nennt alles einzelne, sinnlich Erscheinende ein *me on,* ein nicht in rechter Weise Seiendes, weil es entsteht und vergeht, also mit Nicht-Sein (Noch-nicht-Sein und Nichtmehr-Sein) behaftet ist. Der einzelne Stuhl, die einzelne Rose entstehen und vergehen, aber deren Wesen, von Plato als *eidos* bezeichnet, das, was alle einzelnen Dinge gleicher Art miteinander verbindet, wenn man von ihren Unterschieden absieht, vergeht nicht, ist ewig und deshalb eigentlich seiend. Sofern Kunst und Literatur aber das sinnlich Erscheinende, nicht dessen Wesen nachahmen, sind sie im Bereich des Nichtigen tätig, fehlt es ihnen an wirklichem Gehalt und Wahrhaftigkeit. Denn die Wahrheit der Dinge, des Menschen, der Welt der Erscheinungen ist deren *eidos,* deren *idea,* nämlich ihr unvergängliches Wesen. Auch aus Mangel an Wahrheitsgehalt werden Kunst und Poesie also verworfen, und es ist bare Ironie, wenn Sokrates am Ende von Platos *Politeia* erklärt: „Trotzdem versichere ich, daß wir zur Aufnahme dieser lustsüchtigen Dichtkunst und Nachahmungskunst gern bereit sind, falls sie die Berechtigung ihres Vorhandenseins innerhalb eines geordneten Staatswesens nachweisen kann." (W 59, S. 344)

Es muß verwundern, daß in der Geschichte der Poetik nicht Plato, sondern Aristoteles als derjenige Denker gilt, der vor allen anderen Poesie als nachahmende Kunst beschreibt. Zwar bildet das griechische Wort für Nachahmung, *mimesis,* in der Tat eine zentrale Kategorie in der den Titel *Poetik* tragenden poetologischen Schrift des Aristoteles, aber er ist, wie gezeigt, keineswegs der erste, der Dichtung als Spiegelung der Realität faßt. Vor allem ist der *mimesis*-Begriff bei Aristoteles keineswegs so eindeutig als ‚Abbildung der Wirklichkeit' zu verstehen wie bei Plato. Hermann Koller hat in seinem Buch *Die Mimesis in der Antike* die Auffassung vertreten, *mimesis* bedeute zwar bei Plato Nachahmung im Sinne von Abbildung, bei Aristoteles aber nicht oder wenigstens nicht in jedem Falle. Hier sei ‚Darstellung' oftmals der angemessenere Ausdruck. In der Tat läßt sich die Übersetzung von *mimeisthai* als „nachahmen" im folgenden Satz schon aus logischen Gründen kaum halten: „die Komödie sucht schlechtere, die Tragödie bessere Menschen nachzuahmen, als sie in der Wirklichkeit vorkommen." (W 3, S. 9) Da Aristoteles diesen Gedanken mehrmals variiert, handelt es sich um eine ihm wichtige Bemerkung, und Manfred Fuhrmann, der Übersetzer, hätte schon aus diesem Grunde wohl besser den Begriff der Darstellung benutzt: Komödie und Tragödie stellen schlechtere bzw. bessere Menschen dar, als sie in Wirklichkeit vorkommen. Wie sehr Aristoteles – obwohl er an dem Zusammenhang von Poesie und Realität im Prinzip durchaus festhält – in der Dichtung eine über die bloße Nachahmung hinausgehende Kunst sieht, zeigt sich in seiner Gegenüberstellung von Dichtung und Geschichtsschreibung. Diese gibt nämlich nur das wirklich Geschehene, jene indes das Mögliche wieder: „Denn der Geschichtsschreiber und der Dichter unterscheiden sich [...] dadurch, daß der eine das wirklich Geschehene mitteilt, der andere, was geschehen könnte." (W 3, S. 29) Später geht er darüber sogar noch weit hinaus: „Wenn ein Dichter Unmögliches darstellt, liegt ein Fehler vor. Doch hat es hiermit gleichwohl seine Richtigkeit, wenn die Dichtung auf diese Weise den ihr eigentümlichen Zweck erreicht" (W 3, S. 87). Unter Umständen kann man der Poesie sogar das Recht einräumen, Unmögliches darzustellen und sich damit weit von dem Postulat zu entfernen, sie müsse Nachahmung der Natur bleiben. Aristoteles insistiert geradezu auf diesem Gedanken, wenn er etwas später erklärt: „Aufs Ganze gesehen muß man das Unmögliche rechtfertigen, indem man entweder auf die Erfordernisse der Dichtung oder auf die Absicht, das Bessere darzustellen, oder auf die allgemeine Meinung zurückgreift. Was die Erfordernisse der Dichtung betrifft, so verdient das Unmögliche, das glaubwürdig ist, den Vorzug vor dem Möglichen, das unglaubwürdig ist." (W 3, S. 93) Gewiß redet Aristoteles nicht den völlig ungebundenen Künsten, nicht einem Irrealismus oder gar Surrealismus das Wort. Aber es läßt sich nicht leugnen, daß in seiner *Poetik* auch der Gedanke an eine Poesie zum Ausdruck kommt, welche Wirklichkeit zu überschreiten vermag, wenn sie ihre eigenen Ansprüche dadurch in höherem Maße erfüllt, nämlich „wenn die Dichtung auf diese Weise den ihr eigentümlichen Zweck erreicht". Im Gegensatz zu Plato billigt er ihr das

Recht zu, sich außerästhetischen Ansprüchen zu verweigern und sogar die Grenzen der Realität zu überschreiten.

Im Mittelpunkt seiner poetologischen Erörterungen steht die **Tragödie,** die er einerseits mit dem **Epos** in Verbindung bringt, andererseits gegen Epos und **Komödie** abgrenzt. Die folgenden Bestimmungen des Aristoteles haben für die Geschichte der abendländischen Poetik eine besondere Bedeutung gewonnen.

Die Tragödie (wie auch das Epos) spielt unter edlen Menschen, die Komödie unter einfachen. Zwar werden damit nicht ausdrücklich auch soziale Kategorien eingeführt, doch hat man diese Bestimmung des Aristoteles später, z. B. im 17. Jh., als Hinweis auf eine **Ständeklausel** verstanden. Sie besagt, daß die Tragödie prinzipiell in den sozial führenden Schichten, die Komödie unter sozial niedrigen Ständen spielt. Daß dies etwas mit der sozialen, ja politischen Struktur der jeweiligen Gesellschaft zu tun hat, liegt auf der Hand. Es hängt dies aber auch mit dem Tragödienbegriff zusammen. Die Tragödie ist nach Aristoteles eine Dichtungsart, „die Jammer und Schaudern hervorruft und hierdurch eine Reinigung von derartigen Erregungszuständen bewirkt." (W 3, S. 19) Wie diese Reinigung, ***katharsis,*** zustande kommt, hat Aristoteles nicht mehr erläutert. Manfred Fuhrmann bringt sie mit dem Ästhetischen selbst in Zusammenhang: „Aristoteles [...] verknüpfte die Katharsis mit Kunstgenüssen, mit der Musik und der Dichtung" (W 3, S. 165). Offenbar verschafft „die Tragödie [...] dem Publikum Gelegenheit, bestimmten Affekten freien Lauf zu lassen, und bereitet ihm durch diese Entladung Vergnügen." (Ebd.) Aber es hängt dies wohl auch damit zusammen, daß Aristoteles nur eine solche Figur als tragischen Helden bezeichnet, die „wegen eines Fehlers" den „Umschlag ins Unglück erlebt" (W 3, S. 39). Weder „makellose Männer" noch „Schufte", sondern Personen von „sittlicher Größe", die gleichwohl auch Mängel aufweisen, rufen „Jammer und Schaudern" hervor und reinigen zugleich von solchen Affekten, weil sie nicht zufällig, sondern eben durch ihren „Fehler" zugrunde gehen. (W 3, S. 165)

Aus der Überlegung, daß für das Zusammenspiel von „Jammer", „Schaudern" und *katharsis* die Handlung von entscheidender Bedeutung ist, ergibt sich die erste jener **drei Einheiten,** um die es in späteren Zeiten, vor allem zwischen Lessing und Gottsched als dem starren Vertreter eines sich auf Aristoteles berufenden französischen Klassizismus, so viel Streit gab. Es handelt sich um die **Einheit der Handlung.** Darunter ist primär die Einfachheit und zielorientierte Geschlossenheit des Geschehens zu verstehen, dann aber auch der Verzicht auf Nebenhandlungen, sogenannte Episoden, sofern sie nicht mit der Haupthandlung verknüpft sind. Von der **Einheit der Zeit** spricht Aristoteles direkt und versteht darunter, daß die Dramenhandlung nicht viel mehr als einen Tag in Anspruch nehmen soll, denn Bühnenstücke zeichnet ihre Knappheit und Konzentration aus, während Epik „über unbeschränkte Zeit" verfügt und „also auch in diesem Punkte anders" (W 3, S. 17) ist. Die **Einheit des Ortes** wird von Aristoteles nicht in gleicher Direktheit als dramatisches Element hervorgehoben; da er aber immer wieder die Einheitlichkeit des Dramas betont und darin dessen Vorteile gegenüber dem Epos erblickt, läßt sich auch die Einheit des Ortes als genuin dramatisches Element klassifizieren. Dafür spricht zudem die Theaterpraxis der Zeit: man hatte keine Kulissen und konnte einen Ortswechsel nicht sichtbar machen. Auch deshalb muß man von einer fragwürdigen Rezeptionsgeschichte dieser kleinen Schrift sprechen: Bis zu Gottsched, also bis zum 18. Jh., hat man in der *Poetik* des Aristoteles nämlich mehr und mehr ein verbindliches Regelwerk gesehen, das die Normen festlegt, nach denen ein Bühnenstück gestaltet werden muß. Heute geht man indes nicht mehr davon aus, daß Aristoteles ein normatives Werk, eine **Regelpoetik** im Sinne hatte; vielmehr legte er den vorhandenen Bestand an Bühnenstücken zugrunde, um das Wesen der Tragödie und der Komödie etc. zu beschreiben. Er gab also nicht an, wie Dramendichter dichten sollten, sondern wie sie gedichtet hatten. Die zahllosen Poetiken, die vor allem in der Spätrenaissance und sämtlich in lateinischer Sprache angefertigt wurden, sind ohne das Vorbild des Aristoteles nicht denkbar. Vor allem Scaligers *Poetices libri septem* (zu übersetzen etwa als *Poetik in sieben Büchern* oder *Sieben poetologische Bücher*) von 1561 haben das Aristoteles-Verständnis bis hin zu Lessing maßgebend bestimmt.

Von ähnlicher Bedeutung wie die *Poetik* des Aristoteles war für die poetologische Entwicklung in Europa und vor allem auch in Deutschland die *Epistula ad Pisones (Brief an die Pisonen)* des Quintus Horatius Flaccus. Dieser Brief, wahrscheinlich an Lucius Calpurnius Piso und seine beiden Söhne gerichtet, hat keineswegs systematischen Charakter, wurde aber bald als *Ars poetica* bezeichnet und ging unter diesem nichtauthentischen Titel in die Literaturgeschichte ein. Genau genommen sind es nur zwei Stellen aus der Schrift des Horaz (wie der Name des lateinischen Verfassers germanisiert wurde), die von großem Einfluß waren und von denen außerdem nur die erste immer ganz richtig verstanden wurde. Sie lautet:

> aut prodesse volunt aut delectare poetae
> aut simul et iucunda et idonea dicere vitae. (Vers 333f.)

In der Übersetzung:

> Freudig zu stimmen und nützlich zu sein sind die Ziele des Dichters,
> Oder praktische Lehren mit heiterem Vortrag zu einen.
> (W 38, S. 35)

Der Streit, ob Dichtung mehr dem Vergnügen diene oder wichtigeren Zielen, der Erbauung, Belehrung, Besserung des Menschen, war ja schon in der griechischen Antike kontrovers diskutiert worden und wird hier nun auf salomonische Weise entschieden: Poesie kann nützlich sein, kann unterhalten oder auch beides. Das klingt oberflächlich, ist aber bedeutsam, wenn man sich etwa der Einlassungen Platos erinnert. Er hatte ausschließlich dem Nützlichkeitsprinzip gehuldigt und entschieden jegliche Dichtung verworfen, die nicht die staatsbürgerliche Ertüchtigung der Jugend im Sinne hatte. Von Horaz wird auch eine Dichtung zugelassen, die nur Vergnügen bereiten will. Da klingt gewiß noch nicht der Gedanke an eine Kunst um ihrer selbst willen und nach eigenen, autonomen Maßstäben an; die

Vorstellung von einem *art pour l'art* bricht sich erst zu Beginn des 19. Jahrhunderts Bahn. Aber die Herauslösung der Poesie aus dem Netz von Vorschriften, ihre Zulassung als Medium des Vergnügens und der Unterhaltung befreit sie doch aus der Bevormundung durch kunstfremde Forderungen. Allerdings hat sich diese Emanzipation des Kunstwerks zunächst noch nicht durchgesetzt, und jedenfalls dominierten diejenigen, die der Dichtung theologische, moralische, religiöse oder politische Vorschriften machten, noch für viele Jahrhunderte. Aber es blitzt schon der Gedanke an eine Verselbständigung der Poesie gegen außerästhetische Kräfte auf. Von besonderer Bedeutung war wohl die dritte Möglichkeit der Dichter, sich zu artikulieren, nämlich die Verquickung von Lebenshilfe und Unterhaltung. Denn auf diesem Wege konnten die Poeten sich vor dem Vorwurf schützen, sie seien moralisch unzuverlässig, verdürben die Jugend, besäßen keinen Ernst und keinen sittlichen Halt, wenn sie besonders unterhaltsame Geschichten zum besten gaben und auch vor vergnüglichen Obszönitäten nicht zurückschreckten. So lesen wir z. B. in der *Vorrede an den geneigten Leser* im zweiten Teil von Grimmelshausens *Wunderbarlichem Vogelnest* eine Antwort auf den Vorwurf, ihm fehle der sittliche Ernst, die folgendermaßen lautet: „Dieser Autor hat zwar in dieser ernstlichen Sach seinen gewöhnlichen lustigen Stilum gebraucht und viel lächerlich Schwänk mit eingebracht, wie er in des abenteuerlichen Simplicissimi Lebensbeschreibung auch getan"; aber dieses den Leser delektierende Element diene nur dazu, ihm die notwendigen Lebenslehren zu erteilen, ihm also zu nützen. Denn Grimmelshausen sei als Verfasser des *Wunderbarlichen Vogelnests* „bei seiner vorigen Art geblieben, die unbehutsamen Menschen (auch mit Exempeln) unter dem Schein kurzweiliger Geschichten vor demjenigen treulich zu warnen, was sie [...] gar leicht vom höchsten Gut absondern" könne (W 27, S. 376f.). Kein Zweifel, daß hier die poetologischen Vorstellungen des Horaz fruchtbar geworden sind, daß hier die dritte von ihm beschriebene Möglichkeit des Dichtens auf individuelle Weise in die Tat umgesetzt wurde: Der „heitere Vortrag" wird nicht nur mit den „praktischen Lehren" verknüpft, sondern dient diesen und fördert so den Leser. Sogar über Grimmelshausen und das 17. Jahrhundert hinaus und bis zu Gottsched, also bis ins 18. Jahrhundert hinein, ist Horaz in der deutschen Literatur wirksam geblieben.

Die zweite, immer wieder gern zitierte Stelle aus dem *Brief an die Pisonen* lautet:

> ut pictura poesis: erit quae, si propius stes,
> te capiat magis, et quaedam, si longius abstes (Vers 361f.).

In der Übersetzung:

> Dichtungen gleichen Gemälden: Einzelne Züge ergreifen
> Tiefer beim Anblick von nahem und andre beim Anblick von ferne
> (W 38, S. 37).

Die Stelle wirkt nicht besonders klar, weil der Vergleich mit der Malerei nicht unbedingt naheliegt. Gemeint ist wohl, daß ein literarisches Produkt mal mit genauer analysierendem Verstand, mal eher von einem das Ganze spontan und intuitiv auffassenden Bewußtsein gelesen werden will. Aber entscheidend ist in poetologischer Hinsicht auch viel eher die Tatsache, daß man meist nur den ersten Teil des Zitats aufgegriffen und in ihm einen Hinweis auf den mimetischen Charakter der Poesie erblickt hat: Dichtung ist so (ab)bildhaft wie Malerei. Das ist berechtigt, insofern damit der entsprechende Gedanke aus der *Poetik* des Aristoteles (Kap. 25) aufgegriffen wird. Bei Horaz indes ist – jedenfalls an der zitierten Stelle – von Nachahmung nicht die Rede.

Die Bedeutung der poetologischen Äußerungen von Plato, Aristoteles und Horaz für die Entwicklung einer deutschen Poesie und Poetik kann gar nicht hoch genug veranschlagt werden. Das hat zwei Gründe. Einerseits standen im Mittelalter, zumindest hinsichtlich der deutschsprachigen Literatur dieser Zeit, poetologische Fragen nicht in dem Maße wie in der Antike im Vordergrund. Vor allem aber erneuerten Renaissance und Humanismus antikes Denken und antike Literatur, und diesem Umstand ist es zuzuschreiben, daß die vielen im europäischen Raum entstehenden Poetiken in der Tradition des Aristoteles bzw. in der des Horaz standen. Auch die erste deutschsprachige Poetik des Martin Opitz, das *Buch von der deutschen Poeterey* (1624), zeigt diese Tradition noch, doch stellte sie sich vor allem an die Spitze der beiden dominanten geistig-literarischen Strömungen der Zeit, indem sie lautstark die Forderung erhob, die deutsche Dichtung müsse den gleichen Rang wie die französische und italienische erreichen, und das Verlangen nach einer Reinigung der deutschen Sprache artikulierte, die der Entwicklung einer einheitlichen Hochsprache dienen sollte.

Die 1582 in Florenz gegründete *Academia della crusca* war mit ihren Bestrebungen zur Sprachreinigung Vorbild sämtlicher deutscher **Sprachgesellschaften,** die es sich zur Aufgabe machten, die deutsche Sprache durch Reinigung als poetisch tauglich zu erweisen. Deren bedeutendste, die „Fruchtbringende Gesellschaft", gründete Fürst Ludwig von Anhalt-Köthen, bereits seit 1600 Mitglied der *Academia della crusca,* 1617 in Weimar. Im gleichen Jahr war der *Aristarchus sive de contemptu linguae Teutonicae* des Opitz erschienen, eine Poetik in lateinischer Sprache zwar, aber schon getragen von den Forderungen nach einer deutschen Dichtung in gereinigter Sprache. In der Vorrede zum *Buch von der deutschen Poeterey* spricht Opitz direkt von dem Ziel, „zue beßerer fortpflanzung unserer sprachen" (W 58, S. 11) beitragen zu wollen und das hervorzuheben, „was unsere deutsche Sprache vornehmlich angehet" (Ebd.). So handelt er denn vom reinen Reim, von der richtigen Betonung der Wörter, den metrischen Systemen, den Strophenformen, von rhetorischen Mitteln etc., und in aller Regel lehnt er sich dabei an die poetologischen Vorbilder an, was er selbst auch gleich zu Beginn betont: Neues gebe es nicht zu vermitteln *(Vorrede).* Indes ist die kleine Schrift nicht nur das sichtbarste Zeichen für das Verlangen, die deutsche Sprache neben der französischen und italienischen dichtungstauglich zu machen und zugleich durch beigegebene Beispiele auch als solche zu erweisen, sondern sie gibt immerhin auch einen gewissen Einblick in das poetologische Denken der Zeit. Das Kernstück des Buches ist in dieser Hinsicht das sechste Kapitel: *Von der zuebereitung und ziehr der worte.* Schon im ersten Abschnitt findet sich jener Satz, der die Poesie zu einer

Art Schmuckwerk erklärt: „Die Worte bestehen in dreyerley, inn der elegantz oder ziehrlichkeit / in der composition oder zusammensetzung / vnd in der dignitet vnd ansehen." (W 58, S. 32) Die Neigung, das Kunstwerk aufzuputzen, das *delectare* des Horaz durch verzierenden Stil hervorzuheben, steht gewiß im Zusammenhang mit dem Verlangen, die deutsche Sprache als dichtungsfähig zu erweisen, macht aber zudem eine neue ästhetische Dimension erkennbar. Auch Wortschöpfungen können solche Funktionen erfüllen: „Newe woerter [...] zue erdencken / ist Poeten nicht allein erlaubet / sondern macht auch den getichten / [...] / eine sonderliche anmutigkeit." (W 58, S. 34) Deshalb sollen die Dichter nach rhetorischen Figuren und Tropen Ausschau halten und so ihren Werken die rechte Zier zuteil werden lassen, „Dann sie den Poetischen Sachen einen solchen glantz geben" (W 58, S. 39). Auch wenn Opitz die überkommenen Standpunkte und traditionellen Dichtungslehren übernimmt, tut er es in einer Weise, die unverkennbar die das 17. Jh. prägende Freude an überladenen Szenen, unerhörten Handlungen einerseits und an erbaulicher Belehrung andererseits zeigen. Barockes Vergnügen an Überraschendem spricht aus der Anweisung, der Dichter solle berichten, „was newe vnd vnverhofft ist", dabei zwar das Aristotelische Gebot der Wahrscheinlichkeit nicht aus dem Blick verlieren, es aber doch so bunt wie möglich zugehen lassen: „untermenget allerley fabeln / historien / Kriegskuenste / schlachten / rathschlaege / sturm / wetter / vnnd was sonsten zue erweckung der verwunderung in den gemuetern von noethen ist" (W 58, S. 27). Und wenn er seinen Lesern das Wesen der Tragödie erklären will, ist aus der Aristotelischen Überlegung, sittlich hochstehende Menschen, die von Fehlern nicht frei seien, bildeten den Mittelpunkt der Tragödie, eine reine Ständeklausel geworden und eine Handlungsanweisung, die auf schreckliche Ereignisse in Hülle und Fülle größten Wert legt: „Die tragoedie ist an der maiestet dem Heroischen getichte gemeße / ohne das sie selten leidet / das man geringen standes personen und schlechte sachen einfuehre: weil sie nur von Koeniglichem willen / Todtschlägen / verzweiffelungen / Kinder- und Vaetermordern / brande / blutschanden / kriege vnd auffruhr / klagen / heulen / seuffzen vnd dergleichen handelt." (W 58, S. 27) Der aufgeklärte Leser heutiger Zeit mag sich fragen, wieso Opitz die scheußlichsten Verbrechen ausschließlich den höchsten Ständen zutraut, findet die Antwort aber nicht auf soziologischem, sondern auf poetologischem Felde. Das Tragische wird darin erblickt, daß ein Mensch aus höchsten Höhen in tiefste Tiefen fällt. Das ist der Neigung der Zeit zu extremen Gegensätzen gemäß. Dementsprechend muß der tragische Held von höchstem Stande sein, ihm muß die ganze Bewunderung *(admiratio)* des Zuschauers gehören. Stürzt er nun in tiefste Tiefen, ist er eine wirklich tragische Figur: Je größer die Fallhöhe desto tragischer der Held. Darum die Ständeklausel, darum die gräßlichsten Verbrechen.

Manches davon ist noch bis zur Aufklärung, jedenfalls bis zu Gottsched gültig, der in seinem *Versuch einer Critischen Dichtkunst vor die Deutschen* von 1730 allerdings eine rationalistische Poetik veröffentlichte. Sie gilt als Paradebeispiel normativen Denkens, als Regelpoetik *par exellence* und wurde als solche vor allem von Lessing, in seinem Gefolge aber beinahe von jedem verurteilt, der sich mit poetologischen Problemen befaßte. Dabei hat Gottsched sich große Verdienste um Poesie und Poetik in Deutschland erworben, nicht nur, weil er mit den sechs Bänden der *Deutschen Schaubühne* 1740/45 eine paradigmatische Sammlung von Dramen der Zeit vorlegte (Übersetzungen von Corneille, Racine, Voltaire, Molière, Originalstücke von Johann Elias Schlegel, Gottsched selbst u.a.), sondern weil er mit seiner *Critischen Dichtkunst* der Poesie in Deutschland ein weit systematischeres und stabileres Fundament legte, als es Opitz auch nur versucht hatte. Für die Geschichte der Dichtung wie der Poetik sind seine Einlassungen zum Drama, vor allem zur Tragödie, am folgenreichsten gewesen. Sie erweisen sich als im höchsten Grade rationalistisch, geraten mitunter jedoch vor lauter Regelstrenge geradezu in die Nähe eines poetologischen Rezeptbuchs. Über die Herstellung einer guten Fabel, also einer tragfähigen Kernhandlung, lesen wir z.B. folgendes:

> Der Poet wählet sich einen moralischen Lehrsatz, den er seinen Zuschauern auf eine sinnliche Art einprägen will. Dazu ersinnt er sich eine allgemeine Fabel, daraus die Wahrheit eines Satzes erhellet. Hiernächst suchet er in der Historie solche berühmte Leute, denen ähnliches begegnet ist: und von diesen entlehnet er die Namen, für die Personen seiner Fabel; um derselben also ein Ansehen zu geben. Er erdenket sodann alle Umstände dazu, um die Hauptfabel recht wahrscheinlich zu machen: und das werden die Zwischenfabeln, oder Episodia nach neuer Art genannt. Dieses theilt er dann in fünf Stücke ein, die ohngefähr gleich groß sind, und ordnet sie so, daß natürlicher Weise das letztere aus dem vorhergehenden fließt; bekümmert sich aber weier nicht, ob alles in der Historie wirklich so vorgegangen, oder ob alle Nebenpersonen wirklich so, und nicht anders geheißen haben.
>
> (W 25, S. 611)

Das *prodesse* des Horaz taucht hier als rationalistische Zielvorgabe für die Tragödie auf: Sie soll sich in den Dienst der Tugend und Moral stellen. Von dieser Aufgabe leitete Gottsched sämtliche ästhetischen Phänomene ab: Damit die Lehre glaubhaft wirkt, muß sie eine pseudohistorische Sanktionierung erfahren. Mit Opitz stimmt Gottsched darin überein, hochgestellte Personen in den tragischen Prozeß einzubeziehen, die Ständeklausel gilt uneingeschränkt, dient aber weniger der Fallhöhe als dem „Ansehen", das die Fabel und damit der „moralische Lehrsatz" gewinnen soll. Die Wahrscheinlichkeit der Handlung wird in den Vordergrund gerückt, nur so kann das rationalistische Bedürfnis nach Begründbarkeit befriedigt werden: wenn die moralische Lehre glaubhaft wirken soll, muß die sie vermittelnde Handlung glaubhaft, d.h. logisch, wahrscheinlich, zwingend erscheinen. Historisch richtig braucht hingegen nicht zu sein, was da vorgeführt wird: Glaubwürdigkeit ist wichtiger als geschichtliche Wahrheit.

Selbst „Schrecken und Mitleiden" – Gottscheds Worte für ‚Schauder' und ‚Jammer' – sollen „die Gemütsbewegungen der Zuschauer auf eine der Tugend gemäße Weise" (W 25, S. 612) erregen, und deshalb hat die Fabel auch nur eben diese eine Absicht, „nämlich einen moralischen Satz" (W 25, S. 613) zu vermitteln. Daraus leitet Gottsched außer der Fundierung der Handlung in der Geschichte, dem Prinzip der Wahrscheinlichkeit, dem Prinzip des Ansehens auch die strenge Beibehaltung der drei Einheiten ab. Für die Einheit der Handlung ist wieder die einzige Hauptabsicht der Tragödie maßgebend, für die Beachtung der beiden anderen Einheiten spricht wieder die Wahrscheinlichkeit. Hier wird das Prinzip der *mimesis* fruchtbar gemacht. Da dem Zuschauer nicht zuzumuten ist, etwa mit Hilfe der Phantasie Zeitsprünge und Ortswechsel zu vollziehen, während er an einem Ort und in einer begrenzten Zeitspanne im Theater sitzt, müssen die Einheiten des Ortes und der Zeit gewahrt werden. Die Nachahmung der Realität, ja die Dekkungsgleichheit der äußeren Situation des Rezipienten mit der Orts- und Zeitstruktur des Dramas besitzt absoluten Vorrang. In diesem Punkt wie in den meisten anderen Bereichen bindet sich Gottsched fest an den französischen Klassizismus und über ihn an die als Normierung der Dichtung (miß)verstandene *Poetik* des Aristoteles. Gerade dagegen wendet sich die vehemente Kritik Gotthold Ephraim Lessings.

Den 17. Literaturbrief vom 16. 2. 1759 eröffnet er mit dem Vorwurf, Gottscheds angebliche Verbesserungen des deutschen Dramas beträfen „entweder entbehrliche Kleinigkeiten" oder seien „wahre Verschlimmerungen" (W 49, Bd. 2, S. 42). Weder in seinen *Briefen, die neueste Literatur betreffend* noch in seiner *Hamburgischen Dramaturgie* hat Lessing ein in sich geschlossenes poetologisches System entwickelt, aber die dort zu findenden Bemerkungen zum Drama lassen sich so zusammenfügen, daß man durchaus von einer Poetik Lessings sprechen kann. Was er Gottsched vorwirft, das ist zunächst dessen sklavische Abhängigkeit vom französischen Klassizismus sowie die Verabsolutierung Aristotelischer Kategorien zu Normen der Dichtung. Dabei, so Lessing, lassen Gottsched und die Franzosen jegliches Verständnis für historische Veränderungen und für das dem jeweiligen Nationalcharakter Gemäße vermissen. Man müsse aber erst einmal „untersuchen, ob dieses französierende Theater der deutschen Denkungsart angemessen sei, oder nicht." (W 49, Bd. 2, S. 43) Ohne dies weiter zu begründen (was vielleicht gar nicht so schwer wäre), zieht Lessing einen Trennungsstrich zwischen deutscher und französischer „Denkungsart" und sieht in Shakespeare jenen Dramatiker, der den Deutschen viel näher steht als Corneille und Racine und die *tragédie classique.* Die Behauptung, Shakespeare sei ein größerer Dichter als die Poeten des französischen Klassizismus, weil er größere Macht über unsere Empfindungen ausübe, macht er aber erst in der *Hamburgischen Dramaturgie* plausibel, und zwar in der Diskussion über die Funktion von Furcht und Mitleid, welche die Stücke 75 bis 83 füllt.

Sie beginnt damit, daß Lessing darauf besteht, Aristoteles habe von Furcht, nicht von Schrecken gesprochen und in der Tragödie beide Affekte, Furcht und Mitleid, wecken wollen. Die Franzosen (und in ihrem Gefolge Gottsched) hätten nur Schrecken über Schrecken getürmt, was aber kein Mitleid auslösen könne. Furcht bedeute, daß man um das Geschick des Helden fürchte, Mitleid, daß man mit ihm leide, beide Affekte würden aber nur dann ausgelöst, wenn der Held so beschaffen sei wie der Zuschauer. Nur mit dem haben wir Mitleid, dem passiert, was uns geschehen könnte, und nur um dessen Geschick fürchten wir, in dessen Lage wir selbst geraten können. Da Lessing als Dramaturg in Hamburg arbeitet, also an einer stadtbürgerlichen Bühne, schwebt ihm der Bürger als Rezipient vor, muß der Held der Tragödie ein mittlerer, ein „gemischter", ein bürgerlicher Charakter sein. Das bedeutet die Überwindung der Ständeklausel, das ist die Geburt des **bürgerlichen Trauerspiels.** Wenn Schiller später *Kabale und Liebe* als *Ein bürgerliches Trauerspiel* und den *Fiesco* als *Ein republikanisches Trauerspiel* bezeichnet, so ist noch der poetologische und soziale Triumph des Bürgertums über die allein den Adel als tragödienfähig einstufende Ständeklausel zu spüren.

Der Rückgriff Lessings auf Shakespeare und das englische Theater hatte ungeheure Folgen. Mochte die Einhaltung der drei Einheiten dem griechischen Charakter und also auch der griechischen Tragödie gemäß sein, der englischen und fortan der deutschen entsprach solche strenge Regelhaftigkeit nicht; immer häufiger verlagerte sich das Drama in die bürgerliche Sphäre, und die Dramaturgie der Fallhöhe, schon von Gottsched durch das Dogma der Wahrscheinlichkeit gemäßigt, hatte endgültig ausgespielt. Wiewohl Lessing sich über den Geniekult der jungen Generation mokierte und nichts mit der rabiaten Subjektivierung anfangen konnte, die von ihr gepredigt und ins Werk gesetzt wurde, hat er durch seine Skepsis gegenüber bloßer Regelhaftigkeit und vor allem durch die Begründung der bürgerlichen Tragödie sowie die Hervorhebung Shakespeares den Sturm und Drang unbeabsichtigt gefördert.

Freilich gehen dessen poetologische Vorstellungen auch und vor allem auf andere Prämissen zurück. Diese hat, z. T. auf Überlegungen Hamanns gestützt, Johann Gottfried Herder am nachdrücklichsten formuliert. In *Über die neuere deutsche Literatur* 1766/7, dem *Auszug aus einem Briefwechsel über Ossian und die Lieder alter Völker* 1773, dem *Shakespeare*-Aufsatz 1773, der *Vorrede zu Volkslieder* 1778 finden sich die wichtigsten poetologischen Gedanken dieser Epoche. Sie fußen auf Herders Sprachphilosophie, wie er sie in seiner Schrift *Über den Ursprung der Sprache* von 1771 formuliert hat. Der entscheidende Schritt ist bei Herder die Fundierung der Sprache in der Natur, im Physischen. Wie die Tiere ihre Empfindungen unmittelbar durch Klänge ausdrücken, so ursprünglich auch der Mensch, was sich noch an den expressiven Lauten der Kinder zeigt: „Diese Seufzer, diese Töne sind Sprache: es gibt also eine Sprache der Empfindung, die unmittelbares Naturgesetz ist." (W 72, S. 404) Erst darüber findet sich dann die Schicht des Geistes, die die eigentliche sprachliche Artikulation ermöglicht, aber es bleibt dabei, daß Sprache in der Natur begründet und in ihrem Ursprung unmittelbarer Ausdruck ist.

Dieser Gedanke liegt auch Herders poetologischen Vorstellungen zugrunde. Poesie ist um so ursprünglicher, natürlicher und spontaner, je älter sie ist und je freier sie sich von zivilisatorischen Beeinflussungen halten konnte. Dementsprechend steht auch die Kunst jener Völker der Natur näher, die erst später oder behutsamer als andere mit den zivilisatorischen Überformungen Bekanntschaft machten. Da ‚Natur' zum Schlüsselwort für ‚Kunst' wird, kann Herder von der ‚Natur-Poesie' als der eigentlichen Dichtung sprechen. Sie gilt es zurückzugewinnen, nachdem die Geschichte der abendländischen, zumal der deutschen Literatur mehr verformend als fördernd gewirkt hat:

> In fremden Sprachen quälte man sich von Jugend auf, Quantitäten von Sylben kennen zu lernen, die uns nicht mehr Ohr und Natur zu fühlen gibt; nach Regeln zu arbeiten, deren wenigste ein Genie als Naturregeln anerkennet; über Gegenstände zu dichten, über die sich nichts denken, noch weniger *sinnen*, noch weniger imaginieren läßt; Leidenschaften zu erkünsteln, die wir nicht haben, Seelenkräfte nachzuahmen, die wir nicht besitzen – und endlich wurde alles Falschheit, Schwäche und Künstelei. [...] Wir sehen und fühlen kaum mehr, sondern denken und grübeln nur; wir dichten nicht über und in lebendiger Welt, im Sturm und im Zusammenstrom solcher Gegenstände, solcher Empfindungen; sondern erkünsteln uns entweder Thema, oder Art, das Thema zu behandeln, oder gar beides [.]
>
> (W 72, S. 532f.)

Echtes, d. i. von der Natur, von elementaren Gefühlen bestimmtes Dichten wird nur durch eine Rückwendung zum Ursprünglichen möglich, das Subjekt muß den Mittelpunkt der Poesie bilden, seine Empfindungen müssen unmittelbar zum Ausdruck kommen, und alle überkommenen Regeln und Normen können dabei nur störend wirken. Das Genie ist jener Künstler, der natürlichem Empfinden unmittelbar poetische Gestalt zu geben vermag: Dichtung erweist sich als subjektive Ausdruckskunst, die sich selbst die Regeln gibt.

Diese von Herder begründete, von den Stürmern und Drängern ins Werk gesetzte Subjektivierung der Poesie zeitigte erhebliche Folgen für Dichtung und Poetik. Denn einerseits wurde hier der größte Schritt in die Richtung einer Kunstemanzipation getan, das Artistische hatte sich von allen außerästhetischen Vorgaben gelöst und sich damit weitgehend befreit. Auf diesem Weg gingen Romantik, Symbolismus, Expressionismus und die Moderne im engeren Sinne entschlossen weiter. Andererseits zeigte sich jedoch auch, daß Dichtung ihre Maßstäbe einbüßte, da keine Regeln mehr anerkannt, keine Aufgaben akzeptiert, keine Ziele mehr vorgegeben wurden. Was besagt es, wenn Poesie hinfort als die unmittelbare Ich-Aussprache des Original-Genies verstanden und bezeichnet wurde, was bedeutet Natur-Poesie, wie läßt sie sich erkennen und von anderen Dichtungen unterscheiden? Goethe, der wie Herder einen *Shakespeare*-Aufsatz schrieb, gerät in eine Natur-, Griechen- und Shakespeare-Schwärmerei, die beeindruckt, aber keine Sachaussagen zuläßt. Wenn er von den Empfindungen spricht, die die antike Tragödie in den Seelen der Zuschauer weckte, dann ruft er aus: „Und in was für Seelen! / Griechischen! Ich kann mich nicht erklären, was das heißt, aber ich fühl's und berufe mich der Kürze halber auf Homer und Sophokles und Theokrit, die haben's mich fühlen gelehrt." (W 72, S. 696) Und wenig später lesen wir: „Und ich rufe Natur! Natur! nichts so Natur als Shakespeares Menschen." (W 72, S. 697) Solche Emphase läßt erkennen, daß die intellektuelle Kontrolle verlorenging, daß sich alles ins subjektive Gefühl verlagert, wo kaum noch etwas erklärbar erscheint. Insofern ebnet die Poetik des Sturm und Drang einer Entwicklung den

Weg, die die Kunst mehr und mehr der individuellen Willkür anheimgibt und sie nach und nach in die Selbstabschaffung treibt, weil alles und jedes zu Kunst, alles und jedes zu Dichtung erklärt werden kann. Dieser Schritt wurde in unserer Zeit denn auch vollzogen.

Die deutsche Klassik kann man als den Versuch interpretieren, diese Entwicklung aufzuhalten. Sie stellt allerdings andererseits einen Sonderfall innerhalb der europäischen Literaturgeschichte dar und wird zu sehr von der Freundschaft zwischen Goethe und Schiller und deren individueller Entfaltung geprägt, als daß man sie ohne weiteres in den europäischen Entwicklungsprozeß der Poetik eingliedern könnte. Eine klassische Poetik existiert auch gar nicht, denn Goethe war kein theoretischer Kopf, und Schiller bemühte sich mehr um eine allgemeine Kunstphilosophie als um die theoretische Grundlegung der eigenen Dichtkunst. Immerhin läßt sich einigen kleineren Schriften Goethes und den großen Abhandlungen Schillers das poetologische Prinzip der deutschen Klassik entnehmen: Die Vermittlung von Gefühl und Verstand, die Zügelung des Individuellen durch das Typische, was zum Symbolismus der Klassik führt, d. h. zu einer Darstellungskunst, in der das Einzelne, Besondere stets auf ein Allgemeines, Umfassendes verweist und so eine (sittliche, geistige, pädagogische) Verbindlichkeit erlangt. Auch die Thematisierung des Moralischen, die das Verhältnis von Freiheit, Sittengesetz und Individuum in den Mittelpunkt der Dichtung rückt, gehört in diesen Zusammenhang. Unter den großen Schriften Schillers sind *Über Anmut und Würde* 1793, *Über die ästhetische Erziehung des Menschen* 1795, *Über naive und sentimentalische Dichtung* 1795/6 hervorzuheben, unter den kleinen Goethes *Einfache Nachahmung der Natur, Manier, Stil* 1789. Gewiß ist für die Entwicklung des klassischen Kunstideals der Ganzheit, Einheit und Ordnung auch die Lebensgeschichte von Goethe und Schiller von Bedeutung, beide mußten nach Jugendjahren voll stürmischer Kreativität einen Weg ästhetischer Disziplinierung finden. Aber die Bedeutung der objektiven Voraussetzungen darf auch nicht unterschätzt werden. Das ist für Schiller das Studium der Schriften Kants, für Goethe die Beschäftigung mit naturwissenschaftlichen Fragen, für beide die Begegnung mit der Antike. Sie bedeutete nun aber nicht mehr selbstverständliches Bildungsgut, an dem man sich erprobte und auf das man sich berief, sondern sie stellte das neue ästhetische Modell dar. Johann Joachim Winckelmann hatte bereits 1755 in seinen *Gedanken über die Nachahmung der griechischen Werke in der Malerei und Bildhauerkunst* die Formel von der edlen Einfalt und der stillen Größe geprägt, die griechische Kunst auszeichne, und damit ein ästhetisches Paradigma vermittelt, das Goethe und Schiller erst sehr viel später aufgriffen. Doch Winckelmanns *Geschichte der Kunst des Altertums* von 1764 hatte die Vorstellung von einer disziplinierten Ästhetik und einem schnörkellosen Stil so verbreitet und in Deutschland heimisch gemacht, daß es nicht wirklich erstaunen kann, wenn die Antike als Modell für einen neuen, den ästhetischen Wildwuchs des Sturm und Drang begrenzenden Dichtungsstil der deutschen Klassik gewählt wurde. Goethe griff in der genannten Schrift über *Einfache Nachahmung der Natur, Manier, Stil* sogar das *mimesis*-Problem auf, um den reinen Subjektivismus, wie ihn der Sturm und Drang hervorgebracht hatte und den Goethe Manier nennt, zu überwinden. Er bezeichnet sein ästhetisches Ideal als Stil und erblickt in ihm die Vermittlung des subjektiven Elements der Darstellungsart und des objektiven Elements der Realität, die den Darstellungsgegenstand bildet. Klassische Kunst hat demnach mimetische und kunstautonome Momente.

Gegen diese Abhängigkeit der Kunst von der Welt, vor allem aber gegen die Neigung der Klassik, Sittlichkeit und Vernunft als notwendige Regulative des Sinnlichen und Subjektiven einzusetzen und poetisch zur Darstellung zu bringen, zieht die Romantik von Anfang an zu Felde. In seinen Berliner *Vorlesungen über schöne Kunst und Literatur* setzt sich August Wilhelm Schlegel mit der Aufklärung auseinander und wirft ihr ein Nützlichkeitsdenken vor, das – vernunftgesteuert – immer nur gelten läßt, was dem Verstandeswesen Mensch gefällt. Religion werde nur so weit zugelassen, als sie sich mit den Ansprüchen der *ratio* decke, was nicht verständlich sei, das Phantastische und Wirre, werde abgelehnt oder als krank verurteilt; Träume und Gefühle würden dem Psychologischen zugeordnet, und überhaupt werde jede Lebenserscheinung auf ihre Tauglichkeit hin überprüft. Solches Denken beschränkt den Menschen nach Schlegel aber, läßt seine dunklen Seiten nicht zu, beschneidet ihm alles die Logik übersteigende Empfinden, tilgt seine Herkunft aus dem Unbewußten, läßt ihn lediglich als *animal ratiocinans* zu. Dieses antirationalistische Menschenbild, das das Humane gerade auch im Phantastischen, im Traumhaften, ja im Unvernünftigen erblickt, hat poetologische Folgen von großer Bedeutung: In der Romantik setzt sich zum erstenmal eine Poetik durch, die dem Kunstwerk einen eigenen Raum und einen eigenen Rang jenseits der Bindung an Welt und Wirklichkeit zuspricht.

Eine systematische Poetik der Romantik existiert nicht, überhaupt ist die Zeit poetologischer Lehrbücher im engeren Sinne seit dem Rationalismus vorüber. Das Fehlen eines poetologischen Systems hat in der Romantik aber noch einen spezifischen Grund: Lehnt man es ab, den Menschen primär als denkendes Wesen zu verstehen, ist die Logik auch keine Leittugend mehr, ist das geschlossene Deskriptionssystem überkommener Poetiken unangemessen. Die Poetik der Romantik muß man sich daher aus Fragmenten zusammenstellen, welche das Bild dieser Epoche überhaupt prägen. Das Fragment bildet in seiner Unabgeschlossenheit, seiner fehlenden Denkdisziplin, seines oft assoziativen Charakters wegen die epochentypische Textart, und vor allem die sogenannten Athenäumsfragmente Friedrich Schlegels, aber auch die zahlreichen Sammlungen von Fragmenten des Novalis gehören zu den charakteristischen literarischen Phänomenen dieser Zeit.

Friedrich von Hardenberg, der sich selbst Novalis nannte, unterscheidet in einem frühen Fragment zwischen natürlicher und künstlicher Poesie, wobei die künstliche Poesie einer „bestimmten Mitteilung“ (W 57, S. 393) dient. Die natürliche tut dies nicht, und für den Roman gilt sogar, daß er „kein bestimmtes Resultat“ enthält (W 57, S. 391). Gerade über den Roman haben die Romantiker überhaupt Überraschendes gesagt. Er bildet keine Gattung unter anderen literarischen Gattungen, sondern ein Sammelgefäß für alle Ausdrucksmöglichkeiten: „Sollte nicht der Roman alle Gattungen des Stils in einer durch den gemeinsamen Geist verschiedentlich gebundenen Form begreifen?“ (W 57, S. 454) Friedrich Schlegel erklärt in einem berühmten Satz lakonisch: „Der Roman ist ein romantisches Buch.“ (W 70, S. 515) Das bedeutet, daß Gattungsgrenzen überschritten werden und die Collage und Montage ganz unterschiedlicher Texte an die Stelle einer geordneten, einer „klassischen“ Darstellung treten. Novalis sprengt sogar den inneren Zusammenhang des Romans und entwirft so ein offenes Kunstwerk: „Die Schreibart des Romans muß kein *Kontinuum* – es muß ein in jeden Perioden gegliederter Bau sein. Jedes kleine Stück muß etwas Abgeschnittenes – Begrenztes – ein eignes Ganzes sein“ (W 57, S. 526). Da gerät offenbar sogar die Sinnkohärenz in Gefahr, und der Leser selbst muß entscheiden, wie die einzelnen Elemente verstanden werden sollen. Rezeptionsanweisungen bleiben gänzlich aus. Novalis geht sogar noch einen Schritt weiter und entwirft – jedenfalls theoretisch – eine nicht mehr an einen Aussagesinn gebundene, eine geradezu abstrakte Dichtung: „Erzählungen, ohne Zusammenhang, jedoch mit Assoziation, wie *Träume.* Gedichte – bloß *wohlklingend* und voll schöner Worte – aber auch ohne allen Sinn und Zusammenhang“ (W 57, S. 535). Hier hat sich die Kunst von aller Logik, von allen Vorgaben gelöst, der Zusammenhang mit der Welt ist getilgt, sie etabliert einen eigenen, von der Wirklichkeit unabhängigen Bereich und hat alle Thesen von Nachahmung, Weltabbildung und Nützlichkeit weit hinter sich gelassen. „Der poet(ische) Phil(osoph) ist *en état de createur absolu*“ (W 57, S. 487), formuliert Novalis denn auch und hat damit wohl zum erstenmal in der Geschichte der Poetik den Gedanken einer absoluten Kunst gedacht. Das so gängige Wort Benjamin Constants *l'art pour l'art* besitzt in der (französischen) Formulierung des Novalis eine deutsche Variante.

Friedrich Schlegel stand den poetologischen Vorstellungen seines Freundes Novalis sehr nahe. Auch er sieht im Roman ein gattungsübergreifendes poetisches Produkt, wenn er formuliert: „Ja, ich kann mir einen Roman kaum anders denken, als gemischt aus Erzählung, Gesang und andern Formen.“ (W 70, S. 515) Spricht Novalis von dem Roman als einem poetischen Produkt, das „kein bestimmtes Resultat“ enthält, so überträgt Schlegel diesen Gedanken der vollständigen Offenheit auf die Dichtung überhaupt, wenn es in einem seiner berühmtesten Fragmente heißt: „Die romantische Poesie ist eine progressive Universalpoesie.“ (W 70, S. 38) Dies bedeutet, daß die Dichtung einerseits alles umfaßt, d. h. alle Gattungen und alle Bereiche des Daseins, zum anderen jedoch, daß sie niemals ans Ende gerät: „Die romantische Dichtart ist noch im Werden; ja das ist ihr eigentliches Wesen, daß sie ewig nur werden, nie vollendet sein kann.“ (W 70, S. 39) Anders als die klassische Dichtung, die durchaus eine bestimmte Aussageabsicht verfolgte, sieht die Romantik im Unendlichen, nicht im Begrenzten, sozusagen in einem weitschweifenden Verständnis das Ziel aller Poesie, wenn sie, wie Schlegel formuliert, die „progressive Universalpoesie“ als ihr eigentliches Element betrachtet. Wichtiger noch als diese Parallelen zwischen Schlegel und Novalis ist aber die Tatsache, daß beide die Dichtkunst nicht mehr als Nachahmung der Welt, sondern entschieden und entschlossen als das Produkt eines kreativen Subjekts betrachten.

Während Novalis vom *„createur absolu“* spricht, redet Schlegel von der „Willkür des Dichters“, die „kein Gesetz über sich leide.“ (W 70, S. 39) Und mit dem Hinweis auf eine „Kunst um ihrer selbst willen“ (W 70, S. 492) präsentiert auch er eine deutsche Variante der Formel *l'art pour l'art.* Und schließlich rückt er Welt und Kunst ebenso weit auseinander wie sein Freund Novalis: „Eine Philosophie der Poesie überhaupt aber würde mit der Selbständigkeit des Schönen beginnen, mit dem Satz, daß es vom Wahren und Sittlichen getrennt sei und getrennt sein solle, und daß es mit diesem gleiche Rechte habe“ (W 70, S. 55f.). Hier hat sich die Poetik von dem Gedanken Platos, Poesie müsse dem Guten dienen, ebenso weit entfernt wie von dem *mimesis*-Gedanken und von den Vorstellungen des Horaz, die Dichtung wolle erfreuen und nützen. In der Romantik will die Dichtung nichts weiter sein als sie selbst.

Aber so, wie die normative Aufklärungspoetik von der Genie-Poetik des Sturm und Drang, wie dieser durch die den Nachahmungsgedanken neu belebende Klassik und diese wiederum durch die sich von der Nachahmung so entschieden abwendende Romantik konterkariert wurde, so folgte auch auf die romantische Poetik eine Phase, in der mehr oder weniger die gegenteiligen Gedanken dominierten. Der sogenannte bürgerliche Realismus, welcher so wenig wie Romantik, Klassik und Sturm und Drang poetologische Lehrbücher vorzulegen wußte, entdeckt wieder die Wirklichkeit, wie sie uns in der Natur, in der Gesellschaft, auch im privaten Bereich entgegentritt. Es wäre jedoch völlig falsch, wollte man annehmen, der bürgerliche Realismus verstehe sich in Frontstellung zu der das Phantastische, Alogische, Verwirrende, Märchenhafte, ja sogar Chaotische in den Mittelpunkt rückenden Romantik als literarische Strömung, die die realen Verhältnisse so abzubilden versuche, wie sie sind. Greift man etwa auf poetologische Äußerungen Theodor Fontanes, auf Friedrich Theodor Vischers Äußerungen über den Roman, auf Otto Ludwigs Einlassungen mit dem Titel *Der poetische Realismus* oder Adalbert Stifters *Vorrede zu Bunte Steine* zurück, so sieht man, daß der bürgerliche Realismus zwar die Erfahrungswirklichkeit zur Grundlage und das realistische Verfahren zum poetischen Prinzip erhob, dabei aber nicht an den Oberflächenmerkmalen der Realität, sondern an deren Grundstrukturen und Gesetzmäßigkeiten orientiert war. Es galt, die die Gesellschaft bestimmenden Kräfte, die Gesetze sittlichen Handelns, die Regeln humanen Zusammenlebens aufzudecken und darzustellen, d.h. hinter den beschriebenen Phänomenen die fundamentalen Prinzipien aufzudecken. Realistische Schreibweise bedeutete nicht bloßes Abbilden; aber sie bedeutete doch eine neue Hinwendung zur empirischen Realität.

In dieser Hinsicht erscheint der Naturalismus zunächst nur als eine Radikalisierung des bürgerlichen Realismus, doch hatte er auch ganz eigene Wurzeln. Gewiß orientierte auch er sich an der vorgefundenen Realität, doch war diese nicht mehr die Realität der bürgerlichen, sondern die der industriellen Welt, der Massengesellschaft, des Großstadtproletariats. Zudem ging es dem Naturalismus nicht darum, die hinter den Erscheinungen verborgenen, sie aber steuernden Gesetzmäßigkeiten unserer Welt durch Darstellung der Erscheinungen zugleich zu erhellen;

vielmehr brachte der Naturalismus diese Gesetze direkt zur Geltung. Ausgangspunkt dafür war die Erkenntnis, daß Naturwissenschaft und Technik zur Herrschaft gelangt waren und die Welt in einen völlig neuen Zustand gebracht hatten. Alle Lebenserscheinungen wurden von ihnen geprägt, und so vermochte der Naturalismus der Realität nur dadurch zu entsprechen, daß er die naturwissenschaftlichen Gesetzmäßigkeiten, Kausalität und Determination, auf den Menschen übertrug. Dieser wurde als gesellschaftlich und psychisch determiniertes, vollkommen unfreies Wesen dargestellt, doch finden sich darüber keine besonders tiefgreifenden poetologischen Äußerungen. Von zentraler Bedeutung war hingegen die Frage nach der Abbildfunktion der Dichtung, wie sie Arno Holz in seiner Schrift *Die Kunst. Ihr Wesen und ihre Gesetze* dargestellt hat. Dabei geht Arno Holz von einer Kinderzeichnung aus und kommt zu dem Ergebnis, daß der kindliche Maler aufgrund seiner beschränkten handwerklichen Fähigkeiten sein Ziel, einen Soldaten zu portraitieren, nicht erreicht. Dies bringt Holz zu der Meinung, daß Kunst das Ziel habe, Natur nachzuahmen, daß aber materielle oder subjektive Faktoren darauf Einfluß nehmen, wie genau die Natur abgebildet wird. Holz' Formel für Kunst lautet nämlich: „Kunst = Natur – X" (L 296, S. 171). Offenbar ist Kunst um so mehr sie selbst, je genauer sie die Natur abbildet, oder, noch radikaler: Kunst ist da ganz in ihrem Wesen, wo sie Natur verdoppelt, wo daher X ganz und gar verschwindet. Dies hat Holz dann auch in einen apodiktischen Satz gefaßt: „Die Kunst hat die Tendenz, wieder die Natur zu sein. Sie wird sie nach Maßgabe ihrer jedweiligen Reproduktionsbedingungen und deren Handhabung." (L 296, S. 174) Das Problematische an dieser Auffassung ist die Prämisse, Kunst strebe nach möglichst genauer Abbildung der Wirklichkeit, denn selbst wenn es dem zeichnenden Kind tatsächlich auf präzise Portraitierung der Realität angekommen sein sollte, gilt dies doch nicht deshalb schon für jeden Künstler und jede Kunst. Aber auch noch in anderer Hinsicht ist der Naturalismus wohl problematisch: man kann ihn nämlich als das Mißverständnis der **Moderne** klassifizieren.

Der Begriff ‚die Moderne' wurde im Jahr 1887 von der *Berliner Literarischen Vereinigung* mit dem programmatischen Namen *Durch* geprägt und sogleich mit einem spezifischen Sinn verknüpft. Im Gegensatz zu dem Adjektiv ‚modern' bezeichnet ‚die Moderne' nicht das jeweils Aktuelle, im Schwange Befindliche, geradezu Modische, sondern eine neue Phase in der Menschheitsgeschichte, nämlich jene, in der der Mensch mit Hilfe von Naturwissenschaft und Technik zum Mittelpunkt der Welt, zum Beherrscher der Realität aufsteigt. Die gesamte vorausliegende Menschheitsgeschichte wird deswegen als „Antike" abgetan; von nun an tritt der Mensch an die Stelle Gottes, denn er entscheidet, was geschichtlich geschieht, wie die Welt aussieht, ja, ob Welt überhaupt noch existieren soll. Damit ist der Mensch zum eigentlichen Souverän der Realität geworden. Er schaltet und waltet nach eigenem Belieben, und während er selbst sich in früheren Zeiten der Wirklichkeit anpassen mußte, um zu überleben, paßt er sich selbst nun die Wirklichkeit an, indem er sie schafft. Dadurch, daß der Naturalismus einerseits den Menschen entsprechend den naturwissenschaftlichen Gesetzen als determiniertes Wesen darstellt und andererseits die Wirklichkeit zum Maßstab für die Kunst wählt, sofern Kunst nichts weiter als eine Verdoppelung oder Potenzierung von Natur sein soll, bildet er zwar die äußeren Phänomene der technisch bestimmten Welt ab, indem er das Proletariat, die Großstadt, die industriellen Verhältnisse als Gegenstand wählt; aber damit verfehlt er gerade die Rolle, die der Mensch mit Hilfe der Technik gewonnen hat. Anders formuliert: Der Naturalismus nimmt sich der äußeren Erscheinungen der technischen Welt an, indem er Naturwissenschaft und Technik auf die Bühne bringt und den Menschen als natur- und sozialbestimmtes Wesen darstellt; den eigentlichen Kern der Moderne, die Herrschaft des Menschen als des souveränen Subjekts, bringt er indes poetisch nicht zum Ausdruck. Hermann Bahr hat in seiner berühmten Schrift *Die Überwindung des Naturalismus* von diesem als von einer „Episode der Verwirrung" (W 3a, S. 154) gesprochen. Das ist gewiß ein hartes Wort, aber angesichts des Verhältnisses von Kunst und Wirklichkeit zumindest verständlich. Was er vermißte, war die ästhetische Umsetzung des neuen Verhältnisses von Mensch und Welt in der Poesie: „Es war ein Wehklagen des Künstlers im Naturalismus, weil er dienen mußte; aber jetzt nimmt er die Tafeln aus dem Wirklichen und schreibt darauf seine Gesetze." (W 3a, S. 158)

Wenn Kunst und Literatur in ihrer Zielrichtung und in ihrer Grundstruktur auf irgendeine Weise mit der jeweiligen Phase der Weltgeschichte verknüpft sind, so muß sich in der Moderne auch ästhetisch die neue Position des Menschen als des Beherrschers der Welt zufolge von Naturwissenschaft und Technik Geltung verschaffen. Das bedeutet, daß in der Moderne nicht länger die Realität zum Maßstab für die Kunst gemacht werden kann, die Abbildfunktion der Kunst deshalb in der Moderne immer stärker in den Hintergrund tritt. Denn so wie der Mensch zum weltbeherrschenden Subjekt geworden ist, so wird er nun auch zum kunstbeherrschenden Subjekt. Das bedeutet, daß die Kunst mehr und mehr sich von sämtlichen Vorgaben der Realität löst und stärker und immer stärker den Menschen als ein Wesen präsentiert, das nach eigenen Maßstäben, nach eigener Willkür und ohne Rücksicht auf die Realität der Erscheinungen Kunst schafft. Das Verhältnis des Menschen zur Kunst spiegelt letztlich genau jenes Verhältnis wider, welches der Mensch zur Welt gewonnen hat: Wie der *homo faber* so bestimmt und beherrscht auch der *homo artifex* in aller Souveränität, was er hervorbringt.

Diejenige Phase in der Literaturgeschichte, in der die Dichter begannen, diese neue Sehweise artistisch zu realisieren – also etwa die Jahrzehnte zwischen 1890 und 1910 – bezeichnet man einmal als Impressionismus, einmal als Symbolismus, auch als Jugendstil, man spricht von der Wiener Schule der Moderne oder auch von der Berliner Moderne, was alles nur zeigt, daß auf sehr vielfältige Weise die Emanzipation der Kunst von den Vorgaben der Realität ins Werk gesetzt wird. Die poetologischen Äußerungen dieser Zeit sind sehr verstreut und finden sich nur sporadisch. Als wichtigster Beitrag wird noch immer der *Brief des Lord Chandos* von Hugo von Hofmannsthal angesehen. Es handelt sich um einen kurzen Text, in welchem Hofmannsthal das Auseinandertreten von Kunst und Welt schildert, indem er folgende Gesichtspunkte ins Spiel bringt: Früher sah Chandos in der

Wirklichkeit eine Harmonie walten, der er sprachlich in seiner Poesie durchaus habhaft wurde. Nun indessen scheint ihm die Welt zerfallen zu sein, und dementsprechend taugt auch die Sprache nicht mehr. Chandos erblickt keinen Sinn in den Erscheinungen der Welt und daher auch keine Möglichkeit, diese zu beschreiben, während er umgekehrt die auf eine geheimnisvolle Weise oftmals von ganz trivialen Gegenständen oder Erscheinungen ausgelösten Glücksgefühle, die ihm im Inneren Welt und Ich zusammenführen, nicht mehr beschreiben kann, weil die zur Verfügung stehende Sprache dieses weltentrückte Glück nicht faßt und eine neue Sprache noch nicht gefunden ist. Das vollständige Auseinanderfallen von Welt und Ich spiegelt sich also in der Unbeschreibbarkeit dessen, was das Ich wirklich empfindet. Würde diese neue Realität des Subjekts beschreibbar sein, so existierte eine Kunst, die mit der äußeren Realität nichts mehr zu schaffen hätte. In diesem Gedanken einer die Wirklichkeit vollständig beiseite lassenden Artistik muß man wohl den entscheidenden Durchbruch zu einem poetologischen Denken in der Moderne erblicken. Stefan George spricht denn auch in der ersten Einleitung der *Blätter für die Kunst* von einer „kunst für die kunst" (W 20b, S. 7) und gibt damit aufs Neue dem *l'art pour l'art*-Prinzip den Vorrang vor allen *mimesis*-Theorien innerhalb der Poetik des Abendlandes. Zahlreicher und in gewisser Weise auch aufschlußreicher sind jedoch die poetologischen Bemerkungen der Vertreter des Expressionismus über die sich von allen außerästhetischen Vorgaben lösende Kunst der Moderne.

Der Begriff ‚Expressionismus' ist vor allem auf den Feldern der bildenden Kunst und der Literatur angesiedelt, er stammt ursprünglich jedoch aus dem Bereich der Malerei und entwickelte sich zu Beginn unseres Jahrhunderts als Terminus für eine Kunst, die das Subjekt in noch weit radikalerer Weise als der Impressionismus zum Zentrum der Darstellung machte. Die Farbe dient nicht länger einer naturgetreuen Gegenstandswiedergabe, sondern ist Ausdruck subjektiver Empfindung, die Anordnung der Dinge folgt nicht der Dinganordnung in der Welt, Strichführung und Konturengebung sind Ausdrucksformen ästhetischer Willkür und folgen keineswegs mehr den objektiven Gegebenheiten. In den zahlreichen Schriften zum Expressionismus, die sich freilich nicht zu einer eindeutigen Theorie oder Ästhetik dieser Epoche bündeln lassen, bilden denn auch typische Leitbegriffe den Brennpunkt von Kunsttheorie und Poetik. Die entschiedene Abwendung von der Welt der Erscheinungen zeigt sich besonders augenfällig in der Forderung nach einer neuen, gänzlich anders gearteten Realität in der Gesellschaft, zumal in der Forderung nach jenem „neuen Menschen", der erst wieder die Vorstellungen von einem humanen Dasein, welches frei ist von den Reglementierungen des Staates, der Gesellschaft, der Moden und der Konventionen, realisiert und präsentiert. Insofern ist dem Expressionismus durchaus eine utopische Komponente eigen. Begriffe wie „Chaos" und „Subjekt", die Ablehnung jeglicher Logik, Kausalität und Determination des Menschen wie der Geschichte treten immer wieder in den Vordergrund der Überlegungen. Wenn es bei Friedrich Markus Huebner *(Der Expressionismus in Deutschland)* heißt: „Der Expressionismus verhält sich gegenüber der Natur feindselig. Er aberkennt ihre Übermacht; er zweifelt an ihrer

,Wahrheit'" (L 295, S. 37), – so wird die Emanzipation des Menschen wie der Kunst gegenüber der Wirklichkeit durch den Expressionismus deutlich erkennbar. Wenig später führt Huebner diesen Gedanken genauer aus: „Der Expressionismus glaubt an das Allmögliche. Er ist die Weltanschauung der Utopie. Er setzt den Menschen wieder in die Mitte der Schöpfung, damit er nach seinem Wunsch und Willen die Leere mit Linie, Farbe, Geräusch, mit Pflanze, Tier, Gott, mit dem Raume, mit der Zeit und mit dem eigenen Ich bevölkere." (L 295, S. 38) Hier finden sich sämtliche Konstellationen begrifflicher Art, die die Verselbständigung der Kunst zu einer wirklichkeitsgelösten Sphäre signalisieren: das Mögliche steht dem bloß Realen entgegen, das Utopische überschreitet die Grenzen des Gegebenen, der Mensch tritt an die Stelle Gottes und nimmt „die Mitte der Schöpfung" ein, er wirkt nicht nach Gesetzen der Gesellschaft, er dient nicht dem *delectare* und nicht dem *prodesse*, sondern folgt allein „seinem Wunsch und Willen", wenn er Kunst schafft und damit sein Werk nicht nur mit Linien, Geräuschen, mit Tieren und Pflanzen, sondern vor allem eben mit „dem eigenen Ich" bevölkert. Diese dominierende Rolle des Ich in der Kunst des Expressionismus wird immer wieder hervorgehoben. In Paul Hatvanis *Versuch über den Expressionismus* heißt es z.B.: „Im Expressionismus überflutet das Ich die Welt" (L 295, S. 68). Die Welt bildet nicht länger den Gegenstand ästhetischer Darstellung, vielmehr erweist sich diese als Feld willkürlicher Ich-Entfaltung. So rücken denn Welt und empirische Realität so weit an den Rand der Betrachtung, daß Hatvani davon sprechen kann, es gebe „kein Außen mehr" in der Kunst des Expressionismus (Ebd.). Die Tilgung der Welt als Thema der Kunst faßt er denn auch auf folgende Weise: „Nach dieser ungeheuerlichen Verinnerlichung hat die Kunst keine Voraussetzung mehr. So wird sie elementar. Der Expressionismus war vor allem die Revolution für das Elementare." (Ebd.) Ihre Voraussetzungslosigkeit läßt die Kunst als einen vollständig autonomen Bereich erscheinen. Kunst der Moderne ist in Gestalt expressionistischer Kunst absolute Kunst. Und Hatvanis Vorstellungen vom Expressionismus als einer „Revolution für das Elementare" braucht man keineswegs allein auf die bildende Kunst zu beziehen. Auch das sprachliche Kunstwerk machte Versuche mit dem Elementaren, vor allem im literarischen Dada, in den Gedichten und Texten von Kurt Schwitters, im literarischen Surrealismus und literarischen Absurdismus, wie ihn Carl Einstein vor allem mit seinem Roman *Bebukin oder die Dilettanten des Wunders* in Deutschland begründet. Jedenfalls kann Hatvanis entschlossene Formulierung „Das ,l'art pour l'art' hat sich zur Idee der ,Kunst an sich' geläutert" (L 295, S. 70) nicht mehr überraschen.

Die Konkretisierung solcher poetologischen Vorstellungen erfolgt im Expressionismus ganz besonders bei der Auseinandersetzung mit dem traditionellen Roman und dem Entwurf eines neuen, die überkommenen Bahnen der Epik verlassenden erzählenden Kunstwerks. Zwei expressionistische Autoren, Carl Einstein und Otto Flake, dürfen als Exponenten dieser neuen Romanpoetik gelten. Einstein überantwortet die Poesie ganz und gar der subjektiven, ästhetischen Willkür des produzierenden Ich: „Also das Kunstwerk ist Sache der Willkür respektive benommener Trunkenheit." (L 295, S. 186) Daraus leitet er die Notwendigkeit ab, die überkommenen Romantypen zu überwinden, insbesondere den psychologischen Roman, den deskriptiv schildernden Roman, überhaupt ein das Geschehen am Leitfaden der Kausalität aufreihendes erzählendes Kunstwerk. Die reine und freie Konstruktion der Erzählung, die sich an keine Logik und an keinerlei Gesetzmäßigkeit hält, führt ihn zum surrealistischen, zum absurden Roman, den er, wie erwähnt, mit seinem *Bebukin* in Deutschland erstmals zum Durchbruch brachte: „Das Absurde zur Tatsache machen“ (L 295, S. 186). Die entschlossene Abwendung von den Vorgaben der Realität führt bei ihm zu einem Roman, der die Realität auf den Kopf stellt.

Otto Flake indes, der in seiner poetischen Praxis außerordentlich konventionell verfuhr, hat im Vorwort zu seinem Roman *Die Stadt des Hirns* eine allgemeinere, aber andererseits auch genauere Klassifizierung des überkommenen Romans vorgenommen. Dessen Höhepunkt erblickt er in der Form des Entwicklungsromans: „es ging einer durch die Fülle der Erscheinungen und unternahm es ihren Sinn zu finden. Guter Gedanke aber das Machtverhältnis war falsch gesehen: Mächtig real gegeben die Verhältnisse Zustände der Welt, schwach demütig gehorsam der Wanderer durch sie.“ (W 19, S. 10) Was er dem überkommenen Typus vorwirft, das ist die Verkehrung des wahren Verhältnisses zwischen dem Menschen und der Welt: „Der Sinn ist nicht in den Erscheinungen, er ist im Wanderer der ihn in sich trägt.“ (Ebd.) Der Sinn, gehaltlicher Kern aller überkommenen Romankunst, ergibt sich eben nicht aus dem Zusammenspiel der Welt und ihrer Phänomene sowie deren Wirkungen auf den Einzelnen, sondern er ist das bloße Hirnkonstrukt des Künstlers, dessen „Willkür“ (Ebd.) als alleinige Quelle der Erzählung gilt: „es entrollt die Welt einem Hirn als Vorstellung“ (Ebd.). Ausgangspunkt für die Kunst des Expressionismus ist nicht mehr die Wirklichkeit, sondern das frei entwerfende und künstlerisch gestaltende schöpferische Ich. Insofern ist die Kunst in der Tat voraussetzungslos geworden, sie wurde autonom in dem Sinne, daß sie nur noch aus sich selber und zu sich selber spricht bzw. eine eigene ästhetische Sphäre schafft, die alle Verbindungen zur Welt abgebrochen zu haben scheint.

Die immer weiter und immer vehementer voranschreitende Moderne hat diese Gedanken immer radikaler gedacht und ist auf diesem Weg nicht nur in der poetischen Praxis, sondern auch in der Poetik selbst an eine Grenze gestoßen, die zugleich den Höhepunkt der Moderne, aber auch den Absturz, nämlich die Selbstabschaffung der Kunst und Literatur markiert. Bevor es jedoch soweit kam, gab es – wenigstens auf deutschem Boden – noch einen interessanten poetologischen Versuch, den *mimesis*-Charakter der Kunst zu retten: Brechts Poetik des epischen Theaters. Sie fußt auf der Widerspiegelungstheorie des Marxismus, die zum sogenannten sozialistischen Realismus führte, einer ästhetischen und poetologischen Richtung, die nur unter spezifisch marxistischen Prämissen den Begriff Realismus zu recht trägt. Die marxistische Doktrin geht ja davon aus, daß die Weltgeschichte einerseits machbar ist, also in der Hand des Menschen liegt, wie es Marx in der berühmten elften Feuerbach-These ausgesprochen hat: „Die Philosophen haben die Welt nur verschieden i n t e r p r e t i e r t, es kömmt darauf an, sie zu verändern". (L 175, Bd. 1, S. 141) Andererseits jedoch befindet sich die Weltgeschichte auf dem Weg zur klassenlosen Gesellschaft, – dieser Prozeß ist bremsbar, aber nicht aufzuhalten. Da das Gesetz, nach dem die Weltgeschichte angetreten ist, festliegt, gilt als höchste Wirklichkeit eben dieses Gesetz, und daraus ergibt sich die Tatsache, daß für marxistisches Denken die Oberflächenphänomene der Welt, d.h. die Phänomene der Wirklichkeit, wie sie vor Augen liegen, nicht die eigentliche Realität ausmachen. Realistisch ist für dieses Denken daher nur eine Kunst, die – auch unter Umgehung der zutageliegenden Erscheinungen – immer wieder das Grundgesetz der Geschichte, nämlich der Entwicklung zur klassenlosen Gesellschaft in den Mittelpunkt rückt. Das kann dazu führen, daß nicht die Fakten, sondern die Utopien als realistisch angesehen werden. Brecht selbst folgt dieser marxistischen Argumentation entschieden, wenn er z.B. Gerhart Hauptmanns soziales Drama einerseits realistisch, andererseits aber unrealistisch nennt. In seinem Essay *Über den Realismus* rühmt Brecht Hauptmann zwar als denjenigen, der den Arbeiterstand und damit die fortschrittliche Klasse auf die Bühne gebracht habe; er sei Realist, nämlich darin, daß er in den *Webern* die die Zukunft bestimmende Schicht der Arbeiter für poesietauglich erkläre. Unrealistisch sei er aber deswegen, weil er – der wirklichen Geschichte voll und ganz entsprechend – den Weber-Aufstand scheitern lasse, ohne dem Zuschauer zum Schluß bewußt zu machen, daß gleichwohl diese Weber die die Zukunft bestimmende Klasse bildeten. Wer also Geschichte darstellt, wie sie war, kann gleichwohl in marxistischen Augen unrealistisch sein. Dieser Widerspruch zwischen der zentralen Stellung des Menschen in der Welt als geschichtsträchtigem Ursprung einerseits und der Festlegung der Weltgeschichte auf ihre Mündung in eine klassenlose Gesellschaft andererseits, d.h. der Widerspruch zwischen der Erkenntnis, daß der Mensch den Mittelpunkt der Geschichte bildet, und der Tatsache, daß er nicht freigegeben, sondern an ein Weltgesetz gebunden wird, läßt Brechts Poetik des epischen Theaters ebenso fortschrittlich wie konservativ erscheinen.

Denn mit dem epischen Theater verfolgt Brecht die Aufsprengung des fiktionalen Rahmens, der die Handlung auf der Bühne als faktisch geschehen darstellt, wie wir denn auch alles in der Kunst Dargestellte zunächst einmal als wirklich rezipieren. Dadurch, daß Brecht allem Geschehen einen Kommentar, etwa in Gestalt von Bildmaterial, von Sängern, von Kommentierungen durch Figuren, von Zwischenvorhängen etc. etc. beigibt, macht er den Zuschauer darauf aufmerksam, daß das Geschehen auf der Bühne nur gespielt wird. Damit nimmt er diesem das Definitive und läßt es als eine Handlungsmöglichkeit unter unendlich vielen anderen Handlungsmöglichkeiten erscheinen. Die Aufhebung der Fiktionalität durch Kommentierung wirkt zunächst als Überschreitung jener mimetischen und also realitätsabbildenden Komponente der traditionellen, vormodernen Literatur, weil alle Nachahmungen von Wirklichkeit ja stets nur einen Weg beschreiten, nur Definitives abbilden können. Andererseits nutzt Brecht den durch das epische Theater gewonnenen Möglichkeitsspielraum nicht aus. Er bezweckt vielmehr ausschließlich die Belehrung des Zuschauers in einem bestimmten, nämlich marxistischen Sinn: der Rezipient soll begreifen, was an der gegenwärtigen Situation zu verändern ist und damit daran mitwirken, daß in der Tat die Menschheitsgeschichte sich im marxistischen Sinne verändert. Man hat oft bemerkt, daß Brechts Poetik des epischen Theaters sozusagen einen Sprung haben muß, sonst wäre es kaum möglich, daß ein bürgerliches Publikum sich ins Parkett setzt, seinen eigenen Untergang beklatscht und dafür auch noch hohe Preise zahlt. Die Forschung hat noch nicht geklärt, ob der Erfolg Brechts wegen oder trotz seiner Poetik des epischen Theaters eintrat.

Alle „realistischen" Tendenzen der Poetik der Moderne sind Episode geblieben. Die sogenannte „Neue Sachlichkeit" dominierte poetisch und poetologisch nur kurze Zeit in der Weimarer Republik; und selbst der sozialistische Realismus, selbst die Poetik Brechts weist ja über die Abbildfunktion von Literatur zunächst hinaus. Denn dadurch, daß die Dichtung nicht die vor Augen liegenden Verhältnisse aufnehmen und wiedergeben, sondern das Gesetz der Weltgeschichte und deren Weg hin zur klassenlosen Gesellschaft spiegeln soll, überschreitet der sozialistische Realismus die manchmal recht vordergründige *mimesis*-Vorstellung überkommener Realismustheorien erheblich, soll doch etwas in die Dichtung eingehen, was erst die Zukunft bringen wird. Diese gern als „konkrete Utopie" gekennzeichnete Zukunfts-Dimension der Literatur öffnet dieser jedoch – wie gezeigt – innerhalb des marxistischen Realismus-Paradigmas keineswegs einen Spielraum von Möglichkeiten. Literatur des sozialistischen Realismus ist zudem unrealistisch, wenn man danach fragt, inwieweit die wahren Verhältnisse der Welt Berücksichtigung finden, und sie ist realistisch nur in dem Sinne, daß sie das gerade nicht Vorfindliche, aber Versprochene und angeblich notwendig Eintretende zum Gegenstand der Poesie erklärt. Insofern ist der Dichtung und der Poetik des sozialistischen Realismus etwas Scheinhaftes eigen: sie geben sich den Anschein, als hätten sie es mit der Wirklichkeit zu tun, doch ist Wirklichkeit hier nur eine angemessene Kategorie, wenn man marxistischem Literatur- und Kunstverständnis huldigt. Wer diesem Verständnis nicht zu folgen vermag, erblickt im sozialistischen Realismus ein Wunschdenken und eine Wunschdarstellung, aber keine Wirklichkeitsspiegelung.

Die unterschiedlichen Poetiken innerhalb der Moderne haben denn auch jegliche Art von Realismus hinter sich gelassen und den Gedanken an die Autonomie der Kunst, an die Pluralität des literarischen Verständnisses, an die rein artistische, mit dem Vorhandenen gar nicht mehr spielenden Sphäre der Poesie bis an seine Grenze getrieben. Diese Grenze bildet, wie gesagt, den Höhepunkt der Moderne und den Beginn der Selbstabschaffung von Kunst und Literatur überhaupt. Entscheidend dafür ist der Gedanke, daß das Kunstwerk nicht mehr allein der Willkür des Künstlers enspricht bzw. überlassen bleibt, sondern nun auch der Willkür des Rezipienten ausgeliefert wird, und zwar bewußt und erklärtermaßen. Diesen Schritt markiert am deutlichsten Franz Mon mit seinen poetologischen Überlegungen.

In seinem Buch *artikulationen* von 1959 hat Mon Texte poetischer und solche poetologischer Art gebündelt. In der Passage *ausdruck und äußerung* reflektiert Mon über das Wesen eines poetischen Textes und berücksichtigt dabei zunächst einmal besonders dessen Autonomie-Charakter. Er hebt ihn so stark hervor, daß er den Text nun nicht mehr nur aus seiner Beziehung zur Außenwelt löst, was ja schon vor Mon auf mannigfache Weise geschehen war, sondern ihn auch vom Autor trennt, ihn also als ein vollständig selbständiges Gebilde denkt:

> außerhalb meiner existiert plötzlich eine gestalt, die von mir herkommt, aber nichts mehr von mir an sich hat. ein selbständiges gebilde, aus eigenem stoff, mit mir fremden formgesetzen, das nun so mächtig in sich besteht, daß ein jeder wie zu einem öffentlichen denkmal hinzutreten und seine ansicht davon abnehmen kann, die völlig verschieden von der sein kann, die ich davon habe. (W 55, S. 43)

Der Gedanke an die textuale Autonomie führt hier dazu, daß das Verständnis des Autors keineswegs mehr als bindend gilt, ja Rezeptionsanweisungen irgendwelcher Art haben ihre Verbindlichkeit vollständig verloren. Der Text ist das, was man an ihm erkennt, er ist so, wie man ihn versteht. Da nicht nur das Leser-Verständnis potentiell unendlich viele Möglichkeiten besitzt, sondern auch – wie Mon später ausführt – das Autor-Verständnis variabel sein kann, entfallen alle Rezeptionsbindungen, ist sogar der Autor selbst unzuständig für seinen Text. Das bedeutet, daß es nicht nur kein authentisches Text-Verständnis mehr gibt, sondern es gibt nach diesen Überlegungen auch keinen authentischen Text mehr. ‚Text' stellt sich nun dar als die unendliche Vielfalt von Verständnisvarianten: „das beobachter-ich entdeckt mit wachem, konzentriertem und immer auch ein wenig am gegenstand vorbeistreifendem, abwesendem blick die chancen und andeutungen der tausend partikeln. es wählt aus und spiegelt, es erprobt die nähen und fernen des zusammengeratenen, es erforscht die mitteilungen, die auf den konferenzen des nichtzusammengehörigen laut werden". (W 55, S. 44) Da hier nur noch das Beobachter-Ich im Mittelpunkt steht und nicht mehr der Text oder die sogenannte „Autor-Intention", also die Absicht, die der Verfasser mit dem Text möglicherweise verfolgt, erweist sich der Text als das Produkt des Lesers und immer weniger als das Produkt des Autors: „das kontinuum entsteht dank der meditativen kraft des beobachter-bewußtseins, und es muß bei jedem leseakt aus den mundanen splittern und brocken aufs neue und anders hergestellt werden" (Ebd.). Verhält es sich aber so, daß der poetische Text nichts weiter als das Produkt des Leser-Bewußtseins ist, dann hat der Text seine Identität verloren, er ist zum Spielball jeglicher Rezeption geworden. Und da es nur auf den Rezipienten ankommt, kann der Text auch geartet sein wie er will, er bildet nur noch ein Rezeptions-Angebot, und das bedeutet, daß jede Art von Text sich jeder Art von Rezeption ausliefert. Wie der Text aussieht, hat keine Bedeutung mehr für seinen Rang, d. h. ein Blatt Papier mit sinnlosen Worten, vielleicht nur mit einigen Buchstaben oder einigen Satzzeichen, oder auch ein leeres Blatt, das ja auch beliebige Assoziationen im Leser wecken kann, läßt sich nunmehr zu Kunst erklären. Der Autonomiegedanke in der Poetik des Abendlandes gewinnt hier seinen Höhepunkt: Der Text hat sich gelöst aus seinem Zusammenhang mit der Welt, mit der Vernunft, mit dem Autor. Dies führt zur Abschaffung seiner Identität und Authentizität, und das bedeutet zugleich, daß alles und jedes Poesie sein kann. Denn die unübersehbare Menge möglicher Leser entscheidet darüber, was dieser Text überhaupt darstellt, entscheidet über seinen Inhalt, seine Form, seine Struktur und endlich über seinen Kunst-Charakter. Damit jedoch hat die Kunst auch ihre Grenze erreicht. Wo alles und jedes Kunst ist, ist alles und nichts Kunst, Kunst und Nicht-Kunst sind dasselbe geworden. Die konsequente Ausarbeitung des radikalen Autonomiegedankens hat Kunst und Poesie an die Grenze ihrer Existenz geführt.

In anderen Kunstbereichen hat sich die Entwicklung nicht anders vollzogen. Die abstrakte Malerei bietet dem Rezipienten so wenig Rezeptions-Anhaltspunkte wie eine jegliche Art geplanter Form ablehnende Tonkunst; ja gerade auf dem Feld der Musik sind die Parallelen zur Literatur besonders deutlich, wenn z. B. der Komponist dem Interpreten nur noch Tonmaterial zur Verfügung stellt, das dieser selbst ordnen, arrangieren, strukturieren soll. Für alle kunsttheoretischen Entwicklungen, insonderheit aber für die der Poetik läßt sich sagen, daß die Moderne Höhepunkt und Abschluß eines Prozesses bildet, der von der Bevormundung der Kunst durch außerästhetische Gesichtspunkte (Plato), von dem Gedanken an ihre Abbild-Funktion bis hin zu dem Gedanken an ihre vollständige Autonomie führt. Daß dies der Kunst ihre Authentizität nimmt, dem Verständnis jegliche Verbindlichkeit, daher auch der Kritik wie der Literaturwissenschaft ihre Fundamente zertrümmert (auf denen sie bisher stand), liegt auf der Hand. Was bisher galt, nämlich daß das sprachliche Kunstwerk eine Einheit von inhaltlichen, formalen, sprachlichen, gedanklichen Elementen etc. bildet, deren funktionale Vernetzung durch die Interpretation aufgedeckt und wenigstens zu einem guten Teil als erkennbar dargestellt wird, gilt für die Kunst der Moderne in ihren extremen Ausformungen nicht mehr. Die Entwicklung der Poetik des Abendlandes endet in der Moderne mit ihrer Selbstabschaffung, so wie die Kunst in der Moderne ihren eigenen Untergang betreibt. Sollte es wirklich so etwas wie die **Postmoderne** geben, von der heute überall die Rede ist, so wird sie es auf jeden Fall mit einer Neubegründung von Poesie und Poetik zu tun bekommen. Wie dergleichen aussehen mag, entzieht sich freilich unseren Vorstellungen.

Weiterführende Literatur: W 3, W 3 a, W 38, L 320, L 174, L 276, L 129, L 279, L 20, L 318 a.

X. Über literaturwissenschaftliche Ansätze vor Begründung der Germanistik

Die Bezeichnung galt einem schon Vorhandenen: Lange bevor Theodor Mundt im Jahre 1842 – vermutlich als erster – von der „Literaturgeschichte als einer besonderen Wissenschaft" sprach[1], gab es die planmäßige Beschäftigung mit literarischen Werken, die dem Zweck diente, Erkenntnisse über diese Werke zu gewinnen und zu verbreiten. Dem widerspricht nicht, daß erst über ein halbes Jahrhundert nach Mundts Verwendung des Begriffs Ernst Elster den Versuch gemacht hat, den Umfang des Begriffs zu bestimmen und – unter dem Einfluß der Philosophie Wilhelm Wundts – die Methoden der Literaturwissenschaft zu beschreiben[2]. Dem widerspricht auch nicht Ernst Robert Curtius' Bemerkung, daß während eines halben Jahrhunderts nach Elsters Versuch die „moderne Literaturwissenschaft" nichts anderes als „ein Phantom" gewesen sei.

„Zur wissenschaftlichen Erforschung der europäischen Literatur ist sie aus zwei Gründen unfähig: willkürliche Einengung des Beobachtungsfeldes und Verken-

---

[1] Vgl. L 195, S. 2: „[...] den Begriff der Literatur, wie wir ihn in unsern Darstellungen hervortreten lassen wollen, und wie er einzig die Mühe belohnt, die man sich mit Literaturgeschichte als einer besonderen Wissenschaft geben mag, haben wir aus jenen Umwälzungen des europäischen Geisteslebens überkommen, welche aus der französischen Revolution entstanden waren. Dies ist der Begriff der Literatur als einer zusammenhängenden, nationalen Wissenschaft, welche die literarische Cultur nicht einem fern abliegenden, getrennten, idealen Gebiet überweiset und überläßt, sondern als einen concreten Bestandtheil der wahren Wirklichkeit des Volksgeistes zur Einheit des Ganzen rechnet."

[2] Vgl. L 53, S. 3: „Die Aufgabe der Litteraturwissenschaft zerfällt in zwei Hauptteile: in die Analyse der gegebenen Thatsachen und in die historische Synthese einer mehr oder minder großen Anzahl derartig analysierter Erscheinungen. Es gilt die Maßstäbe der Analyse nach Kräften zu vermehren und die Gesichtspunkte der Synthese den Zwecken der besonderen historischen Darstellungsform entsprechend zu gestalten. Als die Grundlage der Analyse gilt uns die Interpretation, die bis ins einzelne gehende Erläuterung des poetischen Objekts; die Synthese ist nur durchführbar an der Hand der vergleichenden Methode, die dahin zielt, die verwandten und räumlich wie zeitlich einander nahe stehenden Erzeugnisse mit einander in Beziehung zu setzen und an einander zu messen. Sowohl das analytische wie das synthetische Verfahren verbindet sich mit dem kritischen Werturteil, dessen allgemeinen und besonderen Inhalt wir aus dem Wesen der poetischen Anschauung wie aus den Lebensbedingungen der poetischen Darstellungsmittel und der einzelnen poetischen Gattungen zu ermitteln versuchen müssen."

nung der autonomen Struktur der Literatur." (L 33, S. 20) Schließlich: Auch Hans Mayers Auffassung, zur Zeit der Brüderpaare Schlegel und Grimm habe es in Deutschland noch keine eigentliche Literaturwissenschaft gegeben – von der er, selbstverständlich zu Recht, sagt, sie sei nicht gleichzusetzen „mit kritischer Interpretation literarischer Texte" (L 61, Bd. II, 1, S. 318), und die er, zu Unrecht, beginnen läßt mit der Literaturgeschichtsschreibung Georg Gottfried Gervinus' (vgl. ebd., S. 322 f.) –, auch mit dieser Auffassung ist nichts gegen die Wissenschaftlichkeit des Umgangs mit Literatur in viel früherer Zeit gesagt.

Wo immer Literatur nicht bloß gelesen oder gehört, sondern beschrieben, erklärt, kommentiert, analysiert, gedeutet wird, damit Dunkles erhellt und Einzelnes in Zusammenhänge gebracht werde, kann wenigstens von der Bemühung um Wissenschaftlichkeit gesprochen werden. Sind die Ergebnisse der Bemühung um Literatur unter eindeutigen und annehmbaren Voraussetzungen in sich schlüssig und intersubjektiv erweisbar, verdient diese Bemühung wohl das Epitheton ‚wissenschaftlich'. Über den Wert von Wissenschaft entscheiden diejenigen, die sich ihrer Ergebnisse bedienen.

Wissenschaftliche Beschäftigung mit Literatur wird – und wurde seit langem – auf verschiedenen Gebieten betrieben: auf denen der Textkritik[3], der Literaturkritik[4], der Literaturgeschichte, der Poetik u. a. Wie das in der Zeit vor dem durch eine gewandelte, besonders nachdrücklich von Herder vertretene Geschichtsauffassung bedingten Perspektivenwechsel in der Auseinandersetzung mit Literatur geschah, sei kurz angedeutet:

Daß mittelhochdeutsche Epiker, allen voran Gottfried von Straßburg in *Tristan und Isolde,* gelegentlich über den Stand der zeitgenössischen deutschen Literatur Auskunft gaben und dabei Lob und Tadel nach Prinzipien eines subjektiven Geschmacks mischten – eines Geschmacks, der die Grundlage der eigenen literarischen Arbeit war –, kann sehr wohl als eine Form der Literaturkritik angesehen werden, aus der sich bei den Epigonen (so in Rudolfs von Ems Alexander-Epos), wenigstens formal, eine Art von anscheinend objektiv darstellender und beurteilender Literaturgeschichtsschreibung entwickelte. Doch war dieser Umgang mit der Literatur – ebenso wie anderer Dichter (etwa Konrads von Würzburg) Betrachtungen über das Wesen der Dichtkunst – zu sehr Reflex der jeweils eigenen literarischen Tendenzen und Potenzen, als daß von einer auf Erklärung und Verständnis von Kunst oder d e r Kunst gerichteten Wissenschaftlichkeit gesprochen werden könnte. Ähnlich verhält es sich mit anderen Erscheinungen des Spätmittelalters, den poetologischen Ausführungen in dem Gedicht vom Wartburgkrieg etwa oder den Forderungen der Meistersinger oder der literarhistorischen Revue, die Hugo von Trimberg in seinem Lehrgedicht *Der Renner* (1313) präsentiert.

---

[3] Vgl. dazu das Kapitel *Edition* (S. 104 ff.).

[4] Bis heute ist die Literaturkritik freilich nur als Stiefkind der Literaturwissenschaft mehr geduldet als angesehen. Sie kommt deshalb auch in diesem Band zu kurz.

Für die Herausbildung einer systematischen, theoretisch fundierten Literaturwissenschaft in Deutschland bedeutete die Zeit des Humanismus eine wichtige Etappe: Auf dem Umweg über die vielbewunderte Antike wurde die deutsche Vergangenheit ‚entdeckt', und mehr und mehr wurden die Zeugnisse deutscher Kultur zu Gegenständen des Interesses und darüber hinaus der wissenschaftlichen Erforschung. Editorische und auch poetologische Arbeiten waren dabei zunächst wichtiger als literarhistorische. Die Herausgabe von altdeutschen Sprachdenkmälern (Hroswiths von Gandersheim Werke durch Konrad Celtis, 1502; Otfrieds von Weißenburg *Evangelienbuch* durch Matthias Flacius Illyricus, 1571; u.a.) und die öffentliche Darlegung dichtungstheoretischer Auffassungen (die Wiener Vorlesungen von Konrad Celtis – *Collegium poetorum et mathematicorum,* 1502 –, in denen mit Entschiedenheit von der Lern- und Lehrbarkeit der Dichtkunst gehandelt wurde; die Wiener Vorlesungen von Joachim von Watt – *De poetica et carminis ratione,* 1518; u.a.) waren bereits beachtliche literaturwissenschaftliche Leistungen, während es auf dem Gebiete der Literarhistorie einstweilen zu nicht viel mehr als zu gelegentlichen Zusammenstellungen von Werken und Daten in umfassenden geschichtlichen Werken, z.B. in Hartmann Schedels *Weltchronik* (1493) kam; eine Ausnahme bildet des Johannes Trithemius *Catalogus illustrium virorum germaniam suis ingeniis et lucubrationibus omnifariam exornantiam* (1486), der erste Versuch einer deutschen Literaturgeschichte, die sich freilich im wesentlichen als Geschichte der Kirchenschriftsteller darstellt. Immerhin erwähnenswert erscheint auch Konrad Gesners *Bibliotheca universalis sive Catalogus omnium scriptorum locupletissimus in tribus linguis Latina Graeca et Hebraica ...* (1545), weil hier zum erstenmal – allerdings nicht speziell für den Bereich der deutschen Literatur – die Bibliographie die Biographie verdrängt und die alphabetische Ordnung der Daten die chronologische ablöst.

Der Fortschritt, den die deutsche Literaturgeschichtsschreibung im 17. Jahrhundert machte, bestand in dem Versuch der Aneignung von literarhistorischen Prinzipien, die in Schriften nicht-deutscher Historiker und Philosophen fixiert und erprobt worden waren: Schon in des Savoyarden Christopherus Mylaeus *De scribenda universitatis rerum Historia libri quinque* (1551), dann in Francis Bacons *De dignitate et augmentis scientiarum* (1623) und in des niederländischen Philologen Gerhard Johann Vossius *De Philologia* (1650) war die Literaturgeschichte unter Gesichtspunkten ihres kausalen und funktionalen Zusammenhangs mit anderen Phänomenen universal- oder polyhistorisch vorgestellt worden, wobei die Verfasser Wesen und Wert von Literatur auf dem Hintergrund der Entwicklungsgeschichte einzelner Völker oder der ganzen Menschheit zu bestimmen versucht hatten. Ansätze einer unter solchen Prämissen unternommenen Systematisierung finden sich auch in den Werken deutscher Autoren, z.B. in des Hamburger Polyhistors Peter Lambecius *Prodromus Historiae Literariae* (1659) – einem allerdings nur gewaltsam mit Bacons Ideen inokulierten Stoffkonglomerat – oder in Daniel Georg Morhofs *Polyhistor literarius* (1688), einer nach Sachgebieten geordneten kritischen Bestandsaufnahme der Literatur aller Völker und Zeiten –, ein einschüchterndes, jede kleinliche, aber auch jede sich bescheidende Spezialisierung verhöhnendes Monument, brauchbar noch heute, allerdings nicht als zusammenfassende Literaturgeschichte, sondern – entgegen den Absichten des Verfassers – als voluminöses, in Einzelheiten zerfallendes Kompendium gelehrtengeschichtlicher Tendenzen und Resultate. Noch war, um 1700, in deutschen Literaturgeschichten für die Dichtung im allgemeinen und die deutsche im besonderen wenig Platz.

In anderen Bereichen der kritisch-wissenschaftlichen Beschäftigung mit deutscher Literatur verlief die Entwicklung nicht wesentlich schneller: Die altdeutsche Literatur blieb noch zum großen Teil ungedruckt und unentdeckt (Proben aus der *Heidelberger Liederhandschrift,* die Melchior Goldast am Anfang des 17. Jahrhunderts bot, und die von Martin Opitz 1639 besorgte *Annolied*-Ausgabe sind die einzigen bemerkenswerten Ausnahmen), und am Himmel der Literaturtheorie leuchtete nur ein einziger Stern erster Größe: Martin Opitz. Bevor er mit seiner Abhandlung *Buch von der Deutschen Poeterey* (1624) ein Literaturprogramm entwarf, mit dem sich Mit- und Nachwelt immer wieder – und vorwiegend zustimmend – beschäftigten, hatte er in seiner Schulrede *Aristarchus sive de contemptu Linguae Teutonicae* (1617) eine für die Entwicklung der deutschen Literaturwissenschaft wichtige Voraussetzung erörtert: die Literaturfähigkeit der deutschen Sprache. Von ihr ausgehend, versuchte er im *Buch von der Deutschen Poeterey,* die späthumanistische, von Horaz beeinflußte Kunstlehre, insbesondere aber die Gattungspoetik romanischer Provenienz auf deutsche Verhältnisse zu übertragen, und skizzierte außerdem eine für die Geschichte der deutschen Dichtung folgenreiche Verslehre, durch die er die metrischen Prinzipien nicht nach der Quantität, sondern nach dem Akzent der Silben zu regeln versuchte und in der er die Forderung nach Reinheit der hochdeutschen Sprache noch einmal bekräftigte.

Wie sehr die deutsche Literaturwissenschaft von deutschsprachiger Literatur abhängig war und diese von der Einigung über d i e literaturfähige deutsche Sprache, dafür lieferten die Jahrzehnte nach Opitz' frühen Richtungsweisern genug Exempel. Die sich mancherorts etablierenden Sprachgesellschaften (*Fruchtbringende Gesellschaft,* 1617ff.; *Die aufrichtige Tannengesellschaft,* 1633; *Deutschgesinnte Genossenschaft,* 1643ff.; *Pegnitzorden,* 1644; *Elbschwanenorden,* 1656ff.) und die Erträge der wissenschaftlichen Beschäftigung mit der deutschen Sprache (Justus Georg Schottels *Teutsche Sprachkunst,* 1641, und seine *Ausführliche Arbeit von der Teutschen Haubt Sprache,* 1663; Kaspar Stielers *Der Teutschen Sprache Stammbaum und Fortwachs,* 1691; Leibniz' 1697 entstandene und 1717 veröffentlichte Schrift *Unvorgreifliche Gedanken betreffend die Ausübung und Verbesserung der teutschen Sprache*) gingen der langsamen Entwicklung einer deutschen Nationalliteratur (Gryphius, Harsdörffer, Fleming, Philipp von Zesen, Friedrich von Logau, Angelus Silesius, Grimmelshausen, Christian Weise, Lohenstein, Hofmannswaldau u. a.) voraus oder begleiteten sie; – die Literaturwissenschaft konnte sich nur darum bemühen, den Anschluß nicht zu verlieren; sie trat am Ende des Jahrhunderts zunächst mit literaturkritischen Abhandlungen wie Erdmann Neumeisters ästhetisierendem *Specimen dissertationis historico-criticae de poetis Germanicis huius seculi praecipuis* (1695) und Gotthard Heideggers moralisierender *Mythoscopia Romantica oder Discours von den so benannten Romans* (1698) auf den Plan, beschrieb das Vorhandene, reflektierte über das noch zu Leistende, verteidigte wohl auch (wie Benjamin Neukirch in der Vorrede zu der von ihm herausgegebenen Sammlung *Herrn von Hoffmannswaldau und andrer Deutschen auserlesene und bißher ungedruckte Gedichte,* 1697) die deutsche Poesie gegenüber ihren Verächtern (wie dem französischen Jesuiten Père Bouhours) und bereitete im übrigen der normativen Ästhetik und der von ihr bestimmten Literaturkritik des Aufklärungszeitalters den Weg.

Literaturgeschichtsschreibung im Sinne des 19. und 20. Jahrhunderts, im Sinne einer Darstellung von historischen Zusammenhängen, in die literarische Werke einzuordnen und aus denen heraus ihre charakteristischen Eigenheiten verständlich und bewertbar sind, gab es in den beiden ersten Dritteln des 18. Jahrhunderts nicht. Das lag einmal daran, daß der Begriff ‚Literatur' noch nicht, wie in späterer Zeit, auf den Bereich der ‚schönen' Literatur (‚Dichtung' oder ‚Poesie') verengt war – als Literatur galten in der Praxis alle zusammenhängenden schriftlichen Äußerungen, die dem weiten Umkreis der ‚schönen und nützlichen Wissenschaften' zuzuordnen waren –, zum anderen daran, daß gerade die Geschichtswissenschaft, in Ermangelung zureichender Quellen und der damit korrespondierenden Ermangelung eines ‚historischen Bewußtseins', weder Grund noch Ausdehnung hatte; es gab sie allenfalls in vereinzelten Ansätzen, aber noch keineswegs methodisch reflektiert, nicht einmal in der allgemeinen Zielsetzung, die Vergangenheit idiographisch zu erhellen. (England und Frankreich hatten hier, wie auf anderen Gebieten, einen Vorsprung von mehreren Jahrzehnten gegenüber Deutschland.)

Jacob Friedrich Reimmann gelang mit seinem *Versuch der Einleitung In die historiam literariam Insgemein und derer Teutschen insonderheit* (1708 - 13) immerhin ein Fortschritt gegenüber ähnlichen Unternehmungen früherer Zeit, denn daß eine historia literaria particularis nach systematisch geordneten Sachgruppen, innerhalb der Sachgruppen am Reihfaden der Chronologie, nicht nur ausgebreitet, sondern auch beschrieben wurde, und zwar unter dem Aspekt, daß sie als Spiegel der Kulturgeschichte Deutschlands ihre eigentliche Bedeutung habe, das hatte es in vergleichbarer Form vorher nicht gegeben.

Ein halbes Jahrzehnt nach Reimmanns Werk erschienen zwei weitere Darstellungen ähnlichen Zuschnitts und Formats: Gottlieb Stolles *Anleitung zur Historie der Gelahrheit* (4. Aufl. 1736), ein Werk, das über die Geschichte der Dichtkunst mehr Informationen und gegründetere Beurteilungen gibt als jedes andere dieser Zeit, und Christoph August Heumanns *Conspectus Reipublicae literariae sive via ad historiam literariam inventuti studiosae aperta* (7. Aufl. 1763), eine Literaturgeschichte im ausgedehnten, also die Wissenschaften umfassenden Sinn, abgefaßt mit dem Anspruch kritischer Rationalität, bemüht um die Aufdeckung von Kausalzusammenhängen in geistigen Bereichen, beflügelt von kaum irritierter Fortschrittsgläubigkeit. Heumann wirkte in mehreren Darstellungen des 18. Jahrhunderts fort; auch Wieland verließ sich weitgehend auf ihn, als er seinen Schülern die *Geschichte der Gelehrtheit* diktierte.

Für das Verständnis und die Entwicklung der deutschen Literatur des 18. Jahrhunderts war zweifellos die poetologische, die dichtungstheoretische Auseinandersetzung dieser Zeit wichtiger – wenngleich kaum weniger in sich selbst befangen – als die Literarhistorie. Auf den dabei erzielten Ergebnissen basieren im wesentlichen die literaturkritischen Arbeiten, die im 18. Jahrhundert geradezu sprunghaft zunahmen und bis ins 19. Jahrhundert hinein eine immer größere Bedeutung für die Aufnahme von Literatur gewannen. Das aufgeklärte Zeitalter weidete sich zunächst selbstbewußt an seinen Errungenschaften und Möglichkeiten, und zwar in um so entschiedenerer Weise, je verschwommener die Kenntnisse vergangener Zeiten waren.

Angeregt durch ästhetische Untersuchungen, Essays, Diskussionen und Dispute in England und Frankreich, enwickelte sich in Deutschland seit den zwanziger Jahren des 18. Jahrhunderts eine immer lebhafter werdende Auseinandersetzung über das Wesen der Dichtkunst, wobei sehr schnell die Erörterung des Für und Wider der Normativität des ästhetischen Geschmacks breiten Raum einnahm. Mehr und mehr setzte sich, nach ‚liberalen' Ansätzen (Christian Friedrich Hunold, Christian Friedrich Weichmann, Christoph Dietrich Amthor), der Dogmatismus der Verfechter strenger Regelhaftigkeit in der Kunst durch. Die Entwicklung, die von Sachsen ausging (Johann Burkhard Mencke, Johann Ulrich von König), kulminierte auch dort: in der Person und dem Werk des Leipziger Professors für Logik und Metaphysik Johann Christoph Gottsched.

Das Verdienst Gottscheds ist nicht zu leugnen: Er machte als erster den Versuch, einer Auseinandersetzung über Literatur ein wissenschaftliches Fundament zu geben. Er machte sich anheischig zu bestimmen, was Literatur sei, ein- für allemal. Dabei entdeckte er als das wichtigste Prinzip der Dichtung das der Naturnachahmung. In seinem Hauptwerk, dem *Versuch einer Critischen Dichtkunst vor die Deutschen* (1730, 4. Aufl. 1751), stritt er energisch gegen Unordnung und Unwahrscheinlichkeit in der Dichtung und betonte deren Regelhaftigkeit, die sich ihm aus gleichsam naturhaften Ordnungsprinzipien herleitete. Für Gottsched war die Dichtkunst lehr- und lernbar: Wer die Regeln beherrschte, mußte sie auch anwenden können. Die Kenntnis der Regeln wurde durch ein intensives Studium poetischer Muster vermittelt; die Nachahmung der Muster sollte die Richtung zur korrekten Nachahmung der Natur weisen.

Gottscheds Bemühungen um die deutsche Literatur und Literaturwissenschaft fanden ihren Niederschlag auch in der Herausgabe der ersten germanistischen Zeitschrift in deutscher Sprache, der *Beyträge zur Critischen Historie der Deutschen Sprache, Poesie und Beredsamkeit;* das Blatt – zunächst herausgegeben „von einigen Mitgliedern der Deutschen Gesellschaft in Leipzig", dann „von einigen Liebhabern der Deutschen Literatur" (in beiden Fällen unter der Direktion Gottscheds) – erschien in den Jahren 1732 - 1744 und erschöpfte sich im wesentlichen in der Anzeige von literarischen – insbesondere sprach- und literaturgeschichtlichen – Erscheinungen vergangener und gegenwärtiger Zeit.

Die Herablassung, mit der gewöhnlich im Ausland, vor allem in Frankreich, über die deutsche Literatur geurteilt wurde, drängte Gottsched in die Rolle eines Apologeten der deutschen Nationalliteratur: Um zu beweisen, daß Deutschland (beispielsweise) auf dem Gebiete der dramatischen Kunst seit Jahrhunderten eine hervorragende Stellung innehabe, veröffentlichte er nach jahrzehntelangen Vorarbeiten sein literarhistorisch wohl bedeutendstes, weil nicht im Wert schwankendes Werk *Nöthiger Vorrath zur Geschichte der Deutschen Dramatischen Dichtkunst oder Verzeichnis aller Deutschen Trauer-, Lust- und Singspiele die im Druck erschienen vom 1450 bis zur Hälfte des jetzigen Jahrhunderts gesammelt und ans Licht gestellt* (1757) –, eine Art räsonierender und kommentierender Bibliographie. Gottscheds Konzentration auf die Besonderheiten der deutschen Sprache und Literatur war für die Entwicklung der Germanistik sicher nicht richtungweisend, dennoch erscheint es bemerkenswert, daß er seine wissenschaftlichen Bemühungen als Nationalangelegenheit betrachtete und nur unter diesem Aspekt für legitimiert hielt.

Gottscheds Überzeugungen blieben nicht unwidersprochen: Besonders energisch wandten sich die Schweizer Johann Jacob Bodmer und Johann Jacob Breitinger gegen die Lehre von der Lernbarkeit, also der Verwissenschaftlichung von Dichtung; für sie ist die Dichtung eine vom Emotionalen her bestimmte, mit dem Wunderbaren verknüpfte Kunst, zu deren Rezeption (und nicht, wie Gottsched glaubte: zu deren Produktion) der Wissenschaftler poetologische Hilfen anbieten sollte. In Breitingers *Critischer Dichtkunst* (1740) wird die Anschauung der Schweizer am deutlichsten: Es sei Sache des Poeten, nach eigenem Vermögen Fabeln zu erfinden und für ihre Wirksamkeit zu sorgen; dies gelinge freilich um so besser, je mehr das Wunderbare von dem ganz und gar Unwahrscheinlichen gesondert und mit dem Möglichen zusammengebracht werde.

Die Schweizer haben das Feld der Dichtung gegenüber der Gottschedschen Aufklärungsästhetik entscheidend erweitert, sie haben den Dichter – wenn auch erst zaghaft – in den Rang eines autonomen Schöpfers erhoben, sie haben schließlich Probleme des Stils, der Schreibart in eine neue Beleuchtung gerückt, indem sie Wörter als Körper von Gedanken, Gleichnisse als Versinnlichung von Unsichtbarem beschrieben. Da sie Intoleranz und Dogmatismus verwarfen, waren sie auch frei von nationaler Beschränktheit; Dante und Milton schienen ihnen geeignetere Beispiele für poetische Qualität zu sein als irgendein deutscher Dichter, wenngleich auch Opitz seiner bewundernswerten Imagination wegen mehr als nur gebührender Respekt bezeugt wurde.

Zur Geschichte der deutschen Literatur haben Bodmer und Breitinger zahlreiche erhellende Beiträge geliefert: Sie haben dem 16. Jahrhundert, das so gut wie gar nicht erforscht war, ihre Aufmerksamkeit zugewandt; sie haben durch ihre Bemühungen um das Nibelungenlied, durch die Publikation der großen *Heidelberger Liederhandschrift* (1758/59) und den *Annolied*-Kommentar die Literatur des Mittelalters zu Ehren gebracht; sie haben sich schließlich darum bemüht, Literatur und die diese vermittelnde Sprache im Zusammenhang der ihnen eigentümlichen historischen Bedingungen zu erläutern. – Viele Gesichtspunkte also, die später für Herders Art der Literaturbetrachtung charakteristisch wurden, bestimmten bereits eine Generation vorher die Hauptwerke der Schweizer. Doch läßt sich von diesen zu jenem nicht ohne weiteres eine gerade Linie ziehen.

Die Betrachtungen Gottscheds und seiner Kontrahenten über das Wesen der Dichtkunst wirkten weniger klärend als anregend: Ob die Dichtung als Naturnachahmung mit der Forderung nach origineller Hervorbringung koinzidieren könne oder kollidieren müsse, ob überhaupt Naturnachahmung von der Dichtung zu erwarten sei und wenn ja: Nachahmung der wirklichen oder der bloß möglichen, also auch gedachten Natur? – diese Fragen blieben umstritten. Johann Elias Schlegel bot die Lösung an: Es sei wohl zuweilen notwendig, daß die Nachahmung dem Nachgeahmten unähnlich sei. Sein Bruder Johann Adolf, der Übersetzer von Batteux' poetologischem Katechismus *Les beaux-arts réduits à un même principe* (1746; dt. 1751), vertrat das Recht des Poeten, „aus vollem Herzen" zu singen; dennoch hielten beide am Grundsatz der Nachahmung fest. Zur gleichen Zeit versuchten Ästhetiker wie Alexander Gottlieb Baumgarten (*Aesthetica,* 1750-58) und Georg Friedrich Meier (*Anfangsgründe der schönen Wissenschaften,* 1748-50), die Fesseln der an der Nachahmungstheorie orientierten Regelpoetik abzustreifen, indem sie den ‚deutlichen', durch ein ‚oberes' Erkenntnisvermögen gewonnenen Vorstellungen vom Schönen und dessen Bedingungen die ‚undeutlich-verworrenen', ‚sensitiven', durch ein ‚unteres' Erkenntnisvermögen gewonnenen Vorstellungen entgegensetzten: Über die Schönheit als sinnlich Vollkommenes urteile der an Sinnliches gebundene Geschmack weit zutreffender als die dem diskursiven Denken verpflichtete Vernunft. Als Johann Gottfried Sulzer (*Allgemeine Theorie der schönen Künste,* 1771-74), auf den Anregungen Baumgartens, Meiers u. a. basierend, die Ästhetik als Wissenschaft vom Gefühl für das Schöne bestimmte und in seinem Kunstlexikon, das für Jahrzehnte zu einem Standardwerk der Literaturbeflissenen wurde, den Rang subjektiver Werturteile demonstrierte, da hatte bereits ein neues literaturwissenschaftliches Zeitalter begonnen: Lessing und Herder waren ans Licht getreten.

„L e s s i n g s empirischer Dogmatismus war ein notwendiges Glied in der Entwicklung der deutschen Literaturwissenschaft von dem Indifferentismus der Schweizer zu dem Historismus Herders." So hat S. v. Lempicki geurteilt (L 144, S. 318), nachdem er zuvor erläutert hatte, auf welchem Gebiete Lessings so bestimmte Bedeutung liege: er sei „zum eigentlichen Schöpfer der literarischen produktiven Kritik, sowie auch der ästhetisch-kritischen Literaturbetrachtung" geworden (ebd., S. 312). In der Tat hat Lessing durch seine Literaturbriefe (*Briefe, die Neueste Litteratur betreffend,* 1761-65) und seine Theaterkritiken (*Hamburgische Dramaturgie,* 1767-69) die Literaturkritik, d. h. die Auseinandersetzung mit aktuellen literarischen Erscheinungen (zu denen auch Theateraufführungen zählen) auf ein neues, nämlich wissenschaftliches Niveau gehoben (auf dem sie sich in der Folgezeit mit unterschiedlichem, insgesamt mit nur mäßigem Erfolg zu halten versuchte): Lessing argumentierte von einem ästhetischen Standpunkt aus, den er durch die Analyse von Kunstwerken gewonnen hatte und den er auch bei der Betrachtung von Dichtung vergangener Zeit erprobte – ohne Ansehung des Dichters[5]. Lessings energischer Kampf galt der starren Regelhaftigkeit Gottschedschen Formats; die kritischen Ansätze der Schweizer versuchte er zu vertiefen, ihren teilweise vagen Anschauungen Schärfe und Präzision zu geben; gegenüber der sich anbahnenden schrankenlosen Verherrlichung des ‚Naturgenies' bewahrte er Skepsis –, für ihn kann es kein Genie ohne ein hohes Maß an Bewußtheit und konstruktiver Intellektualität geben. Shakespeare war ihm dafür das beste Beispiel.

Die Literaturbriefe Lessings, die sich mit denen Nicolais, Mendelssohns, Abbts u. a. mischten, stehen am Anfang einer Blütezeit der Literaturkritik in Deutschland, die in der klassisch-romantischen Epoche kulminierte: Periodica, deren Inhalt vornehmlich oder ganz aus Kritiken zeitgenössischer Publikationen besteht, vermehrten sich rasch und gewannen im literarischen Leben eine wachsende Bedeutung, so etwa Friedrich Nicolais, des aufgeklärten Berliner Schriftstellers und Verlegers, *Allgemeine deutsche Bibliothek* (1765 - 96; *Neue allgemeine deutsche Bibliothek,* 1793 [!] - 1806), ein Organ des strengen Rationalismus auch noch zu Zeiten des Sturm und Drang und der Romantik, oder die zunächst in Jena, seit 1804 in Halle erscheinende *Allgemeine Literatur-Zeitung* (1785 - 1849), die über viele Jahre hinweg das Sprachrohr der Kantischen Philosophie und der Dichtungsauffassung der deutschen Klassik war. Die Literaturgeschichtsschreibung hatte Mühe, sich als notwendige Ergänzung der Literaturkritik darzustellen. Ein halbes Jahrhundert später hatte sich das Verhältnis umgekehrt.

Herder wies der literaturgeschichtlichen Forschung den Weg: Er hat zum erstenmal Sprache und Literatur als historische Phänomene vorgestellt, zu deren Verständnis die Kenntnis ihrer Genese wesentlich sei; diese erhelle sich aus Voraussetzungen individueller, nationaler und säkularer Art. Geschichte ist für Herder kein gradlinig verlaufender Prozeß, sondern stellt sich ihm als organische Entwicklung dar, die vom „Geist der Veränderung" abhänge, der sich im Menschen konkretisiere, ohne vorhersehbar zu sein; das Individuum wird damit zum Träger der Geschichte (*Auch eine Philosophie der Geschichte zur Bildung der Menschheit,* 1774).

Wer Literatur vergangener Zeiten angemessen verstehen und beurteilen will, muß nach Herders schon früh geäußerter Überzeugung Philologe, Philosoph und Historiker in einer Person sein: Die Erklärung des Wortsinnes ist vonnöten wie

[5] Vgl. aus dem 105. Literaturbrief: „Ich habe immer geglaubt, es sei die Pflicht des Kritikus, so oft er ein Werk zu beurteilen vornimmt, sich nur auf dieses Werk allein einzuschränken; an keinen Verfasser dabei zu denken; sich unbekümmert zu lassen, ob der Verfasser noch andere Bücher, ob er noch schlechtere, oder noch bessere geschrieben habe; uns nur aufrichtig zu sagen, was für einen Begriff man sich aus diesem gegenwärtigen allein mit Grunde von ihm machen könne." (W 47, Bd. 4, S. 381.)

die Zergliederung der eigentümlichen Schönheiten (der Besonderheiten des Stils) und die Einordnung in den geschichtlichen Zusammenhang, die Verbindung eines individuellen, originellen Werkes also mit dem allgemeinen Charakter einer Zeit und dem ‚Geist' eines Volkes oder einer Nation (*Fragmente über die neuere deutsche Literatur,* 1767/68). In seiner Schrift *Vom Geist der ebräischen Poesie* (1782/83) hat Herder den Versuch unternommen, seine synthetische Interpretationsmethode zu exemplifizieren: Die Schriften des Alten Testaments lassen sich unter ästhetischen Gesichtspunkten als Poesie und unter Hinzuziehung historischer Argumente exakt als Volkspoesie bestimmen. Die ästhetische Betrachtung der Bibel als Volkspoesie gründet damit auf geschichtlichen und geschichtswissenschaftlichen Voraussetzungen.

Herder war fixiert auf die Vergangenheit; die eigene Zeit erschien ihm leer und unfruchtbar, also mußte er bedenklich sein gegenüber einer Dichtung, die sich dem Geist dieser Zeit verpflichtet fühlte, aber auch gegenüber jenen poetischen Versuchen, die diesem Geist – vergeblich – entfliehen wollten. Seine Kritik an den Zeitgenossen blieb, da sie nicht geschichtlich zu begründen war, matt. Unmut und Verdrossenheit kennzeichnen Herders Verhältnis zu Goethe und Schiller während der letzten Jahre seines Lebens, spätestens seit der Veröffentlichung von des letzteren klassischem ästhetischen Glaubensbekenntnis, der Abhandlung *Über naive und sentimentalische Dichtung* (1795/96): Das Ungeschichtliche, das Nur-Philosophische sowohl wie das Nur-Sinnlichschöne, mußte in den Verdacht des Unmoralischen geraten.

Die Weimarer Klassiker haben nicht geleugnet, daß die Kunst sozialen, also geschichtlichen Bedingungen unterworfen ist; doch sie haben daneben oder darüber hinaus das Wesen des Ästhetischen als etwas zeitlos Gültiges festzulegen versucht (das Reich des schönen Scheins als Reich der Freiheit; das Schöne als Ergebnis freien Spiels, welches Natur ist oder eine neue, die Wirklichkeit transzendierende Natur schafft); sie haben Idealtypen des Dichters durch die Definition polarer Begriffe (naiv-sentimentalisch) bestimmt und das Charakteristische einzelner Gattungen oder Dichtarten an formale und inhaltliche Voraussetzungen gebunden; Goethe hat außerdem Epos, Lyrik und Drama als die einzigen „Naturformen der Poesie" gekennzeichnet: „die klar erzählende, die enthusiastisch aufgeregte und die persönlich handelnde" (*Naturformen der Dichtung,* in: *Noten und Abhandlungen zu besserem Veständnis des Westöstlichen Diwans,* 1819 [W 21, Bd. 3, S. 480]). Diese ästhetischen – und im engeren Sinne poetologischen – Ansichten Goethes und Schillers (die z. T. auch ihren Niederschlag in dem zuerst 1828/29 veröffentlichten Briefwechsel beider gefunden haben) waren für die weitere Entwicklung der deutschen Literaturwissenschaft von großer Bedeutung: Es scheint, als habe die bis heute nicht überwundene Trennung der Literaturtheorie von der Literaturgeschichte hier einen (wenn nicht i h r e n) Grund. Dabei spielt die Frage nach der Möglichkeit einer normativen Poetik eine nur untergeordnete Rolle; wichtiger ist die Erkenntnis, daß auf dem Felde der Theorie Gegensätzliches nebeneinander Platz hat und auch die Legitimation jeder Praxis möglich ist.

Daß Vertreter der positivistischen und (vor allem) der geistesgeschichtlichen Literaturbetrachtung durch die Lebens- und Kunstanschauungen der Klassiker (besonders Goethes) entscheidende Impulse erhalten haben, gehört ebenfalls zu deren fast unübersehbaren Wirkungen auf die deutsche Literaturwissenschaft.

Doch in den ersten Jahrzehnten des 19. Jahrhunderts wurde diese Wissenschaft weniger von der Philosophie des Schönen bestimmt als von der Politik nationaler Bedürfnisse; sie wurde deutsch. Die Idee von der Einheit der deutschen Nation sollte nicht länger als bloß chimärisch diskreditiert werden: Sie sollte wenigstens als Einheit des deutschen Geistes auch weiterhin in Betracht gezogen werden. Die Geschichte der deutschen Sprache und Literatur sollte als Dokument nicht nur des Einheitswillens, sondern auch der unverbrüchlichen Einheitsrealität wissenschaftliche Fundierung und damit Dauer und Wirkung erhalten. Der zunehmende politische Verfall Deutschlands ließ es als eine Forderung der Selbstachtung erscheinen, in der Hinwendung zur Geschichte der deutschen Kultur den Nachweis zu führen, daß sich die deutsche Größe nicht in politischer, sondern in geistig-sittlicher Macht manifestierte[6]. So mag zwischen der 1806 besiegelten Auflösung des Deutschen Reiches und der seit der Jahrhundertwende rasch wachsenden Zahl von Literaturgeschichten ein direkter Zusammenhang gesehen werden.

Die Romantiker hatten an der vermeintlich apolitischen Nationalisierung der deutschen Literaturwissenschaft einen großen Anteil: Zwar hat die romantische Doktrin von der möglichen Poetisierung aller Lebensvorgänge einen kosmopolitischen, ja universalen Aspekt – Jean Pauls Poetik (*Vorschule der Aesthetik*, 1804), in deren Mittelpunkt die dialektische Begründung des Humors als poetischer Grundkategorie steht, ist dafür wohl ein überzeugendes Beispiel –, aber diese Doktrin, die sich auf eine paradoxe Kombinatorik und auf kausal nicht abgesicherte Analogievorstellungen stützte, machte auf die Zeitgenossen keinen größeren Eindruck als einzelne romantische Dichtungen, die als Anschauungsmaterial zum Verständnis der Theorie denkbar gewesen wären (Dramen des jungen Tieck, Friedrich Schlegels *Lucinde* u. a.); und auch die Bemühungen der Brüder Schlegel, die Literaturgeschichte und ihre Darstellung aus nationaler Beschränktheit herauszuführen – sowohl von A. W. Schlegels Wiener Vorlesungen von 1808 (*Über dramatische Kunst und Literatur*, 1809 - 11) wie auch seines Bruders ebenfalls in Wien gehaltene Vorlesungen von 1812 (*Geschichte der alten und neuen Litteratur*, 1815) setzen sich mit Weltliteratur auseinander und gestehen der deutschen Literatur keineswegs eine Vorrangstellung zu –, auch diese übernationalen Bemühungen waren für die zeitgenössische Literaturwissenschaft nicht richtungweisend; diese nährte sich aus anderen, als typisch romantisch angesehenen Quellen: aus den Entdeckungen der literarischen Zeugnisse der deutschen Vergangenheit, beson-

---

[6] Vgl. dazu Schillers Bestimmung, „die deutsche Würde" sei „eine sittliche Größe", sie wohne „in der Kultur und im Charakter der Nation, die von ihren politischen Schicksalen unabhängig ist." (Aus dem Entwurf zu einem der „deutschen Größe" gewidmeten Gedicht, 1797 [W 68, Bd. 2, S. 386 - 387].)

ders des deutschen Mittelalters. In diesen Zusammenhang gehören die von Tieck herausgegebenen *Minnelieder aus dem Schwäbischen Zeitalter* (1803) ebenso wie Achim von Arnims und Clemens Brentanos *Des Knaben Wunderhorn* (1805/06) oder Joseph von Görres' *Die teutschen Volksbücher* (1807); und es gehören dazu schließlich die Arbeiten der Brüder Grimm, Friedrich Heinrich von der Hagens, Bernhard Joseph Docens, Johann Gustav Gottlieb Büschings u. a., Arbeiten, die nicht mehr nur als Vorläufer oder Wegbereiter, sondern bereits als Paradigmata der Germanistik als einer Wissenschaft vom – in Sprache und Dichtung am deutlichsten zu Tage tretenden – Wesen des Deutschen zu verstehen sind. Die deutsche Philologie im engeren Sinne (orientiert weitgehend an der klassischen Philologie) unternahm in dieser Zeit ihre ersten Gehversuche; schon im dritten Jahrzehnt des 19. Jahrhunderts erschien sie in mancher Hinsicht (so etwa auf dem Gebiet der Textkritik) fest etabliert.

In dem Maße, in dem sich die Beschäftigung mit den literarischen Zeugnissen der deutschen Vergangenheit wissenschaftlich vertiefte, verlor die aktuelle Literaturkritik mehr und mehr an Ansehen und wurde bald als in der Regel unwissenschaftlich disqualifiziert. Anders erging es der Literaturtheorie, sofern sie sich mit dem Wesen von Dichtkunst auseinandersetzte: sie wurde der Philosophie des Schönen, der Ästhetik, subsumiert; doch blieb sie auch als philosophische Disziplin für die Literaturwissenschaft unentbehrlich. Die Erklärung von Texten aus ihren historischen Begründungszusammenhängen stieß, so schien es, an Grenzen, die nur durch zeitunabhängige, also stets gültige Erkenntnisse vom Wesen, also vom geschichtslosen Sein von Kunst o. ä. überschritten werden konnten. So bewahrten sich Werke wie Kants *Kritik der Urtheilskraft* (1790) – wie können Urteile über das Schöne und das Erhabene, die beiden Merkmale des Ästhetischen, allgemein und notwendig sein? – oder Solgers *Erwin. Vier Gespräche über das Schöne und die Kunst* (1815) – die Ironie hebt die unendliche Idee als Konstituens von Kunst im sinnlich Erscheinenden auf – oder, vor allem, Hegels 1817 zum erstenmal gehaltene *Vorlesungen über die Ästhetik* (veröffentlicht 1835 - 38) – Schönheit ist die unmittelbar angeschaute Wahrheit, sinnlich dargestelltes Ideal; die Kunst repräsentiert eine historisch notwendige Entwicklungsstufe des menschlichen Geistes –, diese (und andere) Werke also bewahrten sich in der Literaturwissenschaft ihre Bedeutung und damit bleibende Aktualität. Freilich hatte sich schon zu Hegels Zeiten diese Wissenschaft der ihr – wenigstens während des 19. Jahrhunderts – eigenen Domäne zugewandt: der Literaturgeschichtsschreibung.

Erduin Julius Koch hatte mit seinem *Compendium der deutschen Literaturgeschichte von den ältesten Zeiten bis auf Lessings Tod* (1790 - 98) nicht mehr und nicht weniger als ein nützliches Quellenverzeichnis, eine Art ‚Vor-Goedeke': eine nach Gattungen geordnete Bibliographie geliefert; wenig später bemühte sich der Berliner Schulmann Franz Horn, das von Koch nur Verzeichnete in chronologischer Reihenfolge zu charakterisieren (*Geschichte und Kritik der deutschen Poesie und Beredsamkeit*, 1805), wobei es ihm freilich nicht gelang, die historischen Zusammenhänge, in denen Literatur ihren Platz hat, erkennen zu lassen. Horns spätere literarhistorische Tätigkeit, deren Umfang immerhin einige Beachtung verdient[7], brachte in dieser Hinsicht keine erheblichen Fortschritte. – Auch Friedrich Bouterweks, des Göttinger Philosophen, zwölfbändiges Werk *Geschichte der Poesie und Beredsamkeit seit dem Ende des dreizehnten Jahrhunderts* (1801-19), das nacheinander die italienische, spanische, portugiesische, französische, englische und deutsche Literatur behandelt, beantwortet die Frage nach der historischen Vermitteltheit von Literatur keineswegs befriedigend: Zwar wird dieser Frage eine große Bedeutung zugesprochen, aber das mit ihr gegebene Problem nur scheinbar gelöst, indem der Beschreibung der Literatur eines Zeitalters die Beschreibung des politischen und geistigen Hintergrunds derselben Zeit vorangestellt wird. Immerhin deutete Bouterwek, der sich durch eine aufklärerische und dezidiert antiromantische Haltung auszeichnete (was A. W. Schlegel nicht daran hinderte, von Bouterweks Literaturgeschichte eifrigen Gebrauch zu machen), die Richtung an, in der die Literaturwissenschaft ein ihr gemäßes, noch ziemlich freies Feld zu entdecken und zu bestellen habe. Daß Bouterweks übernationaler Aspekt ohne Wirkung blieb, ist ein weiteres Beispiel dafür, daß die Entdeckung der eigenen Nation zur Hauptaufgabe der deutschen Literaturwissenschaft geworden war.

Wolfgang Menzel schrieb seine Literaturgeschichte (*Die deutsche Literatur,* 1828) vom Standpunkt einer deutlich bezeichneten Parteilichkeit: Er bemaß den Wert der Literatur nach ihrem moralischen (christlichen) Gehalt und der sich in ihr manifestierenden nationalen Gesinnung; die „Virtuosität der Form" hatte für ihn allenfalls zweitrangige Bedeutung. – August Koberstein (*Grundriß der Geschichte der deutschen Nationalliteratur,* 1827) verfolgte, sine ira et studio, die Geschichte der Gattungen und Formen; sein Werk (^{5}1872/73) wurde zu einem weitverbreiteten Hilfsmittel im Literaturunterricht; der umfangreiche Anmerkungsteil galt als Musterbeispiel wissenschaftlicher Akribie.

Ein Jahrzehnt nach Kobersteins auf literaturimmanente (‚objektive') Fakten konzentriertem Werk und Menzels an subjektive, außerästhetische Wertvorstellungen gebundener Darstellung setzte Georg Gottfried Gervinus mit seiner *Geschichte der poetischen National-Literatur der Deutschen* (1835-42) neue Akzente: Für ihn ist Literatur zuallererst und im wesentlichen geschichtlich Gewordenes und geschichtlich Wirkendes; sie hatte eine klar erkennbare Funktion im Ablauf der Menschheitsgeschichte und ist so als Teil der politischen Geschichte beschreibbar. (Wie Hegel, so glaubte auch Gervinus, daß die Dichtkunst ihr Ende schon erreicht

---

[7] In den Jahren 1805-30 erschienen folgende literarhistorische Werke Horns: Geschichte und Kritik der deutschen Poesie und Beredsamkeit, Berlin 1805; Die schöne Litteratur Deutschlands während des achtzehnten Jahrhunderts, 2 Bde., Berlin und Stettin 1812/13; Umrisse zur Geschichte und Kritik der schönen Literatur Deutschlands während der Jahre 1790 bis 1818, Berlin 1819; Die Poesie der Beredsamkeit der Deutschen, von Luthers Zeit bis zur Gegenwart, 4 Bde., Berlin 1822-29; Dichtercharaktere und biographische Skizzen vermischter Gattung, Berlin 1830.

habe; an ihre Stelle trete die Wissenschaft.) Von der ästhetischen Beurteilung wollte Gervinus, wie er in der Einleitung sagte, nichts wissen; das Ästhetische als geschichtlich auszuweisen, machte er sich nicht anheischig. Dies lag außerhalb seiner Intention und wohl auch außerhalb seiner Möglichkeiten. Was ihn (und viele, die sich seiner Betrachtungsweise anschlossen) faszinierte, war der Gedanke, daß die Geschichte der deutschen Literatur als Modell der Gesamtgeschichte der deutschen Nation angesehen werden könne; daraus ergab sich, daß sie als ein Einzelnes für ein Ganzes repräsentativ sei, und auch, daß sie als ein Besonderes aus dem Allgemeinen deduziert werden könne, wenn dieses bekannt sei.

Theodor Wilhelm Danzel (*Gottsched und seine Zeit,* 1848; *G. E. Lessing,* 1850-1854) und Hermann Hettner (*Literaturgeschichte des achtzehnten Jahrhunderts,* 1856-70) stehen unter dem Einfluß Gervinus' und haben dessen Anschauungen und methodisches Verfahren doch einer fruchtbaren Kritik unterzogen: Jener hat der Philosophie gegenüber der Nur-Historie zu ihrem Recht verhelfen wollen und hat es vermieden, allgemein historische Gesetze zur Erklärung von literarischen Besonderheiten heranzuziehen, – dieser hat zwar geistige Einzelerscheinungen, also auch die Erzeugnisse der Dichtkunst als Ausdruck des Fortschritts der allgemeinen geistigen Bewegung angesehen, aber er hat historischen Details größere Sorgfalt zugewandt als Gervinus und hat gegenüber dem Idealismus Hegelscher Provenienz Argumente eines materialistisch orientierten Realismus geltend gemacht. Gleichviel: das Prinzip der Ableitbarkeit von unbekanntem Besonderen (Literatur) aus bekanntem Allgemeinen (Geschichte) erschien Hettner nicht fraglich. Dieses Prinzip rief den Widerspruch eines jungen Literarhistorikers hervor: Wilhelm Scherer polemisierte 1865 gegen Hettner, dessen Allgemeines sei „ein unwirkliches und unwahres Allgemeines“, weil es nicht auf naturwissenschaftlich exakten Einzeluntersuchungen basiere und also für kein Gesetz tauge. Der Positivismus kehrte das Prinzip um[8].

Weiterführende Literatur: L 48, L 61 (S. 317-333), L 144, L 227.

[8] Vgl. oben, S. 143 - 153.

Literaturverzeichnis

Werke (W)

W 1 ADENAUER, Konrad: Erinnerungen 1945 - 1953, Stuttgart 1965.

W 2 ANGELUS SILESIUS: Sämtliche poetische Werke. Hrsg. u. eingel. v. Hans Ludwig Held. 3 Bde., München [2]1924.

W 3 ARISTOTELES: Poetik. Griechisch/Deutsch. Übers. u. hrsg. v. Manfred Fuhrmann, Stuttgart [2]1982 (= Reclams Universal-Bibliothek 7828).

W 3a BAHR, Hermann: Die Überwindung des Naturalismus, Dresden u. Leipzig 1891.

W 4 — BAROCKLYRIK, Deutsche: Ausgew. u. hrsg. v. Max Wehrli, Basel u. Stuttgart [4]1967.

W 5 — BEGEGNUNGEN: Lesebuch für Gymnasien. Bd. 1 u. 4, Hannover u. a. [3]1969.

W 6 BENN, Gottfried: Gesammelte Werke in vier Bänden. Hrsg. v. Dieter Wellershoff. Bd. 2, Stuttgart [6]1986, Bd. 3, Stuttgart [6]o. J. (1986).

W 7 BÖLL, Heinrich: Die verlorene Ehre der Katharina Blum, Köln 1974.

W 8 BÖLL, Heinrich: Doktor Murkes gesammeltes Schweigen und andere Satiren, Köln 1958.

W 9 BORCHERT, Wolfgang: Das Gesamtwerk. Mit einem biographischen Nachwort v. Bernhard Meyer-Marwitz, Hamburg 1959.

W 10 BRAMBACH, Reiner: Für sechs Tassen Kaffee und andere Geschichten, Zürich 1972.

W 11 BRECHT, Bertolt: Arbeitsjournal. Bd. 1: 1938 - 1942. Hrsg. v. Werner Hecht, Frankfurt a. M. 1974.

W 12 BRECHT, Bertolt: Gesammelte Werke in 20 Bänden, Frankfurt a. M. 1967 (= werkausgabe edition suhrkamp).

W 13 BRENTANO, Clemens: Werke. Hrsg. v. Wolfgang Frühwald, Bernhard Gajek und Friedhelm Kemp. Bd. 1, München 1968.

W 14 BROCH, Hermann: Die Schlafwandler. Eine Romantrilogie. 3 Bde., München u. Zürich 1931/32.

W 15 BÜRGER, Gottfried August: Gedichte von Gottfried August Bürger. Hrsg. v. August Sauer, Stuttgart u. Berlin 1885 (= DNL 78).

W 16 CELAN, Paul: Ausgewählte Gedichte. Nachwort v. Beda Allemann, Frankfurt a. M. 1968.

W 17 Döblin, Alfred: Berlin Alexanderplatz. Geschichte des Franz Biberkopf, Olten u. Freiburg i. Br. 1961 (aus: Werke in Einzelbänden. In Verbindung mit den Söhnen des Dichters hrsg. v. Walter Muschg).

W 18 Droste-Hülshoff, Annette von: Sämtliche Werke. Hrsg., in zeitlicher Reihenfolge geordnet u. mit Nachwort u. Erläuterungen versehen v. Clemens Heselhaus, München 1952.

W 18a Eichendorff, Joseph von: Sämtliche Werke. Historisch-kritische Ausgabe. Hrsg. v. Wilhelm Kosch und August Sauer, Regensburg 1908 ff. Bd. 1, 1 (= Gedichte), Regensburg o. J. (1921).

W 19 Flake, Otto: Die Stadt des Hirns. Roman, Berlin 1919.

W 20 Fontane, Theodor: Effi Briest, München 1959 (= Sämtliche Werke. Mit Nachwort, Anmerkungen u. biographischen Notizen hrsg. v. Edgar Gross u. a., Bd. 7).

W 20a Frisch, Max: Montauk. Eine Erzählung, Frankfurt a. M. 1975.

W 20b George, Stefan – Einleitungen und Merksprüche der Blätter für die Kunst. Hrsg. v. Georg Peter Landmann, Düsseldorf u. München 1964.

W 21 Goethe, Johann Wolfgang: Gedenkausgabe der Werke, Briefe und Gespräche. Hrsg. v. Ernst Beutler. 24 Bde., Zürich 1948 - 1954.

W 22 Goethe, Johann Wolfgang: Werke (Hamburger Ausgabe). 14 Bde., Hamburg 1948 - 1960 (Bd. 1, ^{12}1981; Bd. 2, 1949; Bd. 3, 1949; Bd. 4, 1953; Bd. 6, 1951).

W 23 Goethe, Johann Wolfgang: Werke. Hrsg. im Auftrage der Großherzogin Sophie von Sachsen. 143 Bde. in 4 Abt., Weimar 1887 - 1919.

W 24 Goethe, Johann Wolfgang: Werke. Vollständige Ausgabe letzter Hand. 60 Bde., Stuttgart u. Tübingen 1827 - 1842.

W 25 Gottsched, Johann Christoph: Versuch einer Critischen Dichtkunst, Darmstadt 1982 (= Nachdruck der 4. Aufl., Leipzig 1751).

W 26 Grimm, Jakob und Wilhelm: Kinder- und Hausmärchen. Hrsg. v. Friedrich von der Leyen. Bd. 2, Jena 1927.

W 27 Grimmelshausen, Johann Christoffel: Simplicianische Schriften. Nach dem Text der Erstdrucke hrsg. u. mit einem Nachwort versehen v. Alfred Kelletat, München 1958.

W 28 Gryphius, Andreas: Lustspiele I. Hrsg. v. Hugh Powell, Tübingen 1969 (= Gesamtausgabe der deutschsprachigen Werke. Hrsg. v. Marian Szyrocki und Hugh Powell, Tübingen 1963 ff., Bd. 7).

W 29 Gryphius, Andreas: Sonnette. Hrsg. v. Marian Szyrocki, Tübingen 1963 (= Gesamtausgabe der deutschsprachigen Werke. Hrsg. v. Marian Szyrocki und Hugh Powell, Tübingen 1963 ff., Bd. 1).

W 30 HANDKE, Peter: Die Angst des Tormanns beim Elfmeter, Frankfurt a. M. 1970.

W 31 HAUPTMANN, Gerhart: Sämtliche Werke. (Centenar-Ausgabe). Bd. 1. Hrsg. v. Hans-Egon Hass (Bd. 10ff., fortgef. v. Martin Machatzke). Bd. 1 - 11, Frankfurt a. M. u. Berlin 1962 - 71.

W 32 HEBEL, Johann Peter: Werke. Hrsg. v. Wilhelm Altwegg. 3 Bde., Zürich o. J. (1943).

W 33 HERDER, Johann Gottfried: Sämtliche Werke. Hrsg. v. Bernhard Suphan. 33 Bde., Berlin 1877 - 1912.

W 34 HOFFMANN, Ernst Theodor Amadeus: Fantasie- und Nachtstücke, München 1960 (aus: Sämtliche Werke in fünf Einzelbänden. Hrsg. u. mit einem Nachwort versehen v. Walter Müller-Seidel, mit Anmerkungen v. Wolfgang Kron und den Illustrationen v. Theodor Hosemann zur ersten Gesamtausgabe v. 1844/1845).

W 35 HOFMANN von HOFMANNSWALDAU, Christian: Gedichte, Auswahl u. Nachwort v. Manfred Windfuhr, Stuttgart 1964 (= Reclams Universal-Bibliothek 8889/90).

W 36 HOFMANNSTHAL, Hugo von: Gedichte und Lyrische Dramen. Hrsg. v. Herbert Steiner, Frankfurt a. M. 1963 (aus: Gesammelte Werke in Einzelbänden; 1. Aufl. 1946).

W 37 HÖLDERLIN, Friedrich: Sämtliche Werke (Große Stuttgarter Ausgabe). Hrsg. v. Friedrich Beißner. Bd. 1 - 7, Stuttgart 1943 - 74.

W 38 HORATIUS – Quintus Horatius Flaccus (Horaz): De arte poetica liber – Die Dichtkunst. Lateinisch und Deutsch. Einführung, Übersetzung u. Erläuterung v. Horst Rüdiger, Zürich 1961.

W 39 JEAN PAUL (Johann Paul Friedrich Richter): Siebenkäs. Hrsg. v. Kurt Schreinert, Weimar 1928 (= Sämtliche Werke. Historisch-kritische Ausgabe. Erste Abteilung, Weimar 1927ff., Bd. 6).

W 40 JÜNGER, Ernst: Werke. Bd. 1: Tagebücher I. Der Erste Weltkrieg. In Stahlgewittern, Stuttgart o. J. (1960).

W 41 KÄSTNER, Erich: Gedichte, Köln 1959 (= Gesammelte Schriften in sieben Bänden, Köln 1959, Bd. 1).

W 42 KELLER, Gottfried: Sämtliche Werke. Historisch-kritische Ausgabe. Hrsg. v. Jonas Fränkel und Carl Helbling. 22 Bde., Erlenbach-Zürich u. München 1926 - 1948.

W 43 KROETZ, Franz Xaver: Michis Blut. Neues deutsches Theater. Hrsg. v. Karlheinz Braun und Peter Iden, Zürich 1971, S. 56 - 67 (= detebe 18).

W 44 KÜHN, Dieter: Die Präsidentin. Roman eines Verbrechens, Frankfurt a. M. 1973.

W 45 LANGGÄSSER, Elisabeth: Gesammelte Werke. Bd. 4 (= Gedichte), Hamburg 1959.

W 46 LASKER-SCHÜLER, Else: Gedichte, München ²1961 (= Gesammelte Werke in drei Bänden, München 1961/62, Bd. 1).

W 47 LESSING, Gotthold Ephraim: Gesammelte Werke. Hrsg. v. Paul Rilla. 10 Bde., Berlin u. Weimar ²1968.

W 48 LESSING, Gotthold Ephraim: Sämtliche Schriften. Hrsg. v. Karl Lachmann. 13 Bde., Berlin 1838 - 40.

W 49 LESSING, Gotthold Ephraim: Werke in 2 Bänden. Hrsg. v. Paul Stapf, München o. J.

W 50 LESSING, Gotthold Ephraim: Werke. Hrsg. v. Herbert G. Göpfert. 8 Bde., München 1970 ff.

W 51 — LITERATUR, Die deutsche: Texte und Zeugnisse. Bd. 3: Das Zeitalter des Barock. Hrsg. v. Albrecht Schöne, München 1963.

W 52 LUTHER, Martin: Ausgewählte deutsche Schriften. Hrsg. v. Hans Volz, Tübingen ²1966 (= Deutsche Texte 3).

W 52a — MANIFESTE: Literarische Manifeste des Naturalismus 1880 - 1892. Hrsg. v. Erich Rupprecht, Stuttgart 1962.

W 53 MANN, Thomas: Gesammelte Werke in dreizehn Bänden, Frankfurt a. M. 1974.

W 54 MEYER, Conrad Ferdinand: Sämtliche Werke. Historisch-kritische Ausgabe. Bes. v. Hans Zeller und Alfred Zäch, Bern 1958 ff.

W 55 MON, Franz: artikulationen, Pfullingen 1959.

W 56 MÖRIKE, Eduard: Sämtliche Werke. Nach dem Text der Ausgabe letzter Hand unter Berücksichtigung der Erstdrucke und Handschriften. Mit einem Nachwort v. Benno v. Wiese sowie Anmerkungen, Zeittafel u. Bibliographie v. Helga Unger. 2 Bde., München 1967 - 70.

W 57 NOVALIS (Friedrich von Hardenberg): Werke. Hrsg. und kommentiert v. Gerhard Schulz, München ²1981.

W 58 OPITZ, Martin: Buch von der Deutschen Poeterey. Hrsg. v. Cornelius Sommer, Stuttgart 1983 (= Reclams Universal-Bibliothek 8397/98).

W 59 PLATO: Der Staat. Deutsch v. August Hornefer. Eingeleitet v. Kurt Hildebrandt, Stuttgart 1955.

W 60 REMARQUE, Erich Maria: Im Westen nichts Neues, Berlin 1928.

W 61 RILKE, Rainer Maria: Sämtliche Werke. Hrsg. vom Rilke-Archiv in Verbindung mit Ruth Sieber-Rilke. Bes. durch Ernst Zinn. 6 Bde., Wiesbaden 1955 - 66.

W 62 RÜCKERT, Friedrich: Werke. Hrsg. v. Georg Ellinger. Kritisch durchgesehene u. erläuterte Ausgabe. Bd. 1, Leipzig u. Wien o. J. (1897).

W 63 SACHS, Hans: Sämtliche Fabeln und Schwänke. In chronologischer Ordnung nach den Originalen hrsg. v. Edmund Goetze. 6 Bde., Halle/Saale 1893 - 1913.

W 64 SACHS, Nelly: Fahrt ins Staublose. Die Gedichte der Nelly Sachs, Frankfurt a. M. 1961.

W 65 — SAGEN. Die Sagen des Rheinlandes. (Bearb.) v. F. J. Kiefer, Köln 1845. Reprogr. Neudruck Dortmund 1978.

W 66 SCHILLER, Friedrich: Sämmtliche Schriften. Historisch-kritische Ausgabe. Hrsg. v. Karl Goedeke. 15 Tle. in 17 Bdn., Stuttgart 1867 - 1876.

W 67 SCHILLER, Friedrich: Sämtliche Werke. Auf Grund der Originaldrucke hrsg. v. Gerhard Fricke und Herbert G. Göpfert in Verbindung mit Herbert Stubenrauch. 5 Bde., München 1958/59.

W 68 SCHILLER, Friedrich: Sämtliche Werke. Säkular-Ausgabe. Hrsg. v. Eduard von der Hellen. 16 Bde., Stuttgart u. Berlin (1904/05).

W 69 SCHILLER, Friedrich: Werke. Nationalausgabe. Begr. v. Julius Petersen. Fortgef. v. Lieselotte Blumenthal und Benno v. Wiese. Hrsg. v. Norbert Oellers und Siegfried Seidel, Weimar 1943 ff.

W 70 SCHLEGEL, Friedrich: Kritische Schriften, München [3]1971.

W 71 — SIGNATUREN: Lyrische Signaturen. Zeichen und Zeiten im deutschen Gedicht. Anthologie und Poetik des Gedichts. Von Walter Urbanek. 5. Aufl., Bamberg o. J.

W 72 — STURM und Drang. Kritische Schriften, Heidelberg 1963. Eine Sammlung theoretischer Texte. Plan und Auswahl von Erich Loewenthal.

W 73 TRAKL, Georg: Dichtungen und Briefe. (Hist.-krit. Ausg., hrsg. v. Walther Killy und Hans Szklenar), Bd. 1 u. 2, Salzburg 1969.

W 74 — VOLKSBÜCHER: Deutsche Volksbücher. 3 Bde. Ausgew. u. eingel. v. Peter Suchsland. Textrevision v. Erika Weber. Bd. 2, Berlin u. Weimar 1968.

W 75 — VOLKSSAGEN, Märchen und Legenden. Ges. v. Gustav Büsching, Leipzig 1812. Reprogr. Nachdruck Hildesheim 1969.

W 76 WIECHERT, Ernst: Hirtennovelle, Wien, München u. Basel 1956.

W 77 WIELAND, Christoph Martin: Werke. Hrsg. v. Fritz Martini und Hans Werner Seiffert. 5 Bde., München 1964 - 1968.

W 78 WOLF, Christa: Nachdenken über Christa T., Neuwied u. Berlin [2]1969.

Wissenschaftliche Literatur (L)

L 1 ADORNO, Theodor W.: Zum Gedächtnis Eichendorffs. In: L 3, S. 105 bis 145.

L 2 ADORNO, Theodor W.: Ohne Leitbild. Parva Aesthetica, Frankfurt a. M. 1967 (= es 201).

L 3 ADORNO, Theodor W.: Noten zur Literatur (I). Frankfurt a. M. 1958 (= Bibliothek Suhrkamp 47).

L 4 ADORNO, Theodor W.: Rede über Lyrik und Gesellschaft. In: L 3, S. 73 bis 104.

L 5 ADORNO, Theodor W.: Thesen zur Kunstsoziologie. In: L 2, S. 94 - 103.

L 6 ALBRECHT, Jörn: Europäischer Strukturalismus. Ein forschungsgeschichtlicher Überblick, Tübingen 1988 (= UTB 1487).

L 7 ALEWYN, Richard: Probleme und Gestalten. Essays, Frankfurt a. M. 1974.

L 8 ALLEMANN, Beda: Strukturalismus in der Literaturwissenschaft? In: L 9, S. 143 - 152.

L 9 — ANSICHTEN einer künftigen Germanistik. Hrsg. v. Jürgen Kolbe, München 1969 (= Reihe Hanser 29).

L 10 — ANSICHTEN II: Neue Ansichten einer künftigen Germanistik. Hrsg. v. Jürgen Kolbe, München 1973 (= Reihe Hanser 122).

L 11 ASMUTH, Bernhard und Luise Berg-Ehlers: Stilistik, Opladen [2]1976 (= Grundstudium Literaturwissenschaft 5).

L 12 ASMUTH, Bernhard: Aspekte der Lyrik. Mit einer Einführung in die Verslehre, Düsseldorf 1972 (= Grundstudium Literaturwissenschaft 6).

L 13 ASMUTH, Bernhard: Einführung in die Dramenanalyse, Stuttgart 1980 (= Sammlung Metzler 188).

L 14 BACKMANN, Reinhold: Die Gestaltung des Apparates in den kritischen Ausgaben neuerer deutscher Dichter. In: Euphorion 25 (1924), S. 629 bis 662.

L 15 BARTELS, Martin: Traum und Witz bei Freud. Die Paradigmen psychoanalytischer Literaturtheorie. In: Literatur und Psychoanalyse. Hrsg. v. Klaus Bohnen und Sven Aage Jörgensen, Kopenhagen u. München 1981, S. 10 - 29 (= Text und Kontext, Sonderreihe Bd. 10).

L 16 BARTHES, Roland: Kritik und Wahrheit. Aus dem Französischen übers. v. Helmut Scheffel, Frankfurt a. M. 1967.

L 17 BARTHES, Roland: Literatur oder Geschichte. Aus dem Französischen übers. v. Helmut Scheffel, Frankfurt a. M. 1969.

L 18 BEHRMANN, Alfred: Einführung in die Analyse von Prosatexten. Stuttgart 1967 (= Sammlung Metzler 59).

L 19 BEHRMANN, Alfred: Einführung in die Analyse von Verstexten, Stuttgart 1970 (= Sammlung Metzler 89).

L 20 — BEITRÄGE zur Poetik des Dramas. Hrsg. v. Werner Keller, Darmstadt 1976.

L 21 BENJAMIN, Walter: Allegorien kultureller Erfahrung. Ausgewählte Schriften 1920 - 1940, Leipzig 1984 (= Reclams Universal-Bibliothek 1060).

L 22 BENJAMIN, Walter: Geschichtsphilosophische Thesen. In: Ders.: Illuminationen. Ausgew. Schriften, Frankfurt a. M. 1961, S. 268 - 279.

L 23 BERGHAHN, Klaus L.: Wortkunst ohne Geschichte. Zur werkimmanenten Methode der Germanistik nach 1945. In: Monatshefte 71 (1979), S. 387 - 398.

L 24 BINDER, Alwin et al.: Einführung in Techniken literaturwissenschaftlichen Arbeitens, Königstein/Ts. [4]1979 (= Monographien Literaturwissenschaft 8) (1. Aufl. 1973).

L 25 BIRUS, Henrik: Psychoanalyse literarischer Werke? Alternativen der Freudschen Literaturinterpretation. In: L 131, S. 137 - 146.

L 26 BÖCKMANN, Paul: Von den Aufgaben einer geisteswissenschaftlichen Literaturbetrachtung. In: DVjs 9 (1931), S. 448 - 471.

L 27 BRETTSCHNEIDER, Werner: Die moderne deutsche Parabel, Berlin [2]1980.

L 28 — BUCH und Leser in Deutschland. Eine Untersuchung des DIVO-Instituts Frankfurt am Main. Bearb. v. Maria-Rita Girardi, Lothar Karl Neffe und Herbert Steiner, Gütersloh 1965 (= Schriften zur Buchmarkt-Forschung 4).

L 29 BUCKLE, Henry Thomas: Henry Thomas Buckle's Geschichte der Civilisation in England. Deutsch v. Arnold Ruge, Leipzig u. Heidelberg [6]1881 (1. engl. Ausg. 1857).

L 30 COMTE, Auguste: Rede über den Geist des Positivismus. Französisch/Deutsch. Übers., eingel. und hrsg. v. Iring Fetscher. Hamburg [2]1966 (= Philos. Bibliothek 244) (1. franz. Ausg. 1844).

L 31 CONRADY, Karl Otto: Einführung in die neuere deutsche Literaturwissenschaft. Mit Beiträgen von Horst Rüdiger und Peter Szondi und Textbeispielen zur Geschichte der deutschen Philologie, Reinbek 1966 (= rde 252/53).

L 32 CROWE RANSOM, John: The New Criticism, Norfolk/Conn. 1941.

L 33 CURTIUS, Ernst Robert: Europäische Literatur und lateinisches Mittelalter, Bern 1948.

L 34 — DIALOG und Kontroverse mit Georg Lukács. Der Methodenstreit deutscher sozialistischer Schriftsteller. Hrsg. v. Werner Mittenzwei, Leipzig 1975 (= Reclams Universal-Bibliothek 643).

L 35 DIJK, Teun A. van: Textwissenschaft. Eine interdisziplinäre Einführung, München 1980.

L 36 DILTHEY, Wilhelm: Der Aufbau der geschichtlichen Welt in den Geisteswissenschaften. In: Ders.: Gesammelte Schriften. Bd. 7. Hrsg. v. Bernhard Groethuysen, Stuttgart u. Göttingen [2]1958, S. 79 - 291 (zuerst 1910).

L 37 DILTHEY, Wilhelm: Von deutscher Dichtung und Musik. Aus den Studien zur Geschichte des deutschen Geistes, Leipzig u. Berlin 1933.

L 38 DILTHEY, Wilhelm: Dichterische Einbildungskraft und Wahnsinn. (Rede, 1886). In: L 41, S. 90 - 102.

L 39 DILTHEY, Wilhelm: Einleitung in die Geisteswissenschaften. Versuch einer Grundlegung für das Studium der Gesellschaft und der Geschichte. Hrsg. v. Bernhard Groethuysen, Leipzig u. Berlin 1922, S. 1 - 408 (= Gesammelte Schriften, Bd. 1) (zuerst 1883).

L 40 DILTHEY, Wilhelm: Das Erlebnis und die Dichtung. Lessing – Goethe – Novalis – Hölderlin, Göttingen [15]1970 (zuerst 1906).

L 41 DILTHEY, Wilhelm: Die Geistige Welt. Einleitung in die Philosophie des Lebens. Zweite Hälfte. Hrsg. v. Georg Misch, Leipzig u. Berlin 1924 (= Gesammelte Schriften, Bd. 6).

L 42 DILTHEY, Wilhelm: Die Philosophie des Lebens. Eine Auswahl aus seinen Schriften. Ausgewählt v. Hermann Nohl, mit einem Vorwort v. Otto Friedrich Bollnow, Stuttgart u. Göttingen 1961.

L 43 DILTHEY, Wilhelm: Die Typen der Weltanschauung und ihre Ausbildung in den metaphysischen Systemen. In: Ders.: Gesammelte Schriften. Bd. 8: Weltanschauungslehre. Abhandlungen zur Philosophie der Philosophie. Hrsg. v. Bernhard Groethuysen, Leipzig u. Berlin 1931, S. 75 - 118.

L 44 DODERER, Klaus: Die Kurzgeschichte in Deutschland. Ihre Form und ihre Entwicklung. 1953. Reprogr. Nachdruck (= 5. Aufl.). Mit einer Vorbemerkung und bibliographischen Ergänzungen von 1951 - 1976, Darmstadt 1977.

L 45 DODERER, Klaus: Fabeln. Formen, Figuren, Lehren, Zürich u. Freiburg 1979.

L 46 DORNER-BACHMANN, Hannelotte: Erzählstruktur und Texttheorie. Zu den Grundlagen einer Erzähltheorie unter besonderer analytischer Berücksichtigung des Märchens und der Gothic Novel, Hildesheim u. New York 1979.

L 47 GRIMM, Reinhold: Deutsche Dramentheorien. Beiträge zu einer historischen Poetik des Dramas in Deutschland. Hrsg. u. eingel. v. Reinhold Grimm. 2 Bde., Frankfurt a. M. u. Bonn 1971.

L 48 DÜNNINGER, Josef: Geschichte der deutschen Philologie. In: L 209, Bd. 1, Sp. 83 - 222.

L 49 ECO, Umberto: Einführung in die Semiotik. Autorisierte deutsche Ausgabe v. Jürgen Trabant, München 1972 (= UTB 105).

L 50 — EDITIONSPROBLEME der Literaturwissenschaft. Besorgt v. Norbert Oellers und Hartmut Steinecke, Berlin 1986 (= Zeitschrift für deutsche Philologie, 105. Sonderheft).

L 51 — EINFÜHRUNG in die Theorie, Geschichte und Funktion der DDR-Literatur. Hrsg. v. Hans-Jürgen Schmitt, Stuttgart 1975 (= Literaturwissenschaft und Sozialwissenschaften 6).

L 52 — EINFÜHRUNG ins Drama: Greiner, Norbert und Jörg Hasler, Hajo Kurzenberger. Lothar Pikulik: Einführung ins Drama. Handlung – Figur – Szene – Zuschauer, München 1982 (= Hanser-Literatur-Kommentare 20/I u. 20/II).

L 53 ELSTER, Ernst: Prinzipien der Literaturwissenschaft. Bd. 1, Halle 1897.

L 54 EPPELSHEIMER, Hanns Wilhelm: Das Renaissance-Problem. In: DVjs 11 (1933), S. 477 - 500.

L 55 EPSTEIN, Hans: Die Metaphysizierung in der literaturwissenschaftlichen Begriffsbildung und ihre Folgen. Dargelegt an drei Theorien über das Literaturbarock, Berlin 1929 (= Germanische Studien 73).

L 56 ERLICH, Viktor: Russischer Formalismus. Aus dem Englischen übers. v. Marlene Lohner, Frankfurt a. M. 1973.

L 57 — ERWEITERUNG der materialistischen Literaturtheorie durch Bestimmung ihrer Grenzen. Hrsg. v. Heinz Schlaffer, Stuttgart 1974 (= Literaturwissenschaft und Sozialwissenschaften 4).

L 58 ESCARPIT, Robert: Das Buch und der Leser. Entwurf einer Literatursoziologie, Köln u. Opladen 1961 (1. franz. Ausg. Paris 1958).

L 59 — EXPRESSIONISMUSDEBATTE, Die: Materialien zu einer marxistischen Realismuskonzeption. Hrsg. v. Hans-Jürgen Schmitt, Frankfurt a. M. 1973 (= es 646).

L 60 FAULSTICH, Werner und Hans-Werner Ludwig: Arbeitstechniken für Studenten der Literaturwissenschaft, Tübingen [2]1981 (1. Aufl. 1978).

L 61 — FISCHER-Lexikon, Das: Literatur II, 1/2. Hrsg. v. Wolf-Hartmut Friedrich und Walter Killy, Frankfurt a. M. 1965.

L 62 FLASCHKA, Horst: Von der mythenanalyse zur strukturalen analyse literarischer werke. Strukturalismus am Beispiel von Lévi-Strauss. In: Wirkendes Wort 27 (1977), S. 402 - 414.

L 63 FRENZEL, Elisabeth: Stoff- und Motivgeschichte. In: L 209, Bd. 1, Sp. 281 - 332 (erweitert als Bd. 3 der „Grundlagen der Germanistik", Berlin [2]1974).

L 64 FRENZEL, Elisabeth: Stoffe der Weltliteratur. Ein Lexikon dichtungsgeschichtlicher Längsschnitte, Stuttgart 1962 (= Kröners Taschenausgabe 300).

L 65 FREUD, Sigmund: Abriß der Psychoanalyse. Das Unbehagen in der Kultur. Mit einer Rede von Thomas Mann als Nachwort, Frankfurt a. M. 1988 (= Fischer-Tb. 6043).

L 66 FREUD, Sigmund: Gesammelte Werke. Chronologisch geordnet. Unter Mitwirkung von Marie Bonaparte hrsg. v. Anna Freud. 18 Bde., London u. Frankfurt a. M. 1940ff.

L 67 FREUD, Sigmund: Studienausgabe in zehn Bänden. Hrsg. v. Alexander Mitscherlich, Angela Richards und James Strachey, Frankfurt a. M. 1972 - 74.

L 68 FÜGEN, Hans Norbert: Die Hauptrichtungen der Literatursoziologie und ihre Methoden. Ein Beitrag zur literatursoziologischen Theorie, Bonn [5]1971 (1. Aufl. 1964).

L 69 — FUNKTION und Wirkung. Soziologische Untersuchungen zur Literatur und Kunst. Hrsg. v. Dietrich Sommer, Dietrich Löffler, Achim Walter und Maria Scherf, Berlin u. Weimar 1978.

L 70 — FÜR UND WIDER einer Psychoanalyse literarischer Werke. In: L 131, S. 137 - 252 (14 Beiträge zum Thema).

L 71 GADAMER, Hans-Georg: Wahrheit und Methode. Grundzüge einer philosophischen Hermeneutik. 2. Aufl., durch einen Nachtrag erweitert, Tübingen 1965 (1. Aufl. 1960).

L 72 GALLAS, Helga: Marxistische Literaturtheorie. Kontroversen im Bund proletarisch-revolutionärer Schriftsteller, Neuwied u. Berlin 1971 (= Sammlung Luchterhand 19).

L 73 GANSBERG, Marie Luise: Zu einigen populären Vorurteilen gegen die materialistische Literaturwissenschaft. In: Gansberg, Marie-Luise und Paul Gerhard Völker: Methodenkritik der Germanistik. Materialistische Literaturtheorie und bürgerliche Praxis, Stuttgart 1970, S. 7 - 39.

L 74 GAY, Peter: Die zarte Leidenschaft. Liebe im bürgerlichen Zeitalter, München 1987.

L 75 GEIGER, Heinz und Hermann Haarmann: Aspekte des Dramas, Opladen 1978 (= Grundstudium Literaturwissenschaft 7).

L 76 GEIGER, Heinz, Albert Klein und Jochen Vogt: Hilfsmittel und Arbeitstechniken der Literaturwissenschaft, Opladen [2]1976 (= Grundstudium Literaturwissenschaft 2).

L 77 — GERMANISTIK und deutsche Nation 1806 - 1848. Zur Konstitution bürgerlichen Bewußtseins. Hrsg. v. Jörg Jochen Müller, Stuttgart 1974 (= Literaturwissenschaft und Sozialwissenschaften 2).

L 78 — GESCHICHTE der deutschen Literatur 1917 bis 1945. Von einem Autorenkollektiv unter der Leitung von Hans Kaufmann in Zusammenarbeit mit Dieter Schiller, Berlin (Ost) 1973.

L 79 — GESELLSCHAFT, Literatur, Lesen. Literaturrezeption in theoretischer Sicht. Von Manfred Naumann (Leitung und Gesamtredaktion), Dieter Schlenstedt und Karlheinz Barck, Dieter Kliche, Rosemarie Lenzer, Berlin u. Weimar 1973.

L 80 — GESPRÄCHE: Freiburger literaturpsychologische Gespräche. Hrsg. v. Johannes Cremerius u. a. Erste Folge, Frankfurt a. M. u. Bern 1981.

L 81 GÖBEL, Hans-Dieter: Methoden und Ziele der Literatursoziologie. In: Diskussion Deutsch 1972. H. 9, S. 210 - 224.

L 82 GROEBEN, Norbert: Literaturpsychologie. Literaturwissenschaft zwischen Hermeneutik und Empirie, Stuttgart, Berlin, Köln u. Mainz 1972.

L 83 GROTHE, Heinz: Anekdote, Stuttgart 1971 (= Sammlung Metzler 101).

L 84 — GRUNDZÜGE der Literatur- und Sprachwissenschaft. Hrsg. v. Heinz Ludwig Arnold und Volker Sinemus. Bd. 1: Literaturwissenschaft, München 1973 (= dtv WR 42226).

L 85 GUNDOLF, Friedrich: Shakespeare und der deutsche Geist, Berlin [7]1923 (1. Aufl. 1911).

L 86 HABERMAS, Jürgen: Erkenntnis und Interesse. Mit einem neuen Nachwort, Frankfurt a. M. 1973 (= suhrkamp taschenbuch wissenschaft 1) (1. Aufl. 1968).

L 87 HABERMAS, Jürgen: Strukturwandel der Öffentlichkeit, Neuwied u. Berlin [5]1971 (= Sammlung Luchterhand 25) (1. Aufl. 1962).

L 88 HAIN, Mathilde: Rätsel, Stuttgart 1966 (= Sammlung Metzler 53).

L 89 HAMBURGER, Käthe: Die Logik der Dichtung, Stuttgart [2]1968 (1. Aufl. 1957).

L 90 — HANDLEXIKON der Literaturwissenschaft. Hrsg. v. Diether Krywalski, München 1974.

L 91 — HANSEN-LÖVE, Aage A.: Der russische Formalismus. Methodologische Rekonstruktion seiner Entwicklung aus dem Prinzip der Verfremdung, Wien 1978.

L 92 HARDT, Manfred: Poetik und Semiotik. Das Zeichensystem der Dichtung, Tübingen 1976.

L 93 HAUFF, Jürgen und Albrecht Heller, Bernd Hüppauf, Lothar Köhn, Klaus-Peter Philippi: Methodendiskussion. Arbeitsbuch zur Literaturwissenschaft. 2 Bde., Frankfurt a. M. 1971.

L 94 HEISE, Wolfgang: „Hyperion". Schönheit und Geschichte. In: Sinn und Form 1988, H. 3, S. 477 - 493.

L 95 HERMAND, Jost: Spittelers „Imago". Über das Verhältnis von Dichtung und Psychoanalyse. In: GRM, N.F. 5 (1955), S. 223 - 234.

L 96 HERMAND, Jost: Synthetisches Interpretieren. Zur Methodik der Literaturwissenschaft, München 1968.

L 97 HESELHAUS, Clemens: Parabel. In: L 228, Bd. 3, S. 7 - 12.

L 98 HEUKENKAMP, Ursula: Gibt es richtige und falsche Interpretationen? Thesen. In: Zeitschrift für Germanistik 6 (1985), S. 415 - 422.

L 99 HEUSLER, Andreas: Deutsche Versgeschichte. Bd. 1, Berlin [2]1956 (zuerst 1925 - 1929) (= Grundriß der Germanischen Philologie. Hrsg. v. Hermann Paul, Bd. 8/1).

L 100 HINCK, Walter: Die deutsche Ballade von Bürger bis Brecht. Kritik und Versuch einer Neuorientierung, Göttingen [3]1978 (= Kleine Vandenhoeck-Reihe 273) (1. Aufl. 1968).

L 101 HIRSCH, E. D. Jr.: Prinzipien der Interpretation. Übersetzt v. Adelaide Anne Späth, München 1972 (= UTB 104) (1. amerikan. Ausg. 1967).

L 102 HOLZ, Arno: Die Kunst, ihr Wesen und ihre Gesetze, Berlin 1893.

L 103 INGARDEN, Roman: Vom Erkennen des literarischen Kunstwerks, Tübingen 1968.

L 104 INGLIS, Ruth A.: Das Verhältnis von Literatur und Gesellschaft in objektiver Betrachtung. In: L 293, S. 55 - 66 (zuerst in: American Sociological Review 3 (1938), S. 526 - 533).

L 105 IRMSCHER, Hans Dietrich: Grundzüge der Hermeneutik Herders. In: Bückeburger Gespräche über J. G. Herder 1971, Bückeburg 1973, S. 17 - 57 (= Schaumburger Studien 33).

L 106 ISER, Wolfgang: Der implizite Leser, München 1972 (= UTB 163).

L 107 JACOBI, Jolande: Die Psychologie von C. G. Jung. Eine Einführung in das Gesamtwerk. Mit einem Geleitwort von C. G. Jung, Frankfurt a. M. 1978 (= Fischer-Tb. 6365).

L 108 JAKOBSON, Roman: Grammatik der Poesie und Poesie der Grammatik. In: Mathematik und Dichtung. Hrsg. v. Helmut Kreutzer und Rul Gunzenhäuser, München 1965, S. 21 - 32.

L 109 JAKOBSON, Roman und Jurij Tynianow: Probleme der Literatur- und Sprachforschung. In: Kursbuch 5 (1966), S. 74 - 76.

L 110 JAUSS, Hans Robert: Literaturgeschichte als Provokation, Frankfurt a. M. 1970 (= es 418).

L 111 JOHN, Erhard: Einführung in die Ästhetik, Halle 1972.

L 112 JOLLES, André: Einfache Formen, Tübingen [5]1974 (1. Aufl. Halle 1929).

L 113 JUNG, Carl Gustav: Psychologie und Dichtung. In: L 210, S. 315 - 330.

L 114 JUNG, Carl Gustav: Über die Beziehungen der analytischen Psychologie zum dichterischen Kunstwerk. In: L 223, S. 18 - 39.

L 115 KAISER, Gerhard: Gottfried Keller. Das gedichtete Leben, Frankfurt a. M. 1981.

L 116 KAISER, Gerhard: Gottfried Keller. Eine Einführung, München u. Zürich 1985 (= Artemis Einführungen, Bd. 19).

L 117 Kayser, Wolfgang: Das sprachliche Kunstwerk. Eine Einführung in die Literaturwissenschaft, Bern 1948.

L 118 Kayser, Wolfgang: Entstehung und Krise des modernen Romans, Stuttgart [5]1968 (1. Aufl. 1954).

L 119 Kayser, Wolfgang: Kleine deutsche Versschule, Bern u. München [5]1957 (= Dalp-Tb. 306) (1. Aufl. Bern 1946).

L 120 Keckeis, Hermann: Das deutsche Hörspiel 1923 - 1973. Ein systematischer Überblick mit kommentierter Bibliographie, Frankfurt a. M. 1973.

L 121 Kerschensteiner, Georg: Begriff der Arbeitsschule, Stuttgart u. a. [14]1961 (zuerst 1912).

L 122 Klatt, Gudrun: Arbeiterklasse und Theater. Agitprop-Tradition – Theater im Exil – Sozialistisches Theater, Berlin (Ost) 1975.

L 123 Klein, Albert und Jochen Vogt: Methoden der Literaturwissenschaft I: Literaturgeschichte und Interpretation, Opladen [4]1977 (= Grundstudium Literaturwissenschaft 3).

L 124 Klein, Alfred: Zur Entwicklung der sozialistischen Literatur in Deutschland 1918 - 1933. In: Literatur der Arbeiterklasse. Aufsätze über die Herausbildung der deutschen Literatur (1918 - 1933). Hrsg. v. der Akademie der Künste der Deutschen Demokratischen Republik, Berlin u. Weimar [2]1974, S. 17 - 77 (1. Aufl. 1971).

L 125 Klotz, Volker: Geschlossene und offene Form im Drama, München [7]1975 (1. Aufl. 1960).

L 126 Koch, Hans: Unsere Literaturgesellschaft. Kritik und Polemik, Berlin (Ost) 1965.

L 127 Köhler, Erich: Einige Thesen zur Kunstsoziologie. In: GRM, N. F. 24 (1974), S. 257 - 264.

L 128 Kolakowski, Leszek: Die Philosophie des Positivismus. Aus dem Polnischen von Peter Lachmann, München 1971 (= Serie Piper 18).

L 129 Koller, Hermann: Die Mimesis in der Antike, Bern 1954.

L 130 Kommerell, Max: Der Dichter als Führer in der deutschen Klassik, Frankfurt a. M. o. J. (1928).

L 131 — Kontroversen, alte und neue. Akten des VII. Internationalen Germanisten-Kongresses Göttingen 1985, Bd. 6: Frauensprache – Frauenliteratur? / Für und Wider einer Psychoanalyse literarischer Werke, Tübingen 1986.

L 132 Korff, Hermann August: Das Wesen der Romantik. In: Begriffsbestimmung der Romantik. Hrsg. v. Helmut Prang, Darmstadt 1968, S. 195 - 215 (= Wege der Forschung CL) (zuerst in: Zs. f. Deutschkunde 43 (1929), S. 545 - 561).

L 133 KORFF, Hermann August: Geist der Goethezeit. Versuch einer ideellen Entwicklung der klassisch-romantischen Literaturgeschichte. 4 Bde. u. Registerband, Leipzig 1923 - 57.

L 134 KRAFT, Herbert: Die Geschichtlichkeit literarischer Texte, Bebenhausen 1973.

L 135 KRENZLIN, Norbert: Das Werk „rein für sich". Zur Geschichte des Verhältnisses von Phänomenologie, Ästhetik und Literaturwissenschaft, Berlin (Ost) 1979.

L 136 — KRITIK: Zur Kritik literaturwissenschaftlicher Methodologie. Hrsg. v. Viktor Žmegač und Ždenko Škreb, Frankfurt a. M. 1973 (= FAT 2026).

L 137 LACAN, Jacques: Schriften. Hrsg. v. Norbert Haas. 2 Bde., Olten/Freiburg 1973 u. 1975.

L 138 LAERMANN, Klaus: Was ist literaturwissenschaftlicher Positivismus? In: L 136, S. 51 - 74.

L 139 LÄMMERT, Eberhard: Bauformen des Erzählens, Stuttgart ^{2}1970 (1. Aufl. 1955).

L 140 LANDWEHR, Jürgen, Matthias Mitzschke und Rolf Paulus: Praxis der Informationsvermittlung: Deutsche Literatur. Systematische Einführung in das fachbezogene Recherchieren, München 1978.

L 141 LANGE, Viktor: Artikel „Epische Gattungen". In: L 60, Bd. II/1, S. 209 bis 223.

L 142 LAUSBERG, Heinrich: Elemente der literarischen Rhetorik. Eine Einführung für Studierende der klassischen, romanischen, englischen und deutschen Philologie, München ^{5}1976 (1. Aufl. 1949).

L 143 LEIBFRIED, Erwin: Fabel, Stuttgart ^{4}1982 (= Sammlung Metzler 66).

L 144 LEMPICKI, Sigmund von: Geschichte der deutschen Literaturwissenschaft bis zum Ende des 18. Jahrhunderts, Göttingen 1920.

L 145 LENIN, V. I.: Werke. Bd. 33, Berlin (Ost) 1966.

L 146 — LESEN. Ein Handbuch. Lesestoff, Leser und Leseverhalten. Lesewirkungen, Leseerziehung, Lesekultur. Hrsg. v. Alfred Clemens Baumgärtner, Hamburg 1973.

L 147 — LEXIKON: Kleines Literarisches Lexikon. Bd. 3: Sachbegriffe. In Fortführung der von Wolfgang Kayser besorgten 3. Aufl. hrsg. v. Horst Rüdiger und Erwin Koppen, Bern u. München 1966.

L 148 LINK, Hannelore: Rezeptionsforschung. Eine Einfühung in Methoden und Probleme, Stuttgart, Berlin, Köln u. Mainz 1976 (= Urban-Tb. 215).

L 149 LINK, Jürgen und Ursula Link-Heer: Literatursoziologisches Propädeutikum. Mit Ergebnissen einer Bochumer Lehr- und Forschungsgruppe Literatursoziologie 1974 - 1976, München 1980 (= UTB 799).

L 150 — LITERATUR und Dichtung. Versuch einer Begriffsbestimmung. Hrsg. v. Horst Rüdiger, Stuttgart 1973 (= Sprache und Literatur 78).

L 151 — LITERATUR und Leser. Theorie und Modelle zur Rezeption literarischer Werke. Hrsg. v. Gunter Grimm, Stuttgart 1975.

L 152 — LITERATUR-BROCKHAUS, Der: Hrsg. u. bearb. v. Werner Habicht, Wolf-Dieter Lange und der Brockhaus-Redaktion. 3 Bde., Mannheim 1988.

L 153 — LITERATURGESCHICHTE zwischen Revolution und Reaktion. Aus den Anfängen der Germanistik 1830 - 1870. Hrsg. v. Bernd Hüppauf, Frankfurt a. M. 1972.

L 154 — LITERATURGESCHICHTSSCHREIBUNG: Über Literaturgeschichtsschreibung. Die historische Methode des 19. Jahrhunderts in Programm und Kritik. Hrsg. v. Edgar Marsch, Darmstadt 1975 (= Wege der Forschung CCCLXXXII).

L 155 — LITERATURINTERPRETATION: Psychoanalytische und Psychopathologische Literaturinterpretation. Hrsg. v. Bernd Urban und Winfried Kudszus, Darmstadt 1981 (= Ars interpretandi, Bd. 10).

L 156 — LITERATURKRITIK: Marxistische Literaturkritik. Hrsg. u. eingel. v. Viktor Žmegač, Bad Homburg 1970.

L 157 — LITERATURSOZIOLOGIE. Hrsg. v. Joachim Bark. 2 Bde., Stuttgart, Berlin, Köln u. Mainz 1974.

L 158 — LITERATURWISSENSCHAFT und Literaturgeschichte. Ein Lesebuch zur Fachgeschichte der Germanistik. Hrsg. v. Thomas Cramer und Horst Wenzel, München 1975.

L 159 LÖWENTHAL, Leo: Erzählkunst und Gesellschaft. Die Gesellschaftsproblematik in der deutschen Literatur des 19. Jahrhunderts. Mit einer Einleitung v. Frederic C. Tubach, Neuwied u. Berlin 1971 (= Sammlung Luchterhand 32).

L 160 LÖWENTHAL, Leo: Literatur und Gesellschaft. Das Buch in der Massenkultur, Neuwied u. Berlin [2]1972 (= Soziologische Texte 27) (1. Aufl. 1964).

L 161 LUDWIG, Hans-Werner und Werner Faulstich: Arbeitstechniken für Studenten der Literaturwissenschaft, Tübingen 1978.

L 161a LUKÁCS, Georg: Die Eigenart des Ästhetischen. 2 Bde., Berlin u. Weimar 1981.

L 162 LUKÁCS, Georg: Erzählen oder Beschreiben? In: Ders.: Probleme des Realismus, Berlin 1955, S. 103 - 145.

L 163 LUKÁCS, Georg: Marx und Engels als Literaturhistoriker, Berlin 1948.

L 164 LUKÁCS, Georg: Schriften zur Literatursoziologie. Ausgew. u. eingel. v. Peter Ludz, Neuwied u. Berlin [4]1970 (1. Aufl. 1961).

L 165 LUKÁCS, Georg: Die Theorie des Romans. Ein geschichtsphilosophischer Versuch über die Formen der großen Epik, Neuwied u. Berlin [2]1963 (zuerst 1916).

L 166 LUNDING, Erik: Artikel „Literaturwissenschaft". In: L 228, Bd. 2, S. 195 - 212.

L 167 LÜTHI, Max: Märchen. Stuttgart [4]1971 (= Sammlung Metzler 16) (1. Aufl. 1962).

L 168 — LYRIK, Die deutsche Lyrik. Form und Geschichte. Interpretationen. Vom Mittelalter bis zur Frühromantik (Bd. 1). Hrsg. v. Benno v. Wiese, Düsseldorf 1956.

L 169 MAAS, Paul: Textkritik, Leipzig [4]1960 (1. Aufl. 1927).

L 169a — MÄRCHENFORSCHUNG und Tiefenpsychologie. Hrsg. v. Wilhelm Laiblin, Darmstadt 1986 (= Wege der Forschung CII).

L 170 MAHRHOLZ, Werner: Literargeschichte und Literaturwissenschaft, Berlin 1923.

L 171 MANHEIM, Ernst: Aufklärung und öffentliche Meinung. Studien zur Soziologie der Öffentlichkeit im 18. Jahrhundert. Hrsg. v. Norbert Schindler, Stuttgart - Bad Cannstatt 1979 (zuerst 1933).

L 172 MARCUSE, Herbert: Der eindimensionale Mensch. Studien zur Ideologie der fortgeschrittenen Industriegesellschaft, Neuwied u. Berlin 1967 (= Soziologische Texte 40).

L 173 MAREN-GRISEBACH, Manon: Methoden der Literaturwissenschaft, Bern u. München 1970 (= Dalp-Tb. 397).

L 174 MARKWART, Bruno: Geschichte der deutschen Poetik. 5 Bde., Berlin u. New York 1959 - 71.

L 175 MARX, Karl und Friedrich Engels: Studienausgabe in 4 Bden. Hrsg. v. Iring Fetscher. Bd. 1, Frankfurt a. M. [12]1978.

L 176 MARX, Karl und Friedrich Engels: Über Kunst und Literatur. Auswahl und Redaktion: Manfred Kliem. 2 Bde., Frankfurt a. M. u. Wien 1968.

L 177 MARX, Karl: Frühe Schriften. Hrsg. v. Hans-Joachim Lieber und Peter Furth. 2 Bde., Darmstadt 1962 - 1971.

L 178 MARX, Karl: Ökonomische Schriften. Hrsg. v. Hans-Joachim Lieber und Benedikt Kautsky. 3 Bde., Darmstadt 1962 - 1964.

L 179 — MARXISMUS und Literatur. Eine Dokumentation in drei Bänden. Hrsg. v. Fritz J. Raddatz, Reinbek 1969 (= Rowohlt Paperback 80 - 82).

L 180 — MATERIALIEN zur Ideologiegeschichte der deutschen Literaturwissenschaft. Hrsg. v. Gunter Reiß. Bd. 1: Von Scherer bis zum Ersten Weltkrieg, Tübingen 1973 (= Texte zur Wissenschaftsgeschichte der Germanistik 4).

L 181 MATT, Peter von: Die Herausforderung der Literaturwissenschaft durch die Psychoanalyse. Eine Skizze. In: Literaturpsychologische Studien und Analysen. Hrsg. v. Walter Schönau, Amsterdam 1983, S. 1 - 13 (= Amsterdamer Beiträge zur neueren Germanistik, Bd. 17, 1983).

L 182 MATT, Peter von: Literaturwissenschaft und Psychoanalyse. Eine Einführung, Freiburg 1972 (= rombach hochschulpaperback band 44).

L 183 MATT, Peter von: Max Frisch: „Biedermann und die Brandstifter". Umrisse einer psychoanalytischen Deutung. In: Materialien zu Max Frisch „Biedermann und die Brandstifter". Hrsg. v. Walter Schmitz, Frankfurt a. M. 1979, S. 258 - 263.

L 184 MATT, Peter von: Die Opus-Phantasie. Das phantasierte Werk als Metaphantasie im kreativen Prozeß. In: Psyche 33 (1979), S. 193 - 212.

L 185 MAUSER, Wolfram: Max Frischs „Homo Faber". In: L 80, Erste Folge, 1981, S. 79 - 95.

L 186 MECKLENBURG, Norbert und Harro Müller: Erkenntnisinteresse und Literaturwissenschaft, Stuttgart, Berlin, Köln u. Mainz 1974 (= Urban-Tb. 80).

L 187 MEDVEDEV, Pavel: Die formale Methode in der Literaturwissenschaft. Hrsg. u. übers. von Helmut Glück. Mit einem Vorwort von Jurij Striedter, Stuttgart 1976.

L 188 MEHRING, Franz: Gesammelte Schriften. Hrsg. v. Thomas Höhle, Hans Koch und Josef Schleifstein. Bd. 10: Aufsätze zur deutschen Literatur von Klopstock bis Weerth, Berlin (Ost) 1961.

L 189 — METHODEN der deutschen Literaturwissenschaft. Eine Dokumentation. Hrsg. v. Viktor Žmegač, Frankfurt a. M. 1971.

L 190 MILES, David H.: Literary Sociology. Some Introductory Notes. In: The German Quarterly 48 (1975), S. 1 - 35.

L 191 MINOR, Jakob: Schiller. Sein Leben und seine Werke. 1. u. 2. Bd., Berlin 1890.

L 192 MUKAŘOVSKÝ, Jan: Kapitel aus der Poetik. Aus dem Tschechischen übers. v. Walter Schamschula, Frankfurt a. M. 1967.

L 193 MUKAŘOVSKÝ, Jan: Studien zur strukturellen Ästhetik und Poetik. Aus dem Tschechischen v. Herbert Grönebaum und Gisela Riff, München 1974.

L 194 MÜLLER, Hans-Harald: Barockforschung. Ideologie und Methode. Ein Kapitel deutscher Wissenschaftsgeschichte 1870 - 1930, Darmstadt 1973.

L 195 MUNDT, Theodor: Geschichte der Literatur der Gegenwart. Vorlesungen, Berlin 1842.

L 196 — NATIONALISMUS in Germanistik und Dichtung. Dokumentation des Germanistentages in München vom 17. - 22. Oktober 1966. Hrsg. v. Benno v. Wiese und Rudolf Henß, Berlin 1967.

L 197 NEUHAUS, Volker: Typen multiperspektivischen Erzählens, Köln u. Wien 1971 (= Literatur und Leben. N. F. 13).

L 198 NORDAU, Max: Entartung. Kulturkritische Untersuchung, Berlin o. J.

L 199 — NOVELLE. Hrsg. v. Josef Kunz. Darmstadt [2]1973 (= Wege der Forschung LV).

L 200 OPPEL, Horst: Methodenlehre der Literaturwissenschaft. In: L 209, Bd. 1, Sp. 39 - 82.

L 201 — PARTEILICHKEIT der Literatur oder Parteiliteratur? Materialien zu einer undogmatischen marxistischen Ästhetik. Hrsg. v. Hans Christoph Buch, Reinbek 1972 (= rororo dnb 15).

L 202 — PARTEILICHKEIT und Volksverbundenheit. Zu theoretischen Grundfragen unserer Literaturentwicklung. (Dem Manuskript liegt eine größere für die Buchausgabe gekürzte Gemeinschaftsarbeit von Dietmar Hans Angler, Carl-Thomas Crepon, Werner Jehser, Sepp Müller und Leopold Sladczyk zugrunde.) Berlin (Ost) 1972.

L 203 PAUL, Otto und Ingeborg Glier: Deutsche Metrik, München [8]1970 (1. Aufl. 1961).

L 204 — PERSPEKTIVEN psychoanalytischer Literaturkritik. Hrsg. v. Sebastian Goeppert, Freiburg 1978 (= rombach hochschulpaperback band 92).

L 205 PESCHKEN, Bernd: Versuch einer germanistischen Ideologiekritik – Goethe, Lessing, Novalis, Tieck, Hölderlin, Heine in Wilhelm Diltheys und Julian Schmidts Vorstellungen, Stuttgart 1972 (= Texte Metzler 23).

L 206 PETERSEN, Julius: Die Wissenschaft von der Dichtung. System und Methodenlehre der Literaturwissenschaft. 2. Aufl. mit Beiträgen aus dem Nachlaß. Hrsg. v. Erich Trunz, Berlin [2]1944.

L 207 PETERSEN, Jürgen H.: Kategorien des Erzählens. Zur systematischen Deskription epischer Texte. In: Poetica 9 (1977), S. 167 - 195.

L 208 PETSCH, Robert: Wesen und Formen der Erzählkunst, Halle [2]1942 (1. Aufl. 1934).

L 209 — PHILOLOGIE: Deutsche Philologie im Aufriß. Unter Mitarbeit zahlreicher Fachgelehrter hrsg. v. Wolfgang Stammler. 3 Bde., Berlin [2]1957 bis 1962 (1. Aufl. 1952 - 1957).

L 210 — PHILOSOPHIE der Literaturwissenschaft. Hrsg. v. Emil Ermatinger, Berlin 1930.

L 211 PIETZCKER, Carl: Einführung in die Psychoanalyse des literarischen Kunstwerks am Beispiel von Jean Pauls „Rede des toten Christus", Würzburg 1983.

L 212 PIETZCKER, Carl: Zur Psychoanalyse der literarischen Form. In: L 204, S. 124 - 157.

L 213 PLETT, Heinrich F.: Einführung in die rhetorische Textanalyse, Hamburg 1971.

L 214 POPPER, Karl R.: Der Zauber Platons (= Die offene Gesellschaft und ihre Feinde 1), Bern u. München ^{3}1973 (1. engl. Ausg. 1945).

L 215 POPPER, Karl R.: Falsche Propheten (= Die offene Gesellschaft und ihre Feinde 2), Bern u. München ^{3}1973 (1. engl. Ausg. 1945).

L 216 — POSITIONEN: Beiträge zur marxistischen Literaturtheorie in der DDR. Hrsg. v. Werner Mittenzwei, Leipzig 1971 (= Reclams Universal-Bibliothek 482).

L 217 — POSITIONSBESTIMMUNGEN. Zur Geschichte marxistischer Theorie von Literatur und Kultur. Hrsg. v. Dieter Schlenstedt und Klaus Städtke, Leipzig 1977 (= Reclams Universal-Bibliothek 708).

L 218 — POSITIVISMUS im 19. Jahrhundert. Beiträge zu seiner geschichtlichen und systematischen Bedeutung. Hrsg. v. Jürgen Blühdorn und Joachim Ritter, Frankfurt a. M. 1971 (= Studien zur Philosophie und Literatur des neunzehnten Jahrhunderts, Bd. 16 – Forschungsunternehmen der Fritz Thyssen-Stiftung).

L 219 PRACHT, Erwin: Abbild und Methode. Exkurs über den sozialistischen Realismus, Halle 1974.

L 220 PRIESEMANN, Gerhard: Artikel „Gattungen/Stil". In: L 61, Bd. II, 1, S. 235 - 255.

L 221 — PROBLEME neugermanistischer Edition. Besorgt v. Norbert Oellers und Hartmut Steinecke, Berlin 1982 (= Zeitschrift für deutsche Philologie, 101. Sonderheft).

L 222 PROPP, Vladimir: Morphologie des Märchens. Hrsg. v. Karl Eimermacher, München 1972.

L 223 — PSYCHOANALYSE und Literaturwissenschaft. Texte zur Geschichte ihrer Beziehungen. Hrsg. v. Bernd Urban, Tübingen 1973.

L 224 PÜTZ, Peter: Die Zeit im Drama. Zur Technik dramatischer Spannung, Göttingen 1970.

L 225 RANKE, Kurt: Artikel „Einfache Formen". In: L 61, Bd. II, 1, S. 184 bis 200.

L 226 RAPPL, Hans Georg: Artikel „Interpretation". In: L 228, Bd. 1, S. 750 - 756.

L 227 RAUMER, Rudolf von: Geschichte der Germanischen Philologie vorzugsweise in Deutschland, München 1870 (= Geschichte der Wissenschaften in Deutschland, Neuere Zeit 9).

L 228 — REALLEXIKON der deutschen Literaturgeschichte. (Begr. v. Paul Merker und Wolfgang Stammler.) 2. Aufl. neu bearb. u. unter redaktioneller Mitarbeit v. Klaus Kanzog sowie unter Mitwirkung zahlreicher Fachgelehrter hrsg. v. Werner Kohlschmidt und Wolfgang Mohr. (Bd. 4 v. Klaus Kanzog und Achim Masser). 4 Bde., Berlin [2]1958 - 84 (1. Aufl. 4 Bde., 1925 - 31).

L 229 REH, Albert M. und Bernd Urban: Literatur und Psychologie (I). In: Jahrbuch für Internationale Germanistik 19 (1987), S. 8 - 35.

L 230 — RELIGION: Die Religion in Geschichte und Gegenwart. Handwörterbuch für Theologie und Religionswissenschaft. Hrsg. v. Kurt Gallin. 6 Bde., Tübingen [3]1957 - 63.

L 231 — REVOLUTION und Literatur: Zum Verhältnis von Erbe, Revolution und Literatur. Hrsg. v. Werner Mittenzwei und Reinhard Weisbach, Leipzig 1971 (= Reclams Universal-Bibliothek 62).

L 232 — REZEPTIONSÄSTHETIK. Theorie und Praxis. Hrsg. v. Rainer Warning, München 1975 (= UTB 303).

L 233 RICKLEFS, Ulfert: Artikel „Hermeneutik". In: Ł 61, Bd. II, 1, S. 277 bis 293.

L 234 RIEDEL, Manfred: Positivismuskritik und Historismus. Über den Ursprung des Gegensatzes von Erklären und Verstehen im 19. Jahrhundert. In: L 218, S. 81 - 91.

L 235 RIHA, Karl: Literaturwissenschaft als Geistesgeschichte. Ein historisch-kritischer Exkurs. In: L 136, S. 75 - 94.

L 236 ROHNER, Ludwig: Theorie der Kurzgeschichte, Wiesbaden [2]1976.

L 237 RÖHRICH, Lutz: Sage, Stuttgart [2]1971 (= Sammlung Metzler 55).

L 238 ROSENBERG, Rainer: Zehn Kapitel zur Geschichte der Germanistik, Berlin (Ost) 1981.

L 239 ROSENFELD, Helmut: Legende, Stuttgart [3]1972 (= Sammlung Metzler 9).

L 240 ROTHACKER, Erich: Einleitung in die Geisteswissenschaften, Tübingen 1920.

L 241 ROTHACKER, Erich: Logik und Systematik der Geisteswissenschaften, München u. Berlin 1926 (= Handbuch der Philosophie. Abt. 2, Beitrag C).

L 242 ROTHACKER, Erich: Rückblick und Besinnung. In: DVjs 30 (1956), S. 145 - 156.

L 243 RÜDIGER, Horst: Zwischen Interpretation und Geistesgeschichte. Zur gegenwärtigen Situation der deutschen Literaturwissenschaft. In: Euphorion 57 (1963), S. 227 - 244.

L 244 SALM, Peter: Drei Richtungen der Literaturwissenschaft: Scherer – Walzel – Staiger, Tübingen 1970 (= Konzepte der Sprach- und Literaturwissenschaft 2).

L 245 SCHARFSCHWERDT, Jürgen: Grundprobleme der Literatursoziologie. Ein wissenschaftsgeschichtlicher Überblick, Stuttgart, Berlin, Köln u. Mainz 1977 (= Urban-Tb. 217).

L 246 SCHERER, Wilhelm: Aufsätze über Goethe, Berlin ^{2}1900 (1. Aufl. 1886).

L 247 SCHERER, Wilhelm: Geschichte der deutschen Litteratur, Berlin 1883.

L 248 SCHERER, Wilhelm: Zur Geschichte der deutschen Sprache, Berlin ^{2}1878 (1. Aufl. 1868).

L 249 SCHERER, Wilhelm: Poetik. Mit einer Einleitung und Materialien zur Rezeptionsanalyse. Hrsg. v. Gunter Reiß, Tübingen 1977 (zuerst 1888).

L 250 SCHERER, Wilhelm: Rezension von: H. Hettners Litteraturgeschichte des 18. Jahrhunderts, 1865. In: L 253, S. 66 - 71.

L 251 SCHERER, Wilhelm: Rezension von: Ernst Petsche: Geschichte und Geschichtschreibung in unserer Zeit, Leipzig 1865. In: L 252, S. 169 bis 175.

L 252 SCHERER, Wilhelm: Kleine Schriften zur altdeutschen Philologie. Hrsg. v. Konrad Burdach, Berlin 1893 (= Wilhelm Scherer: Kleine Schriften. Hrsg. v. Konrad Burdach und Erich Schmidt, Bd. 1).

L 253 SCHERER, Wilhelm: Kleine Schriften zur neueren Litteratur, Kunst und Zeitgeschichte. Hrsg. v. Erich Schmidt, Berlin 1893 (= Wilhelm Scherer: Kleine Schriften. Hrsg. v. Konrad Burdach und Erich Schmidt, Bd. 2).

L 254 SCHERER, Wilhelm: Vorträge und Aufsätze zur Geschichte des geistigen Lebens in Deutschland und Österreich, Berlin 1874.

L 255 (SCHERER / SCHMIDT) Wilhelm Scherer / Erich Schmidt-Briefwechsel. Mit einer Bibliographie der Schriften von Erich Schmidt. Hrsg. v. Werner Richter und Eberhard Lämmert, Berlin 1963.

L 256 SCHIWY, Günther: Der französische Strukturalismus. Mode – Methode – Ideologie. Mit einem Textanhang, Reinbek 1969.

L 257 SCHLÜTER, Hermann: Grundkurs Rhetorik, München 1974 (= dtv WR 4149).

L 258 SCHMIDT, Alfred: Der strukturalistische Angriff auf die Geschichte. In: Beiträge zur marxistischen Erkenntnistheorie. Hrsg. v. Alfred Schmidt, Frankfurt a. M. 1969, S. 194 - 265.

L 259 SCHMIDT, Erich: Die litterarische Persönlichkeit. Rede zum Antritt des Rektorates der Königl. Friedrich-Wilhelms-Universität in Berlin, Berlin 1909.

L 260 SCHMIDT, Erich: Lessing. Geschichte seines Lebens und seiner Schriften. Bd. 1, Berlin ^{3}1909 (1. Aufl. 1884).

L 261 SCHMIEDT, Helmut: Regression als Utopie. Psychoanalytische Untersuchungen zur Form des Dramas, Würzburg 1987.

L 262 SCHÖNAU, Walter: Die Konturen einer psychoanalytischen Literaturwissenschaft werden sichtbar. In: Merkur 42 (1988), S. 813 - 826.

L 263 SCHÜCKING, Levin L.: Soziologie der literarischen Geschmacksbildung, Bern u. München ^{3}1961 (= Dalp-Tb. 354) (1. Aufl. 1931; frühere Fassung 1923).

L 264 SCHULTE-SASSE, Jochen und Renate Werner: Einführung in die Literaturwissenschaft, Stuttgart 1977 (= UTB 640).

L 265 SCHULTZ, Franz: Die Entwicklung der Literaturwissenschaft von Herder bis Wilhelm Scherer. In: L 210, S. 1 - 42.

L 266 SEGRE, Cesare: Literarische Semiotik. Dichtung – Zeichen – Geschichte. Aus dem Italienischen übers. v. Käthe Honschelmann. Hrsg. v. Harro Stammerjohann, Stuttgart 1980.

L 267 SEIFFERT, Hans Werner: Artikel „Edition". In: L 228, Bd. 1, S. 313 - 320.

L 268 SEIFFERT, Hans Werner: Untersuchungen zur Methode der Herausgabe deutscher Texte, Berlin 1963.

L 269 — SEMINAR: Literatur- und Kunstsoziologie. Hrsg. v. Peter Bürger, Frankfurt a. M. 1978 (= suhrkamp taschenbuch wissenschaft 245).

L 270 SILBERMANN, Alphons: Artikel „Kunst". In: Das Fischer-Lexikon: Soziologie. Hrsg. v. René König, Frankfurt a. M. 1958, S. 156 - 166.

L 271 ŠKLOVSKIJ, Viktor: Theorie der Prosa. Hrsg. u. aus dem Russischen übers. v. Gisela Drohla, Frankfurt a. M. 1966.

L 272 SØRENSEN, Peer E.: Elementare Literatursoziologie. Ein Essay über literatursoziologische Grundprobleme, Tübingen 1976 (= Konzepte der Sprach- und Literaturwissenschaft 21).

L 273 — SOZIALGESCHICHTE und Wirkungsästhetik. Dokumente zur empirischen und marxistischen Rezeptionsforschung. Hrsg. v. Peter Uwe Hohendahl, Frankfurt a. M. 1974 (= FAT 2072).

L 274 STAIGER, Emil: Die Kunst der Interpretation, München 1971 (= dtv WR 4078) (zuerst: Zürich 1955).

L 275 STAIGER, Emil: Die Zeit als Einbildungskraft des Dichters. Untersuchungen zu Gedichten von Brentano, Goethe und Keller, Zürich 1953 (zuerst: Zürich 1939).

L 276 STAIGER, Emil: Grundbegriffe der Poetik, München 1971 (= dtv WR 4090) (zuerst: Zürich 1946).

L 277 STANZEL, Franz: Theorie des Erzählens, Göttingen 1979 (= UTB 904).

L 278 STANZEL, Franz: Typische Formen des Romans, Göttingen [6]1972 (= Kleine Vandenhoeck-Reihe 187) (1. Aufl. 1964).

L 279 STEMPFER, Klaus W.: Gattungstheorie. Information und Synthese, München 1973.

L 280 STERNSDORFF, Jürgen: Wissenschaftskonstitution und Reichsgründung. Die Entwicklung der Germanistik bei Wilhelm Scherer. Eine Biographie nach unveröffentlichten Quellen, Frankfurt a. M. 1979 (= Europäische Hochschulschriften, Reihe I, Bd. 321).

L 281 STRASSNER, Erich: Schwank, Stuttgart 1968 (= Sammlung Metzler 77).

L 282 STRAUCH, Hildegard: Kritik der klassischen Literaturwissenschaft. Zur Entwicklung der modernen Literaturtheorie, München 1973 (= Das wiss. (Goldmann-) Tb. Geisteswiss. 20).

L 283 STRICH, Fritz: Der lyrische Stil des 17. Jahrhunderts. In: Deutsche Barockforschung. Eine Dokumentation. Hrsg. v. Richard Alewyn, Köln 1965, S. 229 - 259 (zuerst in: Abhandlungen zur deutschen Literaturgeschichte. Franz Muncker zum 60. Geburtstage dargebracht, München 1916, S. 21 - 53).

L 284 STRICH, Fritz: Deutsche Klassik und Romantik oder Vollendung und Unendlichkeit. Ein Vergleich, Bern [4]1949 (zuerst 1922; Vorwort v. 1949).

L 285 STROHMAIER, Eckart: Theorie des Strukturalismus. Zur Kritik der strukturalistischen Literaturanalyse, Bonn 1977.

L 286 — STRUKTURALISMUS als interpretatives Verfahren. Hrsg. v. Helga Gallas, Darmstadt u. Neuwied 1972.

L 287 SZONDI, Peter: Einführung in die literarische Hermeneutik (= Studienausgabe der Vorlesungen, Bd. 5), Frankfurt a. M. 1975 (= suhrkamp taschenbuch wissenschaft 124).

L 288 TAINE, Hippolyte: Honoré de Balzac. Essay, Leipzig o. J. (= Insel Bücherei 63).

L 289 TAINE, Hippolyte: Geschichte der englischen Literatur. Bd. 1: Die Anfänge und die Renaissance-Zeit. Bearb. u. mit Anmerkungen versehen v. Leopold Katscher, Leipzig 1878 (1. französ. Ausg. 1864).

L 290 TAINE, Hippolyte: Philosophie der Kunst. Aus dem Französischen übertragen v. Ernst Hardt, Jena [2]1907 (1. französ. Ausg. 1865).

L 290a — TEXTE: Eingebildete Texte. Affairen zwischen Psychoanalyse und Literaturwissenschaft. Hrsg. v. Jochen Hörisch und Georg Christoph Tholen, München 1985 (= UTB 1348).

L 291 — TEXTE der russischen Formalisten. Bd. 1: Texte zur allgemeinen Literaturtheorie und zur Theorie der Prosa. Hrsg. u. eingel. v. Jurij Striedter, München 1969.

L 292 — TEXTE und Varianten. Probleme ihrer Edition und Interpretation. Hrsg. v. Gunter Martens und Hans Zeller, München 1972.

L 293 — TEXTE zur Literatursoziologie. Ges. u. hrsg. v. Hans-Dieter Göbel, Frankfurt a. M., Berlin u. München [2]1972.

L 294 — TEXTLINGUISTIK. Hrsg. v. Wolfgang Dressler, Darmstadt 1978 (= Wege der Forschung CD XXVII).

L 295 — THEORIE des Expressionismus. Hrsg. v. Otto Best, Stuttgart 1976.

L 296 — THEORIE des Naturalismus. Hrsg. v. Theo Meyer, Stuttgart 1973.

L 297 TODOROV, Tzvetan: Poetik der Prosa. Übersetzung: Helene Müller, Frankfurt a. M. 1972.

L 298 TODOROV, Tzvetan: Poetik. In: Einführung in den Strukturalismus. Hrsg. v. François Wahl. Aus dem Französischen v. Eva Moldenhauer, Frankfurt a. M. 1973.

L 299 TRÄGER, Claus: Studien zur Realismustheorie und Methodologie der Literaturwissenschaft, Leipzig 1972 (= Reclams Universal-Bibliothek 270).

L 300 TROELTSCH, Ernst: Die Revolution in der Wissenschaft. Eine Besprechung von Erich von Kahlers Schrift gegen Max Weber: „Der Beruf der Wissenschaft" (1920) und der Gegenschrift von Artur Salz: „Für die Wissenschaft gegen die Gebildeten unter ihren Verächtern" (1921). In: Ders.: Aufsätze zur Geistesgeschichte und Religionssoziologie. Hrsg. v. H. Baron, Tübingen 1925 (= Gesammelte Schriften 4), S. 653 bis 677.

L 301 UNGER, Rudolf: Aufsätze zur Literatur- und Geistesgeschichte, Berlin 1929 (= Neue Forschung 2).

L 302 UNGER, Rudolf: Aufsätze zur Prinzipienlehre der Literaturgeschichte, Berlin 1929 (= Neue Forschung 1).

L 303 UNGER, Rudolf: Herder, Novalis und Kleist. Studien über die Entwicklung des Todesproblems in Denken und Dichten vom Sturm und Drang zur Romantik. Mit einem ungedruckten Brief Herders, Frankfurt a. M. 1922 (= Deutsche Forschung 9).

L 304 VASSEN, Florian: Methoden der Literaturwissenschaft II: Marxistische Literaturtheorie und Literatursoziologie, Düsseldorf 1972 (= Grundstudium Literaturwissenschaft 4).

L 305 VIËTOR, Karl: Deutsche Literaturgeschichte als Geistesgeschichte. In: PMLA 60 (1945), S. 899 - 916.

L 306 VOGT, Jochen: Aspekte erzählender Prosa, Düsseldorf 1972 (= Grundstudium Literaturwissenschaft 8).

L 307 WALDMANN, Günter: Kommunikationsästhetik 1, München 1976.

L 308 WALZEL, Oskar: Analytische und synthetische Literaturforschung. In: GRM 2 (1910), S. 257 - 274 u. 321 - 341.

L 309 WALZEL, Oskar: Gehalt und Gestalt im Kunstwerk des Dichters. Anastatischer Neudruck der 1. Aufl. v. 1923, Darmstadt 1957 (= Handbuch der Literaturwissenschaft 1).

L 310 WARNEKEN, Bernd Jürgen: Zu Hans Robert Jauß' Programm einer Rezeptionsästhetik. In: L 273, S. 290 - 296.

L 311 WEBER, Dietrich: Theorie der analytischen Erzählung, München 1975.

L 312 — WEGE der Literatursoziologie. Hrsg. u. eingel. v. Hans Norbert Fügen, Neuwied u. Berlin 1968.

L 313 WEIMANN, Robert: „New Criticism" und die Entwicklung bürgerlicher Literaturwissenschaft, München [2]1974.

L 314 WEIMAR, Klaus: Enzyklopädie der Literaturwissenschaft, München 1980 (= UTB 1034).

L 315 WEIMAR, Klaus: Kritische Bemerkungen zur „Logik der Dichtung". In: DVjs 48 (1974), S. 10 - 24.

L 316 WEINRICH, Harald: Für eine Literaturgeschichte des Lesers. In: Merkur 21 (1967), S. 1026 - 1038.

L 317 WELLEK, René und Austin Warren: Theorie der Literatur, Berlin 1966 (= Ullstein-Tb. 420/21) (1. deutschsprachige Ausg. Bad Homburg v. d. Höhe 1959; 1. amerikan. Ausg. 1942).

L 318 WELLEK, René: Die Auflehnung gegen den Positivismus in der neueren europäischen Literaturwissenschaft. In: Ders.: Grundbegriffe der Literaturkritik, Stuttgart [2]1971, S. 183 - 199 (1. Aufl. 1965).

L 318a WELSCH, Wolfgang: Unsere postmoderne Moderne, Weinheim 1987.

L 319 — WERKINTERPRETATION. Hrsg. v. Horst Enders, Darmstadt 1967 (= Wege der Forschung XXXVI).

L 320 WIEGMANN, Hermann: Geschichte der Poetik. Ein Abriß, Stuttgart 1977 (= Sammlung Metzler 160).

L 321 WIENOLD, Götz: Semiotik der Literatur, Frankfurt a. M. 1972.

L 322 WIESE, Benno von: Geistesgeschichte oder Interpretation? In: Ders.: Perspektiven I.: Studien zur deutschen Literatur und Literaturwissenschaft, Berlin 1978, S. 24 - 41 (zuerst 1963).

L 323 WIESE, Benno von: Novelle, Stuttgart [6]1975 (= Sammlung Metzler 27) (1. Aufl. 1963).

L 324 WILPERT, Gero von: Sachwörterbuch der Literatur, 5., verb. u. erw. Aufl. Stuttgart 1969.

L 325 WINDELBAND, Wilhelm: Geschichte und Naturwissenschaft. Straßburger Rektoratsrede. 1894. In: Ders.: Präludien. Bd. 2, Tübingen [9]1924, S. 136 - 160.

L 326 — WISSENSCHAFT: Eine Wissenschaft etabliert sich, 1810 - 1870. Mit einer Einführung hrsg. v. Johannes Janota, Tübingen 1980 (= Texte zur Wissenschaftsgeschichte der Germanistik 3).

L 327 WITKOWSKI, Georg: Textkritik und Editionstechnik neuerer Schriftwerke. Ein methodologischer Versuch, Leipzig 1924.

L 328 WÖLFFLIN, Heinrich: Kunstgeschichtliche Grundbegriffe. Das Problem der Stilentwicklung in der neueren Kunst, München [5]1921 (1. Aufl. 1915).

L 329 WORRINGER, Wilhelm: Abstraktion und Einfühlung. Ein Beitrag zur Stilpsychologie, Augsburg [3]1910 (zuerst 1908).

L 330 — WÖRTERBUCH: Philosophisches Wörterbuch. Hrsg. v. Georg Klaus und Manfred Buhr. 2 Bde., Berlin (Ost) [8]1972.

L 331 WRIGHT, Elisabeth: Klassische und strukturalistische Ansätze der psychoanalytischen Literaturforschung. In: L 290a, S. 26 - 48.

L 332 ZELLER, Hans: Zur gegenwärtigen Aufgabe der Editionstechnik. Ein Versuch, komplizierte Handschriften darzustellen. In: Euphorion 52 (1958), S. 356 - 377.

L 333 ZIMA, Peter V.: Kritik der Literatursoziologie, Frankfurt a. M. 1978 (= es 857).

L 334 ZIMA, Peter V.: Textsoziologie. Eine kritische Einführung, Stuttgart 1980 (= Sammlung Metzler 190).

L 335 ZIMMERMANN, Bernhard: Literaturrezeption im historischen Prozeß. Zur Theorie einer Rezeptionsgeschichte der Literatur, München 1977.

Register

1. Personenregister

Das Personenregister enthält die im darstellenden Teil vorkommenden Namen, aus dem Arbeitsteil dagegen nur solche, die für methodologische Auseinandersetzungen von Bedeutung sind (z. B. Adorno, Benjamin im Žmegaž-Text VI, 13). Auf die Verfasserschaft der Texte, die sich im Arbeitsteil befinden, wird durch halbfett gedruckte Zahlen aufmerksam gemacht.

2. Sachregister

Das Sachregister enthält alle halbfett gedruckten Begriffe der Kapitel I - IX.